W0013933

Dieter Breuers

Ritter, Mönch und Bauersleut

Eine unterhaltsame Geschichte des Mittelalters

BASTEI
LÜBBE

BASTEI-LÜBBE-TASCHENBUCH
Band 12624

1. Auflage März   1997
2. Auflage August   1997
3. Auflage September   1997
4. Auflage Januar   1998
5. Auflage Dezember   1998

© 1994 by Gustav Lübbe Verlag GmbH, Bergisch Gladbach
Lizenzausgabe: Bastei Verlag Gustav H. Lübbe GmbH & Co.,
Bergisch Gladbach
Printed in Germany
Einbandgestaltung: KOMBO KommunikationsDesign, Köln
unter Verwendung einer Abbildung aus der
»Diebold-Schilling-Chronik, 1513«.
Der Abdruck erfolgte mit freundlicher Genehmigung
der Korporations-Verwaltung der Stadt Luzern/
Zentralbibliothek, Luzern
Satz: Dörlemann Satz, Lemförde
Druck und Einband: Ebner Ulm
ISBN 3-404-12624-6

Sie finden uns im Internet unter
http://www.luebbe.de

Der Preis dieses Bandes versteht sich einschließlich
der gesetzlichen Mehrwertsteuer

Inhalt

Das verleumdete Mittelalter

Das Mittelalter begann – so wenigstens hat man es uns in der Schule gelehrt – mit der Völkerwanderung, und diese wiederum 375 n. Chr. mit dem Hunnensturm. Sie erinnern sich vielleicht: Drei-sieben-fünf, die Hunnen machen sich auf die Strümpf'. Das Ende des Mittelalters läßt sich weniger genau bestimmen. Die meisten meinen, es sei mit der offiziellen Entdeckung Amerikas durch Christoph Kolumbus gekommen (1492), andere neigen eher zu der Ansicht, die Reformation (1525) oder aber die Revolutionierung der Buchdruckerkunst (um 1450) durch Johannes Gutenberg hätten den Beginn der Neuzeit eingeläutet.

Über ein paar Jährchen wollen wir uns jedoch nicht streiten. Einigen wir uns einfach darauf, daß das Mittelalter so um das Jahr 1500 herum von der Neuzeit und zunächst einmal von der Renaissance abgelöst wurde. Renaissance bedeutet auf deutsch Wiedergeburt, und den Menschen eben dieser Renaissance-Zeit ist es zu verdanken, daß wir heute noch so unsinnige Redewendungen gebrauchen wie »mittelalterliche Zustände« oder »finsteres Mittelalter«.

Die Renaissance-Menschen waren zwar außerordentlich gebildet, vor allem aber waren sie eingebildet, zumindest, was die schönen Künste anging. Im Gegensatz zu den mittelalterlichen Baumeistern, die aus der wuchtigen Romanik die atemberaubende Gotik entwickelten, existierte für den Renaissance-Architekten im Grunde nur die Baukunst der Antike, und wer griechische und römische Tempel am vollkommensten nachzuahmen vermochte, der galt als Genie.

Das Kreative, das Schöpferische, das Wagemutige war nicht länger geschätzt, gefragt war nur das Plagiat. Der französische Maler Henri Matisse hat einmal gesagt: »Renaissance ist Niedergang.« So ist es.

Im nachhinein ist es allerdings allzu leicht, die Menschen und Künstler der Renaissance zu verunglimpfen, ihnen vorzuwerfen, in die schmucklosen und schlichten romanischen und gotischen Dome ihre monströsen Altar- und Grabstätten-Monstren hineingepflanzt zu haben. Sie waren halt der Meinung, daß ein romanischer Sarkophag oder eine gotische Madonna plump und bäuerlich seien, und sie hielten die Architektur des Louvre in Paris für anspruchsvoller als die der Kathedrale Notre-Dame.

Hochmut ist fehl am Platz, denn auch heute noch fallen allzu häufig Bauten, die wir für »kitschig« halten, moderner Verkehrsführung zum Opfer, von den Todsünden des 19. Jahrhunderts ganz zu schweigen. Doch lassen wir die Renaissance, und wenden wir uns dem Mittelalter zu, das immerhin rund elf Jahrhunderte dauerte. Ein unglaublich langer Zeitraum. Wenn wir von heute an 1100 Jahre zurückrechnen, sind wir gerade bei den Urenkeln Karls des Großen angelangt.

Deshalb teilen wir das Mittelalter besser in drei Hauptepochen auf, deren erste wir (etwas willkürlich) vom Jahr 375 bis zu Karl dem Großen festsetzen. Das wären immerhin schon einmal runde 400 Jahre. Die zweite Epoche könnte man mit dem Ende der Staufer-Dynastie abschließen (der junge Konradin wurde 1268 in Neapel hingerichtet), und dann folgen noch knapp zweieinhalb Jahrhunderte, in denen das ausgehende Mittelalter seine höchste Blüte erreicht.

In unseren Geschichten aus der Geschichte wollen wir uns jedoch hauptsächlich auf die zweite und mittlere Epoche konzentrieren, denn das waren wirklich aufregende Zeiten. Ob wir in jener Zeit hätten leben mögen, ist allerdings eine ganz andere Frage.

Mund-zu-Mund-Beatmung
für historische Persönlichkeiten

Geschichte besteht aus Geschichten

Es ist schon merkwürdig. Fast alle jungen Menschen lieben das Abenteuer, aber da unsere zivilisierte Welt ihnen nur noch wenig Aufregendes bieten kann, lesen sie entsprechende Bücher (bei der älteren Generation war das noch Karl May oder Jack London), schauen sich im Fernsehen Western an oder im Kino den *Krieg der Sterne*. Den Geschichtsunterricht in der Schule dagegen ertragen sie häufig nur mit höchster Unlust. Mir ging das nicht anders. Trotzdem habe ich später Geschichte studiert. Wie reimt sich das zusammen? Ich möchte zwar keinem Studienrat zu nahe treten, aber da Geschichte spannend ist, muß unser Unterricht langweilig gewesen sein.

Irgendwann einmal, ich glaube, das war in der Obersekunda, die heute der elften Klasse entspricht, begann ich mich zu wundern, daß ich als Junge Coopers *Lederstrumpf* ebenso verschlungen hatte wie Schwabs *Sagen des klassischen Altertums* und daß mich nichts mehr zu faszinieren vermochte als die Entdeckung Heinrich Schliemanns, der auf dem Boden der heutigen Türkei das sagenumwobene Troja ausgrub. Wieso interessierte mich die »andere« Geschichte nicht?

Es war wohl auch in diesem Jahr, als ich entdeckte, daß Geschichte ja gar nichts anderes ist als eine endlose Kette von Geschichten, die man mit Fleiß, aber ohne jegliche Begeisterung auswendig lernen, andererseits aber auch höchst spannend erleben kann. All diese Geschichten sind dramatisch oder komisch, fesselnd oder doch zumindest unterhaltsam. Nur haben unsere Lehrer uns das allem Anschein nach verschwiegen. Jedenfalls habe ich damals begriffen, daß selbst der einigermaßen abgedroschene Spruch vom »Örtchen, wo auch der Kaiser zu Fuß hin geht« so dumm eigentlich nicht ist. Seine logische Konsequenz lautet nämlich: Auch ein Kaiser muß mal.

Hier angekommen, ist es nicht mehr weit bis zu der begründeten Annahme, daß selbst eine Kaiserin ihre Kinder nicht vom Klapperstorch bekommt, daß auch der Kronprinz in seinen ersten Lebensjahren in die Windeln macht, und siehe da: Auf einmal werden aus »historischen Gestalten des deutschen Mittelalters« Menschen wie du und ich.

Vielleicht war das noch nicht einmal unserem Geschichtslehrer bewußt. Vielleicht glaubte er auch, daß Jahreszahlen wichtiger sind als das Schicksal von Menschen. Vielleicht durfte er uns gar nicht die Wahrheit sagen, weil es sich nicht schickte, Kindern und Jugendlichen pikante Details zu erzählen, oder einfach weil der Kultusminister andere Erlasse herausgegeben hatte.

Möglicherweise hat der Sachsenherzog Widukind bitterlich geweint, als ihm die Franken seine Getreuen abschlachteten, aber da ein Germane nicht zu weinen hatte, schon gar nicht in Lehrbüchern der Nazizeit, durften wir nicht einmal darüber nachdenken. Natürlich auch nicht über die Gründe, warum sich der nordische Held später hat taufen lassen und möglicherweise sogar im Kloster (St. Gallen?) starb. Unter Adolf Hitler konnte bekanntlich wirklich nicht sein, was nicht sein durfte, und deshalb hat meine Generation zum Beispiel erst nach dem Krieg von der Existenz eines Heinrich Heine erfahren.

Jetzt wollen wir uns aber mit diesen seltsamen Menschen befassen, von denen wir bislang höchstens die Namen kennen und vielleicht (widerwillig) ein paar Daten auswendig lernen mußten. Mit jenen Menschen, die schon einige Zeit Christen, aber noch immer halbe Heiden waren; die fromm nach Jerusalem pilgerten, aber nicht, bevor sie ihrem unliebsamen Neffen noch rasch hatten die Augen ausstechen lassen, auf daß er während der langen Abwesenheit des Grundherrn keine Dummheiten anstellen konnte. Wir wollen erzählen von den Königen, die sich trotz ihrer Machtfülle nie ein Denkmal setzen ließen. Wäre das bei einem römischen Kaiser oder einem Renaissance-Fürsten überhaupt denkbar gewesen? Man weiß noch nicht einmal mit Sicherheit, welchen König (wenn überhaupt) der berühmte Reiter im Bamberger Dom darstellt.

Oder stellen Sie sich bitte einmal vor, daß sich Ihr Nachbar ein Haus baut, ob schön oder nicht. »Typisch für ihn«, werden Sie denken. Sie kennen ihn ja schließlich mehr oder weniger. »Das Haus paßt genau zu seinem Charakter.« Aber ist Ihnen schon einmal am Sonntagmorgen, wenn Sie sich in einer romanischen oder gotischen Kirche befinden, der Gedanke gekommen, wer denn dieses Gotteshaus eigentlich gebaut hat? Was für Menschen waren das, die eine solche Kirche anfingen zu errichten in dem absolut sicheren Wissen, daß sie ihre Fertigstellung nie erleben würden?

Allein in Frankreich wurden damals 140 gotische Kathedralen er-richtet. Wer war der Auftraggeber, und warum hat er sich in diese Unkosten gestürzt? Wer war der Baumeister, der Steinmetz, wer waren die zahllosen Knechte, wer die Bauern, die doch die Baustelle proviantieren mußten? Waren sie verheiratet, alt oder jung, jähzornig oder fromm? So vieles ist damals geschehen, und es ist eine Schande, daß man uns nichts darüber gesagt hat.

Wer würde sich schon an die Schlacht an der Beresina erinnern, wenn man denn das Abschlachten der aus Rußland zurückflutenden napoleonischen Armee als solche bezeichnen will? Niemand. Wenigstens so lange nicht, bis jemand ein Buch darüber schreibt, das in Hollywood verfilmt wird. Dann aber laufen sie alle ins Kino und sehen sich zu Tränen gerührt *Krieg und Frieden* an. Urplötzlich wird Geschichte zu einer Geschichte, und schon wird's spannend. Noch ein Beispiel: Der amerikanische Bürgerkrieg wäre uns ohne John Wayne und Kumpane, vor allem aber ohne *Vom Winde verweht* kaum geläufig. Es sind ausschließlich die Menschen, die Geschichte so interessant machen. Deshalb ranken sich unsere Geschichten um die großen Gestalten der sächsischen, salischen und staufischen Herrscherhäuser. Man hätte auch die Borgias nehmen können oder den Blaubart Heinrich VIII. oder Iwan den Schrecklichen. Geschichte lebt immer und überall. Man muß ihr nur ein wenig Atem einhauchen.

Man kann sich darüber streiten, ob der deutsche Historiker Leopold von Ranke recht hatte mit seiner Behauptung, Geschichtsschreibung solle weder richten noch lehren, sondern nur zeigen, wie es eigentlich gewesen sei. Wir wollen trotzdem seinem Rat folgen. Wenn man weiß, wie es wirklich gewesen ist, kann man seine eigenen Schlüsse ziehen. Adolf Hitler hat es beispielsweise nicht getan, sonst hätte er nach Napoleons Debakel niemals Rußland angegriffen.

Historiker können mir den Vorwurf machen, ich würde vereinfachen. Recht haben sie, denn wenn ich präzise sein möchte, müßte ich ein weiteres Geschichtsbuch schreiben, das zu lesen viel zu kompliziert (und damit zu langweilig) wäre.

Andere werden wiederum bemängeln, daß gewisse Persönlichkeiten überhaupt nicht oder doch nur am Rande erwähnt werden. Albertus Magnus zum Beispiel (aber von dem weiß man ja fast alles) oder die berühmte Nonne Roswitha von Gandersheim. Doch diese Roswitha hat so vieles geschrieben, das im Sinne des Wortes eine wahre Lust ist, daß selbst ich lieber die Finger davon lasse. Wiederum andere werden möglicherweise den (manchmal allerdings sehr) derben Ton rügen, dem sie in diesem Buch begegnen, aber das ist dann nicht die Schuld des Autors. Es ist Originalton Mittelalter, und da war man noch viel weniger pingelig als Konrad Adenauer in anderer Hinsicht. Selbst Martin Luther, der schließlich noch ein Erkleckliches später lebte, war für seine kernigen Aussprüche berühmt und berüchtigt. Man sollte das also mit Fassung (und warum nicht mit einem Schmunzeln?) ertragen.

Zum Beispiel den Originalton aus einer Kerkerzelle, die uns ein mittelalterlicher Poet beschrieben hat, der dort selber eingesessen hatte:

»Ein alter Schwabe namens Blank,
der saß mir allzudicht auf meiner Pelle!
Mein Gott, wie grauenhaft der stank!
Der hat mir meine Lage kaum verschönert.
Am Bein ein offenes Geschwür,
der Atem kam ihm faulig aus dem Maul,
dazu hat er die Luft versaut
von hinten raus, am Arsch, ganz unerträglich.
Ersöffe dieser Kerl im Rhein,
es wäre mir nur recht!

Der Peter Heizer und sein Weib,
der Blank, ein Schreiber (jeden Tag besoffen!) –
in der Gesellschaft kam's mir hoch,
wenn wir das Brot gemeinsam tunken mußten.

Es wurd' gerülpst, es wurd' gefurzt:
ein Arschfagott, das dort den Grundton gab;
ein Büchsenrohr mit zuviel Pulver,
das dann beim Zünden auseinanderkracht.
Mit vollem Schwung schiß da herum
ein jeder, hemmungslos ...

Noch einer war in diesem Loch:
der Kopp. Den hätt' ich gerne stummgemacht!
Der schnarchte wie ein Russenbär,
sobald ihn der Traminer flachgelegt ...
Wär' ich ein Weib – um keinen Preis
würd' ich mit dem da schlafen ...*

Was für eine wunderbare, pralle Sprache! Ziehen wir also los und schauen wir dem Mittelalter aufs Maul. Sie werden staunen, was Sie da alles erfahren. Und als erstes wollen wir uns fragen, warum die Deutschen die Franzosen nicht verstehen. Und umgekehrt.

* Zitiert nach: Dieter Kühn, *Ich Wolkenstein. Eine Biographie*. Frankfurt/Main 1988. Insel Taschenbuch, Nr. 497.

Seit wann der Lenz uns grüßen läßt ...

*Rühmende und weniger rühmliche Beinamen · Huren werden zu Markt
getragen · Keltische Kopfjäger · Die erste Bücherverbrennung · Die Angelsachsen
lernen Französisch · Beim Bier mit Karl dem Großen · Zeitraffer*

Karl der Große erhielt seinen Beinamen nicht etwa deshalb, weil er
rein körperlich länger war als sein Vater Pippin (der Kurze),
obwohl er für seine Zeit tatsächlich außerordentlich groß war. Immerhin über 1,80 Meter, wie die Untersuchung seiner Gebeine ergeben hat.
Den Beinamen »der Große« verlieh ihm die Nachwelt jedoch, weil er
ganz unbestritten ein großer Herrscher war.

Aber wie das leider Gottes bei großen Vätern immer zu sein scheint –
nach ihnen geht's meist bergab. Auch nach Karl, langsam zuerst, dann
schon etwas schneller, und bald zerfiel das große Reich der Franken in
drei Teile. Da es bei den Karolingern und ihren Zeitgenossen noch
keine richtigen Nach- und Familiennamen gab, und weil die Eltern ihre
Kinder auch noch nicht auf so bizarre Namen wie Kevin oder Bianca
tauften, sondern sie schlicht Karl, Ludwig oder Lothar nannten, wurde
es notwendig und damit üblich, sie zur Unterscheidung mit einem
Beinamen zu belegen, wie es ja auch bei dem großen Karl und seinem
kurzen Vater geschah.

Bemerkenswerterweise finden sich unter Karls Nachkommenschaft
nur wenige mit einem rühmenden Beinamen. Dagegen verzeichnen wir
eine Menge eher diskriminierender Bezeichnungen. Da gibt es Karl den
Kahlen, Ludwig den Stammler, Karl den Einfältigen, Ludwig den
Faulen, Karl den Dicken und letztlich Ludwig das Kind, was allerdings
nicht unbedingt ein schmähender Beiname ist.

Karls des Großen direkter Nachfolger indes hieß Ludwig der Fromme, was zunächst einmal verwundern muß, denn seine erste Tat als
Herrscher war alles andere als gottesfürchtig: Ganz Kind seiner Zeit,
ließ er einem Sohn seines Bruders, der ihm hätte gefährlich werden
können, vorsichtshalber die Augen ausstechen. Weil sich der Knabe

aus verständlichen Gründen gegen die grausame Prozedur wehrte, muß dem Folterknecht wohl im Handgemenge das Messer ausgerutscht und dem Jungen ins Gehirn gedrungen sein. Jedenfalls starb der Knabe, was dem König wiederum derart ans Herz ging, daß er sich zeitweilig ins Kloster zurückzog und um ein Haar Mönch geworden wäre.

Während er – wie geschildert – keineswegs zimperlich war, wenn es um den Erhalt seiner Herrschaft ging, benahm er sich in allen Fragen der öffentlichen Moral geradezu kleinlich und bigott.

Hatte sich Karl noch gern in der Gesellschaft trinkfester, aber auch diskussionsfreudiger Freunde aufgehalten, schätzte Ludwig Vergnügen dieser Art keineswegs. Sein Berater war (natürlich) ein Geistlicher, der Abt Benedikt von Aniane, einem Kloster in Südfrankreich. Aus Angst vor einem möglichen Aufstand in der Familie schickte Ludwig seine Halbbrüder erst einmal hinter Gitter, wobei man allerdings zugeben muß, daß wenigstens aus Drogo etwas wurde, nämlich immerhin Bischof von Metz.

Unmittelbar danach begann der frömmelnde Ludwig, der beim Tod seines Vaters 36 Jahre alt war und bereits »der Mönch« hieß, damit, am Hofe aufzuräumen. Zunächst erließ er folgendes sittenstrenge Gebot: »Jeder Mann, der zusammen mit einer Hure angetroffen wird, muß diese auf seinen Schultern zum Marktplatz tragen, wo die Frau ausgepeitscht wird. Weigert sich der Mann, dies zu tun, so wird er ebenfalls ausgepeitscht.« Das strenge Gesetz bewirkte zwar keine Keuschheit, aber doch mehr Diskretion. Im Grunde blieb alles beim alten, nur geschah es jetzt eben heimlich.

Schlimmer für die Historiker und die gesamte Nachwelt wirkte sich ein anderer Befehl Ludwigs aus, demzufolge alle »heidnischen Schriften« zu vernichten seien, also nicht nur die griechischen und römischen, die in der Aachener Pfalz ernsthaft studiert worden waren, sondern auch der gesamte, zum Teil auf Karls Wunsch zusammengetragene nordgermanische Sagenschatz. Wir können noch von Glück sprechen, daß es damals einen gewissen Hrabanus Maurus gab, den Leiter von Karls Gelehrtenschule und späteren Abt von Fulda. Einzig und allein ihm und ein paar anderen Mönchen ist es zu verdanken, daß dieser ersten Bücherverbrennung wenigstens die *Edda* und ein paar andere

»heidnische« Schriften von unschätzbarem Wert in Abschriften erhalten geblieben sind.

Vermutlich waren auch Werke darunter, die nun gottlob über Jahrhunderte hindurch mündlich weitergegeben wurden, bis sie dann später – unter einem liberaleren König – endlich wieder aufgezeichnet wurden. Man darf sich gar nicht ausmalen, daß uns beispielsweise das irische Volksepos *Neuigkeiten von Mac Da Thos Schwein* hätte verlorengehen können, köstliche Geschichten, die uns lehren, daß unsere Altvorderen, die Kelten, nicht nur große Maulhelden, sondern auch barbarische Kopfjäger waren:

Die Helden sitzen um einen großen Tisch herum, auf dem ein köstlich duftendes gebratenes Wildschwein liegt. Der größte Held – so will es der Brauch – darf das Schwein anschneiden und sich die besten Stücke sichern. Geklärt werden muß jedoch zuvor, wer denn der größte Held in der Runde ist. Ein Krieger namens Cet will diesen Rang für sich in Anspruch nehmen, aber ein gewisser Eogan Mac Durtacht behauptet, er sei ein noch größerer Held als besagter Cet. Der jedoch erinnert den vorlauten Eogan daran, daß er ihm kürzlich anläßlich eines Viehdiebstahls ein Auge ausgestochen habe, und er sei durchaus bereit, ihm auch noch das andere auszureißen. Darauf zieht Eogan seine Kandidatur kleinlaut zurück.

Nun möchte ein gewisser Muinremor den Braten anschneiden, aber Cet sagt: »Noch keine drei Tage ist es her, da schnitt ich dreien deiner Krieger und deinem ältesten Sohn die Köpfe ab!« Woraufhin sich auch Muinremor vom Braten zurückzieht. Cet, dem schon lange das Wasser im Mund zusammengelaufen ist, macht sich endlich an das leckere Wildschwein heran. Doch nun kommt der Auftritt eines Mannes namens Conall Cernach, der behauptet, nur er selber habe das Recht, den Braten anzuschneiden, da seit der Zeit, da er zum erstenmal einen Speer in die Hand genommen habe, kein einziger Tag vergangen sei, an dem er keinen Gefolgsmann des besagten Cet getötet habe. Und keine Nacht sei seitdem vergangen, in der er nicht mit dem Kopf eines Besiegten unter seinen Knien geschlafen habe.

Das sei durchaus richtig, muß nun Cet zugeben, aber das sei Conall nur deshalb gelungen, weil Cets Bruder Anluan nicht anwesend gewesen sei. »Aber er war ja anwesend«, sagt Conall, löst das abgeschlagene

Haupt des besagten Anluan von seinem Gürtel und wirft es Cet vor die Brust. Da ist dieser sprachlos, was unsereiner schließlich auch gewesen wäre, und räumt seinen Platz am Wildschwein, den nun unter dem Beifall aller Conall einnimmt.

Solche und andere Geschichten waren dem frommen Ludwig zuwider, und deshalb ließ er sie als heidnisches Teufelszeug vernichten. Er war schon ein seltsamer Heiliger. Seine Söhne jedoch sind aus einem ganz anderen Holz geschnitzt. Sie schikanieren, kaum erwachsen, ihren schwächlichen Vater buchstäblich zu Tode, um schnellstmöglich die Erbschaft untereinander aufzuteilen.

Das einzige, was an dieser blutigen Auseinandersetzung der Söhne gut war, ist der Vertrag von Straßburg, geschlossen im Februar 842, wo sich die Söhne Karl und Ludwig der Deutsche (ein törichter Beiname, den spätere Historiker erfunden haben; damals gab es noch kein »Deutschland«) gegenseitig etwas schworen, und zwar urplötzlich in zwei deutlich unterschiedlichen Sprachen: auf französisch und auf deutsch. Eigentlich sollte man genauer sagen: in »Latinofranzösisch« und in »Altostfränkisch«.

Karl, der »Franzose«, schwört: »Lodhuuigs sagrament, quae son fradre Karlo iurat ...«, und der erwähnte Lodhuuig (Ludwig) beginnt: »Oba Karl then eid, then er sinemo bruodher Lodhuuig gesuor ...«

Ein Leckerbissen für Philologen, politisch jedoch ein Stück Pergament ohne Wert, denn das Gerangel unter den Erben geht weiter und das Geschlecht der Karolinger schließlich unter. Nur eines bleibt seit dem denkwürdigen Tag im Februar 842 bestehen: die Teilung des Frankenlandes zwischen West und Ost. Deutsche hier – Franzosen dort. Merkwürdigerweise klingen die Namen im »französischen« Königshaus noch lange »deutsch«. Die Kinder Karls des Einfältigen hießen zum Beispiel Arnulf, Drogo, Rorico, Alpais, Ermentrud, Adelheid, Frederuna, Gisla, Rotrud, Hildegard und Ludwig. Dabei schließt eben dieser König 921 auf einem Schiff bei Bonn einen Vertrag mit dem »deutschen« König Heinrich I., in dem beide versichern, den anderen als Rex Francorum Orientalium (also König der Ostfranken) beziehungsweise als Rex Francorum Occidentalium (König der Westfranken) anzuerkennen. Der Grundstein für die Erbfeindschaft war gelegt, und die dauerte bekanntlich bis hin zu Konrad Adenauer und Charles de Gaulle.

Die Straßburger Eide sind sprachhistorisch deshalb so wichtig, weil hier zum erstenmal ein Vertrag geschlossen wurde, der nicht ausschließlich in lateinischer Sprache formuliert war. Der normale Schriftverkehr, die Urkunden, ja sogar die Umgangssprache vieler Menschen war das Latein, und es dauerte noch ein paar Jahrhunderte, ehe unter dem Stauferkaiser Friedrich II. (1220–1250) das Mainzer Landfriedensgesetz erlassen wurde, und das wiederum war das erste Reichsgesetz, das nicht ausschließlich in Latein niedergeschrieben wurde. Bei diesem Latein handelte es sich längst nicht mehr um die klassische Sprache eines Caesar oder Cicero, sondern um die sogenannte Vulgata, also vulgäres und schmuckloses Latein, wie es uns beispielsweise noch heute in der katholischen Liturgie begegnet.

Vergessen wir nicht: In ganz Europa herrschte damals ein babylonisches Sprachgewirr. Durch das Gebiet des heutigen Deutschlands waren während der Völkerwanderung zahllose Stämme gezogen: Goten und Gepiden, Awaren und Alanen, Vandalen, Hunnen, Langobarden und unzählige andere. Vorher hatten hier Kelten gesiedelt, Römer waren von Süden, Germanen von Norden her eingedrungen, Iren und Schotten begannen zu missionieren. Aber nicht nur die Durchziehenden und Zugereisten haben ein paar Sprachbrocken hinterlassen – auch die Ansässigen hatten schließlich ihren ureigenen Dialekt, und der unterschied sich damals mehr noch als heute, je nachdem, ob man an der Isar oder an der Weser lebte. Tatsache ist, daß kein Bayer einen Sachsen verstanden hätte und kein Schwabe einen Friesen.

Was der Einfall fremder Völker in einen intakten Sprachraum bewirken kann, läßt sich am besten in England beobachten, das 1066 von den »französisch« sprechenden Normannen, die sich vorher in der nach ihnen benannten Normandie niedergelassen hatten, erobert wurde. Als Sieger stellten sie – für damalige Zeiten selbstverständlich – zunächst einmal die Herrenschicht und unterdrückten die einheimischen Angeln und Sachsen. Da kommt es nun zu sprachlichen Merkwürdigkeiten, die nirgendwo so präzise beobachtet werden können wie gerade in der modernen englischen Sprache:

Die Tiernamen – von den heimischen Bauern und Hirten stammend – sind allesamt angelsächsischen Ursprungs: »bull« (Bulle), »calf« (Kalb), »pig« (Schwein). Kommt das Schlachtvieh aber in die Küche des adligen Normannen, benennt dieser das Fleisch dieser Tiere mit »französischen« Namen: »beef«, »veal«, »porc«. Außerdem gibt es im heutigen Englisch noch immer für ein und denselben Begriff sowohl angelsächsische wie auch normannische Ausdrücke: zum Beispiel »freedom« (deutsch: Freiheit), aber auch »liberty« (französisch: liberté). Oder »bedroom« (deutsch: Bettenraum), aber auch »dormitory« (vom französischen Wort dormir = schlafen). Unübersehbar ist die überaus enge Verwandtschaft der beiden Wörter »cité« und »city«. Sie stammen ab vom lateinischen Wort »civitas« (italienisch: »città«), während »town« als angelsächsische Bezeichnung für Stadt eng mit unserem Wort Zaun zusammenhängt. Der lateinische Begriff »vice comes«, also Vizegraf, wird im normannischen Französisch zu Vicomte, während der angelsächsische »shire-reeve«, der Landvogt, sich zum Wort Sheriff entwickelt.

Daß die Normannen lange Zeit die Oberschicht und den Adel in England stellten, geht auch daraus hervor, daß einige Ausdrücke im Englischen wie im Französischen bis auf den heutigen Tag gleich geschrieben und nur anders ausgesprochen werden; typisches Beispiel: »royal«, königlich. Anmerkung am Rande. Der aus Robin Hoods Sagenkreis bekannte »englische« Richard Löwenherz war Normanne, sprach nur französisch und hätte sich mit dem einheimischen Robin Hood überhaupt nicht verständigen können.

Im Gegensatz zu England, wo plötzlich zwei Völker und damit auch zwei Sprachen parallel nebeneinander existierten, wurde hierzulande vom Volk eine Art »Althochdeutsch« gesprochen, wobei nicht verschwiegen werden soll, daß dies schon eine sehr gewagte Umschreibung sehr verschiedenartiger Dialekte ist.

An dieser Stelle muß man natürlich fragen, warum unsere Sprache überhaupt »Deutsch« heißt und nicht etwa »Germanisch« oder »Sächsisch«. Schließlich leiten ja die Franzosen nicht nur ihren Namen, sondern ihre Sprache von den Franken ab, und auch die Engländer nennen sich und ihre Sprache schließlich nach ihren Vorfahren, den Angeln. »Deutsche« jedoch – ein Volk dieses Namens hat es nie gegeben. Woher kommt denn dieses Wort nun?

Verantwortlich für die Entstehung des Begriffs waren gebildete und deshalb hochnäsige Franken westlich des Rheins. Sie sprachen damals das bewußte Vulgärlatein, während ihre Nachbarn im Osten sich in irgendeinem Kauderwelsch verständigten, das außer ihnen kein Mensch verstand. Sie sprachen eben schlicht volkstümlich oder auch »thiudisk«. Das ist nun ein Wort, das zu jener Zeit in vielen Variationen auftaucht (die Kelten beispielsweise sagten »túath«), aber immer das gleiche bedeutete, nämlich »Volk«. Auch der Name Theoderich stammt aus dieser Wurzel und bedeutet »der Volkreiche«.

Aus diesem uralten Wort »thiudisk« entwickelte sich im Laufe der Jahrhunderte das Wort »deutsch«, und zwar bereits zu einer Zeit, in der es rein geographisch noch gar kein Deutschland gab. Die Zeitgenossen Karls des Großen bezeichneten sich schlicht und einfach als Franken, und bei den Friesen und Thüringern, bei den Alemannen und Sachsen war das nicht anders. Niemand wäre damals auf die Idee gekommen, sich als »Deutscher« zu bezeichnen.

Interessanterweise nannten diese »Deutschen« ihre Nachbarn im Westen, die heutigen Franzosen, »Karlinge«, und deren Land hieß auf »deutsch« Karlingen. Da es damals aber weder ein richtiges Frankreich noch ein richtiges Deutschland gab, ist der alte chauvinistische Streit darüber, ob Karl der Große nun ein Franzose war oder ein Deutscher, völlig blödsinnig. Sehr viel zutreffender wäre die Aussage, daß er sicherlich der erste Europäer gewesen ist. Und um noch ein letztes Mißverständnis auszuräumen: Die französische Bezeichnung Charlemagne kommt nicht etwa von Carolus Magnus, sondern hat sich aus dem Namen Carloman, Karlmann halt, entwickelt.

Trotz der Straßburger Eide wurde natürlich weiterhin Latein geschrieben und vom Adel und Klerus häufig auch gesprochen. Noch aus der Zeit Ottos des Großen, der immerhin schon im 10. Jahrhundert lebte, ist ein Reisehandbuch überliefert, in dem alle Bezeichnungen für Körperteile oder Kleidungsstücke sowohl in »deutsch« als auch in altfranzösisch wiedergegeben sind. Sprachlich ging es also da noch zu wie Kraut und Rüben. Schließlich stammte die Begleitung des Kaisers aus Ost- wie aus Westfranken.

Kaiser Karl hatte – wir lasen es bereits weiter oben – alte Heldensagen und Zaubersprüche aufzeichnen lassen. Wie schon der Frankenkönig Chilperich im 6. Jahrhundert, versuchte auch Karl, eine Grammatik für das Althochdeutsche anlegen zu lassen, und da ihm die aus

dem Lateinischen stammenden Monatsnamen nicht gefielen, taufte er
sie um. Aus dem Januar beispielsweise machte er höchst logisch den
»Wintarmanoth«, und da der Frühlingsmonat März auch damals überhaupt nichts mit dem römischen Kriegsgott Mars zu tun hatte, taufte
ihn Karl in »Lenzinmanoth« um. Spätestens seit dieser Zeit läßt der
Lenz uns grüßen.

Eine naheliegende Frage: Hätten wir eigentlich Karl den Großen
verstanden, wenn er in unsere Stammkneipe gekommen wäre? Teils ja,
teils nein. Man hätte sich vielleicht irgendwie verständlich machen
können, so wie jemand, der des Englischen nicht mächtig ist, dennoch
einen Briten fragen kann, ob er eine Tasse Tee möchte. Aber mehr auch
nicht.

Als sich Karls Widersacher, der alte Heidenherzog Widukind, endlich taufen ließ, sagte er: »Ec gelôbe in got alamehtîgen fader …« und so
weiter, und daraus läßt sich unschwer herauslesen, daß er Gott, dem
allmächtigen Vater, etwas gelobt.

Im *Hildebrandslied*, einem der kostbaren Werke, die dem frömmelnden Ludwig entkommen sind, heißt es zu Beginn: »Ik gíhorta dat
seggen«. Ich hörte das sagen. Da kommt man leicht mit, aber nun will
man ja auch wissen, was der Verfasser denn nun gehört hat: »dat sih
urhettun aenon muotîn«. Jetzt versteht man leider überhaupt nichts
mehr. Das soll aber heißen, daß sich als Kämpfer einzeln begegnet seien
»Hildibrant enti Hadubrant untàr heriun tuem«, also Hildebrand und
Hadubrand zwischen zwei Heeren. Da kommt man wieder halbwegs
mit. Trotzdem würde es doch ziemlich schwierig mit Karl dem Großen
an der Theke.

Ein paar Jahrhunderte später – in Frankreich wird inzwischen kein
Küchenlatein, sondern schon ein ziemlich »modern« anmutendes
Französisch gesprochen – entwickelt sich das sogenannte Mittelhochdeutsche. Es unterscheidet sich vom Althochdeutschen vor allem
darin, daß es weniger klangvolle Vokale aufweist, sondern besonders
am Wortende ein stimmloses »e«, wie wir es heute noch sprechen. So
wird aus dem althochdeutschen »situ« in Mittelhochdeutsch »site«,
und wir sagen heute Sitte. Außerdem entwickeln sich die Umlaute in
sehr starkem Maße: Das neudeutsche Wort »höher« schrieb sich

althochdeutsch noch »hôhir«, auf mittelhochdeutsch dann schon »hoe-her«.

In mittelhochdeutscher Sprache ist das auch für den heutigen Menschen schon nahezu unverständliche *Nibelungenlied* aufgeschrieben worden. Wie hörte sich das denn damals an? Nehmen wir ein Beispiel aus der Szene, als König Gunther um die männermordende Brunhild wirbt und mit ihr einen Zweikampf austragen muß, was ihm nur mit Hilfe Siegfrieds gelingt, der ihm – verborgen unter einer Tarnkappe – zur Seite steht. Es kommt der Augenblick, wo man den Schild der bärenstarken Jungfrau anschleppt, und der grimmige Hagen von Tronje flüstert dem ohnehin schon mutlosen Gunther folgendes ins mittelhochdeutsche Ohr:

> »Alsô der starke Hagene den schilt dar tragen sach,
> mit grímmégem muote der helt von Tronege sprach:
> ›wâ nu, künec Gunther? wie verlíesen wir den líp!
> der ir dâ gert ze minnen, diu ist des tíuvels wíp.‹«

Das läßt sich eigentlich recht einfach verstehen: Als der starke Hagen sah, wie man den Schild heranschleppte, sprach der Held von Tronje mit grimmigem Mut: Was nun, Herr König? Wir werden unser Leben verlieren. Die Ihr da zu minnen (lieben) begehrt, das ist ein Teufelsweib.

Dieses Mittelhochdeutsch war auch die Sprache der Minnesänger, und ab und zu werden wir ihr noch begegnen, wobei die Übersetzung wirklich nicht immer notwendig ist. Das niedere Volk sprach natürlich weiterhin seinen schwäbischen oder friesischen Dialekt und mußte ja auch ohnehin nichts zu Papier oder zu Pergament bringen.

Eines Tages wurde es notwendig, völlig neue Wörter in die Sprache aufzunehmen, weil man neue Dinge kennenlernte, für die es im deutschen Wortschatz überhaupt noch keine Ausdrücke gab. Das hatte nichts mit Mode zu tun wie bei unseren Altvorderen, bei denen es plötzlich chic wurde, einen Regenschirm »parapluie« und einen Bürgersteig »trottoir« zu nennen. Man könnte es eher mit der heutigen Zeit vergleichen, wo wir englische Ausdrücke benutzen (müssen), weil neue Dinge, Begriffe oder Systeme (hauptsächlich aus den USA) importiert werden. Es gibt nun mal kein deutsches Wort für Jazz, weil es früher keine derartige Musik gab, für die man einen deutschen Namen hätte ersinnen können.

Ähnlich ging es den Deutschen im Mittelalter, als sie – teils auf dem friedlichen Handelsweg, teils während der weniger friedlichen Kreuzzüge – mit der arabischen Welt in Berührung kamen.

Bleiben wir beim Handel: Zahlreiche Ausdrücke aus dem Kaufmännischen haben arabische Sprachwurzeln, obwohl wir uns darüber überhaupt nicht mehr im klaren sind: das Wort Risiko zum Beispiel oder Tarif, Scheck, Magazin und viele andere.

Auch das Wort Gibraltar sprechen wir aus, ohne zu ahnen, daß sich dahinter ein arabischer Eigenname versteckt. Der frühere Zankapfel zwischen England und Spanien hieß ursprünglich Djebel al Tarik, also der Berg des Tarik. Dieser Tarik war ein Sarazene, der im 8. Jahrhundert über eben diese Meerenge mit einem großen arabischen Heer nach Spanien eindrang und das dortige Westgotenreich zerschlug. Im Lauf der Jahrhunderte wurde aus dem Djebel al Tarik schließlich Gibr-al-tar, Gibraltar.

Dann kam der Zucker, für die Franken, die nur Honig als Süßmittel hatten, etwas vollkommen Neues. Man kannte keine Zuckerrohrstengel, aber weil diese auf arabisch »can« heißen, benennen wir noch heute alles, was rohrförmig ist, nach dem Wörtchen »can«: den Kanal und die Kanüle, die Kanone und sogar den Knaster der Seeleute. Auch in die damals noch etwas plumpe Damenwelt drangen arabische Wörter vor. Weil das arabische Wort für Schmuck »khali« heißt, sprechen wir heute noch von Gala-Abenden und von der Galanterie.

Am Hof der Stauferkönige allerdings gab es keine plumpen Damen mehr. Wer hier »in« sein wollte, trug wertvolle Stoffe aus dem Osten, deren Namen noch heute an ihre Herkunft erinnern. Aus Damaskus kam der Damast, aus Mossul, einer irakischen Provinz, der Musselin und aus Khotan in Zentralasien der Kattun. An die Wände hängte man Teppiche, die ihren Namen dem Bagdader Vorort Atabaya verdanken, und von Bagdad selbst, von den Kreuzfahrern gemeinhin nur Baldach genannt, leitet der Baldachin seinen Namen her.

Auch in das Französische, das in den folgenden Jahrhunderten zur verbreitetsten Sprache des Abendlandes wurde, sickerten Wörter aus dem Orient ein, die wir als Deutsche naturgemäß kaum erkennen können. Interessant ist beispielsweise die Wurzel des französischen Wortes »assassin« (Mörder). Es ist abgeleitet von persischen Mordgesellen, die sich vor ihren Taten mit Drogen aufputschten und von ihren Landsleuten Haschishyn genannt wurden. Das heute vielfach verharmloste Haschisch galt also im Mittelalter als Mörderdroge.

ZEITRAFFER

711   Der sarazenische Feldherr Tarik setzt bei Gibraltar nach Spanien über und vernichtet das Westgotenreich.
           (Die Byzantiner nannten die Araber »Sarazenen« nach einem zwischen Syrien und Ägypten zeltenden Stamm. Man nannte die Araber auch »Mauren« nach einem bereits in römischer Zeit verschwundenen Berberstamm. Sie lebten in »Mauretanien«. An die Mauren erinnert noch das deutsche Wort »Mohren«.)

732   Karl Martell, Großvater Karls des Großen, schlägt die Araber bei Tours und Poitiers und vertreibt sie aus Arles und Avignon in der Provence.

714–768   Pippin III., der Jüngere oder »Kurze« (= der Jüngere), verheiratet mit Bertrada, Eltern Karls des Großen.

742–814   Karl der Große, 768 Krönung zum König in Aachen, 800 Kaiserkrönung in Rom.

778–840   Ludwig I., der Fromme, Karls Sohn und Nachfolger, Vater von Lothar I. (795–855), Pippin I. (um 803?–838), Ludwig II., dem Deutschen (825–875) und Karl II., dem Kahlen (823–877).

Der Sachse Richolf schlägt sich mit den Franken herum

Augenzeugenbericht: *Unter Widukind gegen Karl den Großen ·
Kampf um die Eresburg · Opferung der Gefangenen · Massenhinrichtung
an der Aller · Zeitraffer*

Ich bin Richolf, ein Sachse und Waffengefährte des ehemaligen Herzogs Widukind, unter dem ich fast 15 Jahre für die Freiheit unseres Volkes gekämpft habe. Aber unser Volk hat nahezu aufgehört zu existieren. Es gibt nur noch ein paar Edelinge, ein paar Frauen und Kinder und die Köhler, die versteckt im Wald hausen. Einer davon ist ein Neffe von mir. Bei ihm bin ich untergekrochen und hoffe, daß mich hier niemand findet.

Schwerverletzt und halb verhungert habe ich mich bis hierher durchgeschlagen. Zum Kämpfen tauge ich nicht mehr, und verschleppt werden wie all die anderen, die von den Franken gefangengenommen worden sind, will ich auch nicht. Zu Tausenden haben diese Christus-Anbeter meine Landsleute fortgebracht. Wohin – das weiß niemand. Vielleicht bringen sie auch alle um. Wäre ja nicht das erste Mal.

Widukind ist nicht mehr unser Anführer. Er hat uns verraten, doch davon später. Ich will meine Geschichte von Anfang an erzählen, von jenem Tag an, als ich die ersten Franken sah. Ich gehörte damals zu den Verteidigern der Eresburg, wo sich unser Heiligtum befand, die Irminsul. Das war ein hoher, kunstvoll geschnitzter Baumstamm. Die Priester behaupteten, der Baum sei eine Nachbildung der Weltesche, die – wenn unsere Sagen stimmen – den Himmel abstützt. Andere meinen, die Säule sei benannt nach einem gewissen Armin, der vor sehr langer Zeit ebenfalls von Westen her kommende Eindringlinge besiegt habe. Dann gibt es noch welche, die sagen, der Stamm sei dem Gott Irmino geweiht, von dem ich allerdings noch nie etwas gehört habe.

Nun gut, Tatsache ist, daß wir damals wild entschlossen waren, die Eresburg um jeden Preis zu halten, denn unsere Anführer hatten hier einen ziemlich großen Kriegsschatz angehäuft. Die Nachricht, daß die

Franken anrückten, beunruhigte uns nicht allzusehr, denn wir hielten sie für einigermaßen schlapp und feige. Außerdem konnten wir uns auf starke Befestigungsanlagen stützen; allein der um die Burg herumlaufende Wall war drei Meter hoch und deren zehn breit.

Und dann sah ich tatsächlich den ersten Franken. Er war enorm groß, das sah man von weitem, obwohl er auf einem Pferd saß. Außer seiner Größe war aber nichts Auffallendes an ihm. Weder an seinen Kleidern noch an seinen Waffen. Irgendwer sagte mir, das sei der Frankenkönig persönlich, was ich aber nicht glaubte, denn er hatte nicht einmal eine Krone auf dem Kopf.

Am nächsten Tag mußten wir unsere Ansicht über die angeblich so schlappen Franken ändern, denn sie kämpften wie die Verrückten, obwohl Hunderte von ihnen vor unserem Wall unter unseren Schwertern und Äxten starben. Natürlich erlitten auch wir einige Verluste, aber wir hatten uns geschworen, die Burg und die heilige Säule bis zum letzten Atemzug zu verteidigen. Die Zahl der Toten auf beiden Seiten wuchs von Tag zu Tag, und eines Nachts zählten wir nur mehr neun kampffähige Männer. Vor der Burg lagerte immer noch das Heer dieser verfluchten Franken. Da nahmen wir von dem Kriegsschatz mit, was wir tragen konnten, und setzten uns im Schutz der Wälder ab. Am nächsten Tag sahen wir aus der Ferne die Irminsul brennen.

Da wir jetzt ohne Anführer waren, wurden wir uns nicht einig, was wir weiter tun sollten. Das gescheiteste war vermutlich, sich in eine andere Burganlage zu flüchten, wo man mit Sicherheit auf sächsische Einheiten stoßen würde. Vom Namen her kannten wir nur die Sigisburg an der Weser, aber einer von uns wußte den Weg zu einer anderen Befestigung, der hohen Syburg an der Ruhr, die einem gewissen Widukind gehörte, der auch mehrere Bauernhöfe in dieser Gegend besaß.

Eigentlich war es gleichgültig, wohin wir zogen. Alle Sachsen, ob Westfalen, Ostalbingier, Engern oder Ostfalen, konnten sich leidlich untereinander verständigen, wohingegen das bei den Franken wohl ein Problem war. Während der Belagerung der Eresburg hatten wir auch beobachtet, daß es bei ihnen Feldherren gab, die mehrere Unterführer hatten; die wiederum hatten über die einfachen Soldaten zu sagen. So etwas kennen wir nicht, und schon gar nicht, wenn wir kämpfen. Da haut jeder drauf, wann, wie und wo es ihm richtig erscheint.

In Friedenszeiten tut bei uns im Grunde ebenfalls jeder, was er will. Wenn Wichtiges ansteht, versammeln wir uns in Marklo an der Weser zur Volksversammlung, wo sich auch die Stammesherzöge verantworten müssen, und notfalls werden sie abgesetzt. Zu sagen haben sie ohnehin nichts. Sie dürfen nur Ratschläge erteilen. Ansonsten gibt es Edelinge, Freie und Halbfreie, und im Kriegsfall wählen wir uns unter den Edelingen einen Kriegsherzog wie zum Beispiel diesen Widukind, dessen Name eigentlich Kind des Wotan bedeutet.

Vom Frankenkönig war ich schon allein deshalb wenig angetan, weil er so gar nichts Herrschaftliches an sich hatte. Auch an Widukind enttäuschte mich zunächst einmal so ziemlich alles. Er war mittelgroß, nachlässig gekleidet und ging leicht gebeugt. Allerdings war er sicher schon über 40 Jahre alt. Seine Augen waren eher matt, sein Gesichtsausdruck verschlagen. Andererseits werden die Westfalen gewußt haben, warum sie ihn zum Kriegsherzog gewählt hatten. Vielleicht wegen seiner Beziehungen zum Dänenkönig Siegfried? Schließlich hatte er dessen Tochter Geva geheiratet, die ihm den Sohn Wibrecht und die Tochter Hasal geboren hatte.

Von Widukind wurden wir zunächst einmal wieder richtig ausgerüstet, denn wir boten einen ganz schön lausigen Anblick. Fast alle verwundet, ohne Waffen und nur mit Lumpen bedeckt. Außerdem hatten wir Kohldampf. Mit unseren neuen Mänteln, dem kleinen Schild, dem Messer und dem berüchtigten Langsax, dem sächsischen Schwert, fühlten wir uns langsam wieder als richtige Krieger.

Wir haben es Widukind auch hoch angerechnet, daß er uns unsere Flucht aus aussichtsloser Lage nicht vorgeworfen hat. »Es wäre töricht gewesen«, hatte er mit seiner leisen Stimme gesagt, »weiterzufechten, als keine Chance mehr bestand. Tote Sachsen können nicht mehr kämpfen. Wir werden die Eresburg ohnehin zurückerobern.« Und merkwürdig: Obwohl wir das Riesenheer der Franken gesehen und ihre Überlegenheit hatten anerkennen müssen, vertrauten wir Widukind ohne den geringsten Zweifel.

Schon ein Jahr später war es tatsächlich soweit. Widukinds Spione hatten erfahren, daß sich König Karl mit großem Heerbann nach Italien aufgemacht hatte, was sehr weit im Süden liegt, so daß er so bald nicht zurück sein konnte. Da begannen unsere Hillebillen zu rasseln.

Das sind Bretter aus hartem Holz, auf die man mit Knüppeln schlägt, um so Nachrichten von Dorf zu Dorf weiterzutragen. Auf den Bergen brannten Feuer, Hörner erschallten während der Nacht, und Boten wurden durch das Land geschickt, die Hölzer mit eingeritzten Runen von Hof zu Hof trugen. Und als der Mond wieder eine runde Scheibe war, stand ein riesiger Heerbann vor der Eresburg. Es wurde ein Gemetzel, denn die Franken hatten leichtsinnigerweise nur eine schwache Besatzung zurückgelassen.

Die meisten von ihnen fielen im Kampf, die wenigen Überlebenden opferten wir der Sitte gemäß den Göttern. Eigentlich ist es Brauch, nur jeden zehnten Gefangenen an einem heiligen Baum aufzuhängen, aber Widukind meinte – vermutlich hatte er auch recht –, für die anderen würden wir ohnehin kein Lösegeld von den Franken erwarten dürfen, und darum sollten wir lieber alle opfern, um die Schändung der Irminsul zu rächen.

Unter den Gefangenen entdeckten wir eine sächsische Frau, die – obwohl mit einem Freien verheiratet – ihrem Mann davongelaufen war und mit einem fränkischen Krieger zusammengelebt hatte. Sie wurde, wie es unser Gesetz für Ehebrecherinnen vorschreibt, aus der Festung hinausgeprügelt und mit einer Peitsche von Dorf zu Dorf getrieben, bis sie tot zusammenbrach. Anders kann man Frauen wohl kaum dazu bringen, ihrem Mann treu zu bleiben, wenn dieser die ganze Zeit über irgendwo kämpft.

Unsere Gefallenen haben wir in der Eresburg begraben. Widukind, der immer praktisch dachte, verbot uns, unseren Toten die Waffen mit ins Grab zu legen. Man sei auf jedes Schwert angewiesen, und wenn sie nun mit Wotan in Walhall tafeln und jagen gingen, würde man ihnen schon andere Waffen besorgen. Er konnte sehr zynisch sein, aber wir gehorchten ihm widerspruchslos.

Obwohl wir überzeugt waren, daß der Feind zurückschlagen würde, zerstreuten wir uns zunächst, denn wir hatten Sehnsucht nach unseren Familien, und andererseits mußten ja auch die Felder bestellt werden.

Natürlich kam Karl mit seinen Franken zurück. Seine Krieger waren inzwischen besser gerüstet, zum Teil beritten und in offener Feldschlacht kaum zu besiegen. Ich hatte mich einem Haufen angeschlossen, der von einem gewissen Brun angeführt wurde, denn Widukind war mir unheimlich. Zugegeben, was er tat oder befahl, hatte Hand und Fuß, aber manchmal verschwand er für längere Zeit (vielleicht nach Dänemark?), und ich finde, daß ein sächsischer Heerführer an der Spitze seiner Truppen zu kämpfen hat.

Natürlich dachten viele so wie ich, doch niemand von uns hätte es gewagt, ihn zu fragen, wo er eigentlich steckte, während wir unsere Knochen hinhielten. Wie ich ihn kenne, hätte er vermutlich höhnisch gesagt, es gebe zwar genug sächsische Raufbolde wie uns, aber nur einen einzigen Kopf, und der müsse tunlichst aus der Reichweite eines fränkischen Kurzschwertes bleiben.

Brun dagegen war anders. Er stürmte immer vorneweg, obwohl auch er nicht gerade dumm war. Einmal bildeten wir nachts einen großen Halbkreis um ein Lager der Franken, und als die Soldaten am nächsten Tag auszogen, um Bauernhöfe in der Umgebung zu plündern, erschlugen wir viele von ihnen, zogen uns die Kleider der Gefallenen an und mischten uns unter die anderen Franken, die von ihrem Raubzug zurückkehrten. Da es schon dämmerte, fielen wir nicht weiter auf, und als die Franken schliefen, haben wir sie allesamt abgeschlachtet.

So war Brun, doch wann immer Widukind nach längerer Abwesenheit auftauchte, unterstellte Brun sich wie selbstverständlich seinem Kommando. Widukind war jetzt unumstritten der Kriegsherzog aller sächsischen Stämme. Die Franken hatten inzwischen einen hohen Preis auf seinen Kopf ausgesetzt, aber es gelang ihnen nie, ihn zu fangen. Darauf behaupteten sie quasi als Entschuldigung, er würde seinem Pferd die Hufeisen verkehrt herum aufnageln, um seine Verfolger in die Irre zu führen.

Das ist natürlich Schwachsinn. So etwas geht überhaupt nicht. Tatsache ist allerdings, daß wir nach geheimen Treffen mit Widukind alle in verschiedene Richtungen auseinanderritten, so daß die Franken nie wissen konnten, welcher Spur sie denn nun folgen mußten, um unseren Herzog zu fangen.

Aber was soll ich groß darum herumreden: Wir alle spürten, daß unsere Schar kleiner und kleiner wurde. Einmal ist es uns noch gelungen, bis an den Rhein vorzustoßen, bis gegenüber von Köln, aber das brachte ja alles nichts. Immer mehr von unseren Edelingen ließen sich taufen, wenigstens zum Schein, und wenn schon die den alten Göttern abschworen, was will man dann von uns Freien und Halbfreien erwarten.

Immer und immer wieder drangen die fränkischen Soldaten nach Sachsen ein, und die Edelinge schworen einen Eid nach dem anderen, daß sie ab sofort nur noch dem fränkischen König gehorsam sein würden. Was dieser nicht wußte, eigentlich aber hätte wissen sollen, ist die Tatsache, daß ein Sachse nur verpflichtet ist, einem anderen Sachsen gegenüber seinen Eid zu halten, keinesfalls jedoch den erzwungenen Eid, den er einem Fremden geschworen hat. So ließ sich König Karl schließlich immer mehr Geiseln stellen, und viele sächsische Edelinge lieferten ihm sogar Gefangene aus, von denen sie wußten, daß sie sich auf keinen Fall zum Gott der Franken bekehren lassen wollten.

Eines Tages kam es dann zur Katastrophe: Mal wieder hatten wir die Franken in einen Hinterhalt gelockt. Widukind hatte von einem seiner regelmäßigen Dänemark-Ausflüge einen friesischen Heerhaufen mitgebracht, und plötzlich stand das ganze Land in Flammen. Edelinge, die sich bei den Franken beliebt gemacht hatten, wurden getötet, und auch die Mönche, die schon angefangen hatten, Bethäuser für ihren Gott zu errichten, wurden mitsamt ihren Holzkirchen verbrannt.

Die Frankenführer benahmen sich wie die Anfänger, und wir schlugen sie vernichtend. Neben zahllosen gemeinen Soldaten verloren die Franken an diesem Tag zwei Königsboten, vier Grafen und mindestens zwanzig Adlige. Wir waren wie berauscht, aber ein paar Wochen später wurden wir wieder nüchtern, denn nun kam Karl persönlich, und jetzt war er nicht mehr auf Frieden aus, sondern auf Mord.

In Verden an der Aller rief er alle sächsischen Edelinge zusammen, die ihm zum wiederholten Male einen (falschen) Eid geschworen hatten. Außerdem brachte er alle Geiseln und Gefangenen mit, und die nun arg verängstigten Edelinge lieferten ihm auch noch eine große Schar Freier und Halbfreier aus, die sie bezichtigten, Aufrührer gegen die Franken zu sein.

Niemand von uns war dabei, weder Widukind noch Brun, noch wir anderen, aber es muß etwas Gräßliches passiert sein. Zugegeben, wir haben ebenfalls fränkische Krieger den Göttern geopfert, aber von einem solchen Massaker, wie es in Verden stattgefunden haben soll, hat noch keiner von uns je gehört. Tausende Männer sollen da an einem einzigen Tag hingerichtet, was sage ich, abgeschlachtet worden sein. Von da an ritten wir durch ein ödes Land. Die Felder waren verwüstet, die Saaten zerstört, die Bauernhöfe abgebrannt.

Von einem fränkischen Boten, den wir abfingen, erfuhren wir, bevor wir ihn den Göttern opferten, daß es jetzt nur noch ein Gesetz im Land gab, das fränkische nämlich. Es bedrohte mit der Todesstrafe einen jeden, der dem König Karl die Treue verweigerte, der sich nicht taufen ließ, der eine Kirche schändete, der einen Priester tötete, aber sogar auch den, der an bestimmten Tagen des Jahres Fleisch aß oder einen Toten vor der Bestattung verbrannte. Hohe Geldstrafen drohten darüber hinaus jedem, der den alten Göttern opferte, außerhalb einer Kirche einen Eid schwur oder eine Frau nahm ohne den Segen des fränkischen Gottes, den sie den Christus nennen und den keiner von uns kennt.

Wir waren nur noch wenige, aber entschlossen weiterzukämpfen. Brun wollte nach Norden, ich ging in die Wälder, und nur Widukind sprach wie immer aus, was wir nicht einmal zu denken wagten. »Es ist aus«, sagte er, »es ist genug Blut geflossen. Der Christengott ist mächtiger als Wotan. Hört auf mit dem Blutvergießen. Ich werde mich stellen.« Unsere Verzweiflung ließ ihn offensichtlich kalt. Er kletterte unter Schmerzen auf sein Pferd und ritt in Richtung Westen davon. Wir anderen zerstreuten uns.

Kürzlich kam ein fränkischer Mönch durch den Wald und wollte uns zum Christentum bekehren. Widukind, erzählte er, habe sich ebenfalls taufen lassen, und König Karl habe ihn sogar wieder als Graf über seine alten Besitztümer eingesetzt. Ich halte das sogar für glaubwürdig, denn Widukind war niemals ein Held und Karl vermutlich schlau genug, ihm nicht nur das Leben, sondern auch sein Eigentum zu belassen, um allen Sachsen zu zeigen, wie gnädig die Franken sein können, wenn man ihnen nur gehorcht.

Als der Mönch uns nunmehr fragte, ob wir nicht auch Christen werden wollten, haben wir ihn ausgelacht. Er aber hielt uns ein Kreuz entgegen und rief: »Entsagt ihr dem Teufel und allem Teufelswerk? Und Donar und Wotan und Saxnot und allen Unholden?«

Da haben wir ihn einfach totgeschlagen und im Wald verscharrt.

ZEITRAFFER

754	Winfried (geb. 672/673), englischer Mönch aus Wessex, genannt Bonifatius, »Apostel der Deutschen«, beim heutigen Dokkum von heidnischen Friesen erschlagen.
772–804	Sachsenkriege Karls des Großen.
772	Zerstörung der Eresburg (an der Diemel), Zerstörung der den Sachsen heiligen Irminsul und Eroberung der Hohensyburg (am Zusammenfluß von Lenne und Ruhr).
782	Großer Sachsenaufstand, gefolgt vom sogenannten »Blutbad von Verden«.
785	Taufe Widukinds.
802	Mit der »Lex Saxonum« erhalten die Sachsen weitgehend ihr altes Volksrecht zurück.

Was an der alten Zeit so gut war

Leben in den Tag hinein · Von Wasser-, Sand- und Sonnenuhren ·
Der Papst zaubert zwölf Tage weg · Wenn es 13 schlägt

D as waren noch Zeiten«, seufzen wir, wenn wir an »die gute alte Zeit« denken, und das tun wir häufig, aber besonders einfallsreich ist das nicht. Schließlich haben nicht nur die griechischen und römischen Philosophen standhaft behauptet, in ihrer Jugend sei alles viel schöner gewesen, die Menschen hätten mehr auf Sitte und Anstand geachtet, und erst die Jugend von heute ... achGottachgott! Auch die Minnesänger an den staufischen Königshöfen klagten, nichts sei mehr so wie anno Tobak am Hof des Königs Artus, obwohl der noch nicht einmal gelebt hat.

Von jeher waren es die Alten, die über die Jungen herzogen, ohne sich der absoluten Widersinnigkeit ihrer Klage bewußt zu werden. Schließlich muß es ja logischerweise ganze Generationen junger Leute gegeben haben, die sehr viel sittsamer gelebt haben als ihre Ahnen, denn sonst wäre die gesamte Menschheit innerhalb weniger Generationen zu amoralischem Gesindel pervertiert. Immerhin: In der viel beschworenen guten alten Zeit des Mittelalters jedenfalls ging es zumindest den Menschen deshalb besser, weil sie den Begriff »Zeit« in unserem Sinne überhaupt noch nicht kannten.

Ein Großstadtmensch von heute, den morgens der Wecker aus dem Tiefschlaf reißt, der sein Frühstück in sich hineinschlingt, um den Bus nicht zu verpassen, der pünktlich im Büro sein muß und von 12.30 bis 13.00 Uhr Mittagspause hat, der um 16.45 Uhr den Computer abschaltet, schnurstracks nach Hause fährt, um nur ja keine Fernsehsendung im Vorabendprogramm zu versäumen, der schließlich um 19.30 Uhr auf der Kegelbahn eintrifft (Zuspätkommen kostet fünf Mark) und der wie gewöhnlich um Mitternacht in seinem Bett landet, obwohl er gerne noch ein Bierchen mehr getrunken hätte, aber morgen früh geht ja wieder der Wecker ...

Ein solcher Großstadtmensch wird sich schwertun mit der Vorstellung, daß sein mittelalterlicher Vorfahre zwar eine Menge Sorgen hatte, aber diesen Zeitstreß nicht einmal vom Hörensagen her kannte. Time war für ihn eben kein Money, obwohl die Amerikaner stur bei dieser Behauptung bleiben. Zeit ist ein Begriff, der als Streßfaktor erst in der Renaissance erscheinen wird, aber seitdem lassen wir uns mit unverständlichem Masochismus von ihm beherrschen. Ich möchte denjenigen Autofahrer sehen, der nicht – je nach Erziehung – mehr oder weniger laut flucht, weil vor ihm jemand mit 40 Stundenkilometern einherschleicht, ihm das Überholen verwehrt oder ihn aus der grünen Welle hinauswirft.

Man verliert zwar nur eine oder schlimmstenfalls zwei Minuten, und es ist ja wohl vollkommen gleichgültig, ob man 100 oder 200 Sekunden früher zu Hause ankommt. Was denn werden wir mit dieser »gewonnenen« Zeit anfangen? Überhaupt nichts, aber man hat uns nun einmal anerzogen, daß man keine Zeit »verschwenden« oder »vertrödeln« und schon gar nicht dem »Herrgott die Zeit stehlen« darf. Schierer Schwachsinn – zumindest im Privatbereich, aber es ist nun mal so, und deshalb ist der Herzinfarkt nicht am Arbeitsplatz fällig, sondern sehr viel häufiger in der Freizeit.

Das Ausnutzen der zur Verfügung stehenden Zeit ist längst pervers geworden. Beobachtungen haben ergeben, daß ein Mensch in New York (oder auch in Berlin oder London) im Durchschnitt doppelt so schnell geht wie sein Mitmensch in einem griechischen oder andalusischen Dorf. Weshalb bloß? Unsere Computer arbeiten inzwischen mit einer milliardstel Sekunde. Da sich darunter kaum jemand etwas vorstellen kann, hier ein Vergleich: Das Fingerschnippen eines Menschen dauert ziemlich genau fünfhundertmal länger. Was für ein Wahnsinn!

Kehren wir zurück zu den Menschen im Mittelalter, die nicht die Möglichkeit besaßen, von einem komischen kleinen Ding am Handgelenk auf die Sekunde genau abzulesen, was die Stunde denn nun geschlagen hatte. Voller Bewunderung beschreibt der Chronist Einhard einen Gegenstand am Hof Karls des Großen: »Die Uhr war aus Messing und mit erstaunlicher Kunstfertigkeit zusammengebaut. Eine Wasseruhr zeigte den Verlauf von zwölf Stunden an, bei deren Verlauf zwölf Kügelchen herabfielen und eine darunter angebrachte Zymbel zum Erklingen brachten. Eine gleiche Anzahl von Reitern sprang zur vollen Stunde durch zwölf Tore heraus, und sie schlossen dieselben durch den Schwung ihres Sprunges.«

Wir wissen, daß Karl der Große in engem Kontakt mit islamischen Herrschern stand, aber bei diesen hätte eine solche Uhr nur ein müdes Lächeln hervorgerufen. Die Wasseruhr nämlich gab es schon im alten Ägypten, und im Orient war sie so selbstverständlich wie uns heute ein Videorecorder, aber den (noch glücklichen) Franken schien sie ein wahres Wunderwerk, was sie aus handwerklicher Sicht wohl auch gewesen sein mag. Aber sie war eben nur ein Kunstwerk und noch kein Antreiber.

Hunderttausende von Jahren hindurch gab es für den Menschen – wie ja bis heute für die Tiere und Pflanzen – nur zwei Maßstäbe für die Zeit: Das waren zum einen die Jahres- und zum anderen die Tageszeiten. Man richtete sich also nach halbwegs definierbaren Naturerscheinungen wie Sonnenauf- und -untergang und nach der Länge der Tage. Ähnlich ungenau wie diese Zeiteinheiten waren ja auch die Flächenbeschreibungen. Man sprach weder von Quadratmetern noch von Hektar. Das Stück Acker, das ein Bauer im Laufe eines Tages bearbeiten konnte, nannte man »ein Tagwerk«, wobei man großzügig darüber hinwegsah, daß es nicht nur verschieden lange Tage, sondern auch sehr unterschiedlich fleißige Bauern gab.

In Hochkulturen konnten Gelehrte und Priester – was ja bis ins Mittelalter hinein fast immer identisch war – schon recht früh astronomische Vorgänge genau beschreiben und zum Teil auch vorhersagen. Eine Verfinsterung der Sonne oder des Mondes zum Beispiel. Auf diesem größtenteils geheimen Wissen beruhte ihre Macht über das Volk, für das der Tag zu Ende ging, wenn die Sonne versank, und ein neuer Tag mit dem Wiedererscheinen der Sonne begann.

Das Mittelalter kannte zunächst nur drei verschieden funktionierende Zeitmesser: die Wasseruhr, die Sanduhr und die Sonnenuhr, die naturgemäß nur dann etwas taugte, wenn auch die Sonne schien. Sie stellte im nördlichen Europa also ein ziemlich unzuverlässiges Instrument dar. Wasser- und Sanduhren glichen sich insofern, als eine bestimmte Menge Materie in einer bestimmten Zeit von oben nach unten rieselte. Einfacher zu handhaben war in jedem Fall die Sanduhr, die

je nach Größe jede halbe oder ganze Stunde umgekippt wurde. Die
Seeleute sprechen noch Jahrhunderte später vom dritten oder vierten
»Glasen«, ein Wort, das zurückgeht auf die Zeit, als man die gläserne
Sanduhr benutzen mußte, weil es sonst keine Zeitmessung gab, um
beispielsweise die Wachen rechtzeitig abzulösen.

Selbst in strengen Benediktinerklöstern richtete man sich mit den
Gebeten nicht nach Uhren, sondern nach der Tageslänge. Es gab ein
Nachtgebet, dann eines bei Tagesanbruch (das war natürlich sehr
davon abhängig, ob Sommer oder Winter herrschte), dann wiederum
kurz darauf bei Sonnenaufgang, dann etwa um 9.00, um 12.00 und um
15.00 Uhr, schließlich bei Sonnenuntergang und dann wieder in der
Nacht.

Auf die Minute kam es dabei weiß Gott nicht an, und deshalb waren
in einem Kloster Uhren eigentlich überhaupt nicht notwendig. Eine
Sonnenuhr – warum nicht, die war billig und brauchte nicht gepflegt zu
werden. Wasseruhren waren schon ein unerhörter Luxus und im
Winter unbrauchbar, weil sie – zumindest nördlich der Alpen – ständig
Gefahr liefen einzufrieren. Blieb die Sanduhr, die jedoch nur relativ
kurze Zeiten angeben konnte. Aufgrund ihres schnellen Ablaufens
wurde sie im Hochmittelalter zum Symbol des Todes, der – als Skelett
abgebildet – neben der Sense, mit der er die Menschen dahinmäht,
auch stets eine Sanduhr bei sich trägt.

Ganz selten wurden auch Kerzen als eine Art Uhr benutzt, aber sie
waren doch allzu unzuverlässig, wenn man bedenkt, wieviel schneller
eine Kerze abbrennt, wenn beispielsweise etwas Zugluft herrscht. Immerhin sind solche »wächserne Uhren« zwischen dem 9. und 14. Jahrhundert belegt. Daß man sich überhaupt mit so simplen Zeitmessern
zufriedengab, beweist, daß Zeit als solche keinerlei Wert besaß. Zeit war
wie Leben, beides war von Gott gegeben, und über beides verfügte er
allein. Zukunft konnte wegen der stets unsicheren Zeiten kaum geplant
werden, und Vergangenheit war unwichtig und mehr Sage und Märchen denn exakte Historie, sehr zum Leidwesen unserer Geschichtswis-
senschaftler, denen das vertrackte Kalendarium der ersten nachchristlichen Jahrhunderte einen Haufen Nüsse zu knacken hinterließ.

Das fängt damit an, daß man lange Zeit die Erschaffung der Welt auf
das Jahr 4484 vor der Gründung Roms (angeblich 753 v. Chr.) datierte.

Dann zählte man Jahrhunderte hindurch die Jahre nach der Gründung
Roms, bis im 6. Jahrhundert der Abt Dionysius Exiguus, ein Freund des
Cassiodor, der wiederum der Geheimsekretär des Ostgotenkönigs
Theoderich des Großen war, den aus christlicher Sicht höchst vernünftigen Vorschlag machte, Christi Geburt als Fixpunkt aller Zeiten zu
setzen. Sein Vorschlag wurde jedoch erst unter der Regierung des Königs Otto III. im Jahre 996 wenigstens im Deutschen Reich aufgegriffen.

Jetzt war man also endlich so weit, daß man nach Jahren zählte, die
vor oder nach Christi Geburt lagen. Aber da war noch immer die
Geschichte mit dem einheitlichen Kalender. Das Problem lag und liegt
bis heute darin, daß zwölf Mondphasen leider nicht die erforderlichen
365,2422 Tage eines Sonnenjahres ergeben, sondern rund zehn Tage
weniger. Was macht man mit dem Rest? Nun, man schaltet in gewissen
Abständen ganze Monate ein, wie es im jüdischen Kalender noch bis
auf den heutigen Tag geschieht.

Das war Julius Caesar zu umständlich, und er schuf eine Kalender-
form, die auch seinen Namen trägt: den Julianischen Kalender, der
vom 1. Januar 45 v. Chr. an festlegte, daß jedes vierte Jahr ein Schalt-
jahr sei und der Februar anstelle von 28 Tagen nun deren 29 habe.

Jetzt betrug die Abweichung von einem Sonnenjahr nur noch 11 Minuten und 14 Sekunden, aber auch das läppert sich im Verlauf von
etlichen Jahrhunderten ganz schön zusammen, und im 16. Jahrhundert
hatten sich die Minuten schon auf zwölf Tage summiert, so daß Papst
Gregor XIII. im Jahre 1582 noch einmal eine kleine Korrektur durchführen mußte und uns den noch heute gültigen Kalender bescherte.
Dazu war es aber notwendig, die aufgelaufenen zwölf Tage irgendwo
und irgendwie verschwinden zu lassen. Der Papst schaute mal kurz in
den Kirchenkalender, und da es Anfang Oktober keine bedeutenden
Feste gab, rationalisierte er zunächst einmal zehn Tage weg, so daß auf
den 4. Oktober 1582 sofort der 15. Oktober folgte, und dann wurden
auch die beiden restlichen Tage weggezaubert.

Aber so weit in die Zukunft wollen wir nicht schauen. Bleiben wir
im Mittelalter, und zanken wir uns mit den Menschen dieser Zeit
zunächst einmal darum, wann denn beispielsweise ein Jahr zu beginnen
habe. Die einen meinten, daß nur das Osterfest in Frage komme,
andere hielten den 1. März für richtig, während wieder andere für

Weihnachten plädierten, aber es war beileibe nicht so, daß man diese Frage nur diskutierte: Man praktizierte auch diese verschiedenen Termine. Wenn man zudem berücksichtigt, daß das Osterfest ja stets auf den ersten Sonntag nach dem ersten Frühlingsvollmond fällt, werden die Zeitangaben noch diffuser.

Unbekümmert schreiben die Chronisten drauflos, als wollten sie nur von ihren Zeitgenossen verstanden werden, die sich natürlich noch an dies und jenes erinnerten, von dem wir keinerlei Ahnung haben. Sind Angaben wie »im dritten Jahr des Königtums von Heinrich II.« noch einigermaßen zu definieren, wird es schon schlimmer, wenn jemand schreibt, daß dies oder jenes »am zweiten Mittwoch vor Mariä Himmelfahrt« passiert sei, und total unverständlich wird eine Datierung wie »im dritten Jahr nach der schweren Mißernte« oder andere derart vage Angaben.

Dem Glücklichen schlägt bekanntlich keine Stunde, aber daraus zu folgern, daß diejenigen, denen die Stunde schlägt, unbedingt unglücklich sein müssen, wäre übertrieben. Das Spätmittelalter jedenfalls wäre vielleicht überhaupt nicht zu seinen überragenden Leistungen fähig gewesen, wenn nicht gegen Ende des 13. Jahrhunderts die Räderuhr erfunden worden wäre. Es gibt viele Historiker, die die Geburtsstunde der ersten Räderuhr für die damalige Zeit als ebenso wichtig erachten wie die der Dampfmaschine für das Zeitalter der Industrialisierung. Ohne Uhr nämlich gibt es keine Präzision, ohne Präzision wiederum keine exakte Berechnung und ohne diese keine Wissenschaft. Ähnliches gilt natürlich auch im weitesten Sinn für Handel und Handwerk. Man schlief nicht mehr bis zum ersten Hahnenschrei. Man war vielmehr auch im Winter in der Lage, frühmorgens um 6.00 Uhr an die Arbeit zu gehen, sofern man sich eine Uhr leisten konnte. Leider waren dazu anfangs natürlich nur sehr wenige Bürger in der Lage.

Also wurden zunächst einmal in den wohlhabenden Städten sogenannte Türmeruhren installiert, Räderuhren, die aber noch nicht von der Straße aus zu sehen waren, denn sie hatten keine Zeiger, sondern gaben alle Stunde dem Türmer ein Weckzeichen. Dieser schlug nun ein oder mehrere Male an die große Kirchenglocke, auf daß die Bürger wußten, was die Stunde geschlagen hatte.

1335 soll die erste Uhr dieser Art im Turm der Kirche von

S. Gottardo in Mailand aufgebaut worden sein. Tatsache jedenfalls ist, daß die städtische Uhr entweder im Kirchturm oder aber hoch oben am Rathaus angebracht werden mußte, damit man die Schläge der Glocke auch weithin hören konnte. Diese vorteilhafte Installierung hoch über der Stadt erwies sich dann ein paar Jahrzehnte später, als die Uhren einen von außen sichtbaren Stundenzeiger erhielten, denn auch als sehr nützlich. Später folgte noch der Minutenzeiger, so daß man jetzt »auf die Uhr schauen« konnte, und das war für die Leute nun wirklich so etwas wie ein Wunder.

Andererseits war wieder ein Teil der menschlichen Unschuld vernichtet: der unbefangene Umgang mit der Zeit. In der Renaissance schlugen bereits von allen Türmen die unerbittlichen Glocken der Uhren, und die Zeit wurde plötzlich zu einem wertvollen Besitz, den man nicht verschleudern durfte. Die Zeit, das lernte man, war vergänglich, und jede Minute brachte den Menschen dem Tod näher. Zeit zu vergeuden war mit einem Mal zur Sünde geworden. Es schien plötzlich, als sei es immer kurz vor zwölf, und weil alles, was danach passierte, eben zu spät war, galt und gilt die Dreizehn noch heute als Unglückszahl.

Herr Weizsäcker war ein Müllerknecht

*Bei Sachsens hießen alle Otto oder Heinrich · Die Familiennamen entstehen ·
Althochdeutsch und Küchenlatein · Wege aus dem Sprachchaos*

Wer heute im Telefonbuch einer deutschen Großstadt einen gewissen Herrn Schmitz sucht, ohne zumindest dessen Vornamen
oder gar seine Adresse zu kennen, wird das Unterfangen nach einigen
Minuten entmutigt aufgeben. »Schmitze« gibt es vor allem im Rheinland zu Zehntausenden, und wenn man die Abwandlungen dieses
Namens in Schmied, Schmidt oder Schmitt mitrechnet, wird es noch
viel komplizierter. Nicht viel anders ist es bei den Beckers und Müllers,
bei den Schusters und Schneiders.

Da schämt sich so mancher seines »ordinären« Namens, aber das
braucht er keineswegs. Er darf im Gegenteil sicher sein, daß zumindest
einer seiner Ahnen im Mittelalter bereits ein höchst ehrbares Handwerk betrieb, und zwar war er vermutlich nicht irgendein Schmied oder
Bäcker, sondern entweder der einzige am Ort oder der bekannteste,
wenn nicht sogar der beste.

Im frühen Mittelalter gab es keine Nachnamen, aber schon so etwas
wie Familien-Vornamen. Das heißt, daß in einer Sippe gewisse Vornamen vorherrschten. Bei den Karolingern, also der Karl-Sippe, zum
Beispiel dominierten die Namen Karl und Ludwig, bei den sächsischen
Königen die Namen Heinrich und Otto. Später nannten sich die Adligen nach ihrem Stammsitz: Friedrich von Falkenburg oder Konrad
von Greifenstein. Noch später wurde die Stammburg sogar Namen-
geber für ein ganzes Geschlecht. Bei den Staufern etwa oder bei den
Habsburgern.

Karl, Ludwig, Lothar oder Otto, beliebte Namen dieser Zeit, sind
fränkischen oder sächsischen Ursprungs. Aber so von 1150 an wurde es
zumindest bei Bauern und Bürgern Mode, den Nachwuchs auf Vornamen zu taufen, die der Bibel, und zwar vornehmlich dem Alten

Testament entlehnt waren. Plötzlich heißen die Töchter Elisabeth und Maria, Ruth oder Esther, Anna oder Judith. Die Knaben dagegen werden Abraham, Joachim oder David genannt. Das geschah aber nicht allein deshalb, weil es gerade chic war. Man taufte die Kinder auf den Namen von Quasi-Heiligen, damit die Kinder stets das Beispiel ihres Schutzpatrons vor Augen hatten und ihn in Gefahr um Hilfe und Beistand anflehen konnten.

Die Leute von niederem Stand nannten sich – und in den kleinen Weilern war ja kaum eine Verwechslung möglich – einfach Otto, Sohn des Albert. Das reichte, jeder wußte, wer gemeint war.

Als die Weiler jedoch zu Orten und dann zu kleinen Städten heranwuchsen, wurde die Sache etwas komplizierter, und die Steuereintreiber mußten nun genaue Namenlisten anlegen. Was lag da näher, als dem Taufnamen eines Mannes den Beruf des Vaters voranzustellen. Und so wurde aus dem Sohn des Schmiedes Albert jener »Schmieds Otto«. Wobei wir der heutigen Wortform Schmitz schon sehr nahe gekommen sind. In vielen Landstrichen Deutschlands ist es ja noch heute üblich, von Lehmanns Rolf oder Vogts Marie zu sprechen. Überbleibsel aus dem Mittelalter.

Jetzt wundern wir uns nicht mehr über die vielen Menschen mit Namen wie Bauer oder Breuer (Bierbrauer), Weber oder Schulz. Dessen Urahn nämlich war irgendwann einmal Dorfschulze, also eine Art Bürgermeister. Andere Menschen dagegen, die einen vermeintlich viel »vornehmeren« Namen tragen wie beispielsweise »Weizsäcker«, leiten vermutlich ihren Namen von einem Müllersknecht ab, der den Weizen einzusacken hatte und folglich nur ein Hilfsarbeiter war.

Nun ist das eigentlich gar nicht so wichtig, ob unsere Ahnen anno pief Kaufmann oder Handwerker, Bauer oder Priester waren, aber es macht immer wieder Spaß, wenn man irgendwo auf den Ursprung von Namen oder Bezeichnungen stößt, die wir heute aussprechen, ohne uns auch nur im geringsten Gedanken darüber gemacht zu haben, wo denn dieses oder jenes sonderbare Wort aus unserer Sprache herstammt.

Manchen Leuten zum Beispiel macht die Arbeit, der sie nachgehen, richtig Spaß. Aber rein sprachlich ist das ein großer Widerspruch, denn eigentlich dürften sie nicht behaupten, sie gingen jeden Tag »mit Freude zur Arbeit«; das mittelalterliche Wort »arebeit« nämlich bedeutet Mühe und Plage. Oder: Wenn wir uns heute auf einer Karte orientieren, dann gehen wir selbstverständlich davon aus, daß die Karte »genordet« ist, daß also oben Norden und unten Süden ist. Das Wort »orientieren« stammt jedoch erkennbar vom Orient her, und das bedeutet nun einmal Osten. Früher galt Jerusalem als Nabel der Welt, und deshalb lag die Stadt nicht etwa ganz rechts am Kartenrand, sondern – wie es sich gehörte – ganz oben auf der Karte. Diese war also »geostet«. Inzwischen ist die geographische Lage zwar wieder im Lot, nur »orientieren« wir uns noch immer. Wenigstens sprachlich.

In vornehmen Salons saßen früher die Damen in einem richtig edlen Fauteuil, in einem Sessel. Das klingt herrlich französisch – oder? In Wirklichkeit stammt die Bezeichnung von einem der damals üblichen zusammenklappbaren Stühle, die anstelle einer starren, hölzernen Sitzfläche gespanntes Leder besaßen. Dieser Faltstuhl hieß damals faudestuel, und nun sagen wir gespreizt Fauteuil dazu, weil es so charmant klingt.

Kaum bekannt ist die Herkunft vieler Ausdrücke aus der Seefahrt. Das Wort Koje beispielsweise leitet sich ab von dem lateinischen »cavea« (Höhle), denn in den alten Schiffen schliefen die Matrosen ohne jeglichen Komfort in der »Höhle« des Schiffsrumpfes. Später wurden an Deck Hütten errichtet, und aus der Zusammenziehung von Koje und Hütte entstand das Wort »Kajüte«. Das Wort Kapitän ist abgeleitet vom lateinischen »caput« (Haupt), und der Matrose stammt ab vom niederländischen »maatgenot«, was soviel bedeutet wie Tischgenosse. Araber dagegen standen Pate bei dem Wort Havarie, das abgeleitet wurde von der Bezeichnung »awar«, Schaden.

Auch unsere Vornamen benutzen wir zuweilen recht gedankenlos, wenn sie nicht gerade von antiken Heiligen stammen. Ein recht häufig gewählter Jungenname ist heute Frank. Ob unsere Franks wohl wissen, daß sich ihr Name von den Franken ableitet, und in deren Sprache hieß frank nichts anderes als frei. Dieser Zusammenhang taucht noch in der Redewendung »frank und frei« auf, aber dabei denken wir uns ebensowenig etwas wie beim Aufkleben einer Briefmarke auf ein Kuvert. Wir machen es »frei«, indem wir es »frankieren«. Und nach dem Motto, daß man sich mit Geld so einiges leisten und ein *freies* Leben führen kann, nannten sowohl Schweizer wie auch Franzosen und Belgier ihre Geldeinheit Franken oder Francs.

Der uns so geläufige Name Karl hat gleichfalls eine interessante Vorgeschichte. Des großen Kaisers Vater, Pippin der Kurze, erfuhr eines Tages, als er mit seiner eigentlichen Ehefrau beim Mittagessen saß, daß ihm eine andere Frau – bekanntlich hatten zumal Könige immer ein paar Damen in Reserve – einen gesunden »Kerl« geboren habe. Der Ausdruck gefiel Pippin, und er hielt ihn auch für einen geeigneten Namen für seinen Sohn.

Ob Kerl oder Karl, so eng sah man das damals nicht, und da besagter Karl im Laufe seines Lebens fast ganz Europa regierte, fanden auch die Nachbarn, daß sein Name wohl Heil über ihre Völker bringen müsse. Die Polen machten aus dem Karl flugs einen Karól, die Ungarn einen Király und die Dänen einen Jarl. Ein Wort, das sich später im Englischen als Earl wiederfinden sollte.

Im Umgang mit Eigennamen waren die Leute in jener Zeit nicht besonders zimperlich, was schon allein deshalb zu verstehen ist, weil vornehmlich an Fürstenhöfen ein babylonisches Sprachgewirr herrschte. Da waren die Mönche mit ihrem Küchenlatein, die inzwischen schon halb Französisch sprechenden Westfranken, die Althochdeutsch redenden Ostfranken und dazwischen noch alle möglichen Dialekte, so daß die Historiker schon einige Mühe haben herauszufinden, um wen es sich denn bei jenem Chlodowech handelt, den die Mönche als Clodovicus bezeichnen, der von den Ostfranken jedoch mehr als Chlodwig ausgesprochen wurde, woraus schließlich bei uns Ludwig wurde. Bei den Franzosen dagegen wurde aus dem Chlodowech zunächst ein Clovis und letztlich ein Louis, und so heißt er auch noch heute bei unseren Nachbarn.

Damals gab es noch keinen Duden und auch noch keine Bibelübersetzung von Luther, nach der man sich hätte richten können. Um so erstaunlicher ist es, daß es keineswegs die gebildeten Mönche waren, die sich immer wieder bemühten, etwas Ordnung in das Chaos zu bringen. Da war vielmehr jener Bösewicht von Merowingerkönig, Chilperich, der mit gutem Grund wegen seiner Grausamkeit bekannter ist als wegen seiner grammatikalischen Bemühungen. Er war es jedenfalls, der verzweifelt versuchte, das, was seine Zeitgenossen kauderwelschten, einigermaßen lautsprachlich zu Papier zu bringen.

Der alte Schurke Chilperich führte ein lang gedehntes »oh« in die

Schrift ein, auch ein »the«, ein »uui« und das »ae«. Leider besitzen wir kein Tonband, auf dem die Stimme eines Merowingerkönigs verewigt ist, so daß wir weder die Notwendigkeit noch den Erfolg von Chilperichs Experimenten beurteilen können.

Einigermaßen dankbar müssen wir dagegen dem großen Karl sein, daß er gewisse Neuerungen sprachlicher Art nur anregte und nicht per Gesetz durchpaukte. Das schlimmste für uns wäre wohl ein neuartiges Schreibsystem für Zahlen gewesen: Nach seiner Vorstellung hätten wir auf einem Scheck die Summe von 553 Mark folgendermaßen schreiben müssen: »Zehenzug inti finfzug inti thriu«.

Des Kaisers Tochter Bertha
plaudert aus dem Nähkästchen

Augenzeugenbericht: *Der Kaiser stirbt · Ludwig der Frömmler ·*
Schlechte Karten für die Schwestern · Die kindischen alten Herren ·
Keine Männer für die Töchter · Kleine Sexualkunde mit Strafkatalog ·
Frivoles Geplänkel · Die Kinder Karls des Großen

Ich bin Bertha, Tochter des Kaisers Karl und seiner Ehefrau Hilde-
gard, die ihm in zwölf Ehejahren immerhin neun Kinder schenkte.
Aber nun ist sie schon lange tot, und auch Vater liegt im Sterben.
Hildebad ist bei ihm, der Erzbischof von Köln und Erzkaplan des
Reiches, um ihm die Sterbesakramente zu spenden.

Vaters Tod kommt für niemanden überraschend. Schließlich hat
er sein ganzes Leben im Sattel verbracht, rittlings zwischen Reims
und Paderborn, zwischen dem Nordmeer und Italien. Und wir, seine
Frauen, Kinder und Enkel, sind mitsamt dem gesamten Hof in unseren
unbequemen Karren mit den großen Scheibenrädern über die unmög-
lichsten Wege hinter ihm hergerumpelt. Nun gut – inzwischen sind wir
hier in Aachen so gut wie seßhaft geworden, aber Vater hat sich dennoch in den letzten Jahren kein bißchen geschont.

Ganz abgesehen davon, daß er die sicherlich nicht gesundheitsför-
dernde Angewohnheit besaß, mitten in der Nacht aufzustehen, um
Briefe zu diktieren oder Verordnungen zu erlassen, hat er selbst noch in
diesem Winter fast täglich gejagt. Von den Ermahnungen seiner Ärzte,
er möge wenigstens auf den Verzehr des erlegten Wildes verzichten
oder doch zumindest von dessen Innereien absehen, wollte er nichts
wissen, obwohl ihn schwer die Gicht plagte.

Dabei muß er schon Todesahnungen gehabt haben, was bei einem
Mann von über 70 Jahren auch nicht weiter erstaunlich ist. Jedenfalls
trug er bereits seit geraumer Zeit eine Kutte unter seinem Gewand, und
mir gegenüber hat er sogar einmal angedeutet, er spiele mit dem Gedanken, seine Tage in einem Kloster zu beschließen. Ich habe ihn damals
ausgelacht. Was soll ein Mann wie er schon in einem Kloster! Wahrscheinlich hat er es auch gar nicht ernst gemeint.

Vor einer Woche dann bekam er plötzlich hohes Fieber, und wie immer, wenn er krank war, verordnete er sich eine strenge Fastenkur, ohne die Ärzte um Rat zu fragen. Nicht einmal ich konnte ihn dazu bewegen, irgend etwas Stärkendes zu sich zu nehmen. Dann entzündete sich auch noch sein Rippenfell, und der Husten zerriß ihm fast die Brust. Sein Gesundheitszustand ist inzwischen so hoffnungslos, daß man höchst pietätlos schon damit begonnen hat, sein Grabmal anzulegen. Ich glaube auch den Grund für diese merkwürdige Hast zu kennen. Vor vielen Jahren hat Vater einmal den Wunsch geäußert, seine letzte Ruhe in Saint-Denis bei Paris zu finden, wo ja viele große Könige begraben sind, aber das würde unseren Herren bei Hof kaum gefallen. Sie wollen bestimmt Aachen zu einer Pilgerstadt machen, indem sie den großen Kaiser hier bestatten.

Mir ist das im übrigen völlig gleichgültig. Ich werde ohnehin nicht an seinem Grab beten können. Die Tage, da dieser Hof Mittelpunkt einer fröhlichen, strahlenden, studierenden und diskutierenden Gesellschaft war, sind gezählt. Über die Pfalz wird sich ein Leichentuch breiten, und zwar nicht nur für die Dauer der offiziellen Staatstrauer. Für lange Zeit wird hier die Stille eines Friedhofs herrschen. Mich fröstelt; nicht wegen der Kälte dieses eisigen Januartages. Ich denke an Ludwig, meinen Bruder.

Vater hat oft mit meiner Schwester Rotrud und mir über unsere Brüder gesprochen, und deshalb weiß ich auch, was er von seinen Söhnen hält. Da war zunächst Pippin, Vaters ältester Sohn, aber ohne jede Chance auf die Thronfolge, weil seine Mutter nicht mit Vater verheiratet war. Himiltrud war nur eine Friedelfrau, wenn auch von Adel. Bruder Pippin war bildschön von Angesicht. Leider hatte er einen Buckel und geriet an falsche Freunde. Als junger Mann zettelte er eine Verschwörung gegen Vater an und hatte noch Glück, daß er nicht zusammen mit seinen Kumpanen zum Tode verurteilt wurde. Vater liebte alle seine Kinder, auch den unglückseligen armen Buckel, und darum steckte er ihn nur ins Kloster Prüm, wo er noch 18 Jahre als Mönch lebte. Vor kurzem erst ist er gestorben.

Dann gab's da noch Pippin, meinen zweitältesten Bruder (er hieß bis zu seinem vierten Lebensjahr übrigens Karlmann), den Vater zum Unterkönig der Lombardei machte, und natürlich den ältesten Sohn

unserer Mutter Hildegard, der wie Vater Karl hieß und sein Lieblingssohn war. Aber auch er starb vor drei Jahren ganz plötzlich, noch bevor
Vater ihn als seinen Nachfolger designieren konnte, und nun bleibt
leider nur noch Bruder Ludwig über, der prüde Duckmäuser! Den
»Mönch« nennt man ihn schon jetzt.

Ich kenne Vaters Testament. Nur einen Bruchteil seines riesigen
Vermögens hat er seiner vielköpfigen Familie vermacht, den Rest an
Diözesen und Städte vergeben, aber ich komme schon zurecht. Ich muß
nur schnell meine Zelte hier abbrechen, denn wie ich mein Brüderchen
kenne, grollt er mir noch immer und wird versuchen, mich in ein
Kloster zu stecken. Aber das würde nun vollends meinen Absichten
widersprechen, denn auch mit 35 Jahren bin ich noch eine attraktive
Frau, wie man mir – unter uns – fast täglich beweist.

Die Abneigung, die ich gegenüber meinem Bruder empfinde, beruht auf Gegenseitigkeit, aber ich merke, daß ich die Geschichte von
hinten aufzäume. Ich sollte besser von vorne anfangen, und zwar mit
dem Mann, der keine hundert Schritte von mir entfernt mit dem Tode
ringt. Jetzt ist er ein Greis, aber ich sehe ihn noch immer vor mir, wie er
aussah, als er noch ein Krieger war. Ich kenne keinen Mann, der höher
gewachsen war als er. Dabei war er nicht eigentlich schön, aber enorm
attraktiv. Er besaß Charme, brauchte viel Liebe und verströmte ebensoviel davon.

Er war anspruchsvoll und bei weitem eher ein Krieger denn ein
König. So kleidete er sich auch. Mit seinen Hosen aus Leinen und
seinem Wams aus Schaffell glich er einem gewöhnlichen Bauern, und
ich erinnere mich, wie er sich über einige Herren vom Hof lustig
machte, die einen kurzen Seidenumhang trugen. Wozu denn so etwas
dienen solle, fragte Vater und sagte, da würde einem ja sonst was
abfrieren, wenn man mal an den Baum müsse. Um ehrlich zu sein: Er
drückte sich noch etwas drastischer aus. So war er eben.

Ich bin auch der Meinung, daß er ein großer Politiker war, der
wirklich einen Krieg erst dann eröffnete, wenn alle anderen Mittel
versagt hatten. Jetzt werden Sie mir mit den Sachsen kommen und
dem sogenannten Blutbad an der Aller. Wenn Sie sonst nichts über
die Sachsen wissen, brauchen wir nicht weiter zu diskutieren. Ich
glaube, es hat niemals einen König gegeben, der derart hartnäckig ver-

sucht hat, einen Konflikt auf dem Verhandlungsweg zu bereinigen, und es waren die Sachsen, die jeden, aber auch jeden Eid gebrochen haben, bis meinem Vater – nach vielen Jahren erst – der Kragen geplatzt ist.

Tapfer war er, fleißig, dickköpfig wie ein Maultier, aber er hatte natürlich auch seine Macken. Sauberkeit zum Beispiel. Wehe, es hätte sich jemand getraut, mit ungewaschenen Händen Speisen zuzubereiten oder Weintrauben mit Füßen zu keltern! Eine seiner klügsten (und für mich erfreulichsten) Neuerungen war der Einsatz sogenannter Königsboten. Die hatte es zwar schon immer gegeben, aber sie wurden nur unregelmäßig losgeschickt. Nun aber wurden diese jungen, tapferen und klugen Männer zu einer ständigen Institution, und wenn sie in einer Provinz auftauchten, um nach dem Rechten zu sehen, dann galt ihr Wort so viel wie das des Kaisers. Wenn sie dann aber nach Aachen zurückkehrten, waren sie müde und brauchten sehr viel Zärtlichkeit. Davon aber besaß ich reichlich.

Vater liebte seine Familie überaus, aber ebenso wohl fühlte er sich im Kreise gebildeter Männer, die er aus aller Herren Länder an seinen Hof rief. Angelsachsen waren es und Iren, Lombarden und Friesen, Goten und Bayern. Der wichtigste war wohl Alkuin, der aber als Abt nach Tours ging, als ich noch ein junges Mädchen war. Dann war da Einhard, der sich in allen schönen Künsten auskannte, die Bauvorhaben des Königs leitete, aber auch als Gesandter losgeschickt wurde, wenn es um besonders heikle Aufgaben ging. Und natürlich der Franke Angilbert, aber von dem erzähle ich später noch so einiges.

Was war das für ein Kreis, dem so hochqualifizierte Männer angehörten? Eine Denkfabrik, die Schule des Reiches oder nur eine Herrenklatschrunde? Von allem wohl etwas. In erster Linie aber eine Schule. Selbst wir Mädchen wurden von Alkuin persönlich unterrichtet, und alles Wissen der Zeit wurde an Vaters Hof zusammengetragen, niedergeschrieben und weitergegeben. Andererseits fand ich es kindisch, daß sich diese hervorragenden Geister gegenseitig mit Spitznamen bedachten.

Ich bin nie dahintergekommen, warum man Alkuin ausgerechnet Flaccus nannte. Den kleinen Einhard riefen sie Nardus, auch das war mir unverständlich, denn manchmal sprachen sie ihn auch mit Bezaleel an. Nur daß sie Vater David nannten, leuchtete mir ein. David war ja schließlich ein großer König.

Abgesehen von Vater selbst waren diese gelehrten Männer – mit einer Ausnahme – viel zu sehr mit ihren Gedanken und Gesprächen beschäftigt, als daß sie wahrgenommen hätten, wieviel weibliche Schönheit am Hofe des Kaisers blühte. Schon allein Vaters Frauen und Freundinnen waren die reinste Augenweide. Ich will mal sehen, ob ich sie noch auf Reihe kriege: Also da war zunächst mal sein Liebchen Himiltrud, die ihm den armen Pippin gebar. Ich kannte sie nicht, aber sie muß wohl sehr attraktiv gewesen sein, denn sonst wäre Vater kaum mit ihr ins Heu gegangen und Pippin (trotz seines Buckels) nicht so hübsch geworden.

Nummer zwei war Desiderata, die Tochter des Langobardenkönigs Desiderius. Die hat er nur auf dringenden Wunsch seiner Mutter geheiratet, die ein Bündnis mit den Langobarden anstrebte. Als sich dieses Bündnis zerschlug, schickte Karl besagte Desiderata wieder nach Hause. Vermutlich war sie ihm auch nicht aufregend genug gewesen. Nun endlich heiratete er meine Mutter, mit der er sehr glücklich war. Als Kind spürt man das.

Über das Schicksal meiner Brüder habe ich schon gesprochen, nur einen habe ich vergessen: den kleinen Lothar, den Zwillingsbruder von Ludwig. Gottlob starb er als Kleinkind, denn wäre er so geworden wie Ludwig – zwei von dieser Sorte hätte ich kaum ertragen! Dann habe ich noch zwei ältere Schwestern, Adelheid und Rotrud, und zwei jüngere, Gisela und Theodrada. Ich war gerade fünf Jahre alt, als meine Mutter starb und Vater, der auch nicht ein einziges Jahr allein leben konnte, die schöne Fastrada heiratete. Sie war außerordentlich elegant, schenkte meinem Vater aber nur eine Tochter, die Hiltrud getauft wurde.

Fastrada war so aufregend schön, daß nach ihrem Tod das geradezu unglaubliche Gerücht aufkam, mein Vater habe sich nicht von ihr trennen können und sogar noch ihre Leiche geschändet! Man mag meinem Vater ja in Liebesdingen alles mögliche zutrauen, aber derart pervers war er nun sicherlich nicht. Außerdem weiß ich genau, daß Vater zu diesem Zeitpunkt überhaupt nicht mehr mit ihr schlief, denn sie war wenigstens ebenso launisch wie schön, sondern daß er längst ein Verhältnis mit der bildhübschen Luitgard unterhielt, die er dann auch heiratete. Leider starb sie schon nach vier Jahren, und nun wollte Vater nicht mehr. Nicht mehr heiraten, meine ich. Wozu auch? Die Erbfolge schien gesichert, eheliche Söhne brauchte er keine mehr, und Töchter hatte er ohnehin genug.

Von da an hielt er sich nur noch Konkubinen, die er allerdings normalerweise gut versorgt entließ, wenn sie schwanger wurden. Ihre Kinder erhielten die gleiche Ausbildung wie wir selbst und wurden in der Regel auf den geistlichen Stand vorbereitet. Nicht als einfacher Mönch oder gemeine Nonne natürlich. Äbtissin würden sie werden oder Abt. Uneheliche Abstammung ist ja keineswegs ein Makel; so mancher Bastard macht Karriere, nur König werden, das kann er halt nicht.

Nun werden Sie sicherlich neugierig auf meinen Ehemann sein, von dem überhaupt noch keine Rede war. Ganz einfach: Ich habe keinen. Und warum stecke ich dann nicht längst in einem Kloster, wie das bei unverheirateten Töchtern so üblich ist? Noch einfacher: Weil mein Vater es nicht wollte. Vater mußte zeit seines Lebens alle Frauen, die er liebte, um sich haben, und deshalb durften wir Mädchen auch nicht heiraten. Sehr egoistisch, nicht wahr? Vielleicht auch nicht. Denn um ein Haar hätten meine Schwester Rotrud, die noch hübscher war als ich (vor ein paar Jahren ist sie leider gestorben), und ich doch geheiratet, aber ich glaube nicht, daß wir dann glücklicher geworden wären.

Rotrud sollte aus politischen Gründen mit Kaiser Konstantin VI. von Byzanz verheiratet werden. Sie war sogar schon mit ihm verlobt, ohne ihn jemals gesehen zu haben natürlich. Für eine Tochter meines Vaters war selbstverständlich nur das Feinste vom Feinen gut genug. Doch als sich die Beziehungen zu Byzanz trübten, löste mein Vater die Verlobung, und Rotrud war von einem höchst ungewissen Schicksal erlöst.

Mir erging es ähnlich. Ich war gerade zehn Jahre alt, da bat Vater den König Offa, der die britische Region Mercia beherrschte, für seinen Lieblingssohn Karl um die Hand der englischen Kronprinzessin. Offa war sofort bereit, wollte aber zugleich mich als Frau für seinen Sohn Ecgfrith. Das wiederum ärgerte meinen Vater derart, daß er auch diese Heirat platzen ließ.

So wird man zur alten Jungfer. Oder auch nicht. Wir Schwestern waren ziemlich frühreife Blagen, und wir sahen ja, was am Hof so alles lief. Rotrud schnappte sich den Grafen Rorico, einen sehr stattlichen Mann, und nahm ihn zunächst heimlich, dann ganz offen nachts mit in ihre Kammer. Ich dagegen hatte schon lange ein Auge auf einen Mann aus Vaters erlesener Runde geworfen, den die Männer in ihrer kindischen Art »Homer« nannten. In Wirklichkeit – und daher sein Spitzname – war er ein glänzender Dichter, ein Diplomat und zugegebenermaßen auch ein Luftikus.

Vor allem war er ein großer Schmeichler, der meinen Vater »Leuchtturm Europas« nannte, was selbst einem so schlichten Mann, wie es der Kaiser nun einmal war, runterging wie Honig. Und als Vater die Luitgard zur Frau nahm, da beschrieb sie mein schöner Geliebter mit so süßen Worten, daß ihm die Dankbarkeit Karls für ewig sicher gewesen wäre, wenn er sie nicht ohnehin schon in vollen Zügen genossen hätte.

Mein »Homer« – der eigentlich Angilbert heißt – ist nämlich längst Abt von Centula, das an der Somme-Mündung liegt, und hat sein Schäfchen im trockenen. Aber er hat, das muß man auch sagen, dem Kaiser mindestens so wertvolle Dienste geleistet wie mir. Wenn auch auf gänzlich verschiedene Weise. Es gibt da eine Geschichte, derzufolge er mich in der Nacht heimlich besucht habe, und als er mich im Morgengrauen verlassen wollte, da stellten wir angeblich fest, daß es geschneit hatte. Wäre er also von mir gegangen, dann hätten seine Fußstapfen, die von meinem Fenster fortführten, ihn verraten und mich bloßgestellt. Also hätte ich meinen Geliebten auf den Rücken gepackt und ihn in seine Unterkunft getragen.

Was für ein Unsinn! Da hätte ich doch wohl erklären müssen, warum ich nachts aus meinem Fenster geklettert wäre und zu Angilberts Unterkunft und wieder zurück gegangen wäre! Alles Blödsinn. Einen solchen Aufwand hätten wir überhaupt nicht zu treiben brauchen, denn Vater wußte schließlich wie jedermann am Hof, wer gerade ein Verhältnis mit wem hatte.

Außerdem waren die Folgen unserer nächtlichen Vergnügen ja auch recht bald zu sehen. Rotrud bekam ein Kind und ich gleich deren zwei. Hätte Vater etwas dagegen einzuwenden gehabt, wäre sowohl Graf

Rorico als auch mein Angilbert mit Schimpf und Schande vom Hofe gejagt worden. Außerdem hätte Vater ihnen zuvor die Hoden abschneiden lassen, was ich schon immer als eine höchst ungerechte Strafe angesehen habe, weil man damit nicht nur die Männer, sondern zugleich auch die Frauen bestraft.

Finden Sie mich frivol? Das würde mich nicht wundern, doch hier am Hof ist Frivolität normal. Die Sitten sind einigermaßen verwildert, was Sie aber nicht sonderlich wundern sollte. Bedenken Sie, wie häufig die Männer unterwegs sind, wenigstens unsere eigenen, während eine ganze Menge höchst attraktiver anderer Helden sich nach Liebe sehnt.

Mein Vater drückte beide Augen fest zu. Einerseits hatte er wohl eingesehen, und dafür muß man ihn loben, daß Hochzeiten aus politischen Gründen nichts anderes sind als verkappter Geiselaustausch und deshalb nicht nur unwürdig, sondern für die eigenen, geliebten Kinder auch ein unzumutbares Opfer. Unter Stand darf man seine Töchter auch nicht weggeben, ganz abgesehen davon, daß ein mächtiger Herzog, der Schwiegersohn des Kaisers wird, plötzlich auf komische Gedanken kommen könnte.

Bliebe also nur das Kloster, aber das ist fast ebenso schlimm wie Verbannung, und deshalb behielt uns Vater lieber bei sich. Wenn wir uns amüsierten – um so besser. Er tat schließlich das gleiche, und daß er das, was er sich selbst gestattete, auch uns gönnte – dafür bin ich ihm noch heute dankbar.

Natürlich, es gab und es gibt auch jetzt noch Stimmen, die den Hof als zweites Sodom oder auch Gomorrha bezeichnen. Die Frömmler, die sich jetzt wahrscheinlich schon um Bruder Ludwig scharen. Für sie ist die Frau die Mutter der Sünde. Sie ist sowieso nur halb soviel wert wie der Mann, weil sie – das muß man sich mal vorstellen – bei der Empfängnis nur eine passive Rolle spiele, wohingegen der Mann »aktiv« sei. Wer so etwas behauptet, hat (pardon) meinen Angilbert und mich nie zusammen gesehen.

Einen von unseren strengen Mönchen, die nicht müde werden, unsere kleinen Abenteuer zu geißeln, habe ich ganz schön ins Schwitzen gebracht, als er mir einmal mehr den Standpunkt der Kirche nahezubringen versuchte und betonte, zum einen sei geschlechtlicher Verkehr nur unter Eheleuten zulässig und dann auch nur zum Zwecke der Zeugung, nicht etwa aus Sinnlichkeit.

»Wenn es mir aber nun doch ein bißchen Spaß macht?« fragte ich ihn. Wenn es nur ein wenig Spaß mache, meinte er, so sei das nur eine kleine Sünde. Wann es denn zur Todsünde werde, forschte ich weiter. Wenn sich die kleinen Härchen an den Armen aufrichteten, oder wenn meine Glieder zu zucken begännen? Oder wenn ich plötzlich kleine Schreie ausstieße? Da bekreuzigte er sich und wollte weglaufen, aber wenn Karls Tochter etwas befiehlt, dann hat ein Mönch zu gehorchen, und so peinigte ich ihn weiter.

Er glaube also, fragte ich, daß in der körperlichen Liebe nur eine einzige Stellung erlaubt sei. Ja, das wußte er mit Bestimmtheit. Andererseits sollen sich die Eheleute aber nur lieben, um Kinder zu bekommen. Auch das bestätigte er. Wenn nun aber der Mann nicht erregt genug werde, um den Akt zu vollziehen, es sei denn, er würde sich von seiner Frau in etwas außergewöhnlicher Weise animieren lassen – ist denn das nun gestattet? Ich drückte mich natürlich etwas präziser aus, um seine Verwirrung zu erhöhen, aber nun geriet er vollends außer Fassung und stammelte nur noch dummes Zeug.

Es ist schlichtweg unvorstellbar, was sich manche Mönche aus der Bibel zusammenreimen. In einem Beichtspiegel fand ich folgende Frage: »Hast du deine Ehefrau oder eine andere Frau von hinten beschlafen, wie es die Hunde tun? Wenn ja, sollst du zehn Tage bei Wasser und Brot fasten!« Unglaublich! Der in der Frage angedeutete Ehebruch spielt anscheinend überhaupt keine Rolle, aber mein Angilbert soll zehn Tage fasten, wenn wir mal Löffelchen machen?

Diese Bußkataloge sind wirklich das Letzte, und bei uns am Hof richtet sich auch keiner danach, aber bilden Sie sich doch selbst Ihr Urteil, und denken Sie daran: Während der angegebenen Bußzeit muß der Sünder streng fasten und sich jeglicher sexueller Betätigung enthalten.

Männliche Onanie (allein): 10 Tage

Männliche Onanie (zu zweit): 30 Tage

Übermaß an Leidenschaftlichkeit zwischen Ehepaaren (!): 10 Tage

Geschlechtsverkehr während der Regel: 10 Tage

Geschlechtsverkehr während der Schwangerschaft: 10 Tage

Geschlechtsverkehr während der Schwangerschaft, wenn sich das
Kind schon bewegt hat: 20 Tage
Geschlechtsverkehr während der Schwangerschaft, wenn sich das
Kind schon bewegt hat und der Mann betrunken war: 10 Tage
Betrunkenen Männern wird freundschaftlicherweise Rabatt gewährt,
aber jetzt kommt es erst richtig: weibliche Masturbation: ein Jahr!!
Und dies zum Vergleich: Wenn ein Mann einem anderen ein Auge
aussticht oder die Zunge herausreißt, muß er dafür sage und schreibe
nur 40 Tage büßen. Wie stark muß einen Mönch allem Anschein nach
doch die weibliche Masturbation beschäftigen.

Andererseits sehen Sie auch, wie schwer es so ein Mönchlein hat
gegenüber so belesenen Weibsbildern, wie wir es sind. Als uns kurz
danach ein anderer Pfaffe wieder einmal über die Gebote der Keuschheit belehren wollte, rieten wir ihm, sich doch besser mit der Bibel zu
befassen und nachzulesen, wie viele Weiber König David und sein
Sohn Salomon besessen haben. Und weil ich gerade so schön im
Schwung war, fiel mir noch etwas ein: Ob er überhaupt alles wörtlich
nehme, was in der Bibel stehe? Wirklich alles? Ob er auch glaube, daß
Jesus einen bösen Geist in eine Herde Schweine habe fahren lassen?
Natürlich glaubte er das. Und woher kamen bei den alten Juden die
Schweine, die niemand essen durfte, und zu nichts anderem würden
doch Schweine wohl taugen – oder?

So schafften wir uns im Lauf der Zeit langsam alle klerikalen
Schandmäuler vom Hals, und im Jagdhaus unseres Vaters wurden
wirklich lustige Feste gefeiert. Mein Angilbert allerdings wird langsam
lahm, und wie alle alternden Männer beginnt er um sein Seelenheil
zu zittern. Immer häufiger verläßt er mich und macht Exerzitien in
seinem Kloster. Das aber ist nicht weiter schlimm, denn es kommen
laufend Königsboten von ihren Aufträgen zurück, um sich ein paar
Wochen auszuruhen, und sie sind immer gut für ein paar saftige
Geschichten.

Kürzlich erzählte einer von der Merowingerkönigin Fredegunde,
die zwar mit Chilperich verheiratet war, aber nach etlichen anderen
Affären auch eine heiße Liaison mit ihrem Majordomus Landerich
unterhielt, was wie üblich jeder wußte außer dem betrogenen Ehemann
selber. Dieser pflegte allmorgendlich auf die Jagd zu gehen, aber an

einem gewissen Tag überlegte er es sich wohl anders und betrat leise das Schlafgemach seiner Ehefrau, die sich gerade über eine Truhe beugte und sein Kommen nicht bemerkt hatte.

Als er ihr dann an die Hinterbacken griff, rief sie empört: »Was machst du, Landerich?« und fuhr herum. Das war vielleicht ein Schreck in der Morgenstunde! Aber er hatte fatale Folgen, denn der König wandte sich wortlos ab und ging fort. Fredegunde, in Panik natürlich, rannte zu Landerich, um ihm zu erzählen, was vorgefallen war. Und wie der Zufall so spielt, wurde Chilperich selbigen Tages auf der Jagd erstochen.

Ein anderer Königsbote behauptete, anwesend gewesen zu sein, als eine vornehme Dame einen jungen Ritter fragte, ob er schon Vater sei. Als dieser verneinte, fragte sie ihn direkt ins Gesicht, ob er denn unten herum genauso wenig Haare habe wie am Kinn. Der junge Ritter gab das zu. Daraufhin bemerkte die Dame boshaft, das glaube sie ihm aufs Wort, denn wo kein Heu ist, gebe es auch keine Heugabel. Der Ritter steckte die Beleidigung scheinbar gleichgültig weg, erlaubte sich aber dennoch die Frage, ob denn die Dame dort unten Haare habe, und als auch sie das verneinte, antwortete er trocken, auch er würde ihr glauben, »denn dort, wo Schlag auf Schlag erfolgt, kann auch kein Heu wachsen«.

Es blieb natürlich nicht beim Erzählen von so anregenden Geschichten, aber ein schlechtes Gewissen hatten wir eigentlich alle nicht. Das bißchen Liebe, das wir da machten, war doch das einzige Erfreuliche, was das Leben für uns Frauen bereithielt. Wenn eine von meinen Schwestern oder Nichten ungewollt schwanger wurde, war auch das kein sonderliches Drama. Wir kannten eine alte Frau, die wußte, wie man ein solches Problem lösen konnte. Es muß allerdings sofort geschehen, denn während der ersten 40 Tage gilt die Leibesfrucht noch nicht als beseelt. Wenn das Kind nicht in dieser Zeitspanne abgetrieben werden kann, muß man es austragen. Eine spätere Abtreibung gilt als Mord, und das dürfen sich auch die engsten Familienmitglieder des Kaisers nicht leisten.

Bei mir ist es zweimal schiefgegangen, aber ich habe es, um ehrlich zu sein, auch nicht ernsthaft versucht. Damals war meine Liebe zu Angilbert noch so groß, daß ich eigentlich unbedingt Kinder von ihm wollte. Nun habe ich zwei Söhne, Hartnid und Nithard. Besonders Nithard ist ein aufgewecktes Kerlchen, und ich möchte, daß er einmal so bekannt wird wie sein Vater.

Ich gehe hinüber zu den Ställen. Dort hockt der alte Guntram und beugt sich murmelnd über seinen Hund, der sich offenbar den Lauf gebrochen hat. »Was murmelst du, Alter?« frage ich. »Ach, Herrin«, krächzt er, »ich brabbele nur so vor mich hin.« – »Du redest Unfug«, sage ich streng. »Sage mir den Heilspruch. Ich werde dich schon nicht an die Mönche verraten.«

Und da murmelt er seinen heidnischen Zaubervers: »Wie die Beinrenke, so die Blutrenke, so die Gliedrenke: Bein zu Bein, Blut zu Blut, Glied zu Glied, als ob sie geleimt seien.«

Na ja, wenn's denn hilft, denke ich. Mein Brüderchen Ludwig wird noch seine liebe Not haben. Mit uns Frauen, aber auch mit diesen alten Heiden, von denen er verlangt, daß sie von heute auf morgen gute Christen werden.

DIE KINDER KARLS DES GROSSEN

Von Friedelfrau Himiltrud:
    Pippin der Bucklige (770?–811)
Von Ehefrau Hildegard:
    Karl (772–811)
    Adelheid (773?–774)
    Rotrud (775?–810)
    Karlmann (später Pippin) (773–810)
    Ludwig der Fromme (778–840)
    Lothar, der Zwillingsbruder (778–780)
    Bertha (779/80– nach 829)
    Gisela (vor Mai 781–814?)
    Theodrada (785?–844?)
Von Ehefrau Fastrada:
    Hiltrud (787?– nach 814?)
Von Konkubine Madelgard:
    Ruothild (?– nach 852), Äbtissin von Farmoutier

Von Konkubine Gerswind:
    Adeltrud (?–?)
Von Konkubine Regina:
    Drogo (801–855), Bischof von Metz
    Hugo (802?–844), Abt von Saint-Quentin
Von Konkubine Adelinde:
    Dietrich (807– nach 819), Mönch
Von unbekannter Konkubine:
    Hruodhaid (?–?)

Heinrich der Tierquäler
schickt den Ungarn einen toten Hund

*Normannen und Ungarn · Heinrich am Vogelherd · Der König als
Analphabet · Heinrich der Burgenbauer · Herrscher ohne Hauptstadt ·
Die Pfalzen · Zeitraffer*

Nachdem die letzten Karolinger und ihre Nachfolger abgewirtschaftet hatten, witterten ein paar raubhungrige Nachbarn nicht nur Morgenluft, sondern auch reiche Beute: die Normannen und die Ungarn. Die Normannen kamen als richtige Männer aus dem Norden naturgemäß zu Schiff, die Ungarn dagegen zu Pferde. Doch lassen wir sie noch ein paar Zeilen in der Pußta, denn die Normannen segelten nicht nur an der Küste entlang, sie fuhren auch die Flüsse hoch, die Seine zum Beispiel und auch den Rhein. Das Köln jener Tage war allerdings nur noch ein schwacher Abglanz seiner stolzen römischen Zeit. Innerhalb der alten Kastellmauern standen primitive Fachwerkhäuser, aber es gab auch schon die Vorläuferkirchen von St. Gereon, St. Pantaleon, St. Kunibert, St. Ursula und St. Severin.

Die Normannen machten kurzen Prozeß, und obwohl Köln einigermaßen schäbig war, bot die Stadt angesichts der noch sehr viel größeren Schäbigkeit der Umgebung für die Normannen ein durchaus lohnendes Ziel. Als die Drachenboote mit den rot-weiß gestreiften Segeln schließlich weiterfuhren, glich die Domstadt der des Jahres 1945. Und von nun an verging keine Messe ohne die immer wiederkehrende Fürbitte: »Vom Schrecken der Nordmänner befreie uns, o Herr!«

Wie schrecklich diese Männer aus dem heutigen Dänemark auf ihre Zeitgenossen gewirkt haben müssen, beweist die Tatsache, daß sie noch heute in unserer Alltagssprache vorkommen, und zwar, wenn wir von gewissen rüpelhaften Rowdies behaupten, sie hätten gehaust wie die »Berserker«. Die Normannen nämlich kleideten sich in Felle, »Sekr« hieß so etwas damals. Den Pelz eines Bären jedoch nannte man »Ber Sekr«, und wer so etwas trug, das waren halt die Berserker.

Auch ein anderer Stamm, noch aus der Zeit der Völkerwanderung, hat eine merkwürdige sprachliche Spur hinterlassen. Es waren die berüchtigten Vandalen, die allerdings nicht schlimmer wüteten, als man es von umherziehenden und eroberungswütigen Stämmen erwarten konnte. Trotzdem reden wir heute nicht etwa von Gotismus oder Gepidismus, sondern nur von Vandalismus, wenn halbstarke Horden Telefonzellen zerstören oder Grabsteine umwerfen. Um so erstaunlicher ist die Tatsache, daß diese so verrufenen Vandalen auf ihrem Weg durch Spanien nach Nordafrika, wo sie schließlich ihren Untergang fanden, einer der schönsten spanischen Landschaften ihren Namen hinterließen: Das zauberhafte Andalusien hieß ursprünglich Vandalusien.

Kehren wir jedoch aus Spanien zurück nach Norden, wo die Gefahr plündernder Dänen zunächst gebannt schien. Dafür kamen die Ungarn. Nun mag man mit Recht fragen, wie denn ein undiszipliniertes Reitervolk ohne schweres Belagerungsgerät eine feste Stadt oder eine auf hohem Berg gelegene Burg bedrohen konnte. Die Antwort ist einfach: Es gab – von den alten Römerorten abgesehen – weder feste Städte noch starke Burgen.

Jetzt endlich kommt Heinrich ins Spiel, der Sachsenherzog, wobei wir uns unter den Sachsen nicht unsere mitteldeutschen Landsleute vorstellen dürfen, die jener besondere Akzent auszeichnet. Es handelt sich vielmehr um die Ahnen der heutigen Niedersachsen, und als Eberhard, der Bruder des soeben gestorbenen Königs Konrad, bei Heinrich eintraf, um ihm die Krone des Ostfränkischen Reiches anzutragen, da saß der Herzog, wie die älteren unter uns es noch in der Schule gelernt haben, »am Vogelherd«.

Ein idyllisches Bild, nicht wahr? Der rauhe Krieger und die reizenden Vögelchen. Nun sollte man wissen, daß besagter Vogelherd keineswegs ein schöner Käfig war, sondern nichts anderes als ein tückisches Fanggerät für Singvögel, die entweder verspeist (was wir einigen unserer europäischen Nachbarn noch heute sehr übel ankreiden) oder aber – was für die Tierchen ebensowenig amüsant war – von den Damen des Hofes als Spielzeug benutzt und systematisch zu Tode geschmust wurden.

Außerdem war Heinrich – auch damit müssen wir uns abfinden – wie Karl der Große zunächst absoluter Analphabet. Das allerdings war damals für einen Krieger durchaus keine Schande, denn lesen und schreiben konnten nur die Mönche, und selbst im 12. Jahrhundert wurde das Wort Laie noch gleichgesetzt mit Analphabet. Wenn also einige Könige (Karl und Heinrich gehörten dazu) sich in schon vorgerücktem Alter darum bemühten, wie die I-Dötzchen mühsam buchstabieren zu lernen, verdient das durchaus unseren Respekt.

Für die Herrscher des Mittelalters war es ganz praktisch, wenn sie wenigstens die eine oder andere Urkunde selber entziffern konnten. Die Sprachbarrieren waren ohnehin sehr hinderlich, und der sächsische Herzog konnte sich mit seinem bayerischen Kollegen allenfalls auf Latein unterhalten, sofern ihn jemand wenigstens das gelehrt hatte. Ansonsten war eine Verständigung auf Grund der völlig verschiedenen und stark ausgeprägten Dialekte kaum möglich.

Über die Bildung und Sprachkenntnisse der Herrscher läßt sich ganz allgemein folgendes sagen: Bildung war zunächst einmal absolut unmännlich. Ein Adliger wurde für das Waffenhandwerk erzogen, und es gibt etliche Beispiele dafür, daß eine Fürstin mit Hilfe von Mönchen heimlich versucht hat, ihrem Sohn literarische Kenntnisse beizubringen, was aber nur so lange gutging, bis der Fürst Wind davon bekam und energisch einschritt. Dies jedenfalls gilt für die erstgeborenen Söhne, die einmal das Erbe antreten sollten. Nachgeborene dagegen wurden häufig dem geistlichen Stand zugeführt, wo Bildung unerläßlich war. Begegnet man hier und da dennoch einem herrschenden Adligen mit Allgemeinbildung, kann man einigermaßen sicher sein, daß es sich um einen nachgeborenen Sohn handelt, der erst nach dem Tod des Erstgeborenen unerwartet das Erbe angetreten hat, als er bereits eine geistliche Ausbildung erfahren hatte.

Bemerkenswert ist auch, daß die Begründer einer Dynastie, beispielsweise Karl oder Heinrich, aber auch Konrad III., der erste Staufer, zunächst Analphabeten waren, ihren Erben jedoch eine gute Ausbildung angedeihen ließen. Zumindest bei den Königen und Kaisern setzte sich im Gegensatz zu den mittleren und niederen Adelsschichten die Überzeugung durch: »Rex illiteratus asinus coronatus«, was so viel heißt wie: ein ungebildeter König ist nichts anderes als ein gekrönter Esel.

Zurück zum Sachsenherzog Heinrich, der nun König geworden ist.

Daß ein Franke wie Konrad sich überhaupt dazu durchringen konnte, einen Sachsen als Nachfolger in Betracht zu ziehen, mußte schon triftige Gründe haben, und die gab es allerdings: Es herrschte Krieg. Ein nicht erklärter, dennoch unglaublich grausamer und verlustreicher Krieg, denn die Ungarn streiften sengend und mordend mit ihrem Heer durch die Lande und »verheerten« sie, wie man seit jener Zeit sagt.

Diesen Mordscharen konnten die deutschen Herzöge kein stehendes Heer entgegenstellen, denn eine Art Bundeswehr existierte nicht. Mal tauchten die ungarischen Reiterhorden hier auf, mal dort, und ehe ein Herzog seinen Heerbann zusammengezogen hatte, waren die Ungarn längst woanders. Im übrigen hätte ein einzelner Herzog gegen diesen furchtbaren Feind auch nicht die Spur einer Chance gehabt. Eine schnelle Absprache untereinander war ebenfalls nicht möglich, denn reitende Boten waren zu langsam, und Brieftauben kannten nur die Araber.

So konnten die Magyaren, wie sie sich selber nannten, ungestört das halbe Europa ausplündern, riesige Beute machen und Gefangene wegschleppen, um sie auf dem Sklavenmarkt von Byzanz zu verkaufen. Obwohl wir inzwischen wissen, daß Heinrich ein Tierquäler war, müssen wir nunmehr tief unseren Hut vor ihm ziehen, denn als frisch gewählter König des Ostfränkischen Reiches tat er etwas höchst Ungermanisches: Anstatt ein Heer zu sammeln und sich auf die sinnlose Suche nach den viel beweglicheren Ungarn zu machen, zahlte er ihnen erst einmal kräftig Tribut. Die Ungarn, die im stillen vielleicht auch einmal wieder Weib und Kind zu sehen wünschten, hielten das für eine brillante Idee, denn einfacher kann man ja kaum zu Geld kommen. Also wendeten sie ihre zottigen Pferdchen um und kehrten fürs erste heim in die damals noch nicht existierende Pußta.

König Heinrich aber begann das mühsame Werk, seine noch halbwilden und ungebärdigen germanischen Mitbürger dazu zu überreden, Burgen zu bauen. Keine Burgen wie diejenigen, die noch heute auf den Bergen am Rhein zu sehen sind. Die stammen aus dem späten Mittelalter und sind häufig erst im vergangenen Jahrhundert – nicht immer glücklich – wiederaufgebaut worden. Heinrich ließ zunächst einmal recht primitive Befestigungen errichten, aber auch das war eigentlich nichts Neues. Solche Fliehburgen, meist nur bestehend aus Wall, Graben und Palisade, gab es schon in vorchristlicher Zeit. Auch Widukind bediente sich ihrer im Kampf der Sachsen gegen Karl den Großen. Immer wieder wird dabei die Eresburg erwähnt.

Heinrich jedoch gründete nun neben den reinen Fluchtburgen auch richtige Wehrbauten entlang der Ostgrenze seines Reiches. Der neue Burgentyp war meist in drei Abschnitte gegliedert: in die Kernburg für die Besatzung, einen erweiterten Ring für Gärten und landwirtschaftliche Nutzung sowie einen dritten, äußeren Ring, in den sich die im Umkreis siedelnde Bevölkerung bei Gefahr retten konnte. Vor allem aber, und das war ziemlich revolutionär, wurde in die Burgen eine kleine, aber ständig anwesende Besatzung gelegt.

Diese Burgen wurden zu Vorläufern vieler deutscher Städte, deren Namen die Entwicklung aus einer Burg heraus noch deutlich anzuhören ist. Zu den ältesten gehören Quedlinburg und Merseburg, und es ist bezeichnend, daß wir uns heute seltener »Städter« nennen, sondern zumeist »Bürger«. Also Burgbewohner.

Andere Städte außer den alten Römerstädten wie Trier und Köln, Mainz und Augsburg, Aachen oder Regensburg, die allerdings inzwischen kaum mehr Pracht und Komfort boten als eine heutige Kleinstadt, gab es noch nicht. Auch der König besaß keine prunkvolle Residenz. Wie seine Herzöge zog er mit seiner gesamten Familie und dem ganzen Hofstaat unentwegt über Land. Er mußte ständig parat sein, greifbar sozusagen, damit die Menschen auch wirklich glaubten, daß es ihn gab.

Nun sollte man nicht in den Fehler verfallen zu meinen, daß es sich bei dem königlichen Troß nur um ein paar Dutzend Menschen gehandelt habe. Die Begleitung des Königs bestand manchmal aus ein paar hundert Menschen, zuweilen aber auch aus einigen tausend. Der Herrscher wurde ja nicht nur von seiner Familie und deren Dienerschaft sowie seiner Leibgarde begleitet. Zu seinem Gefolge zählten die Kanzlei, die Geistlichen und die Chronisten, aber auch die gesamte Verwaltung, der Kämmerer und der Truchseß, der Marschall und der Mundschenk, alle mit eigener Dienerschaft, versteht sich, ferner die große Schar der Handwerker, die Sattler und die Waffenschmiede, die Zimmerleute und die Schneider, die Hufschmiede und die Kesselflicker, dazu die Jäger und die Falkner, die Roßknechte und die

Hundeführer, – ein riesiger Haufe, der da mit dem König unterwegs war.

Damit nun aber die Könige nicht in Ställen übernachten und aus Scheunen heraus regieren mußten, ließen sie sich an verkehrsgünstigen oder strategisch wichtigen Plätzen sogenannte Pfalzen bauen. In Goslar zum Beispiel oder in Aachen, auf der Insel Kaiserswerth bei Düsseldorf, in Ingelheim oder in Gelnhausen. Unter einer solchen Pfalz kann man sich heute nicht mehr viel vorstellen, und selbst die bekannte Pfalz bei Kaub hilft uns nicht weiter, denn sie hatte nichts mit umherziehenden Königen zu tun, sondern war lediglich eine Zollstelle.

Gottlob gibt es jedoch noch eine recht genaue Beschreibung einer Königspfalz, und zwar derjenigen, die einst in der Nähe von Lille gelegen hat. In einem Bericht aus dem 9. Jahrhundert heißt es: »Sie war sehr schön, aus Stein errichtet, mit drei Hallen, elf Frauengemächern, und ganz von einer Galerie umgeben. Ferner fanden wir einen Keller, zwei Portiken, im Inneren des Hofes 17 weitere Holzhäuser mit ebenso vielen Gemächern. Alle übrigen Nebengebäude waren in gutem Zustand: ein Stall, eine Küche, eine Bäckerei, zwei Getreidespeicher, drei Scheunen. Ein Hof mit festem Zaun, einem steinernen Tor und darüber einer Galerie, ein weiterer kleiner Hof, ebenfalls mit einem festen Zaun umschlossen, ordentlich angelegt und mit verschiedenen Baumsorten bepflanzt.«

Ein Muster-Anwesen, ganz ohne Zweifel, und der König und seine Beamten sorgten dafür, daß alles gut in Schuß blieb. Schon Karl der Große, dessen fleißigen Schreibern wir viel von unserem heutigen Wissen verdanken, erließ penible Anweisungen, wie eine solche Pfalz zu führen und zu bewirtschaften sei:

»Jeder Verwalter soll jedes Jahr über den Ertrag des Anwesens berichten, er soll mitteilen, was die Ochsen eingebracht haben und was die Schweine. Was an Strafgeldern eingenommen wurde für Wild, das unerlaubt in den Wäldern gejagt worden ist. Was durch Abgaben wie Zölle für Brücken und Schiffe hereingekommen ist, und wieviel durch Abgaben für Mühlen, Wälder und Weiden. Der Verwalter soll Rechenschaft ablegen über Heu, Holz, Schindeln und Kienspan, über Einkünfte aus Hülsenfrüchten und Hirse, aus Wolle, Flachs, Hanf, Obst, Nüssen. Über den Ertrag aus gepfropften Bäumen, Gärten, Äckern und Teichen. Über Felle, Häute, Tiergehörn, über Honig und Hühner, Eier und Fette, Seife, Wein und Met. Über Fischer und Schmiede, Schilder- und Schuhmacher, Drechsler und Sattler, Eisen- und Bleigruben. Diese schriftliche Aufstellung haben uns die Verwalter bis Weihnachten vorzulegen, damit wir wissen, was und wieviel wir von den einzelnen Dingen besitzen.«

Ein solcher Musterhof konnte natürlich – wenn er gut geführt wurde – eine Menge Volk ernähren, und eine spätere Quelle aus der Mitte des 12. Jahrhunderts behauptet, der Hof Ottos des Großen im 10. Jahrhundert habe an einem einzigen Tag 1000 Schweine und Schafe verzehrt, 1000 Malter Getreide, 8 Rinder und dazu noch jede Menge Hühner und Ferkel, Fische und Gemüse, Eier und Obst. Das Ganze sei mit 10 Fudern Wein und 10 Fudern Bier hinuntergespült worden. Das muß in den Einzelheiten so nicht unbedingt stimmen, aber daß jeden Tag eine ungeheure Menge vertilgt worden ist – davon kann man getrost ausgehen, und deshalb mußten die Scheunen und Vorratshäuser gut gefüllt sein, wenn der Hof eintraf.

Eine Bemerkung in Klammern: Von eben jenem Königshof stammt nicht nur unser Wort vom »höfischen« Leben und vom »höflichen« Benehmen, sondern auf einem Umweg über »hövesch« und »hubisch« entstand – kaum noch nachvollziehbar – auch unser schönes Wort »hübsch«.

Der König und sein Hof also reisten von Pfalz zu Pfalz, die anderen Menschen aber wohnten weit verstreut, meist als Bauern, und sie waren jedem Feind völlig schutzlos ausgeliefert. Das änderte sich erst jetzt. Heinrich brauchte dazu nicht nur viel Überzeugungskraft, sondern auch runde zwölf Jahre, in denen er die Truppen der Thüringer und Sachsen reformierte und dabei vor allem Wert auf die Aufstellung schwerer Panzerreiter legte – und auf Disziplin, denn daran hatte es seinen Landsleuten seit jeher gemangelt.

In all den Jahren zahlte er den Ungarn pünktlich seinen Tribut, bis er eines Tages meinte, dies sei nun wirklich nicht mehr notwendig. Als letzte Sendung schickte er (angeblich) einen toten Hund, was die Ungarn – wer möchte es ihnen verdenken – überhaupt nicht komisch fanden. Sie setzten sich auf ihre flinken Pferdchen und wollten es dem Sachsen heimzahlen. Natürlich dachten sie diesmal nicht daran, Basel noch einmal in Brand zu stecken oder sich mit ähnlichen Kinkerlitzchen abzugeben. Diesmal wollten sie sich am König selbst rächen, mitten in dessen Kernlanden, und genau damit hatte Heinrich gerechnet.

Im Süden des Harzes, östlich von Merseburg, an den Ufern der Unstrut, lockte Heinrich die Magyaren in eine sorgsam angelegte Falle. Zwischen Schilf auf der einen und dichtem Dickicht auf der anderen Flanke standen sie plötzlich den schwerbewaffneten Reitern des Königs gegenüber, an deren Schilden die Wolken aus Pfeilen wirkungslos abprallten. Ihre blitzschnellen Reitermanöver konnten die Ungarn indes auch nicht durchführen, denn ein Umgehen des Feindes war durch das Gelände unmöglich. Als dann obendrein noch sächsische und thüringische Bewaffnete in ihrem Rücken auftauchten, war das Schicksal der Ungarn besiegelt. Die Langschwerter der schweren Reiter schlugen blutige Bahnen in ihre Reihen. Das ungarische Heer wurde zwar nicht vernichtet, aber besiegt, und Heinrichs Ruhm verbreitete sich über die Grenzen des Ostfränkischen Reiches hinaus.

Auch seine Herzöge mußten ihm widerwillig Respekt zollen und konnten ihn nicht gleich wieder absetzen, was sie doch am liebsten getan hätten, da die Gefahr endgültig gebannt zu sein schien. Vielleicht aber ahnten sie, daß die Ungarn noch einmal wiederkommen könnten (was sie eine Generation später ja auch taten), und deshalb hatten sie keine allzu großen Bedenken, nach Heinrichs Tod dessen Sohn Otto zum König zu wählen, dem man aus vielerlei Gründen später den Beinamen »der Große« verlieh. Im Osten aber entstand als Bollwerk gegen die Ungarn die Ostmark, die man später das Ostreich nannte oder auch »ostarríchi«, nämlich Österreich.

ZEITRAFFER

| 836 | Die Normannen plündern London, 845 tauchen sie in Hamburg und Paris auf, 881 und 882 in Köln und Aachen, wo sie die Kaiserpfalz zerstören. |
| 906 | Die Ungarn zerstören das Großmährische Reich. |

um 880–918	König Konrad I.
um 876–936	Heinrich I. (der Vogler), 919 in Fritzlar zum König erhoben.
929–930	Burgenbau und -ausbau unter anderem in Meißen, Quedlinburg, Hersfeld und Magdeburg.
932	Ungarn dringen nach Niedersachsen vor und werden 933 an der Unstrut geschlagen.
912–973	Otto I., der Große, 936 in Aachen zum König gekrönt, 962 Kaiserkrönung in Rom.
955	Auf dem Lechfeld bei Augsburg werden die Ungarn vernichtend geschlagen.

Eine Ehe zu dritt und die Rache der Hexen

Prügel für Kriemhild · Chlodwigs wundersame Bekehrung ·
Kuppelei am Königshof · Für die Liebe gibt es Liebchen ·
Theophanu: Glanz aus Byzanz · Betrug in der Hochzeitsnacht

Außer der Kaisertochter Bertha sind wir bislang noch keiner Frau begegnet. Das braucht uns weiter nicht zu erstaunen, denn von Frauen hielten die Chronisten nicht allzuviel. An den hochgestellten adligen Damen kamen sie zwar nur schwerlich vorbei, doch diese interessierten meist nur in ihrer Funktion als Ehepartner von Königen und Herzögen. Mehr Aufmerksamkeit erregten zweifellos die Äbtissinnen, und davon gab es doch recht viele. Einige von ihnen trugen sogar einen Krummstab wie ein leibhaftiger Bischof.

Viele Nonnenklöster waren regelrechte Universitäten, wo Sprachen gelehrt, Enzyklopädien zusammengestellt und sogar Theaterstücke geschrieben wurden. Einige Frauen genossen hohes Ansehen, und es ist durchaus kein reiner Zufall, daß das Mittelalter sich so ganz langsam dem Ende zuneigte mit dem Auftreten einer Frau, der sich – wenigstens vorübergehend – ganz Frankreich anvertraute, der Jungfrau von Orléans!

Andererseits kann man kaum etwas Allgemeingültiges über »die Frau im Mittelalter« sagen, denn wir wollen nicht vergessen, daß allein zwischen der Königskrönung des großen Karl (768) und der Hinrichtung des letzten Staufers Konradin (1268) genau 500 Jahre vergingen. Über »die Frau im Mittelalter« läßt sich demnach ebensowenig sagen wie über »die Frau der Neuzeit« (zwischen Martin Luther und Helmut Kohl).

Generell darf man jedoch davon ausgehen, daß die Frau als solche durch die Jahrhunderte hindurch ein armes Luder war. Sie war total dem Mann unterstellt, der ihr Geld geben konnte (oder auch nicht), der sich relativ leicht von ihr trennen und sie – nicht zuletzt – jederzeit verprügeln durfte.

Im *Nibelungenlied* (Strophe 894) berichtete Kriemhild ihrem späteren Todfeind Hagen – übrigens ohne jeden bitteren Vorwurf in der Stimme –, daß ihr Ehemann Siegfried sie furchtbar verdroschen hat, weil sie sich mit ihrer Schwägerin Brunhild gezankt hatte: »Ouch hât er so zerblouwe dar umbe mînen lîp ...« Er hat ihr also den Leib zerbleut. Siegfried war schließlich sehr kräftig, wie jedermann weiß, und da es so manchen Siegfried in deutschen Landen gegeben hat, mußten immer wieder Gesetze zum Schutz der Frauen erlassen werden.

Exkommuniziert wurde beispielsweise, wer eine Jungfrau vergewaltigte oder eine Frau raubte. Wenn ein Priester der Täter war, verlor er seinen Stand. Allein die Tatsache, daß eine solche Strafe für Priester aufgezeichnet wurde, gibt Anlaß zur Nachdenklichkeit.

Tatsächlich jedoch haben einige hochgestellte Frauen erheblichen Einfluß auf die Politik jener Zeit besessen. Auch dabei zeigt sich wieder, daß Geschichte nur aus Geschichten besteht, von denen wir einige hier erzählen wollen.

Zu den wenigen Frauen, die einen sehr großen, ja geradezu historisch bedeutenden Einfluß auf ihren Mann ausübten, gehört zweifellos die Burgunderin Clothilde, die Frau des Frankenkönigs Chlodwig. Dieser Chlodwig war ein hartgesottener alter Heide, und seine Frau, von Hause aus schon Christin, machte ihm dauernd seine alten Götter madig, klagte Wotan selbst der Unzucht und der Blutschande an und verstieg sich sogar dazu, den obersten aller germanischen Götter einen »Saukerl« zu nennen. Chlodwig hat sie deshalb offenbar nicht verprügelt. Immerhin wies er nicht ohne Logik sein Weib darauf hin, daß der Gott der Christen für einen echten Germanen überhaupt nichts Attraktives vorzuweisen habe. Nicht einmal einen vernünftigen Stammbaum. Den hatte Jesus – laut Bibel – zwar wohl, sogar deren zwei, aber das wiederum hat die gute Clothilde vielleicht nicht gewußt.

Wie dem auch sei. Clothilde setzte alle ihre Überredungs- und vermutlich auch Verführungskünste daran, ihren Mann zum Christentum zu bekehren, allerdings ohne jeden Erfolg – bis zu jenem denkwürdigen Tag im Jahre 496, als Chlodwig, der sein Reich mächtig auszudehnen gedachte, in einer Entscheidungsschlacht den Alemannen gegenüberstand, und zwar bei einem Ort namens Tolbiacum, hinter dem viele das heutige Zülpich, südwestlich von Köln, vermuten. Die

Schlacht verlief keineswegs nach Chlodwigs Vorstellungen, und deshalb schrie er verzweifelt seinen alten Freund Wotan an, er solle ihm doch verdammt und zugenäht helfen.

Doch weder Wotan noch der Hammergott Thor eilten den bedrängten Franken zu Hilfe, bis sich schließlich Chlodwig an jenen wundersamen Mann aus Nazareth erinnerte, mit dem ihn seine Clothilde daheim täglich nervte. Und da schwur er, so wird es wenigstens überliefert, daß er fortan jenem Jesus dienen werde, wenn dieser ihn die Schlacht gewinnen ließe. Jesus ließ; und Chlodwig ließ auch, sich taufen nämlich. Clothilde triumphierte und mit ihr das Christentum im damaligen Europa.

Andererseits mußten sich selbst Königinnen eine Menge gefallen lassen: Als dem Frankenkönig Chlothar beispielsweise seine zweite Ehefrau davongelaufen war, heiratete er ein Mädchen niederer Herkunft namens Ingunde. Diese wiederum hatte eine hübsche Schwester mit Namen Arnegunde, und auch die sollte schließlich vom sozialen Aufstieg Ingundes profitieren. Diesbehufs sprach Ingunde also zu ihrem Gemahl: »Suche doch auch für meine Schwester einen tapferen und reichen Gemahl!« Der König versprach's, sah sich Arnegunde an, und weil sie ihm so gut gefiel, machte er sie ebenfalls zu seiner (vierten) Ehefrau, indem er Ingunde erklärte, er habe für Arnegunde eben keinen besseren Ehegemahl ausfindig machen können.

Was blieb der armen Ingunde übrig, als in den sauren Apfel zu beißen und sich mit der Ehe zu dritt abzufinden! Aber das war wirklich noch im finsteren Teil des Mittelalters, als es noch so richtig heidnisch zuging. Da erwarben sich die heilige Lioba, eine Angelsächsin (Engländerin), und ihre Landsmännin Walpurga derart große Verdienste um die Christianisierung der Germanen, daß der Satan ziemlich unwirsch wurde. Noch in Goethes *Faust* klingt das nach, wenn sich die Hexen und der Fürst der Hölle am Geburtstag der Walpurga, nämlich in der Walpurgisnacht, auf dem Blocksberg treffen, um sich mit einer Art Gegendemonstration für das ihnen damals angetane Ungemach zu rächen.

Ein paar Jahrhunderte später hatte sich noch nicht viel geändert, obwohl doch jetzt der große Karl das inzwischen riesige Frankenreich regierte. Aber auch er nahm die Damen, wie sie kamen. Zur Stellung der Frau in seiner Zeit nur so viel: Ein Mann konnte sich (neben seiner

Ehefrau) jederzeit eine »frîdila« halten, ein Liebchen. Dieses Verhältnis wurde mit »Friedelehe« bezeichnet und verpflichtete den Mann ausschließlich zu einer sogenannten Morgengabe. Das heißt: Am Morgen nach der ersten gemeinsam verbrachten Nacht schenkte der Mann der Frau irgend etwas Hübsches. Das konnte – je nach Vermögenslage – ein Schmuckstück sein, aber auch ein Kloster. So etwas wurde meist vorab vereinbart, manchmal aber auch nicht, und der Mann durfte fortan – kraß formuliert – die Frau benutzen, ohne daß diese irgendwelche Rechte aus diesem Verhältnis ableiten konnte, schon gar nicht das auf eine »Witwenrente« nach dem Tode des Liebhabers.

Abgesehen von Ehefrau und Fridila standen reicheren Herren natürlich auch jede Menge Mägde und Sklavinnen zur Verfügung, und je mächtiger der Mann war, um so fester drückte seine Umgebung die Augen zu. Bei Karl dem Großen gab es gar nicht genug Augen, die man hätte zukneifen müssen. Er heiratete, wie wir ja schon von Bertha erfahren haben, insgesamt fünf Frauen. Außerdem wissen wir allein von sieben »frîdila«, aber er besaß mit Sicherheit einige mehr, von den Sklavinnen mal ganz abgesehen. Entsprechend stattlich ist allein die Zahl der Kinder, die namentlich überliefert ist. Wenigstens zehn hatte er von seinen diversen Ehefrauen, und noch eine Menge mehr sind von seinen Liebchen bekannt.

Damit überbot er eindeutig die Richtgeschwindigkeit, die Papst Gregor der Große (allerdings später) aufstellte: »Die erste Ehe ist Gesetz, die zweite verzeihlich, die dritte Missetat; wer aber diese Zahl überschreitet, ist offenbar ein Tier.« Na denn. Immerhin wurde Karl der Große heiliggesprochen (wenn auch nicht offiziell). Zuvor jedoch wurde er von einem Zeitgenossen in einer Vision im Fegefeuer gesichtet, was er sich wohl auch redlich verdient hatte.

Bemerkenswert war, daß illegitimen Kindern – im Gegensatz zu späteren Zeiten – keinerlei Makel anhaftete. Karls des Großen Tochter Rotrud zum Beispiel, die mit dem Grafen von Maine einen Sohn namens Ludwig zeugte, durfte erleben, wie besagter Knabe in späteren Jahren Abt von Saint-Denis wurde. Berthas Sohn Nithard, dessen Vater der Dichter Angilbert war, wurde ein berühmter Historiker. Uneheliche Kinder trugen ihre adlige Abstammung noch jahrhundertelang wie ein Banner vor sich her. Man erinnere sich nur an Graf Dunois, den

»Bastard« von Orléans, der in der Geschichte der Jungfrau von Orléans eine bedeutsame Rolle gespielt hat.

Königstöchter – auf niedriger Ebene natürlich auch Herzogs- oder Grafentöchter – wurden von ihren Vätern häufig mißbraucht. Nicht im körperlichen Sinne, sondern als Mittel der Politik. Eine (Un-)Sitte, die nicht auf das Mittelalter beschränkt blieb, aber da wir uns nur mit diesem Zeitalter befassen, wollen wir auch nur aus jenen Jahrhunderten drei Beispiele zitieren:

Otto der Große versuchte, seine Nichte Hadwig nach Byzanz zu verkuppeln, aber als nach langwierigen Verhandlungen Eunuchen aus dem Nahen Osten anrückten, um von dem jungen Mädchen ein Porträt anzufertigen, das man dem Thronfolger Romanos vorweisen wollte, schnitt die kluge Hadwig derart scheußliche Grimassen, daß die Eunuchen kein brauchbares Gemälde zustande bringen konnten und das Mädchen zu Hause bleiben durfte.

Mehr Erfolg hatte Otto dann bei seiner eigenen Brautschau, die natürlich auch auf politischen Erwägungen beruhte. Er wollte eine britische Königstochter zur Frau, da – früher wenigstens – nichts über gute Beziehungen zu England ging. Außerdem waren schließlich die Angelsachsen entfernte Verwandte der deutschen (Nord-)Sachsen, aus deren Haus Otto stammte.

So entsandte denn der angelsächsische König Aethelstan ein reich beladenes Schiff über den Kanal, auf dem er jedoch vorsichtshalber gleich zwei Bräute mitschickte, nämlich seine beiden Schwestern. Er schickte deshalb alle beide, weil die ältere, Editha (oder Edgitha), mit ihren 17 Jahren schon etwas angestaubt schien. Otto nahm trotzdem die besagte Editha und nicht etwa die dreizehnjährige Adiva, was den Schluß nahelegt, daß Editha trotz ihres vorgeschrittenen Alters die Attraktivere war. Adiva wurde mit einem Herzog aus Burgund abgefunden. Überflüssig zu fragen, ob sich jemand bei den beiden Mädchen nach ihren Wünschen und Vorstellungen erkundigt hat.

Immerhin: Otto hat seine Editha sehr geliebt. Als sie nach zehnjähriger Ehe starb, vergoß er bittere Tränen. Das Schicksal der Dame, die er nunmehr ehelichen sollte, könnte von den Brüdern Grimm nicht abenteuerlicher nacherzählt werden und spielte sich dort ab, wo viele Deutsche heute ihren Urlaub verbringen.

In Italien herrschte zu dieser Zeit ein wahres Chaos, und es gab nur zwei starke Persönlichkeiten, einen Guten – ganz wie im Märchen – und einen Bösewicht. Der Gute hieß Lothar, beherrschte Norditalien und nannte ein bildschönes Weib namens Adelheid sein eigen. Dies ließ den Bösen, Berengar genannt, nicht ruhen. Als Lothar eines Tages starb, war man sich allgemein darüber klar, daß besagter Berengar dahintersteckte, denn dieser Schurke nahm die schöne Witwe Adelheid gefangen, setzte sie in Como ins Loch und ließ sie daselbst im Verlies gar grauslich behandeln. Man schlug und folterte sie, riß ihr büschelweise die Haare aus und was dergleichen unerfreuliche Dinge mehr sind. Schließlich brachte man die arme Frau auf eine Bergfestung am Gardasee, wo sie langsam vermodern sollte.

Doch als Witwe von Geblüt hatte die gefangene Schönheit selbstredend einen Pater und eine Hofdame bei sich, und die drei beteten verzweifelt um Rettung, zumal man sich der Liebe der braven Untertanen von einst sicher sein durfte. Und dann geschah schließlich auch ein Wunder: Es erschien in der Gestalt eines Knechtes, der im Burghof Holzscheite vermeintlich rein zufällig so hinlegte, daß sich deutlich das Wort »Graben!« abzeichnete. Und so gruben die Gefangenen denn mit bloßen Händen den Boden des Verlieses auf, und siehe da: Nach qualvollen Tagen und Nächten des Schuftens erschien ein Lichtlein in der Ferne, und sie erreichten einen vergessenen unterirdischen Gang, durch den sie aus der Festung in die nahegelegenen Sümpfe fliehen konnten, wo sie sich versteckten.

Im Jahre 951 treffen wir die erholte und nun wieder bildschöne Adelheid in Pavia wieder, und von dort aus gelangt der Ruhm ihrer Tugend und Schönheit, aber auch ihr Hilferuf über die Alpen an den Hof Ottos. Der beschließt, zwei Fliegen mit einer Klappe zu schlagen. Er muß ohnehin nach Rom, um sich zum Kaiser krönen zu lassen. Da kann er auch gleich Norditalien mit einer Hochzeit an sich binden, und so nimmt er denn die schöne Adelheid zum Weib, und er hat es nie bereut. Auch dies ein nachgewiesenes Frauenschicksal aus dem 10. Jahrhundert, das ausnahmsweise mit einem Happy-End abgeschlossen wird. Der böse Berengar wurde vom milden Otto übrigens nicht hingerichtet, sondern durfte als freier Mann ins Exil gehen. Im Märchen werden solche Halunken meist geviertelt.

Des großen Otto Sohn, Otto II., durfte selbstredend ebenfalls nicht auf eine Liebesheirat hoffen. Für die Liebe waren die Liebchen da. Hier ging es um Politik. Wiederum war Byzanz der angepeilte Brautlieferant. Natürlich kam nur eine Prinzessin aus königlichem Geblüt in Frage, aber weil sich die Abstammung auf so große Entfernung nicht genau kontrollieren ließ, schickten die schlauen Griechen keineswegs eine waschechte Prinzessin, sondern die Tochter eines armenischen Desperados namens Tsimiskes.

Diesen ohnehin unaussprechlichen Namen können Sie getrost wieder vergessen, keinesfalls aber den seiner ebenso schönen wie gebildeten und klugen Tochter Theophanu, die zu einer der bedeutendsten Frauengestalten des deutschen Mittelalters werden sollte. Erzbischof Gero von Köln höchstselbst holte die Braut ab und brachte als Geschenk auch die Gebeine des heiligen Pantaleon mit nach Köln, wo sie heute noch ruhen. Die arme kleine Theophanu aber weinte bittere Tränen, denn sie mußte sich fühlen wie eine Debütantin der besten englischen Gesellschaft, die einen Kannibalenhäuptling ehelichen soll.

Aus der Pracht von Byzanz und der lieblichen Landschaft des Südens verschacherte man sie aus politischen Gründen in den naßkalten Norden Europas, wo sie einem Mann anvertraut wurde, in dem sie nichts anderes als einen Barbaren erblicken, mit dem sie nicht einmal ein einziges Wort wechseln konnte. Es spricht für die kleine Prinzessin, die übrigens in einem schlichten Sarkophag in St. Pantaleon zu Köln begraben liegt, daß sie sich in diesem fremden Land nicht nur durchsetzen konnte, sondern ab 983 – nach dem Tod ihres Mannes – auch die Regentschaft für ihren noch unmündigen Sohn zu führen imstande war. Und das lange Zeit gegen den erbitterten Widerstand ihrer Schwiegermutter Adelheid!

Sieben Jahre lang stand sie an der Spitze des Reiches, und ihre Macht war so groß, daß sie ihre Urkunden stolz mit »Theophanu, von Gottes Gnaden Kaiserin« unterzeichnen ließ. Trotzdem starb sie zu früh. Ihr kleiner Sohn, Otto III., war in ihrem Todesjahr 991 erst elf Jahre alt.

Überragende Frauengestalten wie Adelheid oder Theophanu aber waren selten in diesen Jahrhunderten. Wer nichts aus sich zu machen wußte, dem nutzte das schiere Frau-Sein überhaupt nichts. Frauen, die weder eine Hausmacht noch verführerische Reize besaßen, wurden – selbst wenn sie Königinnen waren – unglaublich roh behandelt. Dafür nur drei von vielen Beispielen:

Heinrich I., der Tierquäler und Ungarn-Bezwinger, verliebte sich – wie auch immer – in eine Schönheit namens Mathilde, die zudem recht begütert war. Das dumme daran war nur, daß Heinrich bereits verheiratet war, und zwar mit einer Dame namens Hatheburg. Von dieser Hatheburg ließ sich Heinrich nunmehr flugs scheiden mit der Begründung, diese Ehe sei nicht rechtmäßig, da seine Frau vor ihrer Heirat mit ihm Nonne gewesen sei. Bei der Hochzeit war das wohl keinem aufgefallen.

Auch Friedrich Barbarossa war anscheinend vor seiner Hochzeit mit Adelheid – manche Chronisten nennen sie auch Adele oder Adela – von Vohburg nicht klar, daß sie möglicherweise zu nahe mit ihm verwandt war. Selbst wenn er es gewußt haben sollte: Darauf achtete man schon deshalb nicht, weil zu nahe Verwandtschaft fast der einzige Grund war, weswegen man von Rom später eine Trennung von der Angetrauten erreichen konnte. Der Grundsatz, daß eine Ehe unauflöslich sei, hat sich erst langsam durchgesetzt. Lange Zeit war Scheidung möglich bei Ehebruch oder Unfruchtbarkeit der Frau, wegen der Absicht, den Ehepartner zu ermorden (auch das kam schließlich häufiger vor), oder wenn ein Partner ins Kloster gehen wollte.

Besagte Adelheid hat ihren Gemahl vermutlich betrogen. Dieser Versuchung erlagen und erliegen wohl zu allen Zeiten Frauen, deren Männer ständig unterwegs sind. Nur: Einen König betrügt man nicht. Es ist ja wohl undenkbar, daß eine Frau irgendeinen dahergelaufenen Mann ihrem königlichen Gemahl vorziehen könnte! Deshalb wurden solche Entgleisungen der Frau gemeinhin unter den damals noch nicht auf dem Boden liegenden Teppich gekehrt, und man fand einen anderen Grund, sich zu trennen.

In diesem Fall war das die – endlich entdeckte – zu nahe Verwandtschaft zwischen den Eheleuten. Immerhin war Adelheids Ur-Ur-Ur-Großmutter die Schwester von Barbarossas Urgroßvater. Wie gut, daß man immer ein As im Ärmel versteckt hatte! Friedrich bemühte sich danach zunächst einmal um eine neue Frau, die er in Byzanz zu finden hoffte. Eine kaiserliche Prinzessin wäre sehr genehm gewesen, doch diese Pläne zerschlugen sich. So fiel denn sein Auge, oder besser das seines Kanzlers Rainald von Dassel, auf die Erbin von Burgund, die niedliche Beatrix, und niemand nahm Anstoß daran, daß Friedrich schon 34 Jahre zählte, die Braut hingegen erst deren 13.

Das kleine Mädchen indes brachte nicht nur ihr beträchtliches Erbe in die Ehe ein. Sie war bildhübsch, sprachgewandt, klug und gebildet. Ohne sie wäre das höfische Leben dieser Epoche undenkbar gewesen, und darüber hinaus hat es den Anschein, als habe Barbarossa »unter ihrem Pantoffel« gestanden.

Sehr rüde im Umgang mit Frauen war er ohnehin nicht, denn die oben erwähnte Adelheid verschwand nach der Scheidung nicht etwa in einem Kloster, wie es normal gewesen wäre, sondern heiratete den königlichen Dienstmann Dieto von Ravensburg. Und da eine hochgestellte Frau bei der Heirat mit einem tiefer Gestellten automatisch auf dessen Rang hinabsank, darf angenommen werden, daß die beiden sich wirklich liebten. Vermutlich ist besagter Dieto sogar seinerzeit der Scheidungsgrund gewesen. Doch darüber schweigen die spärlichen Quellen.

Der größte Nachfolger des staufischen Barbarossa, Friedrich II., von dem noch ausführlich die Rede sein wird, war ebenfalls recht sinnenfroh. Seine erste Frau wurde ihm, der damals erst 14 Jahre alt war, vom Papst zudiktiert, doch sie starb im Kindbett. Er hatte sie tatsächlich geliebt, was man von seiner zweiten Frau, Isabella von Brienne, wahrlich nicht sagen kann. Am Tag nach der Eheschließung klagte die arme Isabella ihren Dienerinnen, daß der König sie nicht einmal angerührt, sondern die Hochzeitsnacht mit einer ihrer Hofdamen verbracht habe, die auf den schönen Namen Anais hörte und eine Kusine der bedauernswerten Braut war.

Irgendwann muß der König aber doch mit Isabella geschlafen haben, denn sie brachte immerhin einen Knaben zur Welt, und Friedrich hat seine Vaterschaft auch nicht bestritten. Nach Isabellas Tod – man starb ja normalerweise recht früh – ehelichte Friedrich ein drittes Mal. Wieder hatte der Papst die Braut ausgesucht: eine einundzwanzigjährige englische Prinzessin. Sie hieß gleichfalls Isabella, war jedoch im Gegensatz zu ihrer Vorgängerin ungleich liebreizender und – wie der Chronist (wenn auch nicht wörtlich) berichtet – »gut im Bett«.

Trotz dieser Reize betrachtete der Staufer Isabella wie alle seine legitimen und illegitimen Frauen ausschließlich als Lustobjekt, wie wir heute sagen würden, vor allem aber als Gebärerin. So schlief er selbst mit der attraktiven englischen Isabella nicht in der Hochzeitsnacht, sondern früh am Morgen eines gewissen anderen Tages, weil seine Hofastrologen den genauen Zeitpunkt ausgerechnet hatten, an dem die Begattung erfolgen müsse.

Nach vollzogenem Akt erhob sich also der König von seinem Weib und erklärte mit ernster Stimme: »Nimm dich wohl in acht, denn soeben hast du einen Sohn empfangen.« Das allerdings war ein Irrtum, und man weiß auch nicht genau, was mit den Astrologen geschehen ist. Man muß jedoch das Schlimmste befürchten, denn Isabella bekam erst nach zwei Jahren ein Kind, und obendrein eine Tochter.

Immerhin: Friedrich ließ sich nicht von seinen Frauen scheiden, aber wenn er auch Konstanze geliebt und die zweite Isabella attraktiv gefunden haben sollte: All seine Frauen und Freundinnen hielt er wie Gefangene in einem Harem, wobei noch eine gewisse Bianca, Tochter eines Markgrafen aus Piemont, am besten dran war. Sie war eine der zahllosen Geliebten, mit der er zwei Kinder hatte, und die Beziehung zu ihr hat lange Jahre gedauert, viel länger als seine Ehen und die Verhältnisse mit anderen Gespielinnen.

Friedrich bevorzugte jedoch keineswegs europäische Damen. Sarazeninnen waren ihm mindestens genauso lieb, und nicht die Tatsache, daß er es mit allen trieb, die Röcke anhatten (oder auch nicht mehr), trug ihm später den Haß des Vatikans ein, sondern die Tatsache, daß er sich nicht scheute, mit Heidinnen das Lager zu teilen.

Schwierigkeiten mit der Moral hatten allerdings nicht nur die Großen, deren Liebesleben natürlich von den Chronisten der Zeit ebenso gewissenhaft beobachtet wurde wie die Romanzen heutiger Stars durch die Regenbogenpresse. Der Zölibat war beim niederen Klerus noch lange nicht die Regel, aber Rom und die Bischöfe sahen nach Möglichkeit über eine wilde Ehe bei Dorfpfarrern hinweg. Die wirklichen Zustände klingen nur dann an, wenn ein Prediger so richtig vom Leder zieht und in heiligem Zorn gegen die Priesterliebchen wettert. Beispielsweise so:

»Ihr Lasterweiber, Kußmäuler und Sausuhlen. An euch mästet sich der Satan wie an leckeren Bissen. Grausam verschlingt ihr die Geweihten des Herrn. Löwinnen seid ihr, die mit gesträubter Mähne leichtsinnige Männer zu blutiger Umarmung an sich zerren, wütende Nattern, die in maßlosem Sinnenrausch Christus von seinen Priestern reißen wie das Haupt vom Leibe ...« So geht das seitenlang weiter.

Viel lieblicher reimen da schon die inzwischen gebildeteren Könige und schmachten ihre Geliebte (seltener die eigene Frau) solchermaßen an wie der sonst so finstere Heinrich VI.: »Verlüre ich si, waz hette ich danne? dâ töhte ich ze vröuden noch wîbe noch manne ... (Verlöre ich sie, was hätte ich dann? Ich taugte nicht zur Freude mehr für Frau oder Mann).«

Verzweifelt schreibt auch (auf mittelitalienisch) der oben zitierte Staufer Friedrich II.: »Oi lasso, nom pensai, sì forte mi paresse lo dipartire di madonna mia ... (Weh, ich dachte nicht, daß mir das Scheiden von meiner Dame so schwer sein würde).« So denkt und fühlt der König, der auf der anderen Seite nichts dabei findet, in seiner Hochzeitsnacht das Lager mit der Kusine seiner Frau zu teilen. Zärtlichkeit und Zorn, Küsse und Kerker, Lieben und Lynchen – das alles wohnte in der Brust eines damaligen Menschen zusammen, und das eine schloß das andere keineswegs aus.

Gerüchteküche hinter Klostermauern

Dichtung und Wahrheit in langatmigen Versepen · Schmeichler und Kritiker · Das Heil des Königs · Propagandisten am Hof · Fatale Fehler beim Abschreiben? · Chronisten und Anekdotensammler

Ich hörte das sagen . . .«, so beginnt das einzige und um das Jahr 800 herum in Fulda aufgezeichnete Heldenepos, in dem berichtet wird, wie Hildebrand, Erzieher und Waffenmeister des Helden Dietrich von Bern, unter tragischen Umständen seinen eigenen Sohn tötet. Diese relativ kurze Episode ist ebenso wie das 400 Jahre später vermutlich in Passau niedergeschriebene *Nibelungenlied* eine Sage, die mit Geschichtsschreibung natürlich überhaupt nichts zu tun hat, aber sie wurzelt in den furchtbaren Fehden, die sich die verschiedenen Frankenstämme im 6. und 7. Jahrhundert geliefert haben.

Einen Stamm der Nibelungen beispielsweise hat es nie gegeben, wohl aber einen fränkischen Hausmeier namens Nibelung. Der König Sigibert stand vermutlich Pate bei Siegfried und der König Guntram von Burgund beim Gunther der Nibelungensage. Eine Brunichilde gab es auch, von der die leidenschaftliche Brunhild wohl ihren Namen erhalten hat, und nur bei Kriemhild findet man keine rechte Bezugsperson. In der Geschichte der Merowinger heißt sie noch Fredegunde und ist die Todfeindin der oben erwähnten Brunichilde. Das *Nibelungenlied* müßte deshalb eigentlich »Merowingerlied« heißen, wenn es denn historische Wahrheit wiedergeben wollte. Aber es ist halt nur eine Sage.

Den Erzählern der Nibelungensage ist es durchaus nicht merkwürdig erschienen, daß der Held Siegfried ein Königssohn aus dem niederrheinischen Städtchen Xanten gewesen sein soll. Dieses Xanten war einmal ein römisches Kastell und hieß zunächst Castra Vetera und später Colonia Traiana. Ob der Ort nach dem heiligen Viktor und seinen Gefährten, die als Märtyrer dort bestattet worden sind, später »ad Sanctos«, also »zu den Heiligen« genannt wurde oder ob sich der Name

Xanten von dem Flüßchen Sante ableitet, das an dem römischen Kastell vorbeifloß, wollen wir streitbaren Heimatforschern überlassen. Im *Nibelungenlied* jedenfalls steht »ze Santen«. Nichtsdestoweniger hätte selbst ein mittelalterlicher Liedermacher leicht feststellen können, daß es in Xanten zwar Römer, aber niemals einen König gegeben hat.

Doch wir sagten es schon: Um historische Wahrheit ging es den Dichtern damals nicht. Unbekümmert flickten sie in die Sage den Hunnenkönig Etzel ein, der eigentlich Attila hieß, oder den Dietrich von Bern, hinter dem sich aller Wahrscheinlichkeit nach der historische Ostgotenkönig Theoderich verbirgt, der in Verona (Bern) und Ravenna regierte. Und ebenso unbekümmert erzählen sie, daß sich der Held Siegfried im Blut eines von ihm erschlagenen Drachen gewälzt habe, das ihn nahezu unverletzlich machte, und daß er sich im Besitz einer Tarnkappe befand, die er dem Zwerg Alberich abgenommen hatte und die ihn nicht nur unsichtbar machte, sondern ihm zusätzlich übermächtige Kräfte verlieh. Asterix und Obelix lassen grüßen.

Im gleichen *Nibelungenlied* wird aber auch geschildert, wie sich die Königinnen Brunhild und Kriemhild auf der Treppe des Wormser Doms darum zanken, wer auf Grund seiner Stellung als erste die Kirche betreten dürfe. Zwerge und Zauber, Drachen, aber auch schon ein Dom, Christentum und noch immer heidnisches Gedankengut. Wie paßt das zusammen?

Zunächst einmal: Gedichte und Epen wie das *Nibelungenlied* wurden von fahrenden Sängern bei Hofe, auf Burgen und Adelssitzen zur Unterhaltung vorgetragen, und zwar auswendig! Zu Anfang in sogenannten Stabreimen (»wallende Woge«), später in Endreimen, geben sie keine Nachrichten wieder, sondern Sagen, die in der Regel mit bescheidener Instrumentalbegleitung in einem für unsere Ohren eher eintönigen Singsang vorgetragen wurden. Die großen Epen waren zur Stauferzeit zwar größtenteils niedergeschrieben, aber fahrende Sänger konnten sich natürlich nur in Ausnahmefällen eine Abschrift leisten. Sie mußten die teils außerordentlich umfangreichen Lieder aus dem Gedächtnis vortragen, eine fast unglaubliche Leistung.

Man bedenke: Der Aeneasroman des »holländischen« Dichterkollegen von Walther von der Vogelweide und Wolfram von Eschenbach, Heinrich von Veldeke, umfaßt über 13 000 Zeilen. Kleiner Vergleich und Erinnerung an das Auswendiglernen in der Schule: Schillers Ballade »Die Kraniche des Ibykos« hat deren 184.

Da der Kern der jeweiligen Sage den meisten Zuhörern bekannt war, konnte es sich jeder Sänger leisten, die Details auszuschmücken oder zu variieren. Sonst wäre es ja auch zu langweilig geworden. Damit jedoch veränderte sich natürlich im Lauf der Jahrhunderte auch der eigentliche Kern der Sage oder verschmolz mit anderen Sagen zu einer neuen.

Daß sich die Sänger nicht an das einfache Volk wandten, sondern an die mehr oder weniger »Gebildeten«, beweist die Tatsache, daß allzu schlichte Wörter vermieden werden. Aus dem simplen Wort Zehen entstehen »der Füße Zweige«. Da nicken die Zuhörer verständig und fühlen sich geschmeichelt, weil ihnen der Sänger so viel Phantasie zutraut. Ein gutes Trinkgeld wird der Erzähler erhalten, und darauf ist er natürlich auch aus.

Soviel zu den Sagen, die zwar einen tief verborgenen geschichtlichen Kern haben, der aber zu versteckt ist, um noch ergiebig zu sein. Wichtig dagegen ist der entlarvende Beginn des *Hildebrandliedes*: »Ich hörte das sagen . . .« Das nämlich ist das Wesentliche: Geschichtsschreibung im Mittelalter bezieht sich weitgehend auf Gehörtes. Das Wissen der Chronisten ist einfach zu gering, und deshalb müssen sie sich darauf verlassen, was so herumerzählt wird, und das ist zuweilen armselig genug.

Nicht einmal Einhard, Karls des Großen engster Vertrauter und Biograph, verrät, wann und wo sein Kaiser geboren wurde. Angeblich – so behauptet er selber – halte er es für sinnlos, über Karls Kindheit und Jugend zu schreiben, da er niemanden kenne, der etwas darüber zu sagen wisse. Das klingt zunächst einmal erstaunlich ehrlich. Einhard hätte schließlich das tun können, was die meisten seiner Zunftgenossen getan haben: einfach eine Geschichte erfinden, rührend und kitschig.

Aber er schweigt, und das macht stutzig. Schließlich war er ein intimer Freund des Kaisers, und was hätte für einen Biographen näher liegen müssen, als den Kaiser geradeheraus zu fragen. Vielleicht hat er es auch getan und Karl ist ihm ausgewichen. Hatte Vater Pippin Mutter Bertrada etwa schon ein paar Jahre vor der Eheschließung geschwängert? Oder waren die beiden zu nahe miteinander verwandt?

Niemand kann das heute nachprüfen, weil es darüber keine schriftlichen Dokumente gibt, und wenn der Kaiser sich Einhard gegenüber geweigert hat, über seine Eltern zu berichten, dann hatte auch ein Einhard nicht die geringste Chance, irgend etwas zu erfahren. Aber vielleicht wußte er sogar Bescheid, war aber aus gewissen Gründen außerordentlich diskret.

Genau wußte man erschreckend wenig. Was will man auch von Chronisten erwarten, die sich die Erde noch als Scheibe dachten. Ihre Vorstellung von der Welt wird anschaulich dargestellt durch ein Altarbild, das vermutlich aus dem 13. Jahrhundert stammt und bis zum Zweiten Weltkrieg die Kirche des Benediktinerklosters Ebstorf in der Lüneburger Heide schmückte. Die Karte war – wie damals üblich – »geostet«. Nicht der Norden also war oben, sondern der Osten. Auf arabischen Karten wiederum war der Süden oben. In der Mitte des Ebstorfer Altarbildes befand sich Jerusalem als Zentrum der Welt.

Daß die Erde zu zwei Dritteln von Wasser bedeckt ist, wußte man natürlich noch nicht. Sie bestand nach den Vorstellungen der Zeit hauptsächlich aus einer großen Landmasse, die nur an den Rändern von Wasser umgeben war. Auf dem Ebstorfer Altarbild ist auch das Paradies eingezeichnet. Irgendwo zwischen dem Kaukasus und dem indischen Ganges-Strom. Am Berg Ararat hängt die Arche Noah, und auch der Turm von Babylon ist vermerkt. Die Karte ist also absolut realitätsfern, aber der Schöpfer dieser Karte war sich dessen auch bewußt. Wenn es keine gesicherten Fakten gab, mußte eben die Phantasie herhalten oder auch die Symbolik. Sie war dem mittelalterlichen Menschen ohnehin vertrauter und aussagekräftiger als uns heutigen Menschen.

Selbst wenn die Wahrheit bekannt war, muß sie nicht unbedingt auch erwünscht gewesen sein. Vom Auftraggeber nämlich, und so kommen wir zu dem Hauptproblem, mit dem sich heute die Historiker herumplagen müssen: Wer hat was, in wessen Auftrag und in welcher Absicht niedergeschrieben?

Zunächst einmal: Schreiben konnten bis auf wenige Ausnahmen ausschließlich die Mönche, die Kleriker also. Im englischen Wort »clerk« für Sekretär klingt das bis heute nach.

Einige Chronisten sind uns gut bekannt. Einhard war der Hofberichterstatter Karls des Großen. Beste Quelle für die Ottonen ist der adlige Mönch Widukind aus dem Kloster Corvey. Adalbert von Weißenburg schreibt die Chronik des Klosters von Prüm fort. Doch es gibt auch Berichterstatter, denen man nur sehr bedingt vertrauen darf, weil politische Interessen und zuweilen auch blinde Rachsucht ihr Urteilsvermögen trübten.

Unabhängige Historiker gab es im Mittelalter nicht. Wovon hätten sie wohl leben sollen? Die meisten Chroniken, Annalen (Jahrbücher) und Vitae (Lebensbeschreibungen) wurden in Klöstern, seltener am Königshof verfaßt. Aber wessen Brot man ißt, dessen Lied singt man bekanntlich auch.

Barbarossas Pfalzrichter Morena beispielsweise schildert seinen Herrn ohne jede Spur einer kritischen Distanz als wohlgestaltet und schön. Das mag ja noch angehen, aber dann kommen die Einzelheiten: Sein Gesicht war stets heiter, seine Zähne waren weiß, seine Hände außerordentlich schön, sein Mund hübsch, aber auch hart; zuweilen war Friedrich kühn und kriegerisch, andererseits gemäßigt in seinem Zorn, mildtätig, aber nicht verschwenderisch, von schneller Auffassungsgabe, weise, beredt, liebenswürdig gegenüber Freunden, gerecht gegenüber seinen Feinden, unerbittlich gegenüber allem Bösen, demütig gegenüber Gott und überhaupt gänzlich unvergleichbar mit allen Sterblichen.

Manches davon war sicherlich zutreffend, ein derartiger Tugendbolzen jedoch war der Kaiser mit Sicherheit nicht. Aber der Brotgeber stellte dem Chronisten die Weichen. So mußte die Königsfamilie stets alt, der Herrscher immer gerecht und gütig, warmherzig und wohlgestaltet sein. Der jeweilige Gegner dagegen – ob König oder Kleriker – war ein Ausbund des Lasters, ein Wurm, ein Nichts. Die Verherrlichung des Herrschers war schlichtweg wichtiger als die detailgetreue Schilderung von Vorkommnissen. Je weniger über Kindheit und Jugend des zu Preisenden bekannt war – um so besser. Dann waren dem Fabulieren keine Grenzen gesetzt.

Vergessen wir nicht, daß der König oder Kaiser ständig durchs Land ziehen mußte, damit die Leute auch glaubten, daß es ihn überhaupt gab. So fiel es den Hofschreibern leicht, das Herrscherhaus mit einem mystischen Heiligenschein zu umgeben. Grundvoraussetzung

war, daß der Fürst einer uralten Familie entstammte, die nach Möglichkeit bis auf Adam und Eva zurückzuverfolgen war. Da dies natürlich so
gut wie nie glaubhaft gelang, versuchten die eher noch heidnischen Fürsten, ihre Abstammung von einem germanischen Gott nachzuweisen.
Insofern ging der Frankenkönig Chlodwig ein ziemliches Risiko ein,
als er sich taufen ließ und den Christengott anerkannte. Ein germanischer König stand nahezu auf einer Stufe mit den heidnischen Göttern, und nun begab sich Chlodwig unter die Oberherrschaft eines für
Germanen höchst merkwürdigen Gottes, unter dem – theoretisch zumindest – alle Menschen gleich waren. Wie sollte der König da noch
sein Charisma bewahren! Chlodwig tat das einzig Richtige: Er überzeugte möglichst viele seiner Gefolgsleute, sich gleichfalls taufen zu
lassen; nur so konnte er weiterhin ungefährdet regieren.

Fürsten, die gebildeter waren als Chlodwig, wiesen ihre Haus-
chronisten an, ihre Herkunft auf Äneas zurückzuführen, der als einziger des trojanischen Königshauses dem flammenden Inferno nach
der Eroberung der Stadt durch die Griechen entrann. Andere Fürsten
begnügten sich, den Göttervater Jupiter oder auch Julius Caesar zu
ihren Ahnen zu zählen. Unseriös war das natürlich allemal. Dennoch
trug die vorgetäuschte uralte Abstammung dazu bei, daß den Königen
ein geradezu wundersamer Ruf vorauseilte. Wenn der große Otto
durchs Land zog, dann drängten sich die einfachen Leute stumm an ihn
heran und versuchten, einen Zipfel seines Gewandes zu berühren, auf
daß etwas von seinem »Heil« auf sie überströmen möge. Man glaubte
felsenfest daran, daß es Glück bringe, auch nur in die Hufstapfen seines
Pferdes zu treten; und daß der König durch Handauflegen Krankheiten heilen konnte – davon war man ohne jeden Zweifel überzeugt.

Der König der Franken wurde seit 751 bei der Krönung gesalbt.
Von diesem Augenblick an waren er und seine Familie tabu. Ein
Angriff auf seine Person galt als Todsünde. Er war nahezu göttlich, ein
Gesalbter des Herrn, und folgerichtig betrachtete Karl der Große sich
als König David und sein Volk als das neue Israel. Ein solcher
Herrscher konnte natürlich auch nicht sang- und klanglos sterben. Als
Ottos Vater Heinrich das Zeitliche segnete, da berichtet ein eigentlich
ziemlich seriöser Chronist, nämlich besagter Widukind von Corvey,
daß Flammen aus dem Berg geschossen seien, wo der König begraben

werden sollte. Grausige Kometen habe man am Himmel gesehen, das
Vieh sei von einer Seuche dahingerafft worden, und Wiesen und Felder
hätten unter Wasser gestanden.

Hatte schon Otto der Große ein ungeheures Ansehen, so wurde er
noch weit von dem Staufer Friedrich II. übertroffen, dem – warum
auch immer – der Ruf vorauseilte, er sei unbesiegbar. Was keineswegs
stimmte. Sein Charisma war im Volk so groß, daß – als sein Stündlein
letztendlich geschlagen hatte – niemand an seinen Tod glauben mochte.
Die einen waren der Meinung, er sei hoch zu Roß mitten in den Ätna
hineingeritten. Das klang glaubhaft für die Menschen jener Zeit, denn
Friedrich II. war – wie wir noch sehen werden – eher ein sizilianischer
Sarazene als ein deutscher Christ. Andererseits wollten die Deutschen
sich nicht mit einem Kaiser im Ätna abfinden, und so tauchte er in der
Sage alsbald in der Nähe der Burg Trifels auf, aber auch im Elsaß oder
in Salzburg. Immer mehr jedoch verdichtete sich das Gerücht, er säße
im Kyffhäuser.

Wichtig ist festzuhalten, daß es für einen erfolgreichen König unabdingbar war, eine ungeheure Ausstrahlung zu haben, dazu Kriegsglück
und Geschick, das Vertrauen seiner Männer und natürlich Erfolg. Das
alles wird verkörpert in dem Wort »Heil«, das im Dritten Reich zu
zweifelhaften Ehren kommen sollte. Ein Anführer, den sein Heil verließ, den verließen auch seine Gefolgsleute, und eine ganze Menge Heil
konnte man natürlich auch propagandistisch erzielen.

Etwa vom Jahr 1100 an wurden weltliche Herrscher, die ausreichend viel germanisches Heil besaßen oder aber durch geschickte PR-
Arbeit entsprechend viel Heil zu besitzen schienen, plötzlich zu christlichen Heiligen ernannt, obwohl sich einige von ihnen eigentlich recht
unchristlich benommen hatten. Wenigstens nach heutigen Maßstäben.
Trotzdem: So kamen – um nur einige zu nennen – England (mit
Edmund und zwei Eduards), Rußland (mit Wladimir), Spanien (mit
Ferdinand III.), Ungarn (mit Stephan I. und Ladislaus I.), Norwegen
(mit Olaf II.), Frankreich (mit Ludwig dem Heiligen), Dänemark (mit
König Knut) und auch das Deutsche Reich (mit Heinrich II.) zu ihren
hochwohlgeborenen Heiligen.

Friedrich Barbarossa schließlich ließ Karl den Großen in Aachen
heiligsprechen, und der Öffentlichkeit war es völlig egal, daß ein Ge-

genpapst dazu seinen Segen gegeben hatte und die feierliche Hand-
lung von zwei Gebannten durchgeführt wurde, deren einer Friedrichs
Kanzler Rainald von Dassel war, damals Erzbischof von Köln. Das
übermächtige Charisma Karls des Großen verurteilte derartige theologische Spitzfindigkeiten in den Augen des Volkes zur Bedeutungs-
losigkeit.

Überhaupt nichts von Propaganda verstand Barbarossas Sohn Heinrich VI. Das ist jener Bösewicht, der – wir kommen noch auf ihn zu
sprechen – Richard Löwenherz bei dessen Rückkehr vom Kreuzzug
gefangennahm und ein hohes Lösegeld erpreßte. Er war wohl der
einzige Herrscher jener Zeit, der glaubte, auf Lobhudler an seinem Hof
verzichten zu können. Mit dem Erfolg, daß er der Kaiser wurde, der mit
Abstand die schlechteste Presse hatte.

Ganz anders dagegen der Sultan Saladin. Er führte einen Riesen-
haufen von Schreibern mit sich, die alles aufschreiben mußten, was
Saladin sagte, dachte und tat. Erfolg des Bemühens: Saladins Leben
liegt wie ein offenes Buch vor uns, und wenn es darin Schattenseiten
gab, dann wurden sie sorgfältig retuschiert.

Zu den wenigen Chronisten, denen man zunächst einmal eine
saubere Nachricht und ehrliche Absichten zutrauen darf, gehört der
bereits erwähnte Vertraute Karls des Großen, Einhard, der auch zu
denjenigen zählt, die weniger schmeichelhafte Aussagen über ihren
Brotgeber aufgezeichnet haben. So hatte Karl – ebenso wie Bismarck –
eine hohe und fast piepsende Stimme, die in seltenem Kontrast zu dem
großen und stämmigen Körper gestanden haben muß.

Einhard bemäkelte auch, daß Karl sich gerne reden hörte, und
bescheinigte ihm, daß er zuweilen ins Schwätzen geriet. Das ist schon
sehr viel Kritik am eigenen Auftraggeber, und Einhard hat es auch erst
nach Karls Tod zu Papier gebracht. Von Karls Sohn Ludwig drohte
dem Chronisten nicht viel Gefahr, wenn er dessen Vater kritisierte.
Kritik war natürlich weit weniger erwünscht als schöne und erbauliche
Geschichten, die das Wesen des Fürsten im rechten Licht erscheinen
ließen. Eine dieser Anekdoten, die den Vorteil hat, einigermaßen ver-
bürgt zu sein, ist die Geschichte der Weiber von Weinsberg.

Die Festung Weinsberg wurde von König Konrad III. lange erfolglos belagert. Die Verteidiger wehrten sich so verbissen, daß der

König ihnen zornig den Tod schwor. Auf Grund des Flehens und
Bettelns der Frauen jedoch versprach der König wenigstens ihnen
freien Abzug. Auch dürften sie an Hab und Gut mitnehmen, was sie auf
den Schultern zu tragen vermochten. Als sich dann das Burgtor öffnete,
kamen die Frauen heraus – und auf ihrem Rücken trug eine jede ihren
Ehemann. Die Berater des Königs waren empört über die List, aber der
König lachte nur und sagte, an seinem Wort gebe es nichts zu deuteln,
und er ließ die Frauen und ihre Männer passieren. Das ist eine hübsche
Geschichte, und Konrad wußte wohl, daß seine Großmut ihm mehr
Sympathie einbrachte als das Abschlachten der Männer.

Frühere Historiker hielten von Anekdoten überhaupt nichts, weil
es sich im Grunde ja nur um Klatsch handelt. Moderne Historiker
dagegen haben längst erkannt, daß es Feuer geben muß, wo Rauch
aufsteigt, und sie messen den Anekdoten durchaus Wert bei, denn zum
einen lassen sie Rückschlüsse auf den Herrscher zu, der – wie eben
Saladin – regelrechte Anekdotenschreiber beschäftigte, oder aber auf
die Stimmung im Volk, ob es seinem Herrn dieses oder jenes zutraute,
Böses oder Schlechtes, Gerechtigkeit oder Brutalität. Da in Anekdoten
nur selten Schlechtes über die betroffene Person gesagt wird, kann man
vom Grundsatz ausgehen: Je mehr Anekdoten über einen Herrscher
erzählt werden, um so beliebter war er.

Von Rudolf von Habsburg beispielsweise wird erzählt, er habe
einen Ritter aus Zürich, mit dem er schon lange in Fehde lag, auf
offener Straße erwischt, als jener soeben sein großes Geschäft verrichtete. So etwas tat man damals tatsächlich ungeniert vor aller Augen.
Rudolfs Gefolgsleute wollten dem Ritter natürlich sofort an den Kragen, aber dieser schrie, es sei doch ganz ehrlos, einen Ritter anzugreifen, der die Hosen herabgelassen habe. Das fand auch der Habsburger
und befahl seinen Männern, den Ritter so lange nicht anzutasten, wie er
keine Hosen anhabe. Der schlaue Ritter jedoch soll – so wenigstens
wird erzählt – von Stund an nie mehr eine Hose angezogen haben, so
daß ihm niemand etwas anhaben konnte. Rudolf soll darüber so
schrecklich gelacht haben, daß er dem Ritter verzieh und ihn später
sogar zu seinem Berater machte.

Oder: Nur ed-Din, einer der erbittertsten und erfolgreichsten Gegner der Kreuzritter, wird von seinen Hofberichterstattern ebenfalls als

leuchtender Tugendbold beschrieben, der sogar den Wünschen seines Eheweibs trotzte, wenn es um die Moral ging. Das Weib hatte ihm ihr Leid geklagt, daß sie mit dem Haushaltsgeld nicht auskomme. Und der Herrscher besitze ja schließlich genug ... »Ich habe einfach nicht mehr Geld«, soll daraufhin der Beherrscher der ganzen arabischen Welt zu ihr gesagt haben, »in allem, was ich in der Hand habe, bin ich nur Schatzmeister der Muslime. Ich verrate sie darin nicht, noch stürze ich mich deinetwegen ins Höllenfeuer.«

Leidenschaftlich begehrt hat er seine Frau wohl auch nicht, denn – so sagt sein Chronist: »Nachts betete er viel und verbrachte die Zeit mit löblichen Andachtsübungen. Er war, wie der Vers sagt: Tapferkeit gepaart mit Demut vor dem Herrn – welch ein schöner Anblick ist der Krieger im Gebet!«

So wird man populär, das wußte auch der Mongolen-Khan Ogedei. Er soll – so will es die Fama – zusammen mit seinem Bruder beobachtet haben, wie sich ein einfacher Mann im Bach wusch, obwohl dies nach mongolischem Gesetz verboten war. Der Mann wurde festgenommen, doch in der Nacht vor dem Gerichtstag ließ Ogedei dem Missetäter heimlich mitteilen, er solle aussagen, daß er sich in dem Bach keineswegs gewaschen, sondern ein Geldstück gesucht habe, das ihm hineingefallen sei. Diese Aussage machte der Festgenommene auch am folgenden Tage. Ogedei ließ den Bach an dieser Stelle absuchen, und man fand – wen wundert's – tatsächlich ein Geldstück. Ogedei sprach den Mann frei, weil es eine Schande sei, daß es unter seinen Untertanen Männer gebe, die so arm seien, daß sie wegen eines einzigen Geldstücks gezwungen seien, das Gesetz zu übertreten.

Wenn solche Geschichten im Land herumerzählt werden, dann macht sich das gut für den Herrscher, wobei es ganz gleichgültig ist, ob die Geschichte wahr, halbwahr oder von den Propagandisten des jeweiligen Fürsten erfunden worden ist.

Anekdoten sind zwar meist dazu angetan, positive Charaktereigenschaften wie Schlagfertigkeit, Mut oder Freigebigkeit herauszustellen, aber sie können natürlich auch gezielt zur Propaganda gegen den politischen Gegner eingesetzt werden. So berichtet beispielsweise Johann von Winterthur, ein Feind des Sizilianers Friedrich II., daß der Staufer ein Ketzer in jeder Hinsicht sei, und fügt gleich noch hinzu, was man ihm angeblich erzählt hat: Der Kaiser habe mit seinem Gefolge ein Kornfeld durchquert und in Verspottung des allerheiligsten Sakraments behauptet, daß aus diesem Getreide schon bald eine Menge Götter gebacken würden. Das mußte besonders einem mittelalterlichen Menschen wie eine Ketzerei des Gottseibeiuns persönlich erscheinen, und somit war der Sinn dieser Negativ-Anekdote auch schon voll erfüllt.

Die bösartige Propaganda des Johann von Winterthur hat dem Kaiser nicht schaden können, dafür war er ganz einfach zu mächtig, aber Macht allein muß nicht immer reichen, wenn der Gegner sein Handwerk versteht. König Philipp IV. von Frankreich waren die Templer, die Angehörigen des größten Militärordens des Mittelalters, schon lange ein Dorn im Auge. Die hochfahrende und stolze Kriegerkaste hatte sich nach Beendigung der Kreuzzüge aus dem Heiligen Land zurückgezogen und sich in Frankreich niedergelassen. Mitsamt ihren unermeßlichen Schätzen!

Philipp den Schönen, dessen Staatskasse an chronischer Leere litt, ließ der Gedanke an den sagenhaften Reichtum der Templer nicht mehr ruhig schlafen. Zwei seiner Handlanger entfesselten eine gigantische Rufmordkampagne gegen die Ordensritter, denen alles vorgeworfen wurde, was mittelalterliche Phantasie sich nur ausdenken konnte: Ketzerei und Magie, Homosexualität und Götzendienst. Der Großinquisitor Wilhelm Imbert spannte auch die Dominikaner, die Franziskaner und die Augustiner in die Kampagne ein, um von allen Kanzeln Frankreichs die Greuelmärchen unters Volk zu bringen, das – natürlich – alles für wahre Münze hielt. Zu guter Letzt glaubte es sogar, daß der heilige Vater, Klemens V., vom Leibhaftigen selber abstammte. Auch diesen Unfug hatte der Großinquisitor verbreiten lassen, weil der Papst seine Hand über die angeblichen Ketzer hielt.

Zu lange hatten die Templer ihre Gegner unterschätzt. Tausende Ritter wurden 1307 verhaftet und gefoltert. Der Großmeister und über 50 seiner Männer wurden schließlich verbrannt. Das gesamte Vermögen des Ordens kassierte der schöne Philipp. Es war nicht nur ein Justizmord, es war auch die erfolgreichste Propaganda-Aktion des Mittelalters.

Wenn man nun im Rahmen einer derartigen Kampagne nicht nur Schlimmes berichten, sondern auch noch entsprechende Formulierungen anbringen konnte, erhöhte das die Wirkung auf die Mitmenschen um ein Vielfaches. Nüchterne, sachliche Aussagen sind im Mittelalter selten. Und so erstaunt uns auch nicht, daß Friedrich II., der ja seinen Gegnern so viele Angriffsflächen bot, immer wieder mit bösartigen Attacken angegangen wurde. Unbestrittenermaßen besaß er einen wohlgefüllten Harem, was sicherlich nicht gottgefällig und für die eingesperrten Damen keineswegs ein Vergnügen war. Wenn jedoch ein Chronist erklärt, die Harems-Insassinnen würden von »vielen maurischen Eunuchen und ähnlichen alten Ungetümen« bewacht, so beweist das eine gewisse Unkenntnis (wieso sind Eunuchen alte Ungetüme?) und zum anderen den Versuch, den politischen Gegner als einen Menschen hinzustellen, der sich mit einem Haufen Monster umgeben hat.

Sprache ist verräterisch, und es muß durchaus nicht immer der schiere Haß sein, der sich in manchen Schilderungen Bahn bricht. Zuweilen ist es auch für uns heutige Menschen nahezu unerträglich, die begeisterten Schilderungen zu lesen, wie Christenmenschen sich gegenüber andersgläubigen Menschen verhalten haben. Da berichtet ein Augenzeuge, wie Christen gegen die Pruzzen kämpfen, aber zuvor wird noch der Ritterschlag erteilt:

»Der Fürst nahm nun sein Schwert und schlug Ritter, sooft man das von ihm begehrte, der edlen Christenheit und Maria, der reinen Magd, zu Ehren. Darauf begann das Heer in dem Lande auf und ab zu verheeren. Den Christen gab Gott das Glück, daß die Heiden ungewarnt waren. Die Heiden büßten das. Denn ritterlich jagte man ihnen nach, man fing, man stach, man schlug. Was ihnen weh tat, das tat uns gut!« Fürwahr sehr christlich und sehr ritterlich, und alles der Muttergottes zu Ehren. Der Sprache des Berichterstatters spürt man beklommen an, daß sich niemand viel Gedanken um die Feinde machte, von denen der Chronist weiter berichtet, daß man sie »am Strick gleich Jagdhunden« in die Sklaverei führte.

Unbekümmert um historische Genauigkeit schrieb im 6. Jahrhundert auch Gregor von Tours über die Intrigen und Machtkämpfe in den merowingischen Königsfamilien. Er gibt sogar die Dialoge im Wortlaut wieder, obwohl er natürlich nicht dabeigewesen ist. Er verteidigt selbst die Greueltaten des Königs Chlodwig, denn da dieser die katholische

Lehre zäh und verbissen gegen die Irrlehre der Arianer verteidigte, mußte ja wohl – so dachte wenigstens Gregor – Gottes Segen auf ihm und seinen Taten ruhen. Man kann also auch von einem Gregor von Tours keine objektive Geschichtsschreibung erwarten.

Aber selbst wenn wir einmal unterstellen, dieser oder jener Chronist habe ohne jedes Wenn und Aber die Absicht gehabt, nach bestem Wissen und Gewissen zu schreiben, was ihm zugetragen wurde, so blieb doch vieles im dunkeln oder unklaren. Über den Aufruf zum ersten Kreuzzug in Clermont, von dem noch ausführlich die Rede sein wird, berichten acht Quellen, und alle schildern den Ablauf der Dinge und die Ansprache des Papstes unterschiedlich. Wem soll man da glauben? Oder nehmen wir die höchst ungenauen und fast immer übertriebenen Zahlenangaben. Zum ersten Kreuzzug sollen nach den zeitgenössischen Berichten zwischen 300 000 und 600 000 Kreuzfahrer aufgebrochen sein. Das sind natürlich ganz unsinnige Zahlen, und deshalb haben sich seriöse Historiker daran begeben, anhand anderer Umstände die wahren Zahlen zu schätzen.

Nach mühseligen Berechnungen kamen sie zu dem Ergebnis, daß es sich um 4500 Ritter und rund 30 000 Mann Fußvolk gehandelt haben könnte. Immer noch ein gewaltiger Haufen, wenn man sich eine solche Menschenmenge einmal in einem Fußballstadion vorstellt. Andererseits hätten die Chronisten jener Zeit den heutigen Forschern eine Menge ersparen können, wenn sie etwas nüchterner und präziser gearbeitet hätten. Sehr viel mehr Männer als jene, die nach Jerusalem aufbrachen, hatte übrigens der Normannenherzog Wilhelm der Eroberer 1066 in die Schlacht von Hastings geführt, mit der die Unterwerfung Englands eingeleitet wurde. Man schätzt, daß damals 2000 bis 3000 Ritter und Knappen mit etwa 40 000 oder gar 50 000 Mann Fußvolk den Kanal überquert haben.

Nun wollen wir aber mit den Berichterstattern der damaligen Zeit nicht allzu streng ins Gericht gehen. Zum einen haben wir gesehen, daß sie stets von ihrem Brötchengeber abhängig waren und diesen kaum je direkt kritisieren durften, sondern vielmehr von ihm eingespannt wurden, sein eigenes Lob zu singen oder aber Propaganda gegen den jeweiligen Feind zu betreiben. Berücksichtigt werden muß andererseits die Tatsache, daß es unter den Chronisten kaum jemanden gab, der selber Augen- oder Ohrenzeuge der von ihm geschilderten Begebenheiten gewesen ist. Sie hatten sogar nur höchst selten die Gelegenheit, sich mit einem oder gar mehreren unmittelbar Beteiligten zu unterhalten. Zum dritten gab es keine zentralen Bibliotheken, wo man sich hätte informieren können. Ein Mönch aus Fulda beispielsweise, der sich die Aufgabe gestellt hätte, die Geschichte des salischen Kaiserhauses zu schreiben, hätte sich per mühseligem Briefverkehr in Corvey oder St. Gallen erkundigen müssen, ob man dort diese oder jene wichtige Urkunde habe. Kann man sich heute vorstellen, wie lange ein solcher Brief von Kloster zu Kloster gebraucht hätte? Von der Antwort ganz zu schweigen.

Wenn man aber doch geantwortet hätte, man sei im Besitz derartiger Urkunden, dann hätte sich der Mönch aus Fulda – armselig ausgerüstet – auf eine ebenso lange wie mühselige Wanderschaft begeben müssen, denn derart kostbare Unterlagen, mochten es nun Urkunden oder Bücher sein, rückten die Klöster naturgemäß nur sehr ungern heraus. Zu groß war die Gefahr, daß man sie nie wiedergesehen hätte. Nein, da mußte sich der Mönch schon selber herbemühen, um das Original abzuschreiben. Eine Heidenarbeit, die zu leisten kaum jemand bereit war, zumal man mehr oder weniger hoffte, auf derart schwer beschaffbares Material verzichten zu können.

Wichtig ist aber auch, daß wir heutigen Menschen uns vergegenwärtigen müssen, daß wir uns ja auch durch alte Bezeichnungen leicht verwirren lassen. Nehmen wir nur das Wort »Legende«. Da glauben wir doch von vornherein, daß es sich dabei nur um ein frommes Märchen handeln könne. Wer indes auf dem Gymnasium Latein gelernt hat, sollte eigentlich wissen, daß »legenda« nichts anderes heißt als eine vorzulesende Geschichte, eine Schilderung aus dem Leben eines oder einer Heiligen, die am Namenstag des oder der Heiligen während des Essens den Mönchen vorgelesen wurde. Diese Texte enthielten neben notwendig erscheinenden Kommentaren und Auslegungen durchaus auch Tatsachen, soweit sie noch bekannt waren, und wir werden diesen Legenden keineswegs gerecht, wenn wir sie pauschal als Märchen abtun.

Doch zurück zur Geschichtsschreibung und dem Problem, wie man sich Unterlagen beschaffen konnte – oder auch nicht. Wir sahen, daß

Urkunden in Ermangelung von Kopiergeräten abgeschrieben werden mußten. Und Gott sei Dank taten das auch viele Mönche trotz aller damit verbundenen Strapazen. Ohne die emsigen Mönche wüßten wir noch viel weniger über das Mittelalter, denn naturgemäß sind viele Originale im Laufe der Jahrhunderte verbrannt oder abhanden gekommen. Aber auch das Kopieren hatte seine Tücken.

Man stelle sich vor: Ein Mönch hockt in seiner kargen Zelle, günstigstenfalls in einem Schreibsaal, monatelang, und kratzt beim Licht einer armseligen Funzel Buchstaben auf Buchstaben aufs geduldige Pergament. Das Klosterleben ist streng, die Nächte werden immer wieder von Gebeten unterbrochen, was der Konzentration nicht unbedingt förderlich sein muß, und so können beim Abschreiben natürlich leicht Fehler unterlaufen. Nicht nur dumme Schreibfehler, vielleicht sogar besonders tückische, die einen ganzen Sachverhalt auf den Kopf stellen.

Nehmen wir nur ein Beispiel, wenn auch ein besonders delikates: Karl der Große hat sein halbes Leben mit dem Versuch verbracht, die heidnischen (Nieder-)Sachsen zu bekehren. Nach jeder Niederlage schworen die halsstarrigen Norddeutschen ewigen Frieden und erklärten sich bereit, sich zum Christentum zu bekehren. Und jeden dieser Schwüre brachen sie, sobald die fränkischen Truppen wieder abgezogen waren. Endlich riß dem Kaiser die Geduld. Er sammelte seinen Heerbann und zog zum xten Male gegen die Sachsen, schlug deren Haufen erneut und ließ sich die Aufwiegler ausliefern. Nur Widukind entkam einmal mehr nach Dänemark.

In Verden an der Aller fand das Blutgericht statt, das Karl den wenig schmeichelhaften Namen »Sachsenschlächter« einbrachte. 4500 Sachsen nämlich soll er an diesem Tag enthaupten lassen haben. Karls Verteidiger halten dieses Massaker für erfunden und führen ins Feld, diese Tat stehe in krassem Widerspruch zum sonstigen Naturell des Kaisers, der eher zum Verzeihen neigte. Außerdem sei es – so makaber es klingen mag – rein technisch kaum möglich, an einem Tag 4500 Männer zu köpfen. Und bekanntlich seien damals ja alle Zahlen übertrieben worden. Das stimmt zwar; andererseits ist überliefert, daß selbst die Vertrauten Karls entsetzt gewesen seien über die jähzornige und unbeherrschte Tat des Kaisers.

In jüngster Zeit nun ist eine Theorie erörtert worden, die durchaus etwas für sich hat, wenn wir alles berücksichtigen, was wir bisher über die Arbeit der mittelalterlichen Chronisten gelesen haben, vor allem was das Abschreiben von Originalurkunden angeht: Die Reichsannalen, in denen das Blutbad von Verden geschildert wird, waren selbstverständlich in Latein niedergeschrieben. Und »sie wurden enthauptet« heißt auf Latein »decollati sunt«. Da diese Reichsannalen nicht mehr im Original, sondern nur noch in einer einzigen Abschrift erhalten sind, könnte es doch immerhin sein, daß ein (übermüdeter?) Mönch zwei sehr ähnlich klingende lateinische Wörter verwechselt und tatsächlich »decollati« geschrieben hat an Stelle des eigentlich dort stehenden »delocati«. Und das heißt, daß die Sachsen nicht enthauptet, sondern umgesiedelt worden wären.

Tatsächlich hat das Blutgericht von Verden, so es denn wirklich stattgefunden hat, keinesfalls den Krieg zwischen Franken und Sachsen beendet. Selbst nachdem sich Widukind ergeben hatte, brauchte Karl nach seinen eigenen Aussagen dafür noch 20 Jahre, und im Laufe dieser Zeit hat er tatsächlich Tausende von Familien umgesiedelt. Insofern ist die These von einem Abschreibfehler nicht ganz von der Hand zu weisen. Menschen umzusiedeln ist zu allen Zeiten ein sehr probates, wenn auch höchst fragwürdiges Mittel gewesen, lokalen Widerstand zu brechen. Doch eine solche Maßnahme hätte dem Charakter Karls weitaus mehr entsprochen als eine Massenhinrichtung. Da wir jedoch den Kopierer der Reichsannalen nicht befragen können, ob er sich vielleicht tatsächlich verschrieben haben könnte, bleiben die Zweifel bestehen. Wir müssen eben mit den unzuverlässigen Quellen leben. Das Mittelalter bleibt auch so spannend genug.

Das sogenannte Blutgericht von Verden verdient jedoch noch eine weitere Anmerkung: Die harsche Kritik an Karl dem Großen kam eigentlich erst so richtig auf in den Zeiten, als es Mode war, besonders deutsch und entsprechend antikirchlich zu sein. Motto: Eifernde Christenmenschen murksen teutsche Wotanverehrer ab. Da wurden Karl der Große und seine Franken flugs, wenn auch nur für dieses eine Mal, zu welschen Franzmännern erklärt.

Ein anderes Blutbad, nämlich das bei Lenzen, unweit der Lutherstadt Wittenberg, ließ die deutschen Gemüter merkwürdigerweise völlig kalt, obwohl die Recken des (deutschen!) Königs Heinrich I. im Herbst des Jahres 929 dort angeblich 200 000 Slawen (!) massakrierten. Auch wenn diese Zahl einmal mehr stark übertrieben sein mag: Dieses Blutbad will offenbar niemand zur Kenntnis nehmen, obwohl es ganz unbestritten stattgefunden hat und noch viel gräßlicher gewesen sein muß als jenes an der Aller. Sollte das etwa daran liegen, daß hier ein deutscher König unter Slawen gewütet hat? Noch immer nazistisches Gedankengut in unserem Geschichtsunterricht?

CHRONISTEN UND ANEKDOTENSAMMLER

538/539–594	Gregor von Tours, *Geschichte der Franken*.
um 732–804	Alkuin, Angelsachse und Vertrauter Karls des Großen. 232 seiner Briefe an den Kaiser sind erhalten.
um 770–840	Einhard, *Das Leben Karls des Großen*. Erste Herrscherbiographie des Mittelalters. Verfaßt in Anlehnung an die Kaiserbiographien des Sueton.
840(?)–912	Notker der Stammler, *Die Taten Karls des Großen*.
um 925–nach 973	Widukind von Corvey, *Geschichte der Sachsen*.
935–nach 973	Roswitha von Gandersheim, *Taten Ottos des Großen*.
1111–1174	Otto Morena, *Barbarossa und seine Zeitgenossen*.

Der Katastrophen-Notker aus dem Kloster St. Gallen

Augenzeugenbericht: *Ein Nickerchen beim Gottesdienst · Kontrolleure aus Cluny · Die Zeichensprache der Mönche · König Konrad im Kloster · Nie allein zum Abort · Mönche und Missionierung*

Ich bin Notker, Mönch im Kloster St. Gallen. Mein Name wird Ihnen nicht viel sagen, denn Notker werden bei uns sehr viele Mitbrüder genannt. Deshalb haben wir alle einen Spitznamen, damit man uns nicht miteinander verwechselt. Da war beispielsweise jener Notker aus unserem Kloster, der ein Neffe des großen Kaisers Otto war, dann Propst und später sogar Bischof von Lüttich wurde. Ein anderer, den sie den Stammler nannten, weil er immerzu stotterte, hat viele Geschichten über den Kaiser Karl geschrieben. Einen dritten nannten sie »Labeo«, weil er eine ausgesprochen dicke Unterlippe hatte. Und schließlich erinnere ich mich noch an einen gewissen Notker mit dem Beinamen »der Arzt«, der unter Kaiser Otto unser Abt war.

Mich nennen sie einfach den Katastrophen-Notker, weil ich angeblich alles zu schwarz sehe und befürchte, daß unser Herrgott das sündhafte Treiben auf dieser Erde nicht mehr lange tatenlos mit ansehen wird. Wenn ich von den Sünden der Menschen spreche, meine ich nicht die Sünden meiner Mitbrüder im Kloster, die vergleichsweise doch recht bescheiden sind, denn wir leben gewissenhaft nach der Regel des heiligen Benedikt. Unser Ordensgründer wurde etwa vor 600 Jahren in Italien geboren. Wo das genau war, kann ich Ihnen leider nicht sagen. Er hatte jedenfalls sehr reiche Eltern, die ihn nach Rom schickten, damit er dort die Lehre von den Gesetzen studieren sollte. Als er aber feststellen mußte, daß Babylon im Vergleich zu Rom keine Hure, sondern eher eine Jungfrau gewesen ist, floh er voller Ekel in die Berge der Sabiner, die nahe bei der heiligen Stadt liegen, und lebte dort als Einsiedler, obwohl er damals noch nicht einmal 20 Winter gesehen hatte.

Andere junge Männer folgten ihm, und später gründeten sie auf dem Monte Cassino zwischen Rom und Neapel unser erstes Kloster. Dort schrieb der heilige Benedikt auch die Regeln auf, nach denen wir noch heute leben. Man kann diese Regeln mit einem Satz zusammenfassen: *ora et labora!* Das heißt: Bete und arbeite – und sonst nichts!

Das hört sich einfach an, nicht wahr? Aber Sie können es ja einmal selbst ausprobieren. Nur ein paar Tage lang. Dann werden Sie vermutlich verstehen, daß sich viele Mitbrüder – vor allem im Land der Westfranken – im Laufe der Jahrhunderte keineswegs mit diesem Leben abfinden mochten. Und ich bin der letzte, der sie deswegen verdammt. Schließlich kann nicht jeder nahezu heiligmäßig leben. Auch beim besten Willen nicht.

Ich würde Sie langweilen, wenn ich jetzt aufzählen würde, wie oft und wie lange wir jeden Tag beten. Nebenbei müssen wir natürlich unsere Äcker bestellen und den Garten pflegen. Außerdem sollen wir unser gesamtes Hausgerät selber herstellen, Bücher abschreiben, Heiligenbilder malen, Gäste aufnehmen und verköstigen, Kranke pflegen, Botschaften überbringen und dergleichen Dinge mehr. Zwischendurch dürfen wir auch einmal schlafen, aber eigentlich nie genug.

Gott möge es uns deshalb verzeihen, wenn wir ab und zu einmal einnicken, wenn wir eigentlich meditieren sollten. Im Kloster Cluny in Burgund – von dort kommen die Eiferer, die seit etlicher Zeit ihr Unwesen treiben und sich zu Kontrolleuren aufspielen, ob auch überall die Regeln des heiligen Benedikt eingehalten werden – in Cluny also, da geht der Prior ständig umher und beobachtet die Brüder während des Gebets. Dann müssen die Mönche mit dem Kopf nicken, um ihm zu beweisen, daß sie nicht schlafen. Dem Prior folgt ein Mönch mit einer Laterne, und wenn der Prior jemanden erwischt, der dennoch eingedöst ist, muß dieser die Laterne weitertragen, damit er nicht erneut einschläft.

Die von Cluny sind auch zu uns gekommen, aber wie in unseren Chroniken nachzulesen ist, sind sie ganz schön abgewimmelt worden. Schließlich weiß ein jeder, daß ein Mönch aus St. Gallen, wo immer er auch weilen mag, mit einer solchen Würde und Bildung auftritt, daß seine Herkunft ganz unzweifelhaft ist.

Wir brauchen keine Kontrolle, denn seit den Tagen des großen Karl hat unser Kloster Erstaunliches geleistet, und zwar auf jedem Gebiet,

und wenn hie und da mal eine kleine Regel übertreten wird, spüren wir
es selber und brauchen keine Belehrung von außerhalb. Wir wissen
selbst, daß wir nicht überflüssigerweise miteinander sprechen sollen,
weil gedankenloses Geplapper nicht gottgefällig ist. Nicht einmal bei
den Mahlzeiten, wo uns aus erbaulichen und frommen Büchern vorgelesen wird, ist es notwendig, den Nachbarn um den Wasserkrug oder
das Salzfaß zu bitten. Dazu genügt schon eine Handbewegung, und im
Verlauf vieler Jahre kennt jeder von uns genügend Gesten, mit denen
er sich mühelos verständigen kann, wenn er es nur ernsthaft will.

Preßt man zum Beispiel die Hände zusammen, bedeutet dies, man
möchte den Käse haben. Wenn man sich dagegen mit der Hand an die
Gurgel greift, weiß jeder, daß man den Essig braucht. So an die 300
verschiedene Gesten beherrschen wir alle, und so törichte Bemerkungen wie »Schöner Tag heute« oder »Wie geht's denn so?« kommen
niemals über unsere Lippen, denn damit würden wir ja nur kostbare
Zeit vergeuden, die dem Beten und Arbeiten – und natürlich dem
Schlaf vorbehalten ist, den wir so dringend benötigen.

Vielleicht erscheint es Ihnen als ganz normal, daß wir nur mit den
Augen lesen, also vollkommen lautlos. So selbstverständlich ist dies
aber keineswegs, denn wir wissen, daß die Menschen früher, beispielsweise im alten Rom, allesamt mehr oder weniger laut vor sich hin gelesen haben. Wir haben uns das abgewöhnt, um nicht die Stille des
Klosters zu durchbrechen; vor allem für unsere Schüler ist lautloses
Lesen aber sehr schwierig, und wenn Sie diese Zeilen hier tatsächlich
lautlos zu lesen vermögen, dann verdanken Sie das im Grunde uns, den
Mönchen von St. Gallen.

Vielleicht fragen Sie sich, wie man überhaupt Mönch wird. Das ist
gar nicht so einfach. Sprechen wir einmal nicht davon, daß uns dauernd
ausgesetzte Findelkinder vor die Tür gelegt werden, daß man uns
Kleinstkinder, Waisen zum Beispiel, anvertraut, oder daß uns der
König einen Verwandten schickt, mit dem er sich überworfen hat und
der nun seine Tage hinter Klostermauern beschließen soll. Sprechen
wir nur von jenen jungen Männern, die freiwillig dem Orden des
heiligen Benedikt beitreten wollen.

So ein junger Mann verbringt zunächst einmal ein bis zwei Wochen
im Gästehaus und wird von den Mönchen eindringlich geprüft, ob sei-

ne Motive auch wirklich lauter sind. Unglücklich Verliebte und Jünglinge mit vorübergehendem Weltschmerz nehmen wir nicht auf. Gelangen wir jedoch zu der Überzeugung, daß der Neuankömmling tatsächlich sein Leben dem Herrn weihen will, lassen wir ihn zwei Monate unter der Aufsicht eines älteren Mönches in einem besonderen Gebäude leben, das nur für solche Novizen bestimmt ist. Dann liest man ihm die Regeln des heiligen Benedikt vor, auf daß er neuerlich ernsthaft überlege, ob er nach diesem strengen Gesetz leben will und kann.

Diese Prozedur vollzieht man nach sechs Monaten ein zweites und nach weiteren vier Monaten ein drittes Mal. Und erst dann, also nach einem vollen Jahr strenger Prüfungen, wird der Novize als Mönch aufgenommen, und von diesem Augenblick an darf er das Kloster ohne ausdrückliche Genehmigung nicht mehr verlassen.

Im Kloster existiert so eine Art Rangfolge, und es versteht sich von allein, daß die jungen Mönche ganz unten rangieren. Zunächst kommt der Abt, der direkt dem Kaiser unterstellt ist (wenigstens bei uns in St. Gallen), dann folgen in der Reihenfolge ihres Eintritts die älteren Mönche. Sie sind es auch, die bei wichtigen Ereignissen als einzige das Kloster verlassen dürfen, beispielsweise als Boten zum Kaiserhof oder zu Besprechungen in einem anderen Kloster. Für die jüngeren Mönche wären die Anfechtungen, denen sie durch das sündige Treiben außerhalb des Klosters ausgesetzt sind, vielleicht doch zu gefährlich. Aber auch die älteren Mönche dürfen nach einem Botengang keinesfalls alles erzählen, was sie draußen gesehen oder erlebt haben. Nur das Wichtigste und wirklich Notwendige.

Zu den Älteren gehöre inzwischen auch ich, und deshalb weiß ich die Weisheit dieser Verordnung zu würdigen. Stellen Sie sich nur vor, ein jüngerer Mitbruder würde beispielsweise in die Pfalz Gelnhausen geschickt, würde dort das vermutlich höchst lockere Treiben am Hof des Kaisers beobachten und käme zurück, um den Mönchen von den Tänzerinnen zu erzählen, von den Buhlschaften und den freizügigen Reden – ein unvorstellbarer Gedanke, denn es ist doch gerade die Phantasie, die uns Männern in bezug auf Frauen die meisten Versuchungen beschert. Und der bloße Gedanke an eine Frau würde es dem Mönch unmöglich machen, sich auf Gebet und Arbeit zu konzentrieren.

Soll ich leugnen, daß ich als junger Mann natürlich ebenfalls diesen Gefahren ausgesetzt war? Daß ich zuweilen meiner Phantasie allzu freien Lauf gelassen habe? Aber das ist nun vorbei, denn seit über 30 Jahren habe ich keine Frau mehr gesehen, und alle diesbezüglichen Gelüste sind in mir abgestorben. Natürlich nicht bei den jüngeren Mitbrüdern, und wenn sie sich in der Beichte gewisser Dinge anklagen, kommt es bei schwereren Vergehen vor, daß sie sogar ausgepeitscht werden, denn allein der Schmerz ist in der Lage, die Lust des Fleisches zu bannen. Ein älterer Confrater hat mir indes heimlich anvertraut, daß es einen in unserer Mitte gibt (den Namen hat er mir nicht genannt), der unter der Geißel ganz offensichtlich noch mehr in Wollust geriet, weshalb der Abt befahl, ihn nicht mehr körperlich zu strafen. Ich weiß nicht, wie das alles zusammenhängt, und vielleicht sollte ich dies überhaupt nicht niederschreiben, weil es doch recht überflüssig erscheint.

Als einer der älteren Mönche im Kloster St. Gallen habe ich das wichtige Amt des Zellerars inne. Das bedeutet, daß ich für den gesamten Haushalt verantwortlich bin. Für die Geräte, die Kleider, die Einrichtung und natürlich auch für die Speisen und die Getränke. Das Essen ist sehr einfach. Ich lasse Fisch aus dem Bodensee servieren, Eier von unseren Hühnern und Käse aus der Milch unserer Kühe. Unsere Hauptnahrung aber ist Brei und zuweilen Brot. An festlichen Tagen gibt es ein Hühnchen, und verboten ist eigentlich nur das Fleisch vierbeiniger Tiere. Es darf allenfalls Schwerkranken oder aber hohen Gästen serviert werden.

Bei dieser etwas kargen, wenn auch gesunden Kost passieren schon kuriose Geschichten. Da war einmal ein gewisser Sandrat unser Gast, ein Mönch aus Trier, der sich heimlich in der Küche Fleisch beschaffte, bis er dann erwischt wurde. Das eigentlich Peinliche daran war jedoch, daß jener Sandrat ein vom Königshof beauftragter Aufpasser war, der ausspionieren sollte, ob wir uns auch treu an die Ordensregeln hielten.

In unseren Annalen ist aber auch eine andere Geschichte aufgezeichnet, die von einem Besuch des Königs Konrad I. berichtet, der am Tage der unschuldigen Kinder, also am 28. Dezember, völlig unerwartet mit seinem Gefolge bei uns hereinplatzte. Dieser König brachte für zwei Tage das ganze Klosterleben durcheinander. Er besuchte den

Lateinunterricht der Schüler und legte einem jeden ein Goldstück in den Mund, was natürlich insofern unmöglich war, als ja jedem Mönch privater Besitz absolut untersagt ist. Der König ließ sich als Mitbruder eintragen, stiftete dem Kloster wertvolle Geschenke und lud für den folgenden Tag zu einem gemeinsamen Gastmahl ein, was ebenfalls unerhört ist.

Normalerweise essen Mönche und Gäste streng getrennt, aber einen König kann man schwerlich zurechtweisen. Da hockten sie nun zusammen, schwätzten (!) und schauten den Gauklern (!) zu, die der Herrscher mitgebracht hatte. Und der begnügte sich keineswegs mit dem klösterlichen Alltagsessen. Er schärfte es mit irgendwelchen exotischen Gewürzen, die er von Gott weiß woher mitgebracht hatte, und zu guter Letzt schenkte er den Schülern noch drei freie Spieltage. Kein Wunder, daß es im Kloster drunter und drüber ging. Der Abt hatte nach dem Abzug des königlichen Hofes wochenlang zu tun, bis die alte Ordnung wiederhergestellt war.

Kommen wir zu den heutigen Zeiten zurück. Vielleicht glauben Sie, die Mönche seien alle verdreckt und verlaust. Da muß ich als Zellerar scharf widersprechen. Im Kloster Hirsau im Schwarzwald besteht zwar die Sitte, daß die Mönche nur zweimal im Jahr baden dürfen, nämlich zu Ostern und zu Weihnachten. Bei uns dagegen waschen sich die Mönche täglich, und der Samstag ist Badetag. Außerdem waschen sich die Mitbrüder gegenseitig die Füße, wie es unser Herr vor dem Abendmahl mit den Aposteln getan hat.

Beim Baden müssen natürlich Zucht und Ordnung gewahrt bleiben, was in noch schärferem Maße für den Schlafsaal gilt. Damit sich die jüngeren Mönche – wie soll ich mich ausdrücken – nicht unsittlich berühren, schlafen sie stets neben einem älteren, der sie auch des Nachts, wenn es denn sein muß, mit einer Laterne zum Abort begleitet und sie dort mit der notwendigen Diskretion beobachtet. Auch darf morgens niemand nackt aus dem Bett springen. Zunächst muß er, noch ehe er die Decke abwirft, sein Obergewand anlegen und bis über die Beine hinunterziehen.

Wie Sie selber sehen, herrscht wenigstens in den Klöstern des heiligen Benedikt Zucht und Ordnung, was ich von der übrigen Welt leider nicht sagen kann. Das Volk da draußen, sogar unsere eigenen

Hörigen und Leibeigenen eingeschlossen, sind ja leider Gottes noch gar keine richtigen Christen. Ihr ganzes Denken und Handeln erinnert mich an den alten Friesenherzog Radbod, dem ein Missionar sagte, daß alle seine heidnischen Ahnen in der Hölle braten würden. Er dagegen habe durch die Taufe die Chance, in den Himmel zu kommen. Da sagte der Heide – Gott möge ihm die Lästerung verzeihen –, er würde der Gesellschaft seiner Ahnen selbst in der Hölle den Vorzug geben gegenüber dem Zusammentreffen mit ein paar Feiglingen im Himmel.

Wenn ich es allerdings recht bedenke, so muß die Lehre von unserem Herrn Jesus den Heiden so unverständlich gar nicht gewesen sein. Ich hoffe, daß es nicht nach Ketzerei klingt, denn nichts läge mir ferner. Dennoch: Auch unsere Vorfahren in den Wäldern Germaniens haben Menschen geopfert und an die Wiedergeburt geglaubt. Das freiwillige Opfer des Gottessohnes müßten die Missionare den noch Unbekehrten doch nahebringen können und auch die Auferstehung im Fleische. Aber vielleicht wissen die Missionare nicht so richtig, wie man mit rauhbeinigen Kriegern umgehen muß.

In der Götterwelt der Asen gab es schließlich den bösen Loki, der nur Böses ausheckte, und in ihm kann man durchaus den Teufel wiedererkennen. Die Götterdämmerung nimmt das Jüngste Gericht voraus, an dessen Ende ebenfalls der Sieg des Guten steht. Die Vergleiche sind zwar recht oberflächlich. Aber bei der Missionierung hätte man wohl darüber hinwegsehen können. Da man jedoch darauf verzichtete, mußten viele der heidnischen Raufbolde mit Gewalt zur Taufe gebracht werden.

Heiden blieben sie trotzdem. So wie sie früher ihre Götzen und Dämonen angebetet haben, erwarten sie die Wunder nun von unseren Heiligen. Das Christentum dagegen fordert von ihnen nicht nur die Liebe zum Nächsten, sondern – schwerer noch – die zum Feind. Das werden sie so bald nicht begreifen. In ihren Herzen herrscht noch immer das Gesetz der Gewalt und die grausame Rachgier. Heiliges gilt ihnen nur so lange heilig, als es ihnen zweckmäßig und nützlich erscheint.

In jüngster Zeit hat es sich wieder bewiesen: Unseren König Heinrich IV. haben sächsische Aufständische aus seiner Harzburg vertrieben. Dann haben sie die Mauern der Befestigung eingeebnet. So weit kann man das ja noch verstehen, denn der König gilt als grausamer Herr. Dann aber haben die Aufständischen nicht nur die Burgkapelle abgebrannt und die Kirchenschätze geplündert, nein, sie mußten auch noch die Reliquien schänden, die Gräber der königlichen Familie aufbrechen und die eingesegneten Gebeine herauszerren und unter ihren Füßen zertrampeln. Geben sich so Christenmenschen?

Doch wen soll es wundern. Wirklich christliches Verhalten findet man beim Klerus auf dem Land ja ebensowenig wie bei einigen hohen Kirchenfürsten, denen Geld und Macht weitaus wichtiger zu sein scheinen als Demut und Gottesfurcht. Die Landpriester können kaum Latein. Woher denn auch! Manche werden von ihrem Vater ohne jede Berufung, geschweige denn Bildung in den geistigen Stand gezwungen, damit ein unnützer Fresser weniger am Tisch sitzt. Und obwohl wir auch nur sehr selten das Kloster verlassen, hören wir gleichwohl Schreckliches von Priestern, die saufen, jagen und huren.

Manche dieser Unseligen können weder das Paternoster noch das Ave Maria hersagen, geschweige denn die Absolutionsformel. Ich habe meine Zweifel, daß es sich um eine gültige Beichte handelt, die man bei einem Priester ablegt, der einen nicht einmal korrekt von seinen Sünden freisprechen kann. In einer Chronik habe ich gelesen, daß es irgendwo im Südosten einen Mönch gegeben haben soll, der eine Taufe stets mit dem lateinischen Kauderwelsch »In nomine patria et filia« begann, was übersetzt in etwa lauten würde: »Im Namen das Vaterland und die Tochter!«

Aber wenn es doch nur allein um das schlechte Latein ginge! Viele Priester leben mit Frauen zusammen und zeugen Kinder. Ein Greuel ist es, aber diese Priester sagen, sie besäßen ja kein Einkommen, und wenn sie keine reiche Witwe beschlafen würden, die sie dafür mit dem Notwendigsten versorgt, müßten sie Hungers sterben. Als ob das eine Entschuldigung wäre. Gottlob hat unser Heiliger Vater in Rom jetzt ein Machtwort gesprochen: Eine Frau, die einen Priester heiratet, sei keine Ehefrau, sondern eine Hure und auch als solche zu behandeln. Die Verkündigung dieses Gebotes hat vor allem bei den italienischen Priestern einen Proteststurm hervorgerufen, und – ich wage es kaum zu sagen – es gab auch Bischöfe, die die verheirateten Priester verteidigten.

Ach, was soll ich über Bischöfe klagen, wenn sich sogar Papst und Kaiser spinnefeind sind! Ich bin zu unwissend, um zu entscheiden, wer da im Recht ist. Zu denken gibt mir allerdings, und Gott möge mir verzeihen, wenn ich frevle, daß Johannes XIX. sich sein Papsttum, wie man sagt, von einer sehr wohlhabenden Familie regelrecht kaufen ließ und später mit dem Gedanken gespielt haben soll, das heilige Amt an den Patriarchen von Konstantinopel weiterzuveräußern.

Zeitweise gab es drei Päpste nebeneinander. Wie soll unsere Mutter Kirche da bestehen. Es wird böse enden, dabei bleibe ich! Mögen mich meine Mitbrüder nur ruhig weiter den Katastrophen-Notker nennen. Im Augenblick haben wir zwar nur einen einzigen Papst mit dem Namen Gregor VII., aber dafür zwei weltliche Herrscher. Weil Gregor sich nicht mit Heinrich IV. verträgt und auch die deutschen Fürsten untereinander in zwei Lager gespalten sind, haben einige von ihnen einen Gegenkönig gewählt, den Herzog Rudolf von Schwaben. Heute morgen nun hat uns der Abt zusammengerufen, denn bei so wichtigen Anlässen dürfen wir unser Schweigen brechen. Auch die jüngeren Brüder durften mit diskutieren, weil der Heilige Geist ja zuweilen durch den Mund der Jungen spricht.

Der Abt also teilte uns bedrückt mit, daß ein Legat des Papstes gegen den König Heinrich den Kirchenbann ausgesprochen habe und daß es nun diesen anderen König gebe, dem wir nach dem Willen des Heiligen Vaters ab sofort gehorchen müßten. Das war für uns alle ganz verwirrend, denn so richtig kennt sich keiner von uns in der hohen Politik aus, und auch der Heilige Geist sprach weder zu den Alten noch zu den Jüngeren. Wir wußten nur eines: Im Land eines Königs, der mit dem Kirchenbann belegt ist, dürfen weder Messen gelesen noch Glokken geläutet, außer Taufe und Letzter Ölung keine Sakramente gespendet noch Tote kirchlich begraben werden, bis der König wieder vom Bann befreit ist.

König Heinrich selber aber, so erzählte uns der Abt mit einiger Fassungslosigkeit, nehme den Bannfluch nicht ernst. Er achte ihn so, als ob ihn eine Gans anliefe, soll der König gesagt haben. Über diese ungeheuerlichen Worte waren wir alle sehr erschrocken. Viel schlimmer aber ist unsere Unsicherheit darüber, ob der Bannfluch denn nun gültig ist oder nicht und welchem König wir im Augenblick zu gehor-

chen haben. Wir begaben uns zum Gebet, und diesmal war unsere
Sorge und Beklemmung so groß, daß tatsächlich nicht einer von uns
einschlief.

MÖNCHE UND MISSIONIERUNG

432   Patricius aus Cannes, später St. Patrick genannt,
beginnt (ohne Auftrag aus Rom) mit der Missionie-
rung Irlands. Von dort kommen später wandernde
Mönche aufs europäische Festland, missionieren
und bauen die ersten Klöster: Kolumban gründet
Luxeuil in Burgund, sein Schüler Gallus St. Gallen
in der Schweiz. Kilian stirbt den Märtyrertod in
Würzburg, Emmeram wirkt in der Umgebung von
Regensburg, Rupert missioniert die Bayern.

590–604   Bonifatius, von Papst Gregor dem Großen (nach
ihm ist der Gregorianische Choral benannt) beauftragt, missioniert in Ostfranken, gründet die Klöster
Fritzlar und Fulda und richtet die Bistümer Regensburg, Passau, Freising, Eichstätt, Salzburg, Erfurt
und Würzburg ein.

910   Stiftung des Klosters Cluny und Ausbreitung
der Reform. Das bedeutendste Reformkloster in
Deutschland ist Hirsau im Schwarzwald.

Canossa und die Sache mit dem Steigbügel

*Was kostet ein Papsttitel? · Karl der Große geht in die Falle · Kaiser
wird man nur in Rom · Gregor, der häßliche Mönch · Heinrich IV. und
die antiautoritäre Erziehung · Simonie und Priesterheirat · Zeitraffer*

Mit Geld konnte man sich früher und kann man sich auch heute
noch alles kaufen, außer seinem Seelenheil. Bei entsprechendem
Einsatz finanzieller Mittel kann man heute beispielsweise hohe politische Ämter erwerben. Man denke nur an die amerikanischen Prä-
sidentschaftswahlen. Auch im hohen Mittelalter wurde nur derjenige
Kaiser, dem die Augsburger Fugger die entsprechenden Schmiergelder
vorstreckten. Aber während man sich heute für ein paar Millionen
Mark weder eine Kaplanstelle an der Lambertuskirche in Düsseldorf
noch den Titel eines Erzbischofs von Canterbury zulegen kann, war
das im Mittelalter durchaus möglich.

Im 11. Jahrhundert indes konnte man, wie unser Katastrophen-
Notker soeben erwähnte, zuweilen selbst den Papsttitel käuflich erwerben. Ein Erzbischof mußte keineswegs zum Priester geweiht sein, und
wer es sich leisten konnte, kaufte sich als Abt in ein reiches Kloster ein.
Natürlich nicht in Musterklöster wie Cluny, Hirsau oder St. Gallen,
obwohl es auch dort nicht immer so streng zuging wie in der Zeit des
braven Notker. Das Problem mit den Bischöfen ist im übrigen
durchaus nicht symptomatisch für das Mittelalter. Noch Ludwig XVI.
lehnte Ende des 18. Jahrhunderts die Ernennung von Loménie de
Brienne zum Erzbischof mit der Begründung ab, ein Erzbischof von
Paris müsse doch »zumindest an Gott glauben«!

Nun könnte man vielleicht meinen, daß dies ein rein kirchliches
Problem gewesen sei und sich der Kaiser da hätte raushalten sollen,
aber so einfach war das nicht, und deshalb muß ich (leider) ein klein
wenig ausholen: Ein großer Teil des Mittelalters war geprägt von einer
erbitterten Auseinandersetzung zwischen Kaiser und Papst. Manchmal
ging es um höchst christliche Werte, normalerweise aber um die reine

Macht. Während die Kaiser meinten, der Heilige Vater solle sich einzig und allein um die Seelen der ihm Anvertrauten kümmern und den Rest wollten sie schon selber besorgen, behaupteten die Päpste – wenigstens vom 11. Jahrhundert an –, ein Kaiser könne nur von ihnen, den Stellvertretern Christi auf Erden, gesalbt, notfalls aber auch abgesetzt und exkommuniziert werden. Das konnte natürlich nicht gutgehen. Es ging auch nicht gut, und angefangen hatte es noch ganz harmlos, nämlich mit Karl dem Großen.

Nach dem Zusammenbruch des römischen Weltreiches war im Westen Europas ein großes Vakuum entstanden, und Löcher üben eine gefährliche Anziehungskraft auf Mächtige aus, die in der Nachbarschaft wohnen. Mächtig war von jeher das oströmische Byzanz, das heutige Istanbul; die Neureichen dagegen, oder besser die »Neumächtigen« waren die Sarazenen in Nordafrika und Spanien, vor allem aber die Franken. Währenddessen saß einsam und schutzlos der Heilige Vater im chaotischen Restgebiet des Römischen Reiches, in Italien.

Der Papst nannte sich zwar Leo III., wies indes überhaupt nichts Löwenhaftes auf, sondern war lediglich eine korrupte Krämerseele. Er vergab Kirchenämter nur gegen Bares und schikanierte die Bevölkerung Roms. So wunderte sich niemand, als auf offener Straße ein Attentat auf ihn verübt wurde. Man schleppte den Halbtoten in ein Kloster, wo man ihm, wie er später verbreiten ließ, die Augen ausstach und die Zunge abschnitt. Da er aber nachweislich in späterer Zeit wieder im Besitz dieser edlen Teile war, ließ er seine haarsträubende Geschichte nachbessern: Gott selber habe ihm in seiner übergroßen Gnade persönlich Zunge und Augen zurückgegeben.

Fest steht nur, daß Leo aus seinem Gefängnis entkommen konnte. Aber wohin sollte er sich wenden? An die Intimfeinde in Byzanz etwa? Gar an die heidnischen Sarazenen? Blieb infolgedessen nur der Frankenkönig Karl, der sich damals gerade in seiner Pfalz bei Paderborn aufhielt.

Um es kurz zu machen: Leo kommt, und Karl empfängt ihn inmitten seines Heeres. Er läßt keinen Zweifel daran, daß er der mächtigste Mann des Abendlandes, der Papst indes nur Bischof von Rom ist, und ein sehr dubioser noch dazu. Denn es ist auch eine Delegation aus der heiligen Stadt nach Paderborn gekommen, die bei Karl Klage gegen

Leo erhebt. Für ein paar Tage liegt das Schicksal des Papstes in den Händen des Königs. Welche Chance! Aber es gelingt Leo tatsächlich, Karl von seiner Unschuld zu überzeugen. Und er macht ihm klar, daß es seine Aufgabe sei, die Kirche – gemeint sind aber das Papsttum und der Papst selber – zu schützen, und in Rom werde er, Leo, ihn, Karl, dann zum Kaiser krönen.

Der Frankenkönig läßt sich umgarnen. Er hätte Bedingungen stellen und in dieser Situation dem Papst alles mögliche abtrotzen können. Er hätte seinen Nachfolgern viel Leid erspart und die europäische Geschichte in völlig andere Bahnen lenken können. Karl aber verzichtete auf alle diplomatischen Ränke. Er war ein rechter Recke und ein löblicher Christ, dem es eine Ehrenpflicht war, dem Papst aus der Patsche zu helfen. Dabei hätte er genug anderes zu tun gehabt: Von Spanien her drohten die Sarazenen, im Norden die Nordmänner (die Normannen), im Osten die Slawen, und nicht einmal vor der eigenen Haustür herrschte Ruhe: Die noch immer heidnischen (Nieder-)Sachsen machten ihm schwer zu schaffen. Jetzt hängte er sich auch noch Italien und den Heiligen Vater an den Hals.

Vielleicht hat er doch ein bißchen von dem nahenden Ungemach gewittert, denn bei seiner Krönung macht er deutlich, daß er die Kirche Christi mit dem Schwert schützen werde, während ihn der Papst dabei (nur) mit seinem Segen unterstützen solle. Doch dieser zarte Hinweis darauf, daß ein jeder bei seinem Leisten bleiben solle, hat wenig Wirkung. Karl ist bereits in die Falle getappt. Er läßt sich in Rom zum Kaiser krönen – nicht in seiner Lieblingspfalz Aachen. Seine Zeitgenossen haben dieses Signal sehr wohl verstanden.

Nun könnte man fragen, was die ganze Haarspalterei denn bedeute, das sei doch alles völlig belanglos. Heute wäre eine derartige Argumentation sicherlich gerechtfertigt, obwohl auch unsere Politiker noch mit protokollarischen Spitzfindigkeiten taktieren. Im Mittelalter jedoch hatten solche symbolhaften Gesten eine enorme Bedeutung, und deshalb war auch die Sache mit dem Steigbügel so wichtig.

Spätere Päpste bestanden darauf, wenn sie sich zu Pferde einem Kaiser nahten, daß dieser von seinem hohen Roß herunterkam und dem Papst beim Absteigen wie ein gemeiner Pferdeknecht den Steigbügel hielt. Viele Kaiser haben diese Demutsgeste auch vollzogen, nur

Kaiser Friedrich Barbarossa nicht. Er hatte Mumm (und Macht) genug, dem Papst ins Gesicht zu sagen, er sei zwar ein Knecht Gottes, aber kein Knecht des Papstes, und dieser solle allein schauen, wie er von seinem Gaul herunterkomme. Die umherstehenden Kardinäle waren ob dieser Grobheit so erschrocken, daß sie wohl geglaubt haben, nun müsse der Himmel einstürzen. Sie stoben entsetzt nach allen Seiten davon, und der Papst kletterte ohne Fremdhilfe vom Pferd. Der Himmel jedoch blieb oben und dazu auch noch völlig gleichgültig.

Kehren wir indes zu den ersten deutschen Kaisern zurück. Karl hatte dem Papst den kleinen Finger gereicht, und seitdem versuchten alle nachfolgenden Päpste, die ganze Hand und möglichst auch noch den Arm des jeweiligen Herrschers zu ergattern. Vorerst jedoch bissen sie auf Granit, denn noch besaßen sie keinerlei weltliche Macht. Im Gegenteil: Karl der Große griff ebenso wie später viele seiner Nachfolger rigoros in die Rechte der Kirche ein und berief beispielsweise eine Synode nach Aachen ein, wo er seine Hoftheologen veranlaßte (vielleicht hatten sie ihn auch darum gebeten), in das Glaubensbekenntnis hineinzuschreiben, daß der Heilige Geist nicht allein vom Vater, sondern auch vom Sohne ausgehe. Den Papst hatte niemand um seine Meinung gebeten.

Noch hatte das Kaisertum seine Chance gegenüber Rom nicht verpaßt. Karl, der sich anmaßte, sogar die römische Theologie zu redigieren, krönte 813 auf einer Reichsversammlung in Aachen seinen Sohn Ludwig eigenhändig zum Kaiser, ohne den Papst zu fragen und ohne Ludwig etwa zum Zwecke der Krönung nach Rom zu schicken. Aber eben dieser Ludwig, der sich die Krone auf Befehl des Vaters selber aufs Haupt setzte, befand es für notwendig, sich zwei Jahre nach dem Tode seines Vaters von Papst Stephan IV. höchst überflüssigerweise noch einmal krönen zu lassen, und zwar in Reims, wohin der Papst extra anreiste, denn eine solche Gelegenheit, die Oberhoheit der Kirche gegenüber der weltlichen Gewalt zu demonstrieren, konnte sich ein Papst im Mittelalter nicht entgehen lassen.

Dieser Unterwerfungsakt hatte Konsequenzen: Beim folgenden Kampf der Erben gegen ihren Vater wagten es Bischöfe aus der Anhängerschaft Lothars, Ludwigs ältestem Sohn, den Kaiser abzusetzen. Für die fränkische Denkweise ein unerhörter Vorgang! Erstmals hatten es

Kleriker gewagt, sich gegen einen weltlichen Fürsten aufzulehnen. Für einen Augenblick hielt das Abendland den Atem an, auch wenn der Versuch der Söhne, den Kaiser mit Hilfe der Kirche zu stürzen, in diesem Fall noch erfolglos blieb.

Die Krönung des Kaisers durch den Papst war zu diesem Zeitpunkt jedoch noch keine rechtsgültige Tradition. Die schuf ausgerechnet erst der sonst so kluge Otto der Große. Er, den seine Krieger nach dem großartigen Sieg über die Ungarn auf dem Lechfeld bei Augsburg (955) begeistert zum Imperator, also zum Kaiser ausriefen, hätte diesen Titel sofort annehmen können, niemand hätte ihm die Kaiserkrone streitig gemacht. Statt dessen zog der junge König sieben Jahre später nach Rom, und dort – nach seiner Krönung durch den Papst – ließ er im sogenannten Ottonianum verbindlich festschreiben, daß nur derjenige Kaiser werden dürfe, der vom Papst gekrönt worden sei, und zwar in Rom. Punkt.

Wie die anderen Könige versuchte sich auch Otto durch die Krönung in Rom in die altehrwürdige Tradition des alten römischen Weltreiches zu stellen, als dessen Retter sich die Herrscher sahen. Was er allerdings politisch angerichtet hat, wird er vermutlich niemals ganz begriffen haben. Ganz abgesehen davon, daß er von einem Papst (Johannes XII.) gekrönt worden war, dem Mord, Meineid, Gotteslästerung und Blutschande vorgeworfen wurden und der später – höchst passend – im Bett einer verheirateten Frau vom Schlag getroffen wurde.

Die nun obligatorischen Rom-Reisen aller zukünftigen Kaiser waren, wenn manchmal auch etwas demütigend, objektiv gesehen ganz sinnvoll: Da man weder einen Linienflug noch eine Schlafwagenkarte lösen konnte, war ein Zug nach Rom in jenen Jahrhunderten eine ebenso langwierige wie beschwerliche, ebenso kostspielige wie gefährliche Angelegenheit. Zunächst mußte der König Ruhe im eigenen Land schaffen, mußte die stets aufmüpfigen Herzöge dazu bringen, ihm einen Heerbann zur Verfügung zu stellen, und schließlich mußte er absolut sicher sein, daß genug Getreue zurückblieben, um einen möglichen Aufstand niederzuschlagen.

Dann endlich war es soweit. Das Heer mußte die Alpen überqueren, was seit Hannibals Zeiten auch nicht wesentlich einfacher geworden war. In den engen Tälern lauerten räuberische Stämme, und der Empfang in Norditalien, dem alten Königreich der Langobarden (von ihnen ist der Name Lombardei abgeleitet), war niemals freundlich. Meist mußten einige Städte erobert, ein paar Festungen erstürmt und geschleift werden, ehe man sich verlustreich in Richtung Rom durchkämpfen konnte. Dann aber war man noch lange nicht am Ziel, denn je nach Lust und Laune öffneten die römischen Bürger dem Fremden aus dem Norden die Tore oder auch nicht. Und dann mußte wieder verhandelt und gefeilscht oder aber belagert werden. Rom war von Sümpfen umgeben, aus denen Milliarden Mücken ausschwärmten, die jedes Heer mit Malaria verseuchten, und dagegen war damals im Sinne des Wortes noch kein Kraut gewachsen.

So mancher deutsche König kam deshalb nie nach Rom, andere starben auf dem Rückweg eines mehr oder weniger unnatürlichen Todes. Kaiser geworden zu sein – darauf konnte man schon einigermaßen stolz sein. Bedenkt man indes die gigantischen Vorbereitungen, die vor einem Rom-Zug erforderlich waren, scheint es nur zu natürlich, daß der König vor dem Abmarsch die Macht im eigenen Land nach seinem Gutdünken verteilte.

Ein Bischof oder der Abt eines reichen Klosters war ja keineswegs ein geistlicher Würdenträger im heutigen Sinn. Die Erzbischöfe von Köln, Mainz oder Trier waren mächtige Fürsten mit eigenem Heerbann, und deshalb wurde auch niemand Erzbischof oder Abt ohne des Königs ausdrückliche Zustimmung. Die meisten Bischöfe in Deutschland waren zuvor Geistliche bei Hofe gewesen, und sie alle hatten dem König den Treueid zu schwören.

Da viele Herrscher (manchmal zu Unrecht) der eigenen Sippe am meisten vertrauten, kann man es keinem König verdenken, daß er Vetternwirtschaft betrieb. Mal ging es gut, mal allerdings auch nicht. Otto der Große jedenfalls machte seinen Bruder Brun zum Erzbischof von Köln und seinen Sohn Wilhelm zum Erzbischof von Mainz. In Trier und Osnabrück setzte er Vettern ein, und diese Familienpolitik brauchte er nie zu bereuen.

Aber nicht nur die Verwandtschaft wurde mit geistlichen Ämtern bedacht. Man darf nicht vergessen, daß die Könige und Kaiser noch immer keine Hauptstadt besaßen, sondern mit Mann und Maus und Kind und Kegel pausenlos unterwegs waren. Manchmal bestand das

1 Der Bamberger Reiter. Niemand weiß mit Sicherheit, welchem König (wenn überhaupt) mit ihm ein Denkmal gesetzt werden sollte. Foto: Ingeborg Limmer, Bamberg

HIC EXEVNT:CABALL   DENAVIBVS · ET HI

2   *(oben)* Bilder von der
Eroberung Englands
durch die Normannen
sind uns durch den be-
rühmten Wandteppich
von Bayeux überliefert.
Foto: Archiv für Kunst
und Geschichte, Berlin

3   *(rechts)* Das Leben
am Hofe war eher kärg-
lich. Selbst der Ritter-
saal der Wartburg wirkt
nicht gerade prunkvoll.
Foto: Erich Lessing/Ar-
chiv für Kunst und
Geschichte, Berlin

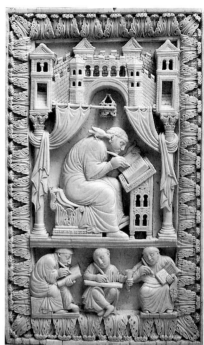

4 *(links)* Grabplatte mit Widukind-Darstellung.
Foto: Bildarchiv Foto Marburg

5 *(oben)* Klösterliche Schreibstube. Foto: Kunsthistorisches Museum, Wien

6 *(unten)* Frühe Darstellung einer Windmühle.
Musée Cluny, Paris (CL.19643). Foto: Réunion des
musées nationaux, Paris

7 *(linke Seite oben)* Quedlinburg, Am Finkenherd. Foto: Jürgens Ost+Europa-Photo, Berlin

8 *(linke Seite unten)* »Die Arbeiten der zwölf Monate« von Pietro Crescenzi le Rustican, um 1460. Musée Condé, Château de Chantilly (MS.340, f.303v). Foto: Photographie Giraudon, Vanves

9 *(links)* Übergabe des Zepters durch den Papst an den Kaiser. Aus: »Decretum Gratiani« (Cod.127, fol.9r). Foto: Diözesan- und Dombibliothek, Köln

10 *(unten)* Fränkischer Fürstensitz zur Zeit der Merowinger (Rekonstruktionszeichnung)

11 (oben) Einschiffung von Kreuzfahrern. Kunstbibliothek Preußischer Kulturbesitz, Berlin. Foto: Bildarchiv Preußischer Kulturbesitz, Berlin

12 *(rechts)* Zu Tausenden verließen vor allem zweitgeborene Söhne die finsteren Familiensitze (hier Burg Seebenstein in Niederösterreich), um sich dem Kreuzzug anzuschließen. Foto: Erich Lessing/ Archiv für Kunst und Geschichte, Berlin

13 *(rechte Seite oben)* Papst Urban II. auf dem Konzil von Clermont, 1095. Foto: The Mansell Collection, London

14 *(rechte Seite unten)* Judenpogrom. Holzschnitt, 1175. Foto: Bildarchiv Foto Marburg

15　In Byzanz lockten reiche Schätze wie dieses
Orotofora greca (Reliquiar). Aus dem Tesoro di San
Marco, Venedig. Foto: SCALA, Antella-Bagno a
Ripoli (Florenz)

Gefolge aus ein paar hundert Leuten, zuweilen waren es auch einige tausend, und die wollten bewaffnet und bekleidet, ernährt und zuweilen auch bezahlt werden. Also brauchte der Herrscher Geld. Viel Geld. Und extrem viel brachte der Verkauf einer Bischofswürde ein. Möglichst eine in Oberitalien, wo die Diözesen besonders reich waren. Reich aber waren auch viele Klöster. Das bei Paris gelegene Saint-Germain-des-Prés beispielsweise besaß sage und schreibe 75 000 Hektar Land. Das entspricht einer Fläche von fast 120 000 Fußballplätzen!

Wie man sieht, hatte der König allen Grund, darauf zu bestehen, Bischöfe und Äbte aus eigener Machtvollkommenheit einzusetzen, aber auch abzusetzen, so wie einen ganz gewöhnlichen Grafen. Und die Päpste beugten sich diesem Anspruch. Wenn auch zähneknirschend. Bis eines Tages, es war übrigens der 22. April des Jahres 1073, in Rom eine neue Papstwahl anstand, und da tritt ein Mann auf, der die Geschichte des Mittelalters umkrempeln sollte. Sein Name ist Hildebrand, und er ist ein Bauernsohn aus der Toskana. Möglicherweise war er einmal Mönch, aber das ist nicht sicher. Er ist klein, blaß und häßlich. Aber ein Genie.

Als der soeben verstorbene Papst Alexander II. in der Laterankirche beerdigt wird, schreien plötzlich ein paar Umherstehende los: »Der heilige Petrus hat Gregor zum Papst gewählt!« Dieser Gregor aber ist niemand anderes als besagter Hildebrand, der in wenigen Jahren eine erstaunliche Karriere gemacht hat. Johannes Pierleoni, Priester und einer reichen Bankiers-Familie entstammend, hatte ihn als Sekretär angestellt, und als solcher hatte Hildebrand erfahren müssen, daß der Verkauf geistlicher Ämter beileibe nicht nur bei den Herrschern jenseits der Alpen an der Tagesordnung war. Er mußte mitmachen, als sein reicher Herr dem zwölfjährigen (!) Papst Benedikt IX. die Papstwürde für 2000 Pfund abkaufte. Und das war durchaus kein Einzelfall, wie der Katastrophen-Notker schon wußte.

Johannes Pierleoni, vorübergehend als Papst Gregor VI. residierend, wurde jedoch von Kaiser Heinrich II. abgesetzt und nach Köln verbannt, wohin ihm der kleine Sekretär folgte. Später findet man Hildebrand im französischen Musterkloster Cluny wieder, von wo aus die Reform der Kirche betrieben wird. Hier hat man ihn wohl einer gründlichen Gehirnwäsche unterzogen, denn aus dem Simonie-Saulus wird plötzlich ein geläuterter Paulus, ein erbitterter Gegner aller Käufer und Verkäufer geistlicher Ämter.

Was aber kann ein kleiner Klosterbruder schon ausrichten! Also erneuert er die Freundschaft mit den Pierleonis, und mit deren Geld und Beziehungen wird er tatsächlich unter Papst Leo IX. zum Verwalter der päpstlichen Finanzen. Dieser Leo hieß eigentlich Brun von Toul, stammte aus dem Elsaß, war ein Vetter des deutschen Kaisers Heinrich III. und ein leidenschaftlicher Kirchenreformer. Von ihm konnte der kleine Hildebrand eine ganze Menge lernen. Und er lernte. Vor allem Politik. Bald war er die graue Eminenz in der Umgebung des Heiligen Vaters, wie immer der auch gerade heißen mochte. Heinrich III. stirbt, sein Sohn ist noch ein Kind. Hildebrand nutzt die Gelegenheit, eine Lateransynode einzuberufen, auf der festgelegt wird, daß nur noch die Kardinäle den Papst zu wählen haben, womit der römische Adel endlich ausgeschaltet wird. Aber auch der Kaiser!

Und dann kommt der Augenblick, da Alexander II. stirbt. Totenfeier wie gehabt in der Laterankirche. Natürlich ist Hildebrand zugegen, als das Getümmel beginnt. Immer mehr Leute schreien inzwischen, daß der heilige Petrus den Gregor zum Nachfolger des verstorbenen Papstes bestimmt habe. Woher aber wissen die Leute wohl, daß sich der Archidiakon, der doch Hildebrand heißt, demnächst Gregor VII. nennen wird?! Wir wollen nicht grübeln. Wir können es uns schließlich selber zusammenreimen. Der angeblich vom heiligen Petrus Auserkorene ziert sich noch ein Weilchen, aber dann vergißt er, daß ja neuerdings nur Kardinäle einen Papst wählen dürfen. Außerdem schreit die Menge derart hartnäckig seinen Namen. Da kann man nichts machen. So eine Gelegenheit, Papst zu werden, kommt schließlich nicht alle Tage.

Der Mann, der sein großer Gegenspieler werden soll, ist inzwischen zum Jüngling herangewachsen: Heinrich IV. Die beiden kennen sich übrigens flüchtig, und die Erinnerungen des neuen Papstes sind nicht gerade freundschaftlicher Art, was man aber verstehen sollte: Als päpstlicher Legat war Gregor einmal in die Kaiserpfalz zu Goslar gekommen, um im Namen des Papstes zu schwören, daß die Kirche niemals dem Kaiser oder dessen Erbe die Treue brechen oder das Schwert Petri gegen sie erheben werde. Ein furchtbarer Meineid, wie sich später herausstellen wird. In der Kaiserpfalz wird Gregor Zeuge, wie der kleine Kronprinz gefüttert wird, und das Kind reagiert böse, als sich der kleine Mann mit dem häßlichen Gesicht zu ihm herunterbeugt. Es wirft dem Legaten nicht nur den Teller mit Brei ins Gesicht, sondern auch alle verfügbaren Schimpfworte, die so ein kleiner Bengel auf Lager hat. Die Mutter muß sich einschalten und den Schlingel zur Raison bringen.

Der Vater des Kindes stirbt mit 39 Jahren an einem Lungenleiden. Der neue König ist erst sechs Jahre alt und wird als Heinrich IV. ebenso in die Geschichte eingehen wie Gregor, den spätere Zeiten »den Großen« nennen werden. Das Kind wird zunächst mehr schlecht als recht von seiner Mutter Agnes erzogen. Die Großen des Reiches nutzen die Schwäche des Königshauses, und ebenso wie als Mutter versagt Agnes auch als Regentin. Als Heinrich zwölf Jahre alt ist, wird er vor der Pfalz Kaiserswerth im Norden von Düsseldorf auf ein Schiff des Kölner Erzbischofs Anno gelockt und entführt. Wer den Erben hat, besitzt auch die Macht.

Zunächst wird der Prinz von Anno selber erzogen, später von dessen erzbischöflichem Kollegen Adalbert von Bremen. Dieser versucht es – wie wir heute sagen würden – auf die antiautoritäre Weise. Mit dem Erfolg, daß sich Heinrich in der Gesellschaft reicher Tunichtgute herumtreibt und jedem Weiberrock nachläuft. Man will ihn verheiraten. Nach politischen Gesichtspunkten natürlich, und man verfällt auf die Idee, den Fünfzehnjährigen, der schon seit einem Jahr Vater eines Bastards ist, sich immer mehrere Konkubinen gleichzeitig hält, herumsäuft und randaliert, mit der aus oberitalienischem Adel stammenden Bertha zu verehelichen.

Die Hochzeit findet auch tatsächlich statt, aber schon nach kurzer Zeit erklärt der junge Prinz seinem geschockten Erzieher, mit ihm und der Bertha klappe es nicht. Er wolle sich scheiden lassen. Alle Welt ist entsetzt. Eine Scheidung ist schließlich nur möglich, wenn man der Frau einen Ehebruch nachweisen kann. Aber im Gegensatz zu vorhandenen Beispielen denkt Heinrich nicht einmal im Traum daran, einen seiner Saufkumpane zu einer diesbezüglichen Falschaussage zu überreden. Dabei brauchte ja nur jemand zu beschwören, er habe etwas mit Bertha gehabt.

Heinrich aber will das nicht. Er verkündet, Bertha sei noch Jung-frau, und er wolle, daß die nicht vollzogene Ehe für ungültig erklärt wird. Davon läßt er sich zunächst auch nicht abbringen, obwohl ein Legat des Papstes ihm vorhält, gerade angesichts des lasterhaften Le-bens des niederen Klerus müsse doch ein zukünftiger König mit beson-ders leuchtendem Beispiel vorangehen. Heinrich kapituliert schließlich doch. Bertha schenkt ihm sogar zwei Söhne; glücklich indes wird sie in der beiden aufgezwungenen Ehe nicht. Heinrich nämlich ändert seinen Lebensstil keineswegs.

Nach Berthas Tod heiratet er Praxedis, eine russische Prinzessin aus Kiew, die später gegen ihren Mann auspacken wird. Angeblich soll sie versucht haben, ihren Stiefsohn Konrad zu verführen, und Heinrich hat sie deshalb in Verona eingelocht. Wohl mit päpstlicher Hilfe ent-kam sie von dort und schilderte dann die Orgien ihres Mannes, be-schrieb seine perversen Neigungen, behauptete, in seiner Gegenwart und auf seinen Wunsch hin von mehreren Männern vergewaltigt worden zu sein und was man sich sonst noch an unappetitlichen Details ausdenken mag. Ihre Erklärungen – ob wahr oder doch eher einer etwas bizarren Phantasie entsprungen – wurden natürlich von päpst-lichen Schreibern sorgfältig zu Papier gebracht und bei passender Gelegenheit als hocherwünschtes Propagandamaterial eingesetzt.

So viel zum Charakter des jungen Königs. Und wie war Hildebrand, der sich jetzt Gregor VII. nannte? Zumindest nicht so naiv und offen wie der junge Prinz. Er zog seine Fäden lieber aus dem Hintergrund, wenigstens in der Zeit, da er noch nicht Papst war. Eines immerhin ist merkwürdig: Gregor hat viele Briefe, Urkunden und Verordnungen hinterlassen, aber über ihn selbst wissen wir so gut wie nichts. Zumin-dest nichts Objektives. Das meiste uns Überlieferte stammt aus der Feder der königstreuen deutschen Chronisten und taugt folglich nicht mehr als die Anklagen der russischen Prinzessin.

Gregor war ein zwiespältiger Charakter, wie so viele mittelalterliche Menschen. Er war von so frommer Art, daß er beim Lesen der Messe angeblich häufig in Tränen ausbrach. Andererseits war er machtgierig und grausam. Eines indes wird niemand bestreiten können. Was er auch tat – er kämpfte für die Rechte der Kirche, ob sie nun berechtigt waren oder nicht. Und ein kleines bißchen natürlich auch für sich selbst.

Eigentlich mochte er den jungen deutschen König, der ihm damals höchst unfreundlich den Brei ins Gesicht geklatscht hatte, ganz gut leiden. Daß er ein Playboy-Leben führte – du liebe Zeit. Jeder war schließlich einmal jung, und schließlich hatte der König seine Forderung nach Auflösung der Ehe auf gutes Zureden hin zurückgezogen. Solange er sich nicht gegenüber der Kirche als solche fehlverhielt, würde man sich arrangieren können.

Also machte sich Gregor ans Werk, die längst überfällige Reform, die in den Benediktinerklöstern gekeimt war, durchzuführen und im sogenannten Dictatus Papae, also im Diktat des Papstes, folgende Thesen aufzustellen: Der Papst ist alleiniger Leiter der Universalkirche, und der Kaiser hat sich aus allen kirchlichen Angelegenheiten herauszuhalten. Schlimmer noch (für den Kaiser): Die geistliche Macht ist der weltlichen übergeordnet. Und das Folgenschwerste: Der Papst ist daher berechtigt, die Untertanen von ihrem Eid zu entbinden, den sie einem dem Papst gegenüber abtrünnigen Fürsten geleistet haben.

Verbunden mit diesem »Diktat« sind drei für die Zeit unglaublich explosive Forderungen:

1. Niemand außer dem Papst darf einen Bischof einsetzen (das aus dem Lateinischen stammende Fremdwort für einsetzen lautet investieren. Deshalb wird die ganze Auseinandersetzung »Investiturstreit« genannt).

2. Niemand darf ein geistliches Amt kaufen oder verkaufen (diesen Vorgang nennt man Simonie nach einem gewissen Simon, der nach der Apostelgeschichte den Jüngern den »Trick mit den Wundern« abkaufen wollte).

3. Priester müssen keusch leben und dürfen nicht heiraten (sie müssen den sogenannten Zölibat einhalten).

Das ging natürlich ans Eingemachte! Punkt zwei betraf alle Reichen, die sich – wie oben geschildert – ein ertragreiches Bistum oder Kloster kaufen konnten und dort Bischof oder Abt spielen wollten. Ohne priesterliche Weihen natürlich. Deren Zahl aber war begrenzt, und deshalb gab es zunächst auch nicht viel Aufruhr. Ganz anders sah das schon bei Punkt drei aus, denn – denken wir an den Katastrophen-Notker – der niedere Klerus, aber auch viele Nonnen und Mönche hielten, Gott sei's geklagt, nicht allzu viel von einem keuschen Lebenswandel. Viele waren mehr oder weniger legal verheiratet, und so manches Konzil mußte sich mit der Frage beschäftigen, ob der Sohn eines Geistlichen als »ehrlicher« Sohn anzusehen sei oder als Bastard. Durch den niederen Klerus ging folglich ein Aufschrei der Empörung, und tatsächlich war ja die Ehelosigkeit der Priester nur eine Tradition, aber offensichtlich keine direkte Forderung Christi. Davon stand jedenfalls nichts in der Bibel, und wenn es einem in den Kram paßt, beruft man sich schließlich gern auf die Heilige Schrift. Andererseits hatte der niedere Klerus nichts zu melden, konnte sich nicht wehren, sondern höchstens taub stellen und so weiterleben wie bisher.

Einer allerdings konnte sich keinesfalls taub stellen, und das war der König. Hätte er dem päpstlichen Dekret nicht widersprochen, wäre sein ganzes Reich innerhalb kürzester Zeit zusammengebrochen.

Um das ganz deutlich zu machen: Man stelle sich in der heutigen Zeit einen Unternehmer vor, dem von der Konkurrenz sein Geschäftsführer, sein Verkaufsleiter und sein Chefbuchhalter aufgezwungen würden, leitende Angestellte, denen er nicht trauen kann, Mitarbeiter, die sich möglicherweise gegen ihn stellen und ihn ruinieren könnten.

Nicht anders wäre es dem König ergangen: Die mächtigen Bischöfe und Äbte waren nicht nur seine Vertrauten, Kanzler und Ratgeber, sie waren auch seine mächtigsten Fürsten mit entsprechender militärischer und finanzieller Macht. Um nur ein einziges Beispiel zu nennen: Im Jahr 982 zog Otto II. mit großem Aufgebot nach Süditalien. Für dieses Heer hatten die Äbte und Bischöfe des Reiches doppelt so viele gepanzerte Reiter zur Verfügung gestellt wie der gesamte weltliche Adel! Die Vorstellung, daß diese (Kirchen-)Fürsten nicht mehr von ihm selbst, sondern von einem ihm möglicherweise feindlich gesonnenen Papst eingesetzt werden sollten, wäre sowohl für Karl den Großen als auch Otto den Großen unerträglich gewesen. Und ebenso unerträglich war sie natürlich auch für Heinrich IV.

Zunächst taktierte er noch vorsichtig und ließ in Rom anfragen, wie man sich die Sache mit der Investitur, also der Einsetzung der Bischöfe, denn konkret vorstelle. Der Papst antwortete ausweichend, und Heinrich benutzte die scheinbare Unentschlossenheit Roms zu einem demonstrativen Akt: Er setzte in Mailand einen neuen Erzbischof ein und ernannte neue Äbte für die Klöster Lorsch und Fulda. Jetzt mußte der

Papst etwas unternehmen, wenn er nicht sein Gesicht verlieren wollte. Also schrieb er Heinrich einen geharnischten Brief, deutete aber an, daß er dem König verzeihen werde, wenn dieser reumütig in den Schoß der Kirche zurückkehre.

Man soll dem Papst keine Falschheit vorwerfen, andererseits jedoch war der Brief in einem Ton gehalten, der – wenn man den jungen König kannte (und Gregor kannte ihn schon als Kleinkind!) – nur Heinrichs Jähzorn und eine Überreaktion auslösen mußte. Und so kam es denn auch. Der König rief eine Reichsversammlung nach Worms ein, wo aber nur seine Kirchenfürsten erschienen. Die weltlichen Herren blieben zu Hause und lachten sich ins Fäustchen. Ein schwacher König war einem starken Territorialfürsten von jeher lieb, und wenn der König dann auch noch Krach mit Rom bekam – um so besser.

Seinen Kirchenfürsten jedoch verkündete Heinrich, der jetzige Papst sei, wie ein jeder wisse, unter höchst zweifelhaften Umständen auf den Stuhl des heiligen Petrus gelangt und infolgedessen überhaupt nicht der richtige Papst, sondern ein kleiner, dahergelaufener Mönch. Den deutschen Bischöfen war durchaus nicht wohl in ihrer Haut. Zwar wußten auch sie um die grotesken Details dieser »Papstwahl«, aber man hatte ja Gregor stillschweigend als Papst akzeptiert. Und jetzt, nach drei Jahren, sollte das alles nicht mehr rechtens sein? Aber schließlich war Heinrich ihr oberster Dienstherr, und so stimmten sie einem Brief zu, der an Gregor adressiert war und in dem der König nichts Geringeres forderte, als daß »der Mönch Hildebrand« von seinem Amt zurücktrete. Originalton Heinrich: »Steige herab, auf ewig Verfluchter!«

Gregor dachte natürlich nicht im Traum daran, von seinem Thron herabzusteigen, sondern tat seinerseits etwas Unerhörtes. Doch so unerhört war es wiederum nicht, wenn man des festen Glaubens ist, als Stellvertreter Gottes auf Erden jedem Menschen die Sünden vergeben, ihn aber auch verfluchen zu können. Natürlich auch den König, zumal er sich – wie das Fortbleiben seiner weltlichen Lehnsleute bei der Wormser Reichsversammlung bewiesen hatte – in einer ziemlich kritischen Lage befand. Also schleuderte Gregor den Bannfluch gegen Heinrich, was im Reich helles Entsetzen auslöste. Die einfachen Menschen, die nichts von Politik verstanden, wußten überhaupt nicht, worum es da eigentlich ging, aber durch den Mund des Papstes hatte in ihrem Verständnis Gott gesprochen und den König und seine Anhänger verflucht.

Heinrich wollte einen Heerbann zusammenstellen, um nach Rom zu ziehen, den Papst zu verjagen und einen anderen wählen zu lassen, aber als sich das Heer zu Pfingsten anno 1076 treffen sollte, fand sich der König allein. Seine Untertanen, weltliche wie geistliche, hatten ihn schnöde im Stich gelassen. Dafür sammelte sich in Tribur am Rhein die Opposition. Ihr Ziel war klar: Durch die Bannung des Königs waren die Herzöge automatisch von ihrem Treueid entbunden worden. Da Heinrich ohnehin nicht sonderlich beliebt war, entschloß man sich, einen anderen König zu wählen.

Vorsichtshalber war gleich ein päpstlicher Legat angereist, doch auch Heinrich zeltete mit einer kleinen Schar auf dem anderen Rheinufer bei Oppenheim, um zu retten, was zu retten war. Immerhin sprach man noch miteinander, aber es wurde ein schäbiger Kuhhandel: Der König solle König bleiben, wenn er sich dem Papst beuge. Wenn nicht, dann werde er in vier Monaten auf einem Reichstag in Augsburg abgesetzt. Das also war die Wahl: Absetzung oder Verzicht auf die Investitur. Beides kam aufs gleiche heraus. Ohne die Möglichkeit, Bischöfe und Äbte seiner Wahl einzusetzen, wäre der König nicht nur Rom, sondern auch seinen Herzögen gegenüber ohne Macht, eben ohnmächtig gewesen.

Aber Heinrich hatte vier Monate Zeit gewonnen, und nun zeigte sich, daß er mehr Mumm besaß, als seine Gegner, der Papst eingeschlossen, vermutet hatten. Als er hört, daß sich der Papst nach Mantua begeben will, um von dort weiter nach Augsburg zu reisen, läutet Heinrich das »Unternehmen Canossa« ein. Mit einer kleinen Schar von Getreuen überquert er mitten im Winter die Alpen und zieht dem Papst entgegen.

Die Lombarden jubeln ihm zu, glauben sie doch, der König sei gekommen, um den ungeliebten Papst abzusetzen, aber Heinrich hat etwas ganz anderes vor, etwas Unerhörtes und dennoch ganz Logisches: Er will sich dem Papst zu Füßen werfen, dessen Vergebung erflehen und sich so vom Kirchenbann lösen lassen. Als »geläuterter Sünder« will er dann nach Deutschland zurückkehren, und seine Her-

zöge werden ihm zähneknirschend wieder gehorchen müssen, denn
einzig und allein der Bann hat sie schließlich von ihrem Treueid befreit.
Ein ungebannter König könnte wieder die Zügel in die Hand nehmen,
und dann würde man weitersehen ...

Von diesem genialen Plan ahnt der Papst nichts, er weiß nur, daß
ihm der König entgegenrückt, getragen von den Sympathien der ganzen Lombardei. Voller Angst zieht sich Gregor in die Burg Canossa
zurück, die als uneinnehmbar gilt und der Gräfin Mathilde von Tuszien gehört, einer alten Freundin des Papstes. Die Chronisten aus
Heinrichs Lager behaupten zwar, die Beziehung zwischen den beiden
sei keineswegs platonisch gewesen, sondern Gregor habe nicht nur mit
Mathilde, sondern auch mit deren Mutter ein Verhältnis höchst fleischlicher Art unterhalten, aber wir wissen ja inzwischen, was von derartiger Propaganda zu halten ist. Solche Liebschaften, die dem niederen
Klerus soeben streng verboten wurden, waren bei hohen geistlichen
Würdenträgern der Zeit keineswegs unüblich. Gegen ein Verhältnis
zwischen der Gräfin und dem Papst spricht allerdings die Tatsache, daß
Mathilde dafür vermutlich zu fromm, Gregor dagegen mit Sicherheit
zu unansehnlich war.

Auf der Burg Canossa bei der Stadt Reggio, nördlich des Apennins
gelegen, harrt also der Papst ängstlich des heranziehenden Königs, und
der erscheint auch, aber ohne seine Krieger. Statt dessen steht Heinrich
an diesem bitterkalten 25. Januar des Jahres 1077 im Büßerhemd und
mit nackten Füßen vor dem Burgtor. Fassungslos beobachtet der Papst
von einem Erker aus, wie der König alle vorgeschriebenen Bußübun-
gen gewissenhaft hinter sich bringt. Zwar wird heute noch behauptet,
daß er da drei Tage von morgens bis abends gestanden habe, aber dann
wäre er gewißlich erfroren. Jedenfalls sprach er alle vorgesehenen
Gebete, bat um die Lossprechung vom Kirchenbann und warf sich
wohl auch hin und wieder in den Schnee.

Der Papst mochte gar nicht glauben, was da passierte. Einerseits
hätte er alles darum gegeben, diesen lästigen Menschen durch einen
anderen König ersetzt zu sehen, andererseits gebot ihm sein Amt, dem
reuigen Sünder – und so gab sich Heinrich ja nun wirklich – die
Absolution zu erteilen und ihn vom Bann zu lösen. Was er schließlich
auf gutes Zureden besagter Mathilde und des Abtes Hugo von Cluny

auch tat. Man fiel sich in die Arme, und uneingeweihte Beobachter hätten das alles sehr rührend gefunden. Aber das hatte nichts mit Gefühlen und Religion zu tun, sondern ausschließlich mit Politik.

Seitdem ist viel diskutiert worden, wer denn nun diese Runde gewonnen habe. Die einen sagen, es sei Heinrich gewesen, der den Heiligen Vater ausgetrickst habe. Frei vom Kirchenbann konnte er nach Deutschland zurückkehren und seine Herzöge wieder auf Vordermann bringen. Daß er später doch noch von eben diesen Fürsten und vom eigenen Sohn gedemütigt und entmachtet wurde, ist eine andere Geschichte. Die anderen meinen, es habe sich um den großen Sieg des Papsttums gehandelt, denn nun sei vor aller Welt offenbart worden, daß der Papst über allen Kaisern und Königen stehe. Auch daran darf man indes zweifeln, wenn man sieht, wie Friedrich Barbarossa später mit den Päpsten umgesprungen ist.

Die Wahrheit liegt wohl wie immer in der Mitte. Das Kaisertum hatte – und das kann man drehen, wie man will – einen ordentlichen Nasenstüber erhalten, aber das Papsttum hat sich noch nicht völlig durchsetzen können. Auch in späteren Jahrhunderten haben sich weltliche Fürsten immer wieder gegen Rom aufgelehnt und häufig auch durchgesetzt. Politisch kann man Gregor das Verdienst nicht absprechen, daß er die Kirche für immer dem direkten Zugriff des Staates entzogen und durchgesetzt hat, daß nur solche Konzile Gültigkeit besitzen, die vom Papst einberufen werden. Damit entwand er dem Kaiser die beliebte Waffe des Gegenkonzils, mit der immer wieder versucht worden war, einen mißliebigen Papst durch einen genehmeren zu ersetzen.

Das sicherlich gottgewollte Zurückziehen des Vatikans von aller weltlichen Macht hat später das Thema überflüssig gemacht. Zu jener Zeit aber war Canossa das Ereignis schlechthin. Nicht ohne Grund ist der Name jener längst verschwundenen Burg in den deutschen Sprachschatz eingegangen, indem man sagt, dieser oder jener sei »nach Canossa gegangen«, was so viel heißt wie »Er ist zu Kreuze gekrochen«.

Während das Abendland mit angehaltenem Atem das schicksalhafte Duell zwischen Kaiser und Papst verfolgt, bahnt sich im Schatten dieser Auseinandersetzung eine Entwicklung an, die das Gesicht

Europas bis auf den heutigen Tag prägen wird. Wie seine Vorgänger hatte sich auch Heinrich in der direkten Nachfolge Karls des Großen gesehen. Er allein war der Kaiser, er allein besaß die Macht, und er allein verkörperte das Reich. Daß dieses »Heilige Römische Reich Deutscher Nation« jedoch, wie sein feierlicher Name ja auch besagt, vornehmlich eben ein deutsches und kein europäisches Reich war, dies wurde zunehmend auch den Nachbarkönigen in Ost und West, im Süden und im Norden bewußt, zumal sich der Papst in seiner Not ausdrücklich an die Könige in Frankreich und England, in Ungarn und Rußland, in Dänemark und auf Sizilien gewandt hatte.

Und diese Länder, deren Herrscher in früheren Jahren nicht an der Autorität des Kaisers zu zweifeln gewagt hätten, wurden nun von Rom ermutigt, den Papst in seinem Kampf gegen den Kaiser zu unterstützen. Daß die deutschen Herrscher das erwachende Selbstbewußtsein, aber auch die zunehmende politische Stärke dieser Königreiche unterschätzten, beweist noch knapp 90 Jahre später Barbarossas Kanzler Rainald von Dassel, der die Könige Europas herablassend »reguli« nannte, Kleinkönige. Doch das waren sie schon lange nicht mehr.

ZEITRAFFER

1017–1056	Heinrich III.
1050–1106	Heinrich IV.
1077–1080	Gegenkönig Rudolf von Schwaben.
1081–1088	Gegenkönig Hermann von Salm.
1073–1085	Papst Gregor VII.
1080–1111	Verschiedene Gegenpäpste.
1054	Heinrich IV. wird als Kind in Aachen zum König gekrönt und 1065 mündig.
1076	Auf dem Reichstag in Worms wird Gregor VII. für abgesetzt erklärt. Drei Wochen später verhängt er über den König den Kirchenbann.
1077	Heinrich IV. geht nach Canossa und wird vom Bann befreit. Trotzdem Wahl von Gegenkönigen und Einsetzung von Gegenpäpsten.

1084	Heinrich wird vom Gegenpapst Klemens III. in Rom zum Kaiser gekrönt.
1106	Heinrichs Sohn (Heinrich V.) zwingt seinen Vater zur Abdankung.
1122	Das Wormser Konkordat bringt einen Kompromiß im Investiturstreit. Der Papst ernennt zwar die Bischöfe, aber der Kaiser stattet sie mit ihrer weltlichen Macht aus und nimmt ihren Lehnseid entgegen.

Der hörige Bauer und die Heimlichkeit der Äbtissin

Augenzeugenbericht: *Ein Heim für sitzengebliebene junge Damen ·*
Alltag im 9. Jahrhundert · Raubzug der Ungarn · Säen und Ernten ·
Markt und Händler · Die ersten Mühlen · Heimweh nach den alten
Göttern · Fette Kröten für Hruoswitha

Ich bin Hruogard, Höriger des Damenstifts von Gerresheim, das zwei Wegstunden im Osten des Rheins und im Süden der kaiserlichen Pfalz auf der Insel Kaiserswerth liegt. Ich bin Höriger, kein Sklave; darauf lege ich Wert. Sklaven sind nichts, taugen nichts, und man kann sie auch nur für ganz einfache Arbeiten brauchen, denn sie sprechen nicht einmal unsere Sprache. Die Ritter von Eller – das liegt auch hier in der Nähe – haben sie von irgendeinem Krieg weit in Richtung Sonnenaufgang mitgebracht und unserer Äbtissin geschenkt, aber die war nicht einmal besonders glücklich darüber.

Wie gesagt – die Sklaven werden behandelt wie Vieh und müssen den ganzen Tag Staub fressen. Und wenn sie sich – wie wir sagen – »aus dem Staub machen« wollen, knüpft man sie am nächsten Tag auf. Ich dagegen lebe auf einem Bauernhof, der jetzt von meinem Ältesten geführt wird, und niemand kann uns davonjagen, wenn auch das Land nach wie vor dem Stift gehört. Deshalb können wir natürlich nicht alles behalten, was wir erwirtschaften. Wir müssen dem Stift an ganz bestimmten Tagen unsere Abgaben bringen: Hühner, Eier, Käse, Gerste, Ferkel, Honig und was weiß ich sonst noch. Außerdem müssen wir die Äcker bearbeiten, die dem Stift nach wie vor gehören. Das heißt, daß wir für die Fräulein pflügen, säen, ernten und dreschen müssen, denn das können sie ja schließlich beim besten Willen nicht selber tun. Aber im großen und ganzen läßt es sich aushalten.

Dieses Stift, von dem ich da dauernd schwatze, ist kein richtiges Kloster. Ich glaube, es wurde von einem Adligen namens Gerrich etwa zur Zeit des Kaisers Karl gegründet, weshalb es früher auch Gerrichsheim hieß. Das alles hat mir die Äbtissin erklärt, die überhaupt nicht eingebildet ist, im Gegensatz zu ihrer Vorgängerin. Die hieß Theophanu und war nicht nur die Enkelin des Kaisers, sondern auch noch die Schwester des Erzbischofs von Köln. Kein Wunder, daß sie die Nase ziemlich hoch trug. Die neue Äbtissin dagegen ist ganz anders. Sie kommt schon einmal zu einem Schwätzchen bei mir vorbei und hat mir erklärt, warum die Damen im Stift gar keine richtigen Nonnen sind. Sie sind nämlich allesamt schon ziemlich alt, so um die 30 oder 40 herum, und in das Stift gekommen, weil sie keinen Mann abgekriegt haben. Die Äbtissin hat das etwas vornehmer ausgedrückt, aber ich habe sie schon richtig verstanden.

Alle diese ältlichen Mädchen bringen natürlich ihr Erbteil mit, einen Fronhof bei Wesel, einen Wald im Sauerland oder einen Weinberg bei Linz. So wird das Stift mit der Zeit ganz schön reich, und die Damen leben auch nicht gerade schlecht. Außerdem können sie jederzeit wieder weggehen, wenn sie doch noch einen Mann finden, was aber, seit ich mich erinnern kann, keiner gelungen ist. Derart viele unverheiratete Männer von Adel laufen ja nicht einfach so herum, und schon gar nicht hier bei uns.

Wie ich schon sagte, ein Höriger bin ich, aber ich habe trotzdem viel Freiheit und vor allem das mir und meiner Familie zugewiesene Land. Wenn wir pünktlich und ordentlich unsere Arbeit machen und die vorgeschriebenen Abgaben entrichten, läßt man uns in Ruhe. Ich durfte heiraten, wen ich wollte (adlige Mädchen dürfen das wohl kaum!), und nun bin ich schon lange Großvater, aber wie alt ich nun genau bin, weiß ich nicht. Jedenfalls bin ich der älteste Mann im weiten Umkreis und denke, daß ich schon an die 70 Winter habe kommen sehen, was eine große Gnade ist, denn älter als 50 werden ja nur wenige Menschen.

Meine Frau hat mir zwölf Kinder geboren; oder nur elf? Groß geworden sind jedenfalls nur vier, und die sind jetzt schon lange verheiratet und leben mit ihren Familien ebenso wie ich im Haus meines ältesten Sohnes, das aber nun wirklich langsam zu eng für uns alle wird und ohnehin schon baufällig ist. Ich habe es selber gebaut, zusammen mit meinem Vater. Ein paar senkrechte Pfosten, ein paar Querhölzer, und die Wände bestehen aus Flechtwerk, das mit Lehm verschmiert wurde. Das Dach haben wir mit Grassoden gedeckt und obendrauf noch Schilf gelegt, das es an unseren Teichen im Überfluß gibt. In der Mitte des Daches läßt man ein Loch offen, damit der Rauch des Feuers abziehen kann. Einen richtigen Kamin wie die Damen in ihrem Saal haben wir selbstverständlich nicht. Dazu braucht man Wände aus Stein, und die gibt es nur im Stift. Und in der Kirche.

Der Boden in unserem Haus besteht aus festgestampftem Lehm, und das wenige Licht, das wir brauchen, fällt durch Luken im Flechtwerk, die man nachts und im Winter mit zwei Brettern schließt. Die Feuerstelle befindet sich mitten im Raum unter dem Loch im Dach, und wir schlafen ringsum zusammen mit dem Vieh in einem Raum. Das ist sehr praktisch, denn Tiere geben viel Wärme ab, und wir sparen auf diese Weise eine Menge Brennholz. Weil aber die Schafe und die Ziegen fürchterlich stinken, überlegen wir, ob wir beim Bau unseres nächsten Hauses nicht doch eine Trennwand ziehen sollten. Wenn es allzu kalt wird, kann man sich ja immer noch zwischen die Tiere legen.

Wenn ich sage, daß es uns einigermaßen gutgeht, soll das nicht heißen, daß unser Leben immer leicht ist. Wir müssen viel beten, damit das Wetter gut bleibt. Wenn es zu lange regnet oder friert oder wenn es überhaupt nicht regnet, dann geht die Ernte kaputt, und wir müßten verhungern, denn auch die Stiftsdamen leben ja nur von dem, was wir ihnen bringen können. Immerhin – als Hörige müssen wir nicht in den Krieg ziehen. Das tut mit seinen Knechten unser Vogt, zu dem ich später noch etwas sagen werde. Und es ist auch der Vogt, der uns vor räuberischem Gesindel schützt, was es im Augenblick bei uns aber nicht gibt.

Vor langer Zeit jedoch ist hier eine Horde umhergezogen, die sich Ungarn nannten. Da war ich noch nicht auf der Welt, und ich weiß es nur von der Äbtissin, die ein dickes Buch hat, in das sie alles schreibt, was sich so zuträgt. Das haben ihre Vorgängerinnen auch gemacht, und deshalb kennen wir die Geschichte von diesen Ungarn, an die sich mein Großvater noch schwach erinnern konnte. Die Ungarn also haben das Stift überfallen, aber die Fräulein waren rechtzeitig gewarnt worden und sind mitsamt den Reliquien des heiligen Hypollitus – das ist nämlich unser Schutzheiliger – nach Köln geflohen, das man in einem Tag erreichen kann, vor allem wenn man Angst hat.

Die Kölner Nonnen des Klosters der heiligen Ursula haben die Reliquien noch heute und wollen sie nicht herausrücken, obwohl die

Äbtissin deshalb schon an den Erzbischof geschrieben hat, aber der hat bestimmt ganz andere Sorgen. Die Ungarn jedenfalls waren sauer, weil die Fräulein mit den Reliquien und dem ganzen Kirchenschatz verschwunden waren, und deshalb haben sie das Stiftsgebäude und auch die schöne Fachwerkkirche abgebrannt. Beides steht jetzt wieder, aber in die Stiftskirche dürfen nur die Damen rein. Wir haben unsere eigene kleine Holzkapelle, wo wir beichten und die Messe hören. Übrigens frage ich mich, wieso die Ungarn unser Dorf überhaupt finden konnten, wo es doch so schön versteckt in einer tiefen Senke liegt. Ringsherum sind dichte Wälder, aber wahrscheinlich haben diese Bestien einem armen Fischer in dem Dorf, das an der Mündung der Düssel in den Rhein liegt, so lange ein glühendes Messer auf die Fingerkuppen gepreßt, bis er ihnen den Weg zu uns verraten hat.

Na ja, das sind alte Geschichten, und inzwischen sollte ich mir besser Gedanken darüber machen, wie wir halbwegs über den nächsten Winter kommen. Holz haben wir genug, denn nach altem Recht ist es uns gestattet, alles Holz aufzusammeln, das in den Wäldern des Stifts auf dem Boden liegt, und wenn das nicht reichen sollte, dürfen wir vielleicht auch zusätzlich etwas schlagen. Der Vogt ist gottlob nicht sehr streng. Er ist übrigens – wie soll ich sagen – für alle weltlichen Dinge im Stift zuständig. Irgendein Mann muß ja schließlich im Haus sein, der sich um die Geschäfte kümmert, die Pachten, die Weinberge und die Fronhöfe.

Direkt um das Kloster herum nämlich liegen neben ein paar Hütten auch mehrere Höfe, und einen davon bewirtschaften wir. Uns ist zwar einiges Ackerland zugewiesen, aber leider nicht genug. Woher auch nehmen? Das Roden des Waldes mit seinen alten Bäumen ist praktisch unmöglich. Es ist ja schon schwer genug, eine ausgewachsene Buche mit der Axt zu fällen, aber dann auch noch die Wurzeln herauszuholen – dafür haben wir weder das Werkzeug noch die Zeit. Abbrennen dürfen wir die Bäume nicht, denn dafür ist das Holz zu schade, und dann muß ich auch zugeben, daß viele von uns – ich natürlich nicht – die Bäume noch immer verehren. Schließlich waren sie allesamt unseren alten Göttern geweiht, und ich kenne viele, die allein deshalb nie eine Axt an einen Stamm legen würden.

Aber einmal ganz abgesehen davon. Wir arbeiten ohnehin vom

Anbruch des Morgens bis zur Dämmerung, und das ist ganz schön lang! Im Winter schlafen wir dafür bis in den hellen Morgen, denn im Dunkeln kann man sowieso nichts Gescheites anfangen, und die Tage sind kurz. So verkriechen wir uns lieber ins Heu, mummeln uns in die Schlafdecken ein und legen uns zwischen die warmen Leiber der Rinder. Wer viel schläft, hat weniger Hunger.

Wenn das Wetter es gut mit uns meint, läßt sich auch der Acker gut bearbeiten. Das Stift besitzt seit kurzem einen großen Eisenpflug mit drei Rädern, der sich nur von sechs oder gar acht Rindern ziehen läßt. Da keiner von uns so viele Rinder besitzt, tun wir uns zusammen und pflügen unsere Äcker und die des Stifts reihum gemeinsam. Das klappt ganz gut, und dieser Pflug erscheint uns noch immer wie ein Geschenk Gottes.

Ein Drittel unseres Landes bestellen wir mit Wintersaat, ein anderes mit Sommersaat, und das dritte lassen wir zur Erholung ein Jahr lang liegen. Wir treiben unsere Rinder darauf, damit sie das hochschießende Unkraut fressen und zugleich ihre Fladen dort fallen lassen, denn das Düngen ist eines unserer größten Probleme. Wir haben nur unsere eigenen Ausscheidungen und die des Viehs. Seit kurzem dürfen wir uns aber auch die der Stiftsdamen holen, und zwar aus der Grube, die sich unter dem Erker befindet, wo die Damen – na ja ... »Heimlichkeit« nennen sie diesen Ort an der Außenwand des Gebäudes. Sie sprechen nämlich sehr vornehm.

Auf dem Acker arbeiten nur die Männer. Die Jungen hüten die Schweine, die sie in die Wälder treiben, damit sie nach Bucheckern graben. Man kann sie kaum von den Wildschweinen unterscheiden, und deshalb binden wir ihnen auch Glöckchen um den Hals, damit wir sie wiederfinden. Außer den Schweinen haben wir natürlich noch Schafe und Ziegen, Gänse und Hühner, Enten und Tauben, aber das wichtigste Tier ist die Katze, weil sie die Mäuse frißt. Pferde sind viel zu teuer. Der Vogt hat zwei, aber man kann sie ja nur zum Reiten gebrauchen. Ihr Fleisch darf man nicht essen (was wohl irgendwie auch mit den alten Göttern zusammenhängt), und Milch wie eine Kuh geben sie ohnehin nicht. Reiten muß unsereins sowieso nie. Wohin auch? Ich war noch nie in Kaiserswerth, obwohl viel Volk zusammenströmt, wenn sich der kaiserliche Hof dort aufhält, was aber höchstens einmal im Jahr vorkommt. Ich war eigentlich noch nirgendwo. Ich habe noch nicht einmal eine Tanne gesehen oder eine Fichte. Diese Bäume sollen – sagt die Äbtissin – überhaupt keine Blätter haben, sondern kleine grüne Nadeln, die im Winter nicht abfallen. Wir hier kennen nur richtige Bäume mit Blättern wie Eichen, Erlen, Ulmen, Birken, Kastanien, Ahorn oder Linden. Und natürlich die kleinen Obstbäume.

Ich mag vor allem die Buchen, wegen der Bucheckern, die den Schweinen so gut schmecken. Es ist nämlich gar nicht so einfach, genug Futter für das Vieh zu beschaffen. Wir haben leider nur wenige Weiden, und die müssen obendrein mit Holzstangen eingezäunt werden, was viel Zeit kostet. Manchmal müssen wir die Rinder sogar mit Herbstlaub füttern oder mit Rüben, die wir in letzter Zeit verstärkt anbauen, weil sie auch uns gar nicht einmal schlecht schmecken. In unseren kleinen Gärten züchten wir Kohl und Erbsen, Bohnen, verschiedene Krautsorten und einige Kräuter. Außerdem säen wir Hafer für die Pferde des Vogts.

Wir selber essen meistens Hirsebrei, aber zum Verkauf eignen sich auch Gerste, Roggen und Weizen. Die Ernte ist sehr mühsam. Wenn wir einen Scheffel gesät haben, bringen wir bestenfalls das Dreifache ein. Wir haben nur kleine Sicheln, und abends schmerzt der Rücken ganz elendiglich. Für eine große Sense brauchten wir viel mehr Eisen, aber das können wir uns nicht leisten. Es ist zu teuer, und deshalb hat man sehr viel Glück, wenn man das Hufeisen eines Pferdes findet, gegen das man beim Schmied viel eintauschen kann.

Als ich noch ein kleines Kind war, kannten wir bei uns noch keinen Markt. Was wir nicht selber herstellen konnten, Schmuck für die Frauen, einen Kelch für die Kirche, Waffen oder Glas, das kauften wir durchziehenden Händlern ab, sofern wir Geld hatten, sie zu bezahlen. Hühner oder Hirse sahen die Händler nicht als Bezahlung an. Geld aber hatten normalerweise nur die Stiftsdamen, und deshalb waren jene Fremden für uns nur Menschen, die wir ehrfürchtig bestaunten, aber von denen wir im Normalfall nichts zu erwarten hatten.

Seit einiger Zeit aber hat unser Stift nun das Recht, regelmäßig einen Markt abzuhalten, und dann kommen die Leute aus Benrath und aus Ratingen, aus Bilk und aus Eller, und jeder bringt Dinge mit, die in seinem Dorf hergestellt worden sind: Tonkrüge und Lederzeug, Seile und Holzteller, Messer und Kämme, Tücher und Decken. Natürlich können wir auch selber unsere Eier dort verkaufen und unsere Ferkel, das Obst oder selbstgemachte Seife. Dadurch haben wir jetzt häufiger richtiges Geld in den Händen, was wir aber nach Möglichkeit nicht ausgeben, sondern in einem Krug unter dem Lehmboden unseres Hauses verstecken. Für den Fall, daß es uns einmal ganz fürchterlich schlecht ergehen sollte.

Wenn Markttag ist, wird natürlich auch gewürfelt und viel getrunken, und dann paßt der Vogt besonders auf. Es herrscht dann der sogenannte Marktfriede, und wer ihn stört, wird sehr hart bestraft. Das ist auch notwendig, wenn so viele kostbare Dinge da herumliegen und noch dazu all das viele Geld. Das führt manchen in Versuchung, und deshalb darf man nicht einmal einen Dolch mit auf den Markt nehmen. Ich selbst habe gesehen, wie die Knechte des Vogts einem Dieb, ohne langen Prozeß zu machen, die Hand abgehackt haben, weil er versucht hatte, einen Beutel mit Münzen mitgehen zu lassen. Stehlen ist ja auch viel gemeiner noch als rauben. Wenn mir jemand etwas mit Gewalt abnehmen will, kann ich mich schließlich wehren. Gegen einen gemeinen Dieb dagegen, der mich heimlich bestiehlt, bin ich machtlos. Deshalb wird Diebstahl immer strenger bestraft als Raub.

So ein Markt ist stets eine willkommene Abwechslung in unserem sonst eher eintönigen Tagesablauf. Wenn die Arbeit auf dem Acker erledigt ist, gehen die Männer nach Hause, um die Ställe sauberzumachen. Im Gegensatz zu den anderen, weiter abseits gelegenen Höfen wissen wir immer, wie spät es ist, weil zu bestimmten Zeiten das Glöckchen im Stift die Damen zum Gebet ruft. Andererseits ist es ja ziemlich unwichtig, die genaue Tageszeit zu wissen. Wenn es hell wird, stehen wir auf, und wenn es dunkelt, geht man schlafen. So wie die Hühner. Außerdem kann man ja auf den Stand der Sonne achten, und wenn es bewölkt ist, hat man's eben im Gefühl. Mittags knurrt einem der Magen, und am Nachmittag wird man müde. Aber das Glöckchen ist trotzdem etwas Feines. Es wird einem immer so feierlich zumute, wenn man es hört.

Während die Männer auf dem Feld arbeiten, müssen die Frauen und Mädchen die Hausarbeit verrichten. Sie waschen und flicken, sie kochen und spinnen, melken die Kühe und machen aus der Milch

Butter und Käse. Sie füllen den Steintopf mit saurem Kraut, pökeln das Fleisch, schleudern den Honig und legen Eier in Kalk ein, damit sie haltbar bleiben. Nur den Stall ausmisten – das ist Männersache. Dafür müssen die Frauen andererseits zuweilen beim Säen und Ernten aushelfen.

Aber wenn geschlachtet wird, dann sind wir alle zusammen. Manchmal schlachten wir im Frühjahr, aber dann müssen wir das Fleisch sofort pökeln, damit es im Sommer nicht verfault. Besser ist es deshalb, im Herbst zu schlachten, damit man im Winter genug Fett und Fleisch hat. Denn dann gibt es nur wenig anderes zu essen. Von dem, was im Herbst geerntet worden ist, läßt sich nicht viel aufbewahren, und selbst das fressen manchmal noch die Mäuse weg.

Also: Wenn geschlachtet wird, ist das natürlich ein Riesenfest, und man schlägt sich den Wanst so richtig schön voll. Die Damen im Stift sollen ja Löffel und Gabeln aus Holz haben, aber unsereins nimmt einfach das Messer, säbelt sich ein Stück vom Braten ab und schiebt es zwischen die Zähne (ich habe allerdings nur noch zwei). Und dann noch ein Stück oder mehr. Dann fließt auch das Bier in Strömen, denn wer weiß, wann es uns das nächste Mal so gut geht.

Ich habe schon manches Hungerjahr erlebt und weiß Bescheid, aber so schlimm, wie es vor etlichen Jahren im westlichen Frankenland gewesen ist, so böse war es meines Wissens bei uns noch nicht. Die Äbtissin hat mir davon erzählt, und ich glaube nicht, daß sie übertrieben hat, weil sie zu fromm ist, um zu lügen. Drei Jahre lang soll damals der Boden durch Regen so aufgeweicht worden sein, daß man ihn nicht hat pflügen können. Sonst wäre der Pflug mitsamt den Zugochsen darin versunken.

Da gab es nachher auch nichts zu ernten, und die Menschen aßen darum zunächst ihr ganzes Vieh auf, dann die Wurzeln aus dem Wald, das Gras und schließlich – ich wollte es überhaupt nicht glauben, aber die Äbtissin hat es wieder und wieder gesagt –, dann aßen sie sogar das Fleisch der verhungerten Nachbarn. Noch schlimmer, sie lockten Menschen an heimliche Stellen, um sie dort zu ermorden und anschließend die Leichen aufzuessen. Ich denke, Gott wird ihnen diese furchtbare Sünde verzeihen. Schließlich hat er ihnen ja auch die Hungersnot geschickt. Damit so etwas Furchtbares nicht auch bei uns passiert, beten wir viel und ziehen mit unserem Priester und den Damen im Frühjahr über die Felder. Der Priester segnet den Acker und die Brunnen, die Stallungen und auch die neue Wassermühle am Bach, die dem Stift gehört. Am Anfang haben wir staunend zugesehen, wie die Kraft des gestauten Wassers zwei riesige Steine in Bewegung setzte, die unser bißchen Getreide im Nu zu Mehl verarbeiteten. Wie froh wir waren, daß nun die eintönige Plackerei mit den Handmühlen vorbei war, diesen flach ausgehöhlten Steinen, in denen die Körner mit einem Handstößel zerrieben wurden.

Daß wir uns zu früh gefreut hatten, merkten wir erst, als uns der Vogt sagte, das Mahlen des Korns müßten wir dem Stift natürlich bezahlen, und nicht nur das: Wir hätten sogar die Pflicht, unser Korn zur Mühle zu bringen, und auch die Ärmsten müßten ihre Handmühlen sofort abliefern, damit sie nicht mehr heimlich benutzt würden. Das war ein ziemlich harter Schlag für uns alle, aber bislang ist es uns trotz mancher Widrigkeiten noch immer gelungen, uns einigermaßen durchzuschlagen.

Um aber ganz sicher zu sein, daß uns die Ernte nicht vielleicht durch Hagelschlag vernichtet wird, gehen wir nachts heimlich in den Wald, der westlich des Dorfes liegt, wo es vor nicht allzu langer Zeit noch Wölfe gab, weshalb der Wald noch heute »Wolfsschlucht« heißt. Da steht ein alter Stein, und wir legen Geschenke darauf, um die alten Götter um ihren Schutz anzurufen. Früher gingen wir auf einen Berg östlich vom Stift, wo der Sonnengott Baldur verehrt wurde, aber diesen Berg kann man vom Stift aus beobachten, und dann würde die Äbtissin womöglich alles erfahren.

Die alten Götter sind nämlich schon lange verboten, und man darf nicht mehr zu ihnen sprechen. Dabei gibt es sie natürlich nach wie vor. In den Nächten vor Weihnachten reitet Donar mit seinem wilden Gefolge noch immer über den Himmel, und der Priester versucht uns vergeblich davon zu überzeugen, daß es sich nur um einen ganz normalen Sturm handelt. Unseren Gott Donar haben die Priester durch den heiligen Petrus ersetzt, der ist jetzt angeblich für das Wetter zuständig. Daß ich nicht lache!

Immerhin bleiben uns trotz der Priester noch so manche Mittelchen, mit denen wir uns helfen können, wenn die Gebete – zu wem auch immer – nichts mehr nützen. Wenn man zum Beispiel nicht möchte, daß einen die halbwilden Hunde angreifen, muß man nur ein Hasenhaar in die eine und einen Wieselschwanz in die andere Hand nehmen, und schon werden die Köter ganz zahm. Aber auch das braucht die Äbtissin nicht unbedingt zu wissen. Solche Dinge beispielsweise und viele andere lernt man von der alten Hruoswitha, die in einem winzigen Häuschen eine Viertelstunde hinter dem Baldurberg wohnt. Die Äbtissin traut ihr zwar nicht, aber sie kann ihr auch nichts Strafbares nachweisen.

Wer allerdings einen Liebestrank braucht oder einen Tee gegen hartnäckigen Husten oder Hilfe bei einer schwierigen Geburt, der geht zu der Alten, und meist kann sie auch helfen. Nicht umsonst natürlich. Man muß ihr schon etwas mitbringen. Ein paar Eier zum Beispiel oder einen Schafpelz, oder auch ein paar fette Kröten. Weiß der Himmel, wozu sie die braucht.

Manchmal reden wir heimlich darüber, daß die Mittelchen, die sie da in ihrer Hütte zusammenbraut, ja auch gefährlich sein können. Was ist, wenn ein Zaubertrank tödlich wirkt? Was ihr im Falle eines Falles passieren würde, darüber gehen unsere Meinungen auseinander, denn was Recht ist und was Unrecht, entscheidet der Vogt. Die Äbtissin redet allerdings auch noch ein Wörtchen mit, und da sie eine gütige Frau ist, haben wir nicht allzu viel Angst um die alte Hruoswitha.

Ein paar andere Dinge aber sind nach uralter Tradition so geregelt, daß es nichts zu diskutieren gibt: Sehr streng bestraft wird Diebstahl, aber das habe ich ja schon am Beispiel des Marktes erwähnt. Die Menschen bei uns im Dorf besitzen eben viel zu wenig, und wer ihnen von diesem bißchen noch etwas wegzunehmen versucht, muß mit dem Schlimmsten rechnen. Besonders streng wird der Viehdiebstahl geahndet, aber auch das Versetzen von Grenzsteinen, was ja einem Landraub gleichkommt. Wer dabei auf frischer Tat ertappt wird, der wird in die Erde eingegraben, und man durchpflügt ihm das Herz.

So ist auch folgende Sitte zu erklären: Am Sonntag, nach dem Kirchgang, spazieren alle Familien über die Felder. Die Erwachsenen wissen natürlich, wo der eigene Acker aufhört und wo der des Nachbarn anfängt. Aber seit undenklichen Zeiten – ich erinnere mich noch sehr gut an meine eigene Kindheit – ist es Brauch, den heranwachsen-

den Jungen beim Erreichen der eigenen Flurgrenze eine kräftige Ohr-
feige zu verpassen, damit sie sich diese Stelle genau einprägen. Ich hab's
mir zwar gleich beim erstenmal gemerkt, aber ich habe trotzdem noch
zahllose Ohrfeigen bekommen. Sieht so aus, als hätte es mir nicht allzu
viel geschadet. Schließlich bin ich 70 Jahre alt geworden. So in etwa
wenigstens.

Ritter Humbert schafft sich seine Brüder vom Hals

*Zwei Flegel in Frankreich · Ein Gast mit rotem Kreuz · Erste Kunde
vom Kreuzzug – Abschied mit Gottvertrauen · Zeitraffer*

Winter 1095 auf einer kleinen französischen Burg südlich der Loire. Was wir hier so großzügig »Burg« nennen, bestand aus einem etwa 20 Meter hohen Turm, einem freistehenden Steinhaus, ein paar niedrigen Fachwerkhäuschen, in denen Knechte und Vieh einträchtig nebeneinander schliefen, und das alles war umgeben mit einem Graben und einer Palisade, die kaum mehr denn symbolischen Charakter hatte. Hier wohnten Ritter Humbert, das Familienoberhaupt, verheiratet, zwei Kinder (mehr wollte er auch nicht, wenigstens nicht von seiner Frau), eine Schwester, die er demnächst zu verehelichen trachtete, zwei Brüder, so um die 30, seine alte Mutter und ein Haufen von Knechten und Mägden nebst ihrem Nachwuchs. Alles in allem rund 30 Mäuler, die es zu stopfen galt.

Das Land und die Fronhöfe, die zu Humberts Besitz gehörten, waren nicht allzu üppig. Wenn das Familienoberhaupt starb, erbte nur der Erstgeborene. Um Land und Besitz zu teilen, hätte es nicht gereicht. Deshalb wollte Humbert auch keine ehelichen Kinder mehr. Da vergnügte er sich – ohne Rücksicht auf seine Frau zu nehmen, ja, nicht einmal mit der gebotenen Diskretion – lieber mit einer der Mägde. Wenn die dann ein Kind bekam, scherte das niemanden. Bastarde waren nicht erbberechtigt.

Er war froh, daß er seine Schwester mit einem Ritter aus der näheren Umgebung hatte verloben können. Das nahm ihm wenigstens eine Sorge ab. Er hatte ohnehin genug andere. Vor allem seine beiden Brüder. Wären sie von höherem Adel, hätte er versucht, sie in den geistlichen Stand zu empfehlen. Vielleicht hätten sie es einmal zum Abt gebracht oder gar zum Bischof. Verarmte Adlige hatten dagegen wenig Aufstiegschancen. Als einfach Mönche wiederum wären sie nie und nimmer in ein Kloster gegangen. Ihr ganzer Charakter taugte nicht zu einem enthaltsamen Leben. Sie waren Raufbolde, um kein schlimmeres Wort zu gebrauchen, und sie lebten als Schmarotzer, hatten nichts gelernt, außer sich zu prügeln, und waren auch nicht gerade zimperlich, wenn es darum ging, eine verheiratete Frau ins Heu zu zerren.

Der Winter war eisig kalt, und durch die unverglasten Fenster pfiff der Wind, obwohl man versucht hatte, sie so gut es ging mit Fellen und Decken zuzuhängen. Oben in dem hohen Turm befanden sich die Schlafräume, unten der Rittersaal, wobei man sich darunter nichts allzu Pompöses vorstellen sollte. Wer sich eine gewisse Vorstellung machen möchte, wie ein solcher »Rittersaal« zur damaligen Zeit ausgesehen hat, sollte sich bei Gelegenheit einen Besuch der Meersburg am Bodensee gönnen. Dort existiert noch ein solcher Saal, der allerdings eher dem Hinterzimmer einer dörflichen Kneipe gleicht.

Nicht anders sah der Rittersaal Humberts aus. An die zehn Meter lang und vielleicht fünf Meter breit. An den Wänden Holzbänke, mit Fellen bedeckt, am Kopfende der Kamin, und bei Bedarf trug man Holzbretter herein, die man auf Blöcke legte, um das Essen aufzutragen. Nach der Mahlzeit »hob man die Tafel auf«, wie wir heute noch sagen, trug Platten und Blöcke hinaus, und der Saal war wieder so ungemütlich wie zuvor. Immerhin: Zuweilen kamen Gäste des Weges, die für eine Nacht Unterkunft suchten, Ritter zumal, manchmal allerdings Mönche, weniger erbeten, gleichwohl unterhaltsam, denn zuweilen hatte einer von ihnen ein Büchlein dabei, aus dem er den staunenden Zuhörern vorlas, Erbauliches zumeist, ab und an aber auch direkt Aufregendes.

An diesem grauverhangenen Wintertag des Jahres 1095 jedoch geschah geradezu Sensationelles. Es bestand keineswegs in der Tatsache, daß einer der Knechte in die Kemenate (so hieß der Raum, in dem sich ein Kamin befand) platzte und die Ankunft eines Reiters meldete, der sich durch den tiefen Schnee den Hügel hinaufarbeitete – viel erregender war, was dieser Ritter zu berichten wußte: Der Papst habe alle Ritter aufgerufen, gegen die heidnischen Sarazenen zu ziehen und Jerusalem aus der Hand der Ungläubigen zu befreien.

Das stimmte so zwar nicht ganz, aber das spielte in diesem Augenblick nicht die geringste Rolle. Humbert und seine Brüder hingen gebannt an den Lippen des fremden Ritters, der sich Jean de Rennes nannte und auf seinen Mantel ein rotes Kreuz aus zerschnittenen Stoffstreifen hatte nähen lassen. Hören wir also zu, was Ritter Jean zu erzählen wußte.

Papst Urban II. hatte mehrere hundert hohe geistliche Würdenträger zu einem Konzil in die französische Stadt Clermont befohlen. Dort hatte er alle Christen aufgefordert, die Kirche im Osten – was darunter zu verstehen war, konnte Jean de Rennes leider nicht genau erklären – von den Ungläubigen zu befreien, und wer sich an diesem Kriegszug beteilige, der werde vom Heiligen Vater aller seiner Sünden freigesprochen und könne zudem hoffen, sehr viel Beute zu machen und sich sogar im Heiligen Land – wo das lag, konnte Ritter Jean auch nicht näher sagen – niederlassen, den Sarazenen ihr Land abnehmen und eben leben »wie Gott in Frankreich«.

Der Gast wartete mit weiteren Einzelheiten auf. So wußte er zu berichten, daß sich schon einige tausend Ritter gemeldet hätten und wo man sich zu versammeln gedenke. Ja, natürlich, er selbst werde auch mitziehen, schließlich sei er auf dem Weg zum Sammelpunkt. Etwas Besseres könne ihm doch gar nicht passieren, sagte er. Er sei schließlich der dritte Sohn seines Vaters und liege seinem ältesten Bruder sowieso nur auf der Tasche, und Kämpfen sei das einzige, was er je gelernt habe.

Da können wir uns leicht vorstellen, welche Gedanken dem Ritter Humbert durch den Kopf schossen. Hier war die einmalige Gelegenheit, seine beiden nichtsnutzigen Brüder auf elegante Weise loszuwerden und auch noch diesen oder jenen seiner ebenso nichtsnutzigen Knechte, die er ohnehin zum Teufel wünschte. Das notwendige Geld für die Waffen würde er schon zusammenkratzen, und obwohl er keinerlei Vorstellung davon hatte, wie lange man bis zum Heiligen Land und gegebenenfalls auch wieder zurück benötigte (falls sie denn tatsächlich zurückkommen sollten), rechnete er sich aus, daß es für ihn sehr vorteilhaft sein würde, wenn er seine Brüder wenigstens für eine gewisse Zeit vom Hals hätte.

Das wurde eine lange Nacht mit diesem interessanten Gast, den der Herrgott persönlich dem Ritter Humbert auf die Burg geschickt haben mußte. Es wurde auch noch eine sehr lange Woche, aber letztendlich brachen die beiden Brüder auf, versehen mit Waffen und Gäulen sowie in Begleitung von ein paar aufgeregten Knechten und etlichen fröhlichen Witwen, zusammen mit Ritter Jean, der nicht vergaß, die Gastfreundschaft von Humbert zu loben, und ritten zu dem Ort, wo sich das Heer für den Kreuzzug versammelte. Von einem »Kreuzzug« sprach man damals übrigens noch nicht. Dieser Ausdruck kam erst viel später auf. Ritter Humbert jedenfalls verriegelte mit merklichem Aufatmen hinter dem abziehenden Haufen das Burgtor und winkte seinen Brüdern ebenso lange wie erleichtert nach. Er würde sie niemals wiedersehen.

Es sollte nicht unerwähnt bleiben, daß der Ritter Jean de Rennes, bevor er zu Humbert gekommen war, auch noch in anderen Burgen übernachtet hatte, zum Beispiel in der des Ritters Richard von Chenan, der durchaus keine überflüssigen und randalierenden Brüder besaß, dafür aber ein junges Weib und drei kleine Kinder. Selbst dieser Ritter hatte sich entschlossen, ins Heilige Land zu ziehen, und zwar aus einem höchst einsichtigen Grund: Er hatte in einer kleinen Privatfehde den Besitzer einer recht unangenehm gelegenen Nachbarburg umbringen lassen, und diese Schuld lastete schwer auf ihm. Der Zug ins Heilige Land, so hatte Ritter Jean ihm indes versichert, würde diese Schuld für immer tilgen, und außerdem: Ein Ritter, der sich zum Kreuzzug meldete, stand unter dem Schutz Gottes, also auch unter dem der Kirche und des Staates. Niemand durfte sich – bei Strafe des Kirchenbanns – an einem Kreuzritter, noch (und das war besonders wichtig für Ritter Richard) an dessen Eigentum oder dessen Familie vergreifen.

So verließ auch Ritter Richard voller Gottvertrauen seine ungeschützte Familie in Richtung Jerusalem, ohne zu wissen, wie es einem Kreuzritter ergehen konnte, der sich blindlings auf solche Zusagen verließ. Er hätte Richard Löwenherz fragen sollen, aber der war damals noch nicht einmal geboren.

ZEITRAFFER

637 Die Araber erobern Jerusalem, dann Ägypten und Nordafrika, schließlich fast ganz Spanien.

1043–1099 Rodrigo Díaz, genannt El Cid Campeador (der

Kämpfer), wird zum Helden der Reconquista, der allmählichen Rückeroberung Spaniens, die aber erst 1270 abgeschlossen wird. Nur der äußerste Südosten mit Granada bleibt in der Hand der Araber.

1054 Endgültige Trennung von oströmischer Kirche (Byzanz) und weströmischer Kirche (Rom).

1063 Die Normannen beginnen von Süditalien aus mit der Eroberung des von Arabern besetzten Sizilien.

1066 Die bis dahin in Nordfrankreich (Normandie) siedelnden Normannen besiegen die Angelsachsen in der Schlacht bei Hastings und erobern bis 1070 ganz England.

1095 Moslemische Seldschuken haben große Teile Kleinasiens überrannt. Der oströmische Kaiser Alexios I. bittet den Papst um militärische Hilfe.

Konzil von Clermont. Papst Urban II. ruft zum ersten Kreuzzug auf.

Der Mönch Bruno wird heimlich zum Ketzer

Augenzeugenbericht: *Zweifel am Papst · Der Weg nach Jerusalem ·
Schielen nach Byzanz · Warum nur die zweite Garnitur?*

Ich bin der Mönch Bruno von Aachen, ein Freund Alberts, der gerade
dabei ist, die Geschichte des ersten Heerzuges nach Jerusalem aufzu-
schreiben, der soeben begonnen hat. Albert nimmt zwar nicht daran
teil, aber er hat so einiges gehört, und das meiste stimmt vermutlich
sogar. Andererseits hat er kaum eine Möglichkeit, das Gehörte auf
seinen Wahrheitsgehalt hin zu überprüfen, sondern kratzt geduldig
alles auf sein Pergament, was ihm zu Ohren gekommen ist. Warum
auch nicht.

Ich dagegen – ich sage das in aller Bescheidenheit – habe mir
angewöhnt, während meiner Arbeit im Klostergarten die spärlichen
Nachrichten, welche die dicken Klostermauern durchdringen, aller für
mich unwichtigen Details zu entkleiden, um zu ihrem wirklichen und
wichtigen Kern vorzustoßen. Meine Folgerungen müssen durchaus
nicht immer richtig sein; dennoch gelingt es mir häufig, Wahres von
Falschem zu unterscheiden. Jetzt aber bin ich gedanklich in eine Sack-
gasse geraten, denn obwohl ich natürlich ein folgsamer Sohn unserer
Mutter Kirche bin, kann ich mich nicht ohne jeden Zweifel den Argu-
menten unseres Heiligen Vaters Urban II. anschließen, der vor einigen
Wochen in Clermont zu einem Heerzug gegen die Heiden aufgerufen
hat, um Jerusalem zu befreien und den Christen wieder Zutritt zu den
heiligen Stätten zu ermöglichen.

Nach den Schilderungen eines Bischofs, der an dem Konzil teilgenommen hat und auf seiner Heimreise einige Tage unser Gast war, gibt
es da so einige Dinge, die mir zu denken geben. Die Tage sind kurz, und
Schnee liegt in der Luft. Da hat man mehr Zeit zum Grübeln, und
obwohl es mir nicht zusteht, den Papst zu kritisieren, nehme ich mir
doch das Recht, über seine Politik nachzudenken.

Unumstrittene Tatsache ist doch, daß die heidnischen Mohammedaner ebenso wie wir an einen einzigen Gott glauben, den sie allerdings
fälschlicherweise »Allah« nennen. Jesus ist in ihren Augen nur ein
Prophet jenes Allah, was natürlich eine Gotteslästerung darstellt. Dennoch: Sie werden kaum die Stätten, wo ihr »Prophet Jesus« gelebt und
gewirkt hat, wo er gekreuzigt und begraben wurde, schänden oder gar
verwüsten. Solches ist mir nicht zu Ohren gekommen, wenn man
einmal davon absieht, daß im Jahre des Herrn 1009 der wahnsinnige
Kalif Hakim, der doch eine christliche Mutter hatte, die Grabeskirche
in Jerusalem zerstört und viele Christen gezwungen hat, zum Islam
überzutreten.

Das aber war nur eine schreckliche Episode und die Tat eines Irren.
Dagegen ist erwiesen, daß Jerusalem schon im 5. Jahrhundert nach
Christi Geburt die am meisten besuchte Pilgerstadt der Christenheit
war und es – Islam hin oder her – noch heute ist. Kaiser Karl hat zu
seinen Lebzeiten sogar einmal ein feierliches Abkommen mit dem
berühmten Kalifen Harun al-Raschid geschlossen, in dem die Sicherheit der Pilger garantiert wurde. Andererseits will ich auch nicht bestreiten, daß es natürlich sehr viel einfacher ist, nach Rom oder zum
Grab des heiligen Jakobus im spanischen Santiago de Compostela zu
reisen, nachdem die Ungläubigen von dort wieder vertrieben worden
sind. Eine Pilgerfahrt nach Jerusalem dagegen ist wegen der Entfernung, der Fahrt über das Mittelmeer, wegen der dort lauernden Piraten
und schließlich wegen der im Heiligen Land selbst wohnenden Heiden
von jeher ein großes Abenteuer gewesen.

Deshalb wurde ja auch ein jeder, der sich diesem gefahrvollen Zug
anschloß, von allen Kirchenstrafen für seine Sünden freigesprochen.
Nicht von den Sünden selbst, wie manche törichten Männer glauben,
aber zum Beispiel vom Kirchenbann. Daß eine solche Pilgerfahrt möglich ist, wird von der Kirche indirekt dadurch bestätigt, daß sie besonders schlimme Sünder zu dieser Art von Sühne verurteilt, einer Strafe,
die den Betroffenen nicht nur ein oder zwei Jahre seines Lebens kostet,
sondern zusätzlich auch noch ein hübsches Sümmchen Geld.

Die meisten Pilger nämlich aus dem mittleren Europa meiden den
langen und beschwerlichen Landweg, sondern ziehen über den Brenner oder den St. Gotthard hinunter nach Italien und sammeln sich dann

in Venedig. Von dort aus läuft jeweils im Frühling und im Frühsommer
eine Flotte von vielen Schiffen nach Palästina aus, was eine Reise von
knapp zwei Monaten bedeutet, und selbst wenn man – geschützt durch
den Flottenverband – den Piraten entkommt, ist man noch lange nicht
am Ziel. Daß ein jeder, auf den die Pilger angewiesen sind, vom
schwäbischen Kneipenwirt bis hin zum Mailänder Kaufmann, vom
geizigen Kapitän bis zum Andenkenhändler in Jerusalem, versucht, die
Reisenden nach Kräften auszunehmen, ist zwar verabscheuungswür-
dig, aber allgemein bekannt.

Dennoch nehmen immer wieder zahllose Menschen dieses Abenteuer auf sich, und wenn der Papst jetzt – da die in Jerusalem zur Zeit
etwas wankende türkische Autorität es den Räubern gestattet, stärker
als gewohnt die Pilger zu behindern – aus fast heiterem Himmel erklärt,
daß diese Zustände zum Himmel schreien und sofort geändert werden
müssen, dann muß wohl mehr dahinterstecken. Geschickte Verhandlungen hier, ein paar wertvolle Geschenke da, ein Austausch von
Geiseln – so war es doch Jahrhunderte hindurch gegangen. Warum
jetzt das dramatische Schauspiel in Clermont?

Angefangen hat eigentlich alles ganz normal mit einer Reise des
Heiligen Vaters nach Frankreich. Er zieht durch das Land und regelt
dieses und jenes. In Cluny, der riesigen Benediktinerabtei, wo er selber
früher Prior war, verweilt er, um den Hochaltar der großen Basilika zu
weihen, die dort entsteht, und ich glaube, daß von diesem bedeutenden
Kloster aus das große Netz gesponnen wurde, das der Papst dann auf
dem Konzil in Clermont auswarf, um Ritter zu fischen.

Der Boden war gut vorbereitet, denn der oströmische Kaiser Alexios, dessen Herrschaft sich fast nur noch auf Byzanz beschränkt, hatte
schon Urbans Vorgänger Gregor um Hilfe gegen die ihn umzingelnden
Heiden gebeten. Welche Chance für den Papst! Und da ich von dem
oben erwähnten Bischof hörte, daß Urban II. in Clermont zwar auch
über Jerusalem, vor allem aber von der bedrängten Christenheit im
Osten ganz allgemein gesprochen hat, kommt mir der Verdacht, daß
der Heilige Vater die Situation zuvor sehr gründlich untersucht und
seine Schlüsse daraus gezogen hat.

Die Spaltung des alten römischen Imperiums in ein Ost- und ein
Weströmisches Reich hat allmählich auch zu einer Teilung der Kirche

geführt. Die Ostkirche beschäftigte sich sehr viel mehr mit der Theologie, die weströmische zunehmend mit der Politik; die Priester in Byzanz dürfen heiraten, die unsrigen nicht; jene beten im Stehen, wir im Knien; jene tragen Bärte, wir scheren uns sogar das Haupthaar. Alles keine sehr bedeutenden Unterschiede, aber trotzdem: Die Kirchen driften auseinander, und Byzanz wird mehr und mehr von den Heiden bedrängt.

In seiner Not richtet nun der oströmische Kaiser erneut einen Hilferuf an den Heiligen Vater, was ihn sehr schwer angekommen sein muß, und was tut der Papst? Er denkt nach. Eigentlich konnte doch überhaupt nichts Erfreulicheres passieren. Urban wird helfen. Er wird ein riesiges Heer aufstellen, das wegen seiner Größe natürlich nicht über die Alpen und das Meer, sondern auf dem Landweg und damit zwangsläufig über Byzanz ziehen muß. Und dann wird man weitersehen.

Und noch etwas anderes hat mich stutzen lassen. Der Papst hat sich merkwürdigerweise keineswegs an die mächtigsten Fürsten im Reich gewandt. Der Kaiser und der König von Frankreich befanden sich zum Zeitpunkt des Konzils ohnehin im Kirchenbann, der in letzter Zeit für meinen Geschmack zu schnell verhängt wird, aber von diesem Bann hätte Urban die beiden ja lösen können unter der Bedingung, daß sie sich an die Spitze des Heerzuges stellen würden. In dieser Hinsicht jedoch wurde überhaupt nichts versucht. Möglicherweise war sich der Heilige Vater ja darüber im klaren, daß die hohen Herren aus reinen Vernunftgründen von diesem Unternehmen abgeraten hätten, und zwar nicht dem Papst, sondern den eigenen Lehnsleuten und Vasallen.

Außerdem – ich denke jetzt einmal so, wie Urban gedacht haben könnte – wäre der Kaiser von Byzanz, Alexios I., doch ein bißchen zu mißtrauisch geworden, wenn die geballte Macht des Reiches mit seinen Heeren angerückt wäre. Also ruft man lieber die kleineren Adligen auf: ein paar Prinzen, einen unbedeutenden Herzog, eine Anzahl von Grafen, verarmte Ritter. Das erweckt keinen Argwohn und müßte trotzdem reichen, wenn sie alle nur genug Krieger und Troßknechte mitbringen ...

Doch selbst die einfachen Ritter können von dem Aufruf des Papstes in Clermont unmöglich überrascht worden sein, denn wenn es stimmt, was der Bischof uns erzählte, haben alle dort Versammelten mit einem Schlag losgejubelt: »Deus le volt«, das heißt: Gott will es! Und auf einmal tauchten überall rote Stoffstreifen auf, zu Tausenden und Abertausenden, aus denen sich alle anwesenden Geistlichen und Ritter ein rotes Kreuz aufs Gewand nähten. Nun frage ich mich ernsthaft, woher auf einmal auf einer Wiese eine derart riesige Menge von roten Stoffstreifen herkommt, die normalerweise in irgendwelchen Kisten in irgendwelchen Kemenaten schlummern – es sei denn, es hat sie einer vorsorglich bereitgelegt.

Wenn ich nun alles zusammenzähle, was ich in Erfahrung bringen konnte, und wenn ich mir die Vorgeschichte der Kirchenteilung vor Augen führe und dann noch den Charakter des Heiligen Vaters recht einschätze, dann komme ich zu dem Schluß, daß es sich in Clermont nicht um ein spontanes Bekenntnis zu einem Heerzug ins Heilige Land gehandelt hat, sondern um ein vorzüglich organisiertes Schauspiel, das nicht die Befreiung Jerusalems zum Ziel hatte, sondern die Wiedervereinigung beider Kirchen mit Hilfe von braven, aber unwissenden Rittern, die keine Ahnung davon haben, was hier eigentlich gespielt wird.

Natürlich werde ich mich hüten, davon zu anderen Mitbrüdern zu sprechen, denn einerseits ist dies alles nur eine Theorie, wenn auch eine wohlbegründete, wie ich meine. Andererseits würde ich mir bei meinen Mitbrüdern, die ganz begeistert sind von diesem Zug nach Jerusalem, überhaupt keine Freunde schaffen. Und das muß ja nicht sein. Warten wir lieber ab, wie es Byzanz ergehen wird, wenn die Kreuzfahrer erst dort ankommen.

Vom häßlichen Peter, der aussah wie sein Esel

Der Zug des Volkes · Emicho und die ersten Judenpogrome ·
Der Weg in die Katastrophe · Die jungen Helden

Ob der gute Bruno nun recht hatte oder nicht – heute meinen allerdings viele Historiker, daß er durchaus richtig lag –, Byzanz kehrte nicht in den Schoß der römischen Kirche zurück, und die Kreuzzüge insgesamt krempelten zwar das gesamte Mittelalter um, aber einen dauerhaften Erfolg hatten sie zumindest in politischer Hinsicht nicht. Dafür waren der Islam einfach zu stark und die christlichen Ritter zu schwach, was jedoch weniger auf mangelnde Moral als vielmehr auf ihre chronische Uneinigkeit zurückzuführen war.

Der erste richtige Kreuzzug hatte ein Vorspiel, besser gesagt: Es handelte sich eigentlich um ein Trauerspiel, bei dem ein gewisser Peter von Amiens die Hauptrolle spielte. Mochte der Papst den Aufruf zum Krieg gegen die Ungläubigen noch so perfekt inszeniert haben, eines hatte er dennoch übersehen. Nicht die europäischen Adligen mit ihren Rittern nahmen zuerst das Kreuz, denn die meisten von ihnen brauchten verständlicherweise einige Zeit, um sich auszurüsten und ihre Familienangelegenheiten zu ordnen. Es war das gemeine Volk, die armen und verkrüppelten, die besitzlosen, entrechteten und dennoch unglaublich gläubigen Menschen, denen halbverrückte Wanderprediger einredeten, allein mit Gottes Hilfe werde man die heiligen Stätten befreien, ohne Vorbereitung, ohne Ausrüstung, ohne Proviant und ohne Waffen.

Einer dieser Irren war besagter Peter, der schmutzstarrend auf einem Esel durch die Lande ritt und von dem die Chronisten schreiben, er habe seinem Reittier erschreckend ähnlich gesehen. Er stammte vermutlich aus Amiens in der französischen Picardie, ließ sich »Peter der Einsiedler« nennen und war möglicherweise auf einer früheren Wallfahrt nach Jerusalem von Türken belästigt oder gar beraubt und gefoltert worden. Er war unscheinbar, klein und häßlich, aber da er behauptete, er besitze einen Brief, der ihm direkt vom Himmel geschickt worden sei und in dem geschrieben stehe, daß die Christen das Heilige Land mühelos erobern könnten, wenn sie es denn nur versuchten, liefen ihm Unzählige nach, zumal es tatsächlich Abschriften des besagten Briefes gab.

Der Bauernsohn zog predigend durch Frankreich, erreichte schließlich die Champagne und traf letztendlich, über Trier kommend, in Köln ein. Da hatte er schon an die 15 000 Begleiter, verkommenes Lumpenpack zumeist, aber auch ein paar Ritter und Geistliche, denn nach Aussage des Chronisten Adalbert von Aachen waren nicht einmal Bischöfe und Äbte in der Lage, seinen beschwörenden Predigten gegenüber gleichgültig zu bleiben.

Der häßliche Mönch verbrachte die Ostertage des Jahres 1096 in Köln, und dort stieß unter anderen auch ein gewisser Emicho von Leiningen zu ihm, ein vermutlich in der Nähe von Mainz ansässiger Graf, der sich nicht scheute zu behaupten, der Himmel selbst habe ihm ein Kreuz in die Brust eingebrannt. Wie man sieht, schrieb der Himmel damals nicht nur Briefe. Dieser Emicho setzte sich selbst ein grausiges Denkmal, indem er eine Welle von Judenpogromen auslöste, wie sie das Mittelalter bis dahin nicht gekannt hatte.

Die Juden hatten seit Römerzeiten in den alten Städten gelebt. Sie wurden nicht verfolgt, wenn sie auch etlichen Einschränkungen unterworfen waren. Die meisten von ihnen konzentrierten sich auf den Handel. Als Wohnort wählten sie dabei die günstig an Flüssen gelegenen Städte wie Mainz und Köln, Trier und Frankfurt, Worms oder auch Prag. Zur Zeit des ersten Kreuzzugs lebten in Köln und Mainz immerhin rund 2500 Juden. Unbehelligt, wohlgemerkt, und sogar unter dem Schutz des Kaisers oder des jeweiligen Bischofs. Man kann nicht unbedingt sagen, daß sie sonderlich beliebt waren, denn Fremde werden zu allen Zeiten mißtrauisch beäugt, besonders wenn sie keinen Umgang mit den Einheimischen pflegen, jeden noch so flüchtigen Kontakt meiden und in ihren Synagogen fremdartige Gottesdienste feiern. Wenn man zusätzlich noch in Notzeiten gezwungen wird, sich bei ihnen Geld zu leihen, steigert das nicht gerade die Sympathie.

Immerhin waren sie nicht gezwungen, in Ghettos zu wohnen, und so sie es dennoch taten, geschah dies freiwillig. Man verbannte sie auch nicht an den Rand der Stadt. In Köln beispielsweise lag ihr Viertel im Schatten des Rathauses. Ihre Verfolgung setzte erst in der Zeit der Kreuzzüge ein und wurde insbesondere durch jenen Emicho von Leiningen ausgelöst, der die allgemeine Stimmung ausnutzte, daß ebenso wichtig wie die Befreiung Jerusalems die Taufe der verstockten Juden sei. Verdrängt wurde dabei offensichtlich die Tatsache, daß Zwangstaufen nach kanonischem Recht verboten waren.

Zunächst griff Emicho die Gemeinde der Juden in Speyer an, wobei es ihm und seinen Kumpanen allerdings nur gelang, elf Juden totzuschlagen; außerdem nahm sich eine junge Jüdin das Leben, um ihrer Vergewaltigung zu entgehen. Die anderen Juden rettete der Bischof – unter anderem wohl deswegen, weil sie ihm eine stattliche Summe Bares dafür versprochen hatten. Er nahm sogar einige der Mörder gefangen und ließ ihnen die Hände abhacken.

Enttäuscht, aber keineswegs entmutigt, zog Emichos Haufen weiter nach Worms, wo alsbald das Gerücht aufkam, Juden hätten einen Christen umgebracht, seine Leiche in Wasser gelegt und mit diesem Wasser die Brunnen der Stadt vergiftet. Ein Gerücht, das für Emicho gerade zur richtigen Zeit auftauchte (oder sogar von ihm selbst verbreitet worden war). Jedenfalls machten die Wormser mit dem Gesindel gemeinsame Sache, und obwohl auch hier der Bischof schützend eingreifen wollte, wurden 500 Juden umgebracht.

Die Zahl der erschlagenen Juden schwoll lawinenhaft an, als der Mordhaufen Mainz erreichte. Hier soll es allein 1004 Opfer gegeben haben, obwohl sich auch an diesem Ort ein uns unbekannter Adliger heldenmütig für sie einsetzte. Aber Emichos Leute zündeten sein Haus an, in das sich die verzweifelten Juden geflüchtet hatten, und schlugen tot, wen immer sie erwischen konnten. Einige Juden konnten per Schiff entkommen und Rüdesheim erreichen, doch als sie erfuhren, daß man sie dort zwangstaufen werde, ertränkten sie sich im Rhein.

Ein anderer Trupp sogenannter Kreuzfahrer überfiel indessen Trier, wo sich ebenfalls viele Juden in ihrer Todesangst ertränkten. Andere Kreuzfahrer vertrieben oder töteten die Juden in Neuss, Wewelinghoven und Xanten, und nur in Köln kamen die »Hebräer«, wie sie damals genannt wurden, halbwegs glimpflich davon, weil sie vom Erzbischof Hermann von Hochstaden geschützt und von den christlichen Bürgern in ihren Häusern versteckt wurden. 200 Juden sollen trotzdem umgekommen sein. Die private Habe der Überlebenden und ihre heiligen Thora-Rollen wurden vom Mob vernichtet.

Die Massaker an den Juden lösten in ganz Europa tiefe Betroffenheit aus. Der Papst forderte die Bischöfe auf, dem bösen Spuk ein Ende zu bereiten, und selbst der Kaiser, der die Juden unter seinem persönlichen Schutz in Sicherheit glaubte, ordnete an, die Vorfälle sofort zu untersuchen und die Schuldigen zu bestrafen. Dazu kam es jedoch nicht mehr, denn die Horden des Emicho standen längst vor Wieselburg an der ungarischen Grenze. Angeblich wurde diese Festung sechs Wochen lang erfolglos belagert. Emicho versuchte während dieser Zeit, sich seinen Gefolgsleuten als eine Art König der Endzeit hinzustellen, indem er behauptete, göttliche Offenbarungen empfangen zu haben, und immer wieder auf das Zeichen in seiner Brust hinwies, das ihm ein Apostel eingebrannt habe. Anscheinend wollte er sich auf diese Weise vor dem Kreuzzug drücken und sich anderswo, möglicherweise in dem zu dieser Zeit politisch schwachen Italien, ein eigenes Reich aufbauen. Das gelang ihm jedoch nicht mehr. Emicho verschwand aus der Geschichte und starb vermutlich in seiner Heimat, exkommuniziert wie alle, die einen Kreuzzug abgebrochen hatten.

Peter von Amiens indes befand sich auf dem Weg nach Jerusalem. Da keine finanziellen Mittel vorhanden waren, um die teure Reise über das Mittelmeer zu bezahlen, war er gezwungen, mit seinem Lumpenheer den Landweg zu wählen. Nach ein paar Scharmützeln mit den Ungarn kam er tatsächlich bis Byzanz, was an sich schon ein Wunder war, und wurde vom oströmischen Kaiser sogar wohlwollend in Richtung Türkei weitergeschickt. Der Haufen überquerte den Bosporus, und nun machten sich einige Gruppen selbständig. Während sich die Masse nach Osten wandte und am Marmara-Meer nach Nikodemia marschierte, das nach seiner Eroberung durch die Türken 15 Jahre zuvor von seinen Bewohnern verlassen worden war, drang ein französischer Trupp südwärts bis nach Nikäa vor, dem Sitz des Seldschuken-Sultans Kilidsch Arslan ibn-Suleiman.

Die Stadt selbst konnten die Franzosen zwar nicht nehmen, aber in den unbefestigten Vororten hausten sie wie die Tiere, obwohl man allen Tieren mit diesem Vergleich Unrecht antut. Die »christlichen«

Kreuzfahrer mißhandelten und ermordeten die christlichen Einwohner, und es wird sogar berichtet, daß sie Kinder wie Ferkel am Spieß über ihren Feuern geröstet haben. Als sie mit ihrer Beute wieder zum Haupttheer stießen, wurden die anderen neidisch, und alsbald brach ein deutscher Trupp auf, um sich ebenso zu bereichern. Sie setzten sich zunächst in der Burg Xerigordon fest, um von dort aus Raubzüge zu unternehmen, aber ein türkisches Heer belagerte sie und zwang sie letztlich zur Kapitulation. Nur wer sich zum Islam bekehrte, blieb am Leben, wenn auch als Sklave. Der Rest wurde hingemetzelt.

Die Masse der anderen hatte inzwischen Civetot bei Helenopolis erreicht, und die Türken streuten das Gerücht aus, Nikäa sei erobert worden und die Christen hätten dort ungeheure Beute gemacht. Der Mob brach sofort ungeordnet, wie er schon immer gewesen war, auf, um sich ebenfalls einen Teil der Beute zu sichern, wurde aber bereits nach einigen Meilen von den Seldschuken umzingelt und – es waren immerhin noch fast 20 000 Menschen – bis auf ganz wenige abgeschlachtet. Unter den paar Glücklichen, die entrinnen und nach Byzanz entkommen konnten, befand sich ausgerechnet auch der unglückselige Anführer dieses Unternehmens, Peter von Amiens.

Während die Leichen der anderen in der flimmernden Sommersonne verwesten, brach in Europa der größte Heerbann auf, den das Mittelalter je gesehen hatte: 300 000 Ritter, schrieb der Papst an Komnenos, den byzantinischen Statthalter von Durazzo im heutigen Albanien, seien auf dem Weg zu ihm, um die Heiden zu vertreiben. Komnenos wird ganz schön erschrocken sein, denn woher sollte er wissen, ob dieses Riesenheer nicht seine Stadt erobern würde, wenn er auch die Zahl der Ritter (zu Recht) für übertrieben hielt. Aber selbst wenn sie denn tatsächlich in friedlicher Absicht – wenigstens ihm gegenüber – kamen: Ein solches Heer mußte doch schließlich verpflegt werden. Das allerdings war eher ein organisatorisches Problem, denn Byzanz war noch immer enorm reich, und wenn diese Ritter dem Kaiser Alexios tatsächlich die Türken vom Hals halten konnten, würde der sich das schon einiges kosten lassen.

Das Merkwürdige und – wie sich später herausstellen sollte – auch höchst Hinderliche an diesem gewaltigen Heerbann war, daß er sich im Grunde aus mehreren Heeren zusammensetzte und keinen gemeinsamen Oberbefehlshaber besaß. Dafür sehr stolze, sehr eitle und darum auch sehr hochfahrende Fürsten mit ihren Privatarmeen:

▷ Der (zeitlich) erste war Graf Raimund von Toulouse, Freund und Vertrauter des Papstes;

▷ der vornehmste (und zugleich schwächlichste) war Graf Hugo von Vermandois, Bruder des Königs von Frankreich;

▷ der nördlichste war Graf Robert von der Normandie, zweiter Sohn von Wilhelm dem Eroberer;

▷ der stattlichste war Fürst Gottfried von Bouillon, Herzog von Niederlothringen und angeblicher Nachkomme Karls des Großen;

▷ der tüchtigste war Graf Balduin von Boulogne, Gottfrieds jüngerer Bruder;

▷ der mächtigste war Bohemund, der normannische Fürst von Tarent, mit zahllosen Söldnern;

▷ der draufgängerischste war Tankred, Bohemunds Neffe.

Selbst bei den hier genannten Anführern fällt auf, daß sich unter ihnen unverhältnismäßig viele jüngere Brüder, zweite Söhne und Neffen befinden, die im Heiligen Land Ersatz für das ihnen nicht zustehende Erbe suchen wollten. Das aber soll keineswegs bedeuten, daß ausschließlich Habgier das Motiv der Kreuzfahrer war. Viele unternahmen das gefährliche Abenteuer aus einer tiefen Frömmigkeit heraus, die meisten jedoch, wenn man es kritisch sieht, aus einer Vielzahl anderer Gründe.

Die einzelnen Armeen zogen am 15. August 1096 los, marschierten aber auf getrennten Wegen und trafen sich erst Monate später vor Byzanz wieder, wo oströmische Brillanz und derbe fränkische Plumpheit in hartem Gegensatz aufeinanderprallten. Immerhin gelang es dem geschickten Kaiser Alexios, den schwerfälligen, riesigen Heerhaufen über den Bosporus zu bugsieren und ihn in Richtung Antiochia in Marsch zu setzen, bevor es zu ernsthaften Auseinandersetzungen kam.

Als die Staubwolke nach Tagen über dem türkischen Festland verschwand, durfte Alexios aufatmen. Eine seiner schlimmsten Befürchtungen hatte sich als gegenstandslos erwiesen, während sich diese Franken offensichtlich vor überhaupt nichts fürchteten. Dies eben, dachte der Kaiser, ist das Privileg der Unwissenden.

Heilige Städte und eine Kaiserin aus der Gosse

Jerusalem und die Tochter des Kneipiers · Bauwut und Wohlstand ·
Das Forum Romanum wird zum Steinbruch · Ziegen auf der Via Sacra ·
Mietskasernen in Byzanz · Massaker auf der Pferderennbahn ·
Parfümiertes Wasser aus den Springbrunnen · Zeitraffer

Bevor wir uns nun damit beschäftigen, wie es unseren Kreuzfahrern fern der Heimat weiter erging, wollen wir einen Blick auf die drei bedeutendsten Städte der Antike werfen und uns ansehen, was davon – sagen wir bis zum Jahre 1000 n. Chr. – übriggeblieben war.

Da ist zunächst Jerusalem, die Christen und Moslems gleichermaßen heilige Stadt, die von den Römern im Jahre 70 n. Chr. erobert wurde, nachdem sich die Juden einmal mehr gegen ihre Unterdrückung aufgelehnt und einen blutigen Aufstand angezettelt hatten. Der römische Feldherr Vespasian und sein Sohn Titus, die übrigens später beide Kaiser wurden, machten die Stadt nach einer grauenvollen Belagerung dem Erdboden gleich. Die kleine christliche Gemeinde hatte sich vorher abgesetzt und entkam so dem Massaker. Die Juden dagegen wurden, sofern sie nicht abgeschlachtet oder in die Sklaverei verkauft worden waren, aus der Umgebung vertrieben, und es dauerte Jahrhunderte, bis die Stadt wenigstens halbwegs wiederaufgebaut worden war.

Ihre neue Blüte verdankte sie der Tochter eines jugoslawischen Kneipenbesitzers, die auf den schönen Namen Helena hörte und später heiliggesprochen wurde. Als Wirtstöchterlein hätte sie wohl kaum etwas Historisches bewirken können, aber das Schicksal wollte es, daß ihr Sohn Konstantin, ein Offizier, es eines Tages zum Kaiser von Rom brachte, und nicht nur das: Fast jeder weiß, daß besagter Sohn im Jahre 312 vor einer entscheidenden Schlacht am Himmel ein Kreuz zu sehen glaubte und eine Stimme hörte, die ihm versprach, daß er in diesem Zeichen siegen werde.

Konstantin wußte sehr wohl, was dieses Kreuz bedeutete, denn es gab schon Christen in seiner Familie. Eine bemerkenswerte Parallele übrigens zu dem Frankenkönig Chlodwig, der sich ja ebenfalls nach einer Schlacht bekehrte. Jedenfalls siegte Konstantin mit Hilfe des Kreuzes, und damit war zugleich der Grundstein für den Sieg des Christentums gelegt. Mutter Helena aber erhielt die Erlaubnis, mit viel Gefolge und noch mehr Geld nach Jerusalem zu wallfahren und im Heiligen Land nach dem Rechten zu schauen, was sie auch mit ebenso viel Eifer wie Erfolg tat.

Zunächst einmal ließ sie alle heidnischen Tempel abreißen, die über den Ruinen des alten Jerusalem errichtet worden waren. Dann fand sie Golgotha, die Hinrichtungsstätte des Herrn, sein Grab, das Heilige Kreuz, die Säule im Haus des Hohenpriesters, an die Jesus während der Geißelung gefesselt gewesen war, und viele andere verehrungswürdige Stätten mehr. Da Helena zwar außerordentlich fromm und spendabel, aber leider keine Denkmalpflegerin im heutigen Sinne war, beließ sie nicht alles so, wie sie es vorgefunden hatte, sondern überbaute die historischen Plätze – auch die Geburtsstätte in Bethlehem – mit riesigen Kirchen, so daß spätere Pilger keinen Eindruck mehr vom Aussehen der Originalschauplätze gewinnen konnten.

Wie dem auch sei: Helenas Wirken brachte Jerusalem neuen und unerwarteten Wohlstand. Die Heilige Stadt wurde in den nächsten Jahrhunderten zur größten Pilgerstätte der Christenheit, und wo Pilger sind, ist bekanntlich auch Geld. Da eine ordnende und mäßigende Kraft fehlte, schossen Kneipen und Souvenirläden aus dem Boden, Wechselstuben und Hurenhäuser. Andererseits gab es neben zahllosen Herbergen natürlich auch viele christlich geführte Krankenhäuser und noch mehr Kirchen. Jerusalem erlebte eine Blütezeit von rund 300 Jahren, bis es 640 von den Arabern erobert wurde, ohne dabei größeren Schaden zu nehmen.

Obwohl die Moslems die heiligen Stätten verschonten, verlagerte sich unter ihrer Herrschaft das Zentrum der Stadt weg von der Grabeskirche hin zum alten Tempelberg, wo 691 der heute noch stehende Felsendom eingeweiht wurde. Dieser Platz hat eine uralte Tradition, denn nach jüdischer Überlieferung hatte Gott an dieser Stelle den Adam geschaffen, hier sollte Abraham seinen Sohn Isaak opfern, und hier hatte Salomon seinen Tempel gebaut, in dem sich das Allerheiligste mit der Bundeslade befand. Verehrungswürdig aber war diese Stätte

auch den Moslems. Nach Mekka und Medina ist Jerusalem für den
gläubigen Mohammedaner die drittheiligste Stadt. Der Felsendom erhebt sich über einem riesigen Stein, in dem der Abdruck eines Pferde-
hufs zu erkennen ist. Dies ist nach islamischer Tradition die Stelle, von
der aus Mohammed mit seinem Pferd Al Burak zum Himmel hinauf
galoppiert ist und wo sich die Gläubigen am Tag des Gerichtes versammeln werden.

An einer Zerstörung Jerusalems hatte also niemand weniger Interesse als die Moslems, denn für die zum größten Teil aus der Wüste
kommenden Araber glich die Stadt einer wundersamen Oase. So heißt
es in einer mohammedanischen Chronik, nirgendwo sonst gebe es so
schöne Bauwerke, die Versorgung mit Lebensmitteln sei ausgezeich-
net, die Trauben riesig groß, die Märkte sauber, das Klima angenehm.
Kurzum – hier ließ es sich leben.

Nur für die Christenmenschen, denen die Pilgerfahrt weiterhin
gestattet war, wurde die Reise zunehmend schwieriger. Leicht war sie
nie gewesen, aber als das Land noch von Byzanz aus regiert wurde,
herrschte im Umland von Jerusalem immerhin eine gewisse Ordnung
und Sicherheit. Die war nun dahin. Räuberische Beduinen durchstreiften die Gegend, und die Pilger waren gut beraten, wenn sie sich zu
größeren Gruppen zusammenschlossen, um mögliche Angreifer besser
abwehren zu können.

Im übrigen darf man sich die Altstadt von Jerusalem in etwa so
vorstellen, wie sie sich noch heute darbietet. Die Stadtmauer stammt
zwar aus späteren Jahrhunderten, erhebt sich jedoch weitgehend auf
den Fundamenten der antiken Befestigung.

Verglichen mit dem gigantischen Rom war Jerusalem natürlich nur
ein finsteres Provinznest. Als Vespasian und Titus die Heilige Stadt
zerstörten, lebten in Rom immerhin an die 1,4 Millionen Menschen.
Nur wenige residierten in der »Stadt der sieben Hügel« in prunkvollen
Palästen. Die meisten hausten in stinkenden Mietskasernen, und viele
von ihnen, allzu viele, waren arbeitslos, lebten von der Hand in den
Mund, waren auf staatliche Unterstützung angewiesen, und der Staat
ernährte sie auch. Manchmal recht und manchmal schlecht. Aber
immerhin: Sie waren römische Bürger, und um sie bei Laune zu halten,
bekamen sie von ihren Kaisern das, was sie einzig und allein interes-

sierte: genug zu essen und ihr Vergnügen. Anders ausgedrückt: *panem et circenses* – Brot und Spiele.

Außerdem lebten sie (bis auf Ausnahmen) von äußeren Feinden unbehelligt, denn eine riesige Mauer schützte die Stadt, eine Mauer, die noch heute stellenweise erhalten ist und damals 35 Stadttore aufwies, 372 Türme, 6800 Brustwehren und 48 stark befestigte Kastelle. Um die vielen hungrigen Mäuler zu stopfen (400 000 Tonnen Getreide wurden in jedem Jahr an die Bürger verschenkt), bedurfte es natürlich einer ungeheuren Macht, die das römische Imperium ja lange Zeit hindurch auch besaß, die aber in den ersten nachchristlichen Jahrhunderten unter dem Ansturm der nordeuropäischen Völker langsam zu bröckeln begann.

Im Jahre 410 n. Chr. schließlich eroberten die Westgoten unter ihrem König Alarich, der später sein vielbesungenes Grab in dem Flüßchen Busento finden sollte, das dahinsiechende Rom, und 45 Jahre später kam Geiserich mit seinen Vandalen. Wie die Stadt nach einer zweiwöchigen Plünderung ausgesehen haben mag, kann man sich leicht vorstellen. Dennoch dauerte es noch einmal 21 Jahre, bis der germanische Söldnerführer Odoaker sich zum Herrscher von Rom aufschwang, nachdem er den letzten römischen Kaiser abgesetzt hatte. Die Germanen waren eigentlich keineswegs angetreten, die Kultur und Zivilisation Roms zu zerschlagen; sie wollten im Grunde teilhaben an der für sie ungewohnten verfeinerten Lebensart, und vor allem die Ostgoten unter Theoderich dem Großen waren daran besonders interessiert. Trotzdem zogen sich die reichen und gebildeten Römer mehr und mehr auf ihre Landgüter zurück, und die Stadt verfiel unaufhaltsam.

In den späteren Jahrhunderten wurde sie immer wieder erobert und geplündert, aber nun gab es niemanden, der bereit und mächtig genug gewesen wäre, sie zu schützen oder sie doch zumindest wiederaufzubauen. Daran hatten auch die Päpste, die von der Mitte des 8. Jahrhunderts an mit dem Vatikan eine Art Staat im Staat schufen, keinerlei Interesse. Bis zum Beginn der Renaissance wurde Rom immer mehr zu einem verwahrlosten Steinbruch, und im frühen Mittelalter war die Zahl der Einwohner von einst stolzen 1,4 Millionen auf schätzungsweise 50 000 gesunken.

Wer sich das riesige Gebiet vor Augen hält, das auch da noch von den mächtigen Stadtmauern umgeben war, kann erahnen, daß Rom bis dahin ein verödetes Stück Brachland geworden sein muß, von Ruinen übersät, die zudem Stück für Stück zur Errichtung anderer Bauten abgetragen wurden und schließlich in Vergessenheit gerieten.

Man muß sich das einmal plastisch vorstellen: Das Forum Romanum sah damals keineswegs so aus, wie es sich heute darbietet. Die Täler zwischen den sieben Hügeln waren zum großen Teil mit Müll und Schutt planiert worden, und erst in späterer Zeit haben Archäologen den ganzen Dreck weggeräumt, so daß man sich heute wenigstens in etwa wieder einen Eindruck von der Großartigkeit des altrömischen Stadtkerns verschaffen kann. An dieses klassische Rom jedoch verschwendeten die Proletarier des Mittelalters nicht einen Gedanken, und deshalb verbrannten sie die wertvollen Marmorsäulen vom Goldenen Haus des Nero zu billigem Kalk, und zwischen Kapitol und Palatin, zwischen der Via Sacra und dem Circus Maximus weideten Kühe und Ziegen.

Diesen Anblick bot die Stadt, die von weitem noch immer imposant wirkte, auch den ersten deutschen Königen, die nach Rom ritten, um sich zum Kaiser krönen zu lassen. Auf die Trümmer der alten Tempel waren dem Zeitgeist entsprechend Kirchen gebaut worden, und überall standen die festungsartigen Geschlechtertürme des Adels, wie man sie noch heute in der Toskana, vor allem in San Gimignano, bewundern kann.

Für einen deutschen König, der zu Hause nichts Gigantischeres zu sehen bekommen hatte als die Ruinen der Kaiserthermen in Trier, blieb das gestorbene antike Rom dennoch ein wundersamer Anblick. Wenn auch vieles zerfallen war: Das Colosseum beispielsweise, das selbst uns noch so sehr beeindruckt, befand sich in einem sehr viel besseren Zustand als heute, und auch von den Foren und Kaiserpalästen war trotz zahlreicher Erdbeben und Brände, trotz Vandalismus und Plünderungen noch weitaus mehr vorhanden als in unseren Tagen. Rom war und blieb trotz allem der Nabel der Welt, obwohl im Osten des alten Reiches längst eine andere Metropole die irdische Macht in Händen hielt: Byzanz.

Die Stadt am Bosporus, die heute Istanbul heißt, wurde schon früh römische Kolonie. Es war eine starke Festung, die die Schiffahrt vom

Mittelmeer ins Schwarze Meer kontrollierte und damit auch den Übergang von Europa nach Asien. Aber es wäre eben nur eine Festung geblieben, wenn auch wunderschön gelegen, hätte nicht Kaiser Konstantin I., der Sohn der oben zitierten Helena, ein Auge auf sie geworfen. Er gedachte nämlich das römische Weltreich in eine westliche und eine östliche Hälfte aufzuteilen, denn das Gesamtreich war rein verwaltungstechnisch, aber auch militärisch nicht mehr allein von Rom aus zu regieren.

Auf der Suche nach einer oströmischen Residenz dachte Konstantin zunächst an das altehrwürdige Troja, auch an das ägyptische Alexandria. Aus strategischen Gründen aber entschied er sich für Byzanz, und im Jahre 330 n. Chr. wurde es zur Hauptstadt der oströmischen Kaiser und dem amtierenden Herrscher zu Ehren in Konstantinopel umgetauft. Der Einfachheit halber wollen wir es jedoch in diesem Buch weiterhin Byzanz nennen, denn auch im Mittelalter war dieser Name noch lange Zeit hindurch gebräuchlich.

Konstantin wäre natürlich kein römischer Kaiser gewesen, wenn er sich mit der zauberhaften Lage und den mächtigen Befestigungsanlagen allein zufriedengegeben hätte. Seine Hauptstadt im Osten sollte sich in jeder Hinsicht mit Rom messen können, und da er einer der letzten wirklich mächtigen und infolgedessen auch reichen Kaiser Roms war, ließ er aus allen Teilen seines Imperiums das Feinste vom Feinen herbeischaffen.

Wie Rom war auch Byzanz eine Stadt voller Widersprüche. Der Kaiser sorgte für Paläste und Theater, für Springbrunnen und Parks, Wasserleitungen und Bibliotheken. Wie das Volk wohnte, interessierte ihn weitaus weniger. Dabei setzte er Prämien für den Bau von Mietskasernen aus, auf daß nur ja viele Menschen in die neue Metropole strömen sollten.

Und sie strömten tatsächlich: 100 Jahre nach seiner Erhebung zur Hauptstadt beherbergte Byzanz bereits rund 700 000 Menschen, aber die meisten von ihnen wohnten nicht dort, sie hausten lediglich. Und zwar in Mietshäusern, die noch viel höher waren als die in Rom. Bis zu einer Höhe von 30 Metern türmten sie sich auf, und die Gassen dazwischen waren nur 4 Meter breit. Aber da auch hier – wie in Rom – der Pöbel vom Staat ernährt wurde, nahm er die Enge der Straßen, den

Schmutz in den zwölfstöckigen Häusern, den Gestank und die Armseligkeit des Wohnens in Kauf.

Natürlich gab es hie und da Revolutionen. So während der Regierungszeit des Kaisers Justinian I. (527–565), als die Massen die halbe Stadt in Schutt und Asche legten. Justinian verlor die Nerven und wollte sich aus dem Staub machen, doch davon hielt ihn seine ehrgeizige Frau Theodora ab, eine ehemalige Zirkusreiterin und im Nebenberuf Hure.

Sie hatte also – wie Konstantins Mutter Helena – eine ziemlich atemberaubende Karriere hinter sich und wollte natürlich nicht zurück in ihren erlernten Beruf, in dem sie sich durchaus einige Fertigkeiten angeeignet hatte. So schreibt der Historiker Prokop, allerdings ein Intimfeind der Kaiserin, über ihre Vergangenheit, sie sei in der Liebe unersättlich gewesen. Häufig habe sie zehn junge Männer zu sich eingeladen und mit allen geschlafen. Davon aber noch immer nicht befriedigt, hätten auch die Sklaven – bis zu 30 – herhalten müssen, bis ihre Lüsternheit endlich gestillt gewesen sei. Theodora habe häufig beklagt, daß der weibliche Körper nicht mehr Öffnungen aufzuweisen habe, um die Lust zu befriedigen, und daß die Brustwarzen nach außen vorstünden, anstatt sich nach innen zu vertiefen.

Auch wenn man besagtem Prokop auf Grund seiner möglichen Voreingenommenheit nicht alles glauben sollte – die Kaiserin kam erwiesenermaßen aus der Gosse, und dahin wollte sie nicht mehr zurück. Deshalb schien sie in dieser kritischen Situation der einzige Mann im ganzen Palast zu sein und schrie den Kaiser an, sie denke nicht an Flucht. Wenn sie schon sterben müsse, dann unter einem Purpurmantel!

So überredete sie die Feldherren Belisar und Narses, das vom meuternden Pöbel besetzte Hippodrom, die Pferderennbahn, zu umstellen und alle sich darin Aufhaltenden niederzumachen. Was Generale tun, das tun sie gemeinhin sehr gründlich, und so wurden an diesem einen Tag an die 30 000 Menschen abgeschlachtet. Vielleicht war es diese Bluttat, die Justinian veranlaßte, die bei den Unruhen zerstörte Sophienkirche wiederaufzubauen. Aber nicht auf dem alten Grundriß. Etwas Neues, Unerhörtes, nie Dagewesenes sollte entstehen und entstand tatsächlich: die Hagia Sophia.

Wenn eben gesagt wurde, daß die breite Masse des Volkes vom Staat ernährt wurde, so trifft das nur teilweise zu. Viele konnten inzwischen sehr gut von Handel und Handwerk leben. Im Gegensatz zu Rom, das sich tatsächlich wie ein Schmarotzer von den unterworfenen Völkern ernähren ließ, machte die ungleich bessere geographische Lage die Stadt Byzanz zum größten Umschlagplatz für Waren aus aller Welt. Über Byzanz gelangten die Schätze des Orients, Gewürze und Seide, Diamanten und Sklaven, in die westliche Welt. Und die Stadt blühte immer weiter auf. So viel Reichtum will natürlich geschützt werden, und deshalb wuchs nicht nur die Stadt, sondern auch ihr Befestigungsring. Die mächtige Doppelmauer hielt unzähligen Angriffen vom Land her stand, und Byzanz darf wohl zu den stärksten und auch erfolgreichsten Festungen der Weltgeschichte gezählt werden.

Waren schon die Stadtmauern bewundernswert – geradezu sensationell mußte auf den Reisenden der unglaubliche Luxus der Stadt gewirkt haben. Die Einwohnerzahl war bis zur Jahrtausendwende auf etwa 200 000 zurückgegangen. Es gab jetzt weniger Mietshäuser, dafür aber mehr Parks und Paläste, so viele Kirchen, wie das Jahr Tage hat, und das Auge des Fremden konnte sich nicht satt sehen am öffentlichen und privaten Prunk. Aus den Springbrunnen plätscherte parfümiertes Wasser, die Fenster zahlreicher Wohnhäuser waren tatsächlich verglast, die Zimmerwände mit Seide bespannt, und Gold, Gold, Gold, wohin auch immer man schaute.

Von all der Pracht ist kaum mehr etwas zu sehen. Die barbarische Zerstörung dieser wunderbaren Stadt, die erbarmungslose Ausplünderung der Kirchen und Schatzhäuser – das alles war nicht das Werk heidnischer Eroberer, die immer wieder vergebens die gewaltigen Stadtmauern berannt hatten. Unsere Kreuzritter waren es, die den vielleicht größten Akt des Vandalismus begangen haben, den die Weltgeschichte je verzeichnen mußte. Doch davon später. Heute erinnern nur noch die bröckelnden Befestigungswerke an die einstige Macht und Größe der Stadt. Aber zu schützen gibt es nicht mehr viel in Istanbul, seitdem sich die Kreuzritter dort aufgeführt haben wie die übelsten Raubritter.

ZEITRAFFER

um 1400 v. Chr.	Erste Erwähnung von Jerusalem.
um 1000 v. Chr.	Jerusalem wird von David erobert.
587 v. Chr.	Jerusalem wird von den Babyloniern zerstört.
70 n. Chr.	Jerusalem wird von den Römern dem Erdboden gleichgemacht.
312 n. Chr.	Helena, die Mutter Konstantins des Großen, entdeckt in Jerusalem die heiligen Stätten und – der Legende nach – das Heilige Kreuz.
753 v. Chr.	Angebliche Gründung Roms durch Romulus und Remus.
63 v. Chr. bis 14 n. Chr.	Kaiser Augustus verwandelt die »Ziegelstadt« in eine »Marmorstadt«.
410–546 n. Chr.	Mehrfache Eroberungen Roms durch Goten und Vandalen (Alarich, Geiserich, Totila) und völliger Niedergang der Stadt.
um 658 v. Chr.	Byzanz wird von den Dorern gegründet.
330 n. Chr.	Byzanz wird Residenz Konstantins des Großen und nach ihm Konstantinopel genannt.
395 n. Chr.	Byzanz wird Hauptstadt des Oströmischen Reiches.
532 n. Chr.	Der große Aufstand wird blutig niedergeschlagen.
1204	Am 13. April wird Byzanz im Verlauf des vierten Kreuzzuges erobert und geplündert.

Der Normanne Sigismer und ein General ohne Nase

Augenzeugenbericht: *Hilfe vom Eseltreiber · Wolken von Pfeilen ·
Hunger und Kälte · Verrat vor Antiochia*

Ich bin der Normanne Sigismer, stehe im Dienste Bohemunds und
habe dieses verfluchte Unternehmen von dem Augenblick an mit-
gemacht, wo unsere Schiffe von Tarent aus absegelten, bis zu jenem
Augenblick, in dem wir durch eine Bresche in der Stadtmauer nach
Jerusalem hineinstürmten. Ich bin ein nüchterner, vielleicht auch ein
bißchen verbitterter Mann, aber was ich zu erzählen habe, hat sich so
abgespielt. So und nicht anders.

Es war schon heiß, wir hatten immerhin Mai, als wir zum erstenmal
Seldschuken sahen. Das war vor Nikäa, einer Stadt an einem See, die
wir erobern sollten. Im Vorübergehen, wie die hohen Herren sich so
etwas wohl vorstellen. Gott sei Dank hatten wir ein paar von diesen
Byzantinern dabei, unter anderem einen General namens Tatikios, der
anstelle einer Nase nur ein Loch im Gesicht hatte. Bei uns zu Hause
schneiden wir bei bestimmten Vergehen dem Verbrecher einfach die
Nase ab, aber dieser Tatikios konnte eigentlich kein Verbrecher sein,
denn er war ein Freund des byzantinischen Kaisers. Vielleicht hatten
ihm die Seldschuken die Nase weggeschossen. Er sprach nicht darüber,
und niemand wagte es, ihn danach zu fragen.

Wir belagerten also die Stadt, als plötzlich ein türkisches Entsatzheer anrückte und uns vom Rücken her angriff. Sie kamen auf schnellen kleinen Pferden, schossen mit unzähligen Pfeilen auf unsere geschlossen anrückenden Ritter, und es gab viele Tote und Verletzte in
den Reihen der unsrigen. Aber dann hatten wir wirklich Glück, und
das verdanken wir indirekt diesem verrückten Eseltreiber, diesem
Bettelmönch, den sie Peter von Amiens nannten und der angeblich hier
ganz in der Nähe mit all seinen Leuten umgekommen sein soll.

Wahrscheinlich dachten die Türken, wir seien auch so ein Bettel-

haufen und ebenso leicht zu erledigen. Nachdem sie nämlich all ihre
Pfeile abgeschossen hatten, griffen sie uns frontal an. Ja, das war
ziemlich dumm von ihnen. Wenn nämlich ein Ritter auf seinem starken
Gaul mit Helm und Kettenhemd, gefällter Lanze und furchtbarem
Gebrüll einmal in Bewegung ist und wenn es sich nicht nur um einen
einzigen Ritter handelt, sondern gleich um ein paar tausend, dann tut
der Gegner gut daran, sein Pferdchen herumzuwerfen, will er nicht
plattgewalzt werden.

Davon wußten die Seldschuken wohl nichts. Sie glaubten immer
noch, wir wären so eine Art Begleiter des Eseltreibers, zückten ihre
Säbel und galoppierten auf uns los. Der Kampf war sehr kurz und sehr
blutig. Danach lebten nur noch die Klügsten von ihnen, nämlich die,
die rechtzeitig geflohen waren. Wir konnten sogar ihr Lager plündern
und fanden dort ganze Säcke voller Stricke. Offensichtlich wollten sie
uns damit fesseln und in die Sklaverei führen, diese Hundesöhne.

Am meisten geschmerzt aber hat sie bestimmt der Verlust ihres
Goldes, das man in einem Prunkzelt fand, und die Tatsache, daß sich
Nikäa uns nach der Schlacht ergab. Einige von uns schrieben schon
nach Hause, man werde in fünf Wochen in Jerusalem sein, aber nach
fünf Wochen krabbelten wir gerade erst einmal über einen Paß mitten
in der Türkei. Gott sei Dank hatten wir noch immer unseren nasen-
losen General Tatikios dabei, der unseren Herren geraten hatte, das
Heer in zwei Säulen aufzuteilen, damit wir im Gebirge nicht gar so
unbeweglich wären. Ausnahmsweise haben unsere Fürsten ihren
Hochmut besiegt und auf ihn gehört, denn als wir Normannen gerade
hinter einem Paß lagerten, waren wir plötzlich von derart vielen
Türken umzingelt, daß es unserem Herrn nur mit Mühe gelang, einen
Boten über den Paß zurückzujagen, der die anderen zu Hilfe holen
sollte.

Dann ging schon eine Wolke von Pfeilen auf uns nieder. Inzwischen
wußten wir aber, wie man seinen Schild so über den Kopf hält, daß
einem relativ wenig passieren kann, und dann freuten wir uns auf ihre
wahnwitzige Attacke, doch die blieb diesmal aus. Auch sie schienen
dazugelernt zu haben und waren entschlossen, uns auf Distanz zu
halten, um uns langsam in der Hitze verdursten zu lassen. Sie konnten
ja nicht ahnen, wer in diesen Minuten die Berge herunterstürmte: von

der einen Seite die Lothringer und Franzosen, von der anderen Bischof Adhemar von Le Puy mit seinen Mannen, die das türkische Heer von hinten angriffen. Da flohen sie, diese räudigen Hunde, und dieses Mal fiel uns eine noch größere Beute in die Hände als vor Nikäa. In diesem Augenblick fühlten wir uns beinahe unschlagbar; trotzdem hatten wir wieder viele Tote und Verwundete zu beklagen.

Unsere Freude über den Sieg bekam sehr schnell einen Dämpfer, denn der geschlagene Sultan zog sich nur langsam zurück, ließ die Brunnen vergiften, das Korn verbrennen und das Vieh wegtreiben. Unter unsäglichen Strapazen erreichten wir schließlich Ikonion, wo wir halbwegs wieder zu Kräften kamen, um dann weiterzuziehen nach Antiochia, einer gewaltigen Stadt, nicht weit vom Meer gelegen, mit riesigen Mauern, die uns ziemlich mutlos machten. Immerhin war es inzwischen Herbst geworden, und die Hitze quälte uns nicht mehr so grausam, aber dennoch: Die Stadt war gut befestigt und vollgestopft mit Waffen und Proviant. Außerdem besaß sie einige Quellen, und das Belagern zog sich monatelang hin.

Der Winter kam und mit ihm die Kälte. Wir litten Hunger, obwohl übers Meer immer wieder Nachschub eintraf, aber leider nie genug. Und ständig griffen türkische Entsatzheere an, die nur mit Gottes Hilfe und unter schweren Opfern zurückgeschlagen werden konnten. Doch dann – wieder waren viele Monate ins Land gegangen, und es war inzwischen Juni geworden – hatte Tankred, der Neffe unseres Fürsten Bohemund, sein Ziel erreicht: Schon lange hatte er offenbar mit einem armenischen Panzerschmied aus Antiochia namens Firuz in heimlichem Kontakt gestanden, der mit seinen Leuten einige Türme der Stadt bewachte. Schließlich hatte er ihn bestechen können, in einer bestimmten Nacht diese Türme unbewacht zu lassen. Mit Leitern stiegen wir an dieser Stelle über die Mauer, rannten zum Georgs-Tor, überrumpelten dort die Wachen und ließen unsere Kameraden in die schlafende Stadt stürmen.

Nur wenige Verteidiger konnten sich in die Zitadelle retten, alle anderen Türken haben wir in dieser Nacht erschlagen. Die Stadt gehörte uns, aber so mächtig sie auch waren, unsere hohen Herren – daran, wie es denn nun weitergehen sollte, hatte anscheinend niemand von ihnen gedacht. Schon drei Tage später erschien ein riesiges türkisches Heer unter dem schrecklichen Sultan Kerbogha am Horizont und legte sofort einen Belagerungsring um die ganze Stadt.

Natürlich hatten die von uns abgeschlachteten Seldschuken nicht mehr allzu viel Proviant übriggelassen, so daß schon bald eine Hungersnot ausbrach. Viele der unsrigen begingen Fahnenflucht. Sogar – und als Normanne muß man sich schämen, es zuzugeben – der Schwager des Fürsten seilte sich über die Mauer ab und schlich sich durch die Reihen der Türken in die Freiheit.

Bei dieser Gelegenheit erfuhr ich übrigens auch, daß sich jener Eseltreiber, den man Peter von Amiens nannte, seit Nikäa wieder in unserem Heer befindet. Während der besonders schweren Belagerungszeit von Antiochia hatte allerdings auch er versucht zu desertieren, aber man hat ihn dabei erwischt. Was sie mit ihm gemacht haben, weiß ich nicht. Hoffentlich haben sie ihn geröstet!

Die vier Wunder von Antiochia

Die Träume des Peter Bartholomäus · Erpressung in Burgund · Der Fund in der Dämmerung · Eine Wahnsinnsmission · Kerboghas Blackout · Heilige eilen zu Hilfe · Das Gottesurteil

Die Hoffnung trog. Peter von Amiens lebte noch immer, aber ebenso jämmerlich wie die anderen. Die Soldaten kauten auf dem Leder ihrer Sandalen herum, ernährten sich von Unkraut und hie und da auch von Menschenfleisch. Ein Wunder mußte geschehen, um dieses verzweifelte Heer noch einmal zu retten. Für Wunder ist das Mittelalter ja bekannt, und wenn auch noch kein richtiges in Aussicht war, dann gab es doch zumindest das verzweifelte Hoffen auf ein solches.

Tatsächlich muß einer der Heerführer – am ehesten wäre das dem ebenso verschlagenen wie kaltblütigen Tankred zuzutrauen gewesen – einen verwegenen Geistesblitz gehabt haben. Jedenfalls erschien eines Tages ein Bauer namens Peter Bartholomäus im Zelt des Grafen Raimund, der als besonders fromm galt, und verlangte, vor ihm und dem Bischof Adhemar von Le Puy ein Geständnis abzulegen. Inhalt: Seit einigen Monaten erscheine ihm der heilige Andreas im Traum und befehle ihm, dem Grafen Raimund, zu enthüllen, wo die Lanze begraben liege, mit der auf Golgatha die Seite Christi durchbohrt worden sei.

Erregt wollte der Graf weitere Einzelheiten wissen, während der Bischof, ein ausnehmend kluger Mann, leicht die Augenbrauen hochzog, was den Bauern jedoch nicht zu irritieren schien. Er berichtete, daß ihn der heilige Andreas bereits am 30. Dezember im Nachthemd durch die Luft in die St.-Peters-Kathedrale von Antiochia entführt und ihm dort die Lanze gezeigt habe. Peter habe sie gleich mitnehmen wollen, aber der Heilige habe ihm gesagt, er solle mit zwölf Gesellen zurückkommen und die Lanze ausgraben, wenn die Stadt erobert worden sei.

Peter indes – so sagte er wenigstens – traute sich nicht, als einfacher Bauer mit einer solchen Geschichte vor die hohen Herren hinzutreten, und schwieg. Der heilige Andreas aber wurde nun fuchsteufelswild, und Peter hatte plötzlich mehr Angst vor ihm als vor den Fürsten. Behauptete er wenigstens. Die Brauen des Bischofs waren inzwischen noch etwas mehr nach oben gewandert. Er hielt den Bauern für das, was er war: einen Scharlatan mit üblem Ruf.

Raimund dagegen war Feuer und Flamme. Er glaubte die Geschichte, weil ihm überhaupt nichts anderes übrigblieb, während der skeptische Adhemar sich vielleicht daran erinnerte, daß er in Byzanz bereits eine andere heilige Lanze gesehen hatte. Ganz abgesehen wiederum von jener anderen, die der König von Burgund, Rudolf II., im Jahre 926 dem König Heinrich I. auf dem Reichstag zu Worms überlassen hatte.

Was war das nur für eine Lanze? Der Bischof zermarterte sein Hirn. Die des heiligen Longinus, der damit der frommen Legende nach die Seite des Herrn durchstoßen und später mit der thebäischen Legion den Märtyrertod gestorben war? Oder die des großen Karl, der angeblich an einer ganz normalen Lanze einen Nagel des Heiligen Kreuzes befestigt hatte? Adhemar von Le Puy wußte es nicht genau. Er wußte nur, daß irgendeine heilige Lanze zum Reichsschatz gehörte, seitdem sie Heinrich I. geschenkt worden war. Vielleicht ist »schenken« nicht das richtige Wort, denn eigentlich wurde diese Lanze dem Burgunder abgepreßt, nachdem er sie für Geld und gute Worte partout nicht hatte hergeben wollen. Darauf hatte ihm Heinrich gedroht, er werde das Königreich Burgund mit Feuer und Schwert verwüsten. Der Bischof Liutprand von Cremona schreibt als Chronist voller Naivität, daß Rudolf II. das Kleinod daraufhin persönlich »dem gerechten König« brachte, »der in gerechter Weise Gerechtes begehrte.« Eine schöne Gerechtigkeit war das!

Die Zweifel des Bischofs an dieser neuerlichen Lanze waren also mehr als berechtigt, dennoch: Ein kleines Wunder konnte ja nicht schaden. Also hielt sich Adhemar erst einmal bedeckt und beobachtete interessiert, welche Folgen das Gerücht hatte, das sich blitzartig in der belagerten Stadt verbreitete.

Nun meldete sich auch ein im Gegensatz zu Peter Bartholomäus durchaus geachteter Mann namens Stephan, ein Priester aus Valence, zu Wort und erklärte, ihn hätten nicht nur der heilige Petrus, sondern auch gleich noch die Gottesmutter und der Heiland persönlich im Traum aufgesucht und zur Bergung der heiligen Lanze aufgefordert. Als dann obendrein ein Meteor (wohl eher eine Sternschnuppe) ausgemacht wurde, der auf das Lager der Türken herunterfiel, das nicht schwer zu treffen war, weil es rings um die Stadt aufgeschlagen war, gab es kein Zögern mehr.

Zwölf Ritter wurden ausgesucht, die an der angegebenen Stelle in der Kathedrale den ganzen Tag vergeblich gruben. Als die Dämmerung hereinbrach, hörten die Ritter erschöpft auf, nicht aber Peter Bartholomäus. Mitten hinein in die Grube sprang er, und was hob er hoch in die Luft? Die Lanzenspitze natürlich, oder doch ein Stück ziemlich verrostetes Eisen. Ein Schrei der Begeisterung ging durch das Heer. Niemand störte sich an Adhemars mürrischem Gesicht, niemand dachte daran, daß die Kathedrale erst kürzlich gesäubert und neu eingeweiht worden war, nachdem die Muselmanen sie als Moschee benutzt hatten. Wie leicht hätte sich besagter Peter oder irgendein anderer Interessierter an den Arbeiten beteiligen und die Speerspitze dort verstecken können. Und warum war dieser Bauer überhaupt so spät mit seiner Geschichte herausgerückt?

Ob es nun ein Betrug war oder nicht: Für die Kreuzfahrer war es ein Wunder, und es sollten wieder einmal die tollkühnen Normannen sein, die die Gunst der Stunde zu nutzen verstanden. Raimund wurde krank, und die anderen Fürsten wählten Bohemund für die nächsten zwei Wochen zum Oberkommandierenden. Dessen erste Amtshandlung weckte allerdings Zweifel an seinem Verstand. Er schickte nämlich den unseligen Peter von Amiens, den häßlichen Möchtegern-Mönch und Beinahe-Deserteur, hinüber ins Lager der Türken, und dort forderte der entweder unglaublich mutige oder aber einfach irre Mann den Feldherrn Kerbogha auf, mit seinen Truppen abzuziehen, denn nur so könne Bohemund ihm und seinen Kriegern nicht nur das Leben garantieren, sondern ihm auch die mitgeführten Schätze lassen.

Das zweite Wunder von Antiochia besteht ganz zweifellos darin, daß der Seldschuken-Sultan dem merkwürdigen Gesandten nicht sofort den Kopf abhacken und nach damaliger Sitte zurück in die Stadt

schießen ließ. Vielleicht sah er von dem so Naheliegenden nur deshalb
ab, um seinerseits dem Fürsten Bohemund durch dessen eigenen Boten
folgende Antwort überbringen zu können: Wer sich nicht auf der Stelle
zum Islam bekenne, werde die Stadt nicht lebend verlassen, ausgenommen die schönsten Knaben und Jungfrauen, die man als Sklaven zu
veräußern gedenke.

Das also war der geheime Sinn von Peters sinnlos erscheinender
Mission: Der trickreiche Bohemund hatte den anderen Fürsten und
dem gesamten Heer klargemacht, daß niemand mehr auf Verhandlungen hoffen durfte, daß es nun kämpfen und siegen hieß um jeden Preis.
Die Alternative lautete Tod oder Sklaverei. Und wie sie kämpften!
Aber zuvor mußte noch das dritte Wunder geschehen: Das noch immer
große Heer der Kreuzfahrer konnte naturgemäß nicht mit einem Schlag
gefechtsbereit vor der Stadt stehen. Es dauerte Stunden, bis Abteilung
für Abteilung und Trupp für Trupp durch die Nadelöhre der Tore die
Stadt verlassen hatten und das Heer endlich in Reih und Glied aufmar-
schiert war.

Irgend jemand – vielleicht war der Heilige Geist diesmal tatsächlich
mit im Spiel – muß in diesem Augenblick das Gehirn des großen
Kerbogha abgeschaltet haben, denn er wollte, wie er seinen Unterfüh-
rern, die das ausrückende Christenheer an einer geordneten Aufstellung hindern wollten, erklärte, nicht nur die Vorhut, sondern das ganze
Kreuzfahreraufgebot mit einem Schlag vernichten. So ließ er den verzweifelten Rittern tatsächlich Zeit, sich wie bei einem Manöver aufzustellen, um dann mit furchtbarer Wucht auf den Gegner einzudringen.

Und wenn man so will, geschah nun das vierte und unwiderruflich
letzte Wunder von Antiochia: Auf dem Gegenhang glaubten die Kreuzfahrer eine Reitergruppe auf weißen Pferden zu erkennen. »St. Georg,
St. Mercurius und St. Demetrius!« Einer hatte es geschrien, und bald
gellte der Schlachtruf über die Walstatt. Wunder über Wunder, die
Heiligen waren tatsächlich zu Hilfe gekommen, und weit vorne spreng-
ten die Fürsten mit der heiligen Lanze den Seldschuken entgegen. All
das zusammen wirkte wie eine Droge. Die gepanzerte Welle überrollte
die Türken, fegte sie förmlich vom Schlachtfeld, und der Sieg war
derart überwältigend, daß man von diesem Tage an den Namen Kerbogha vergessen durfte.

Diesen großartigen und wundersamen Sieg zu feiern blieb keine Zeit. Im Juli brach eine schwere Seuche aus, möglicherweise war es Typhus, die zahlreiche Todesopfer forderte. Unter anderen starb jener Adhemar, Bischof von Le Puy, der es immer wieder verstanden hatte, mit all seiner geistlichen Autorität die sich untereinander mißtrauisch beäugenden Fürsten an einen Tisch zu bringen. Sein unerwarteter Tod drückte auf die Stimmung. Nur einer mochte nicht so richtig mittrauern. Das war Peter Bartholomäus, der schon wieder einen Traum hatte.

Diesmal war ihm der heilige Andreas zusammen mit dem soeben Verschiedenen erschienen, und der Bischof – so wenigstens versicherte der Gauner – habe ihm erklärt, daß er wegen seiner Zweifel an der heiligen Lanze die Stunden seit seinem Tod in der Hölle habe verbringen müssen, und nur die unablässigen Gebete seiner Freunde hätten ihn daraus errettet. Warum dieser Peter immer weiter von solchen Träumen erzählte, läßt sich schwer sagen. Vielleicht war er ganz einfach eitel und genoß es, als kleiner Mann derart im Mittelpunkt zu stehen. Seine Eitelkeit gereichte ihm letztendlich allerdings zum Verderben.

Der Marsch des Heeres in Richtung Jerusalem verlief relativ friedlich und problemlos, da die türkischen Besatzungen der befestigten Orte den Christen die Tore öffneten. Niemand hatte Lust, das Schicksal Kerboghas zu teilen. Höchst überflüssigerweise, oder auch um ein bißchen Kriegsruhm zu ernten, beschloß Raimund, das Emirat Tripolis anzugreifen, doch zuvor mußte er eine sehr starke Festung einnehmen: die Burg Arqa. Allein schaffte er es nicht; darum bat er die anderen Fürsten um Unterstützung. Aber an Arqa bissen sie sich die Zähne aus. Die Fürsten wollten endlich weiterziehen nach Jerusalem. Deshalb mußte noch einmal Peter Bartholomäus herhalten und auf Anweisung Raimunds träumen, daß ihm nun gleich Christus, der heilige Petrus und der heilige Andreas gemeinsam erschienen seien und die sofortige Erstürmung Arqas verlangt hätten.

Dieser Traum löste im Heerbann allerdings nur noch Gelächter aus, und Raimund war gezwungen, wollte er sich nicht total blamieren, dem selbstmörderischen Angebot Peters zuzustimmen, sich einer Feuerprobe zu unterwerfen, um seine Glaubwürdigkeit zu beweisen. Der unglückselige Träumer mußte im bloßen Hemd und mit der heiligen Lanze in der Hand zwischen zwei eng zusammenstehenden, brennenden Holzstößen hindurchgehen. Er kam durch, aber mit so schweren Verbrennungen, daß er nach zwölf Tagen elendiglich starb. Von da an wurde nicht mehr so viel über die heilige Lanze gesprochen, und auch geträumt wurde wesentlich weniger.

Der Normanne Sigismer watet in Sarazenenblut

Augenzeugenbericht: *Verbrannte Erde, vergiftete Brunnen · Die Nacht vor dem Angriff · Baumstämme aus dem fernen Samaria · Griechisches Feuer · Gotteslästerung auf den Mauern · Das Massaker · Zeitraffer*

Ich, der Normanne Sigismer, muß mich noch einmal zu Wort melden, denn Sie sollten doch wissen, daß wir Jerusalem tatsächlich erobert haben, was jedoch ein hartes Stück Arbeit gewesen ist. Immerhin waren wir schon seit drei Jahren unterwegs, als wir endlich die Mauern der Heiligen Stadt in der Ferne vor uns liegen sahen. Manche von uns brachen vor Freude in Tränen aus, was ich allerdings für kindisch halte, solange eine Festung wie diese nicht erstürmt ist. Und diese Stadt, das wußte ich sofort, als ich ihre Mauern sah, würde uns nicht wie eine reife Frucht in den Schoß fallen.

Auch Antiochia war schließlich nur durch Verrat erobert worden, und die Heiden hatten schnell gelernt. Alle Christen waren vorsichtshalber aus der Stadt ausgewiesen worden, die Juden merkwürdigerweise nicht. Trotzdem war die Zahl der Bevölkerung um mehr als die Hälfte geschrumpft. Dies wiederum hatte den Vorteil, daß Wasser und Lebensmittel entsprechend länger reichten. Unsere Lage dagegen war ziemlich beschissen. Die Heiden hatten in weitem Umkreis rings um die Stadt alle Herden weggetrieben, alle Felder verwüstet und die Quellen zugeschüttet. In andere Brunnen hatten sie totes Viehzeug hineingeworfen, um das Wasser zu vergiften, und selbst die letzten Regenwasser-Zisternen waren entleert worden.

Mit einem knurrenden Magen kann man notfalls ein paar Tage leben, aber glühendheiße Junitage ohne Wasser sind die Hölle. So manche Kameraden, die glaubten, sonst verdursten zu müssen, aber auch Geschäftemacher, die sich durch den Verkauf von Trinkwasser Reichtümer versprachen, riskierten gefährliche Ausflüge in die Umgebung, um verborgene Quellen aufzuspüren. Viele wurden dabei von umherschweifenden Muselmanen abgefangen und umgebracht. Wer

überlebte, verdiente sich tatsächlich eine goldene Nase, obwohl das
mitgebrachte Wasser oft faulig schmeckte und von Würmern wimmelte. Ein Segen, daß uns schließlich ein aus der Stadt vertriebener
Christ die Siloah-Quelle unten im Kidron-Tal zeigte, aus der angeblich
schon König David getrunken hat.

Jerusalem liegt auf mehreren Hügeln, und unterhalb der Stadt-
mauern geht es meist steil bergab, vor allem im Osten, am Ölberg. Bei
einem ersten Erkundungsritt rund um die Stadt stellten unsere Herren
fest, daß unser Heer auch nicht annähernd groß genug war, um die
Stadt vollkommen einzuschließen und damit vom Hinterland und vom
Nachschub abzuriegeln. Da die Heiden vermutlich sehr viel besser mit
Proviant und Wasser ausgerüstet waren als wir, schied eine längere
Belagerung völlig aus. Wir mußten stürmen, und zwar möglichst rasch.

Oben auf dem Ölberg, von wo aus man den besten Blick über die
Stadt hat, wohnte in einem alten Turm ein noch viel älterer Einsiedler,
und der gab unseren Fürsten den Auftrag, die Stadt unverzüglich
anzugreifen und zu erobern. Auf den Einwand der Herren, daß unser
Heer zu schwach und die Stadtmauern zu hoch seien, antwortete der
Eremit, wenn wir nur den rechten Glauben hätten, dann würde Gott
uns schon den Weg weisen. Na denn!

Die Nacht vor einem Sturmangriff verläuft fast immer gleich. Ich
weiß das aus Dutzenden von Heerzügen. Die Anführer gehen von
Feuer zu Feuer, um den Männern Mut zuzusprechen. Mönche huschen
umher, um Beichten zu hören, aber das bringt ja alles nichts. Wichtig
ist, daß man schläft, damit man am Morgen ausgeruht ist und nicht
versehentlich in einen Pfeil hineinläuft oder so einem Türken blind in
seinen Säbel stolpert. Meine Freunde meinen, die Stadt sei nicht von
Türken besetzt, sondern von Arabern. Tankred, der das eigentlich am
besten wissen müßte, behauptet allerdings, es seien Ägypter und Suda-
nesen, schwarzhäutige Heiden aus dem tiefsten Afrika.

Ist ja auch gleich. Ich hatte mir einen Liter Wein besorgt, den ich mir
in den Hals goß, um nicht allzu lange über das nachdenken zu müssen,
was mich am nächsten Tag erwartete. Außerdem band ich mir die
Zwiebel einer wilden Gladiole um den Hals, die – wie jedermann weiß –
nahezu unverwundbar macht und die ich seit dem Beginn des Kreuzzuges wohlverwahrt in einem Lederbeutel an meinem Gürtel trage.

Am Morgen, in aller Frühe, griffen wir im Norden an und drangen auch ziemlich schnell über die äußeren Befestigungswerke am Damaskus-Tor vor. Als wir aber dann an die hohe Hauptmauer kamen und ein Schauer von Steinen und Pfeilen auf uns herabprasselte, stellten wir fest, daß wir beileibe nicht genug Leitern hatten, um die Mauern zu erklettern. So holten wir uns nur blutige Köpfe und mußten uns wieder zurückziehen.

Das war vorauszusehen gewesen. Mit ein paar Hühnerleitern kann man doch eine solche Stadt nicht erobern! Aber die hohen Herren wissen ja alles besser. Immerhin waren sie dann gescheit genug zu beschließen, daß kein weiterer Sturmversuch mehr unternommen werden solle, bis wir nicht das geeignete Belagerungsgerät beschafft hätten. Das war leichter gesagt als getan, denn es gab keine Wälder mehr rings um die Stadt, wo das notwendige Holz hätte geschlagen werden können. Drei Tagesmärsche weit bis nach Samaria hinein mußten unsere Leute auf die Suche gehen, bis sie endlich auf geeignete Wälder stießen, und inzwischen wurden bei uns schon wieder das Wasser und die Lebensmittel knapp.

Aber manchmal hat man ja Glück: Im Hafen von Jaffa liefen sechs christliche Schiffe ein, die nicht nur Proviant, sondern auch Holz, Seile, Nägel und was man sonst alles zu einer Belagerung braucht an Bord hatten, und als dann noch unsere Männer mit reichlich Holz aus Samaria zurückkehrten, wußten wir, daß wir es vielleicht doch packen könnten.

Die Grafen Gottfried und Raimund bauten erst einmal zwei riesige Belagerungstürme, die über 20 Meter hoch waren. Sie fuhren auf Rädern, hatten innen etliche Stockwerke und auf halber Höhe eine Enterbrücke, die man von oben auf die Stadtmauer senken konnte. Von außen waren die Türme zunächst mit Holz verkleidet, aber da die Verteidiger natürlich versuchen würden, sie in Brand zu schießen, wurden sie teils mit Eisenblech benagelt, teils mit Häuten bespannt, die in Urin getränkt waren. Es war gar nicht so einfach, diese unheimlich schweren und gräßlich stinkenden Türme an die Mauern heranzuschieben, weil vor diesen Mauern ein breiter Graben ausgehoben worden war. Den mußten wir erst einmal unter einem ständigen Pfeilhagel mit Erdreich ausfüllen, während die Heiden ihr sogenanntes

»griechisches Feuer« auf die Türme abschossen, ein grausiges Spektakel, selbst dann, wenn man es wie ich aus sicherer Entfernung beobachten konnte.

Dieses griechische Feuer war eine Mischung aus Kienspan, Werg, Schwefel und allem möglichen anderen brennbaren Zeugs, das sie in einen Krug oder in ein Faß packten, anzündeten und dann gegen die Türme schleuderten. Dabei entstand dann eine riesige Feuerwolke. Es hat etliche Male nicht viel gefehlt, und die beiden Türme wären wirklich verbrannt. Aber manchmal hilft Pisse wirklich.

Dann jedoch setzten die Fürsten ihre »Widder« ein, rollbare Hütten mit einem festen und feuersicheren Dach, das nicht einmal ein von oben geschleuderter Steinbrocken durchschlagen konnte. Unter dem Dach hing an Seilen ein dicker Holzstamm, dessen Spitze aus gehärtetem Eisen bestand. Diesen Stamm ließen zwölf starke Männer hin und her schwingen und rammten damit ein Stück Mauer nach dem anderen ein.

Trotzdem kamen wir nur sehr, sehr langsam voran, und als dann noch die Nachricht eintraf, daß aus Ägypten ein großes Heer anrücke, um die Stadt zu entsetzen, brach im Heer beinahe eine Panik aus. Wie immer in solchen Fällen – man muß nur an Antiochia denken – traten wieder die verrückten Träumer mit ihren angeblichen Visionen auf. Diesmal war es ein gewisser Desiderius, der behauptete, der verstorbene Bischof Adhemar von Le Puy (ausgerechnet der!) sei ihm erschienen und habe ihm versprochen, die Stadt werde in wenigen Tagen fallen, wenn die Fürsten aufhören würden, sich dauernd herumzuzanken, und wenn das Heer darüber hinaus eine Fastenzeit einlegen würde, um dann in feierlicher Prozession um die Stadt herumziehen.

Ich kam mir vor wie die alten Israelis vor Jericho. Fehlte noch, daß man uns aufforderte, in die Posaunen zu blasen, und dann würden die Mauern einstürzen. Aber ausschließen von der Prozession konnte man sich auch nicht. Also humpelte ich wie die anderen mit nackten Füßen über die spitzen Steine, während sich auf den Mauern die vollgefressenen Heiden den Bauch hielten vor Lachen. Ich bin bestimmt nicht sonderlich fromm, wenigstens nicht frommer als die anderen Kameraden, aber als ich sah, daß die Heiden oben auf der Mauer Kreuze aufgestellt hatten und sie vollpinkelten, da hat mich ein heiliger Zorn erfaßt, und ich brauchte keine beschwörenden Predigten mehr. Beim nächsten Angriff, das schwor ich mir, würde ich in die Stadt eindringen oder vor ihren Mauern sterben.

So dachten viele von uns. Eigentlich sogar alle, wie ich abends bei den Gesprächen am Lagerfeuer hörte. Obwohl es glühend heiß war, arbeiteten wir eine Woche lang wie die Wahnsinnigen. Dann war alles vorbereitet. Unter hohen Verlusten hatten wir den Graben an jenen Stellen zugeschüttet und planiert, wo die Belagerungstürme an die Mauern herangeschoben werden sollten. Schütten Sie mal einen Graben zu, wenn Ihnen die Pfeile nur so um die Ohren flitzen! Immerhin: Am Abend des 14. Juli stand der Turm des Grafen Raimund am Berg Zion direkt an der Mauer. Die Beschießung war jedoch so stark, daß es keinem Ritter gelang, auf die Mauer zu steigen. Angeblich hat der Anführer der Heiden, der sich wohl Iftikhar oder so ähnlich nannte, an dieser Stelle höchstpersönlich mitgekämpft. Aber überall konnte er schließlich auch nicht sein, und am nächsten Morgen ließ Gottfried von Bouillon seinen Turm an die Nordmauer heranschieben, und er selbst und sein Bruder Eustachius von Boulogne kommandierten den Angriff vom obersten Stockwerk aus.

Das muß ihm der Neid lassen, diesem Gottfried: Wie der leibhaftige Erzengel Michael stand er da oben in seiner silbern glänzenden Rüstung und wehrte mit seinem riesigen Schild lässig die Pfeile ab, die ihn umschwirrten. Aber am tiefsten ziehe ich meinen Hut vor Litold und Gilbert von Tournai, zwei Rittern aus Flandern. Als sich nämlich die Enterbrücke vom mittleren Stockwerk aus langsam auf die Zinnen der Mauer senkte, da fegten die beiden hinüber mitten unter die Heiden, als wollten sie Selbstmord begehen. Hinter ihnen sprangen Männer aus Gottfrieds Leibwache hinüber, und während sich die Heiden auf sie warfen, um sie allesamt abzumurksen, kletterten unsere Leute überall mit Leitern die Mauern hoch, und bald war der ganze Abschnitt in unserer Hand.

Es wurde ein ungleicher Kampf. Wir in Kettenhemden und mit Panzerschienen an Armen und Beinen, mit Streitäxten und Schwertern gegen die nur leicht bewaffneten Muselmanen. Das war kein Kampf, das war ein Abschlachten. Wir stürmten hinter Tankred her direkt auf den Tempelplatz, wo der Felsendom und die al-Aksa-Moschee stehen.

Dort ergab sich die Besatzung gegen ein hohes Lösegeld, und wir plünderten die islamischen Heiligtümer. Damals wurden wir alle mit einem Schlag reich, denn Tankred überließ uns einen Teil der riesigen Beute.

Um die Muselmanen, denen er das Leben geschenkt hatte, kümmerte er sich indessen nicht mehr, und es war ihm auch völlig gleichgültig, daß sie später ebenso wie alle Einwohner der Stadt, auch die Juden, totgeschlagen wurden. Wenn ich sage, daß in den Gassen der Stadt das Blut der Ermordeten in Strömen floß, so meine ich das wörtlich. Als wir aus unserem Blutrausch erwachten, stellte sich allgemeine Ernüchterung ein. Die Fürsten wallfahrteten mit ihren Rittern zu den heiligen Stätten, aber ich habe daran nicht teilgenommen. Es wäre mir wie Heuchelei vorgekommen. Ich will nicht sagen, daß ich mich schämte, aber wie christliche Krieger hatten wir uns weiß Gott auch nicht gerade benommen.

Andererseits hätten die verfluchten Heiden auch nicht die Kreuze bepinkeln müssen.

ZEITRAFFER

1096	Zug des Volksheers unter Peter von Amiens und dessen vollständiger Untergang noch vor der Ankunft im Heiligen Land.
1097	Zug der Ritter nach Byzanz, Eroberung von Nikäa und Weiterzug nach Antiochia.
1098	Eroberung von Antiochia und Sieg über den Sultan Kerbogha, den Atabeg von Mosul.
1099	Eroberung Jerusalems am 15. Juli.

Unheilige Frauen im Heiligen Land

Liebe und Tragödien · Die Frau, das mißratene Wesen · Kirche und Keuschheit ·
Von Ladies, Dirnen und Amazonen · In den Händen der Sarazenen ·
Trio infernal · Homosexualität ist tabu · Richard Löwenherz outet sich

Nachdem wir uns nun wirklich lange genug mit dem Töten befaßt haben, ist es wohl an der Zeit, sich der gegenteiligen Beschäftigung zuzuwenden: dem Zeugen des dringend erforderlichen Nachwuchses, von dem ohnehin nur ein geringer Teil das Kindesalter überlebte. Aber vor das Zeugen hatte die Kirche, wenigstens theoretisch, die Hochzeit gesetzt, und geheiratet wurde in den sozial niedrigen Kreisen erstaunlich früh, wobei wir die ausgesprochen politischen Kinderheiraten einmal außen vor lassen wollen. Heiraten bedeutet auch nicht in jedem Fall die Aufnahme des Geschlechtsverkehrs, aber trotzdem muß erstaunen, daß um 1250 herum ein Junge schon mit 14 Jahren heiraten durfte, ohne die Erlaubnis seines Vaters einzuholen, und ein Mädchen brauchte nur 12 Jahre alt zu sein.

Das Heiratsalter bleibt Jahrhunderte hindurch in etwa dasselbe. Noch im ausgehenden Mittelalter sprachen sich manche Theologen gegen eine Ehe von Kindern unter 12 Jahren aus, und in Zürich und Schwyz wird ein Gesetz erlassen, das Mädchen unter 13 und Jungen unter 14 eine Heirat untersagt. Wenn solche Verbote ausgesprochen werden, ist dies stets ein Hinweis darauf, daß offensichtlich die Notwendigkeit dazu bestand, weil immer wieder versucht worden ist, wirklich kleine Kinder in eine Ehe zu zwingen.

Um Liebesheiraten handelte es sich dabei natürlich nie, denn vor allem die Mädchen wurden – ob von hohem Stand oder aus einer Familie von Hörigen stammend – im Normalfall nur an einen Mann verheiratet, der aus welchen Gründen auch immer dem Vater willkommen war. Was geschehen konnte, wenn die Familie mit einem Liebesverhältnis nicht einverstanden war, zeigt uns die Sage von Romeo und Julia, aber auch die Tragödie um Héloise und Abaelard, einem Theologen aus Paris, der heimlich seine Lieblingsschülerin geheiratet und mit ihr einen Sohn gezeugt hatte. Der Onkel der unglücklichen Héloise bereitete der Ehe ein brutales Ende, indem er den Theologieprofessor kurzerhand entmannen ließ, woraufhin sich die beiden in ein Kloster zurückzogen und sich nun ebenso leidenschaftliche wie zwangsläufig platonische Liebesbriefe schrieben, die uns zum Glück erhalten geblieben sind.

Die hohe Stellung, die die Frau einst bei den germanischen Stämmen besaß und wie sie auch von Tacitus bezeugt wird, war unter dem Einfluß des Christentums, das eigentlich als Befreier der Frau angetreten war, längst verlorengegangen. Inzwischen war das Weib, das bekanntlich selbst in der Kirche nicht den Mund aufzutun hatte, gesellschaftlich sehr tief unter dem Mann angesiedelt. Wie tief, das wird insbesondere aus der Theologie des 13. Jahrhunderts deutlich, derzufolge die Frau nichts anderes ist als ein unvollkommener und mißratener Mann. Selbst ein so kluger Kopf wie Thomas von Aquin glaubte, daß die Frau zwar in der Lage sei, zu sich genommene Nahrung in Blut zu verwandeln, der Mann jedoch die Fähigkeit besitze, aus der gleichen Nahrung Sperma zu produzieren. Dieses Sperma müsse, so folgerte Thomas weiter, dementsprechend nur männliche Nachkommen hervorbringen, und so sei es auch in der Regel, wenn nicht widrige Umstände wie etwa defektes Sperma oder ein absonderliches Blut in der Gebärmutter zuweilen bewirken würden, daß bei der Zeugung doch Mädchen entstünden. Für ein unglückliches Versehen dieser Art machte Thomas sogar feuchte Südwinde verantwortlich.

Wie wir sehen, ist es mit der europäischen Wissenschaft in diesen Zeiten noch nicht weit her. Die Frauen jedenfalls dienten dem Mann in jeder Hinsicht: als Hausfrau, als Dienstbote, als Putzhilfe, als Kindererzieherin, als Aufsichtsperson über das Personal, vor allem aber – wie man heute sagt – als Sexualobjekt. Emanzipation war nicht gefragt. Berthold von Regensburg brachte es auf die griffige Formel: »Man suln strîten und frouwen spinnen!« Männer haben zu kämpfen, und Frauen haben sich gefälligst auf das Spinnen zu beschränken.

Ein mittelalterlicher Kinsey-Report liegt uns nicht vor. Die Chronisten – zumeist Mönche oder doch Geistliche – beschäftigten sich, wenn sie es denn überhaupt taten, ausschließlich mit dem Liebesleben des

Adels. Doch selbst aus diesen spärlichen Überlieferungen, so vorsichtig man ihnen gegenüber auch sein muß, und aus dem gesunden Menschenverstand heraus läßt sich ganz leicht eine Folgerung ziehen: Die aufgezwungenen Partnerschaften führten wohl ebenso wie die Kinderehen nur in den seltensten Fällen zu einem harmonischen Sexualleben. Also suchten zumindest die Männer einen Ausweg, der sie im Normalfall ins Hurenhaus führte. Vergewaltigungen dagegen waren seltener, da sie gemeinhin mit dem Tode bestraft wurden. Manchmal hatten sie auch ohne gerichtliche Ahndung für den Täter böse Folgen: Barbarossas Sohn Konrad beispielsweise starb, nachdem ihn eine Frau, der er Gewalt anzutun versuchte, kräftig ins Auge gebissen hatte.

Machtworte der Kirche, die sich das ganze Mittelalter hindurch vergeblich bemühte, den Zölibat der Priester durchzudrücken, nutzten so gut wie überhaupt nichts. So manche Abtei und selbst viele Nonnenklöster unterschieden sich kaum von einem Bordell, und angesichts mangelnder Vorbilder hielt sich auch das gemeine Volk nicht an die Gebote der Geistlichkeit, zumal diese versuchte, selbst auf die engste Intimsphäre der Eheleute Einfluß zu nehmen. So mahnte der oben schon erwähnte Prediger Berthold von Regensburg alle Ehepaare, sich zu den folgenden Zeiten des ehelichen Verkehrs zu enthalten: am Markustag und an den drei Tagen vor Pfingsten, an allen gebotenen Feiertagen sowie in der Nacht davor, während der Schwangerschaft und des Wochenbetts der Frau sowie während der gesamten Fasten- und Adventszeit.

Wenn man das alles zusammenzählt und ferner berücksichtigt, daß die Frauen jener Zeit angesichts des absoluten Mangels an Verhütungsmitteln praktisch jedes Jahr schwanger wurden, hätten Mann und Frau schon eine Josefsehe führen müssen. Was natürlich niemand tat. Kleine Anmerkung am Rande: Der letzte sächsische Kaiser, Heinrich II., und seine Ehefrau Kunigunde führten angeblich eine solche Ehe; unter anderem dafür wurden sie heiliggesprochen, das einzige deutsche Kaiserpaar übrigens, dem eine solche Ehre widerfuhr. Nur – die beiden enthielten sich vermutlich nicht aus Keuschheit, sondern weil es zwischen ihnen – aus welchen Gründen auch immer – einfach nicht klappte. Im übrigen hat dieser (sehr gute) Kaiser die Mutter Kirche, die ihn später so auszeichnete, zu seinen Lebzeiten so kräfig gepiesackt wie kaum ein anderer seiner Vorgänger.

Halten wir fest, daß die frustrierten Ehemänner in ihrem kleinen Dorf, und auch die Städte waren damals ja im Grunde nichts anderes als etwas größere Dörfer, wenig Chancen besaßen, sich außerehelich auszutoben. In den großen Städten allerdings gab es dagegen spätestens im 13. Jahrhundert von der Behörde durchaus legitimierte Hurenhäuser. Die dort arbeitenden Frauen nannte man je nach Landschaft »gemeine Frauen« oder »gemeine Weiber«, manchmal auch »freie Töchter« oder (weil sie ständig aus den Fenstern heraus nach Freiern Ausschau hielten) »Vensterhennen«. Nur im schon immer galanten Wien rief man sie »Hübschlerinnen«. Wenn ein Jüngling sich bei einer dieser Damen erleichterte, sah man das nicht allzu eng. Der Zisterzienser Alain de Lille beispielsweise fragte einen Beichtenden: »War diejenige, mit der du es getrieben hast, schön? Wenn ja, ist eine Milderung der Strafe angezeigt.«

Die alte Frage, ob Dirnen Steuern zu bezahlen hätten, stellte sich Rudolf von Habsburg nicht. Er ließ die Dirnen in Wien an jedem Samstag zwei Pfennig abliefern, was damals natürlich sehr viel mehr Geld war als heute, und verbot ihnen, sich sonntags in der Stadt aufzuhalten. Auch während der Fastentage mußten sie die Stadt meiden, wollten sie nicht Gefahr laufen, daß man ihnen die Nase abschnitt. Außerdem mußten sie sich an strenge Kleiderordnungen halten, damit liebeshungrige Männer nicht aus Versehen eine ehrbare Bürgersfrau belästigten. Im übrigen aber waren die Huren keineswegs verfemt. Wenn irgendwo ein Hoftag abgehalten oder ein Konzil einberufen wurde, strömten sie in Scharen herbei, und niemand nahm Anstoß daran.

Warum auch? Das sogenannte älteste Gewerbe der Welt ist zwar mit Sicherheit nicht das älteste, aber es ist doch uralt, und schon im ehrwürdigen Jericho lebte (mindestens) eine Hure mit Namen Rahab. Sie tut – obschon eine Dirne –, »was dem Herrn gefällt«, indem sie israelische Spione bei sich versteckt. Zum Dank dafür werden sie, ihre Familie und ihr Haus bei der späteren Eroberung der Stadt verschont. Eine Rahab jedoch, und möglicherweise genau diese Rahab, taucht dann im Stammbaum Jesu auf, den Matthäus an den Anfang seines Evangeliums gesetzt hat. Wenn also selbst Jesus eine Dirne in seinem Stammbaum hatte, warum sollten die Menschen im Mittelalter dann soviel Wind wegen der Huren machen?

Huren waren, das empfand man allgemein, angesichts der nun einmal vorhandenen Bedürfnisse der Männer einfach notwendig. Der Dominikanerpater Tolomeo da Lucca, Schüler des heiligen Thomas von Aquin, brachte es in der drastischen Sprache seiner Zeit auf den Punkt: »In der Gesellschaft spielt die Dirne die gleiche Rolle wie die Kloake in einem Palast. Wenn die Kloake nicht da wäre, würde der ganze Palast angesteckt.« Priester durften natürlich nicht ins Bordell, genausowenig verheiratete Männer. Aber es gab unzählige unverheiratete Burschen, die einfach nicht das Geld hatten, eine Familie zu gründen: Handwerker, Studenten, Hilfsarbeiter, Soldaten – ihnen blieb nur das Frauenhaus, denn eine ehrbare Bürgerstochter war für ein Abenteuer nicht zu haben. Man darf allerdings nicht meinen, in einem Hurenhaus sei auf Wunsch und gegen entsprechende Entlohnung alles zu haben gewesen. Wenigstens offiziell nicht. Richtig sittlich ging's da zu, und wir wissen, daß noch im 16. Jahrhundert eine Hure aus Köln einen Rektor aus Düren vor Gericht beschuldigte, er habe von ihr verlangt, auf dem Fußboden mit ihr zu verkehren. Nicht einmal das war also gestattet, von »gewagten« Positionen mal ganz zu schweigen, und auf Anal- und Oralverkehr stand ohnehin die Todesstrafe.

Neben den Dirnen, die in den bekannten Frauenhäusern wohnten, gab es allerdings eine viel größere Zahl »ambulanter« Damen, die von Ort zu Ort zogen und irgendwann immer Gelegenheit fanden, sich einem Heer anzuschließen und diesem mit dem Troß zu folgen. Je größer dieses Heer war, um so größer waren natürlich die Verdienstaussichten, und die größten Heere waren halt die der Kreuzritter. Der Hofchronist Saladins (eigentlich hieß der Sultan Salah ad-Din Jusuf ibn Ajjub) beschreibt anschaulich die Ankunft eines Hurenschiffes, das während des ersten Kreuzzuges in Akkon einlief. 300 schöne fränkische Frauen seien da von Bord gegangen, »um den in der Fremde Weilenden zu helfen; sie hatten sich gerüstet, die Unglücklichen [Kreuzritter] glücklich zu machen«. Und »fest im Fleisch« seien sie gewesen, »gefärbt und bemalt«, also wohl stark geschminkt, aber der gebildete Araber fand auch, daß sie »kokett« und »dümmlich« gewesen seien.

Nun einmal zugange, steigert sich der Chronist in einen Rausch überaus drastischer Details hinein, der jedem eifernden Wanderprediger Ehre gemacht hätte: »... sie betrieben lebhaften Handel mit der

Ausschweifung, vernähten die sich spaltenden Schlitze [wohl um Jung-fräulichkeit vorzutäuschen], tauchten in die Quellen der Zügellosig-keit, schlossen sich ein im Gemach unter dem erregten Zudrang der Männer, boten den Genuß ihrer Ware an, luden die Unzüchtigen zur Umarmung ein, ritten Brust an Kruppe, schenkten ihre Ware den Bedürftigen, brachten die Spangen um die Fesseln nahe an die Ohr-ringe [das ist ja nun wirklich hübsch gesagt], wollten hingestreckt sein auf den Teppich des Liebesspiels.«

Und weiter geht die deftige Schilderung: »Sie waren Ziel der Pfeile, erlaubten alles, was verboten ist, boten sich den Stößen der Lanze dar, erniedrigten sich ihren Freunden. Sie öffneten das Zelt, lösten die Gürtel nach geschlossenem Einverständnis; sie waren der Ort, an dem man Zeltpflöcke einschlägt, sie luden die Schwerter in ihre Scheiden ein, ebneten ihr Land zum Pflanzen, ließen die Speere sich gegen die Schilde erheben, ermunterten die Pflüger zu pflügen, gaben den Schnä-beln zu suchen, gewährten den Hochgemuten Einlaß in die Vorhallen, liefen unter den Sporen derjenigen, die sie ritten ...«* Und so geht das endlos weiter in der blumigen Sprache des Orientalen.

Wenn die Quellen nicht übertreiben, was sie allerdings normaler-weise tun, sollen sich zeitweise um die 30 000 höchst unheilige Frauen im Heiligen Land aufgehalten haben. Viele davon waren Witwen, die auf dem Kreuzzug ihren Mann verloren hatten und sich nicht anders zu ernähren wußten. Aber es gab auch andere christliche Frauen während der Kreuzzüge, zum einen die rechtmäßigen Ehefrauen einiger Adliger sowie ihre Dienerinnen, zum anderen aber auch Amazonen, obwohl Frauen in Waffen von Heerführern nur höchst ungern gesehen wur-den. Immerhin berichtet eine arabische Chronik, daß die Moslems einmal einige von ihnen gefangengenommen hätten, und erst als man sie der Rüstung beraubt habe, seien darunter die weiblichen Formen zum Vorschein gekommen.

Den Amazonen und den anderen adligen Damen war, wenn sie in die Hände des Feindes fielen, kein sehr gnädiges Schicksal beschieden: Da war beispielsweise die schöne, wenn auch nicht mehr taufrische Ida,

---

* Bericht des Imad ad-Din. Zitiert nach: Francesco Gabrielli (Hg.), *Die Kreuzzüge aus arabischer Sicht.* Zürich, München 1973.

Markgräfin von Österreich, eine fromme Dame. Das half ihr aber nichts, als die Truppe, mit der sie reiste, in einem Hinterhalt aufgerieben und sie selbst von den Pferden der Sarazenen totgetrampelt wurde. Höchst unwahrscheinlich ist die Version, wonach sie in einen Harem verschleppt worden sei und dort den späteren türkischen Feldherrn Zengi geboren haben soll. Dazu war sie denn doch wohl schon zu betagt.

Ein ähnliches Schicksal widerfuhr einer Dame, deren Name uns leider nicht überliefert ist, die jedoch ebenfalls von Arabern überfallen wurde, als sie sich – was für ein Leichtsinn in jeglicher Hinsicht – in einem Wald nahe der Stadt Antiochia ausgerechnet mit dem Archidiakon von Metz und einem Würfelspiel vergnügte. Ob nun Würfel oder andere Spiele: Jedenfalls wurde sie, von der man nur weiß, daß sie aus vornehmstem Geschlecht war, von moslemischen Reitern verschleppt und die ganze Nacht über vergewaltigt. Am nächsten Morgen schoß man ihren Kopf ins christliche Lager zurück.

Nicht ganz so schlimm erging es dagegen der Ehefrau des Fulcher von Bouillon. Sie mußte zwar, nachdem sie zusammen mit ihrem Mann in Gefangenschaft geraten war, unglückseligerweise mitansehen, wie man denselben einen Kopf kürzer machte, hatte aber das Glück, daß sich der feindliche Heerführer (wenigstens vorübergehend) in sie verliebte, und landete schließlich in dessen Harem. Immerhin lebend.

Auch andere Frauen machten Schlagzeilen, nicht ganz so blutrünstige, aber zumindest makabre: Da war beispielsweise Agnes von Courtenay, die erste Frau von Amalrich I., der von 1162 bis zu seinem Tod zwölf Jahre später über das Königreich Jerusalem herrschte. Er war fett und hatte Brüste wie eine Frau. Nichtsdestoweniger war er ein Schürzenjäger. Als ihn die Barone drängten, sich von seiner Frau scheiden zu lassen, weil sie eine Kusine dritten Grades sei, brauchte man ihn nicht lange zu überreden, denn Agnes war immerhin schon 39 und somit 14 Jahre älter als der König.

Nach dem Tod des fetten Amalrich wurde sein dreizehnjähriger Sohn Balduin König, aber er hatte Lepra und mußte ein paar Jahre später sein Amt niederlegen. Vorher tauchte allerdings Agnes wieder auf, die inzwischen zwei weitere Ehen hinter sich hatte. Eine alternde und grenzenlos verdorbene Frau, die sich nun mit dem Konstabler von Jerusalem liierte, einem tüchtigen Militär, der sich der lasterhaften Alten jedoch wohl nur bediente, weil sie ihm Macht und Einfluß bieten konnte.

Der an Lepra leidende junge König suchte für seine Schwester Sybilla einen Mann, der einst sein Nachfolger als König werden sollte, und wen suchte seine Mutter Agnes aus? Guido von Lusignan, den Bruder ihres augenblicklichen Geliebten, einen Luftikus, dem es auch gelang, der etwas leichtfertigen Sybilla so schöne Augen zu machen, daß sie ihm ihr Jawort gab. Und noch ehe der Adel begriff, was da hinter den Kulissen ablief, war das Paar auch schon verheiratet und die Macht der Königinmutter nahezu unbeschränkt:

▷ Ihr Bruder Joscelin war einer der Großbeamten des Landes.

▷ Zum Patriarchen von Jerusalem machte sie den Erzbischof Heraklios von Cäsarea, der sich nicht scheute, auch noch als Patriarch ganz offen eine Konkubine zu unterhalten, die Frau eines italienischen Händlers, die in seinem Hause wohnte und vom Volk spöttisch »la Patriarchesse« genannt wurde.

▷ Zu diesen finsteren Gestalten gesellte sich auch noch Rainald von Châtillon, ein Strauchdieb, der zu dieser Zeit Herr von Transjordanien war. Von ihm werden wir noch sehr viel Unschönes hören.

Wahrlich: ein Trio infernal, das sich um die lasterhafte Frau scharte, und dennoch verlor sie letztendlich Macht und Würde. Ihr Sohn Balduin nämlich, von der Lepra zerfressen und nur noch in Riechwasser-getränkte Hemden gehüllt, deren Wohlgeruch den entsetzlichen Gestank des verfaulenden Fleisches wenigstens ein bißchen überlagern sollte, raffte sich – dem Tode nahe – auf und versammelte noch einmal seine Barone um sich. Längst hatte er erkannt, daß der flotte Guido von Lusignan einfach unfähig war, seine Nachfolge anzutreten, und so beschwor er seine Getreuen, nach seinem Tod seinen kleinen Sohn, der allerdings sehr kränklich war, zum König zu machen.

Guido von Lusignan resignierte zunächst und zog sich nach Askalon zurück. Er wurde aber später doch noch König und bewies sein absolutes Untalent, als er das gesamte christliche Heer in die Katastrophe der Schlacht an den Hörnern von Hattim führte, wo Saladin das Kreuzfahreraufgebot vernichtete und den König gefangennahm. Doch ließ er ihn laufen. So unbedeutend erschien der König dem Sultan. Die Spur von Agnes dagegen verliert sich im dunkeln.

Wie man sieht, lebten die Kreuzfahrer und ihre Frauen im Heiligen Land keineswegs so, wie man das eigentlich von Christenmenschen erwarten durfte, die doch immerhin ein rotes Kreuz auf ihrem Gewand trugen. Aber weit weg von daheim und raffinierten Sinnesfreuden ausgesetzt, die sie zu Hause nicht gekannt hatten, zeigten sich nur wenige wirklich gewappnet gegen die förmlich in der Luft liegende Sinnlichkeit. Diese höchstpersönlich kam eines Tages denn auch über das Meer gesegelt, wo sie sich, wie man sich erzählte, sogar den Piraten hingegeben hatte, die sie gegen eine entsprechende Summe von Antiochia nach Jaffa brachten.

Balduin I., König von Jerusalem, hatte jene Arda, die Tochter eines armenischen Häuptlings, nicht nur um ihrer erwiesenen Attraktivität, sondern vor allem ihrer stattlichen Mitgift wegen geheiratet, als er noch Graf in Edessa gewesen war. Daß sich die lüsterne Armenierin jedem Dahergelaufenen hingab, schien den König weiter nicht zu stören. Scheiden ließ er sich erst von ihr, als seine Kasse mal wieder leer war und er sich nach einer anderen Mitgift umschauen mußte. Die fand er auch alsbald, indem er die überaus wohlhabende Witwe des Königs Roger von Sizilien ehelichte. Arda setzte sich indes nach Byzanz ab und nahm ihr gewohntes Liebesleben wieder auf, worin sie auch ihre gesamte Dienerschaft einschloß, wie der Erzbischof von Tyros zürnte. Wen aber wundert's, wo sie doch nicht einmal die Piraten verschmäht hatte.

Den Adel konnte sich – was die Moral angeht – das einfache Volk nun wirklich nicht zum Vorbild erwählen, denn alles, worüber man im alten Europa die Hände rang, war im Heiligen Land an der Tagesordnung. Vor allem der Verkehr mit den moslemischen Töchtern des Landes. Zutiefst entsetzt berichtet ein Chronist, der Minnesänger Wilhelm von Aquitanien sei vom Kreuzzug zurückgekehrt und »suhlt sich jetzt wie ein Schwein in der Schwemme in seinen Lastern«, umgeben von einem ganzen Rudel von Huren, wobei der Chronist leider verschweigt, ob es sich um christliche handelt oder um erbeutete Sarazeninnen. Denn auch das kam durchaus vor.

Jedenfalls nahm die Vermischung zwischen Christen und Sarazeninnen derartige Ausmaße an, daß sich der Templerorden angeblich gezwungen sah, seinen Rittern zu empfehlen, wenn es denn gar nicht anders ginge, sollten sie sich doch wenigstens an christliche Knaben halten. Ob das so stimmt, möchte ich allerdings bezweifeln, denn sexuelle Kontakte unter Männern wurden mit dem Tode bestraft. Damit sind wir bei einem Thema angekommen, über dem ein noch größeres Tabu lag als über dem der sogenannten christlich-heidnischen »Vermischung«: der Homosexualität.

Die Versuchung war naturgemäß groß, und Gelegenheit gab es mehr als genug, denn Heere waren – vom Troß abgesehen – zunächst und vornehmlich Männergemeinschaften, die monate-, manchmal jahrelang zusammenblieben. Man schlief Seite an Seite im gleichen Zelt, und auch das Verhältnis Knappe zu Ritter war ein Abhängigkeitsverhältnis, aus dem sehr rasch ein Verhältnis anderer Art werden konnte. Tatsächlich war zumindest in England die den Germanen vorgeblich völlig unbekannte Homosexualität bereits weit verbreitet, aber auch für Frankreich und Deutschland gibt es entsprechende Hinweise.

Sehr konkret kann man homosexuelle Neigungen bei Richard Löwenherz vermuten, der zum einen ein ohnehin etwas gestörtes Verhältnis zur Weiblichkeit als solcher hatte, andererseits aber selber den Verdacht genährt hat, Beziehungen zu Männern zu unterhalten. Eines Tages nämlich kniete er sich barhaupt und mit nacktem Oberkörper vor einer Kirche in Messina nieder und klagte sich »widernatürlicher Sünden« an. Er hat sie nicht näher bezeichnet, doch aus der Tatsache, daß es in krassem Gegensatz zu nahezu allen anderen Kreuzrittern in seinem Leben keine einzige Romanze, geschweige denn wüste Orgien gegeben hat, läßt sich doch einigermaßen logisch schließen, daß der große Held Männer liebte. Das hatte er übrigens mit den Helden des antiken Griechenland gemeinsam.

Natürlich wird sich jedermann gehütet haben, homosexuelle Neigungen oder gar Akte öffentlich zuzugeben, denn in Gesetzesbüchern, die 1260 in Paris und Orléans entstanden, hieß es klipp und klar: »Wer es zum erstenmal tut, soll die Hoden verlieren; wird er rückfällig, soll man ihm das Glied abschneiden; tut er es zum drittenmal, wird er verbrannt.« Auch an lesbische Handlungen unter Frauen ist gedacht. Bei den ersten beiden Malen wird ein nicht näher bezeichnetes Glied abgeschnitten, und beim drittenmal droht der Frau ebenfalls der Tod auf dem Scheiterhaufen.

Manchmal hat der überführte Sexualtäter auch die Qual der Wahl: Anfang des 11. Jahrhunderts stand in den Ostgebieten des Reiches auf Anstiftung zum Ehebruch die Todesstrafe. Vor der Vollstreckung reichte der Henker dem Delinquenten ein Messer. Er konnte sein Leben noch retten – indem er sich selbst kastrierte. Dabei dürfte der Übeltäter meist noch froh sein, wenn er der staatlichen Gewalt zur Aburteilung übergeben wurde. Die privaten Racheakte waren zumeist wesentlich brutaler. So überraschte 1175 Graf Philipp von Flandern seine Frau Elisabeth in den Armen des Ritters Gautier des Fontaines und ließ den Ehebrecher fesseln, mit Knüppeln schlagen und foltern, um ihn schließlich so lange mit dem Kopf nach unten über einer Kloake aufzuhängen, bis er zuletzt starb.

Von besonders abartigen Variationen des Geschlechtslebens wie Sadismus oder Masochismus (diese Begriffe existierten damals allerdings ebensowenig wie der des Fetischismus) berichten die Quellen nichts, außer von der Sodomie, also der fleischlichen Vereinigung mit Tieren. Gerade diese Verirrung aber ist bei Menschen, die häufig und lange mit Tieren zusammen sind (Hirten!) auch heute noch anzutreffen. Im späten 13. Jahrhundert werden jedenfalls nicht nur Christen, die mit Juden oder Jüdinnen Verkehr hatten, lebendig begraben, sondern auch solche, die sich mit Tieren eingelassen haben.

Die vorderasiatischen Moslems sind da wohl weniger streng gewesen, denn es gibt auf türkischen Kacheln Darstellungen von Hirten, die an die Hinterbeine von Kamelen Sprossen gebunden haben, um sie bequemer besteigen zu können.

Die Kirche entdeckt den »Soldaten Christi«

Konstantin war an allem schuld · Schwerter sollen zu Pflugscharen werden · Krieg als Akt der Güte · Der blinde Doge von Venedig · Byzanz wird ausgelöscht

Die Christen hatten also die heiligen Stätten zurückerobert. Aber um welchen Preis! Jahrhundertelang scheiterten Bemühungen um ein friedliches Zusammenleben zwischen Christen und Mohammedanern an der Erinnerung an das sinnlose Gemetzel nach der Eroberung Jerusalems. Die Kreuzritter späterer Zeiten litten darunter ähnlich wie wir heute unter dem Auschwitz-Syndrom. Der Initiator des ersten Kreuzzugs, Papst Urban II., war übrigens zwei Wochen nach der Eroberung Jerusalems gestorben. Die Kunde von der Einnahme der Stadt hat ihn nicht mehr erreicht. Nachrichten brauchten damals lange.

Auf das Schicksal des Kreuzfahrerstaates, der nun errichtet wurde, näher einzugehen, würde zu weit führen. Er besaß ohnehin keine Zukunft, was zu einem großen Teil, wenn auch nicht ausschließlich, an der Selbstsucht und der Engstirnigkeit der beteiligten Fürsten lag. Es waren wirklich nicht die besten Ritter ihrer Zeit, die dieses Abenteuer gesucht hatten, und die ihnen später nachfolgten, zählten auch nicht gerade zur Elite.

Interessanter ist schon die Frage, wieso Christen sich überhaupt berechtigt fühlen konnten, das Schwert gegen wen auch immer zu ergreifen, und in diesem Fall hatte sie sogar der Papst in seiner Eigenschaft als Stellvertreter Christi auf Erden dazu aufgerufen! Steht denn nicht in der Bibel, daß man seine Feinde lieben müsse? Daß man auch die andere Wange hinhalten solle, wenn man geschlagen wird? Hatten sich nicht gerade die ersten Märtyrer an das Beispiel Christi gehalten, der seinen Jünger Petrus im Garten Gethsemane aufgefordert hatte, das Schwert in die Scheide zurückzustecken?

Dem Sinneswandel innerhalb der christlichen Gemeinde ging paradoxerweise voraus, daß der römische Kaiser Konstantin I. absolute

Religionsfreiheit garantierte und Kaiser Theodosius 392 die junge Kirche gar zur Staatsreligion erhob. Der 106 als Märtyrer hingerichtete Justinus hatte noch den Satz von den Schwertern und Lanzen gepredigt, die in Pflüge und Ackergerät umzuschmelzen seien. Davon war knapp 300 Jahre später nichts mehr zu hören.

In Ostrom hielt man zu dieser Zeit einen Krieg selbst dann für verwerflich, wenn er der reinen Verteidigung diente. Krieg galt ohnedies nur als letztes Mittel, wenn alle anderen versagt hatten. Oströmische Soldaten, die feindliche Heiden im Krieg erschlugen, wurden nicht als Helden gefeiert, und wenn sie fielen, nicht als Märtyrer bezeichnet. Es gab sogar Bestrebungen, aus dem Krieg heimkehrende Soldaten zur Buße ihrer Schreckenstaten für einige Zeit von den Sakramenten auszuschließen.

In der Westkirche dagegen änderten sich die theologischen Überlegungen zum Thema Krieg viel schneller und radikaler, wobei der heilige Augustinus richtungweisend war. Ihm und anderen Kirchenvätern muß allerdings zugestanden werden, daß der Krieg – natürlich nur der gerechte – im Alten Testament geradezu verherrlicht, im Neuen dagegen keineswegs verurteilt, ja nicht einmal erwähnt wird. Zudem hat Christus einen Satz gesagt, den sich rein theoretisch ein jeder auf seine Weise zurechtdeuten kann, wie es ihm gerade in seine Politik paßt: »Ich bin nicht gekommen, den Frieden zu bringen, sondern das Schwert.«

Bleiben wir zunächst einmal bei dieser jungen Kirche, die soeben Staatskirche geworden ist. Früh und fast automatisch lernt sie, ebenso zu denken wie der Staat: Wird dieser angegriffen, so geraten auch die Kirche, ihr Besitz, ihre Priester, ihre Gläubigen, ja der Glaube als solcher in Gefahr. Da kommt einem natürlich recht schnell der Gedanke, daß Notwehr ja wohl erlaubt sein muß. So formuliert denn auch Augustinus, daß ein Krieg, so verdammenswert er im Grunde sei, dann gerechtfertigt ist, wenn er

a) immer den Frieden zum Ziele habe (was durchaus logisch ist, denn nach einem Krieg herrscht immer Friede, und wenn es der Friede eines Friedhofs ist),

b) wenn alles zum Wohle des Gegners gereiche (sprich: Unterwerfung des Ungläubigen, um dessen unsterbliche Seele zu retten).

Auch der heilige Ambrosius erkannte beizeiten, daß keine Sicherheit herrschen könne, wo der Glaube bedroht sei. Der Glaube aber war ständig bedroht. Von Ungarn und Wikingern, von Slawen und Sarazenen. Noch weiter als Augustinus geht Anselm, Berater der Markgräfin Mathilde von Tuszien, die wir von Canossa her kennen. Er lehrt, der Kampf gegen die Bösen (Heiden) sei keine eigentliche Verfolgung derselben, sondern vielmehr ein Akt der Güte und Menschlichkeit, gleichsam eine Äußerung der Liebe. Aus dieser Sicht heraus dürfe die Kirche den Befehl geben zu kämpfen, zu verfolgen und gegebenenfalls auch Beute zu machen.

Und um alle Unklarheiten, was Heiden angeht, zu beseitigen, sagt der heilige Abt Bernhard von Clairvaux: »Man sollte Heiden natürlich ebensowenig töten wie andere Menschen, wenn es denn ein anderes Mittel gibt, ihre Einfälle abzuwehren und sie daran zu hindern, Gläubige zu unterdrücken. Aber es ist besser, sie umzubringen, als die Zuchtrute der Sünder über den Häuptern der Gläubigen schweben und die Gerechten Gefahr laufen zu lassen, daß auch sie ungerecht handeln.«

So schlich sich nach und nach immer mehr militärisches Gedankengut in die Kirche ein, und als Jungen im katholischen Bund Neudeutschland nannten wir uns Knappen und Ritter, bildeten Fähnlein und hielten Thing ab, nannten uns Gaugraf und sangen: »Hilf uns, hie kämpfen, die Feinde dämpfen, St. Michael!«

Solche Haudegen wie der heilige Michael oder der heilige Georg kamen vor allem dem germanischen Denken viel näher als der heilige Joseph, der den Auffassungen unserer Vorfahren auch in anderer Hinsicht weitaus weniger entsprach. Der *Heliand*, eine Bibelversion, die im Auftrag Ludwigs des Frommen speziell für die Bekehrung der Germanen geschrieben wurde, macht aus dem kurzen Satz, daß während der Festnahme Jesu am Ölberg dem Malchus, einem Diener des Hohenpriesters Kaiphas, von Petrus ein Ohr abgehackt wurde, gleich eine ganze Geschichte. Eine Gruppe von Getreuen, die ihren Herrn feige im Stich lassen – das wäre schlichtweg undenkbar. Das mußte zumindest mit dem kurzen Zornesausbruch des Petrus kaschiert werden.

Wer die Germanen missionieren wollte, mußte ihnen zunächst

einmal imponieren. Um es noch krasser zu formulieren: Er mußte ihnen Furcht einflößen. Furcht vor dem Gott, der größer sein mußte als ihre eigenen Götter. Allein um dies zu beweisen, fällt Bonifatius die Eiche des Wotan. Trotzdem gilt zu diesem Zeitpunkt noch nicht die Alternative Taufe oder Tod. Noch kommen die Missionare mit der Bibel und nicht mit Bataillonen. Doch die Zeit der Unschuld ist dem Ende nahe. Schon Karl der Große versucht wenig später, wie wir gesehen haben, die Bekehrung von Sachsen und Slawen mit Feuer und Schwert zu erzwingen.

Im 9. Jahrhundert ziehen dann bereits Päpste an der Spitze ihrer Truppen in Italien gegen sarazenische Piraten ins Feld und versprechen allen, die in diesem Feldzug fallen würden, einen gesicherten Platz im Himmel. Ähnliche Verheißungen, wie sie heute von islamischen Fundamentalisten arabischen Soldaten im »Heiligen Krieg« gemacht werden, stoßen uns mit Recht höchst unangenehm auf.

Im 11. Jahrhundert begegnen wir zum erstenmal dem Begriff »Soldat Christi«, und als schließlich der Papst die Ritterschaft zum Kreuzzug gegen die Sarazenen ruft, da ist der Boden bereits sehr gut vorbereitet, und die Saat geht überreichlich auf. Nur – was diese »Soldaten Christi« im Namen Gottes dann veranstalteten, war zuweilen so abscheulich, daß man sich wundern muß, daß kaum einer von ihnen vor Scham so rot wurde wie die Kreuze auf ihren Kleidern.

Wie sehr der Begriff vom »Heiligen Krieg« im Laufe der nächsten Jahrhunderte pervertierte, beweist am eindrucksvollsten der vierte Kreuzzug, zu dem Papst Innozenz III. im Jahre 1198 aufgerufen hatte. Die europäischen Könige nahmen daran nicht teil, weil sie sich gerade über andere und, wie sie meinten, wichtigere Dinge stritten. Aber es waren genug Adlige kreuzzugswillig. Der Erfolg des Unternehmens hing jedoch im Grunde von Venedig ab, der nach Byzanz reichsten und mächtigsten Stadt jener Zeit. Da sich mächtige Nachbarn bekanntlich nicht vertragen, erbot sich die Lagunenstadt, das Kreuzfahrerheer mit Hilfe seiner Flotte ins Heilige Land zu transportieren, wofür der Doge allerdings sehr viel Geld verlangte.

Für rund 35 000 Kreuzfahrer sollten 34 000 Mark bezahlt werden. Aber nur 10 000 Kreuzfahrer trafen zum verabredeten Zeitpunkt in Venedig ein, weil der Rest – zerstritten wie immer – einen anderen Weg gewählt hatte. Da der (blinde) Doge von Venedig, Enrico Dandolo, einerseits auf den vereinbarten 34 000 Mark bestand, die Kreuzfahrer andererseits diese Summe auf gar keinen Fall aufbringen konnten, machte er ihnen einen ebenso genialen wie gewissenlosen Vorschlag: Sie sollten statt des fehlenden Geldes ihm die von Venedig abgefallene (christliche!) Stadt Zara an der dalmatinischen Küste zurückerobern.

Große Empörung bei den Kreuzfahrern. Einige waren zwar dafür, andere hielten es dagegen für eine Todsünde, unter dem Zeichen des Kreuzes eine christliche Stadt zu berennen, und reisten sofort nach Hause zurück. Die Opposition konnte sich allerdings durchsetzen, und Zara wurde erobert. Dann schlug man das Winterquartier auf. Dort erschien plötzlich ein Gesandter des deutschen Königs Philipp von Schwaben und des byzantinischen Thronanwärters Alexios IV. Angelos, dessen Schwester Irene mit dem deutschen König verheiratet war. Alexios hatte aus Byzanz fliehen müssen, wollte aber auf die ihm zustehende Krone nicht verzichten. Da entsann sich der deutsche König des bei Zara lagernden Kreuzritterheeres und beschloß, seinem Schwager einen Gefallen zu erweisen. Er ließ die Kreuzfahrer auffordern, dem rechtmäßigen Kaiser von Byzanz wieder auf den Thron zu helfen.

Das gleiche Geschrei wie vor Zara. Christen gegen Christen! Als ob das so einfach ginge! Aber nun gab es ja noch den schlauen Dogen von Venedig, der an einer Schwächung des übermächtigen Byzanz größtes Interesse hatte. Mit Versprechungen auf reiche Beute einerseits und mit der massiven Drohung andererseits, die venezianische Flotte abzuziehen, wurden die Kreuzfahrer nach Byzanz gelockt oder auch gezwungen. Wobei es nicht die geringste Rolle spielt, daß sich die Gelehrten noch heute darüber streiten, ob es nun der deutsche König oder der Doge von Venedig war, der seine Hand da am wirksamsten im Spiel hatte. Tatsache ist, daß die schönste und mächtigste, eleganteste und reichste Stadt der damaligen Welt in jener Zeit von einem Kreuzfahrerheer erobert wurde.

Nun ist Erobern eine Sache, Vernichten eine andere. Eigentlich sollte auch nur ordnungsgemäß geplündert werden, doch an diesem 13. April des Jahres 1204 bricht über Byzanz die Hölle herein. Die ach so frommen Kreuzritter brennen, morden, schänden, plündern, als wären sie plötzlich von Sinnen gekommen. Sie stehen doch immerhin Christenmenschen gegenüber, aber sie vergewaltigen und verstümmeln die Nonnen, berauben die Kirchen, verbrennen die Bibliotheken und setzen eine besoffene Hure auf den Thron des Patriarchen in der Hagia Sophia. Die Spuren dieser vielleicht schändlichsten Tat des ganzen Mittelalters kann man im heutigen Istanbul noch immer erkennen. Solche Narben verschwinden nie.

Nach drei Tagen verfinstert sich der Mond, als könne auch er nicht mehr mitansehen, was da geschieht, wie eine solche Stadt innerhalb weniger Stunden in einen qualmenden Schutthaufen verwandelt wird. Die Eroberung und Plünderung von Byzanz, die Schiller in seiner Eigenschaft als Historiker einen »Rückfall der Europäer in die vorige Wildnis« nannte, hatte – so zynisch das klingen mag – zumindest den einen Vorteil: Die riesige Beute blieb im Abendland. Ein paar Jahrhunderte später wäre sie den Türken in die Hände gefallen. Und noch eines: Die mörderischen Heerscharen hatten zwar eine strahlende Kultur vernichtet, aber sie brachten auch etwas mit zurück ins alte Europa, was bislang dort unbekannt war: die Zivilisation.

Noch ein Kuriosum am Rande: Nach dem Fall von Byzanz machte Pietro Ziani, Nachfolger des vermutlich an einem Leistenbruch gestorbenen Dogen Enrico Dandolo, den Vorschlag, Venedig nach Byzanz zu verlegen, weil dessen Lage strategisch ungleich günstiger sei als die der ständig von Land und Meer her gefährdeten Lagunenstadt. Im Großen Rat von Venedig wurde sein Vorschlag mit nur einer Stimme Mehrheit abgelehnt. Es hätte nicht viel gefehlt, und die Stadt der Gondeln würde heute nicht mehr existieren.

Der Sarazene Arim ed-Benlik wird auf einen Halunken angesetzt

Augenzeugenbericht: *arabische Verhörmethoden · Rainald der Raubritter · 16 Jahre im Kerker · Angriff auf Mekka und Medina · Kampf um Kerak · Hochzeitsnacht unter Artillerie-Beschuß · Die Hörner von Hattim · Das blutige Ende · Die Affäre Rainald von Châtillon in Zahlen*

Ich bin Arim ed-Benlik, ein erfahrener Krieger und Anführer einer berittenen Elitetruppe. Ich diene dem Sultan Saladin, Gott schütze ihn, habe aber auch schon unter dem mächtigen Fürsten Nur ed-Din gekämpft. Als junger Mann bin ich mit Saladin unter dem Kommando des Feldherren Schirkuh, eines Kurden, geritten, der Onkel des jetzigen Sultans war. Wie Sie sehen, bin ich herumgekommen, und deshalb hat Saladin mir und meinen Kamelreitern auch einen Spezialauftrag erteilt: Ich soll einen gewissen Rainald von Châtillon festnehmen, und zwar lebend, denn der Sultan hat beim Barte des Propheten geschworen, ihn eigenhändig umzubringen.

Dieser Befehl ist zwar schon einige Monate alt, aber schließlich kann man einen Mann nicht mit Kamelen aus einer Burg herausholen. Jetzt ist die Möglichkeit gegeben, denn eine Schlacht steht bevor, und wir haben nur die eine Sorge, daß der fränkische Ritter aus Versehen in einen Pfeil hineinreitet, bevor wir ihn uns schnappen können. Natürlich habe ich mich über diesen Mann erkundigt, teils aus taktischen Überlegungen heraus, weil man sich über einen Feind ja tunlichst im Detail informieren sollte, zum Teil aber auch aus Neugierde, weil ich wissen wollte, warum der Sultan überhaupt diesen Ritter und dazu unbedingt lebend haben wollte.

Ich gebe zu, daß man bei Verhören nicht gerade zimperlich mit Gefangenen umgeht. Das beste Mittel, sie zum Reden zu bringen, ist in der Wüste immer noch, sie – an vier Pflöcke gefesselt – einen Tag nackt in die Sonne zu legen. Wenn man es nicht allzu eilig hat. Ich habe Christen erlebt, die schon beim Ausziehen ihrer Kleider zu wimmern begannen und mehr erzählten, als man eigentlich wissen wollte. Andere aber, auch das muß man einräumen, haben diese und ganz andere

Foltern stumm ertragen, und bis zu ihrem qualvollen Tod kam kein Wort über ihre Lippen.

Merkwürdigerweise brauchten wir indes keinerlei Druck auszuüben, wenn wir Gefangene über besagten Ritter Rainald ausfragten. Sehr beliebt scheint er nun wirklich nicht zu sein, aber das werden Sie vermutlich selbst nachvollziehen können, sobald ich Ihnen seine (bisherige) Lebensgeschichte erzählt habe.

Wie ich so nach und nach erfuhr, stammt er aus bescheidenen Verhältnissen in einer Landschaft weit im Westen des Frankenreiches, von der ich noch nie habe reden hören und die von den Christen Anjou genannt wird. Er soll – aus europäischer Sicht natürlich – ganz ordentlich aussehen, blonde Haare haben (aber das haben die meisten) und ein großer Frauenheld sein. Auf jeden Fall besaß er weder Geld noch ein eigenes Heer, und deshalb waren selbst die Franken erstaunt, als es ihm gelang, Konstanze, die Witwe des mächtigen Normannenkönigs Bohemund, zu umgarnen und sogar zu heiraten.

Die Frau war immerhin die Tochter des Königs der Westfranken und hatte schon vier Kinder. So etwas Abgelegtes heiratet normalerweise kein junger Mann, es sei denn, er hat andere Absichten, als sich im Bett zu vergnügen. Bei uns nimmt man sich ein unberührtes Mädchen, aber bei den Christen ist sowieso vieles merkwürdig. Doch da die schon etwas ältliche Witwe nicht nur die Fürstin von Antiochia, sondern zudem auch die Kusine des Balduin war, der sich zu Unrecht König von Jerusalem nannte, kann ich mir gut vorstellen, was jenen Ritter zu dieser Heirat veranlaßt hat.

Die Verbindung wurde nicht nur von den meisten Kreuzrittern mißbilligt, sondern auch vom Kaiser in Byzanz, der Konstanze eigentlich mit seinem ebenfalls verwitweten Schwager hatte verheiraten wollen. Schließlich liegt Antiochia in Syrien, und der Kaiser hätte gern einen Freund auf dem so nahe gelegenen Thron gewußt, aber besagter Konstanze war das völlig gleichgültig, und nun war Rainald von Châtillon Fürst von Antiochia.

Seine erste Amtshandlung bestand darin, daß er dem Patriarchen (so nennen sich bei den Christen hier die Kirchenfürsten) den Kopf mit Honig einschmieren ließ und ihn so der Sonne und allen möglichen Insekten aussetzte, nur weil dieser ihm einmal zu widersprechen gewagt hatte. Da mußte sich schon der sogenannte König von Jerusalem, der Franke Balduin, mächtig ins Zeug legen, um diesem Unfug ein Ende zu bereiten. Der Patriarch jedenfalls floh nach Jerusalem, was ihm wohl ein jeder nachfühlen kann.

Ich erwähnte schon, daß der Kaiser von Byzanz einigermaßen unwirsch war über die abgelehnte Brautwerbung seines Schwagers durch die Witwe Konstanze, aber andererseits konnte er den Raufbold Rainald gut gebrauchen. Er versprach ihm eine Menge Geld, wenn er ihm im Kampf gegen die Armenier helfe. Geschäfte dieser Art entsprachen durchaus den Vorstellungen dieses Franken, und so vertrieb er die armenischen Fürsten, mußte dann aber feststellen, daß das Wort des Kaisers wenig galt. Um deutlicher zu werden: Der Kaiser rückte den versprochenen Lohn nicht heraus, und Rainald war nicht der Mann, der sich sein Recht auf dem Prozeßweg zu holen gedachte.

Ein Raubritter wie er nahm sich selber, was er brauchte. Also segelte er mit etlichen Kriegsschiffen nach der Insel Zypern, die dem Kaiser gehörte, und dort holte er sich, was jener ihm vorenthalten hatte. Drei Wochen lang terrorisierte er mit seinen Männern die Insel, mordete, vergewaltigte, und letztendlich zog er mit so viel Beute ab, daß seine Schiffe zu sinken drohten. So schafft man sich natürlich Feinde, und der sogenannte König von Jerusalem und Manuel, der Kaiser von Byzanz, machten nun gemeinsam Front gegen ihn. Das Bündnis wurde besiegelt mit der Heirat zwischen Balduin und der erst dreizehnjährigen Tochter des Kaisers.

Hätte sich nun der Ritter nach Kräften zur Wehr gesetzt, hätte er bis zum letzten Atemzug gekämpft, ja, hätte er sich mit der riesigen Beute auf seinem Schiff aus dem Staub gemacht, um irgendwo anders sein Glück zu suchen – all das hätte ich verstehen können, aber dieser Mann, was sage ich: dieser Wurm zog dem kaiserlichen Heer entgegen, warf sich Manuel zu Füßen und nahm jede Demütigung auf sich, nur um seinen Hals zu retten. Da habe ich allerdings, Wahrheit muß Wahrheit bleiben, ganz andere Kreuzritter kennengelernt. Man sagt, daß dieser Rainald so laut und so lange um Gnade gewinselt habe, daß den Umstehenden ganz übel davon geworden sei.

Sein weinerliches Gezeter aber hatte Erfolg. Die »Bestrafung« bestand lediglich darin, daß er die Zitadelle von Antiochia den kaiserlichen Truppen übergeben, wieder einen Patriarchen zulassen und Soldaten für das kaiserliche Heer abstellen mußte. Das war ja wohl eine geradezu lächerliche Sühne. Da dieser merkwürdige Franke jedoch offensichtlich nicht in der Lage war, irgend etwas zu begreifen, ging er erneut auf Raubzüge im Tal des Euphrats aus, und dabei nahm ihn dann der Fürst Nur ed-Din eines gottgesegneten Tages gefangen und sperrte ihn in einen Turm, in dem er die nächsten 16 Jahre zubringen sollte. In diesem Verließ in Aleppo leistete ihm übrigens ein anderer Franke Gesellschaft, der sogenannte Titulargraf von Edessa, ein gewisser Joscelin, dem die Unsrigen – warum auch immer – die Augen ausgestochen hatten.

In den langen Jahren, in denen Rainald eingekerkert war, tat sich mancherlei. In Jerusalem wechselten die christlichen Könige ziemlich schnell. Mein Herr Nur ed-Din starb, und Saladin wurde Herrscher über Syrien und Ägypten, so daß die Christen letztendlich von allen Seiten eingekreist waren. Ihr König hieß nun Guido von Lusignan und war ein Schwächling, an dessen Seite urplötzlich wieder der Ritter Rainald aufkreuzte. 16 Jahre Kerker sind eine lange Zeit, und ein Wüstenkrieger würde sie wohl kaum überleben, aber dieser Franke tauchte mit einem Schlag wieder auf, als sei überhaupt nichts gewesen.

Es wird mir auch ein Rätsel bleiben, wie er es anstellte, sofort die Witwe des Ritters Miles von Pancy zu heiraten, der seinerzeit das Gebiet östlich des Jordans beherrschte und auf sehr geheimnisvolle Weise ums Leben gekommen war. Jedenfalls nahm die Witwe diesen Rainald zum Mann, obwohl der doch, wie ich schon sagte, weder über Geld noch über Anhang verfügte, sondern nur über einen schlechten Ruf und vermutlich die Gabe, alternde Damen zu verwöhnen, die sich einsam fühlten. Nun saß er also auf der Festung Kerak, und zusammen mit seiner Frau, der Königinmutter Agnes und ein paar anderen verkommenen Figuren machte er sich daran, die sogenannten »alten Familien« zu verdrängen, die schon mit den ersten Kreuzritterheeren über das Meer gekommen waren.

Diese ständigen Zankereien unter den Christen konnten Saladin natürlich nur recht sein, denn sein Ziel war klar: Er wollte Jerusalem zurückerobern und den Kreuzritterstaat zerschlagen. Der verstorbene Nur ed-Din hatte eine Kanzel für die al-Aksa-Moschee in Auftrag gegeben, und obwohl sich Saladin und Nur ed-Din am Schluß spinnefeind gewesen waren, wartete Saladin nur auf den Augenblick, wo er diese Kanzel auf dem heiligen Berg in Jerusalem würde aufstellen können. Zunächst aber brauchte er noch eine Zeitlang Ruhe, darum vereinbarte er mit den Christen einen Waffenstillstand, den diese auch einhielten, mit einer Ausnahme:

Rainald unternahm den wahnwitzigen Versuch, von seiner Burg Kerak aus unsere heiligen Städte Mekka und Medina zu zerstören und die Kaaba, wie er sagte, »ins Meer zu werfen«. Im Libanongebirge ließ er Zedern schlagen und baute Schiffe, aber die wurden von unseren Leuten im Roten Meer abgefangen. Saladin schäumte vor Wut. Er zog mit seinem Heer vor die Festung Kerak, wo der Schurke saß, der versprochen hatte, die Gebeine des Propheten auf den Straßen von Jerusalem zu zerstreuen.

Als unser Herr vor Kerak eintraf, einem Dorf, das von der nahezu uneinnehmbaren Festung überragt wurde, feierte man soeben die Hochzeit von Rainalds Stiefsohn Oufroy mit Isabella, der Tochter des sogenannten Königs von Jerusalem. Ein einziger Weg verbindet Dorf und Burg, und um ein Haar hätten wir die Festung im Handstreich genommen, aber ein tapferer Ritter verteidigte den Zugang mit wenigen Männern so lange, bis man in der Burg auf die Gefahr aufmerksam wurde und die Zugbrücke hochzog. Der tapfere Ritter hieß Iwein, und er bezahlte seinen Einsatz für den schurkischen Rainald mit seinem Leben. Wir haben ihn sehr bewundert.

Und noch etwas blieb mir in Erinnerung: Die Mutter des Bräutigams schickte aus der umzingelten Burg Hammelfleisch von der Hochzeitstafel ihres Sohnes in das Zelt Saladins und ließ ihn daran erinnern, daß man sich früher schon einmal in Freundschaft begegnet sei. Saladin bedankte sich, indem er sich bei dem Diener, der den Festbraten gebracht hatte, danach erkundigte, in welchem Turm die jungen Leute ihre Hochzeitsnacht verbringen würden. Dieser Turm durfte dann während der Belagerung von uns nicht beschossen werden.

Auf einem anderen Turm jedoch entfachte Rainald ein großes Feuer. Die Entfernung zwischen Kerak und Jerusalem beträgt nur etwa zwei Tagesritte, und tatsächlich wurde das Notsignal in Jerusalem nicht nur gesehen, sondern auch richtig gedeutet. Jedenfalls rückte ein Entsatzheer an, und wir mußten die Belagerung abbrechen. Der Verbrecher war noch einmal davongekommen. Aber als die Christen das Jahr 1187 zählten, überfiel er wieder einmal eine Karawane, die von Damaskus nach Kairo unterwegs war. Die Beute war groß, und wer von der Begleitmannschaft nicht bei dem Scharmützel fiel, wurde in die Sklaverei verschleppt. Unter den Unglücklichen befand sich auch eine Schwester des Sultans.

Saladin forderte Genugtuung, aber Rainald lachte seine Gesandten aus, und der feige Frankenkönig wollte oder konnte den Raubritter auch nicht dazu bewegen, seine Beute und die Gefangenen wieder herauszugeben. Saladins Geduld war zu Ende, zumal er inzwischen über 30 000 Mann unter Waffen hatte, mit denen er nun nach Galiläa einrückte. Plötzlich waren sich die Christen einig, was ihnen nur in Fällen äußerster Gefahr gelang. Auch sie stellten ein Heer auf, aber sie hatten nur 1200 Ritter aufzubieten, der Rest bestand aus Fußvolk und 4000 leichtbewaffneten Reitern.

Die Kreuzritter trafen sich in Nazareth, aus dem der Prophet Jesus stammt, während wir auf Tiberias losmarschierten, das bekanntlich am See Genezareth liegt, und es spielend leicht eroberten. Dann begann das lange Warten: Würden die Christen sich durch das Gebirge wagen? Im Sommer war es da oben die Hölle. Steile, steinige und wasserlose Schluchten, keine Bäume, keine Quellen, kein Schatten. Sie wären ja wahnsinnig, wenn sie das wagen würden, meinten wir alle.

Saladin kannte sie besser. Sie sind wirklich gekommen. Man muß allerdings sagen, daß sie sich nur noch einherschleppten. Schmutzig, hohlwangig, ausgezehrt und völlig am Ende – so sahen wir sie gestern oben an den beiden Bergspitzen auftauchen, die wir die »Hörner von Hattim« nennen. Von da oben aus kann man den See bereits sehen, und der Abstieg ist leicht und bequem. Welch eine Versuchung für Männer, die halb verdurstet sind, einfach den Berg hinunterzustürmen und zu trinken, endlich zu trinken. Aber zwischen ihnen und dem Wasser standen wir, ein wohlversorgtes, geordnetes und ausgeruhtes Heer. Also schlugen die Christen ihr Lager oben bei den Bergspitzen auf, um sich noch einmal auszuruhen, aber sowohl sie als auch wir wußten, wer diese Schlacht gewinnen würde.

Ich mußte die Feder für einen Tag zur Seite legen, denn man kann nicht kämpfen und schreiben zugleich. Über den Hörnern von Hattim kreisen die Geier, und der Geruch des Todes liegt wie ein fauler Teppich über dem Schlachtfeld. Es wird Zeit, daß wir hier wegkommen, denn in der glühenden Sonne setzt der Verwesungsprozeß noch schneller ein als üblich.

In der Nacht, nachdem die Christen ihr Lager aufgeschlagen hatten, zündeten wir das Gestrüpp an, das auf den Hügeln wucherte, und der Wind trieb Feuer und Rauch auf die Zelte der Franken zu. Im Morgengrauen schwärmten unsere berittenen Bogenschützen aus und beschossen das Christenheer aus sicherer Entfernung. Als es Tag geworden war, gab es für die Christen nur noch eine Losung: siegen oder sterben.

Doch zum Siegen fehlten ihnen die Kräfte. Der Franke Raimund von Tripolis, einer ihrer Tapfersten, ritt mit seinen Männern eine selbstmörderische Attacke. Meine Kamelreiter hielten indessen nach Rainald von Châtillon Ausschau, aber er befand sich nicht unter den Angreifern. So öffneten wir eine breite Lücke, und Raimund und seine Ritter preschten unbelästigt hindurch und in die Freiheit. Sie konnten uns sowieso nicht mehr gefährlich werden, und wir waren ganz froh, nicht gegen diesen gewaltigen Haudegen kämpfen zu müssen.

Dann rückte unser Heer vor und drängte die Christen, die vor Durst und Entkräftung kaum noch in der Lage waren, ihre Schilde zu heben, systematisch zurück. Es wurde ein Gemetzel. Ich beeilte mich, mit meinen Leuten in die erste Reihe zu gelangen, und dann sahen wir den Frankenkönig Guido, der sich mit ein paar Rittern, den Berg im Rücken, verzweifelt wehrte. Wir hoben unsere Bögen, ritten dicht heran und forderten sie zur Übergabe auf. Mutlos ließen sie die Waffen sinken. Auch der hochgewachsene Mann, der sich Rainald von Châtillon nannte und den ich anschließend zusammen mit den anderen zwischen unseren Kamelen zum Prunkzelt des Sultans hinunterbrachte.

Saladin wartete bereits auf uns, und als wir unsere Gefangenen in das Zelt stießen, lud er den Christenkönig ein, sich neben ihn zu setzen, und befahl, ihm gekühltes Rosenwasser zu reichen. Als er aber sah, daß der König den Becher weitergab an den verhaßten Rainald, erhob sich der Sultan. Selten habe ich ihn zorniger gesehen. »Dieser von Allah Verfluchte wird nicht mein Wasser trinken«, schrie er. Zu oft habe der

Ritter sein Wort gebrochen, zu verbrecherisch seien seine Taten gewesen, selbst Mekka und Medina habe er zerstören wollen. Und mit einer blitzschnellen Bewegung zog Saladin seinen Säbel und wollte dem Franken den Kopf spalten.

Der aber riß seinen Kopf reaktionsschnell zur Seite, so daß der Säbel tief in seine Schulter drang. Saladins Leibwache war im Nu zur Stelle. Man schnitt dem Schwerverwundeten den Kopf ab und schleifte die Leiche aus dem Zelt. Dem verstörten König schenkte der Sultan großmütig das Leben und auch dem Meister des Templerordens, was ich allerdings nicht verstand, denn allen anderen Tempelrittern ließ Saladin ebenfalls den Kopf abschlagen. Er haßte sie wie die Pest.

Das ist die Geschichte des Rainald von Châtillon, der ein Strauchdieb war und ein meineidiger Wicht, so daß ich zögere, ihn mit den meisten anderen Rittern in einem Atemzug zu nennen. Möge er auf ewig in der Hölle schmoren!

DIE AFFÄRE RAINALD VON CHÂTILLON IN ZAHLEN

1153	Konstanze von Antiochia heiratet Rainald von Châtillon.
1156	Rainald überfällt Zypern.
1160	Rainald gerät in Gefangenschaft.
1174	Tod Nur ed-Dins.
1176	Rainald von Châtillon kommt frei.
1187	Rainald überfällt während eines Waffenstillstands eine Karawane und raubt die Schwester Saladins. Es kommt zur Schlacht bei den Hörnern von Hattim. Rainald von Châtillon wird getötet. Die Niederlage bedeutet zugleich das Ende des Königreichs von Jerusalem.

Die Armbrust kommt in den Kirchenbann

Der lästige Troß · Von Pferden und Gäulen · Kavallerie in der Bronzezeit? ·
Ritter und Rüstung · Mörderische Bogenschützen · Das Desaster von Crécy ·
Die Schlacht der goldenen Sporen

Das Wort »Ritter« löst automatisch die Gedankenverbindung »Rüstung« aus, und in den wenigen erhaltenen oder restaurierten Ritterburgen Deutschlands sieht man sie denn auch: diese merkwürdigen kleinen Rüstungen, die keinen Teil des menschlichen Körpers, nicht einmal den männlichsten des Ritters, unbedeckt und damit ungeschützt ließen. So gerüstet erscheint der Ritter auch in allen herkömmlichen Filmen älterer Machart: ein waffenstarrender Turm aus Eisen, mit eingelegter Lanze heranpreschend, auf einem Gaul, der vorne mit Panzerplatten bedeckt ist und ansonsten, in bunte Tücher gehüllt, außerordentlich dekorativ aussieht.

Das aber ist genauso blödsinnig wie der Sheriff, der aus der Hüfte heraus auf 30 Meter Entfernung einen Cowboy vom Pferd oder gar seinem Kontrahenten den Colt aus der Hand schießt. Man hat zwar seine Lieblingsvorstellungen, aber so simpel waren die Dinge weder im Wilden Westen noch im Mittelalter.

Zwischendurch sollten wir uns im übrigen noch einmal klarmachen, daß wir hier im wesentlichen nur über die Zeit etwa zwischen 800 und 1300 sprechen. Das sind immerhin runde 500 Jahre, und da der Mensch merkwürdigerweise gerade auf dem Gebiet des Totschlagens stets besonders erfinderisch gewesen ist – was sich bis auf den heutigen Tag kaum geändert hat –, tat sich zwischen Karl dem Großen und Rudolf von Habsburg gerade auf dem Gebiet der Rüstung und der Waffen so einiges, wenn auch die Entwicklung nicht ganz so rasant verlief wie in den letzten Jahrzehnten des 20. Jahrhunderts.

Zunächst einmal – und das gilt für den gesamten oben genannten Zeitraum – muß man unterscheiden zwischen den Rittern, dem Fußvolk und dem Troß, also jenem Haufen von Krüppeln und Huren,

Mönchen und Geschäftemachern, Kindern und Kundschaftern. Der Troß war ebenso lästig wie notwendig; er war unbewaffnet und wurde im Notfall rücksichtslos geopfert.

Um 900 herum besaßen die Fußknechte praktisch überhaupt keinen Schutz außer einem leichten Helm. Auch ihre Bewaffnung war höchst anspruchslos: eine primitive Lanze, eine benagelte Holzkeule, eine Streitaxt und ein Kurzschwert oder ein Dolch. Daran änderte sich im Laufe der nächsten Jahrhunderte relativ wenig, denn die Schlacht selbst schlugen eigentlich die Ritter. Das war nicht nur ihr Vorrecht. Das war ihr Beruf. Erst während der Kreuzzüge erkannten die adligen Herren langsam, welche entscheidende Rolle dem Fußvolk zuwuchs, und so erhielten die »Infanteristen« wenigstens ein Lederkoller und zunehmend auch Pfeil und Bogen.

Bei dieser Gelegenheit sollten wir uns daran erinnern, daß Pfeil und Bogen hierzulande relativ junge Waffen sind. Die Kelten und selbst die Germanen hielten nicht viel von einem Gefecht auf Distanz. Sie liebten den Kampf Mann gegen Mann und bevorzugten Hieb- und Stichwaffen wie Schwert und Lanze. Pfeile schwirrten ihnen erstmals aus den Reihen römischer Legionäre entgegen, und die ihrerseits hatten Pfeil und Bogen erst bei ihren Kriegszügen in Kleinasien kennengelernt.

Die Ritter waren, daher kommt schließlich ihr Name, beritten, und weil der Ritter auf Grund seiner Bewaffnung (auch ohne Panzer) ziemlich schwer war, ermüdeten die Gäule rasch. Deshalb führten Troß-knechte für jeden Adligen ein zweites oder gar ein drittes Pferd mit, welches – die Erfahrungen sind zahlreich – zuweilen auch als Fleisch-reserve für den Notfall einkalkuliert war. So betrachtet, waren schwere und massige Pferde sicher geeigneter als die eher feingliedrigen. Andererseits erwies sich alsbald, daß die Pferde der Ritter wegen ihres Gewichtes im Gegensatz zu denen der Sarazenen und Seldschuken viel zu schwerfällig waren.

Trotz aller hartnäckigen Bemühungen ist es den europäischen Adligen nie gelungen, ein Pferd zu züchten, das einerseits kräftig und ausdauernd genug war um einen Panzerreiter über längere Zeit hinweg zu tragen, andererseits schnell genug für eine Attacke in gestreck-tem Galopp oder gar für die Verfolgung Fliehender. Unter dem schwer-gerüsteten Ritter langte es allenfalls zu einem etwas schnelleren Trab, was für den Reiter wiederum eine rechte Qual darstellte. Bei den Rittern des Deutschen Ordens bestand sogar eine besonders harte Strafe darin, eine Stunde lang in voller Ausrüstung kreuz und quer über den Lagerplatz oder um die Ordensburg herum zu traben. Das war offensichtlich ebenso schikanös und schweißtreibend wie das nicht enden wollende »Hinlegen, Aufstehen!« auf preußischen Kasernenhöfen.

Allzu prächtig sollte man sich den Anblick eines solchen Ritters nicht vorstellen. Von dem Normannen Richard, dem Herzog von Capua, ist beispielsweise überliefert, daß dieser ansonsten toll aussehende Bursche am liebsten auf Pferden ritt, die so kleinwüchsig waren, daß seine Füße fast über den Boden schleiften. Vielleicht war der gute Mann nicht schwindelfrei und haßte deshalb hohe Pferde. Doch selbst das Pferd, das den berühmten Bamberger Reiter trägt, würde heutzutage keinen Schönheitspreis gewinnen.

Pferde mußten damals keineswegs schön sein; es reichte, wenn sie ihren Zweck erfüllten, und der war auf einem damaligen Kriegszug halt ein anderer als bei einer Dressurprüfung unserer Tage. Völlig unklar ist übrigens, welches Volk sich erstmals einer Kavallerie bediente. Einen ägyptischen Pharao hoch zu Roß – eine solche Abbildung werden Sie in keinem Tempel finden. Und die Helden im Trojanischen Krieg haben sich – laut Homer – nicht aus dem Sattel heraus bekämpft, wohl aber mittels hochentwickelter Streitwagen. Völker dagegen, die noch keine Streitwagen besaßen, hatten zunächst keine Verwendung für das Pferd.

Dafür nur ein einziges Beispiel: Im Alten Testament wird im Buch Josua berichtet, wie es den Israeliten gelang, die Pferde der Philister zu »lähmen«. Sie schnitten ihnen die Sehnen durch, damit sie nicht mehr vor Kampfwagen gespannt werden konnten. Etwas anderes wußten die Israeliten mit mühsam erbeuteten Pferden offenbar nicht anzufangen. Erst nach und nach schauten sie den Philistern ab, wie man Streitwagen baute, und König Salomon besaß dann schon ein paar tausend davon. Nur eine richtige Kavallerie – die gab es noch lange nicht. Wenigstens wissen wir nichts davon.

Es ist allerdings nur sehr schwer vorstellbar, daß Menschen hochentwickelter Kulturen Pferde ausschließlich zu dem Zweck gezähmt haben sollen, sie vor Streitwagen zu spannen, ohne daß ein einziger auf den Gedanken gekommen wäre, sie auch als Reittiere zu gebrauchen. Sollten sie tatsächlich nur auf Eseln geritten sein?

Die Geschichte des Pferdes muß vielleicht umgeschrieben werden, denn es gab in den letzten Jahren einige interessante Entdeckungen: 1989 fand ein ukrainischer Archäologe 200 Kilometer südlich von Kiew das Skelett eines sieben bis acht Jahre alten Pferdes, das vor rund 6000 Jahren dort bestattet worden war und dessen Zähne verrieten, daß der Hengst bereits ein primitives Zaumzeug getragen haben muß. Da die ersten von Pferden gezogenen Wagen höchstwahrscheinlich erst vor etwa 3500 Jahren in Gebrauch kamen, wird es sich wohl um ein Reittier gehandelt haben. Es ist sogar denkbar, daß Kiew schon 700 Jahre, bevor das erste Rad nachgewiesen werden konnte, eine kämpfende Kavallerie gehabt hat. Möglich ist allerdings auch, daß der Hengst das Zaumzeug trug, um Schlitten oder andere radlose Transportmittel zu ziehen. In Syrien entdeckten amerikanische Archäologen die bislang älteste Darstellung eines gezähmten Pferdes. Die Skulptur ist etwa 4300 Jahre alt. Und in Niederösterreich fanden Ausgräber das Skelett einer Stute, die vor etwa 3500 Jahren gestorben und 20 Jahre alt geworden war. Die Wissenschaftler schlossen daraus, daß das Tier sein Gnadenbrot erhalten habe, sonst wäre es viel früher geschlachtet und gegessen worden. Liebe zum Pferd also schon in der Bronzezeit?

Kehren wir von den Reittieren zurück zum Reiter. In den Jahrhunderten der Kreuzzüge trug der Ritter normalerweise Unterwäsche aus Leinen und darüber Hemd und Hose aus Leder. Das war auch notwendig, weil sonst das beliebte Kettenhemd, das entweder bis zu den Oberschenkeln oder aber bis zu den Füßen reichte, die Haut durchgescheuert hätte. Außerdem waren die Unterschenkel durch Beinschienen geschützt, die der Ritter gleichsam mit »Strapsen« an seinem Gürtel befestigte. Dieser Schutz war unabdingbar, da die Schienbeine der Reiter naturgemäß ein bevorzugtes Ziel des gegnerischen Fußvolks waren. Der Schild des Ritters bestand aus Holz, mit Leder überzogen und in der Regel zusätzlich mit Eisen beschlagen. Er war so schwer, daß man ihn sich mit einem Riemen um den Hals band und mit der Hand dirigierte.

Die rechte Hand führte die Stoßlanze, die nach Möglichkeit aus Buche, Esche oder aus dem Holz eines Apfelbaums hergestellt wurde.

Da auch sie sehr schwer war, wurde sie später mit einem Haken am Harnisch befestigt, weil sonst der Arm zu schnell ermüdete. Auf dem Kopf trug der Ritter eine lederne Haube und erst darüber den Helm, der zuweilen auch einen Nasenschutz aufwies. Zur Zeit der Kreuzzüge gab es dann schon Topfhelme, die tatsächlich Ähnlichkeit mit einem umgestülpten Kochtopf aufwiesen, in den – um wenigstens ein bißchen Sicht zu ermöglichen – Schlitze geschnitten oder Löcher gestanzt wurden. Sehr elegant sahen sie allerdings nicht aus. Die voll mechanisierten Helme mit verstellbarem Visier kamen erst im 14. Jahrhundert auf.

Streitaxt, Morgenstern oder eiserne Keule, ein zweischneidiges Schwert und ein Dolch rundeten die Bewaffnung des Ritters ab. Man kann sich leicht vorstellen, welch schwere Last das Pferd des Ritters zu tragen hatte, und das während einer möglicherweise mehrstündigen Schlacht!

Schon beim Ausbruch der Kreuzritter aus dem belagerten Antiochia haben wir gesehen, daß die christlichen Ritter den Moslems trotz der Schwerfälligkeit ihrer Reiterei in dem Augenblick weit überlegen waren, als sich die Araber törichterweise im Nahkampf stellten. Aber beide Seiten lernten schnell. Die Sarazenen hielten sich von da an in sicherer Entfernung von den Schlachtreihen der Ritter und deckten die schweren Panzerreiter mit Wolken von Pfeilen zu, von denen jeder Krieger etwa 30 in seinem Köcher mit sich führte. Sie zielten mit ihren Bögen auch auf die Pferde, was den Kreuzrittern höchst unritterlich erschien. Doch der Erfolg gab den Moslems recht. Ein Ritter ohne Pferd war naturgemäß nur noch die Hälfte wert.

Der Kampf mit Pfeil und Bogen war – wie wir eben hörten – eine Erfindung der östlichen Reitervölker. Schon die Parther hatten die weit tragenden Waffen gegen die Römer benutzt. Die Hunnen, die Ungarn und schließlich die Araber handhabten den Bogen ebenfalls meisterhaft. Doch die europäischen Reiter waren genauso lernfähig, und es waren die Normannen, die von 1066 an England eroberten und in Pfeil und Bogen eine erste Art von moderner Artillerie entdeckten. Anders als die östlichen Reitervölker benutzten sie allerdings nicht kleine Bögen, sondern entwickelten mannshohe, die eine enorme Durchschlagskraft erzielten. Sofort ist man geneigt, an den legendären Robin Hood zu denken und dessen »fabelhafte« Schießkünste. Auch wenn

Robin ins Reich der Sage gehört: Die englischen Bogenschützen waren durchaus real!

Allerdings erreichte die Kunst des Bogenschießens ihre Blüte erst am Anfang des 14. Jahrhunderts, aber von da an waren die Bögen eine furchtbare Waffe. Sie wurden aus Eibe hergestellt und sollten im Idealfall genauso hoch sein wie der Schütze. Bogenschießen wurde in England quasi über Nacht zum Volkssport, und nur die Besten der Besten nahm der König in sein Heer auf.

Über die im Sinne des Wortes märchenhaften Angaben der Chronisten wurde von den Historikern zunächst nur gelächelt, aber in diesem Jahrhundert haben Experimente bewiesen, daß man den überlieferten Berichten ausnahmsweise wirklich vertrauen kann: Die Quellen berichten, daß die englischen Bogenschützen innerhalb von nur einer Minute sechs Pfeile in ein Ziel schossen, das immerhin 200 Meter entfernt war. Wer konnte das schon glauben? Doch im Jahr 1924 schloß ein Amerikaner eine Wette ab, und er gewann sie. Er hatte 12 Meister im Pistolenschießen zu einem Wettkampf herausgefordert, in dem aus 75 Meter Entfernung auf eine nur 70 Zentimeter große Scheibe geschossen werden sollte.

Der Bogenschütze setzte von 72 Pfeilen 70 ins Ziel, und das war mehr als all seine Gegner mit der Pistole zusammen. Das spricht zwar nicht für die Qualität der damaligen Pistolen, ganz sicher aber für die der englischen Langbögen. Ihre Pfeile konnten – und auch das ist heute erwiesen – auf kurze Entfernung ein 9 Zentimeter dickes Eichenbrett durchschlagen und noch auf 200 Meter Entfernung ein 2,5 Zentimeter dickes. Daß weder Kettenhemden noch Harnische gegen solche Pfeile einen wirksamen Schutz boten, liegt auf der Hand. Eine furchtbare Waffe!

Es waren auch die englischen Langbogenschützen, die 1346 in Frankreich die Schlacht von Crécy entschieden. Die Ritter hatten sich zu diesem Zeitpunkt bereits in jene reitenden Festungen verwandelt, wie man sie heute noch in den Museen bestaunen kann, doch der Durchschlagskraft der englischen Pfeile konnte auch ein noch so solide geschmiedeter französischer Panzer nicht standhalten. Man muß sich das einmal vorstellen: 6000 englische Bogenschützen feuern in einer einzigen Minute jeweils fünf dieser todbringenden Geschosse ab, und zwar mit hoher Zielsicherheit! Innerhalb von nur 60 Sekunden fegen 30 000 Pfeile in das französische Ritterheer. Über den Ausgang einer solchen Schlacht braucht man nicht lange nachzudenken.

Ein mannshoher Bogen hatte allerdings einen großen Nachteil: Der Schütze mußte beim Spannen etwa 50 Kilogramm ziehen und diese 50 Kilo beim Zielen auch gezogen halten. Das geht zwar, aber nicht allzu lange. Deshalb eigneten sich die Bögen zwar für Breitseiten, aber sehr viel weniger für den gezielten Schuß aus dem Hinterhalt, wo der Schütze manchmal minutenlang warten mußte, bis sich sein Opfer die entscheidende Blöße gab. Aus diesem Grund gewann die Armbrust schnell an Beliebtheit, weil sie – einmal gespannt – auf beliebig lange Zeit gefechtsbereit blieb und der Schuß im rechten Augenblick durch einen leichten Abzug ausgelöst werden konnte. Diese »moderne Waffe« galt unter den Rittern zunächst als ehrenrührig, weil sie den Meuchelmord aus einem Versteck heraus ermöglichte, und auf der zweiten Lateransynode von 1139 wurde der Gebrauch der Armbrust sogar mit dem Kirchenbann belegt. Nur gegen Ketzer durfte sie bezeichnenderweise eingesetzt werden.

Bogen und Armbrust versetzten der traditionellen Ritterzeit den Todesstoß, doch schon zuvor hatte sich gezeigt, daß die Ritter, die inzwischen wegen ihrer schweren Rüstung mit einem Kran auf ihr Pferd gehoben werden mußten, von dem Augenblick an völlig wehrlos waren, in dem sie – wie auch immer – von ihrem Gaul herabgezogen wurden. Bereits 1288 in der Schlacht von Worringen fischten die Kölner Bauern sowie das Fußvolk des Herzogs von Brabant und des Grafen von Berg die Ritter des Kölner Erzbischofs mit Pieken von ihren Schlachtrössern, und anschließend stachen die sonst so verachteten Kriegsknechte die wie hilflose Maikäfer auf dem Rücken strampelnden Adligen mit ihren Dolchen ganz und gar unritterlich und rationell ab. Auf ähnliche Weise vernichteten die flandrischen Zünfte die Blüte der französischen Ritterschaft 1302 in der berühmten Schlacht der goldenen Sporen, die die Flamen den getöteten und gefangenen Rittern abnahmen, um sie im Triumph zurück nach Courtrai (flämisch: Kortrijk) zu bringen und dort in der Liebfrauenkirche aufzuhängen.

Eine endgültige Änderung des gesamten Waffensystems erfolgte erst mit der Erfindung des Schießpulvers, aber darauf wollen wir hier nicht mehr eingehen. Die bislang aufgeführten Waffen sind schon schrecklich genug, und nur wer unbedingt zum Grübeln neigt, mag darüber nachdenken, welcher Tod, der durch den Feuerstoß einer Maschinenpistole oder der durch einen Pfeil in den Bauch, gnädiger ist. Ich persönlich glaube nicht, daß die Waffen heutzutage grausamer sind. Sie sind perfektioniert und töten damit sicherer, schneller, aber gerade deshalb auch gnädiger.

Burgvogt Kuno wappnet sich gegen das griechische Feuer

Augenzeugenbericht: *Die neue Burg · Pläne beim Dämmerschoppen · Vom Luxus der Türken · Erkundung im Morgengrauen · Unterirdischer Fluchtweg · Die Falle im Vorhof · Steintreppen gegen Blitzschlag · Der Pulverturm im Abseits*

Ich bin Kuno, Vogt des Grafen Enno, der mit dem Kaiser Friedrich Barbarossa auf der Fahrt ins Heilige Land war und mit Gottes Hilfe unbeschadet nach Hause zurückgekommen ist. Ich habe während der letzten drei Jahre die Familie meines Herrn und die Ehre seiner Frau beschützt, wie er es mir aufgetragen hat, die Steuern eingetrieben und unsere Wehranlage bewacht, von der unser Graf nun plötzlich behauptet, es sei keine Burg, sondern ein finsteres Loch.

Der Heerzug ins Heilige Land, das wenigstens sagte mir mein Herr, war das reine Fiasko, und der Graf hat mir auch erklärt, warum der Kaiser es überhaupt nicht gerne hört, wenn man ihn »Barbarossa« nennt. Die Italiener, die ihm diesen wenig schmeichelhaften Spitznamen gegeben haben, glauben nämlich, daß Männer mit rotem Bart (und genau das bedeutet, »barba rossá«) allesamt Verräter und Spitzbuben sind. Und weil sie sich von Friedrich ungerecht behandelt fühlen, nennen sie ihn so. Kein Wunder, daß er diesen Beinamen nicht hören mag. Doch ich schweife ab.

Der Graf also hat mir vor ein paar Wochen, direkt nach seiner Heimkehr, während eines Dämmerschoppens angekündigt, er werde sich jetzt eine richtige Burg bauen, besser gesagt: Er will sie sich von mir und seinen Leuten bauen lassen. Und seit diesem Abend haben wir eigentlich nichts anderes mehr getan, als über Bauplänen gegrübelt und über die besten Verteidigungsmöglichkeiten diskutiert. Unsere jetzige Burg, die der Graf von heute auf morgen als »Loch« bezeichnet, ist zugegebenermaßen nicht sonderlich komfortabel, aber bislang hat niemand daran Anstoß genommen. Weder unsere Familien noch die Gäste aus der Nachbarschaft, die auf ähnlichen Familiensitzen leben. Nun aber kommt der Herr aus dem Heiligen Land zurück und ist mit nichts mehr zufrieden.

Immerzu erzählt er Geschichten von seiner Pilgerfahrt, was er da drüben bei den Heiden angeblich erlebt hat und was er von dem Luxus gehört hat, der ausgerechnet in den Städten der Türken herrschen soll. Ich lasse mir zwar nichts anmerken, aber was würden Sie denn denken, wenn man Ihnen weiszumachen versuchte, in der Seldschuken-Stadt Bagdad würden zahllose Öllampen in den Straßen die Nacht zum Tag machen? Oder daß eben diese Straßen zweimal am Tag gewaschen und die Abfälle regelmäßig beseitigt werden? Märchen aus 1001 Nacht nenne ich so etwas. Wenn auch nur heimlich.

Die Burg – meint mein Herr auf einmal – ist zu klein, die Mauer zu niedrig, der Turm weder dick noch hoch genug; außerdem sei ihm dauernd kalt, und das Wasser müßten die Mägde unten aus dem Brunnen im Dorf holen. Das stimmt ja alles, das war schon so, als ich geboren wurde. Ausgerechnet bei diesen Heiden hat mein Herr offensichtlich eine Menge außerordentlicher Dinge gesehen, und was er mir erzählt hat, klingt ebenso toll wie verrückt. Aber schließlich ist er der Herr, und ich werde den Teufel tun, seine Erzählungen anzuzweifeln oder seine Pläne zu kritisieren.

Zunächst haben wir überlegt, wo die neue Burg stehen soll. Eigentlich gibt es dafür nur zwei vernünftige Plätze: entweder unten auf der Insel im Fluß oder aber ganz oben auf dem sogenannten Rabenstein, einem großen Granitfelsen, der nach drei Seiten senkrecht abstürzt. Wir erwogen das Für und Wider. Für die Insel sprach zunächst einmal, daß man mit einer Burg im Fluß die Schiffahrt kontrollieren und ganz leicht den fälligen Zoll kassieren könnte. Außerdem war die dringend notwendige Trinkwasserversorgung gesichert, und das Wasser ringsum würde den Bau hoher Mauern überflüssig machen.

Das wenigstens war meine Meinung. Der Graf erklärte mir jedoch, daß uns eine Burg auf der Flußinsel zwar Schutz bot vor dem Überfall streunender Krieger, die auf Beute aus sind, einer langen Belagerung aber würde eine solche Burg keinesfalls standhalten können. Ausreichend Zeit sei nämlich – das habe er während des Feldzugs im Heiligen Land gelernt – meistens vorhanden, wenn man nur den festen Willen habe, eine Burg oder eine Stadt wirklich zu erobern. Man könnte sogar den ganzen Fluß umleiten, und dann säßen wir auf unserer Insel plötzlich ganz schön auf dem trockenen, ohne Gräben, ohne Mauern, und selbst wenn wir Mauern hätten, würde man sie leicht zum Einsturz bringen können, da sie auf weichem Sand errichtet wären.

Wie denn das zugehen solle, fragte ich verständnislos, und mein Herr nahm sich die Zeit, mir geduldig zu erklären, was ein »Mineur« ist. Das Wort kommt aus dem Land der Franken im Westen, und der Graf hat es auf dem Heerzug kennengelernt. Mineure sind Männer, die einen unterirdischen Stollen bis unter die Burg- oder Stadtmauer vortreiben. Unter der Mauer oder einem Turm angekommen, stützen sie die Decke des Stollens mit starken Hölzern und füllen den Hohlraum sodann mit Stroh und Reisig auf, das ganz zum Schluß in Brand gesteckt wird. Wenn alles lichterloh brennt, stürzen auch die Stützbalken ein und zusammen mit ihnen das darüberliegende Gemäuer. So entsteht ein Trümmerhügel, über den hinweg die Burg oder die Stadt leicht gestürmt werden kann.

Sorgfältige und erfahrene Verteidiger sehen sich gegen solche Unterminierungen vor, indem sie Gegenstollen graben, nach Möglichkeit etwas höher gelegen als die Stollen der Angreifer, und wenn sich die Verteidiger dann oberhalb des Angriffsstollens befinden, bohren sie senkrecht ein Loch nach unten und überfluten den Angriffsstollen mit Wasser, so daß die feindlichen Mineure allesamt ersaufen. Es kommt aber auch vor, daß die beiden Stollen unter der Erde direkt aufeinandertreffen, so daß es in totaler Finsternis ein gräßliches Gemetzel gibt.

Die Angreifer allerdings befinden sich meist leicht im Vorteil, und der Graf hat mir erzählt, daß Belagerer ihren Stollen tatsächlich unbemerkt unter die feindliche Festung vorangetrieben hätten, und daß sie dann einen der Verteidiger unter Zusicherung freien Geleites eingeladen hätten, sich die Bescherung anzusehen, um überflüssiges Blutvergießen auf beiden Seiten zu vermeiden. Tatsächlich hätten sich die Verteidiger in solchen Fällen meistens ergeben, denn wenn der Stollen einmal die Mauern und Türme erreicht habe, sei ohnehin nichts mehr dagegen zu unternehmen.

Ich hielt das alles für etwas übertrieben, doch der Graf blieb bei seiner Darstellung, und schließlich glaubte ich ihm, denn letztendlich war er im Gegensatz zu mir in der Welt herumgekommen. Dennoch wagte ich es, ihn an die Wasserversorgung zu erinnern, die ja gerade bei einer längeren Belagerung von größter Bedeutung ist. Auch wies ich ihn darauf hin, daß es selbst bei besten Witterungsbedingungen nicht leicht ist, den Rabenstein zu erklimmen. »Um so besser«, sagte mein Herr, »schließlich ist es sehr viel leichter, Pfeile und Steine nach unten zu schicken als nach oben. Wichtig ist nur die Frage, ob es da oben überhaupt Wasser gibt.« Das wußten wir beide nicht, und auch die Leute im Dorf hatten sich nie dafür interessiert. Warum auch!

So zogen wir beide denn eines schönen Morgens los und erreichten schweißnaß die Felsen, die nach drei Seiten gut 50 Meter tief steil abfallen und nur von einer Seite halbwegs zugänglich sind. Während wir uns von dieser Seite dem kleinen Hochplateau näherten, hörten wir plötzlich ein Plätschern und fanden auch tatsächlich zwischen Fels und Tannen einen kleinen Bach. Als wir seinem Lauf bergaufwärts folgten, stellten wir höchst erfreut fest, daß er einem kleinen Hügel inmitten der Bergkuppe entsprang.

Und noch etwas Bedeutsames entdeckten wir: Zwischen den Felsen gähnte uns ein tiefer, dunkler Spalt entgegen, und als ich einen faustgroßen Stein hineinwarf, dauerte es endlos lange, bis wir einen Aufprall hörten, aber der Stein sprang auch dann noch immer weiter, bis wir schließlich nichts mehr vernehmen konnten. »Das könnte ein sehr nützlicher Notausgang sein«, sagte der Graf, und damit war die Sache für ihn beschlossen. Hier oben würde Ennos neue Burg entstehen. Das Modernste vom Modernen, wie er sich höchst vornehm ausdrückte. Wenige Tage später begann er zu planen, saß ganze Nächte hindurch über groben Entwürfen, während seine Frau auf das wartete, was sie schon seit Jahren entbehrte. Es sah allerdings ganz danach aus, als würde sie sich noch etwas länger gedulden müssen.

Dem Grafen mangelte es weder an Geld noch an Leuten, und dennoch habe ich eigentlich nie verstanden, warum er sich unbedingt eine so starke Burg bauen wollte, aber letztlich ging es mich auch nichts an. Ich war nur der Vogt und nach der Rückkehr des Grafen eigentlich überflüssig geworden. So war ich froh, daß er mich weiter in seinen Diensten behielt und mich losschickte, um mich nach günstig gelegenen Steinbrüchen umzutun, Handwerker zu besorgen und seine Hörigen von den Höfen in der Umgebung für die einfacheren Handlangerdienste anzuwerben.

Zunächst galt es, einen breiten Weg in Serpentinen den Berg hinauf zum Rabenstein anzulegen. Er durfte nicht zu steil sein, mußte andererseits aber breit genug sein, um mit Pferden und schweren Wagen passiert werden zu können. Die dabei geschlagenen Bäume wurden nach Hart- und Weichholz sortiert. Das aus Buchen und Eichen bestehende Hartholz fand Verwendung für tragende Balken und Stützen, das weichere Holz für Verschalungen und Vertäfelungen. Im Wege liegende Felsen wurden mühsam gesprengt und auf das Plateau geschafft; sie sollten später beim Bau der Mauern Verwendung finden. Weiteres Baumaterial gewannen wir, als wir zwischen der Kuppe, auf der die Burg stehen sollte, und der einzigen Stelle, von der aus das Plateau von unten her erreichbar war, einen tiefen Graben aushoben, über den später die Zugbrücke führen sollte. So war das Plateau schon jetzt, ohne eine einzige Mauer, nahezu uneinnehmbar geworden.

Aber eben nur fast! Der Graf erzählte mir von Steinschleudergeschützen, die er selbst im Heiligen Land gesehen hatte und die über eine Entfernung von nahezu 300 Schritten einen Felsbrocken katapultieren konnten. Und zwar nicht nur so ungefähr in die Richtung einer Burg, sondern höchst genau auf eine ganz bestimmte Stelle der Mauer. Er selbst hatte miterlebt, wie nach einer mehrstündigen Beschießung eine fünf Meter breite Bresche in eine dicke Mauer geschossen worden war, und deshalb könnten unsere Befestigungen überhaupt nicht solide genug errichtet werden. Das alles kam mir zunehmend unwahrscheinlicher vor, und manchmal glaubte ich tatsächlich, der Graf sei von einer Art Verfolgungswahn befallen. Solche fürchterlichen Waffen konnte es doch überhaupt nicht geben.

Inzwischen hatte sich der Graf darangemacht, eine detaillierte Zeichnung von seiner »Traumburg« (wie ich sie spöttisch nannte) zu entwerfen, in die alle Erkenntnisse, die er während seines Dienstes im Heer des Kaisers gewonnen hatte, eingeflossen waren. Noch vor dem tiefen Burggraben, den wir eben erst ausgehoben hatten, würde sich eine Art Vorburg erheben, geschützt von zwei schweren Rundtürmen. Dann kam die Zugbrücke, wiederum von zwei Türmen flankiert, zwischen denen ein schweres eisernes Fallgitter aufgehängt war, das mit ungeheurer Wucht niederkrachen würde, sobald man die entsprechenden Seile löste. Dann kam ein etwa 20 Meter langer Vorhof zwischen glatten und hohen Mauern und dahinter ein zweites Fallgitter, dem ersten ganz und gar ähnlich.

Ich fragte meinen Herrn, wozu denn das wiederum gut sein solle, und er erklärte mir, wie man die tapfersten und ungestümsten Krieger des Feindes in eine Falle locken könne. »Die meisten dieser Männer nämlich verwechseln Mut mit Draufgängertum«, sagte er, »und man könnte sich doch sehr gut vorstellen, daß wir einen Ausfall machen, uns dann jedoch zurückziehen und in unserer vorgetäuschten Panik anscheinend vergessen, hinter uns das Fallgitter wieder herunterzulassen. Unsere Feinde – wenigstens die draufgängerischsten unter ihnen – werden uns natürlich in wilder Hetzjagd verfolgen und über die Zugbrücke galoppieren. Während sie aber so schön im Schwung sind, rasseln plötzlich beide Fallgitter herunter, und sie sitzen in der Falle. Wenn sie dann etwas ernüchtert sind, können wir ihnen die Wahl lassen, entweder von den Mauern herab abgeschossen zu werden (man könnte auch brennende Heuhaufen in den Vorhof hinabwerfen, was zweifellos noch unangenehmer wäre als ein schnell tötender Pfeil) oder sich zu ergeben.«

Wenn er so sprach, war mir der Graf nicht gerade sympathisch, aber das schien ihn weiter nicht zu stören. Er brachte mir noch andere Dinge bei, von denen ich bis dahin nichts gewußt hatte, obwohl sie auch bei uns inzwischen beim Bau von Burgen berücksichtigt worden sein sollen. So wird unser Haupttor zum Beispiel unmittelbar hinter dem zweiten Fallgitter liegen, direkt nach einer scharfen Rechtskrümmung des Weges. Allzu eng darf diese Kurve zwar nicht sein, sonst kämen die von Pferden gezogenen Karren nicht um die Ecke und in den Burghof hinein. Aber zu lang gezogen darf sie auch nicht sein, denn dann könnten in die Vorburg eingedrungene Feinde den »Widder« einsetzen, jenen rund zehn Meter langen Holzstamm, der vorn eine eiserne Spitze hat und mit dem man ein starkes Holztor in kurzer Zeit einrammen kann. Er wird an Ketten aufgehängt, und zehn Männer schwingen ihn hin und her. Um eine Ecke herum geht das natürlich nicht, und deshalb ist die enge Krümmung im Vorhof notwendig.

Bislang hatte ich auch nie etwas von diesem »griechischen Feuer« gehört, wie Graf Enno es nennt. Er hat es natürlich auch im Heiligen Land kennengelernt und einen Heidenrespekt davor. Das ist eine

Mischung aus Schwefel, Pech, Harz und anderem Zeug, das mir bis dahin völlig unbekannt war. Es wird ebenfalls mit Schleudermaschinen abgefeuert und kommt bereits brennend in der Stadt oder Burg an. Es brennt sogar im Wasser weiter, und man kann es nur mit einer Mischung aus Essig, Sand und – Verzeihung – Pisse löschen. Deshalb will der Graf auf Mauern und Türmen auch so wenig Holz wie möglich sehen. »Steine brennen nicht einmal im griechischen Feuer«, pflegt er zu sagen.

Am unnachgiebigsten allerdings ist er bei den Treppen. Da darf nun überhaupt kein Holz verwendet werden. Da die Burg hoch oben auf einer Bergkuppe steht, müssen wir ja damit rechnen, daß bei jedem ordentlichen Gewitter einer der Türme vom Blitz getroffen wird. Na gut. Das bißchen Balkenwerk kann ruhig abbrennen, aber daß sich das Feuer über eine Holztreppe nach unten durchfressen könnte – davor haben alle eine panische Angst, ich auch, um ehrlich zu sein. Nur hätte ich nie diese Gefahr erkannt.

Das Wichtigste an einer Burg, soviel habe ich inzwischen begriffen, ist der Bergfried, ein hoher Turm, der ganz allein im Burghof stehen sollte. Am besten direkt über der Quelle. Der Eingang zu diesem Turm liegt nicht etwa auf ebener Erde, sondern möglichst in fünf bis zehn Metern Höhe. So verhindert man, daß der eingedrungene Feind die Tür einrammen kann. Zu der hochgelegenen Pforte führt eine hölzerne Treppe, die man im Katastrophenfall, wenn die gesamte andere Burg bereits gefallen ist, abbrechen oder verbrennen kann. Im Turm selbst befinden sich (meist im Keller) das Verlies, darüber die Provianträume und ganz oben ein paar Wohnzimmer. Vom Dach aus muß man weit ins Land sehen können. Der Bergfried ist das letzte Bollwerk, in dem sich die übriggebliebenen Verteidiger noch sehr lange halten können.

Neben den Bergfried haben wir die Kemenate gebaut. Auch hier liegt der Eingang hoch und ist von außen nur durch eine Holztreppe zu erreichen. Die Kemenate enthält die einzigen heizbaren Räume der Burg, nämlich den Rittersaal, wo aber auch zuweilen das Gesinde sitzen darf, wenn keine Gäste in der Burg sind, und die Schlafkammern. Dann haben wir noch eine kleine Kapelle gebaut, einen Küchenraum und um den Burghof herum die Stuben für die einfachen Soldaten, die Knechte und die Mägde. Ganz am Ende des Plateaus, am weitesten von allen anderen Gebäuden entfernt, steht der Waffenturm, wo auch Pech und Werg, Öl und Schwefel und all das aufbewahrt wird, was im Verteidigungsfall zwar notwendig sein wird, in Friedenszeiten aber höchst gefährlich, weil leicht entzündbar ist.

Der Burghof und die ganze Anlage sind mit kleinen Mauern durchzogen, so daß die Burg notfalls auch Abschnitt für Abschnitt verteidigt werden kann. Alle Wege führen nach links an den Mauern vorbei, damit der Angreifende den Verteidigern stets seine rechte und damit die vom Schild nicht geschützte Schulter zeigen muß. Selbst die Wendeltreppen in den Türmen drehen sich im Uhrzeigersinn. Wer eine solche Treppe hochkommen würde, hätte den Schild in der linken Hand, also gewissermaßen hinter sich, und würde so dem Verteidiger die ungeschützte rechte Schwerthand darbieten. Raffiniert, nicht wahr? Voraussetzung ist natürlich, daß der Angreifer Rechtshänder ist.

Da sieht man mal wieder, was unser Herr von den Heiden gelernt hat. Das gibt er natürlich nicht zu, aber ich weiß genau, daß solche Burgen hier nicht gebaut wurden, bevor unsere Herren nach Jerusalem gezogen sind.

Vier Jahre haben wir inzwischen an unserer Burg gebaut, und ich muß meinem Herrn bescheinigen, daß sie nach menschlichem Ermessen uneinnehmbar geworden ist. Außerdem bietet sie weitaus mehr Bequemlichkeit als unsere alte, wenn man einmal von dem mühseligen Anstieg absieht, den wir allerdings meist zu Pferd bewältigen. Die Kapelle hat richtige Glasfenster, die den Grafen ein Vermögen gekostet haben, das Dach ist mit Schiefer gedeckt und nicht mit Stroh (wegen der Brandgefahr!), der Bergfried und die Kemenate haben jeweils einen Erker für die dringenden Bedürfnisse. Als letzte Sicherheitsmaßnahme haben wir die eingangs erwähnte tiefe Spalte zu einem geheimen Notausgang ausgebaut. Wir brauchten nur ein paar Eisenstücke an bestimmten Stellen anzubringen, und nun kann man recht bequem hinunterklettern, bis man in einem dichten Gestrüpp ans Tageslicht gelangt.

Nun ist alles vollendet. Der Graf hat wieder Zeit für seine Frau, und die wiederum hat inzwischen drei Kinder. Voller Zuversicht warten wir, daß uns ein Feind angreift, aber bislang hat sich noch keiner blicken lassen.

»Und krabbelten wie Käfer durch die Stadt ...«

*Atheisten oder Christen: Wer waren die Sadisten? · Trübe Taten
der Tataren · Scheibenschießen auf Flüchtlinge · Gemetzel vor Akkon und
Tiberias · Die Hölle von Mailand · Die glühende Krone*

V or diesem Kapitel möchte ich alle empfindsamen Leser warnen,
denn im folgenden geht es um eine der schlimmsten Eigenschaften,
durch die sich der Mensch höchst negativ von allen anderen Lebewesen unterscheidet: um die Grausamkeit. Wer also schwächere Nerven hat, sollte vielleicht einige Seiten weiterblättern, und er wird das
vermutlich später noch einmal tun müssen, wenn wir uns mit dem
makabren Gewerbe des Henkers befassen.

Nun ist Grausamkeit keineswegs eine spezifische Eigenart des mittelalterlichen Menschen. Es gab sie in den Arenen der Antike, und sie
lebt in den Folterkellern heutiger Diktaturen fort, aber gerade deshalb
muß man sich mit ihr und ihren Hintergründen beschäftigen, um zu
verstehen, wie ein so aufgeklärter, ja geradezu »moderner« Kaiser wie
beispielsweise Friedrich II. sich zu derartigen Exzessen hat hinreißen
lassen.

Grausamkeiten aller Art werden hauptsächlich begangen von aus-
gesprochenen Sadisten (die es im Mittelalter so gut wie nicht gab), von
Enttäuschten und Gedemütigten (die gab es reichlich), von Herrschern
mit dem Ziel der Abschreckung (einer der häufigsten Gründe) und von
Menschen, die durch die tägliche Begegnung mit Hunger und Tod,
Krankheit und Krüppeln in weit stärkerem Maße abgestumpft waren
als wir (und dazu zählten eigentlich alle Menschen jener Zeit).

Grausamkeit ist keine Frage von Herkunft und Rasse, sie ist weder
von Barbarei noch von Bildung abhängig und schon gar nicht von
Heidentum oder Religion. Gewiß schildern uns die christlichen Chro-
nisten in gräßlichen Farben, wie die Hunnen und die Normannen, die
Ungarn und die Tataren, die Wikinger und die Sarazenen christliche
Jungfrauen geschändet und Missionare zu Tode gefoltert haben. Aber

hier und da meldet sich auch einer von ihnen ganz beklommen zu Wort und vermeldet ähnliches aus dem christlichen Lager, während andere sogar ganz fröhlich und schamlos kundtun, was man mit den bösen Heiden alles angestellt hat.

Bleiben wir zunächst bei den Ungarn, die mit ihren schnellen Pferdchen im 10. Jahrhundert über das ungeeinte und somit recht wehrlose deutsche Land herfallen. Natürlich wissen sie längst, wo es was zu holen gibt. Nicht in den ärmlichen Dörfern, aber auch nicht in den halbwegs befestigten Städten, die sich aus einem Sattel heraus nur schlecht erobern lassen. Nicht einmal die Kaiserpfalzen sind sonderlich lohnend, weil dort keine Schätze gehortet sind und Beute nur dann zu erwarten wäre, wenn der Kaiser dort weilt, aber der hat schließlich zumeist ein größeres Gefolge bei sich, von dem man sich blutige Köpfe holen könnte.

Da halten sich die Ungarn lieber an die Klöster. Dort winkt zwar kein Ruhm, aber dafür ein bescheidener Reichtum. Und natürlich gibt es dort Menschen, die man verschleppen und zu Hause als Sklaven verkaufen kann. So rauben und plündern sie denn munter drauflos und erschlagen (logischerweise) jeden, der sich ihnen in den Weg stellt. Aber sie töten eben nur ihre Feinde; daß diese Christen sind, interessiert die Ungarn nicht. Sie befinden sich auf einem Raubzug und nicht auf einem Kreuzzug.

Mit den Nonnen im Kloster Remiremont treiben sie ihre derben Späße, ohne sie jedoch – wie es sonst ihren Gewohnheiten entspricht – zu vergewaltigen. Sie werfen die armen Frauen einfach in die Mosel. Nur wenige ertrinken. Die Mönche des Athos-Klosters jagen sie nackt aufs Feld hinaus, lassen sie aber ansonsten ungeschoren. Kurzum: Die Ungarn waren nicht weniger schrecklich als andere Kriegsleute jener Zeit, aber auch nicht grausamer.

Die Tataren des Dschingis-Khan, die ein paar Jahrhunderte später kamen, bewiesen dagegen häufig ihre schiere Lust an bestialischen Massakern. Vor der Einnahme Moskaus hatte sich ihnen der Fürst Jurij II. todesmutig entgegengeworfen, aber die 120 000 Tataren fegten sein Heer hinweg, und Batu, Neffe des großen Khans, ließ sich aus der Schädeldecke des getöteten Gegners eine goldgefaßte Trinkschale herstellen. Nicht sonderlich originell übrigens. Das hat er wohl dem

Langobardenkönig Alboin abgeschaut, der sich eine ähnliche Schale aus dem Kopf des Gepidenkönigs Kunimund hatte schnitzen lassen. So weit, so schlimm genug. Aber eines Tages zwang Alboin die Tochter eben dieses Kunimund, die er sich zum Weib genommen hatte, aus diesem makabren Gefäß zu trinken. Rosamunde, so hieß die Dame, nahm übel und band eines Nachts Alboins Schwert an seinem Bett fest, so daß er sich gegen den von seiner Frau gedungenen Mörder nicht wehren konnte und kurzerhand erschlagen wurde. Ob Batu von diesem (nicht gesicherten) Ende des Alboin wußte, als er sich seine Trinkschale machen ließ, wissen wir nicht. Tatsache indes ist, daß sich nicht nur Heiden auf diese oder ähnliche Art verhalten haben. Auch sogenannte Christenmenschen benahmen sich so, daß man die Tiere beleidigte, würde man sie mit ihnen vergleichen.

Jeder Herrscher hat seine Lieblingsfeinde, und was dem Kaiser Karl die Sachsen und dem Kaiser Barbarossa die Lombarden waren, das waren für Otto den Großen die Slawen. Zitat des Chronisten Widukind von Corvey: »Am gleichen Tag noch wurden das Lager der Slawen erobert und viele Menschen getötet oder zu Gefangenen gemacht. Das Morden [wohlgemerkt: nicht die Schlacht!] währte bis in die tiefe Nacht. Am nächsten Morgen wurden der abgeschlagene Kopf des Fürsten Stoinef auf eine Stange gespießt, dem ganzen Heer zur Schau gestellt und ringsum 700 Gefangene enthauptet. Stoinefs Ratgeber wurden die Augen ausgestochen und die Zunge herausgerissen, und so ließ man ihn mitten unter den Enthaupteten liegen, wo er jämmerlich umkam.«

Der christliche Kaiser hatte sich vorsorglich vom Papst bestätigen lassen, daß es ein verdienstvolles Werk sei, möglichst viele Heiden abzuschlachten, und brauchte sein Gewissen deshalb nicht weiter zu bemühen. Er befand sich übrigens auf einem Eroberungsfeldzug und hatte keinerlei Missionierungsabsichten. Ähnlich ging es den Slawen. Auch sie kämpften um Beute, zuweilen nur um ihre Freiheit, aber es handelte sich beileibe nicht um einen Religionskrieg. Das änderte sich allerdings grundlegend, als während der Kreuzzüge Christen und Moslems aufeinanderprallten. Sowohl die europäischen Ritter wie die türkischen Seldschuken glaubten gleichermaßen, im Auftrag »ihres« Gottes zu kämpfen, und in dessen Namen schien alles gestattet. Morden, Brennen, Schänden, Foltern, Hinrichten – alles zu Ehren Gottes.

Man muß sich vor Augen halten, daß Terror und Brutalität zum einen zwar unlösbar und von Urzeiten her mit dem Krieg verbunden sind, andererseits aber auch eine Eigendynamik entwickeln können. Ein Heer, das monatelang durch unwirtliche Gegenden gezogen ist, an Hunger und noch stärker an Durst leidend, von Seuchen geschwächt und in ständiger Todesfurcht lebend, trifft plötzlich auf den Gegner; es kommt zum Nahkampf. Die Krieger steigern sich in einen Blutrausch hinein, der sogar das Ende des unmittelbaren Gefechts noch überdauert. Die Schlacht endet mit einem Abschlachten.

Zum Schluß die Jagd auf die wenigen Feinde, die dem Gemetzel zunächst entkommen konnten. Chronisten berichten, wie Moslems, die in Olivenhaine geflüchtet waren und dort versucht hatten, sich in den Blättern der Bäume zu verstecken, vom christlichen Fußvolk »wie Sperlinge« aus den Ästen geschossen wurden; wie andere Soldaten einen Wald von Feigenbäumen in Brand setzten, so daß alle dort verborgenen Ägypter elendiglich verbrannten.

Massenabschlachtungen wie diese werden auf beiden Seiten verzeichnet. Traurigen Ruhm erwarben sich dabei ausgerechnet zwei Herrscher, die sonst eher für ihre Ritterlichkeit und Zurückhaltung in solchen Dingen bekannt waren: Richard Löwenherz und Sultan Saladin.

Während eines Kreuzzugs hielt Richard in Akkon 3000 moslemische Geiseln fest, die er gegen gefangene Kreuzritter und deren Familien auszutauschen gedachte. Wie üblich wurde von arabischer Seite erst einmal gefeilscht. Lange gefeilscht. Für Richard offensichtlich zu lange, denn in einem Anfall von Jähzorn ließ er alle 3000 Menschen – Männer, Frauen, Kinder und Greise – vor den Toren der Stadt abschlachten.

Der Sultan stand ihm in nichts nach. Nachdem er das Kreuzfahrerheer in der berühmten Schlacht an den Hörnern von Hattim vernichtet hatte, eroberte er auch die Zitadelle von Tiberias. Galant, wie er sein konnte, gewährte er der Gräfin Eschiva und ihrer Begleitung freien Abzug, dann aber bewies er, wie grausam auch ein Saladin sein konnte: Alle christlichen Gefangenen wurden für einen hohen Preis an seine Leute verkauft, die sich damit zugleich das Recht erwarben, »ihren« Gefangenen auf der Stelle niederzumachen.

Der verläßliche Chronist Imad ad-Din schildert die grausige Szene aus arabischer Sicht. Er schreibt, daß nicht nur die im Töten geschulten Krieger ihre Gefangenen enthaupteten, sondern daß auch Bedienstete des Sultans, Berater, Wissenschaftler, Astrologen, Eunuchen und andere Höflinge darauf bestanden, einen eigenen Gefangenen für ihre Privathinrichtung kaufen zu dürfen. Und der Sultan sah zu, wie die Ungeübten stümperhaft auf die Delinquenten losstachen und einschlugen, bis sie endlich tot waren. Die Krieger standen dabei und lachten die ungeschickten Henker aus, und Saladin hatte ebenfalls, wie der arabische Chronist vermeldet, offensichtlich seinen Spaß daran.

Nein – sie standen sich wirklich in nichts nach, die Heiden und die Christen. Allerdings darf man nicht außer acht lassen, daß das Leben und die Strafen damals ungleich härter waren als heute. Barbarische Vergeltungsmaßnahmen gegen Kriminelle sollten jedermann abschrekken, und die Mißachtung der Gesetze wurde bitter gesühnt: Wer einen Eid brach oder Gott lästerte, dem wurde die Zunge herausgerissen; anderen brannte man den Anfangsbuchstaben ihres Verbrechens mit einem glühenden Eisen auf die Stirn. Man blendete und kastrierte, man folterte und vierteilte, und das möglichst in der Öffentlichkeit, damit es auch ein jeder mitbekam.

Wir alle kennen den Begriff »ohnmächtiger Zorn«. Man ist empört, rast vor Wut, aber man kann nichts unternehmen, um sich abzureagieren. Man ist hilflos. Einige Herrscher waren jedoch durchaus nicht hilflos, und zu denen gehörte Kaiser Friedrich, auch Rotbart oder Barbarossa genannt. Er fühlte sich in der Tradition seiner Vorgänger stehend und deshalb verpflichtet, das Heilige Römische Reich Deutscher Nation zusammenzuhalten, und das reichte nun einmal von der Nordsee bis nach Sizilien. Aber es war in seiner Mitte entzweigeschnitten, durch die Alpen einerseits und andererseits durch die Lombardei, das alte Reich der Langobarden im Norden Italiens mit den wehrhaften Städten Mailand, Genua, Padua, Verona und vielen anderen stark befestigten Plätzen.

Die Überquerung der Alpen war schon beschwerlich genug, doch wenn sich dem Kaiser dann auch noch die reichen und stolzen Städte entgegenstellten, die sich (nicht ohne Grund) fragten, warum diese verfluchten Deutschen in unregelmäßigen Abständen durch ihr Land ziehen und entsprechende Spuren hinterlassen mußten, dann konnte einem Kaiser schon die Galle hochkommen, und es ging wirklich nie ohne Zwischenfälle, wenn nicht gar Belagerungen oder Krieg ab.

So zum Beispiel zu Beginn des Jahres 1168. Wieder toben Aufstände in der Lombardei, und der Kaiser zieht sich nach Norden zurück, verfolgt von kleinen Kampftruppen, die den schnell schrumpfenden Heerbann Friedrichs wie hungrige Wölfe umlauern. Um sie abzuschrecken, läßt Barbarossa entlang seiner Rückzugsstraße Geiseln aufknüpfen. Es hilft so gut wie nichts. Im Gegenteil: Es steigert nur noch die Erbitterung der Lombarden. Die Stadt Susa öffnet ihm zwar die Tore und läßt ihn, seine dreiundzwanzigjährige Frau Beatrix und die ihm verbleibenden 30 Ritter hinein – aber nicht mehr hinaus. Man fordert die Freilassung der noch verbliebenen Geiseln.

Der Kaiser rettet sich mit einer List: Der Ritter Hartmann von Siebeneich bleibt – als Kaiser verkleidet – zurück, während Friedrich sich den Kittel eines Knechtes anzieht und mit ein paar Getreuen entflieht. Seine junge Frau läßt er ebenfalls zurück, und wir wollen zu seinen Gunsten annehmen, daß er sie nicht feige im Stich gelassen hat, sondern daß es auf Vorschlag der tapferen Beatrix geschah, die selbstlos die Flucht ihres Gemahls decken wollte. Wie dem auch sei: Als die Stadtväter von Susa am nächsten Tag den Schwindel entdeckten, rächten sie sich keineswegs an den Zurückgebliebenen, sondern ließen sie in Frieden ziehen. Ein wahrhaft edelmütiges Verhalten gegenüber der Frau und den Freunden des Todfeindes.

Und wie dankte Barbarossa später dieser Stadt? Er ließ sie bei nächster Gelegenheit in Flammen aufgehen. Eine barbarische Tat und unwürdig eines christlichen Kaisers. Aber um Friedrichs Grausamkeit auch nur halbwegs verstehen zu können, muß man die Vorgeschichte kennen.

In der Lombardei führen und führten schon immer alle Wege nach Mailand. Diese Stadt war stets der Wortführer des Lombardischen Bundes, aber im Jahre 1158 war Friedrich nicht stark genug, sie zu erobern. Mailand war einmal mehr eidbrüchig geworden. Zur Rede gestellt, erklärten die Stadtväter, sie hätten zwar geschworen, dem Kaiser die Treue zu halten, aber sie hätten keineswegs geschworen, diesen Schwur auch zu halten. Vielleicht versteht man jetzt, daß selbst ein Kaiser »ohnmächtige Wut« verspüren kann. Da sein Heer nicht groß genug war, die Stadt zu belagern, geschweige denn zu erobern, wandte sich Friedrich gegen das nahegelegene, mit Mailand verbündete Städtchen Crema, dessen Einwohner die Wälle mit jenem Mut verteidigten, den nur derjenige aufbringt, der weiß, was ihn im Augenblick der Niederlage erwartet.

Die Deutschen hatten einen riesigen Belagerungsturm an die Stadtmauer herangefahren, und natürlich versuchten die Verteidiger, diesen Turm in Brand zu schießen. Da ließ der Kaiser 20 seiner vornehmsten Geiseln in geflochtene Körbe einsperren und diese Körbe am Belagerungsturm aufhängen. Die Männer von Crema jedoch nahmen keine Rücksicht auf ihre Freunde und Verwandten, ja nicht einmal auf die Kinder, die sich ebenfalls in den Käfigen befanden und weinend nach ihren Eltern riefen. Die standen stumm auf den Mauern und mußten mitansehen, wie die Körbe unentwegt weiter mit Brandpfeilen und Felsbrocken beschossen wurden, so daß alle Geiseln elendiglich umkamen.

Letztendlich fiel Crema doch, und drei Jahre später stand der Kaiser vor Mailand. Diesmal war sein Heer groß genug, aber mehr noch als die Verteidiger von Crema, das aufgehört hatte zu existieren, wußten die Mailänder, daß sie von Friedrich keinerlei Gnade zu erwarten hatten. Um die Stadt herum wuchs im Laufe der Wochen ein Wald von Galgen, an denen Barbarossa die vornehmen Gefangenen aufhängen ließ. Doch die Verteidiger standen dieser Grausamkeit in nichts nach. Sie ließen ihren Gefangenen Hände und Füße abhacken, so daß sie »wie Käfer durch die Stadt krabbelten«. Es war die Hölle. Vergleichbar vielleicht nur mit der Belagerung Jerusalems durch die Römer unter Vespasian und Titus.

In der Stadt wurden langsam die Lebensmittel knapp, aber ebenso wie damals die Römer vor Jerusalem kannte nun auch der Kaiser kein Mitleid. Frauen, die sich aus der Stadt schlichen und sich den Belagerern für eine Mahlzeit hingaben, wurden – wenn man sie denn erwischte – in Hurenhäuser gesteckt. Die Soldaten dagegen, die sich mit ihnen eingelassen hatten, wurden aufs Rad geflochten. Wer sich aus der Stadt davonzustehlen versuchte, um im Lager des Kaisers Lebensmittel zu stehlen, verlor im günstigsten Fall nur die Hand; einmal ließ Friedrich sogar fünf Gefangenen beide Augen ausstechen, einem sech-

16 *(oben)* Sarazenen und Kreuz-
fahrer. Manuskript, 14. Jhdt.
Foto: Hulton Deutsch Collection
Ltd., London

17 *(links)* Die Mauer von Antio-
chia mit ihren zahllosen Türmen.
Foto: Hulton Deutsch Collection
Ltd., London

18 *(rechts)* Auffindung der hl. Lanze. Foto: Hulton Deutsch Collection Ltd., London

19 *(unten)* Diesen Anblick bot Jerusalem den Kreuzfahrern, die sich von Süden her der Stadt näherten. Foto: Hulton Deutsch Collection Ltd., London

20 *(links)* Mehrgeschossiger Belagerungsturm vor der Stadtmauer. Foto: The Mansell Collection, London

21 *(unten)* Die Belagerung und Einnahme Jerusalems, Juni/Juli 1099. Aus: Großer Bildatlas der Kreuzzüge. Freiburg i. Brsg.: Herder 1992

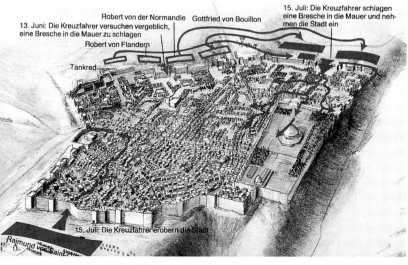

Robert von der Normandie   Gottfried von Bouillon

15. Juli: Die Kreuzfahrer schlagen eine Bresche in die Mauer und nehmen die Stadt ein

13. Juni: Die Kreuzfahrer versuchen vergeblich, eine Bresche in die Mauer zu schlagen

Robert von Flandern

Tankred

15. Juli: Die Kreuzfahrer erobern die Stadt

Raimund von Saint-

22 *(oben)* Englische Bogenschützen. Aus
dem Luttrell Psalter, spätes 13. Jhdt.
(Add 42 130, f.147v). Foto: British Library,
London

23 *(rechts)* Ritterbad im Freien. Aus:
Große Heidelberger Liederhandschrift
»Codex Manesse« (Cod.Pal.Germ.848,
fol.46v). Foto: Universitätsbibliothek
Heidelberg

24 *(rechte Seite oben)* Die Eroberung von
Byzanz während des 4. Kreuzzugs am
13. April 1204. Gemälde von Palma il Gio-
vane (1544–1628). Dogenpalast, Venedig.
Foto: Bildarchiv Preußischer Kulturbesitz,
Berlin

25 *(rechte Seite unten)* Die noch immer im-
ponierenden Reste der Stadtmauern von
Istanbul, dem damaligen Byzanz. Foto:
Bildarchiv Foto Marburg

26 *(oben links)* Foltermethoden und Hinrichtungsarten. Foto: Archiv für Kunst und Geschichte, Berlin

27 *(oben rechts)* Huldigungszeremonie. Buchillustration. Foto: Bibliothèque de la Couronne d'Aragon

28 *(linke Seite unten links)* Rainald von Dassel auf der Rückseite des Dreikönigenschreins im Dom zu Köln. Foto: Matz und Schenk/Dombauarchiv Köln

29 (linke Seite unten rechts) Kaiser Heinrich IV. und sein Sohn und Nachfolger Heinrich V. Aus: »Chronicon universale« des Ekkehard von Aura (Ms.lat. fol.295, Bl.99r). Foto: Staatsbibliothek Preußischer Kulturbesitz, Berlin

30 *(oben)* Krönungsmantel Kaiser Friedrichs II. Foto: Kunsthistorisches Museum, Wien

31 *(links)* Kaiser Karl der Große im Gebet. Reliefbild auf dem Karls-Schrein im Dom zu Aachen. Foto: Ann Münchow, Aachen/Domkapitel Aachen

32   Die Idealform des Kampfes war für einen Ritter der Zweikampf. Darstellung einer Schlacht in einer Handschrift des 12. Jhdts. (Msc.Bibl.59, fol.3r). Foto: Staatsbibliothek Bamberg

sten jedoch nur eines und dazu die Nase abschneiden, damit er die fünf anderen in die Stadt zurückführen konnte.

So reihte sich Grausamkeit an Grausamkeit, bis die Stadt endlich kapitulierte. Hier hatten Christen gegen Christen gekämpft, und wie man sieht, gab es keinerlei Unterschied zu den Kämpfen zwischen Christen und Slawen oder Christen und Sarazenen. Der Kaiser hatte sich zwar durchgesetzt, aber die Hölle von Mailand hat niemand in der Lombardei jemals vergessen, wobei es völlig unerheblich ist, wer damals das Recht auf seiner Seite hatte: der auf heilig beschworene Verträge pochende Kaiser oder aber die freiheitsliebenden, andererseits aber immer wieder eidbrüchigen Mailänder.

Zum Abschluß dieses grausigen Kapitels noch zwei Beispiele, wie deutsche Kaiser Verrat bestraften: Als der Staufer Friedrich II. von seinem Kreuzzug zurückkehrte, befand sich sein Land im Chaos. Der Papst hatte das Gerücht verbreiten lassen, der Kaiser sei gefallen, und dem ohnehin Gebannten brauche nun niemand mehr Gehorsam entgegenzubringen. Die Stadt Gaeta südlich von Rom ging als erste zu den Päpstlichen über. Aber Friedrich lebte und sagte den Sarazenen, die in seinen Diensten standen, höchst präzise, wie sie mit der Stadt und ihren Einwohnern zu verfahren hätten: »Weinberge und Obstgärten sollt Ihr zerstören. Nach Einnahme der Stadt werdet Ihr den Angehörigen der höheren Stände und des Adels die Augen ausbrennen, die Nasen abschneiden und sie sodann nackt aus der Stadt peitschen. Auch den Frauen schneidet die Nasen ab, laßt sie dann aber unbehelligt abziehen, damit sie ihre Schande verkünden. Die Jünglinge werden kastriert. Außer Kirchen und Pfarrhäusern sollt Ihr alle Häuser, Türme und Mauern vernichten, auf daß die Kunde von diesem Strafgericht sich über den Erdball verbreite und jeder Verräter bis ins Mark erbebe.«

Ein furchtbarer Befehl, den die Sarazenen auch wortgetreu ausführten. Ein noch stärkeres Haß- und Rachegefühl muß etliche Jahre vorher den finsteren Heinrich VI., den Vater Friedrichs II., befallen haben, als er erfuhr, daß in Sizilien ein Aufstand gegen ihn losgebrochen sei. In Palermo ließ er die Aufrührer hinrichten. Seine Frau, die er (vielleicht mit einigem Recht) der Mitwisserschaft verdächtigte, mußte von der Tribüne her mitansehen, wie die Rädelsführer zersägt und gepfählt wurden, wie man sie als Fackeln benutzte oder lebendig begrub. Einen

Grafen hängte man an den Füßen auf, und als er nach zwei Tagen noch immer lebte, durfte ihm der Hofnarr einen Stein an die herausgequollene Zunge binden. Für den Anführer der Revolte hatte sich der Kaiser noch etwas Besonderes ausgedacht: »Du wolltest eine Krone haben«, sagte Heinrich zu ihm, »du sollst eine bekommen!« Eine Krone aus Eisen wurde im Feuer rotglühend gemacht und dem Unglückseligen mit Nägeln in den Kopf getrieben.

Aus diesem Holz sind die Kaiser gemacht, zu deren Lebzeiten und mit deren Unterstützung unsere herrlichen romanischen Dome entstanden sind, diese Symbole eines Glaubens, der noch immer tief im Barbarischen verwurzelt war, und einer Religion, die im deutschen Sprachgebiet ihr höchstes Fest – das der Auferstehung Christi – wie selbstverständlich nach der sächsischen Göttin Ostera benannte.

Saladins Sekretär und der Sklavenhandel

Augenzeugenbericht: *Feilschen vor Jerusalem · Das Los der
Gefangenen · Verdun: Drehscheibe des Sklavenhandels · Die Gespielin des
Prinzen · Wertvolle Eunuchen*

Ich bin Imad ed-Din al Katib al-Isfahani, Sekretär und Geheimschrei-
ber des großen Sultans Saladin, der soeben Jerusalem erobert und die
bedingungslose Kapitulation der Stadt gefordert hat. Daß er wirklich
damit gerechnet hat, daß sich die Franken so mir nichts, dir nichts
ergeben würden, kann ich mir nicht vorstellen. Dafür kennt er sie
schließlich lange genug.

Jedenfalls erschien der edle Balian von Ibelim in unserem Lager. Er
kommandierte die Verteidiger der Stadt. Ein Riesenkerl mit Bärenkräf-
ten, mutig und gerissen. Er war einer der wenigen, die dem Gemetzel an
den Hörnern von Hattim entkommen waren, wo der Sultan das christliche Heer in die Falle locken konnte. Dieser Balian aber hatte sich
rechtzeitig eine Bresche durch unsere Reihen geschlagen, und nun
stand er vor dem Sultan und sagte ihm kalt ins Gesicht, daß eine
bedingungslose Kapitulation überhaupt nicht in Frage komme.

Bevor noch unser Heer die Mauern erstürmen könnte, sagte der
blonde Franke, werde er (und Allah möge ihn dafür in der Hölle
braten) mit seinen Leuten den Felsendom und die al-Aksa-Moschee
niederbrennen, zwei der heiligsten Stätten des Islam, wie Sie sicherlich
wissen werden. Andererseits sei er jedoch bereit, die Stadt zu übergeben, wenn die darin eingeschlossenen Christen gegen ein Lösegeld
freien Abzug erhielten.

Mein Herr Saladin ist dafür bekannt, großmütig und weise zu sein,
aber die Gefangennahme von Feinden des wahren Glaubens und ihre
Freilassung gegen ein Lösegeld ist letztlich nicht nur eine politische
Frage. Der Prophet hat diesbezüglich strenge Gesetze festgeschrieben.
Darum zog sich der Sultan mit einigen Ratgebern zurück, nachdem er
dem Franken gekühlten Wein hatte reichen lassen. Schließlich kam

Saladin zurück und stimmte dem Angebot Balians zu. In der 8. Sure des Korans nämlich steht, daß man keine Gefangenen gegen Lösegeld eintauschen darf, solange nicht der Gegner im ganzen Land niederge-kämpft ist. Bei etwas großzügiger Auslegung des Textes konnte man aber nach dem Fall Jerusalems sagen, daß das ganze Land zurücker-obert worden sei. Bis auf ein paar Ausnahmen.

Es hob nun ein großes Feilschen an, aber da der Sultan, wie ich schon erwähnte, nicht nur weise, sondern auch besonders großzügig war, einigte man sich darauf, daß für jeden Mann zehn Denare, für jede Frau fünf Denare und für jedes Kind ein Denar zu zahlen seien. Um es deutlicher zu machen: Für die 20 000 Christen in Jerusalem waren 100 000 Denare aufzubringen. Balian nahm die Bedingung an und verließ unser Lager, um diese Summe aufzutreiben.

Indes – es wurde eine Riesenpleite, denn so christlich, wie sie immer tun, sind die Christen keineswegs. Aber das wußten wir auch schon vorher. Weder der christliche Patriarch noch die beiden Ritterorden waren bereit, ihre wertvollen Schätze zu veräußern, um mit dem Erlös die Mittellosen freizukaufen. Ganze 30 000 Denare kamen zusammen, gerade genug, um 6000 Menschen auszulösen. Saladin, unser gütiger Sultan, schenkte noch 6000 weiteren Christen die Freiheit, aber alle anderen, für die kein Lösegeld gezahlt werden konnte, wurden als Sklaven verkauft. Das ist ja schließlich normal, oder?

Ich darf hier mit Ihrer Erlaubnis aus meinem Buch über die Erobe-rung Jerusalems zitieren, möchte Sie allerdings zugleich darum bitten, keinen Anstoß an der für Sie vielleicht etwas blumigen Sprache zu nehmen. Meine Glaubensbrüder würden kein Verständnis für Ihre schmucklose Sprache aufbringen, und ich habe das Buch für die Recht-gläubigen geschrieben, nicht für barbarische Franken:

»Frauen und Kinder zählten achttausend, wir teilten sie unter uns, und das Antlitz des Reiches lächelte über ihr Weinen. Wie viele gut behütete Frauen wurden entehrt, herrschende beherrscht, junge Mäd-chen geheiratet, Edle verschenkt, wie viele Geizende mußten sich hingeben, wie viele Verborgengehaltene verloren ihre Scham, wie viele Ernste wurden zum Gespött gemacht, Bewahrte hervorgezerrt, Freie in Besitz genommen, Begehrenswerte bis zur Erschöpfung gebraucht, anmutige Mädchen auf die Probe gestellt, Jungfrauen entjungfert,

Anmaßende geschändet, Schöne mit roten Lippen ausgesaugt, Braune dahingestreckt, Unbezähmbare gezähmt, Zufriedene zum Weinen gebracht! Wie viele Edle nahmen sie zu Beischläferinnen, Glühende gerieten an ihnen in Brand, Ledige befriedigten sich an ihnen, Hungernde sättigten sich, und wie viele Aufgeregte verbrauchten ihre Glut! Wie viele Schöne wurden Besitz eines einzigen Eigentümers, wie viele von hohem Wert wurden zu niedrigen Preisen verkauft, wie viele Nahe entfernt, Hohe erniedrigt, wie viele an den Thron Gewöhnte wurden unterworfen!«*

So weit das Zitat aus meinem Buch. Das ist nun einmal das Schicksal der Besiegten, aber ausgerechnet Balian von Ibelim, dem der Sultan seine sprichwörtliche Milde bewiesen hatte, murrte bei seinem Abzug, Sklaverei sei halt nur bei heidnischen Sarazenen möglich, was immerhin für seinen Mut spricht, denn die Beleidigung Allahs hätte ihn auch im nachhinein noch seinen Kopf kosten können. Es spricht auch für seine mangelhafte Bildung, aber was will man von diesen Barbaren anderes erwarten. Sie hausen in verlausten Türmen, die sie großkotzig »Burgen« nennen, in den Straßen ihrer sogenannten Städte läuft man bis an die Knie durch Schlamm und Scheiße (pardon), und lesen können nur ihre Mönche.

Man sollte ihnen einmal unser Bagdad zeigen mit seinen inzwischen drei Millionen Einwohnern und den fast 30 000 Moscheen, den über 50 Krankenhäusern und unseren 24 Hochschulen! Selbst meine Diener sind gebildeter als so ein Ritter, und ich – Imad ed-Din al Katib al-Isfahani – weiß, daß die Christen schließlich selber Sklaven kaufen und verkaufen, zumindest seit der Zeit des großen Herrschers Karl, den auch meine Vorfahren sehr bewundert haben.

Ich verstehe ohnehin nicht, was es am Sklavenhandel auszusetzen gibt. Mit irgendeiner Ware muß man doch schließlich sein Geld verdienen, und was – bitteschön – haben diese Leute aus dem Norden denn anderes zu bieten als Menschen, um an Seide, Gewürze und Spezereien zu kommen? Das bißchen Bernstein etwa? Oder ein paar mehr oder weniger wertvolle Pelze von Füchsen oder Wölfen, Rentieren oder Bären?

---

* Bericht des Imad ad-Din. Zitiert nach: Francesco Gabrieli (Hg.), *Die Kreuzzüge aus arabischer Sicht.* Zürich, München 1973.

Schwere Rüstungen vielleicht, die keiner von uns jemals anlegen würde?
Du liebe Güte! Da bleiben doch nur junge Mädchen und Knaben, die sie
auf ihren Eroberungszügen im Norden und Osten erbeuten.

Im Land der Franken liegt, wie ich erfahren habe, die Stadt Verdun.
Dort befindet sich der größte Sklavenmarkt der Christen. In alten
Zeiten versklavten die Römer alle besiegten Völker, die Gallier und die
Germanen, die Kelten und die Karthager, die Parther und die Phöni-
zier. Heute machen es die Franken genauso: Aus ihren Kriegen im
Osten bringen sie Tausende von Slawen mit, Männer, Frauen und
Kinder, und schaffen sie nach jenem Verdun. Die jungen Männer
werden gewöhnlich kastriert und als Verschnittene an den Kalifen von
Cordoba verhökert, der aber auch außerordentlich interessiert sein soll
an blonden Frauen.

Ich kenne die Berichte jenes Ibn Fadhlan, eines Moslems, der weite
Strecken durch den Osten des Frankenlandes geritten ist und dessen
Erzählungen von meinem Landsmann al-Bekri aufgezeichnet worden
sind. Im Land der Böhmen liegt die Stadt Prag. Dorthin kommen
Russen und Slawen, Türken und Juden, Moslems und Christen. Sie
verkaufen dort Pelze, Waffen, Zinn – und natürlich Sklaven. In großen
Mengen sogar. Allerdings berichtet Ibn Fadhlan, daß die meisten der
dort angebotenen Sklaven klein und unansehnlich sind.

Bekannt ist ferner die Geschichte von jenem Kaiser Otto, den die
Christen »den Großen« nennen. Von einem Heerzug nach Osten hatte
der Vater seinem damals erst fünfzehnjährigen Sohn eine hübsche
Sklavin mitgebracht und dem Knaben ins Bett gelegt, auf daß sie ihn
zum Manne mache. Sie hat ihn sogar zum Vater gemacht, wenn auch
sicherlich nicht freiwillig. Sie war zwar von Adel, aber da sie eine
Sklavin war, durfte ihr Kind natürlich später nicht König werden.
Jedoch immerhin Bischof. Was für eine Heuchelei!

Und jener Pippin, den die Franken zu den Ahnen des Kaisers Karl
zählen: War er nicht verheiratet mit einer gewissen Itta Iduberga, einer
Schwester des Bischofs von Metz, die berühmt war wegen ihres Reichtums an Land und Sklaven?

Doch Heuchelei wird bei den Christen bekanntlich großgeschrie-
ben. Ihr Gott sagt zwar, daß alle Menschen gleich seien, was natürlich
Unfug ist, aber wie dem auch sei: In den Augen der Christen sind nur

Getaufte Menschen, Ungetaufte hingegen behandeln sie wie Vieh. Dieser Unterschied bringt die Franken bei ihren Kriegen im Osten immer wieder in eine unangenehme Zwickmühle, denn die Priester, die sich bei ihnen Missionare nennen, versuchen nach Kräften, die besiegten Völker zum Christentum zu bekehren. Die Heerführer andererseits haben keinerlei Interesse, die Gegner zur Taufe zu überreden, denn dann können sie ihrem Gesetz nach nicht mehr als Sklaven verkauft werden.

Wohlgemerkt: dem Gesetz nach. Tatsache ist jedoch, daß auch Christen als Sklaven verkauft werden. In Haithabu zum Beispiel, einer Stadt, die am Nordmeer liegt. Dort verscherbeln die Christen ihre Glaubensgenossen an die Normannen. Und glauben Sie etwa, irgendeiner nähme daran Anstoß? Schließlich weiß ein jeder, daß der Merowingerkönig Chlodwig II. eine seiner Sklavinnen geheiratet hat, eine christliche wohlgemerkt, die aus dem Land der Angelsachsen kam und ihm viele Söhne schenkte.

Auch die Byzantiner betreiben einen regen Sklavenhandel. Sie segeln an der Küste jenes Landes entlang, das einst von den Lombarden beherrscht wurde. Die aber sind inzwischen völlig verarmt und bieten den Sklavenhändlern häufig ihre eigenen Kinder zum Verkauf an. Berüchtigte Sklavenhändler sind natürlich die Piraten, zu welchem Volk auch immer sie gehören. Selbst die wohlhabende Republik Venetia verdient an diesem Menschenhandel irrsinnige Reichtümer. Einer ihrer Dogen – so nennen sich ihre Herrscher wohl – mußte sich eines Tages dem Druck der Priester beugen, die energisch gegen die Versklavung von Menschen eintraten. Der Doge fand die übliche christliche Lösung: Er verbot seinen Untertanen den Handel mit Sklaven – und machte ihn zum Staatsmonopol.

Immerhin muß ich gestehen, daß die wirklich frommen Franken immer wieder versucht haben, das Geschäft mit den Menschen einzudämmen, aber allein die Tatsache, daß der Herrscher Karl eine Anordnung hat erlassen müssen, wonach der Verkauf von Sklaven in seinem Reich nur unter Aufsicht eines Grafen oder eines Bischofs stattfinden dürfe, beweist doch deutlich, daß dieser Handel nicht nur geduldet, sondern sogar gesetzlich geregelt war.

Auch habe ich von einem gewissen Liutprand von Cremona gelesen, daß er dem Kaiser von Byzanz wertvolle Geschenke gebracht hat: Waffen, Schmuck und vier Sklaven, die deshalb so besonders wertvoll gewesen seien, weil sie total kastriert waren. Man hatte ihnen also nicht nur die Hoden, sondern auch den Penis abgeschnitten. Angesichts solcher Sitten stehen natürlich die paar aufrechten Bischöfe, die immer noch lieber Menschen taufen als sie zu versklaven, auf ziemlich verlorenem Posten.

Auch in ihren heiligen Büchern finden diese wenigen Frommen kaum Unterstützung. In unserer großen Bibliothek habe ich nämlich nachgelesen, daß ein gewisser Petrus, den die Christen einen Apostel nennen, zu diesem Thema in einem seiner Briefe geschrieben hat: »Ihr Sklaven, ordnet Euch den Herren in aller Furcht unter, nicht nur den gütigen und freundlichen, sondern auch den verkehrten!« Und ein gewisser Paulus geht sogar noch weiter: »Bist du als Sklave berufen, so soll dir nichts daran liegen; sondern, auch wenn du frei werden kannst, bleibe erst recht dabei.«

Was also jammern diese Christen? Sollen sie doch von mir aus weiter mit Sklaven handeln. Ihre Lehrer verbieten es ja ganz offensichtlich nicht. Nur diese Heuchelei kann ich nicht begreifen. Vorsichtshalber habe ich noch einmal in ihren sogenannten heiligen Büchern nachgelesen, ob nicht der Prophet Jesus, der ja recht streng war, etwas über Sklavenhändler gesagt hat. Und was habe ich gefunden? Nichts.

Darum ist es am Rhein so schön

Köln: Deutschlands einzige Großstadt · Verloren im Urwald · Der Zug gen Osten · Leben und Sterben im Mittelalter · Aus Germanen werden Schrumpfgermanen

S tellen wir uns vor: Ein winziges Dörfchen in der Eifel, zwölf Häuser mit Strohdächern, eine Holzkapelle, umgeben vom Friedhof, ein paar Äcker; durch die winzigen Gassen laufen Hühner und Schweine. Ringsum dichter Wald. Urwald. Ein idyllisches Fleckchen, um zwei Wochen Urlaub zu verbringen. Aber ein ganzes Leben? Vorübergehend könnten sicherlich auch wir einen solchen Alternativurlaub verbringen. 14 Tage lang anstelle des Fernsehapparates das viel zitierte »gute Buch«, statt der Zentralheizung ein offener Kamin, und zur Not kann man sich vorübergehend auch einmal am Brunnen waschen. Aber auf Dauer? Selbst die fast hörbare Stille, der wir vielleicht einmal während des Wintersporturlaubes in großer Höhe begegnet sind, würde uns langfristig sicher beunruhigen. Der moderne Stadtmensch, gewöhnt an das Rauschen des Verkehrs, an ausverkaufte Fußballstadien, an Massendemonstrationen und an die qualvolle Enge, die am verkaufsoffenen Samstag in der Fußgängerzone herrscht, kann sich nur schwer eine Vorstellung machen von der Einsamkeit des mittelalterlichen Menschen.

Das Leben spielt sich in bescheidenem Rahmen ab, in der Abgeschiedenheit eines Klosters, in der Beengtheit einer kümmerlichen Burg, in der Trostlosigkeit eines winzigen Weilers. In solch armseligen Dörfern oder auf abgelegenen Höfen wohnten damals die weitaus meisten Menschen. Großstädte im heutigen Sinn gab es in Europa nur wenige: Paris zum Beispiel, Florenz, Venedig oder Genua. Hier zählte man doch schon mehr als 100 000 Menschen. Und Rom? Die einst riesige Stadt war längst entvölkert und abgerutscht in die Kategorie II, die alle Städte umfaßte, die mehr als 50 000 Einwohner beherbergten. Dazu gehörten unter anderen die flandrischen Städte Brügge und

Gent, Mailand, Bologna, Palermo und – als einzige deutsche Stadt – Köln.

Mit Abstand folgten dann mit einer Einwohnerzahl zwischen 10 000 und 50 000 so berühmte Namen wie Bordeaux, Marseille, Barcelona, Toledo oder London. Im deutschen Sprachraum erreichten Hamburg, Lübeck, Regensburg, Nürnberg, Straßburg, Wien, Prag und selbst Lüneburg diese Größe, doch insgesamt hat es wohl kaum mehr als 50 Städte gegeben, die eine Einwohnerzahl von mehr als 5000 Menschen vorzuweisen hatten. Dagegen existierten – abgesehen von den zahllosen kleinen Dörfern – immerhin Orte mit weniger als 200 Einwohnern, die gleichwohl das Stadtrecht besaßen. Halten wir fest: Der »normale« mittelalterliche Mensch kannte nur wenige Mitmenschen, und da nur Vereinzelte Gelegenheit erhielten, an einer Pilgerfahrt oder gar an einem Kreuzzug teilzunehmen, blieb der Horizont im eigentlichen und übertragenen Sinne höchst begrenzt.

In einer Gesellschaft, die ohne Statistiken nicht mehr auszukommen scheint, wundert es uns natürlich, daß uns über die Bevölkerungszahlen des Mittelalters überhaupt keine konkreten Unterlagen vorliegen. Volkszählungen sind uns doch bereits aus dem Alten Testament bekannt. Der zürnende Jahwe schickte den Kindern Israels die Pest, weil er es dem König David als Hochmut ausgelegt hatte, daß dieser wissen wollte, über wie viele Menschen er regierte. Und auch der römische Kaiser Augustus hatte eine Volkszählung angeordnet, die der Grund dafür war, daß Josef und Maria nach Bethlehem ziehen mußten, um sich dort in der Vaterstadt Josefs in die Liste eintragen zu lassen. Wenn David vielleicht hochmütig war – die Römer waren mit Sicherheit ausgesprochene Bürokraten, während die nordischen Völker das alles sehr viel lockerer sahen.

Wozu die ganzen Zahlen! Der König erwartete, daß seine Herzöge im Kriegsfall mit einem ordentlichen Heerbann anrückten, die Herzöge erwarteten das gleiche von ihren Grafen und diese wiederum von ihren Gefolgsleuten. Richtig gezählt wurde nur an der Basis. Da allerdings penibel. Der Grundherr wußte genau, wie viele Hühner oder Gänse er von seinen Hörigen zu St. Martin zu bekommen hatte, wie viele Malter Gerste er beanspruchen konnte und wie viele Hufen Ackerland zu bestellen waren. Aber damit hatte es sich auch schon.

Von einigen Klöstern, Dörfern oder Kleinstädten existieren sogar Zahlen, aber erstens nicht genügend, und zweitens sind sie schon deshalb nur mit Vorsicht zu genießen, weil einige Listen tatsächlich sämtliche Menschen aufführten, andere dagegen nur die Freien, weil Sklaven und Unfreie unwichtig waren. So kommt es, daß Wissenschaftler heute ein weites Feld haben, auf dem sie sich wacker bekämpfen können. Es gibt zwar immer mehr archäologische Detailergebnisse – beispielsweise Ausgrabungen auf alten Friedhöfen –, aber das sind nur Teile eines riesigen Puzzles, das wohl nie zur Gänze zusammengesetzt werden kann.

Tatsache jedoch scheint zu sein, daß die Besiedlung Europas zwar sehr unterschiedlich, insgesamt jedoch dünn gewesen ist. Die besten Lebensbedingungen herrschten da, wo die Natur großzügig und die Transportbedingungen für Handelsgüter ideal waren. Das trifft hauptsächlich auf die Täler der großen Flüsse zu. Deshalb wissen wir nun endlich, warum es am Rhein so schön ist. Angesichts der katastrophalen Überlandwege hatten bis auf ganz wenige Ausnahmen tatsächlich nur solche Siedlungen eine Zukunft, die an Flüssen lagen, die zumindest für Plattschiffe ohne Kiel befahrbar waren.

Einigermaßen erforscht ist inzwischen die Landschaft an der Mosel, uraltes Siedlungsgebiet zwischen den Römerstädten Trier, Mainz und Köln. Zu Karls des Großen Zeiten, also um das Jahr 800 herum, existierten dort erst rund 100 Dörfer, deren Zahl sich im Laufe von etwa 100 Jahren bereits mehr als verdoppelte. Um das Jahr 1000 herum wurden schon 350 Orte gezählt, wieder 100 Jahre später fast 600, und im Jahre 1200 waren es dann an die 1000. Jede dieser Ansiedlungen zählte zwischen 200 und 250 Menschen. Vom 13. bis zum 19. Jahrhundert tat sich dann nicht mehr sehr viel. Die Dörfer wurden zwar größer, aber Neugründungen blieben selten. Das lag in erster Linie daran, daß der landwirtschaftlich nutzbare Boden zum größten Teil auf die verschiedenen Familien verteilt und es sehr mühselig war, dem rings um die Dörfer wachsenden Wald neues Ackerland abzuringen.

Dennoch gab es natürlich überall in Europa Neusiedlungen, sonst hätte die Bevölkerung ja überhaupt nicht zunehmen können. Solche neuen Orte, die nur durch schwerste Knochenarbeit mit der Axt entstehen konnten, sind noch heute an ihren Namen zu erkennen. Endungen

wie beispielsweise -rode, -hagen, -holz, -rath, -rieht oder -reuth weisen
darauf hin, daß der Boden für diesen Ort einst mühsam dem Wald
abgerungen worden ist.

Nun ist sinnvollem Roden irgendwo eine Grenze gesetzt. An steilen
Berghängen oder in Sumpfgebieten läßt sich weder Acker- noch Vieh-
wirtschaft betreiben, und so kam es, daß etwa um 1100 herum das Land
knapp wurde. Zur gleichen Zeit gab sich der Kaiser daran, seine
Ostgrenzen wirksam zu schützen, und dafür brauchte er nicht nur
Soldaten, sondern auch Siedler. Werber zogen durchs Land. Ihrem Ruf
folgten zum einen Mönche, die in der Tiefe der Wälder Stille und
Einsamkeit suchten, zugleich jedoch um ihre Klöster herum Ackerland
roden mußten, denn sie waren schließlich Selbstversorger. Dem Aufruf
zum Zug nach Osten folgten jedoch auch unzählige Unfreie und die
nachgeborenen Bauernsöhne, die auf kein väterliches Erbe hoffen
konnten. Sie schlossen sich nun unter militärischem Schutz zusammen,
um in die östlichen Grenzmarken zu ziehen und sich dort niederzulassen.

Unter ihnen befanden sich naturgemäß viele, die aus den verschiedensten Gründen das Weite suchten, sei es aus Not oder Angst vor
Bestrafung wegen irgendeines Deliktes, sei es aus Abenteuerlust oder
einfach nur aus Fernweh. Daß das »ius primae noctis« (das ange-
stammte Recht des Grundherrn, die erste Nacht mit jeder Braut aus
seinem Sprengel zu verbringen) einer der Anlässe gewesen sein soll, ist
wohl Unfug. Erstens wurde dieses Recht im deutschsprachigen Raum
offensichtlich nur sehr selten beansprucht, und zweitens sah man diese
Dinge weitaus weniger eng, als uns bestimmte Filme glauben machen
wollen. Dem Herrn unterstand ohnehin jede Frau in seiner Verfügungsgewalt, und je nach Veranlagung nutzte er das auch. Er brauchte
mit Sicherheit nicht zu warten, bis sie das Brautkleid anzog. Jedenfalls
hat es wohl kaum eine Jungfrau gegeben, die aus diesem Grund nach
Schlesien oder sonstwohin geflohen wäre. Der große Treck nach Osten
ebbte erst nach 1350 ab, als die große Pest die Bevölkerung dezimiert
hatte und es plötzlich mehr Land gab, als die Überlebenden hätten
bebauen können.

Kehren wir kurz zurück zum Beginn des Mittelalters, ins 4. Jahrhundert. Zu dieser Zeit lebten in Europa nach vorsichtigen Schätzungen

vermutlich um die 60 Millionen Menschen, zunächst im relativen Schutz des noch existierenden Römischen Reiches. Nach dessen Zusammenbruch jedoch reduzierten im Laufe der Völkerwanderung und danach furchtbare Seuchen die Bevölkerungszahl, wobei man sich nicht sicher ist, ob es schon eine richtige Pest gegeben hat, denn damals nannte man alle Seuchen pauschal »Pestilenz«, und auch eine fiebrige Grippe verlief in jener Zeit häufig tödlich.

Ihren Tiefpunkt erreichte die Bevölkerungszahl etwa um das Jahr 600 herum. Wissenschaftler schätzen, daß es zu diesem Zeitpunkt nur noch 27 Millionen Menschen in Europa gab. Von da an aber ging es erstaunlicherweise steil bergauf. Um die Jahrtausendwende werden schon wieder 42 Millionen Menschen vermutet und um das Jahr 1300 gar 60 bis 70 Millionen, ehe dann im 14. Jahrhundert die großen Pestwellen heranrollen und die Bevölkerung vermutlich um mehr als die Hälfte dezimieren.

Seriöse Wissenschaftler wollen sich nicht auf genaue Zahlen festlegen, da es für Angaben dieser Art nur Indizien gibt. Einig sind sich jedoch alle Forscher darin, daß nach der Blüte des Römischen Reiches ein jäher Absturz erfolgt sein muß, dann eine Wiederzunahme der Menschen bis zum 13. Jahrhundert und dann der Sturz ins Bodenlose. Legen wir trotz aller Bedenken die oben genannten Zahlen zugrunde, so folgt daraus, daß um das Jahr 700 herum knapp 3 Menschen auf einem Quadratkilometer lebten, um 1300 herum jedoch bereits 7 und in den Ballungsgebieten rund 25, was angesichts der Verhältnisse in einer heutigen Großstadt immer noch verschwindend wenig ist.

Genug der Zahlen. Dennoch fragt man sich, wie die Bevölkerungsexplosion nach dem Jahre 700 trotz Kriegen und Krankheiten, Hungersnöten und mangelnder Hygiene zu erklären ist. Die Menschen hätten doch eigentlich sterben müssen wie die Fliegen. Das taten sie auch, aber nicht mehr in ganz so jungen Jahren. Nach dem Chaos der Völkerwanderung setzte spätestens unter Karl dem Großen eine politische und damit einhergehend eine wirtschaftliche Stabilisierung ein. So wie unter der »Pax Augusta«, dem Frieden, der gemeinhin in allen von den Römern besetzten Ländern die Regel war, ließ sich auch im Reich der Franken relativ gut leben – und zeugen.

Der richtige Durchbruch erfolgte dann im 11. und 12. Jahrhundert,

als sich auf dem Gebiet der Landwirtschaft einiges Revolutionäre tat.
Da war zunächst die Tatsache, daß sich das Kummet durchsetzte, eine
Bezeichnung, die man heute wohl noch einmal erklären muß, weil
Pferde kaum noch als Zugtiere eingesetzt werden, sondern sich zu dem
zurückentwickelt haben, was sie auch im frühen Mittelalter weitgehend
waren: Reittiere. Den Pflug zogen zunächst einmal die Menschen selbst
(meist die Frauen). Dann spannte man Ochsen ein, denen man um die
Hörner Seile schlang, an denen wiederum Pflug oder Egge oder auch
Karren befestigt wurden. Daß es schon in der Antike ein Rinderjoch
gegeben hat, war längst vergessen. Das Kummet, also das über die
Schultern gelegte Ledergerüst, das es dem Zugtier erst ermöglicht, die
Kraft seines ganzen Körpers einzusetzen, ist zwar schon auf einer
Abbildung aus der Zeit um 800 dargestellt, aber Erfindungen brauch-
ten damals lange Zeit, um sich allgemein durchzusetzen.

Die Kombination Pferd und Kummet jedoch, die aufkommenden
Wassermühlen (Windmühlen gab es noch nicht) und der Einsatz des
teuren Eisens bei der Herstellung von Sicheln und Sensen, Eggen und
Pflügen brachten die Landwirtschaft einen Riesenschritt nach vorn.
Dies allein erklärt jedoch nicht die Tatsache, warum die Bevölkerung
trotz Krankheiten und Mißernten ständig wuchs. Die Forscher sind
sich jedoch inzwischen ziemlich einig, daß bei einer Hungersnot keineswegs das ganze Dorf ausstarb, sondern nur die Schwächsten der Gemeinschaft: die Kinder und die Alten. Sie starben also noch früher als
ohnehin üblich, aber da gerade diese beiden Gruppen noch nicht oder
nicht mehr am Zeugungs- und Geburtsvorgang beteiligt waren, wurden ihre Lücken rasch geschlossen. Der Wohnraum und die Verpflegung, die von den Toten nicht mehr benötigt wurden, standen für den
Nachwuchs zur Verfügung.

Aber wie sah dessen Chance in bezug auf die Lebenserwartung aus?
In der Bibel (Psalm 89,10) heißt es, des Menschen Jahre seien 70,
vielleicht auch 80. Das Wort hat noch heute Gültigkeit. So alt kann man
durchaus werden – wenn nichts dazwischenkommt wie beispielsweise
Krebs oder ein Unfall. Im Mittelalter kam leider sehr häufig etwas
dazwischen. Wenn allerdings manche Leute auf Grund irgendwelcher
Statistiken meinen, damals sei kaum jemand älter geworden als 40
Jahre, dann ist das mit Sicherheit falsch.

Mit Statistik läßt sich bekanntlich mancherlei »beweisen«, aber wie trügerisch so etwas sein kann, zeigt folgendes simple Beispiel. Denken wir uns eine Familie, in der ein Kind im Alter von einem Jahr stirbt und der Großvater mit 71 Jahren. 1 plus 71 macht 72, geteilt durch 2 macht 36. Rein statistisch beträgt die durchschnittliche Lebenszeit von Kind und Opa 36 Jahre, aber der Opa ist doch ganz schön alt geworden! Fazit: Die hohe Säuglingssterblichkeit verzerrt die Tatsachen. Dennoch ist richtig, daß die Menschen in jener Zeit früher starben als heutzutage, aber das ist völlig normal, wenn wir uns einige Tatsachen vor Augen führen – beispielsweise die Ernährung.

Der Mensch lebte im Mittelalter buchstäblich von der Hand in den Mund. Vorratshaltung war schwierig, denn es gab weder Konservendosen noch Tiefkühltruhen. Selbstverständlich wußte man nichts über Jod- oder Eisenmangel, nichts über Cholesterinwerte und Vitamine. Man aß, was gerade verfügbar war, und wenn sehr viel vorhanden war, dann aß man auch reichlich. Man fraß sich voll, um es deutlich zu sagen, und das ist bekanntlich ebenso schädlich wie der Hunger. Daß dem Wikinger im Laufe der Jahre die Zähne ausfielen, war offenbar wotangewollt. Daß er an Skorbut litt und viel Vitamin C benötigt hätte, konnte er nicht wissen. Die zumeist einseitig und in der Regel unterernährten Menschen waren infolgedessen enorm anfällig für alle Arten von Krankheiten.

Jeder von uns, die wir uns doch zum großen Teil sehr bewußt ernähren, mag sich einmal fragen, ob er nicht irgendwann in seinem Leben an einer Krankheit oder Verletzung gelitten hat, die noch im 13. Jahrhundert mit Sicherheit seinen Tod zur Folge gehabt hätte. Ich rede hier weder von Pest noch Pocken, weder von Tuberkulose noch Malaria. Ich meine ganz banale Krankheiten, relativ harmlose wie Mumps oder Masern, Thrombose oder Blinddarmentzündung, einen vereiterten Kiefer oder eine Blutvergiftung.

Das alles endete damals in der Regel tödlich, und damit kommen wir zum Unsicherheitsfaktor Nummer zwei: der ärztlichen Heilkunst, auf die später noch ausführlich eingegangen werden soll. Es gab keine medizinische Versorgung, vom »Medicus« (meist einem Kurpfuscher) oder einer »weisen Frau« einmal abgesehen. Man kannte andererseits zwar viele natürliche Heilkräuter, deren Wirkung wir leider jetzt erst wiederentdecken, aber die halfen eigentlich nur bei Verwundungen oder Fieberanfällen, Kopfschmerzen oder Verstopfung. Das schlimmste war im Grunde, daß »der Staat«, wenn man denn das Reich als solchen bezeichnen will, daß »die da oben« keinerlei Anstrengungen machten, etwas für die medizinische Forschung oder die ärztliche Versorgung der Untertanen zu unternehmen. Den jeweiligen Herrschern war es höchst gleichgültig, in welchem Alter ihre Untertanen starben. Es gab genug Nachwuchs.

Das Desinteresse des Adels und der herrschenden Kreise dauerte selbst in Mitteleuropa bis ins 20. Jahrhundert an. Zwar gab es hin und wieder aufgeklärte Könige, denen das Wohlergehen ihrer Untertanen tatsächlich am Herzen lag. Zu ihnen gehörte übrigens der sonst eher als »Soldatenkönig« geschmähte Vater Friedrichs des Großen. Aber noch kurz vor dem Zweiten Weltkrieg, als es in England angeraten schien, die Armee zu verstärken, erfuhr die fassungslose Öffentlichkeit, daß nahezu die Hälfte der Bevölkerung unterernährt war. Der Direktor des Londoner Zoos erklärte, daß seine Menschenaffen besser versorgt seien als die Arbeiter in den Industriestädten. Niemand aus der Oberschicht hatte bis dahin Anlaß gesehen, sich mit dem hart arbeitenden Teil des Volkes etwas näher zu beschäftigen.

Wen wundert das Desinteresse! Es wurden doch bedenkenlos Unzählige in unzählige Schlachten geschickt, und wenn ein solches Gefecht zuweilen einen außerordentlich hohen Blutzoll forderte, beklagte man allenfalls, daß »die Blüte der Ritterschaft dahingerafft« worden sei. Von den Reisigen und Knappen, vom Fußvolk und vom Troß sprach niemand. Menschenleben zählten wenig, und die Herren hatten – angeblich – Wichtigeres zu tun, als sich um Gesundheit und Wohlergehen ihrer Untertanen zu sorgen. Kurzsichtig gedacht, denn das Fehlen qualifizierter Ärzte kostete auch die Herrschenden das Leben, obwohl die sich zumeist auf ein etwas längeres Verweilen auf Erden einrichten durften. Das ist insofern nicht verwunderlich, als sie – wenigstens den Umständen entsprechend – optimal ernährt waren, dazu unter ständiger Beobachtung von »Ärzten« standen und auch die Gefahr, unmittelbar in einem Krieg umzukommen, relativ gering war.

Schauen wir uns die Lebensdaten der sächsischen und salischen Herrscher an, so wird das einigermaßen deutlich, wobei die Zahlen mit einiger Vorsicht zu genießen sind, da man von etlichen Königen das genaue Geburtsjahr nicht mit absoluter Sicherheit kennt.

Heinrich I.	876– 936	60 Jahre
Otto I.	912– 973	61 Jahre
Otto II.	955– 983	28 Jahre
Otto III.	980–1002	21 Jahre
Heinrich II.	973–1024	51 Jahre
Konrad II.	990–1039	49 Jahre
Heinrich III.	1017–1056	39 Jahre
Heinrich IV.	1050–1106	56 Jahre
Heinrich V.	1086–1125	39 Jahre

Das ergibt ein Durchschnittsalter von plus/minus 45 Jahren, wobei die beiden Sachsen Otto II. und Otto III. die Statistik insofern etwas verzerren, als sie sehr früh gestorben sind, der eine an einer Darmverstopfung, der andere an Malaria. Die beiden ersten Sachsenkönige wurden dagegen immerhin rund 60 Jahre alt, das ist unter den oben geschilderten allgemeinen Zuständen doch ganz beachtlich. Nebenbei gesagt: Es gab Päpste, die weit über 90 Jahre alt geworden sind, was allerdings nicht unbedingt ihrem asketischen Lebenswandel zugeschrieben werden darf.

Eine absolut unbeantwortbare Frage ist die, ob es durch die Jahrhunderte des Mittelalters hindurch einen Männer- oder einen Frauenüberschuß gegeben hat. Präzise Zahlen hat man immer nur für überschaubare kleine Gemeinden, aber auch da ist dem Zufall Tür und Tor geöffnet. War das Dorf durch einen Krieg in Mitleidenschaft gezogen, muß man davon ausgehen, daß es viele waffenfähige Männer verloren hat – also Frauenüberschuß. In Friedenszeiten dagegen wird es mit einiger Wahrscheinlichkeit mehr Männer gegeben haben, weil viele Frauen im Kindbett starben. Dieses Verhältnis wird an jedem Ort und zu jeder Zeit anders ausgesehen haben. Streiten wir nicht darüber.

Weitaus interessanter ist die Frage nach der Körpergröße jener Menschen. In antiken Schriften wird immer wieder die »riesenhafte Größe« der Barbaren im Norden beschrieben. Ob die »Nordmänner« nun Kelten waren, Germanen oder Slawen, darüber steht nichts bei den alten Schriftstellern und Historikern, weil sie vermutlich den Unterschied gar nicht kannten. Immerhin: Archäologen haben inzwischen nachgewiesen, daß die Männer aus Nordeuropa den Anrainern des Mittelmeeres tatsächlich wie Riesen vorgekommen sein müssen. Ihre Durchschnittsgröße lag zwischen 1,70 und 1,74 Meter. Adlige waren meist etwas größer, was die (umstrittene) Vermutung nahelegen könnte, daß man schon etwas an Körpergröße und damit meist auch an Kraft vorweisen mußte, um bei den Nordleuten als Anführer Anerkennung zu finden.

Lange Zeit – vor allem während des ach so kurzen Tausendjährigen Reiches – hat man geglaubt, daß die edlen Blonden aus Nordeuropa eben etwas ganz Besonderes gewesen und allein aus dieser Tatsache heraus sehr groß gewachsen seien, aber welch ein Frust: Nicht an der Rasse scheint es zu liegen, sondern an der Ernährung! Als die Germanen sich nämlich nach Süden wandten, als sie aufhörten, Bären und Hirsche zu jagen, als sie sich des Pferdefleisches enthielten, weil sie die Tiere jetzt dringend als Ackergäule brauchten und darüber hinaus die Kirche ihnen den Genuß von Pferdefleisch verbot, als sie sich als niedergelassene Landwirte betätigten und sich fortan von Roggen und Weizen ernährten wie die Südeuropäer seit altersher, da wurden aus den hochgewachsenen Recken plötzlich Schrumpfgermanen. Archäologen haben auf Grund von Grabbeigaben langsam nach Süden wandernde Stämme verfolgt und nachgewiesen, daß die einst so stolzen Riesen in ihrer neuen Heimat am Mittelrhein nur noch knapp 1,70 Meter groß waren, und als sie in Süddeutschland angekommen waren, gar nur noch 1,65 Meter.

Rassenfanatiker wollten ihre Theorien retten, indem sie erklärten, zu diesem Wachstumsrückgang habe es nur deshalb kommen können, weil die Germanen durch die Vermischung mit »minderwertigem« Blut degeneriert seien, aber die Forschung hat solche Thesen längst widerlegt. Gerste und Hafer sind für das Wachstum einfach besser als Roggen und Weizen. Außerdem scheint festzustehen, daß die Körpergröße in jenen Regionen stark zurückging, wo die Viehzucht vom Ackerbau abgelöst wurde. Um es verkürzt und damit auch nicht streng wissenschaftlich auszudrücken: Großgewachsene Menschen sind Fleischesser, und wo es wenig Fleisch gibt, gibt es auch keine Hünen.

In diesem Zusammenhang wollen wir uns einmal in unserer eigenen Familie umsehen. Die vor dem Zweiten Weltkrieg Geborenen werden sich erinnern: Normalerweise gab es in einer Großstadtfamilie nur einmal in der Woche Fleisch. Nämlich am Sonntag. Das hing natürlich mit Krieg und Nachkriegszeit zusammen, auch mit dem kärglichen Haushaltsgeld, mit dem die Mutter auskommen mußte. Beides ist heute kein Thema mehr. Obwohl Fleisch nicht gerade billig ist, herrscht dennoch kein Mangel daran, und deshalb gehört Fleisch – in welcher Form auch immer – zu unserem täglichen Speisezettel. Lassen wir die Wissenschaft einmal ganz beiseite und schauen uns nur unsere Kinder an. Welcher Vater kann noch sagen, daß er größer (höher!) ist als sein achtzehnjähriger Sohn? Wissenschaftliche Untersuchungen haben Anfang der neunziger Jahre ergeben, daß Studenten der Karlsruher Universität im Durchschnitt 182,3 Zentimeter groß waren und damit um elf (!) Zentimeter größer als die Studenten zu Anfang des 20. Jahrhunderts.

Fassen wir zusammen: Die Nordmänner, besonders die Adligen unter ihnen, sind – wie gesehen – besonders hoch gewachsen, schrumpfen aber durch Ortswechsel und die damit verbundene Ernährungsumstellung im Laufe des Mittelalters beträchtlich zusammen. Man kann das leicht nachvollziehen, wenn man die Rüstungen in den alten Waffenkammern und Museen betrachtet. Ein Gymnasiast von heute würde keine ihm passende finden. Man kann sogar spekulieren, ob unter anderem eben diese schweren Rüstungen die Ursache für die relative Kleinwüchsigkeit der alten Rittersleut sind. Kelten und Germanen nämlich kämpften, wie uns Caesar und Tacitus berichteten, völlig nackt. Die Pagen und Knappen des hohen Mittelalters dagegen mußten schon im Kindesalter in kiloschweren Harnischen trainieren, das drückt gewaltig nach unten.

Die Reiter des Königs

*Vom Künic und seinen Kriegern · Ein Lehen wird verliehen · 45 Kühe
für Roß und Rüstung · Bei Hofe wird man höflich · Von Rittern
und Raubrittern*

Mit dem Begriff »Mittelalter« untrennbar verbunden ist der Ritter. Wir alle kennen ihn aus unzähligen Büchern und Filmen, und ob er nun Prinz Eisenherz heißt oder Ivanhoe, ist uns höchst schnuppe. Hauptsache, er hat eine schimmernde Rüstung an und reitet mit langer Lanze ins nächstbeste Turnier. Seine Herkunft interessiert uns überhaupt nicht, obwohl das Mittelalter ohne ihn nicht vorstellbar wäre. In der Schule haben wir zumeist erfahren, daß es ihn gibt, aber keineswegs, woher er denn nun stammt. Vielleicht wußten auch viele unserer Lehrer herzlich wenig darüber, aber das wollen wir ihnen nicht zum Vorwurf machen, denn über die Zeit, in der aus Kriegern ganz langsam Ritter wurden, haben selbst Historiker Jahrhunderte hindurch nur sehr dürftig Bescheid gewußt.

Betrachten wir zunächst einmal die Zeitspanne zwischen dem Zusammenbruch des Römischen Reiches während der Völkerwanderung im 4. Jahrhundert und dem Reich Karls des Großen, das im 8. Jahrhundert begründet wurde. Der Begriff »Ritter« ist sehr eng verknüpft mit dem des »Lehen«, und beides ist wiederum derart schwer präzise zu definieren, daß ich darauf verzichten möchte, in die Einzelheiten zu gehen. Man könnte ganze Bücher darüber schreiben, was selbstverständlich auch schon geschehen ist, aber das ist nur etwas für Wissenschaftler, die ich hiermit um Nachsicht bitten möchte, wenn wir die Sache etwas vereinfachen. Ganz auslassen können wir diesen kleinen Ausflug jedoch nicht, weil uns vieles im Mittelalter sonst unverständlich bliebe.

Am besten stellen wir uns wohl einen fränkischen Stammeshäuptling vor, der irgendwo im Rechtsrheinischen wohnt und dem die Decke allmählich auf den Kopf fällt. Zu lange schon keine kriegerischen Auseinandersetzungen mehr; die alten Männer murren, und die Jungen zetteln aus nichtigen Anlässen Streitigkeiten an; der Stammeshäuptling denkt bei sich, es könne ganz sinnvoll sein, die angestauten Aggressionen in eine andere Richtung, nämlich nach Westen zu lenken.

So bricht er zu einem Eroberungsfeldzug auf und überquert an einer flachen Stelle den Rhein. Der Widerstand, den man ihm entgegenbringt, ist schwach, die Reste der römischen Organisationsformen brechen schnell zusammen. Der Häuptling erobert sich ein zunächst noch kleines Reich und nennt sich fortan hochmütig »künic«, was aber nicht mehr heißt als »von edler Herkunft«. Zunächst ist alles ganz einfach. Seine Krieger, zum Teil beritten, erhalten ihren Anteil an der Beute, die in den überfallenen Klöstern und Ortschaften gemacht wurde: goldene Armreifen und Pferde, Silberschmuck und Pelze, Geschirr und Sklaven. Das alles kann man behalten, man kann es aber auch verkaufen oder gegen andere nützliche Dinge eintauschen. Man lebt recht angenehm und wendet sich dem Met und den Mädchen zu. Aber nicht lange, denn ein solches »künicreich« will nicht nur verwaltet, es will auch gegen neidische Nachbarn verteidigt und mit der Zeit natürlich erweitert werden.

Das wiederum bedeutet, daß der »künic«, den wir ab sofort bei seinem späteren Titel »König« nennen wollen, zweierlei haben muß: erstens Beamte, die genau das tun, was sie heute immer noch tun, und zweitens Krieger, die zwar nicht ständig in der Nähe sind, im Notfall aber sehr schnell zu Hilfe kommen können. Und zwar nicht allein. Sie sollen noch ein paar andere mitbringen. Warum aber sollen sie? Nur weil sie sich von einem Beutezug einen fetten Anteil erhoffen? Vielleicht wollen sie gar nicht mehr, als sie schon haben. Vielleicht sind sie fett und faul geworden. Vielleicht möchten sie gerne selber herrschen. Der König muß diese unsicheren Kantonisten also irgendwie an sich binden, und das konnte man auch damals nur mit Geld. Aber das besitzt der König nicht. Er hat zwar ein kleines Reich gewonnen, doch das hat ihm bislang nur Macht, aber noch keinen Reichtum gebracht, wenn man mal von der ersten Beute absieht, die allerdings weitgehend verteilt worden ist.

Immerhin besitzt der König die Verfügungsgewalt über das eroberte Land, und das wird nun verliehen. Er leiht es seinen Kriegern und den höheren Beamten. Diesem einen Bauernhof, jenem eine Abtei, einem dritten ein paar Weinberge und dem vierten zwei Dörfer. Er gibt seinen Getreuen ein »Lehen«, in dem wir unschwer das Wort »leihen« wieder-erkennen, und von den Einkünften aus diesen Lehen bestreiten seine Gefolgsleute von nun an ihren Unterhalt. Jetzt könnte man einwenden, daß viele der Krieger an einer derart bürgerlichen Existenz möglicher-weise überhaupt nicht interessiert waren. Warum haben sie nicht ihre Beute genommen, sie versilbert und sind mit dem Erlös wieder zurück zu Weib und Kind im Rechtsrheinischen gegangen, um sich dort aufs Bärenfell oder auch zu ihrem Liebchen zu legen?

Vielleicht hat's der eine oder andere getan, doch die Zeiten waren unsicher, und so mancher, vermutlich sogar die meisten, haben anders gehandelt. Nicht etwa, weil der König es so wollte, nicht aus Gehorsam, denn dieses Wort war ihnen völlig unbekannt. Die Germanen schätz-ten ihre persönliche Freiheit sehr hoch ein, und einen König wählten sie sich anfangs nur für einen einzigen Kriegszug. Davor und danach war er genauso ein Krieger wie alle anderen. Man konnte ihn zwar erneut wählen, wenn wieder einmal eine Auseinandersetzung anstand, aber wenn man mit seinen Führungsqualitäten im letzten Krieg nicht zufrie-den gewesen war, konnte man sich auch einen anderen suchen. Einen König auf Lebenszeit, geschweige denn eine Herrscherdynastie – damit hätte sich kein Germane abgefunden.

Langsam, langsam ändern sich die Zeiten und damit auch die Um-stände. Andere Völker bedrohen die Stammesgrenzen. Es erscheint sinnvoller, sich abzusichern. Schließlich hat man Familie, und nun auch noch die Neueroberungen im Westen. Kurz: Man beschließt, dem augenblicklichen Anführer Treue zu geloben, und erhält dafür nicht nur ein Lehen, sondern obendrein den Schutz durch den König und all seine anderen Lehnsmänner, falls einem mal irgendwer ans Fell will. In leichter Übertreibung kann man sogar sagen, daß sich die Edelinge dem König gegenüber in eine Art vornehmer Knechtschaft begeben. In England jedenfalls hießen sie von da an Knight, Knecht.

Die Formalität ist relativ einfach. Der Krieger des Königs legt sei-ne gefalteten Hände in die seines Herrn und gelobt ihm feierlich, daß er jederzeit zur Stelle sein werde, falls der König ihn brauche. Da-für wiederum leiht ihm der König einen bestimmten Flecken Landes inklusive allem, was darauf lebt und wächst, und aus den Erträgen dieses Lehens wird der Krieger künftig auch seine Waffen bezahlen, die er nun mal zum Kriegsdienst braucht. Außerdem verpflichtet er sich, je nach Größe des Lehens eine gewisse Zahl anderer Krieger und Knechte mitzubringen, wenn der König ruft. Auf die gleiche Art werden auch die Beamten verpflichtet, die am Königshof oder anderswo Dienst tun. Man nennt sie im Mittelalter die »Ministerialen«, ein Wort, das bei unserem heutigen »Minister« Pate gestanden hat. Auch sie werden vom König belehnt, und wenn sie nicht ordentlich spuren, wirft er sie hinaus und nimmt ihnen das Lehen wieder ab.

Natürlich wurden nicht nur Dörfer, Weinberge oder anderer Kleinbesitz als Lehen vergeben, sondern auch ganze Städte, Ländereien, Grafschaften oder sogar Herzogtümer. Teile des Lehens wiederum konnten vom Lehnsempfänger an seine Untertanen weiterverliehen werden, so daß mit der Zeit eine gigantische Machtpyramide entstand. Ganz oben der König, darunter die Herzöge und Erzbischöfe, darunter die Grafen und so weiter bis hin zum relativ kleinen, aber immer noch mächtigen Großgrundbesitzer, der ebenfalls eine Anzahl von Abhängigen besaß, die für ihn arbeiteten.

Daraus ergab sich jedoch für das Deutsche Reich zwangsläufig ein beklagenswertes Dilemma. So konnte beispielsweise jemand, der tief unten in der Pyramide angesiedelt war, in der Tat mehrere Herren haben, von denen er ein Lehen erhalten und denen er gleichermaßen die Treue geschworen hatte. Es war durchaus möglich, daß er vom Herzog Zollrechte am Rhein, vom Abt eine Vogtei und vom König eine Wassermühle und deren Erträge als Lehen besaß. Gerieten sich nun – was nicht gerade selten war – der Abt und der Herzog oder gar der Herzog und der König in die Haare, war der Lehnsmann hin und her gerissen, denn er war jedem seiner Herren verpflichtet. Wem mußte er nun zu Hilfe eilen?

Durch diese Rechtsunsicherheit, aber auch durch die spätere Erblichkeit des Lehens wurde das Deutsche Reich zu jenem Fleckenteppich, wie wir ihn aus dem 19. Jahrhundert kennen. Den englischen und französischen Königen dagegen war es gelungen durchzusetzen, daß jeder Lehnsmann in erster Linie dem König untertan war, denn er war ja der oberste aller Lehnsherren. Erst danach kamen die Ansprüche der anderen, was natürlich eine ungeheure Stärkung der königlichen Zentralmacht darstellte. Genau das aber hatten die deutschen Herzöge von Anfang an zu verhindern gewußt.

Wir halten fest: Um Ritter zu werden, brauchte man zunächst nicht frei zu sein. Die meisten Beamten waren sogar unfrei, aber durch ihre verantwortungsvolle Tätigkeit im Dienste des Königs standen sie haushoch über anderen Unfreien. Außerdem wurden die Tüchtigsten unter ihnen ebenso wie die Kampfgenossen des Königs mit Lehen belohnt und in kurzer Zeit relativ wohlhabend. Dies aber und nichts anderes war neben militärischer Ausbildung und persönlicher Tapferkeit die einzige Voraussetzung, ein »Reiter« zu werden und Kriegsdienst zu verrichten. Es gab zwar den alteingesessenen Adel, ob er nun aus einer alten germanischen Sippe oder aus spätrömischen Senatorenfamilien stammte, aber zunächst einmal war nicht jeder Adlige ein »Reiter« und nicht jeder »Reiter« ein Adliger.

Reichtum allein war zu Anfang ausschlaggebend, denn für sein Lehen erwartete der König nicht nur, daß seine Krieger zur Stelle waren, wenn er sie brauchte. Sie mußten auch (auf ihre eigenen Kosten) entsprechend ausgerüstet sein, und das war nicht gerade billig! Schon zu Karls des Großen Zeiten mußte man damit rechnen, daß Schlachtroß und Ausrüstung etwa so viel kosteten wie 45 Kühe, und da der Lehnsmann gefälligst etliche Gefolgsleute zum Kriegszug mitzubringen hatte, war das schon eine ganz schön teure Angelegenheit.

Erhalten ist uns ein Schreiben Karls des Großen an den Abt Fulrad von Saint-Quentin, in dem es heißt: »Es wird dir hiermit bekanntgegeben, daß wir unsere Reichsversammlung in diesem Jahr in das östliche Sachsen einberufen haben. Wir befehlen dir, daß du mit all deinen Männern an den 15. Kalenden des Juli dorthin kommst. Deine Gefolgschaft muß vollständig ausgerüstet sein mit Waffen, sonstigem Kriegsgerät, Lebensmitteln und Kleidung. Jeder Reiter muß einen Schild, eine Lanze, einen Bogen und einen Köcher, gefüllt mit Pfeilen, bei sich haben. Vom Datum der Versammlung aus gerechnet muß der Proviant für drei Monate reichen. Waffen und Kleider sind für ein halbes Jahr mitzuführen. Auf dem Weg zum Versammlungsort darf nichts vom Volk beansprucht werden außer Futter für die Pferde, Brennholz und Wasser.«

Damit wird klargestellt, daß die einheimische Bevölkerung unter keinen Umständen schikaniert und ausgeplündert werden darf. Man sollte über diesen Befehl des Kaisers nicht allzu schnell hinweglesen, sondern sich einmal vorstellen, was es für unsereinen bedeuten würde, wenn unser Chef uns mitteilen ließe, wir hätten auf eine Dienstreise zu gehen und unser gesamtes Essen für die nächsten drei Monate mitzunehmen, weil es unterwegs nichts zu kaufen geben wird!

Karl der Große konnte seinen Männern durchaus einen solchen Befehl erteilen, und er hat auch dafür gesorgt, daß während eines solchen Unternehmens weiterhin das Land bestellt und die Ernte eingefahren werden konnte. Ein entsprechendes Gesetz befiehlt daher: »Wer drei Hufen Land besitzt, soll sich mit dem Eigentümer einer einzigen Hufe zusammentun, auf daß dieser ihn unterstütze, so daß er für beide den Kriegsdienst leisten kann. Wer dagegen nur eine einzige Hufe besitzt, der schließe sich mit drei gleich Armen zusammen. Einer von ihnen soll den Heeresdienst leisten, während die anderen das Land bearbeiten und seine Familie unterstützen.«

Nun waren selbstredend nicht alle Untertanen des Lehnsmanns darauf erpicht, mit ihm in den Krieg zu ziehen, doch da wurde kein Pardon gewährt. Jeder, der in der Lage war, Waffen zu tragen, wurde in Notzeiten Soldat. Allerdings gab es wie fast immer und überall ein Hintertürchen: Wer in den geistlichen Stand eintrat, blieb vom Dienst mit der Waffe verschont. Ersatzdienst also auch schon im Mittelalter! Man kann sich vorstellen, daß die Qualität der Priester durch solche Praktiken nicht gerade verbessert wurde. Notker von St. Gallen wußte schon, warum er sein Klagelied anstimmte.

Aber zurück zum Wehrdienst. Zunächst brauchte man als Krieger des Königs zwar nicht unbedingt ein Pferd, aber spätestens seit dem Ungarnfeldzug Ottos des Großen 955 änderte sich die Art der Kriegführung radikal. Die Pferde wurden jetzt mit Hufeisen beschlagen, der Steigbügel wurde eingeführt, und nun zeigte sich, daß ein Kämpfer zu Pferd, ausgerüstet mit langer Stoßlanze, dem Fußsoldaten mit Kurzschwert oder Streitaxt haushoch überlegen war. Aus den Kriegern wurden endgültig »Reiter«, und da haben wir ihn endgültig zur Welt gebracht, den mittelalterlichen »Ritter«.

Das Mittelalter selbst jedoch hat noch sehr viel länger gebraucht, um ihn beim Namen zu nennen, denn ursprünglich bezeichnete man den Kämpfer nach dem lateinischen Wort ganz einfach als »miles« (daher kommt unser Wort Militär), später allerdings schon auf Althochdeutsch als »ritande«, auch wenn er da noch nicht unbedingt auf einem Pferd saß. Das Wort »Ritter« dagegen setzte sich ganz langsam durch und wird erst im 12. Jahrhundert zu einer Kastenbezeichnung. Dies ist auch der Moment, wo es der nichtritterliche Hochadel schick findet, sich zum Rittertum zu bekennen. Bis dahin hatte man auf die häufig sehr derben und ungebildeten Haudegen ziemlich hochnäsig herabgeblickt.

So um das Jahr 1200 herum schreibt man nicht mehr »rîter«, sondern hat das zweite »t« hinzugefügt, und dieser »Ritter« soll nun nicht mehr jener rabiate Totschläger von gestern sein, sondern er hat – theoretisch wenigstens – gewisse Aufgaben und Verpflichtungen. Ein völlig neues Ideal wird geboren. Der Ritter hat seinem Herrn zu dienen, was selbstverständlich ist, der Kirche, was einigermaßen neu ist, und den Frauen, was nun absolut ungewohnt ist für einen mittelalterlichen Recken, aber darüber an anderer Stelle mehr.

Ein rechter Ritter soll sich nicht austoben, nicht herumhuren, nicht saufen und nicht raufen. Er sitzt schließlich auf einem Pferd und ist allein deshalb gleichsam über alle anderen Menschen erhöht. Ohne Pferd ist er gar nicht mehr vorstellbar. Neben seinem eigentlichen Schlachtroß hat er noch ein zweites, auf dem er in die Schlacht reitet, und außerdem noch ein Packpferd für das ganze Zeug, das er mit sich herumschleppt. Und während seiner langen Erziehung wird ihm immer wieder eingetrichtert, daß er sich »ritterlich« zu verhalten habe, daß man von ihm Dienst erwarte und nicht Herrschaft, Verzicht und keinen Luxus.

Die Kriegerkaste schafft sich auch einen Ehrenkodex. Undenkbar wäre es, wenn ein Ritter seinen Rivalen auf andere Weise töten würde als im Zweikampf. Ein feiger Mord von hinten ist jenseits aller Vorstellungskraft. Aber ein solches Ehrverhalten ist für die Menschen jener Zeit höchst ungewöhnlich, und daher muß es von Jugend an antrainiert werden.

Die Ausbildung eines heranwachsenden Jünglings und seine endgültige Aufnahme in die Gemeinschaft der Ritter verlief in jedem

Jahrhundert anders. Selbst im 12. Jahrhundert, als schon bestimmte Regularien festgelegt waren, wird es immer noch Unterschiede gegeben haben zwischen den Söhnen des Kaisers und denen eines kleinen Ritters irgendwo im Westerwald. Unter Friedrich Barbarossa wurde die Kriegerkaste schließlich nach unten abgeschottet. Ritter konnte man von da an nur noch werden, wenn auch der Großvater schon Ritter gewesen war, und wo in früheren Jahrhunderten noch Reichtum und Ansehen ausgereicht hatten, mußte man nun eine entsprechende Ahnenreihe vorweisen können. Söhne von Bauern, Priestern, Handwerkern und Kaufleuten hatten keine Chance mehr, Ritter zu werden. Wenigstens vorläufig nicht. Später wird sich das wieder ändern. Zunächst einmal gliedert sich die Gesellschaft in drei Stände, von denen der eine kämpfen, der andere beten und der dritte arbeiten sollte.

Bleiben wir aber in der Blütezeit des Rittertums unter den Staufern, und sehen wir uns einmal an, was so ein kleines Bürschchen durchmachen mußte, um endlich ein Ritter zu werden. Als Kind wohnt der Knirps noch im Frauenhaus der väterlichen Burg, wo man – je nach Stand der eigenen Bildung – versucht, ihm Lesen und Schreiben beizubringen und auch wenigstens ein gewisses Maß an Benimm und religiösen Grundkenntnissen. Mit sieben oder acht Jahren jedoch ist die Kindheit zu Ende. Der Vater hat seine Beziehungen spielen lassen und schickt den Knaben jetzt an einen anderen Hof oder auf eine andere Burg, wo er zunächst einmal der Dame des Hauses als Page oder Edelknabe zu dienen hat. Am fremden Hof lernt er unter anderem, »höflich« zu werden. Bei Hofe macht es sich gut, wenn man ein bißchen zu tanzen versteht, das Schachspielen beherrscht – ja, auch ein wenig von jenem besonderen Französisch kann nicht schaden, denn schließlich kommen die Troubadoure aus Südfrankreich, und deren Lieder sollte man schon verstehen können.

Allzu viel Gelehrsamkeit braucht man natürlich nicht. Darauf achtet schon der Burgherr, denn er hat sich schließlich verpflichtet, aus dem Pagen einen Ritter zu machen, aber das hat noch Weile. Zunächst muß er reiten lernen, das ist das Wichtigste, und jagen natürlich. Verweichlichung ist verpönt. Der Page ist zwar noch ein Kind, aber behandelt wird er wie ein Mann. Rund sieben Jahre lang. Mit 14 oder 15 wird er Knappe, und für manche ist da schon Endstation, denn Ritter wird man nicht automatisch. Man muß sich zuvor bewähren, und das wiederum etwa sechs bis sieben Jahre lang.

Der Knappe wird nunmehr einem Ritter zugeteilt, dem er zu dienen hat. Er sorgt für dessen Kleidung, wartet ihm beim Festmahl auf, übt mit ihm den ritterlichen Zweikampf und zieht mit ihm in die Schlacht. Bewährt er sich, wird der Ritter, dem er dient, noch einen anderen Ritter suchen, der gleich ihm bezeugen wird, daß der inzwischen etwa zwanzigjährige Knappe adliger Herkunft, christlich getauft und der Aufnahme in den Ritterstand würdig ist. Nun muß nur der geeignete Tag gefunden werden, an dem die »Schwertleite« vollzogen werden soll. Das kann zum Beispiel ein Reichstag sein oder das Treffen vor einem Kriegszug, wo zuweilen Hunderte von Knappen zu Rittern geschlagen wurden. Ist jedoch kein solcher Termin absehbar, wählt man einen hohen Feiertag, Ostern zum Beispiel, oder den Namenstag eines Heiligen, den die Ritter besonders verehren, den des heiligen Martin etwa oder des heiligen Georg.

Ursprünglich war das Ganze eine höchst weltliche Prozedur, aber zunehmend beteiligte sich die Kirche an der Zeremonie, was allerdings weniger aus religiösen als vielmehr aus politischen Absichten geschah. Rom hatte handfeste Gründe, sich angesichts des ständig schwelenden Streits zwischen Papst und Kaiser der Loyalität der jungen Ritter zu versichern. Ein (auch) kirchlich geweihter Ritter würde sich im Zweifelsfall schwerer tun, bei einem möglichen Konflikt sein gesegnetes Schwert gegen Rom zu zücken oder einem vom Papst gebannten Kaiser die Treue zu halten.

Also verging die Nacht vor der Schwertleite für den Knappen mit Fasten und Beten, einem rituellen Bad und der Beichte. Der uns vertraute »Ritterschlag« setzte sich übrigens in Deutschland erst sehr spät durch. Noch verlief die feierliche Zeremonie anders: Der Knappe wurde mit Helm und Harnisch ausgerüstet, erhielt Lanze, Sporen und vor allem das eigene Schwert. Jede Übergabe wurde mit ernsten Ermahnungen begleitet. Bei allem, was er tue, solle der junge Ritter die »mâze« im Auge behalten, eine der ritterlichsten Tugenden überhaupt und besonders wichtig in einem Zeitalter, wo Exzesse aller Art üblich waren: beim Essen und bei Fastenübungen, in der Lust und im Haß. Ebenso gefordert wurde vom Ritter die »staete«, ein schwer zu übersetzendes Wort. Es umfaßt Eigenschaften wie Ausdauer und Beharrlichkeit, Zuverlässigkeit und Treue. Letztendlich verlangt man von ihm Keuschheit und Milde, Freigebigkeit gegenüber den Armen und Schutz von Witwen und Waisen. Ein ganzer Tugend-Katalog, und er ist selbstverständlich auch nur pure Theorie, denn die alten Rittersleut' waren in ihrer Mehrzahl natürlich ganz anders – aber wer ist schon unfehlbar. Immerhin: Die Ritter hatten plötzlich ein Ideal, und viele bemühten sich durchaus, ihr Gelübde zu halten.

Das trifft auch für die Mitglieder der Ritterorden zu, die im Verlauf der Kreuzzüge entstanden. Eine merkwürdige Männergesellschaft: Ritter und Mönche zugleich. Die Grundidee war, Pilger, die ins Heilige Land kamen, zu betreuen. Ihre Aufmerksamkeit galt neben dem Kampf gegen die Heiden vor allem den Kranken, und deshalb gründeten sie zunächst einmal Krankenhäuser, Hospitäler also, nach denen sie sich »Hospitaliter« nannten. Sehr schnell bekamen sie jedoch Konkurrenz in den Johannitern und den Templern, die sich ähnliche Ziele gesetzt hatten, aber schon bald zu einer Art Staat im Staate wurden. Sehr viele ihrer Patienten vererbten ihnen aus Dankbarkeit für die Betreuung ihr Vermögen. So wurde bald aus der ursprünglichen Gesellschaft ritterlicher Krankenpfleger eine Macht, die nicht nur militärisch außerordentlich schlagkräftig, sondern durch ihren Reichtum auch in der Lage war, die politische Landschaft ihrer Zeit entscheidend mitzuprägen.

Da sich die Deutschen erst relativ spät mit bedeutenden Kontingenten an den Kreuzzügen beteiligten, waren sie in diesen Orden kaum vertreten. Sie gründeten daher später in einem ersten Aufwallen von Nationalbewußtsein den Deutschritterorden, der sich jedoch weniger in Palästina hervortat als vielmehr an den deutschen Ostgrenzen. Aber auch die Blütezeit dieses Ritterordens war recht kurz und der Untergang absehbar. Dies zu beschreiben würde jedoch ebenfalls ein eigenes Buch füllen. Wir wollen hier nur festhalten, daß sich Teile des Rittertums durchaus hohe Ziele gesetzt und sie auch vorübergehend erreicht haben. Daß sie letztlich scheiterten, spricht keineswegs gegen die lobenswerte Idealvorstellung.

Der Niedergang des Rittertums beginnt in der sogenannten kaiserlosen Zeit, also zwischen 1250 und 1273. Die Staatsgewalt liegt danieder, das alte Treueverhältnis zwischen Lehnsgeber und -empfänger steht nur noch auf dem Papier. Was zählt jetzt noch der arme Ritter auf seiner immer noch arg bescheidenen Burg mit seinem Mini-Lehen gegenüber dem Reichtum der aufblühenden Städte!

Das aus den Fugen geratene Verhältnis zwischen Ritter und Bürger hat später der Südtiroler Dichter Oswald von Wolkenstein, der von 1377 bis 1445 lebte, in einem seiner Streitlieder dargestellt. Ein fescher Junker und ein reicher Bürger diskutieren mit einer erfahrenen Kupplerin, welcher Mann bei den Damen wohl größere Chancen besitze: der vornehme, wenn auch leicht verarmte Adlige mit dem geschliffenen Benehmen oder der kreuzbrave, zurückhaltende Bürger mit dem prallen Geldsack. Die alte Vettel entscheidet, daß höfisches Benehmen und Tapferkeit vor dem Feind zwar sehr löblich seien, einem jungen Mädchen aber weit weniger imponierten als das Geschenk eines schikken Kleides mit dem entsprechenden Geschmeide.

Dieser Urteilsspruch empört den Ritter derart, daß er der Alten höchst unritterlich ein paar Zähne ausschlägt. Der Bürger dagegen gibt der Kupplerin ein ansehnliches Schmerzensgeld und verspricht ihr noch mehr, wenn sie ihm ein knackiges Mädchen fürs Bett beschaffe. Also Sieg des schnöden Mammons auf der ganzen Linie, und der Ritter hockt voll Frust in seiner armseligen Burg. Freund Wolkenstein über seine Gemütslage:

»Wohin ich schau: Es stößt der Blick
auf Schlacke teuren Schmucks.
Kein feiner Umgang mehr, stattdes:
nur Kälber, Geißen, Böcke, Rinder
und Bauerndeppen, häßlich, schwarz,
im Winter ganz verrotzt.
Macht froh wie Pansch-Wein, Wanzenbiß ...
In der Beklemmung hau' ich oft
die Kinder in die Ecken.
Da kommt die Mutter angewetzt,
beginnt sogleich zu zetern ...«[*]

---

[*] Zitiert nach: Dieter Kühn, *Ich Wolkenstein. Eine Biographie.* Frankfurt/Main 1988. Insel Taschenbuch, Nr. 497.

So haben wir uns das Leben von Ivanhoe sicherlich nicht vorgestellt. Wen wundert's, daß der Ritter neidisch auf den früher so verachteten Burgmann schaut, der inzwischen zum Bürger geworden ist, und zwar zu einem ziemlich wohlhabenden Bürger. Der Ritter kann keinem Leibeigenen mehr befehlen, er möge ihm gefälligst einen Panzer schmieden oder sein Pferd beschlagen. Jetzt heißt es, in die Stadt zu reiten und die Handwerker zu bezahlen. Doch der Ritter hat kein Geld. Von den Einkünften aus seinem Lehen kann er vielleicht gerade noch seinen Lebensunterhalt bestreiten, aber Luxus kennt er nicht. Genau den beobachtet er neuerdings unter seinen ehemaligen »Burcliuten«, den Bürgern in der Stadt, die ihre Gründung doch nur seinen Vorfahren zu verdanken hat.

Und da kommt der Ritter, der schon lange nicht mehr zum Kriegsdienst einberufen worden ist, auf die naheliegende Idee, sich das, was ihm seiner Meinung nach ohnehin gehört, mit Gewalt zu holen. Soll er etwa zuschauen, wie unten auf der Straße jeden Tag die Wagen der reich gewordenen »Pfeffersäcke« vorbeirollen, die mit den schönsten Sachen beladen sind, während er in seinem klammen Gemäuer hockt? Und so sucht er zunächst einen Vorwand, um der Stadt die Fehde anzusagen. Das ist völlig legal, wenn die Spielregeln eingehalten werden. Eine Beleidigung beispielsweise ist immer ein guter Anlaß. Dann kann er der Stadt auf den Pelz rücken. Aber die Bürger sind ja auch nicht gerade dumm. Sie haben ihre Stadt befestigt, und da der Ritter nur eine kleine Schar hat zusammenbringen können, holt er sich bei dem Versuch, die Wachen am Stadttor zu überrumpeln, lediglich einen blutigen Kopf.

Also läßt er sich etwas anderes einfallen. Wenn in der Stadt selbst nichts zu holen ist, weil die Bürgerwehr offensichtlich auf der Hut ist, muß er sich eben bedienen, bevor seine angepeilte Beute hinter den Mauern verschwunden ist. Er muß nur – ohne die gesetzliche Basis natürlich – die Straße blockieren und einen Wegezoll erheben. Das bringt auf Dauer jedoch nicht allzuviel ein, und daher beschließt er, sich nicht mit derlei umständlichen Prozeduren aufzuhalten, sondern die Waren gleich ganz zu »beschlagnahmen«, notfalls mit Gewalt. So etwas nennt man heute schlicht und einfach schweren Raub. Und damit ist leider Gottes der Raubritter geboren.

Man muß zugeben, daß viele Ritter unverschuldet in diese soziale Notlage geraten sind, aber dennoch können wir ihr Treiben nicht entschuldigen. Schließlich hatten sie sich einem hohen Ideal verschrieben, und – Armut hin oder her – die Verbrechen, derer sich zahlreiche Ritter nun schuldig machten, sind durch nichts zu rechtfertigen.

Eine der bösartigsten Entgleisungen des Raubrittertums war die zunehmende Anzahl von Geiselnahmen, um Lösegeld zu erpressen. Wer heute eine mittelalterliche Burg besucht, wird fast immer den Kerker erhalten finden, denn das Verlies lag gemeinhin unter dem Bergfried und damit eigentlich unzerstörbar tief in der Erde. Oben in der Decke befindet sich ein Loch, durch das man den Gefangenen abseilen und ihm auch das höchst karge Essen hinunterwerfen konnte. Natürlich gab es in diesem Keller weder Heizung noch ein Fenster und damit auch kein Licht. Wenn man bedenkt, was es bedeutet haben muß, in einem solchen feuchtkalten Loch monatelang, vielleicht sogar jahrelang gefangen zu sein, muß man sich wirklich wundern, daß Menschen eine solche Haft überstanden haben. Schafften sie es tatsächlich, waren sie wohl für ihr Leben lang geistig und körperlich gezeichnet.

Zwischen Geiseln und Geiseln gab es allerdings große Unterschiede. Ein adliger Gefangener wurde zumeist in ehrenvoller Haft gehalten, beispielsweise Richard Löwenherz. Es gab sogar Fälle, wo eine Geisel gegen ihr Ehrenwort vorübergehend aus der Haft entlassen wurde, um zu Hause irgendwelche Dinge zu regeln oder auch um das Lösegeld einzutreiben, und es war völlig selbstverständlich, daß der Gefangene freiwillig in seinen Kerker zurückkehrte. Das aber waren die Ausnahmen. Angesichts der grausigen Verhältnisse in einem mittelalterlichen Verlies bemühten sich die Verwandten deshalb nach Kräften, die geforderte Lösegeldsumme so schnell wie möglich aufzutreiben.

Dann aber erscheint der erste Habsburger auf der Bildfläche. Rudolf heißt er, und man traut ihm nicht viel zu, denn sonst hätten die stolzen Fürsten ihn wohl kaum zu ihrem König gewählt. Aber sie haben sich ebenso sehr geirrt wie jene, die den ersten Sachsen, Heinrich I., als König akzeptierten. Rudolf ist nur ein kleiner Graf, aber er ist zäh, schlau, und er hat einen Sinn für das Notwendige und Machbare. Notwendig ist zunächst einmal der Frieden im Reich, viel wichtiger beispielsweise als der Kampf um Italien, der seine Vorgänger so viel Kraft gekostet hat. Dieser Habsburger, den viele wegen seiner langen Nase verspotten, vereinigt sich mit den Städten, in denen er instinktiv seine stärksten und vor allem zuverlässigsten Verbündeten erkennt. Mit ihnen zusammen macht er sich auf, dem Raubrittertum ein Ende zu bereiten, und nichts liegt den reich gewordenen Bürgern mehr am Herzen als die Sicherung ihrer Handelsstraßen.

Ein Raubritternest nach dem anderen wird zerstört, die Ritter selbst werden ohne Ansehen ihres Standes aufgeknüpft oder gar geviertelt. In wenigen Jahrzehnten ist der böse Spuk vorbei, was allerdings nicht heißt, daß es keine Überlebenden gegeben hätte. Das Rittertum ist durchaus nicht erloschen, aber ihre eigentliche Bestimmung, die zuverlässigen »Reiter des Königs« zu sein, haben sie verloren. Angeworbene Söldner schlagen nun die Schlachten, und einige Ritter werden später eine merkwürdige Allianz mit aufrührerischen Bauern eingehen. Die bekanntesten unter ihnen sind sicherlich Florian Geyer und natürlich jener Götz von Berlichingen, der dem Hauptmann seines Kaisers ausrichten läßt, daß er ihn, na Sie wissen schon, wo und was!

Zitieren wir ein letztes Mal unseren Kronzeugen Oswald von Wolkenstein, der einen fiktiven Raubritter gestehen läßt:

»In Rauben, Stehlen, Töten bin ich groß,
will Leben, Ehre und Besitz von anderen,
beachte nie die Fast- und Feiertage,
falsch Zeugnis geben fällt mir leicht.
Im Spielen, Raffen bin ich unersättlich,
bin untreu, falsch, benutze Zauberei,
Verrat begehe ich und lege Feuer.
Voller Hoffart ist mein Leben.
Die Habgier läßt mir selten Ruh,
und Spott, Zorn, Unzucht sind mir wohlbekannt,
und Prassen, Saufen, früh und spät.
Bin eselsträge, hundescharf.

... Die Nackten hab' ich ignoriert,
den Armen Durst und Hunger nicht gestillt.

Wer krank, gefangen, sterbend, heimatlos –
ich habe ihm Erbarmen nie gezeigt!
Vergossen habe ich unschuldig Blut,
den Bauern bürd' ich große Lasten auf.
Auch treibe ich die Sodomie,
verdienten Lohn entrichte ich nur halb ...«[*]

So waren sie also zu guter Letzt tatsächlich, unsere Raubritter, und der Oswald Wolkenstein wußte, worüber er schrieb, denn er war schließlich einer von ihnen.

[*] Zitiert nach: Dieter Kühn, *Ich Wolkenstein. Eine Biographie.* Frankfurt/Main 1988. Insel Taschenbuch, Nr. 497.

Barbarossa und sein Freund und Dämon

Augenzeugenbericht: *Rainald von Dassel wird Kanzler · Lehen oder Wohltat? · Der Erzbischof von Köln · Das Schisma · Die Pestilenz · Zeitraffer*

I ch bin Friedrich, der erste Kaiser dieses Namens und durch Gottes Gnade (und nicht durch die des Papstes!) Herrscher des Heiligen Römischen Reiches Deutscher Nation. Ich spüre in mir die Berufung, diesem anspruchsvollen Titel wieder einen Sinngehalt zu geben. Was in den letzten Jahrhunderten geschehen ist, kümmert mich wenig. Ich bin der Kaiser, und zwar der Kaiser der Deutschen, aber auch der Römer, Italiener, Franzosen, Engländer, Spanier und noch vieler anderer Völker. Mein Ziel war immer ganz klar, und es schert mich nicht, welche Zugeständnisse einige meiner Vorgänger aus schierer Hilflosigkeit dem Bischof von Rom gemacht haben. Der Papst soll sich um die Kirche kümmern. Mir dagegen ist es bestimmt, über das Wohl des Reiches zu wachen. Und zwar ohne jede Einmischung von anderer Seite.

Das ist schon immer mein fester Wille gewesen, denn voller Abscheu habe ich mitansehen müssen, wie mein Vorgänger und Onkel Konrad III. sich unter dem Einfluß seiner geistlichen Berater vor dem Papst duckte. Als er schließlich das Zeitliche segnete, wollten die Kleriker im Reich seinen sechsjährigen Sohn zum König erheben und unter die Regentschaft des Erzbischofs von Mainz stellen, der noch sehr viel päpstlicher war als der Papst, sofern dies überhaupt möglich ist. Aber gottlob gab es da noch eine starke Opposition, und nach Konrads Tod trafen wir uns alle in Köln, um über die Nachfolgefrage zu reden.

Hinter dem Kloster der heiligen Ursula gibt es einen verschwiegenen Garten, wo innerhalb weniger Tage mehr Unter-vier-Augen-Gespräche geführt wurden, als der Erzbischof von Mainz und seine Anhänger ahnen konnten. Es war kein Zufall, daß diese Diskussionen gerade dort geführt wurden. Die Äbtissin Gepa nämlich ist die Schwester eines gewissen Rainald von Dassel, den ich schon vor zwei Jahren einmal getroffen hatte. Er war nur ein paar Jahre älter als ich und bereits Mitglied des Domkapitels von Hildesheim. Außerdem besaß er das Vertrauen des vergreisten und blinden Bischofs Bernhard. Als man ihm nach dessen Tod das Amt antrug, schlug er es aus. Der schlaue Fuchs! Er wollte höher hinaus und nicht in Hildesheim versauern.

Rainald hat mich schon bei unserer ersten Begegnung fasziniert, und heimlich ließ ich Erkundigungen über ihn einholen. Ich erfuhr, daß er der zweitgeborene Sohn des Grafen Rainald I. von Dassel war, an der Werra zu Hause, und daß es neben der schon erwähnten Schwester Gepa noch einen älteren Bruder namens Ludolf gab, der natürlich das väterliche Erbe antreten würde. Damit war Rainalds Weg automatisch vorgeschrieben: Er mußte in den geistlichen Stand eintreten und zunächst einmal studieren. Unter anderem in Paris bei einem gewissen Abaelard, dessen Verhältnis gegenüber Rom außerordentlich gespannt war. Entsprechend ketzerisch waren die Theorien, die er vertrat. Ein Grund mehr für mich, mir seinen begabten Schüler anzusehen.

Ich wußte zwar, daß er auch mit Männern, die nicht unbedingt zu meinen Freunden zählten, in Kontakt stand, zum Beispiel mit dem alten Wibald von Stablo, dem Rom-hörigen Abt von Corvey, aber das störte mich keineswegs. Ich wußte: Wenn Rainald mit gewissen Menschen verkehrte, geschah dies nie ohne Grund, und seine Absichten waren stets lauter. Auch in jenem Jahr des Herrn 1152, als er die Geheimgespräche im Garten von St. Ursula in Köln arrangierte, die dazu führten, daß ich schließlich gegen den Willen des Papstes in Frankfurt zum König gewählt wurde. Und zu denen, die fortan mein Vertrauen genossen, zählte naturgemäß von Stund an auch jener Rainald von Dassel.

Ich hatte mich nicht in ihm getäuscht. Er war stolz, manchmal sogar hochfahrend, gebildet, beredt, stur, streitsüchtig, charmant, hinterlistig, vor allem aber loyal. Er hätte einen Buckel und einen Klumpfuß dazu haben können – es hätte mich nicht gestört, doch er war von angenehmem Äußeren. Weder zu groß noch zu klein, weder dicklich noch dürr. Seine Haut war leicht gerötet, sein Haar weich und blond. Man hätte ihn für weibisch halten können, aber seine Energie war unerschöpflich.

Zweifellos war er fromm; er wußte allerdings sehr wohl mit dem Schwert umzugehen, und ich könnte nicht sagen, was ich am meisten an ihm rühmen sollte: seine Freigebigkeit oder seinen Lebenswandel, der – wie selbst seine schlimmsten Feinde zugeben mußten – ohne jeden Tadel war. Ich weiß zum Beispiel nicht, was er von mir hielt, als ich ihn mit einer Gesandtschaft nach Rom schickte, um die Ehe mit meiner elsässischen Frau Adelheid von Vohburg annullieren zu lassen. Wegen allzu naher Verwandtschaft selbstredend. Tatsache war, daß Adelheid mir zum Hals heraushing, und das wußte mein sittenstrenger Rainald natürlich. Nichtsdestoweniger brachte er den Papst dazu, die Ehe für ungültig zu erklären. Rainald nämlich hatte herausgefunden, daß mein Ur-Ur-Großvater der Bruder von Adelas Ur-Ur-Ur-Großmutter gewesen ist, und hatte dann den Papst irgendwie zur Annullierung der Ehe überredet.

Mit Päpsten konnte er wirklich gut umgehen. Kurz zuvor hatte er in Vertretung des greisen Bischofs von Hildesheim an einem Konzil in Reims teilgenommen. Dort hatte der Papst eine Unmenge von Dekreten verlesen, die sich hauptsächlich mit dem Verhalten der Priester in der Öffentlichkeit beschäftigten. Unter anderem wollte er den Geistlichen verbieten, bunte Pelze zu tragen. Niemand widersprach, obwohl alle Anwesenden wußten, daß – vom Heiligen Vater angefangen – kein höherer geistlicher Würdenträger auf den liebgewonnenen Pomp verzichten würde. Nur ein gewisser junger Dompropst fragte den Papst sarkastisch, ob er wirklich glaube, daß ein solches Dekret überhaupt einen Sinn mache, wenn es ohnehin von niemandem befolgt würde. Verblüfft von solcher Offenheit zog Eugen III. das Dekret zurück. Dieser Rainald war schon ein Mann nach meinem Herzen.

Außerdem war ich meine alten Ratgeber, die zum Teil noch aus der Zeit von Onkel Konrad übriggeblieben waren, endgültig leid. Die einen waren verkalkt, die anderen verstanden sich für meine Begriffe etwas zu gut mit Rom. Ich brauchte jemanden, der jung und dynamisch war, der mich überzeugte, wenn ich zweifelte, der mich antrieb, wenn ich zögerte, der strenge Bestrafung durchsetzte, wenn ich Milde walten lassen wollte. So machte ich denn Rainald zu meinem Kanzler. Damit war er nicht nur der Chef der Reichskanzlei, wo alle wichtigen Urkunden ausgestellt werden, damit war er auch mein Kopf und mein rechter Arm.

Es hat beileibe nicht an Mitmenschen gefehlt, der Papst natürlich immer vorneweg, die mich vor Rainald gewarnt haben, und ich gebe auch zu, daß er in seinem Eifer für die Sache des Reiches hin und wieder zu weit gegangen ist. Kein einziges Mal aber habe ich ihm egoistische Motive nachweisen können. Stets hat er versucht, ausschließlich meine Interessen zu wahren. Das allerdings mit allen ihm zur Verfügung stehenden Mitteln.

Um sein ungewöhnliches psychologisches Talent aufzuzeigen, seine Geistesgegenwart, aber auch seine Skrupellosigkeit, wenn es um den Machtkampf zwischen mir und Rom ging, will ich Ihnen eine bemerkenswerte Episode erzählen, die sich 1157 auf dem Reichstag von Besançon ereignet hat. Zwischen mir und dem Papst – inzwischen hieß er Hadrian IV. – bestand kein sonderlich gutes Einvernehmen, denn seine Heiligkeit glaubte wie seine Vorgänger, man könne mit mir umspringen wie weiland Gregor VII. mit Heinrich IV. Er verbündete sich infolgedessen mit den Normannen auf Sizilien (gegen mich!) und setzte mir in Skandinavien den Erzbischof Eksil vor die Nase, obwohl für die Missionierung Nordeuropas eigentlich das Erzbistum Hamburg zuständig war.

Gott sei Dank konnten meine Leute diesen Eksil festnehmen, als er von Rom zurückkehrte, und so kam es, daß auch der Papst – übrigens ein Engländer – zwei Gesandte nach Besançon schickte, um mich (den Kaiser!) zur Rechenschaft zu ziehen. Sie traten sehr aufgeblasen auf, jedenfalls sehr viel anmaßender, als es Gäste tun sollten, die nicht einmal eingeladen sind. Sie trugen eine Botschaft des Papstes vor, in der zum Ausdruck gebracht wurde, daß ich wohl unter sehr schlechtem Einfluß stehe (womit mein Kanzler gemeint war). Rainald las den in lateinischer Sprache abgefaßten Brief den versammelten Herzögen, Bischöfen und Grafen auf Deutsch vor, weil ihn ja sonst nur sehr wenige verstanden hätten, und zitierte dann die Stelle, wo von all den Lehen die Rede war, die ich aus der Hand des Papstes schon empfangen hätte ...

Da brach unter den Fürsten ein ungeheurer Tumult aus, denn wenn ich das Reich und alle meine Ländereien, mein Amt und meine Macht nur als Lehen vom Papst erhalten hätte, so wäre ja dieser und nicht ich der eigentliche Herrscher des Reiches. Auch mir verschlug es ob dieser Unverschämtheit zwar den Atem, aber meine Ritter waren derart erbost, daß sie gegenüber den beiden Gesandten handgreiflich wurden. Ich mußte persönlich dazwischengehen und die Römer schützen. Während noch ganz unwürdig gerangelt wurde, schrie einer der beiden, der Kardinal Roland, von wem ich denn die Macht hätte, wenn nicht vom Herrn Papst! Das war nun wirklich zuviel. Otto von Wittelsbach zog sein Schwert, drang auf den Unglückseligen ein, und wenn ich ihm nicht in den Arm gefallen wäre, hätte er ihn tatsächlich umgebracht.

Am Abend dieses denkwürdigen Tages kam Rainald zu mir und berichtete, die Bischöfe hätten dem Papst ein Antwortschreiben geschickt, in dem sie ihm kühl mitteilten, die Könige würden von ihren Herzögen gewählt, dann vom Erzbischof von Köln als König gekrönt und danach vom Papst zum Kaiser. So sei es, so solle es bleiben, und alles andere sei von Übel.

Zu fragen, wer denn diesen Brief aufgesetzt und letztendlich auch geschrieben habe, erübrigte sich; natürlich war es mein Kanzler. Dennoch fragte ich ihn, ob er sich erklären könne, warum der Papst einen derart schweren diplomatischen Fehler gemacht und von »Lehen« gesprochen habe, die er mir übertragen habe. Rainald lächelte, wie nur er lächeln konnte. Leise und etwas nachsichtig. »Er hat das Wort ›beneficium‹ benutzt«, sagte er, »und ich habe es mit ›Lehen‹ übersetzt. Das kann man doch – oder?«

Zunächst war ich entsetzt, dann nur noch sprachlos, letztlich aber eher amüsiert. Das war typisch Rainald. Im Normalfall müßte man das lateinische Wort »beneficium« mit »Wohltat« übersetzen, und so war es an dieser Stelle vermutlich auch gemeint. Die recht freie Übersetzung meines Kanzlers jedoch hatte aus der »Wohltat« ein »Lehen« gemacht, obwohl es dafür ein ganz bestimmtes, anderes lateinisches Wort gibt, nämlich »feudum«. Mit diesem kleinen Trick indes hatte Rainald sämtliche Adlige und Bischöfe mit einem Schlag zu Feinden Roms und zu stolzen Anhängern ihres Königs gemacht.

Bei der Anwendung solcher höchst unlauteren Kniffe kannte Rainald nicht die geringsten Skrupel, und ich weiß bis heute nicht, ob ein solches Handeln sündhaft ist. Das mußte Rainald selber entscheiden. Schließlich hat er Theologie studiert und nicht ich.

Im Sommer des Jahres 1158 wollte ich nach Italien ziehen, um endgültig die Lombardei mit ihren widerborstigen Städten unter Kontrolle zu bringen. Rom-treue Geistliche hatten mich beschwatzt, Rainald zur Vorbereitung dieser Reise vorauszuschicken, und ich kam ihrem Wunsch nach, allerdings aus völlig anderen Gründen als den ihren. Während jene sich davon versprachen, den papstfeindlichen Kanzler für einige Zeit aus meiner Nähe zu entfernen, hoffte ich, daß Rainald, dem ich den heißblütigen Otto von Wittelsbach mitgab, ganz einfach der beste Mann für diese Aufgabe war.

Wiederum enttäuschte er mich nicht. Sein glänzendes Auftreten und sein diplomatisches Geschick bewirkten, daß alle Städte Norditaliens (mit Ausnahme Venedigs) mir als ihrem Kaiser den Treueid schworen, so daß Rainald triumphierend schrieb, ich könne jetzt kommen, mit dem Papst umspringen, wie ich wolle, und sogar Rom zerstören, wenn mir der Sinn danach stünde.

Aber es kamen auch andere Briefe von ihm. Einmal waren ihm päpstliche Legaten begegnet, die sich auf dem Weg zu mir befanden. Über sie schrieb er mir, ich dürfe sie auf gar keinen Fall anhören, sondern solle erst verhandeln, wenn ich in Italien sei und er an meiner Seite. Würde ich seinen Rat ignorieren, würde ich es bitter bereuen. In diesem Ton schrieb der kleine Graf an seinen Kaiser, und ich war derart wütend, daß ich ihm auf keinen seiner Briefe antwortete. Dann aber schrieb Rainald wieder und fragte an, was eigentlich mit mir los sei. Ob ich seine Briefe nicht erhalten hätte. Oder ob meine Schreiber zu faul seien. Derartige Unverschämtheiten hätte sich kein anderer mir gegenüber herausnehmen dürfen, aber ihm konnte ich einfach nicht über längere Zeit hinweg grollen.

Als ich im Sommer 1158 die Alpen überquerte, wurde ich tatsächlich überall mit Jubel als Kaiser begrüßt. Welchem meiner Vorgänger ist in Norditalien schon derart Wundersames widerfahren! Im November fand dann auf den sogenannten Roncallischen Feldern bei Piacenza ein Reichstag statt, der besonders gut vorbereitet worden war, denn ich wollte ein und für allemal festlegen, welche Rechte der Kaiser in der Lombardei hatte. Damit aber niemand auf die Idee kommen konnte, ich würde die seit Jahrhunderten existierenden, jedoch längst nicht mehr zur Kenntnis genommenen Gesetze manipulieren, beauftragte ich die klügsten Juristen der Akademie von Bologna damit herauszufinden, welche Rechte mir als römischem Kaiser eigentlich zuständen. Das

Resultat war ebenso überraschend wie erfreulich: Die Rechtsgelehrten gingen zurück bis in die Zeit der Langobardenherrscher und stellten fest, daß alle, aber wirklich alle Abgaben, Zölle, Wegerechte, Münzrechte, Brückenrechte und was sonst noch an Abgaben existierte, einzig und allein mir, dem Kaiser, zustanden.

Da war es vorbei mit dem Jubel unter den Italienern, denn mit einem Male besaß ich ein riesiges Einkommen, wenigstens viermal mehr, als ich von den deutschen Städten erhielt. Damit die Abgaben auch pünktlich gezahlt wurden, erhielt jede Stadt einen kaiserlichen Bevollmächtigten zugeteilt. Zunächst fügten sich die Vertreter der großen Städte – wenn auch murrend – ihrem Schicksal. Aber da war ja noch Hadrian IV., und dieser Papst begann sofort damit, Widerstand zu schüren. Wie immer fand er die offensten Ohren in Mailand, und die Bürger dieser Stadt waren es auch, die voller Hochmut verkündeten, sie könnten keinen Fremden als Oberaufseher dulden. Noch vor dem Reichstag auf den Roncallischen Feldern hatten wir Mailand belagern und zur Übergabe zwingen müssen. Feierlich hatten die Herren den Treueid geschworen, und nun dies!

Rainald hielt es für geboten, die Sache selbst in die Hand zu nehmen, und begab sich mit einigen Begleitern in die treulose Stadt. Noch während er verhandelte, lief das aufgehetzte Volk zusammen, und Rainald mußte aus der Stadt fliehen, wollte er nicht gelyncht werden. Diese Freveltat hat mein Kanzler dieser Stadt nie verziehen, und so war er es, der mich später dazu drängte, Mailand vom Erdboden verschwinden zu lassen.

Das Verhältnis zwischen Rainald und dem Papst war natürlich nicht mehr zu kitten. Als der Kölner Erzbischof Friedrich II. von Berg bei Pavia durch einen Sturz von seinem Pferd zu Tode kam, schrieb ich nach Köln und ließ wissen, daß ich Rainald gern als den Nachfolger Friedrichs sehen würde. Selbstredend wurde meiner Bitte entsprochen und Rainald einstimmig gewählt, obwohl er noch nicht einmal die Priesterweihe empfangen hatte. Prompt verweigerte der Papst seine Anerkennung, was weder Rainald noch mich sonderlich störte. Ich fühlte mich allerdings bemüßigt, seine Heiligkeit daran zu erinnern, daß sich ein Kaiser Konstantin schließlich auch nicht vom damaligen Bischof von Rom hatte ins Handwerk pfuschen lassen.

Der Papst wußte mir nichts zu entgegnen. Statt dessen schrieb er an meine Bischöfe, ich sei »eine Fliege Pharaos, entsprungen aus der Tiefe der Hölle«. Er beleidigte auch alle anderen Deutschen, indem er ihnen vorhielt, wir seien noch vor 400 Jahren auf Ochsenkarren durch die Wälder gezogen und unsere Kaiserpfalzen stünden in dichten Urwäldern, während er immerhin in Rom residiere, woraus schon der große Unterschied erkennbar sei.

Als Hadrian noch im gleichen Jahr starb, wurde deutlich, daß er wenig Grund hatte, Rom über Aachen oder Goslar zu stellen, denn die Kardinäle, die zusammenkamen, um seinen Nachfolger zu wählen, boten ein häßliches Spektakel: Die mir feindlich Gesonnenen stimmten für Roland. Das war einer der beiden Gesandten, denen ich in Besançon das Leben gerettet hatte. Rainald dagegen ließ Kardinal Oktavian aufstellen, kein idealer Mann, aber entfernt verwandt mit mir und deshalb zuverlässig. Gegen den anderen Kandidaten hatte er zwar keine Chance, aber als sich der von einer großen Mehrheit gewählte Roland ein bißchen zu sehr zierte und gar vorbrachte, er sei dieses heiligen Amtes nicht würdig, riß ihm der unterlegene Oktavian den Krönungsmantel herunter und rief: »Man muß ihn ja nicht zwingen!«

So einfach wollte Roland nun auch wieder nicht verzichten, und die beiden Kardinäle balgten sich wie die Halbwüchsigen um den symbolträchtigen Mantel, der dabei in Fetzen gerissen wurde. Die Anhänger Oktavians stürzten los, besorgten einen neuen Mantel, den sie aber dem Unglückseligen in der Hast verkehrt herum über die Schultern hängten, so daß er nur stolpernd die Peterskirche erreichte, wo er von Volk und Priestern, wenn auch unter Spott und Gelächter, zum Papst erklärt wurde. Er nannte sich fortan Viktor IV., während sich Roland eine Woche später noch einmal zum Papst wählen ließ und den Namen Alexander III. annahm.

Das war natürlich nicht ganz so gelaufen, wie mein Kanzler sich das vorgestellt hatte. Er wäre allerdings nicht Rainald gewesen, wenn er nicht sofort gehandelt hätte. Zunächst überzeugte er mich, daß ein Konzil nach Pavia einberufen werden müsse, um zu klären, wer denn nun der rechtmäßige Papst sei. Der Ausgang dieses Konzils stand von vornherein fest, aber ich hatte auch keine bessere Idee als mein Kanzler. Alexander III. dachte natürlich nicht einmal im Traum daran, dort zu erscheinen, denn gegen meinen Favoriten und Verwandten hätte er keine Chance gehabt, zumal auch nur kaisertreue Kardinäle nach Pavia eingeladen worden waren.

Mit der Erklärung, niemand könne und dürfe an seiner Wahl auch nur den leisesten Zweifel äußern, blieb er fern und mit ihm die englischen, die spanischen, die französischen und die süditalienischen Kardinäle, so daß sich schließlich nur vier Dutzend Erzbischöfe aus Deutschland und Oberitalien einfanden. Selbstverständlich setzte Rainald durch, daß die Anwesenden – obwohl nicht aus Überzeugung – Viktor IV. als rechtmäßigen Papst anerkannten, und dies wurde von Rainalds Kanzlei auch aller Welt verkündet. Aber so, wie er in Besançon mit einem Trick gearbeitet hatte, brachte mein Kanzler es auch jetzt fertig, daß auf dem Dokument nicht nur die Namen der knapp 50 erschienenen Erzbischöfe auftauchten, sondern insgesamt 153 Namen. Die Fehlenden hätten gewiß ebenso gestimmt, antwortete er mir, als ich ihn auf diese Merkwürdigkeit hinwies: »Wichtig ist nicht, was passiert ist, sondern was die Leute draußen im Land glauben!«

Da hatten wir also wieder einmal ein Schisma. Schon ein einziger Papst macht einem das Leben nicht gerade leichter, aber nun hatten wir deren zwei, einen kaiserfreundlichen und einen kaiserfeindlichen. Die Geschichte von Papst und Gegenpapst ist kompliziert und würde jedermann langweilen, wenn ich sie hier in all ihren Einzelheiten ausbreiten würde. Deshalb erzähle ich nur eine kurze Episode, weil mein Freund Rainald hier einmal mehr an mir vorbei entschieden hat:

Im Frühjahr 1164 lag ich in Pavia auf dem Krankenlager. Rainald hielt einen Landtag in der Toskana ab. Da starb plötzlich »unser« Papst Viktor. Damit hätte das Schisma ein natürliches Ende genommen, denn ich hätte ja jetzt Alexander III. anerkennen können, aber über das Für und Wider hätte ich lange Zeit nachdenken müssen. Dazu jedoch gab mir Rainald nicht die geringste Chance: Er schickte zwar Eilboten zu mir nach Pavia, wohl wissend, daß sie zu spät kommen würden, und ließ sofort eine Neuwahl vornehmen. Es war der schiere Wahnsinn! Nur zwei Kardinäle waren anwesend, ein paar Bischöfe und (als Laie) der Präfekt von Rom.

Trotzdem ließ Rainald ungerührt eine Papstwahl vornehmen, wenn man diese merkwürdige Veranstaltung in Lucca denn als solche bezeichnen will. Zunächst wählte man Heinrich, den Bischof von Lüttich, der aber – wer möchte es ihm verdenken – lehnte die Wahl ab, und so einigte man sich auf den Vetter des verstorbenen Viktor, auf Guido von Crema, der die Wahl annahm und sich nunmehr Paschalis III. nannte. Zwei Tage nach dem Tod des Gegenpapstes hatten wir schon den nächsten Gegenpapst. Ich schäumte vor Wut.

Rainald wurde zu mir nach Pavia zitiert. Ich schrie ihm ins Gesicht, er sei ein Verräter, habe mich hintergangen und sowieso kein Recht, so schwerwiegende Fragen allein zu entscheiden, und während ich noch schrie, bemerkte ich in meiner Umgebung viele Gesichter, die von einem hämischen Grinsen verzerrt wurden. Das also ist das Ende jenes Hochmütigen, mochten diese Höflinge gedacht haben, und ich gebe zu, daß ich in diesem Augenblick tatsächlich in Versuchung war, Rainald nach Köln zurückzuschicken und mir einen bequemeren Kanzler zu suchen.

Rainald indes ließ mich in aller Ruhe zu Ende schreien. Dann fragte er mich ganz gelassen, warum ich mich eigentlich derart aufregen würde. Wenn wir die Roncallischen Gesetze durchdrücken und endlich Ruhe in Italien haben wollten, dann müßten wir doch ohnehin einen deutschen oder doch zumindest deutschfreundlichen Papst haben. Oder hätte er etwa warten sollen, bis sich alle englischen, spanischen, französischen und süditalienischen Kardinäle endgültig für Alexander III. ausgesprochen hätten? Schließlich hätten wir beide uns doch darauf geeinigt, daß alle Anhänger dieses Alexanders als Feinde des Reiches anzusehen seien. Also mußte schnellstmöglich ein neuer Papst her, und ich – der Kaiser – hätte mit Sicherheit ebenso gehandelt, wenn ich nicht krank in meinem Bett in Pavia gelegen hätte.

Vor so viel Logik mußte ich wie immer kapitulieren, und es fand sich auch sonst niemand, der weitere Anklagen erhob. Sogar das hämische Grinsen war von gewissen Gesichtern verschwunden. Natürlich wußten viele am Hofe, welche Politik Rainald da betrieb. Ursprünglich hatte er mir einzureden versucht, wir sollten den römischen Papst einfach ignorieren und uns einen deutschen nehmen, der dann halt nur der Herr über alle deutschen Bistümer gewesen wäre. Dieser Gedanke war übrigens gar nicht so neu. Der belesene Rainald hatte eine Idee aufgegriffen, mit der im 11. Jahrhundert schon einmal Erzbischof Adalbert von Bremen gespielt hatte, der geradezu prophetisch Canossa vorhergesehen hatte.

Der Gedanke, Rom ganz fallenzulassen, gefiel Rainald dann doch nicht, denn der deutsche Kaiser sollte ja auch Kaiser von Rom und ganz Italien sein, und so änderte er seine Politik, ohne sein großes Ziel ganz aus den Augen zu verlieren: Also gut, dann ein Papst in Rom, aber immer nur ein deutscher! Frankreich und England konnten – wenn sie denn wollten – sich diesem Papst unterstellen, sie konnten sich aber auch als Landeskirchen selbständig machen. Nur das ewige und kräftezehrende Tauziehen zwischen Papst und Kaiser mußte endlich ein Ende haben.

Dauerlösungen kann man natürlich nicht im Handstreich erreichen, wie es Rainalds Charakter am ehesten entsprochen hätte. Immerhin hatte er mir mit der Blitzwahl von Lucca die Möglichkeit offengehalten, nur noch deutsche Päpste zu akzeptieren. Ich brauchte einige Zeit, um das gedanklich nachzuvollziehen. Dann aber war ich für seine Treue so dankbar, daß ich ihm – auch weil ich mich schämte, ihn einen Verräter genannt zu haben – nicht nur ein großes Lehen in Norditalien übergab, sondern noch etwas viel Wertvolleres: die Gebeine der Heiligen Drei Könige, die wir bei der Eroberung von Mailand erbeutet hatten. Er brachte sie im Triumphzug nach Köln.

1166 zog ich mit einem großen Heer nach Italien. Zum einen wollte ich das normannisch besetzte Sizilien erobern und wieder dem Reich eingliedern; zuvor jedoch mußte Alexander III. aus Rom vertrieben und »mein« Papst Paschalis III. dort inthronisiert werden. Nach vielerlei Verwicklungen und Kämpfen trafen wir schließlich im Sommer vor den Mauern Roms ein. Verräter öffneten uns die Tore, und binnen weniger Stunden war die Stadt in unserer Hand. Alexander III. hatte sich in die Peterskirche geflüchtet, um die noch eine Zeitlang gekämpft wurde, doch dann floh er bei Nacht in einem Boot den Tiber hinab. Nun wurde Paschalis in der halb zerstörten Kirche feierlich als Papst eingesetzt, und auch ich ließ mich von ihm noch einmal zum Kaiser krönen, um zu demonstrieren, daß die Einheit von Kirche und Reich wiederhergestellt worden war.

Rainald und ich sahen uns am Ziel. Der Gegenpapst war vertrieben, Paschalis inthronisiert, selbst die Römer waren auf unserer Seite – nun

konnte auch die stets unruhige Lombardei nicht weiter revoltieren. Da
verfinsterte sich am 2. August plötzlich der Himmel, und fürchterliche
Sturzbäche gingen nieder. Bald stand nicht nur das Zeltlager des Heeres, sondern die ganze Stadt unter Wasser. Die großen Kloaken liefen
über, und ihr ekelhafter Inhalt ergoß sich durch die Straßen. Millionen
von Mücken stiegen auf und überfielen Menschen und Tiere. Da brach
im Heer eine fürchterliche Pestilenz aus, und niemand wußte, was
dagegen zu unternehmen sei.

Ich gab die Parole aus: Weg von hier und hinauf in die Berge! Aber
für viele kam der Abmarsch bereits zu spät. Sie lagen mit hohem Fieber
auf ihrem Lager, litten entsetzliche Schmerzen und waren nicht mehr
transportfähig. Unter ihnen befand sich auch Rainald, und nicht einmal sein Kaiser konnte ihm helfen. Am 14. August ist er gestorben, und
mir war, als hätte ich einen Bruder verloren.

ZEITRAFFER

1152–1190	Regierung Friedrichs I., genannt Barbarossa.
1155	Kaiserkrönung in Rom.
1156	Rainald von Dassel wird Kanzler.
1157	Eklat auf dem Reichstag in Besançon.
1158	Reichstag auf den Roncallischen Feldern.
1162	Zerstörung Mailands.
1164	Tod Hadrians IV. und Wahl eines Gegenpapstes.
1165	Heiligsprechung Karls des Großen (durch Rainald von Dassel initiiert).
1167	Rainald von Dassel befindet sich unter den Todes-opfern, die eine Epidemie im kaiserlichen Heer vor Rom fordert.
1190	Barbarossa ertrinkt während des dritten Kreuzzuges im Fluß Saleph.

Immer nach vorn und notfalls in den Tod

Zeit der Helden · Grauen des Schlachtfelds · Zweikampf und Kriegslist ·
Der Bischof mit der Keule · Die Frau des Scheichs · Hühnerfleisch für den
kranken Feind

D aß die Menschen im Mittelalter noch tief im Barbarischen verwurzelt waren, ist eine Tatsache. Barbarei aber gibt es in allen Jahrhunderten. Denken wir nur an die Folterkeller moderner Diktaturen. Oder haben die schwedischen Söldner im Dreißigjährigen Krieg etwa nicht barbarisch gehandelt? Oder die Fremdenlegionäre in Algerien? Oder die Soldaten des Lord Kitchener beim Mahdi-Aufstand? Oder die SS? Oder die Roten Khmer? Oder die Rote Armee bei ihrem Eindringen in Ostpreußen?

Vergleicht man die Akte barbarischer Grausamkeit in den verschiedenen Jahrhunderten, so unterscheiden sie sich bei genauerem Hinsehen nur in Details. Der Unterschied zu heute liegt nur darin, daß sowohl dem fränkischen als auch dem slawischen, dem sarazenischen wie dem christlichen Krieger jedes Unrechtsbewußtsein fehlte. Niemand wäre auf die Idee gekommen, für hungrige Menschen in einem weit entfernten Erdteil Geld zu spenden; es machte sich außerdem niemand Gedanken darüber, ob es moralisch oder eher verwerflich sei, einem anderen Volk sein angestammtes Wohngebiet zu rauben, die Menschen dort zu ermorden oder doch wenigstens zu vertreiben. Wichtig war lediglich, daß man in einer langen Tradition stand und wie die Vorfahren dachte und handelte, daß man seinen Gott (oder seine Götter) hinter sich zu wissen glaubte und daß gewisse Spielregeln eingehalten wurden, die sich allerdings in relativ kurzer Zeit total wandeln konnten.

Nehmen wir Otto den Großen. Vor der berühmten Schlacht gegen die Ungarn auf dem Lechfeld im Jahre 955 ruft er seinen Gott um Beistand an. Dabei steht er in den Bügeln, die Arme zornig zum Himmel gereckt. Er faltet nicht die Hände beim Gebet, denn gefaltete Hände sind eine Demutsgebärde. Gefangene, denen man die Handgelenke zusammengebunden hat, flehen so um Gnade. Nicht aber ein König wie Otto! Sein Gebet ist ein trotziger Ruf: »So Du denn Gott bist, hilf Deinem König und seinem Heer!«

Und da die Männer ihr Schauspiel brauchen, läßt er sie in der Morgendämmerung vor dem Tag der Entscheidungsschlacht zusammenrufen. Sie verzeihen sich gegenseitig ihre Streitereien und schwören feierlich, sich für das Leben ihres Nebenmannes mit ihrem eigenen Leben einzusetzen. Der König seinerseits verspricht noch die Stiftung eines Bistums in der Stadt Merseburg und ergreift dann die heilige Lanze; neben ihm flattert das Banner des heiligen Michael, und so zieht man los.

Was die Ungarn auf der anderen Seite vor der Schlacht gemacht haben, hat uns niemand überliefert, zumal es – mit den Augen christlicher Chronisten gesehen – ohnehin nur Götzendienst gewesen sein kann. Vielleicht haben sie vor Pferdeschädeln Opfer dargebracht, vielleicht haben sie auch ein paar Gefangene abgeschlachtet. Besser weiß man schon, was die Sarazenen vor einer Schlacht taten: Sie beteten zu Allah, und eines stand und steht ja noch heute für sie unumstößlich fest: Krieg gegen die Ungläubigen ist Heiliger Krieg, und die Männer wußten, daß sie – sollten sie in der Schlacht fallen – auf direktem Weg ins Paradies einziehen würden.

Bei den christlichen Kriegern stand der Glaube auf etwas wackligeren Beinen. Viele vermachten am Vortag einer Schlacht diesem Kloster oder jener Kirche noch schnell einen Fronhof oder stifteten etliche Messen, um sich von der Strafe für ihre Sünden im letzten Augenblick loszukaufen, eine Art Ablaßspende noch vor ihrer offiziellen Einführung durch die Kirche. Nach diesem unvermeidlichen, aber leicht nachzuvollziehenden Vorspiel frommer Männer begann dann das eigentliche Gemetzel.

Was aber weiß man über eine solche Schlacht wirklich? Man liest die Jahreszahl und merkt sich den Ort (oder auch nicht), wo wann wer auf wen getroffen ist. Drei-drei-drei – bei Issos Keilerei. In unserem Fall behält man gerade noch, daß der große Otto die Ungarn auf dem Lechfeld vernichtend geschlagen hat, doch von der Schlacht selbst oder gar von dem Abschlachten danach wissen wir überhaupt nichts, weil es kaum etwas darüber zu lesen gibt.

Das hängt zum großen Teil mit der Glorifizierung des Krieges zusammen, die das gesamte vorige Jahrhundert und das unsrige immerhin bis 1945 beherrscht hat. »Dulce et decorum est pro patria mori«, stand noch als unbeweisbare Tatsachenbehauptung in unseren Lateinlehrbüchern. Süß sei es und dazu noch eine Auszeichnung, für das Vaterland zu sterben. Und im Düsseldorfer Hofgarten trifft der Spaziergänger unvermittelt auf die Statue eines sterbenden Kriegers. Darunter steht zwar die Inschrift »Ruhm ward den Siegern genug und Ehre und jauchzender Lorbeer – Tränen, von Müttern geweint, schufen dies steinerne Bild«, aber man wird den Verdacht nicht los, daß es auch für die Mütter süß und eine Ehre zu sein hatte, um ihre Söhne weinen zu dürfen.

Das eigentlich Faszinierende an jedem Krieg ist die bestürzende Tatsache, daß er es immer vermocht hat, die Urinstinkte der Männer zu wecken, die Verlockung, ein Held zu werden, die Möglichkeit, sich selbst und den anderen zu beweisen, was für ein toller Kerl man doch ist. Das funktionierte selbst noch im Zweiten Weltkrieg. Der Mann mit der Panzerfaust, der Stuka-Flieger, der U-Boot-Kapitän – sie konnten damals tatsächlich noch zum »Helden« werden, eine Möglichkeit, die im Zeitalter monotoner Countdowns in unterirdischen Raketensilos nicht mehr gegeben ist. Der Krieg verliert so langsam seine Faszination. Hoffentlich für immer.

Aber ebenso wie die Kriegspropaganda vergangener Jahre nie den Panzerkommandanten zeigte, der nach einem Volltreffer in seinem Kettenfahrzeug bei lebendigem Leibe geröstet worden ist, und nie die U-Boot-Besatzung, deren von Wasserbomben getroffenes Schiff in etlichen hundert Metern Tiefe wie eine leere Dose plattgedrückt wurde, so hat sich kaum ein mittelalterlicher Chronist damit aufgehalten zu schildern, was eigentlich unmittelbar nach einer Schlacht geschehen ist. Die Szenen glichen sich immer aufs neue: Der Feind (Sarazenen, Ungarn oder Tataren) auf seinen kleinen Pferden herangaloppierend, Wolken von Pfeilen abschießend und kurz vor den Linien der Christen wieder abdrehend, die gepanzerte Phalanx der Ritter mit stoßbereiter Lanze, das grelle Kriegsgeschrei, der Zusammenstoß und dann das blutige Morden im Nahkampf, flimmernde Hitze, sengende Sonne, nachlassende Kräfte, brennender Durst, der plötzliche Schmerz und die nachfolgende Finsternis.

Wer das Schlachtfeld behauptete, galt als Sieger, aber es war durchaus kein Vergnügen, auf einem solchen Schlachtfeld zu verweilen. Die spitzen Pfeile und die schartigen Schwerter, die furchtbare Streitaxt und der tückische Morgenstern, die armdicken Lanzen und die mit Ketten versehenen Eisenhämmer hatten gräßliche Wunden gerissen, die schwerer Getroffenen mußten dankbar sein, wenn der Tod sie rasch von ihren Leiden erlöste. Kopfverletzungen, offene Splitterbrüche, Stichwunden und andere innere Verletzungen führten unabwendbar zu qualvollem Tod oder doch zumindest zu lebenslangem Dahinvegetieren als nutzloser Krüppel, dem niemand eine Rente zu zahlen willens war. Es gab keine Sanitäter und keine Medikamente, kein Verbandszeug und schon überhaupt keine schmerzstillenden Mittel. Barmherzig war allein der Tod.

Es dauerte etliche Stunden, das Schlachtfeld abzusuchen und nachzuschauen, ob es noch eigene Leute zu bergen galt, gnadenlos dagegen diejenigen Feinde abzustechen, die noch Lebenszeichen von sich gaben, die Waffen und Rüstungen der Gefallenen einzusammeln und die eigenen Toten zu begraben, während man die erschlagenen Feinde den Aasfressern überließ.

Wenn man denn etwas an den Kriegern jener Zeit (und sei es nur widerwillig) bewundern muß, dann den Mut, mit dem sie sich nach dem Anblick eines solchen Schlachtfeldes ins nächste Gefecht stürzten. Es fällt schwer zu glauben, daß sie nicht die notwendige Phantasie besessen haben, um sich vorstellen zu können, daß auch sie eines Tages derart elendiglich auf einer Walstatt krepieren könnten. Geradezu grotesk wirkt angesichts solcher Greuel die Tatsache, daß es trotz allem gewisse Spielregeln gab, die einzuhalten man sich sehr bemühte. Wer sie mißachtete, verlor vielleicht nicht die Schlacht, aber mit Sicherheit eine Menge Ansehen bei seinen adligen Zeitgenossen.

Das war nicht immer so. Ein Caesar oder ein Hannibal, ganz zu schweigen von dem listigen Cherusker Armin, oder wie immer er geheißen haben mag, scheuten im Krieg keinerlei List. Die christlichen Ritter dagegen waren in ihrer Art zu kämpfen relativ bieder. Die ganze Kriegskunst der Antike war weitgehend in Vergessenheit geraten, und zwar aus zweierlei Gründen: Zum einen waren viele Schriften antiker Autoren verlorengegangen oder existierten nur noch als Abschriften in wenigen Klöstern. Die Mönche hatten natürlich wenig Neigung, sich als taktische Experten ausbilden zu lassen, und der Adel konnte oder wollte ohnehin nicht lesen. Aber selbst wenn ein Mönch aus Cluny oder Corvey zu einem Kaiser gegangen wäre und ihm verraten hätte, wie Hannibal die Schlacht bei Cannae gewonnen hat, so hätte ihn der Kaiser vermutlich aus der Pfalz gejagt. Schräge Schlachtlinie, Reserven aus dem Hinterhalt, Zangenangriff – das alles widersprach ritterlicher Denkungsart. Das hatte noch nie germanischen Auffassungen entsprochen. Abgesehen von jenem Armin, der aber bekanntlich bei den Römern gelernt hatte.

Der beste Kampf für einen Ritter war im Idealfall der Zweikampf. Heerführer gegen Heerführer. Und es ist unzählige Male erzählt worden, wie zwei Anführer einander im Getümmel der Schlacht suchten, um sich ein Duell auf Leben oder Tod zu liefern, ohne daß einem der beiden von seinen Gefolgsleuten Deckung oder gar Hilfe gewährt wurde. Mit dem Tod des Verlierers war zumeist auch die Schlacht entschieden, weil der Tod des Heerführers als ein so böses Omen angesehen wurde, daß seine Krieger in panischer Hektik das Schlachtfeld räumten.

Tatsache ist ferner, daß christliche Kreuzfahrer vor den angetretenen Schlachtreihen beider Heere einen sarazenischen Heerführer zum Zweikampf herausforderten. Dazu waren die Araber allerdings viel zu schlau, denn ein leicht bewaffneter Moslem hätte allein nicht dem Angriff eines Panzerreiters standhalten können. Eine Tochter des byzantinischen Kaisers, die Attacken christlicher Ritter mit eigenen Augen verfolgt hatte, schrieb: »Ein angreifender fränkischer Ritter kann mit seiner Lanze die Mauern von Babylon einstoßen!«

Deshalb hielten es die Sarazenen verständlicherweise mit der List, und darin waren sie den in ihrem Ehrenkodex befangenen Kreuzrittern gegenüber weit im Vorteil. Für sie war es beispielsweise keineswegs unehrenhaft, vor einem haushoch überlegenen Gegner zurückzuweichen, um bei günstigerer Gelegenheit erneut anzugreifen. Ihnen war jedes Mittel recht, die stählerne Schlachtphalanx der Kreuzritter zu durchbrechen oder den Gegner – wie auch immer – zu täuschen. Dafür brachten sie zuweilen Opfer, die für stolze islamische Krieger außerordentlich schwer waren. So ist überliefert, daß sie sich die Bärte schoren,

Kreuze auf die Segel ihrer Schiffe malten und Gitterkäfige mit Schweinen gut sichtbar auf die Reeling stellten, um so unbehelligt von Kreuzfahrerschiffen deren Blockade zu brechen. Von anderen Sarazenen erzählen die Chronisten, sie hätten sich die Kleider und Rüstungen gefangener oder getöteter Ritter angelegt und auf diese Weise einige christliche Burgen im Handstreich eingenommen.

Die Ritter des Abendlandes dagegen haben erst relativ spät von den Listen und der Kriegstaktik der Moslems gelernt. Zunächst einmal ritten sie nur nach vorn – wenn es denn sein mußte auch in den Tod. Es gibt allerdings einige merkwürdige Ausnahmen, zum Beispiel die Scheinflucht. Sie wurde vor allem von den Normannen – unter anderem in der Schlacht von Hastings im Jahre 1066 – angewandt, also noch bevor man Kontakt mit den Sarazenen gehabt hatte. Überhaupt darf man wohl davon ausgehen, daß Ideal und Wirklichkeit etwas weiter auseinanderklafften, als uns die Ritterepen der Zeit und die Chronisten weismachen wollen. Es ist ja wohl auch verständlich, daß man zu dieser oder jener List Zuflucht sucht, ehe man höchst ritterlich sein Leben in einem Zweikampf aushaucht, der vom Gegner gemein geführt wird. Da wird mit Sicherheit – ritterliche Ehre hin oder her – zuweilen ganz schön geschummelt worden sein.

Festzuhalten ist trotz allem: Der Einsatz einer offensichtlich »heimtückischen Waffe« wie der Armbrust und taktische Finessen galten zunächst als unritterlich. Keinem Heerführer wäre es in den Sinn gekommen, wie einst dem römischen Feldherrn Scipio, genannt der Zögerer, einem Hannibal kreuz und quer durch Italien nachzuziehen, ihn stets belästigend, aber jede Schlacht vermeidend. Erst recht das, was Armin mit den Römern im Teutoburger Wald angestellt hat, wäre einem Ritter zu unsportlich gewesen. Einen Gegner lockte man nicht in die Falle. Man griff ihn frontal an, und zwar zur vereinbarten Zeit!

Tatsächlich wurden Ort und Zeit einer Auseinandersetzung häufig feierlich vereinbart, so geschehen vor der letzten Schlacht auf deutschem Boden, in der noch keine Feuerwaffen benutzt wurden: Das war die Schlacht von Mühldorf am Inn, wo König Ludwig IV. im Jahre 1322 auf den Gegenkönig Friedrich den Schönen von Bayern traf. Auf Ludwigs Seite kämpften auch die Habsburger Friedrich und Leopold, die donauaufwärts anrückten.

Der schöne Friedrich wurde gegen jede Regel vor dem vereinbarten Tag angegriffen, weil König Ludwig einerseits ein ihm günstig erscheinendes Schlachtfeld gefunden hatte und außerdem den Sieg allein erkämpfen wollte, um den Triumph nicht mit den beiden Habsburgern teilen zu müssen. Das war der erste Fauxpas (aus ritterlicher Sicht). Zudem ließ Ludwig seine Ritter absitzen, damit sie das Fußvolk besser unterstützen konnten, was auch nicht die feine Art war. Zum dritten blieb er unauffällig gekleidet mit ein paar anderen Rittern abseits vom Schlachtfeld, um die Entwicklung des Gefechts zu beobachten, was ihm als Feigheit ausgelegt wurde, nach heutigen Gesichtspunkten aber nur allzu vernünftig erscheint.

Friedrich der Schöne dagegen kämpfte natürlich in prächtiger Rüstung nach gutem altem Brauch in der ersten Reihe und spähte vergebens nach seinem Widersacher aus, der nun auch (aus ritterlicher Sicht) die letzte Scham verlor und eine bis dahin versteckt gehaltene Reserve einsetzte, die den Kampf letztlich zu seinen Gunsten entschied. Der edle Ritter Friedrich geriet in Gefangenschaft. Spätestens dann hat er vielleicht verstanden, daß es im Krieg besser ist, mit List und Tücke zu gewinnen, als tumb und treu mit seinen Idealen in einem Turm vor sich hin zu faulen.

Die List mit der stillen Reserve hat Ludwig IV. übrigens vermutlich dem großen Habsburger Rudolf I. abgeschaut, denn auch der hatte schon einmal mit diesem Trick eine Schlacht und damit vielleicht sein Leben gerettet: Es war das Treffen mit Ottokar II. von Böhmen im Jahre 1278 auf dem Marchfeld bei Dürnkrut. Beide Seiten hatten sich nach altem Brauch auf den 26. August als Tag der Schlacht geeinigt und diesen Termin auch eingehalten. Als sich die Schlacht aber zugunsten Ottokars neigte, Rudolf schon aus dem Sattel gehoben war und in Lebensgefahr schwebte, da ließ dieser ritterliche Ideale ritterliche Ideale sein und warf geheimgehaltene Reserven in die Schlacht. Ohne diese »Unfaireß« hätte es vielleicht nie eine habsburgische Dynastie gegeben. Wien wäre nicht Wien geworden, sondern die Hauptstadt Europas wäre Jahrhunderte hindurch Prag gewesen.

Reichlich abartig waren auch die Vorschriften, denen die Bischöfe unterworfen waren, wenn sie sich – wie im Normalfall – mit ihren Dienstmannen dem Heerbann des Königs anschlossen. Es war den hohen Herren verwehrt, mit Schwert und Lanze zu kämpfen, denn Blutvergießen war schließlich unchristlich! Diesem Prinzip möchte man aus vollem Herzen zustimmen, wenn es nicht auch da das fatale Hintertürchen gegeben hätte: Unblutig nämlich durfte man die Feinde durchaus abschlachten, und so bediente sich Christian, Erzbischof von Mainz, unter Barbarossa einer handlichen Keule, mit deren Hilfe er in der Schlacht seinen Gegnern den Kopf zu zertrümmern pflegte. Einmal soll er gar mittels eines Steines 28 Feinden die Zähne eingeschlagen haben. Abgesehen von der Schmerzhaftigkeit einer solchen Prozedur: Es ist doch stark zu bezweifeln, daß der Erzbischof bei seinen rauhen Kampfessitten kein Blut vergossen hat!

Einen nahezu perversen Höhepunkt erreicht der ritterliche Ehrenkodex im 14. Jahrhundert, und aus dem endlosen Krieg zwischen England und Frankreich kennen wir ein paar absolut bemerkenswerte Beispiele. In der Schlacht von Poitiers im Jahre 1356 trifft der Glanz der versammelten französischen Ritterschaft auf die Engländer unter Eduard, der den romantischen Beinamen »der schwarze Prinz« führte. Die Engländer sind zahlenmäßig weit unterlegen und durch langes Marschieren bei schlechter Verpflegung entsprechend geschwächt. Sie tun das einzige, was ihnen noch bleibt: Sie verschanzen sich und versuchen zu verhandeln. König Johann II. von Frankreich jedoch stellt derart harte Bedingungen, daß »der schwarze Prinz« ablehnt. Was also tun?

Marschall Clermont rät dem König, die Engländer zu belagern und auszuhungern. Es sei nur eine Frage der Zeit. Das ist zwar richtig, aber unritterlich. Der König ist einerseits so klug, seine zehnköpfige Leibwache mit dem gleichen schwarzen Harnisch und mit einem mit Lilien bestickten Umhang auszurüsten, wie er selbst ihn trägt, auf daß niemand genau wisse, wer der König ist, aber er weigert sich, seinen Feind auszuhungern. Dadurch gewinnt man keine Ehre. Also drauf und dran! Weil das Gelände keine Reiterattacke erlaubt, steigen die hohen Herren von ihren Pferden, schneiden sich die der neuesten Mode entsprechenden überlangen Spitzen ihrer Schuhe ab, damit sie sich überhaupt zu Fuß fortbewegen können, entfernen die Sporen und verkürzen ihre Lanzen. Und nun sind sie militärisch so gut wie nichts mehr wert, die Herren Ritter. Da die berühmt-berüchtigten englischen

Bogenschützen nunmehr nur noch recht unbewegliche Ziele vor sich sehen, artet die Schlacht zu einer Katastrophe aus. Über 2000 französische Adlige bleiben tot auf dem Feld.

Oder was soll man von dem Ehrenkodex des Königs Johann von Böhmen halten? Der alte Mann war – obwohl erblindet – gleichwohl als Verbündeter der Franzosen in die berüchtigte Schlacht von Crécy (1346) gezogen. Als wieder einmal die Pfeile der englischen Bogenschützen die Reihen der französischen Ritter niedermähten, ließ sich der König mit zehn seiner Gefolgsleute, deren Pferde durch die Zügel aneinander gefesselt waren, ins Gefecht führen. Am nächsten Morgen fand man ihn und alle seine Männer tot auf der Walstatt. Welch sinnloser Heroismus!

Nicht vergessen werden soll, was fünf Jahre später in der Bretagne geschah. Wieder geht es gegen die Engländer, und diesmal fordern 30 profranzösische bretonische Ritter eine ebenso große Zahl von Engländern zum Zweikampf auf. Vor den versammelten Heeren beginnt eine Mini-Schlacht, aber das klingt eigentlich zu niedlich. Tatsächlich war es ein Hauen und Stechen, ein Rasen und Würgen wie bei jedem Kampf Mann gegen Mann. Aber derart dramatische Geschichten gefielen den Menschen jener Zeit, und Darstellungen von diesem »Kampf der Dreißig« schmücken unzählige Teppiche. Noch jahrzehntelang wurde dieses Morden in Liedern und Erzählungen ausgeschmückt und verherrlicht.

Daß das Wort »ritterlich« nicht nur ein hohles Adjektiv war, muß man trotz der Brutalität und Grausamkeit der Feldzüge und Schlachten zwischendurch immer wieder betonen. Eines der vielen Beispiele dafür ist eine Tat des Grafen Balduin I. von Boulogne, den wir noch von der Eroberung Jerusalems her kennen. Während eines Partisanenkrieges, die sich ja durch besondere Rücksichtslosigkeit auszuzeichnen pflegen, bestand seine Aufgabe darin, die Karawanenstraßen im Heiligen Land zu sichern, die immer wieder durch räuberische Beduinenstämme unsicher gemacht wurden.

Balduin praktizierte das, was solche Anführer in derartigen Situationen immer tun: Er befolgte die Strategie der verbrannten Erde, vertrieb alle Nomaden, vergiftete die Brunnen, verbrannte die Zelte und beschlagnahmte die Herden. In einem Dorf jedoch fanden seine Männer

die hochschwangere Frau eines Beduinenscheichs, und ihr erbarmungswürdiger Zustand rührte sein hartes Kriegerherz. Vielleicht dachte er
auch an seine eigene Frau oder doch zumindest an seine Geliebte –
jedenfalls versorgte er die werdende Mutter mit Wasser und Nahrungsmitteln und beließ ihr nicht nur ihre Dienerinnen, sondern schenkte ihr
darüber hinaus noch zwei Kamele.

Gute Taten lohnen sich bisweilen tatsächlich: Ein Jahr später nämlich saß besagter Balduin in einem recht wackeligen Turm in der Stadt
Ramleh fest. Um sich geschart hatte er die wenigen Getreuen, die ihm
von seinem 500-Mann-Haufen noch geblieben waren, nachdem er in
altfränkischer und somit selbstmörderischer Art mitten in ein 20 000-
Mann-Heer von Ägyptern geprescht war. Ihn und seine Gefährten
erwartete der sichere Tod, bis sich ein Sarazene durch den Belagerungsring pirschte und zu ihm durchfragte. Er gab sich als eben jener Scheich
zu erkennen, dessen Frau Balduin vor Jahresfrist geschont und versorgt hatte. Er müsse, so vertraute der Scheich Balduin an, noch in
dieser Nacht fliehen, denn im Morgengrauen würden die Ägypter
angreifen. Balduin bedankte sich artig, sprang auf sein Pferd und
entkam. Daß sein Roß auf den schönen Namen »Gazelle« hörte, ist uns
überliefert. Leider nicht das Schicksal von Balduins Gefährten, für die
wir an dieser Stelle ziemlich schwarz sehen.

Daß muselmanische Herrscher wahrhaft edel handeln konnten,
mußten selbst die Chronisten der Kreuzzüge zugeben. Als Balduin III.,
einer der Könige von Jerusalem, mit 33 Jahren (durch Gift?) starb,
wurde der allseits beliebte Herrscher in einem achttägigen Trauerzug
von Beirut nach Jerusalem gebracht, um dort in der Grabeskirche
beigesetzt zu werden. Berater des islamischen Fürsten Nur ed-Din, des
Atabegs von Aleppo und Damaskus, machten ihren Herrn darauf
aufmerksam, dies sei doch nun wirklich eine ungewöhnlich günstige
Gelegenheit, dem Königreich Jerusalem endlich den Garaus zu machen. Darauf sprach der Beherrscher der Gläubigen, es gehöre sich
nicht, die Trauer eines Volkes zu stören, das einen so bedeutenden
Fürsten beweine!

Ein ebenso seltsames und von Rom aus betrachtet mehr als dubioses Verhältnis verband Richard Löwenherz mit dem weisen Sultan
Saladin und dessen Sohn Malik. Als Richard, der ja immerhin als

Eroberer ins Heilige Land gekommen war, 1191 gerade Akkon belagerte, dessen Stadtmauern angeblich so dick waren wie die Chinesische Mauer, warf ihn eine Krankheit nieder. Vielleicht war es die Malaria, mit der er sich sein Leben lang herumschlug, aber das ist nicht von Belang.

Seine Begleiter jedenfalls fürchteten um sein Leben, da er immer schwächer wurde und die Lagerkost nicht gerade die geeignete Diät darstellte. In ihrer Not sandten sie Botschafter an Malik, des Sultans Sohn, mit der Bitte, ob er nicht etwas Hühnerfleisch für die Jagdfalken des Königs übrig habe, die unter der Anreise per Schiff doch sehr gelitten hätten. Man werde dem Sultan auch einige Exemplare schenken, wenn sie sich wieder erholt hätten.

War diese Bitte an einen Gegner, den man zur gleichen Zeit erbittert bekämpfte, schon völlig unverständlich, so war die Handlungsweise des Sarazenen geradezu unglaublich: Er schickte das Hühnerfleisch mit der trockenen Bemerkung, der König solle es sich schmecken lassen, und wenn notwendig, könne er noch mehr haben. So also verkehrten die Adligen damals untereinander, während sich ihre Krieger unter den Mauern von Akkon gegenseitig totschlugen.

Richard, ein Draufgänger, wie er im Buche steht, ein auch von seinen Feinden gefürchteter (und gerade deshalb bewunderter) Krieger, versuchte es allerdings nicht nur mit roher Gewalt. Er machte dem Sultan sogar einen für die damalige Zeit unerhörten Vorschlag: Malik sollte Richards Schwester Johanna heiraten, dann könnten die beiden einträchtig miteinander Jerusalem regieren und zugleich garantieren, daß Christen wie Mohammedaner die ihnen heiligen Stätten ungehindert besuchen dürften.

Dieser Plan, so vernünftig er aus heutiger Sicht klingen mag, löste in Europa ungeheure Empörung aus. Aus der Kenntnis der damaligen Denkweise heraus würden wir heute noch immer nicht glauben, daß ein christlicher Kreuzritter auf die Idee hätte kommen können, eine Christin mit einem Muselmanen zu verheiraten, wenn dieser Vorschlag nicht von seriösen Chronisten bezeugt wäre, und zwar sowohl von christlichen als auch von islamischen.

Saladin fand Richards Vorschlag in höchstem Maße überlegenswert. Schließlich hatte er selbst, als er noch Wesir von Ägypten war, dem Kaiser Barbarossa einen ähnlichen Vorschlag unterbreitet. Damals hatte er dem Kaiser angeboten, ihm eine seiner Töchter zur Frau zu geben, woraus aber schließlich dann doch nichts wurde. Ob Saladin und sein Sohn, der offensichtlich nichts gegen eine solche Heirat einzuwenden hatte, den Vorschlag Richards ernsthaft erwogen haben, sei dahingestellt. Vielleicht wollte Saladin nur Zeit gewinnen, denn der bisherige Verlauf der Kreuzzüge hatte gezeigt, daß die Zeit stets für die Araber arbeitete. Aber selbst wenn sich die Männer einig geworden wären: Richards Schwester Johanna fragte ihren Bruder, ob er noch alle Tassen im Schrank habe, und damit hatte es sich.

Trotzdem trübte sich das Verhältnis des englischen Königs zu dem sarazenischen Sultan sehr zum Leidwesen der gesamten Christenheit in keiner Weise, und obwohl die beiden weiterhin mit ihren Heeren Krieg gegeneinander führten, bewahrten sie ihre doch etwas bizarre Männerfreundschaft. Anders kann man diese Beziehung eigentlich kaum bezeichnen, aber wenn es dennoch eines Beweises für dieses fast perverse Verhältnis zwischen zwei Todfeinden bedürfen sollte, hier ist er: Ein letztes Mal stehen sich die beiden in einer Schlacht gegenüber. Mitten im Gefecht bricht Richards Pferd, getroffen von Pfeilen, unter ihm zusammen. Der Sultan gewahrt dies und läßt dem König mitten durch das Getümmel zwei frische Pferde schicken. So geschehen am 5. August des Jahres 1192 im Heiligen Land, wo sich Hunderttausende Christen und Moslems zuvor und danach gegenseitig die Pest an den Hals wünschten.

Doch auch die vornehmen Damen der Kreuzritter wußten, was sie ihrem Stand schuldig waren. Stephanie, die Witwe jenes Bösewichts Rainald von Châtillon, den Saladin nach der Schlacht von Hattim hatte enthaupten lassen, fiel nach der Eroberung Jerusalems in die Hände des Sultans. Sie warf sich ihm zu Füßen und bot ihm die Übergabe ihrer nahezu unbezwingbaren Kreuzritterfestung Kerak an, wenn Saladin ihren kleinen Sohn freilasse, den er seit Hattim als Geisel verwahrte. Der gerührte Sultan gab der verzweifelten Mutter ihr Kind zurück; Kerak aber bekam er nicht, denn die Besatzung hielt sich nicht an das Versprechen der Gräfin und verweigerte die Übergabe.

So unglaublich es klingen mag: Als Stephanie davon hörte, brachte sie ihr Kind zurück und sagte weinend, da sie ihr Versprechen nicht habe halten können, sei das Abkommen auch für Saladin null und nichtig. Und wieder übermannte den Sultan die Rührung. Er versprach der untröstlichen Mutter, sie werde ihr Kind zurückbekommen, sobald er Kerak erobert habe. Tatsächlich wurde die Festung schon kurz darauf erobert. Leider wissen wir nicht mit Sicherheit, ob Saladin sein Versprechen gehalten hat. Allerdings gehörte er zu den ganz wenigen Herrschern seiner Zeit, auf dessen Wort sich Freund und Feind verlassen konnten.

Die Dienerin Anne und der Mann mit dem Löwenherzen

Augenzeugenbericht: Ein Mann wird gehäutet · Eleonore von Aquitanien · Flirt in Byzanz · Mit den Söhnen gegen den Ehegemahl · Mord im Dom · Verrat in Wien · Lösegeld für einen König · Zeitraffer

Die Dämmerung kriecht über das Lager, und ein kühler Wind treibt den blauen Rauch der Lagerfeuer die Wiese entlang auf den Waldrand zu. Es könnte ein schöner Frühlingsabend sein, wären da nicht die grauenhaften Schreie jenes Unglücklichen, dem sie bei lebendigem Leib die Haut vom Körper ziehen. Er brüllt schon seit einer Stunde, und die Männer geben sich große Mühe, damit er ihnen nicht allzu schnell stirbt.

Ich bin Anne, Dienerin und Vertraute der Königin Alienor, oder auch Eleonore, wie Fremde sie nennen, die ihren sterbenden Sohn in den Armen wiegt, ihren Liebling Richard, der bei den Franzosen seit seinen Heldentaten im Heiligen Land Cœur de Lion heißt, bei den Engländern dagegen Heart of Lion und bei den Deutschen Richard Löwenherz. Man schreibt den 6. April im Jahr des Herrn 1199, und der König wird die Nacht wohl kaum überleben.

Er war mit einem kleinen Heer hierher nach Südwestfrankreich gezogen, zu einem unbedeutenden Kaff, das zuvor niemand kannte, das aber nun als Ort des Todes von König Richard zu zweifelhaftem Ruhm kommen wird. Hier in Châlus besitzt der rebellische Graf Adomat von Limoges eine bescheidene Festung, die Löwenherz erobern und schleifen wollte. Sein Söldnerführer Mercadier hatte keinerlei Mühe, die ersten Bastionen zu stürmen, und unternahm dann mit Richard einen Rundgang, um das Vorgehen am nächsten Tag zu beratschlagen.

Die Festung würde fallen, daran bestand kein Zweifel, und ihre Zuversicht machte die Männer leichtsinnig. Sie kamen einem Turm zu nahe, der noch vom Feind gehalten wurde, und von dort oben traf ein Armbrustschütze den König zwischen Hals und Schulter in den Nakken. Eigentlich war es keine schwere Verletzung, doch der Medicus hat die Sache wohl vermurkst. Er stocherte so lange mit einem Messer in der Wunde herum, um einen Splitter zu finden, der von dem Bolzen abgebrochen war, bis sich die Wunde schließlich entzündete. Der König begann zu fiebern.

In der Zwischenzeit hatte Mercadier die Festung erobert und auch den unglückseligen Armbrustschützen gefangengenommen und ins Lager gebracht. Man brauchte Bertrand Gourdon, so hieß der Mann, nicht einmal zu foltern. Er stand zu seiner Tat und erklärte, er habe auf Richard geschossen, weil der König in früheren Kämpfen nicht nur seinen Vater, sondern obendrein zwei seiner Brüder getötet habe. Richard hatte Verständnis für die Erbitterung des Schützen und verzieh ihm. Er schenkte ihm sogar die Freiheit, aber Mercadier behielt den Schützen heimlich in Gewahrsam, denn er sah wohl den Tod des Königs voraus, und nun übt er grausige Rache, obwohl unser Herr noch atmet.

Sie werden mich mit einigem Recht fragen, was ein König von England hier unten im Südwesten von Frankreich zu suchen hat. Das ist eine lange Geschichte, aber ich weiß Bescheid, denn ich bin seit vielen Jahren bei der Königin, wenn ich auch noch nicht ganz so alt bin wie sie, die nun bereits 77 Winter gesehen hat. Ich habe sie schon gekannt, als sie noch sehr jung und atemberaubend schön war.

Geboren wurde sie in Bordeaux, aber aufgewachsen ist sie in Poitiers, wo ihr Großvater regierte, der ein Säufer war, ein Raufbold und ein Hurensohn. Allerdings auch ein recht guter Troubadour. Eleonore hat ihn kaum noch gekannt. Sie war erst sechs Jahre alt, als er starb. Ihr Vater, der Herzog Wilhelm X. von Aquitanien, war ein Hüne von einem Mann, stark wie ein Bär, und die Leute erzählten sich, er habe so viel gegessen wie acht seiner Leute zusammen. Trotz seiner Kraft segnete er schon mit 38 Jahren das Zeitliche, und da auch Aigret, sein einziger Sohn, sehr früh gestorben war, wurde Eleonore als die älteste Tochter auf einmal Herzogin von Aquitanien.

Ich weiß nicht, ob Sie sich ein Bild von diesem Herzogtum machen können. Nur soviel: Es umfaßt zahllose Grafschaften und Baronien, und einige Namen werden selbst Ihnen bekannt sein; beispielsweise Poitiers oder Armagnac, Perigord oder Auvergne, Gascogne oder Limousin. Überall dort sitzen die Vasallen der Herzöge von Aquitanien, die folglich viel reicher und mächtiger sind als der König von Frankreich, der in jenen Jahren nicht nur alt, sondern auch sehr krank war. Kein Wunder, daß er alles daran setzte, seinen leider höchst unansehnlichen Sohn Ludwig mit der schönen Herzogin zu verheiraten. Beide waren noch sehr jung, 16 Jahre, glaube ich, und niemand hat sie um ihre Meinung gefragt. So etwas wird ja immer von den jeweiligen Höfen geregelt. Jedenfalls hat man die beiden in Bordeaux miteinander vermählt.

Es war höchste Zeit, denn kurz darauf starb der alte König, und ebenso plötzlich, wie sie Herzogin geworden war, wurde Eleonore nun Königin über Frankreich – und natürlich auch über ihr geliebtes Aquitanien. Aber ihr Ehemann, besagter Ludwig, paßte überhaupt nicht zu der – nun, sagen wir einmal – lebenslustigen Eleonore, die an vielen Dingen Gefallen fand, vor denen es ihrem frömmelnden Ehemann, der zeitweise sogar in einem Kloster gelebt hatte, nur schauderte. Das war übrigens die Zeit, in der ich in den Dienst der Königin trat, und deshalb habe ich die ganze Zankerei aus nächster Nähe mitbekommen.

Dann kam der Tag, an dem der König seiner jungen Frau eröffnete, er wolle nun ein altes Gelübde erfüllen und nach Jerusalem ziehen. Eleonore war natürlich überhaupt nicht davon begeistert, eine derart strapaziöse Reise auf sich zu nehmen. Da sie sich aber kaum verweigern konnte, beschlossen sie und die anderen mitreisenden Damen des Hofes, sich auf dem langen Weg wenigstens einen Teil jenes Komforts zu gestatten, den sie sich daheim leisteten. Der riesige Troß löste bei den Heerführern wenig Entzücken aus. Auch die Geistlichkeit murrte, weil sie um die Keuschheit der Pilger bangen mußte, wenn sich allzu viele Mägde und Zofen zwischen den Zelten tummelten. Andererseits muß man diese jungen Menschen ja auch verstehen. Allein bis nach Byzanz brauchte das Heer schließlich fast fünf Monate, und wer will schon erwarten, daß die Soldaten sich so lange aller körperlichen Freuden enthalten.

Byzanz war eine Stadt ganz nach dem Geschmack meiner Herrin. Allein schon die Lage am Goldenen Horn und am Marmarameer, der riesige Hafen und der prunkvolle Palast, eine Stadt, die nur aus Diamanten und Marmor zu bestehen schien. Eleonore schwelgte im Luxus und genoß die Ehren, mit denen die Gäste überschüttet wurden. Ich erinnere mich noch an jenen Abend, an dem die Königin von einem Essen im Palast zurückkehrte und schier Unglaubliches zu erzählen wußte: Der Boden sei mit Rosenblättern bedeckt gewesen, und den Wein habe man aus hauchdünnen farbigen Gläsern getrunken, in goldenen Schüsseln habe man die Froschschenkel herumgereicht, und das Fleisch wurde nicht mit den Händen oder dem Messer zum Mund geführt, sondern mit zierlichen Zinken aus Silber, in deren rechten Gebrauch man die Gäste erst habe einweisen müssen.

Eleonore hätte wohl am liebsten ihr ganzes Leben in Byzanz zugebracht, zumal ihr Kaiser Manuel geradezu herausfordernd den Hof machte, aber der fromme (und mit einigem Recht eifersüchtige) Ludwig trieb ständig zum Aufbruch, was erneut Anlaß zu endlosem Streit zwischen den Eheleuten gab. In Antiochia begegnete Eleonore in dem dort residierenden Fürsten ihrem noch recht jungen Onkel Raimund, mit dem sie sich in ihrer Muttersprache, dem Languedoc, unterhalten konnte. Die beiden verbrachten sehr viele schöne Stunden miteinander. Ich sage das mit aller gebotenen Diskretion, und ich will mich auch nicht darüber verbreiten, warum die Kreuzfahrt letztendlich zu einem Fiasko wurde. Auf jeden Fall fuhr man unverrichteter Dinge wieder nach Hause, ohne Jerusalem auch nur aus der Ferne gesehen zu haben.

Die Ehe war nicht mehr zu retten. Wie bei den hohen Herrschaften heutzutage so üblich, setzten sich ein paar geistliche Herren zusammen und überzeugten den Heiligen Vater, daß die beiden viel zu nahe verwandt seien, um rechtsgültig verheiratet zu sein. Die Ehe wurde annulliert. Die beiden Töchter, die Eleonore ihrem Ludwig geboren hatte, blieben beim Vater, Eleonore behielt ihrerseits das Herzogtum Aquitanien.

Sie war keine Frau, die lange allein leben konnte. Sie suchte nach einem Mann, der ihren Wünschen in jeder Hinsicht entsprach, und fand ihn schon nach vier Monaten in dem um zehn Jahre jüngeren Heinrich Plantagenet von Anjou, dem Herrscher über den Nordwesten Frankreichs, der – obwohl erst 19 Jahre alt – schon zwei Bastarde gezeugt hatte, die an seinem Hof erzogen wurden. Heinrich und Eleonore regierten nun den ganzen Westen des Landes, doch dabei sollte es nicht bleiben. Heinrich besaß durch seine Mutter gewisse Rechte auf

die englische Krone, und als der regierende König Stephan mit seinen
Baronen nicht mehr zurechtkam, machte Eleonores Mann seine An-
sprüche geltend und wurde als Heinrich II. nun tatsächlich auch noch
Herrscher über England.

Seine Ehe mit der leidenschaftlichen Eleonore verlief äußerst stür-
misch, und die Königin brachte einen Sohn nach dem anderen zur
Welt. Der Erstgeborene starb schon als Kleinkind, nun rückte der
zweitgeborene Heinrich als Kronprinz nach. Erst dann folgte Richard
als dritter Sohn. Ich will mich nicht über die politischen Wirren dieser
Jahre auslassen, weil die mit der Person Richards eigentlich weniger zu
tun haben, aber eine traurige Episode hat uns alle damals sehr bestürzt.

Heinrich Plantagenet hatte 1162 seinen Freund und Vertrauten, den
Erzdiakon und Kanzler seines Reiches, Thomas Becket, überredet,
Erzbischof von Canterbury zu werden. Er erhoffte sich von ihm, daß er
die Geistlichen an der Kandare halten würde, aber das genaue Gegenteil trat ein. Kaum Erzbischof geworden, gab ihm Becket das Groß-
siegel des Kanzlers zurück, weil er – wie er sagte – nicht zwei Herren
dienen könne: dem Papst und dem König. Heinrich war wie vor den
Kopf geschlagen. Sein Freund Thomas machte sich zum Anwalt der
Kirche und war nicht einmal zu einem Kompromiß bereit.

Das Zerwürfnis zwischen den beiden wurde schließlich so tief, daß
Thomas Becket nach Frankreich floh, zu den Todfeinden des englischen Königs. Von dort kehrte er zwar noch einmal nach England
zurück, blieb aber weiterhin der unbequeme Vertreter der Kirche und
damit zwangsläufig der unbeugsame Gegenspieler des Königs. Und
dann geschah es: Eines Abends im Jahre 1170, als wieder einmal der
unselige Streit am Hofe erörtert wurde, schrie Heinrich – jähzornig, wie
er nun einmal war – in die Runde seiner Männer: »Kann mich denn
keiner von diesem Pfaffen befreien?« Mein Gott, so etwas sagt man
schon mal, ohne es wirklich ernst zu meinen, und bei aller Feindschaft:
Irgendwie liebte der König seinen alten Freund noch immer. Vier Ritter
aber aus seiner Umgebung nahmen das hitzige Wort wörtlich und
erschlugen den Erzbischof in seiner Kathedrale. Später hat sich der
König dafür sogar an der Stelle im linken Seitenschiff des Doms von
Canterbury, wo der Mord geschah, aus Reue öffentlich auspeitschen
lassen.

Der Ehe mit Eleonore erging es so wie vielen Ehen. Die Leidenschaft, die beide so lange blind gegenüber ihren Schwächen gemacht hatte, kühlte letztendlich ab, und sehr viel anderes Gemeinsames gab es zwischen den beiden ohnehin nicht. Der König hielt sich jetzt eine Friedelfrau namens Rosamunde, die Tochter eines normannischen Ritters, und Eleonore sorgte sich von Stund an nur noch um ihren Lieblingssohn Richard, der zunächst Herzog von Aquitanien wurde. Sie blieb auch auf der Seite ihrer Söhne, als die sich gegen ihren immer tyrannischer werdenden Vater auflehnten, ging für sie sogar in Gefangenschaft und mußte mitansehen, wie sich ihr Mann nach dem Tod der Rosamunde ganz öffentlich eine neue Geliebte hielt. Sie hieß Alice, war immerhin die Tochter des Königs von Frankreich und eigentlich als Ehefrau für Richard vorgesehen, doch da sie dem Vater gefiel, nahm er sie einfach für sich. So war er nun einmal.

Dann starb mit 28 Jahren Kronprinz Heinrich. Von da an ging es mit dem Vater rapide bergab. Richard, nunmehr der Thronanwärter, erreichte die Freilassung seiner gefangengehaltenen Mutter, die inzwischen schon 62 Jahre alt, aber noch immer imposant und bescheiden, demütig und stolz zugleich war. Im Gegensatz zu ihrem Mann, der immer mehr verkam. Er selber feierte Orgien, während seine Leute Hunger litten. Er umgab sich mit Gauklern und Huren, wurde fett und stank wie ein Schwein. Und wieder gab es Streit in der Familie. Immer die gleichen Fronten: die Mutter mit den Söhnen gegen den Vater. Eleonore wurde einmal mehr eingekerkert und blieb in Gewahrsam, bis der König 1189 starb und Richard sein Erbe antrat.

Bevor er im Jahr darauf zum Kreuzzug aufbrach, besorgte ihm seine Mutter noch eine Braut mit schöner Mitgift: Prinzessin Berengaria von Navarra. Richard schien sich nicht viel aus ihr zu machen. Mir ist aufgefallen, daß er überhaupt nie Weibergeschichten hatte und daß er sich – sehr im Gegensatz zu den anderen jungen Herren seines Standes – kaum mit Frauen abgab. Zweimal hat er sich allerdings »widernatürlicher Sünden« angeklagt, aber ich weiß bis heute nicht, was er damit gemeint hat. Und ich will damit auch nichts zu schaffen haben.

Während der König ins Heilige Land aufbrach, versuchte Eleonore, mittels einer Handvoll ihr ergebener Männer die Regierungsgeschäfte zu überwachen, die Richard seinem jüngeren Bruder Johann übertragen hatte, der den Beinamen »ohne Land« führte. Dieser Johann bewegte sich allerdings ständig an der Grenze zum Hochverrat, denn er unterhielt einen regen Briefwechsel mit dem König von Frankreich, der die Abwesenheit Richards selbstverständlich ausnutzen wollte. Ein anderer Verräter war in meinen Augen auch der Kanzler Wilhelm von Longchamps, und die Lage wurde schließlich so kritisch, daß sich unser Herr ziemlich überstürzt mit dem Heiden-Sultan Saladin einigen mußte, um rasch nach Hause zu kommen und das Lumpenpack zu verjagen, das sich am Hofe breitmachte.

Im Sommer des Jahres 1192 segelte seine Frau Berengaria vom Hafen in Akkon ab. Der König folgte ihr etwas später. Doch während die Königin sicher in Brindisi ankam, wurde Richards Schiff von starken Stürmen abgetrieben und strandete schließlich in der Nähe von Venedig. Im Heiligen Land hatte sich Richard durch sein ungestümes Wesen, aber auch durch sein Verhandeln mit Saladin, was ihm von vielen als Verrat ausgelegt wurde, zahlreiche Feinde geschaffen. Am meisten jedoch haßte ihn Leopold von Österreich, den Richards Männer nach der Eroberung von Akkon zutiefst beleidigt hatten, indem sie sein Banner in den Schmutz traten, das der armselige Herzog in seinem Hochmut neben dem des Königs hatte aufpflanzen lassen. Andere erzählen, dies sei geschehen, als der Herzog dem König eine Herberge bei Emmaus wegnehmen wollte. Ausgerechnet diesem Leopold sollte Richard nun in die Hände fallen.

Und das kam so: Nach der unfreiwilligen Landung in der Nähe dieser merkwürdigen Stadt, die – wie man mir sagte – auf dem Wasser errichtet worden ist, versuchte der König, sich nur in Begleitung eines Knappen unerkannt ins Land der Sachsen durchzuschlagen, wo sein Schwager Heinrich regierte, den die Deutschen »den Löwen« nennen. In der Stadt Wien aber beging er einen verhängnisvollen Fehler, als er, um selber nicht erkannt zu werden, seinen Knappen zum Einkaufen losschickte, dem Jungen aber nur ein großes Goldstück mitgab. Das erregte natürlich großes Aufsehen. Wie kam ein in Lumpen gekleideter Junge zu soviel Geld? Natürlich war es nicht sonderlich schwer, den Knappen dazu zu bewegen, den Namen der Herberge preizugeben, wo sich der König versteckt hielt.

Zu dieser Gefangennahme gibt es eine zweite Version. Manche

erzählen nämlich, der König habe sich selber verraten, weil er eigenhändig ein Hühnchen gebraten, aber vergessen habe, zuvor seinen kostbaren Ring abzuziehen. An diesem Ring hat man ihn dann angeblich erkannt.

Gegen jedes Recht, das alle Kreuzfahrer unter den Schutz der Kirche stellt, nahm man Richard gefangen und übergab ihn seinem Erzfeind Leopold. Der wiederum glaubte nicht zu Unrecht, dem deutschen Kaiser Heinrich einen großen Gefallen zu tun, wenn er ihm seinen englischen Kollegen ausliefere. Und der Kaiser – Gott möge ihn dafür auf immer in der Hölle schwitzen lassen – hatte natürlich nichts Besseres zu tun, als meiner Königin einen Brief zu schreiben, in dem zu lesen stand, wenn sie ihren Sohn wiederhaben möchte, brauche sie nur 150 000 Mark in Silber zu zahlen. (Anmerkung des Verfassers: Das entspricht nach damaligem Wert etwa 34 000 Kilo reinen Silbers und nach heutigem Wert etwa 12 Millionen Mark.)

Eleonore tobte. Sie drohte dem Papst, sie werde die englische Kirche von Rom lösen, wenn er es nicht fertigbringe, einen heimkehrenden Kreuzfahrer zu schützen; aber Rom war dem deutschen Kaiser gegenüber tatsächlich machtlos, und die Königin sah alsbald keinen anderen Ausweg mehr, als die höchste Lösegeldsumme, die je gefordert wurde, von ihren eigenen Untertanen einzutreiben, was wahrlich nicht einfach war.

Aus der Staatskasse, die durch die Mißwirtschaft des Johann ohne Land leer war, konnte man das Lösegeld nicht bezahlen. Blieben also nur Steuern und Spenden. Aber mit den Spenden war das so eine Sache: Richard war beim Volk keineswegs sonderlich beliebt, und armen Leuten war es ohnehin gleichgültig, ob sie nun von einem Richard oder einem Johann regiert wurden. So deutlich muß man das leider sagen. Infolgedessen blieb der Königin nichts anderes übrig, als die Untertanen zwangsweise zur Kasse zu bitten: Jeder Freie mußte immerhin ein ganzes Viertel seines Jahreseinkommens abliefern, Kirchen und Klöster mußten spenden, und wer kein Bargeld besaß, hatte Vieh oder Früchte abzuliefern.

Anfang Januar des Jahres 1194 hatte Eleonore das Geld beisammen und reiste über Köln nach Mainz, wo der Sohn die Mutter nach 13 Monaten Gefangenschaft wieder in die Arme schließen konnte. Über

Köln, Brüssel und Antwerpen reisten die beiden in die Heimat zurück. Welch eine Anstrengung für eine Frau, die schon weit mehr als 70 Jahre zählte!

Nun aber sieht sie ihren Lieblingssohn sterben, schon ihr siebtes Kind, das vor ihr für immer die Augen schließt. Tränen laufen über das einst so schöne Gesicht, und auch das furchtbare Schreien jenes Mannes, der Richard heimtückisch ermordet hat, wird den Schmerz der verzweifelten Mutter kaum lindern können.

ZEITRAFFER

1157	Geburt Richards als Sohn Heinrichs II. Plantagenet von Anjou und der zehn Jahre älteren Eleonore von Aquitanien.
1170	Ritter Heinrichs II. erschlagen Thomas Becket in der Kathedrale von Canterbury.
1183	Nach dem Tod seines Bruders Heinrich wird Richard Kronprinz.
1189	Nach dem Tod Heinrichs II. wird Richard König von England.
1190	Aufbruch zum Kreuzzug.
1191	Eroberung von Akkon und Sieg über Saladin bei Arsuf.
1192	Frieden mit Saladin, Heimreise und Gefangenschaft.
1194	Freilassung gegen Lösegeld und Heimkehr nach England.
1199	Tod Richards bei Châlus in Südwestfrankreich.
1204	Eleonore stirbt im Alter von etwa 83 Jahren.

Diagnose aus St. Gallen: Der Herzog ist schwanger

*Herakles und die Wasserspülung · Ratten bringen die Pest ·
Operation mit der Axt · Tödliche Abführmittel · Heilige Nothelfer ·
Zuständig für alles: der Bader*

Der legendäre Richard Löwenherz, um dessen Gefangenschaft und Heimkehr sich die Robin-Hood-Legende rankt, starb, wie wir gesehen haben, an einer eigentlich ziemlich ungefährlichen Verletzung. Und vielen Millionen Menschen erging es nicht anders, ob sie nun einer Krankheit oder einer Verwundung erlagen, die für einen Arzt von heute keinerlei Problem dargestellt hätte. Krankheit und Verletzung sind niemals angenehm, aber im Mittelalter führten sie zumeist zu einem qualvollen Tod. Es gab weder eine peinlich beachtete Hygiene noch die notwendigen ärztlichen Kenntnisse, und selbst wenn diese ausnahmsweise vorhanden waren, standen die erforderlichen Arzneimittel nicht zur Verfügung.

Kein Grund für uns, die Nase zu rümpfen, denn schließlich wurden auch das Penicillin und viele andere für uns selbstverständliche Medikamente erst im 20. Jahrhundert entwickelt. Außerdem ist das Wissen um die Heilkraft vieler Kräuter, die den Menschen des Mittelalters sehr wohl vertraut war, heute längst verlorengegangen. Trotz der medizinischen Unterversorgung erschreckt dennoch die sehr niedrige Lebenserwartung. Wer 50 oder gar 70 Jahre alt wurde, stand sichtbar unter der gütigen Hand Gottes, der ihn vor allen denkbaren körperlichen Schäden derart lange bewahrt hatte. Das Greisenalter zu erreichen war tatsächlich einigermaßen ungewöhnlich.

Wenn unsereiner während eines Abenteuerurlaubs in einem exotischen Land ein paar Tage auf Dusche, WC und Zähneputzen verzichten muß, von Haarwäsche und Achselspray ganz zu schweigen, fühlen sich wenigstens die Erwachsenen einigermaßen unwohl. Kinder merkwürdigerweise nicht. Sie stören sich weder an ihren schmutzigen Fingernägeln noch an dem »strengen« Geruch unter den Armen. Der

Wunsch nach Sauberkeit ist demnach ausschließlich Erziehungssache. Wer nicht an Reinlichkeit gewöhnt worden ist, den stört auch der Schmutz nicht.

An Schmutz gewohnt waren offensichtlich lange Zeit hindurch unsere Vorfahren im Mittelalter, denn ein Gesandter des Kalifen schrieb vom Hofe Ottos II. (955–983) über die von ihm so genannten Franken: »Du siehst kaum etwas Dreckigeres als diese. Sie waschen sich nur zweimal im Jahr, und ihre Kleider reinigen sie nie, sondern tragen sie so lange, bis sie nur noch aus Fetzen bestehen.« Man muß ja wohl davon ausgehen, daß ein ausländischer Gesandter sich eher in den besseren Kreisen bewegt und infolgedessen mit seiner Beschreibung kaum die Bettler gemeint haben wird, die vor den Toren der Pfalzen herumlungerten. Um so schlimmer für unsere Altvorderen, die Reinlichkeit nun wirklich als absolut zweitrangig betrachteten. Das besserte sich erst, als sie auf dem häßlichen Umweg über die Kreuzzüge mit den Arabern und deren bereits damals verfeinerter Lebensart in Berührung kamen.

Eine Art Sauna kannte man dagegen schon relativ früh durch die Kontakte mit Nordgermanen und Slawen, aber eine Sauna hat ja auch nur sehr bedingt etwas mit Sauberkeit zu tun. In der Sauna jedenfalls wurde Wasser zerstäubt, weshalb man diesen Ort »stuba« nannte. Unschwer hören wir daraus unser heutiges Wort »Stube«, was letztlich wiederum nichts anderes bedeutet als einen beheizten Raum.

Um noch einen Zeugen aus der bereits hochzivilisierten arabischen Welt zu bemühen: Ibn Fadhlan, Gesandter des Kalifen von Bagdad, erzählt über eine Begegnung mit Wikingern, die auf einem Streifzug bis an die untere Wolga gekommen waren, was ihn an den blonden Hünen besonders beeindruckt hat. Da waren zunächst einmal wilde Orgien mit S(k)lawinnen, aber das hat unseren kultivierten Araber weniger entsetzt. Weitaus schlimmer war für ihn die Feststellung, daß sich die Wikinger weder nach dem Essen noch nach Verrichtung der Notdurft die Hände wuschen. Außerdem säuberten sich alle Bewohner eines Hauses mit dem Wasser aus einer einzigen Schüssel, in das nach beendeter Toilette auch noch kräftig gespuckt und die Nase geschneuzt wurde.

Der berühmte »Donnerbalken«, den der Landser von der Front und die Pfadfinder vom Zeltlager in nicht unbedingt bester Erinnerung haben, wird heute höchstens als gelegentliche Entgleisung normaler Lebensumstände hingenommen, doch für den mittelalterlichen Menschen war er die Regel. Die einfachen Leute hatten im Hof ihr Plumpsklo, Klöster und Burgen dagegen besaßen für die entsprechenden Zwecke vorgebaute Erker an der Außenfront und machten »immer an der Wand lang«. Die Ausscheidungen fielen in eine Abortgrube und dienten – wie wir schon gesehen haben – der Landwirtschaft als Dünger; andererseits waren diese Kloakengruben auch eine ständige Brutstätte für Krankheitserreger aller Art.

Der Inhalt größerer Abortgruben wurde zuweilen in den nächstgelegenen Bach oder Fluß ausgeleert, eine ebenso unappetitliche wie gesundheitsgefährdende Angelegenheit. Außerdem bestand jederzeit die Gefahr, daß die Wände einer solchen Kloake nachgaben und ihr Inhalt nahegelegene Brunnen verseuchte.

Bei Nacht und Kälte benutzten die Menschen normalerweise Plumpsklo und Erker nicht, sondern griffen zu einem Gefäß, das – je nach Landschaft und Mundart – Pisspott, Brunzkachel oder Seychscherb genannt wurde. Es handelt sich natürlich um den Nachttopf, den man der Einfachheit halber häufig aus der Schlafkammer auf die Straße kippte, was gerade in den Morgenstunden für Passanten eine ständige Gefahr darstellte.

Dies war nun wirklich barbarisch, denn schon die alten Hochkulturen in Asien und im Vorderen Orient kannten großzügige Kanalsysteme, mit denen der Abfall und die Fäkalien abtransportiert wurden. Das gehörte bereits in sehr früher Zeit ganz einfach zur Zivilisation, und auch der Gesetzgeber beschäftigte sich eingehend mit dieser Problematik. Im alten Rom war es die Aufgabe von Gefangenen, die Cloaca Maxima, also den Hauptabwasserkanal, zu säubern. Drecksarbeit im wahrsten Sinne des Wortes. Damit die Gefangenen ihrer scheußlichen Aufgabe ordentlich nachkommen konnten, war es bei schweren Strafen verboten, einem von ihnen auch nur die geringste Gewalt anzutun oder sie in irgendeiner Weise bei ihrer Arbeit zu stören.

Der Ädil Agrippa legte sieben große Wasser-Rückhaltebecken an, die von Zeit zu Zeit geöffnet wurden. Dann schoß ein gewaltiger Wasserschwall durch die Cloaca und riß auch diejenigen Müll- und

Kotreste mit, die sich den Schaufeln und Hacken der Gefangenen bis dahin hartnäckig widersetzt hatten. Agrippa war vermutlich ein gebildeter Mann und hatte seine Erfindung dem Herakles abgeschaut, der der Sage nach die Rinderställe des Königs Augias säuberte, indem er zwei Flüsse durch die Stallungen leitete. Insofern muß eigentlich Herakles als Erfinder der Wasserspülung gelten.

Wie dem auch sei: Es ist nun einmal ungehörig, seine Notdurft auf der Straße zu verrichten oder sie einfach aus dem Fenster dorthin zu kippen. Bereits im Alten Testament lesen wir im 5. Buch Moses, Kapitel 23: »Du sollst außerhalb des Lagers einen abgelegenen Platz haben, zu dem du hinausgehst. Ferner mußt du unter deinen Geräten eine kleine Schaufel haben. Wenn du also hinausgehen mußt, dann grabe ein Loch und decke deinen Unrat zu. Denn der Herr, dein Gott, geht in deinem Heerlager umher, um dir zu helfen und deine Feinde zu unterwerfen.« In einem Heerlager europäischer Ritter hätte sich der liebe Gott sehr, sehr vorsichtig bewegen müssen, um nicht in irgend etwas hineinzutreten! Was auch immer die Ritter mit sich führten: ein Schäufelchen sicherlich nicht.

Die Gottheit persönlich bemühten dagegen auch die alten Römer, bei denen Pächter öffentliche Latrinen betrieben, für deren Benutzung sie mit folgendem Spruch warben: »Caucator have malum! Aut si contempseris, habeas Jovem iratum!« Was zu deutsch heißt: »Hüte dich, auf die Straße zu kacken, sonst wird dich Jupiters Zorn treffen!«

Kehren wir jedoch zurück zu den Menschen im Mittelalter, bei denen – das muß man leider gestehen – Hygiene in ganz winzigen Buchstaben geschrieben wurde. Bis sich das grundlegend änderte, sollten noch viele Jahrhunderte vergehen. Nehmen wir nur die absolute Luxusresidenz der französischen Könige. In dem riesigen Schloß von Versailles gab es nur wenige, weit abgelegene Toiletten. Wer nicht den Vorzug hatte, im Schloß selbst ein Zimmer mit Nachttopf zu besitzen, geriet in nicht geringe Not, falls ihn ein dringendes Bedürfnis überkam.

Körpergeruch, heute durch regelmäßiges Duschen und mit Hilfe aller möglichen hygienischen Artikel peinlichst vermieden, wirkte damals anscheinend noch wie ein wirkungsvolles, zutiefst animalisches Signal. Der französische König Heinrich IV. – er lebte von 1553 bis 1610 – schrieb seiner Maitresse Gabrielle d'Estrées aus der Ferne:

»Bitte, wasch' dich nicht, meine Liebste, ich werde in einer Woche zurück sein.« Eine wahrhaft aufregende Vorstellung.

Mit dem Rümpfen der Nase, so berechtigt das im konkreten Fall gewesen sein mag, sollte man jedoch vorsichtig sein. Eine flächendeckende Kanalisation ist selbst in Deutschland zum Teil erst nach dem Zweiten Weltkrieg zur Norm geworden. Für unsere Großeltern war das Plumpsklo noch lange die Regel, sofern sie nicht in der Stadt wohnten, und wenn man bedenkt, wie selten öffentliche Toiletten in unseren Großstädten anzutreffen sind und in welchem Zustand sie sich häufig befinden, dann haben wir wenig Grund, die Zustände in Versailles zu geißeln. Sieht man etwa heute keine Männer mehr, die ihr Geschäft an einem Baum oder einer Mauer verrichten? So furchtbar weit haben auch wir es noch nicht gebracht.

Dennoch: Die meisten von uns haben wahrscheinlich noch nie in ihrem Leben eine Wanze, einen Floh oder eine Laus gesehen. Die letzte Begegnung mit Ungeziefer dieser Art fand in den Gefangenenlagern des Zweiten Weltkrieges statt oder aber in einem »lausigen« Hotel eines »lausigen« Urlaubslandes. In modernen Betonhäusern und bekämpft mit massivem Einsatz chemischer Präparate haben Floh, Laus und Wanze kaum noch Chancen. Im Mittelalter dagegen besaßen die Menschen nicht die geringste Möglichkeit, sich dieser Plagegeister zu erwehren. Flöhe bissen König und Kaplan, Läuse krabbelten in den Perücken von Richtern und Regenten, Wanzen krochen aus den Decken von Bauern und Baronen. Aber während Wanzen und Läuse zwar außerordentlich unangenehm waren und dazu führten, daß sich jedermann an jedem Ort und zu jeder Zeit höchst ausgiebig kratzte, ging von den Flöhen eine tödliche Gefahr aus. Sie übertrugen die furchtbarste aller damals bekannten Krankheiten: die Pest.

Seit dem 8. Jahrhundert hatten die Menschen nicht mehr von dieser Epidemie gehört, die eigentlich eine Rattenkrankheit ist und erst von den Flöhen auf den Menschen übertragen wird. Langsam, ganz langsam drang sie nun aus Innerasien über die Seidenstraße nach Westen vor, erreichte 1347 Byzanz und wütete dann während der nächsten fünf Jahre in ganz Europa, da niemand wußte, wie die Krankheit übertragen wurde, und schon gar nicht, wie man sich vor ihr schützen konnte. An die Ratten dachte niemand. Man stellte den anpassungsfähigen Nagern

zwar seit eh und je nach, aber eigentlich nur deshalb, weil sie ihr
Unwesen in den Getreidespeichern trieben. Doch das Aufstellen von
Fallen oder auch der zunehmende Einsatz von Hauskatzen vermochten
die Plagegeister nicht auszurotten, und so nahm man ihre Existenz
denn gottergeben hin. Genauso wie die der Flöhe.

Wer aber von einem infizierten Rattenfloh gestochen wurde, bekam
zunächst einmal die Beulenpest. Sie ließ – verbunden mit extrem
hohem Fieber – anfangs nur die Lymphknoten und die Drüsen an-
schwellen und verlief nicht unbedingt tödlich. Wenn die Pestbakterien
jedoch das ganze Blut überschwemmten, ging die Beulenpest in die
Lungenpest über, und dann gab es kein Überleben. Wer an Lungenpest erkrankt war, konnte hinwiederum mit Leichtigkeit seine Mitmenschen anstecken. Da dies offenkundig war, galt für Familienmitglieder, Freunde und Nachbarn ausschließlich die Flucht in die Wälder,
auf eine Insel oder an andere einsame Orte als einzige Überlebens-
chance.

Im *Decamerone* von Boccacchio, aber auch bei anderen Augenzeugen
ist nachzulesen, wie die Pest »die Herzen der Menschen gefrieren« ließ.
Jeder wich dem anderen aus, der Mann verließ seine Frau, die Mutter
ihre Kinder. »Kein Vater besuchte seinen Sohn, kein Sohn seinen Vater.
Die Wohltätigkeit war tot.« Bemerkenswerterweise starben überdurch-
schnittlich viele Frauen und Kleinkinder. Die Ursache dafür ist bis
heute nicht geklärt. Sehr wohl erklären läßt sich dagegen die Tatsache,
daß die Pest vor allem die Armen dahinraffte. Sie nämlich waren häufig
unterernährt und besaßen einfach nicht die Möglichkeit, sich wie jene
jungen Florentiner im *Decamerone* in einer Villa weit draußen vor der
Stadt zu isolieren, um dort mit schlüpfrigen Geschichten die Zeit
totzuschlagen. Die Armen mußten, wollten sie nicht in den Wäldern
verhungern, in ihrem Häuschen bleiben, das Wohn- und Schlafraum,
Scheune und Stall zugleich war und wo es naturgemäß von verpesteten
Ratten nur so wimmelte.

Ganz katastrophal war die Situation an Orten, wo sich die Menschen nicht aus dem Weg gehen konnten: in Gefängnissen und Klöstern. In den beiden Franziskanerklöstern von Marseille und Carcas-
sonne beispielsweise starben alle Mönche. Im Dominikanerkloster von
Montpellier überlebten von 140 Mönchen ganze sieben. Kein Wunder,

daß die Menschheit zu glauben begann, nun sei endgültig das Ende der Welt gekommen.

Die Moral verfiel mehr und mehr. Juristen weigerten sich, in die Häuser von Erkrankten zu gehen, um mit ihnen ein Testament aufzusetzen. Selbst viele Priester waren nicht mehr dazu zu bewegen, den Todkranken die Sterbesakramente zu spenden. Aber damit nicht genug: Aus einem fatalistischen »Ist-ja-doch-alles-egal«-Denken heraus ließen viele Menschen ihren niedrigsten Instinkten freien Lauf. Die verlassenen Häuser wurden von Plünderern heimgesucht, Witwen wurden beraubt und Jungfrauen geschändet, wie überhaupt den lange unterdrückten sexuellen Gelüsten jetzt hemmungslos nachgegeben wurde. Blutschande, so berichteten die Chronisten, homosexuelle Handlungen und Sodomie waren an der Tagesordnung.

Natürlich gab es bei den in Panik verfallenen Menschen auch vollkommen andere Reaktionen: Aus vielen Städten wurden religiöse Exzesse gemeldet. Angehörige der Geißler-Sekte zogen über Land und peitschten sich blutig, um der fürchterlichen Strafe Gottes zu entgehen. Immer mutloser wurden die Menschen, zumal kein Arzt ein Heilmittel wußte, geschweige denn etwas zum Vorbeugen. Ausräuchern war schon immer ein beliebtes Rezept gewesen, wenn den gelehrten Herren nichts anderes mehr einfiel, aber in einem ganz konkreten Fall zumindest hat es damals genutzt: Papst Klemens VI. wurde von seinem Leibarzt in seinem Zimmer im Palast von Avignon eingesperrt. Trotz großer sommerlicher Hitze wurden rechts und links von ihm zwei große Feuer entfacht, zwischen denen der Papst wochenlang sitzen oder während des Schlafes liegen mußte. Klemens überlebte. Vermutlich deshalb, weil ihm wegen der übergroßen Hitze kein Floh zu nahe gekommen ist. Aber das konnte der Leibarzt nicht ahnen. Er hat einfach Glück gehabt, daß er aus schierer Unwissenheit rein zufällig das Richtige verordnete.

Der Papst war reich; die Armen dagegen starben weiter wie die Fliegen. Längst konnten die Friedhöfe die Toten nicht mehr aufnehmen. Man verscharrte sie hastig in Massengräbern. Boccaccio schreibt: »Da wurden sie aufgestapelt wie Waren in einem Schiff, Schicht auf Schicht, nur mit ein wenig Erde bedeckt, bis die Grube randvoll war.« Wie viele Tote die Pest in diesen fünf Jahren letztendlich gefordert hat, kann man heute nur schätzen, da immer nur Detailangaben überliefert worden sind. So soll Florenz von seinen 90 000 Einwohnern rund 50 000 verloren haben, was die überlieferte Behauptung rechtfertigen würde, daß es einfacher gewesen sei, die Überlebenden zu zählen als die Toten. In Avignon wurden innerhalb von sechs Wochen 11 000 Leichen bestattet, und Papst Klemens errechnete später, es müßten wohl in Europa insgesamt 23 840 000 Menschen ums Leben gekommen sein. Niemand weiß so recht, wie der Papst ausgerechnet auf diese Summe gekommen ist, aber moderne Historiker halten etwa 25 Millionen Tote für durchaus realistisch, obwohl auch das eine zu grobe Schätzung sein kann.

Sonderbarerweise hielt sich die Pest in keiner Gegend länger als vier bis sechs Monate auf. Dann verschwand sie plötzlich ohne erkennbaren Grund. Da aber niemand wußte, warum sie kam und warum sie ebenso plötzlich wieder ging, glaubten viele, irgend jemand habe die Brunnen vergiftet, und wer vergiftet schon Brunnen? Die Juden natürlich! So kam es in diesen bösen Jahren wieder zu fürchterlichen Pogromen. Kein Krieg hat je so viele Tote gefordert wie die Pest im 14. Jahrhundert. Schließlich – nach fünf grauenvollen Jahren – erlosch sie. Allerdings nicht für immer. Zwischen 1439 und 1640 wütete sie allein in Besançon vierzigmal. Amsterdam wird von 1622 bis 1628 jedes Jahr von der Pest heimgesucht, und in London rafft sie zwischen 1593 und 1665 rund 156 000 Menschen dahin.

Die Pest verschwand erst auf Dauer, nachdem die meisten Holzhäuser des Mittelalters abgerissen oder niedergebrannt und durch Steinbauten ersetzt worden waren. Inzwischen achteten die Menschen auch mehr auf Hygiene, und es war nun nicht mehr selbstverständlich, daß die Ratten durch die Küche liefen. Immerhin sollte es noch bis zum Jahre 1894 dauern, bis der Erreger der Pest durch den französischen Tropenarzt Alexandre Yersin entdeckt wurde.

Wenn auch die Pest alle in jener Zeit bekannten Seuchen in ihren Todesschatten stellte, darf man nicht vergessen, daß die Menschen vielen anderen Krankheiten erlagen, die heute jeder Hausarzt mit einem kleinen Rezept zu kurieren in der Lage wäre. Man starb an der Ruhr und an den Masern, an Lungenentzündung und an Tuberkulose, vor allem aber an der Malaria. An ihr litt Richard Löwenherz sein ganzes

Leben, und allein drei deutsche Herrscher, Otto der Große, Otto III. und Friedrich Barbarossa, mußten überstürzt von Rom abziehen, weil ihr Heer von der »Pest« überfallen worden war. Damals wurde jede Seuche als »Pestilenz« bezeichnet, aber man ist heute ziemlich sicher, daß die deutschen Aufgebote damals von der Malaria dezimiert worden sind. Aus den feuchten Sümpfen der Tiber-Ebene stiegen Millionen von Mücken auf, die Anapholes. Ihr Stich führte zu starkem Fieber und ebenso starkem Schüttelfrost. Man schor sich die Haare, ließ die Leute zur Ader, verbrannte die Kleider der Erkrankten, aber nichts half. Barbarossa verlor vor Rom 2000 Mann, darunter viele Ritter, Grafen und Bischöfe, nicht zuletzt seinen Kanzler Rainald von Dassel.

Bei den Vornehmen, zumal wenn es sich um den Kaiser selbst oder einen seiner engsten Gefolgsleute handelte, ergab sich stets das Problem des Leichentransports, denn die Gebeine des Verstorbenen sollten ja in heimischer Erde beigesetzt werden, und hermetisch verschließbare Zinksärge gab es damals noch nicht. Die Kunst des Mumifizierens dagegen war in Vergessenheit geraten, und so tat man etwas, was sich heute sehr unappetitlich anhört und auch nicht immer funktionierte: Der Leichnam Rainalds von Dassel wurde in Wasser ausgekocht, damit man das Fleisch von den Knochen lösen und die Gebeine nach Köln bringen konnte, wo sie im Dom bestattet wurden.

Seinen Herrn, den Kaiser selbst, der 1190 auf einem Kreuzzug beim Baden ertrank, wollte man dagegen unversehrt nach Deutschland zurückbringen und steckte ihn diesbehufs in ein Faß voll Essig. Aber der Versuch scheiterte kläglich (vielleicht an der großen Hitze), und der Leichnam begann ganz grauenhaft zu stinken, so daß man schließlich doch nach der Methode Rainald von Dassel verfuhr und das Fleisch ganz schnell in Antiochia beerdigte, während man die Gebeine provisorisch in der Kathedrale von Tyros beisetzte. Seitdem sind sie verschollen, so daß der ganze Aufwand vergebens war. Auch die Kirche hatte schließlich ein Einsehen, und 1299 wurde der häßliche Brauch des Leichen-Kochens von Papst Bonifatius VIII. endgültig verboten.

Im Kyffhäuser, nahe dem thüringischen Ort Frankenhausen, befindet sich Friedrich Barbarossa also auf gar keinen Fall, obwohl die deutsche Sage das behauptet; dort soll vielmehr sein Enkel Friedrich II. sitzen, von dem Sie noch Erstaunliches hören werden. Erst später ging

diese Sage auf seinen Großvater über, aber das wußte Friedrich Rük-
kert sicher nicht, als er sein Gedicht vom Kaiser Friederich schrieb, dem
der rote Bart durch den Tisch gewachsen ist. Einst soll er wieder
kommen, um das Reich zu erneuern. Sage hin oder her: Besser er bleibt
da, denn Erneuerern des Reiches muß man immer einiges Mißtrauen
entgegenbringen. Auch das lehrt die Geschichte.

Aber bleiben wir bei der Sache, also bei den Krankheiten und dem,
was man dagegen tun konnte. Vorab: Es war herzlich wenig. Zunächst
wenigstens. Verursacht durch Armut und Hunger, Inzucht und einsei-
tige Ernährung grassierten allerorten Epilepsie und Veitstanz und die
mittlerweile in Europa ausgestorbene Lepra. Die Leute plagten sich
herum mit Verdauungsstörungen, Abszessen, Geschwüren, Buckel,
Kropf, Klumpfuß und Schlagfluß. Dazu kam die ungeheure Zahl derjenigen, die in den zahllosen Fehden und Kriegen schwere Verletzungen davongetragen hatten und nun, wenn sie nicht aus adligem Haus
stammten, ein Bettlerdasein zu führen gezwungen waren: die Einarmi-
gen und die Geblendeten, die Beinamputierten und die Gefolterten.

Krankenhäuser im heutigen Sinn gab es nicht, aber im 13. und
14. Jahrhundert schossen überall Hospitäler und Leprahäuser aus dem
Boden, meist gestiftet von reichen Bürgern, häufiger aber von Ordens-
gemeinschaften, die auch die Kranken betreuten. Die Größe war
höchst unterschiedlich. Manche boten nur wenigen Kranken Platz,
andere mehreren Hunderten. Auch die Ausstattung reichte von armselig bis hin zu großzügig. Da wundert es kaum, daß nicht nur wirklich
Kranke um Aufnahme baten, sondern ganz allgemein die Armen und
Bedürftigen. Man half ihnen, sofern die Bettenkapazität reichte, wobei
sie in Kauf nehmen mußten, die Lagerstatt zuweilen mit einem anderen
Patienten zu teilen.

Ärzte gab es weder in einem solchen Hospital noch im Dorf selbst,
und wenn die weise Frau, die draußen am Waldrand lebte, nicht irgendein Mittelchen wußte und nicht einmal eine Wallfahrt Besserung
brachte, dann starben die Leute eben, und niemanden regte das weiter
auf. Das war normal.

Gräßliche Wirkung zeitigte das Mutterkorn, ein hochgiftiger Pilz,
der sich als Schmarotzer meist auf Roggen einnistete und gegen den
früher kein Kraut gewachsen war. Heute findet das Mutterkorn – in

geringen Dosierungen natürlich – sogar als Medizin Verwendung. Damals dagegen führte der Genuß des unscheinbaren Pilzes, der kaum zu entdecken war, zunächst zu feuerroten Verfärbungen der Haut, dann wurden Hände, Arme oder Beine brandig. Manche Glieder fielen einfach ab. »Viele Menschen verfaulen zu Fetzen«, schreibt schaudernd ein Chronist. »Manche sterben schnell, aber unter grauenvollen Qualen, andere setzen ohne Hände und Füße ihr entsetzliches Leben fort.« Der Genuß des Mutterkorns, das heute die Kernsubstanz der Droge LSD bildet, verursachte im übrigen Halluzinationen und jene irrsinnigen Träume, wie sie später angebliche Hexen unter der Folter bekannten.

Wieder waren es die Mönche, die als einzige etwas (wenn auch nicht viel) von Medizin verstanden, und zwar nur deshalb, weil es ihnen gelungen war, ein paar Werke »heidnischer«, also antiker Herkunft vor dem strengen Zugriff Ludwigs des Frommen zu retten. Nur in Abschriften natürlich. Außerdem gab es da noch einen gewissen Theophilos, der im 7. Jahrhundert in Byzanz gelebt und eine Menge medizinischer Kenntnisse aus dem Altertum überliefert hat. So war man immerhin in der Lage, aus der Geschwindigkeit des Pulses einige und aus der Beschaffenheit des Urins sogar eine ganze Menge Schlüsse zu ziehen. Dazu gibt es eine hübsche Geschichte:

Bayernherzog Heinrich, der Bruder Ottos des Großen, hatte vernommen, daß auch die Mönche von St. Gallen in der Lage seien, aus Farbe und Zusammensetzung des Harns so einiges über den Gesundheitszustand des Patienten zu erfahren. Der Herzog indes war skeptisch, schickte aber dennoch eine Probe nach St. Gallen und erhielt von dem dort lebenden Mönch Notker (mal wieder ein Notker, diesmal mit dem Spitznamen »Pfefferkorn«) eine erstaunliche Antwort: Ein ungeheures Wunder werde geschehen, schrieb der Mönch zurück, denn erstmals werde ein Mann, der Herzog nämlich, ein Kind zur Welt bringen, und zwar in etwa einem Monat! Dem Herzog selbst erschien diese Prophezeiung keineswegs erstaunlich, denn um den Mönch auf die Probe zu stellen, hatte er ihm den Urin einer hochschwangeren Magd zugeschickt.

Immerhin beweist die Episode, daß die Mönche keine Scharlatane waren. Übrigens wird um die Zeit Ottos des Großen auch schon von einer Kaiserschnitt-Operation berichtet. Solche Erfolgsmeldungen sind jedoch dünn gesät, und die Zahl der mißlungenen Eingriffe, so sie denn überhaupt gewagt wurden, liegt weitaus höher.

Da ist zum Beispiel der Herzog Leopold von Österreich, kein anderer als derjenige, der Richard Löwenherz gefangennehmen und an den deutschen Kaiser hatte ausliefern lassen. Die schnöde Tat wurde entsprechend gelohnt: Bei einem Turnier stürzte der Herzog zu Weihnachten 1194 derart unglücklich vom Pferd, daß er sich einen komplizierten Beinbruch zuzog. Bald wurde das Bein brandig, weil offensichtlich die Hauptschlagader verletzt worden war und das Bein nicht mehr ausreichend mit Blut versorgt wurde. Da half nur Amputieren, aber niemand traute sich (mangels entsprechender Praxis) an das herzogliche Bein heran, so daß sich der unter fürchterlichen Schmerzen Leidende schließlich selber eine Axt auf den Oberschenkel hielt und dreimal mit einem schweren Hammer draufschlug. Das Bein war zwar ab, aber zu spät für den Herzog, er starb eine Woche später.

Auf ähnlich unvernünftige Art und Weise brachte sich Otto II. vom Leben zum Tode. In Süditalien erlitt er eine Stuhlverstopfung, aber damals nahm man kein Rizinusöl, sondern Aloe. So etwas wirkt langsam. Doch Otto war ein ungeduldiger Mensch, zumal er gerade die Sarazenen von Sizilien vertreiben wollte. Deshalb nahm er immer mehr Aloe, und schließlich derart viel, daß er damit sein ganzes Heer hätte vergiften können. Um es zu verdeutlichen: Ein Gramm wäre schon ein sehr starkes Abführmittel gewesen, das Ottos Därme so leergefegt hätte wie der oben erwähnte Wasserschwall die große Kloake in Rom. Der Kaiser aber schluckte 15 Gramm, bekam einen fürchterlichen Durchfall, schließlich Darmbluten, und dann war es auch für ihn zu spät. An seinem Krankenbett hatten zwar Ärzte gestanden, aber niemand von ihnen hat Otto daran gehindert, diese tödliche Dosis zu sich zu nehmen.

Abführmittel wurden überhaupt bei allen möglichen Anlässen verabreicht. Ähnlich wie beim beliebten Zur-Ader-Lassen glaubte man, daß dies eine besonders reinigende Wirkung haben würde. Einem französischen Prälaten verpaßte ein sogenannter Arzt sage und schreibe 2190 (zweitausendeinhundertneunzig) Klistiere. Die Zahl ist uns im übrigen nur deshalb bekannt, weil sich der Prälat auch nach dieser mörderischen Prozedur nicht besser fühlte. Er verklagte den Arzt, und glücklicherweise sind uns die Prozeßakten erhalten geblieben.

Da Krankheit und jäher Tod nicht nur die Armen trafen, sondern auch nicht vor Kaiser und Papst haltmachten, sah man langsam ein, daß es so nicht weitergehen konnte. Einer der kühnsten Denker des Mittelalters, der Staufer Friedrich II., erließ neben vielen ins Detail gehenden Dekreten auch Gesetze für Ärzte und Apotheker. Sicherlich eines der gescheitesten war das Verbot, daß ein Arzt zugleich auch Medikamente verkaufe. Die verschriebene Arznei mußte nun in einer Apotheke gekauft werden, womit der Scharlanterie ein erster Riegel vorgeschoben wurde. Der Arzt konnte an den Pillen und Salben, die er verschrieb, ab sofort nichts mehr verdienen – es sei denn, er hätte mit dem Apotheker unter einer Decke gesteckt.

Wer Medizin studieren wollte, mußte zunächst einmal Philosophie belegen, weil die Studenten nach Auffassung des Kaisers sonst nicht in der Lage gewesen wären, Sinn und Aufgabe der Medizin richtig zu verstehen. Ärzte hatten ihre Patienten zweimal am Tag und nach Bedarf einmal in der Nacht zu besuchen. Das wird heute keinem Arzt mehr zugemutet. Festgesetzt wurden auch die Honorare für den Arzt und die Preise in den nun allerorten entstehenden Apotheken. Jedem, der bei der Zusammenstellung einer Mixtur pfuschte, drohten strenge Strafen. Hart ging der Kaiser auch mit Scharlatanen um, die sogenannte Liebestränke mischten. Ihre Hersteller wurden allesamt bestraft, da – so Friedrich – niemand durch ein Zaubermittel verliebt gemacht werden könne, wenn er nicht schon den Keim der Liebe zu einem Mitmenschen in sich trage. Er war eben ein außerordentlich bemerkenswerter Kaiser.

Friedrich lebte zu Anfang des 13. Jahrhunderts, und im Laufe der nächsten 200 Jahre kam man mehr und mehr zu der Erkenntnis, daß das üble Rumpfuschen an Patienten, die mangelnde Hygiene und die Scharlatanerie der selbsternannten Ärzte immer skandalöser wurden. So weit war man zwar noch nicht zur Zeit der Staufer, dennoch erkannten die zumindest etwas intelligenteren Leute, daß die 14 Nothelfer allein nicht mehr helfen konnten. Pragmatisch, wie die Menschen dachten, hatten sie nämlich gewissen Heiligen die Aufgabe übertragen, bei ganz bestimmten Krankheiten zu helfen, wofür man dann je nach Finanzlage eine oder mehrere Kerzen opferte. Zuständig waren beispielsweise:

bei Halsleiden	der heilige Blasius;
bei Leibschmerzen	der heilige Erasmus;
bei Zungenleiden	die heilige Katharina;
bei Epilepsie und Veitstanz	der heilige Veit;
bei Kopfschmerzen	der heilige Dionysius;
bei Todesangst	der heilige Achatius;
bei Gebärenden	die heilige Margaretha.

Und so ging das weiter. Drohte mal wieder die Pest, betete man zum heiligen Rochus, aber auch zum heiligen Sebastian, ersatzweise jedoch zur heiligen Gertrud, weil sie für Fieber und Seuchen im allgemeinen zuständig war. Die Ärzte unterstellten sich dem Schutz der Heiligen Kosmas und Damian. Bei Augenleiden flehte man zur heiligen Thekla, während die heilige Apollonia eher bei Zahnschmerzen half.

Wenn aber die heilige Apollonia nicht helfen konnte oder wollte, ging man zu einem Quasi-Arzt, dem Bader. Dessen Aufgabengebiet war recht vielfältig, doch notfalls konnte er immerhin einen Zahn ziehen. Ohne Betäubung, versteht sich, und auch nicht mit einem Gerät, das wir heute vielleicht als geeignet ansehen würden. Ein eiserner Haken, ein Ruck, und der Zahn war draußen. Oder auch nicht. Eine Methode, die übrigens noch bis zum Anfang des 20. Jahrhunderts üblich war.

Das Zahnziehen war jedoch nicht die Haupttätigkeit des Baders. Wie der Name schon andeutet, lud er zunächst einmal zum Bade, und gebadet wurde leidenschaftlich gern. Männlein und Weiblein tummelten sich gemeinsam im Wasser, und daß dabei nicht ausschließlich gebadet wurde, versteht sich ja wohl von selbst. In Augsburg dichtete die Nonne Klara: »So er sich nakt uff die panck streckt und sich streichet und leckt! Baden ist ein sauber spil, des ich auch immer preisen wil.« Itzo fragt man sich, wieso »er« sich denn wohl streichelt? Er wird sich wohl haben streicheln lassen, und so etwas nennt man heutzutage Vollmassage. Das konnte auch die Kirche nicht verhindern, wiewohl sie sich leidlich Mühe gab.

Der Spaß am Badevergnügen ließ erst nach, als zum einen die Holzpreise und damit auch die Badegebühren ins Uferlose stiegen, und natürlich auch durch die Syphilis, die, wie neuere Entdeckungen zu bestätigen scheinen, nicht erst durch die spanischen Eroberer gegen Ende des 15. Jahrhunderts aus Mittelamerika eingeschleppt worden ist.

In Süditalien nämlich wurden auf dem antiken Friedhof einer altgriechischen Gründung Knochen ausgegraben, deren typische Veränderungen offensichtlich auf Syphilis zurückzuführen sind. In Schweden und Dänemark sind derart verformte Gebeine aus dem frühen Mittelalter geborgen worden. Möglicherweise haben die Matrosen aus der Neuen Welt lediglich einen besonders aggressiven Erreger mitgebracht, nicht aber die Krankheit als solche. Die gab es offenbar schon lange in Europa.

Aber bis zum 15. Jahrhundert sollte noch viel Wasser in die Wannen fließen, in die man sich vornehmlich nicht etwa wegen des Bedürfnisses nach Sauberkeit begab, sondern – siehe oben – eher aus neckischen Gründen, häufiger aber noch einer Krankheit wegen. Der Bader selbst stand mit Rat und Tat zur Seite und gab manchmal vernünftige, zuweilen höchst aberwitzige Ratschläge. Schon damals wußte man, daß man mit vollem Bauch nicht unbedingt ins Wasser steigen soll. Völlig hirnrissig ist dagegen die vermeintliche Erkenntnis, daß es den Augen schade, wenn man nach dem Geschlechtsverkehr oder nach einem Bad zu schreiben beginne.

Zurück zum Bader: Er ist eigentlich für alles zuständig. Er bestimmt den Wärmegrad des Wassers und die Dauer des Bades. Er kennt sich aus mit Salben und Mixturen, schneidet Geschwüre auf und legt Verbände an, vor allem aber schröpft er seine Kundschaft. Und zwar nicht in finanzieller Hinsicht, sondern er läßt seine Patienten zur Ader. Der Aderlaß wurde in der Regel vorsorglich vorgenommen, aber auch als allerletztes Hilfsmittel, wenn einem sonst nichts Gescheites mehr einfiel. Krankes Blut sollte abgelassen und vom Körper durch frisches und gesundes ersetzt werden. Eine Methode, die schon in der Antike bekannt war und selbst heute zuweilen bei drohender Säurevergiftung und zur Kreislaufentlastung bei Herz- und Nierenleiden oder Hochdruckbelastung angewendet wird.

Nur kennt man inzwischen noch ein paar andere Therapiemaßnahmen, und vor allem kann man die sinnvollerweise zu entnehmende Blutmenge genau festlegen. Die Bader von damals mußten es »im Gefühl« haben, und im Normalfall zapften sie eher zuviel. In vielen Klöstern war das Schröpfen eine Institution, aber weil manche Mönche zu häufig zur Ader gelassen werden wollten – nachher gab es nämlich zur Stärkung besonders leckere Speisen und vor allem drei Tage Ruhe –, mußte eine strenge Regel eingeführt werden. Mehr als drei- bis fünfmal im Jahr war später nicht mehr gestattet.

Hand in Hand mit dem Bader und manchmal in Konkurrenz zu ihm arbeitete der Apotheker. Seine anfangs eher kümmerlichen Heilkräuter wurden im Laufe der Jahrhunderte, vor allem durch den Kontakt der Kreuzritter mit dem Orient, um eine lange Liste erweitert. Wir wissen es leider erst aus dem Anfang des 15. Jahrhunderts, aber auch schon früher wird es zumindest in den größeren Städten Apotheken gegeben haben wie jene in Wien, über die uns Unterlagen erhalten sind. Es gab dort unter anderem bereits Pfeffer, Safran, Ingwer, Gewürznelke, Zimtrinde, Muskat, Weihrauch, Kümmel, Zucker, Reis, Olivenöl, Feigen, Weinbeeren, Mandeln, Seife, Wachs und Gips, aber auch Schwefel, Alaun, Kampfer, Kupfervitriol, Theriak, Mastix und Himmeltau.

Ein stattliches Angebot, aber Basisstoffe für Medikamente zu haben und sie entsprechend zu dosieren – das sind zwei verschiedene Paar Schuhe. Immerhin kennen wir das *Lorscher Arzneibuch* aus der Zeit Karls des Großen, das heute in der Bamberger Staatsbibliothek aufbewahrt wird. Durch die guten Kontakte, die Karl zu Bagdad geknüpft hatte, glaubten viele Kranke, wie die Verfasser des Buches wetterten, daß nur die seltenen (und deshalb sehr teuren) arabischen Pflanzen zur Heilung führen könnten. Die Lorscher Mönche dagegen waren der Ansicht, daß Kräuter aus deutschen Landen ebenso gute Dienste verrichteten. Gegen Wurmbefall empfahlen sie beispielsweise eine Mischung aus Betonie, Gamander, Wegerich und Kuckucksampfer. Allerdings mußte man das an einem Donnerstag, und zwar bei Monduntergang sammeln. Sodann war das Ganze in einem Mörser zu zerstampfen, mit Wassermet zu mischen und anschließend durch ein Leinentuch zu pressen. Mehrmals hintereinander auf nüchternen Magen trinken – und schon sind die Würmer weg.

Gegen so ungefähr alles half angeblich folgendes Mittel: Eine Unze und sechs Skrupel Pfeffer, sechs Unzen Baldrian, ebensoviel Haselwurz und Betonie, fünf Unzen Steinbrech, drei Unzen Röhrenkassie und zwei Drachmen Steckenwurzharz. Das alles mischt man mit zwei Schoppen leicht abgeschäumten besten Honigs. Dieses Gebräu hat nicht nur den Vorteil, daß es Fieber und Schmerzen aller Art im Nu vertreibt, die Sehkraft stärkt und gegen Schlaflosigkeit hilft, sondern es löscht außerdem den Durst und führt – wie die Verfasser des Lorscher Büchleins versichern – »überflüssigen Rotz durch den Darm ab«.

So weit, so gut. Gegen die wirklich schweren Epidemien des Mittelalters halfen solche Rezepte natürlich nicht. Zum Beispiel gab es überhaupt kein Mittel gegen die Lepra, die übrigens keineswegs erst von den Kreuzfahrern nach Zentraleuropa gebracht wurde. Sie ist durch Gräberfunde spätestens im 4. Jahrhundert in Gallien und auf den Britischen Inseln nachgewiesen. Vielleicht ist sie durch die römischen Legionäre eingeschleppt worden. Jedenfalls gab es schon im 7. Jahrhundert im deutschsprachigen Raum die ersten Häuser für Aussätzige.

Die Lepra verbreitete eine andere Art von Grauen als die Lungenpest. Führte jene in den meisten Fällen zum sofortigen Tod, so verursachte der Aussatz, von dem man fälschlicherweise annahm, daß er extrem ansteckend sei, zunächst einmal nur körperliche Entstellungen. Die allerdings waren ekelhaft genug. Und da die Kranken aus Angst vor Ansteckung aus der Gesellschaft ausgestoßen wurden, verkamen sie schnell zu Lumpenpack, das vagabundierend durch die Lande zog, gräßlich anzuschauen mit den verkrüppelten Gliedern, den hohen schrillen Stimmen, den Krücken und den Rasseln, die sie mit sich führen mußten, um andere Leute vor sich selbst zu warnen.

Pest, Lepra und später die Syphilis veranlaßten die Städte, außerhalb des Stadtgebiets Siechenhäuser einzurichten, wo die Infizierten hausen mußten, wenn sie von den Bürgern verpflegt werden wollten. Man schätzt, daß es Mitte des 13. Jahrhunderts an die 20 000 Leprösenhäuser gab. Sie waren eine Einrichtung, die nicht nur aus Angst geschaffen wurde, sondern gleichermaßen getragen war von sozialem Verantwortungsgefühl der Gesunden gegenüber den Kranken und wohl auch von echter christlicher Barmherzigkeit.

Im Laufe der Jahrhunderte wurde auch den Chirurgen ein großer Durchbruch beschert. Ein Herzog mußte sich das Bein nun nicht mehr eigenhändig abhacken. Zumindest wer Geld besaß – und Kaiser Friedrich III. (1415–1493) hatte etliches –, konnte sich seinen Unterschenkel nun fachmännisch absägen lassen. Wie der unglückselige Herzog Leopold von Österreich hatte auch der Kaiser Brand im linken Bein.

Altersbrand. Raucherbein, würden wir heute sagen, aber damals rauchte man noch nicht.

Viele Adlige standen um den »Operationstisch« herum, zwei Ärzte gaben mehr oder weniger gute Ratschläge, drei andere hielten den Kaiser fest, und zwei weitere machten sich mit der Säge zu schaffen. Die Amputation gelang tatsächlich. Nach sechs Wochen war die Wunde zugewachsen. Der Kaiser überlebte. Wenn auch nicht lange. Zwei Monate später erlitt er einen Schlaganfall. Doch der rührte nicht von der Operation her.

Um das Jahr 1300 herum existierten bereits zahlreiche medizinische Hochschulen, zum Beispiel in Paris und Padua, in Salerno und in Oxford. Da konnte ein angehender Chirurg schon eine ganze Menge lernen. Beispielsweise einen grauen Star wegzustechen oder einen Blasenstein mittels einer Schlinge zu entfernen. Wußten aber die Herren Ärzte gar nicht mehr weiter, dann mußten halt Phantasie-Medikamente hergestellt werden, und je mehr Ferkeleien darin enthalten waren, um so größer war beim Patienten meist der Glaube an die Wirkung. Also rührten die Medizinmänner ungerührt Hühnermist und Menstruationsblut zusammen, gaben ein paar Spinneneier hinzu und servierten das alles in Krötenlaich. Und da meckern wir heute über die pharmazeutische Industrie ...

Ein weiterer Durchbruch in der Chirurgie brachte die Erlaubnis zur Sezierung von Leichen, die erstmals 1308 in Venedig erteilt worden war. Bis zur ersten Leichenöffnung nördlich der Alpen dauerte es allerdings noch weitere knappe 100 Jahre. Ein Bruder des Deutschen Ritterordens, der den kniffligen Namen Heinrich von Pfolsspeundt trug, erwähnt 1460 erstmals Schußverletzungen und deren Behandlung: Man goß Terpentin und Rosenöl in die Wunden, um sie auf dem Umweg über den Eiterungsprozeß zu heilen. Die Italiener entwickelten sogar eine plastische Operationsmethode, denn so manchem Kriegsmann – wir hörten schon davon – wurde buchstäblich die Nase weggeschossen. Chirurgen gelang es jetzt bereits gelegentlich, das Loch im Gesicht mit Fleisch aus dem Oberarm des Verwundeten zu schließen.

Auch auf dem Gebiet der Betäubung bei schmerzhaften Eingriffen war man ein gutes Stück vorangekommen. Man füllte einen Schwamm mit einer Mixtur aus Opium, Alraunblättern, Giftlattich, Schierling und anderen einigermaßen gefährlichen Zutaten und drückte ihn dem Patienten auf die Nase. Andere empfahlen, neben Opium noch Mandragorawurzeln und Bilsenkraut zu verwenden.

Das wirkte wenigstens einigermaßen. Erst im 19. Jahrhundert erfand man schließlich die Betäubung mit Äther oder Chloroform, während sich in Sibirien ebenso wie im Wilden Westen der USA eine Flasche Wodka beziehungsweise Whisky, notfalls aber auch ein Schlag mit dem Revolverknauf auf den Hinterkopf noch lange hartnäckig als ebenso preiswerte wie erfolgreiche Narkose behaupteten.

Erzbischof Berard und das Staunen der Welt

Augenzeugenbericht: *Prinzengeburt auf dem Marktplatz · Der Gassenjunge von Palermo · 500 Ritter als Mitgift · Eher Ketzer als Christ · Keine Seele im Weinfaß · Friedrich II. als Tierforscher · Blutige Rache · Zeitraffer*

Ich bin Berard, Erzbischof von Palermo und wohl der einzige Mensch, dem es vergönnt war und wohl in alle Zukunft vergönnt sein wird, in seinem Leben drei Kaisern zu dienen, die höchst unterschiedlich in Lebensart und Charakter waren, obwohl es sich doch um Großvater, Vater und Sohn handelte: Ich spreche von Friedrich I., den die Italiener Barbarossa nannten, seinem Sohn Heinrich VI. und dessen Sohn Friedrich II., den wir gestern im Dom von Palermo zur letzten Ruhe geleitet haben.

Der Sohn des Kaisers Rotbart war ein Bösewicht. Anders kann man es kaum ausdrücken, denn schließlich war er es – um nur eine seiner großen Schandtaten anzuführen –, der den König Richard Löwenherz auf dessen Rückreise von Akkon gefangengehalten und seiner Mutter ein ungeheures Lösegeld abgepreßt hat. Er war 21 Jahre alt, als ihn sein Vater mit der normannischen Erbin von Sizilien, der Prinzessin Konstanze, verheiratete. Sie war schon recht alt, so um die 32, denke ich, und man mußte sie erst aus einem Kloster herbeischaffen, in dem sie eigentlich den Rest ihres Lebens zu verbringen gedachte.

Konstanze brachte zwei Dinge mit in ihre Ehe, die ihre Reizlosigkeit übersehen ließen: zum einen (möglicherweise wenigstens) den Thron des normannischen Königreiches Sizilien, vor allem aber eine ungeheure Mitgift. Man sagt, daß über 150 Maultiere notwendig gewesen seien, um die unvorstellbaren Mengen an Gold und Silber, Pelzen und Edelsteinen zu befördern. Aber woran es auch gelegen haben mag: Die Ehe blieb gute acht Jahre kinderlos, und als die inzwischen bereits Vierzigjährige dann endlich in Hoffnung war, soll sie ihr Kind, wie glaubwürdig erzählt wird, öffentlich auf dem Marktplatz zur Welt gebracht haben, auf daß niemand später unterstellen konnte, bei ihrem

Sohn habe es sich nur um ein Adoptivkind gehandelt. Der Junge wurde zunächst Konstantin genannt und erst später auf den Namen Friedrich Roger getauft.

Heinrich, der Vater des kleinen Thronfolgers, hatte seit der Heirat mit Konstanze nur noch ein einziges Ziel vor Augen: das normannische Sizilien an sich zu bringen. Wenn nicht durch Erbschaft, dann eben mit Gewalt. Wahrscheinlich wird nicht jeder von Ihnen wissen, wieso Nordmänner plötzlich zu Beherrschern dieser süditalienischen Insel geworden sind. Das ist eine lange Geschichte, doch hier nur soviel: Die Vorfahren dieser Normannen nannte man jenseits der Alpen »Wikinger«. Zu den Zeiten des großen Kaisers Karl hatten sie mit ihren schnellen Schiffen die an Küsten und Flüssen gelegenen Städte geplündert, sich schließlich im Norden des Frankenlandes niedergelassen und von dort aus letztendlich die Insel der Angeln und Sachsen erobert.

Ein anderer Teil ihres Volkes hatte sich auf den Weg gemacht, um Rom zu erobern, ließ sich dann aber in Süditalien nieder und vertrieb schließlich die Sarazenen aus Sizilien. Das ist nun gut 150 Jahre her, aber sowohl der Heilige Vater als auch der Kaiser hätten zumindest ihre linke Hand für die Beherrschung dieser Insel hergegeben, jener, um sich den Rücken gegenüber Heinrich freizuhalten, dieser, um den Kirchenstaat von zwei Seiten in die Zange nehmen zu können.

Durch eine Reihe plötzlicher Todesfälle in der normannischen Königsfamilie jedenfalls fühlte sich der Kaiser mit einem Male als Erbe Siziliens, denn schließlich hatte er ja Prinzessin Konstanze geheiratet. Die Adelsfamilien auf der Insel erkannten seinen Anspruch jedoch nicht an, so daß Heinrich ihn gewaltsam durchsetzen mußte und in einem grausamen Krieg Sizilien an sich riß. Den Schatz der Normannen brachte er auf seine Burg Trifels, wo er auch Richard Löwenherz sicher verwahrt hatte, aber dann starb der Kaiser ganz überraschend. Er war nur 31 Jahre alt geworden. Niemand weiß, welcher Krankheit er erlag. Einige munkelten sogar, daß ihn seine eigene Frau vergiftet habe, wozu sie allerdings – wenn man das als Christ überhaupt sagen darf – einigen Grund gehabt hätte. Nachweisen konnte man ihr jedoch rein gar nichts.

Ich bitte Sie, meine Weitschweifigkeit zu ertragen, aber Sie sollten schon wissen, worum es hier eigentlich ging, und auch, warum das Kind dieses bösen Mannes ein so erstaunlicher Kaiser geworden ist.

Nach dem Tod Heinrichs brach sein riesiges Reich wie ein Kartenhaus zusammen, und obwohl das Kind, der damals erst zweijährige Friedrich, schon längst von den deutschen Herzögen zum König des Deutschen Reiches und kurz darauf auch zum König der Normannen gewählt worden war, hielten die Herzöge dem Thronfolger nicht die Treue, und auch Papst Innozenz III. »vergaß« den Jungen. Bestochen mit Silberstücken des Richard Löwenherz, der sich wohl an den Staufern hatte rächen wollen, aber auch mit dem Einverständnis des Heiligen Vaters wählten die deutschen Fürsten einen Welfen namens Otto zu ihrem König, was keineswegs rechtens war und auch nicht lange gutging, da sich Otto nicht an die Versprechungen hielt, die er dem Heiligen Vater für dessen Wohlwollen gegeben hatte.

Da erinnerte sich der erboste Papst plötzlich an den jungen Staufer – und auch an mich, der ich damals 35 Jahre alt und Bischof von Bari war. Er bestellte mich und den Jüngling nach Rom, und so lernte ich dann den inzwischen siebzehnjährigen Friedrich kennen, der eine in jeder Hinsicht bemerkenswerte Kindheit hinter sich hatte. Bis zu seinem dritten Lebensjahr hatte er in Assisi gelebt, dann war seine Mutter Konstanze gestorben, und man hatte den Jungen nach Palermo gebracht, wo er wie ein Gassenjunge aufwuchs, obwohl er doch immerhin ein Mündelkind des Papstes war. Der aber hatte ihn bekanntlich vorübergehend vergessen und erinnerte sich lediglich so weit an ihn, daß er ihm wenigstens ein bißchen Unterricht zukommen ließ, dafür aber weder für Kleider noch für Nahrung sorgte.

Der hübsche Junge mit den blonden Locken trieb sich in der Stadt herum, in der es von Abenteurern und Piraten, von Bettlern und Gauklern, von arabischen und jüdischen Händlern wimmelte, wurde von kaisertreuen Familien mehr schlecht als recht durchgefüttert und führte ein Vagabundenleben. Wer weiß, was aus ihm geworden wäre, wenn Rom nicht plötzlich eine Alternative für den undankbaren Otto gesucht hätte.

Also ließ der Papst den inzwischen herangewachsenen Jüngling und mich nach Rom kommen und erteilte uns beiden zunächst einmal den dringend notwendigen politischen Nachhilfeunterricht. Außerdem machte er mich mit der Neuigkeit vertraut, daß er bereits vor drei Jahren dem damals erst vierzehnjährigen Knaben eine Frau besorgt hatte, die wie seine Mutter ebenfalls Konstanze hieß. Allerdings hätte sie auch fast seine Mutter sein können. Immerhin war sie schon 25 Jahre alt und bereits Witwe. Sie war die Tochter des spanischen Königs von Aragon, und ihre Mitgift bestand aus 500 Rittern, die dem jungen Friedrich aber nur wenig helfen konnten, da die meisten schon ein paar Monate später an einer Seuche starben.

Ich erfuhr bei dieser Gelegenheit auch, daß Konstanzes Vater dem Papst gegenüber Bedenken geäußert habe, ob ein Vierzehnjähriger für den Vollzug einer Ehe nicht doch ein bißchen zu jung wäre. Der Papst hingegen hatte den König mit dem Argument beruhigt, daß Kaisersöhne außerordentlich früh potent seien. Ich wagte nicht, den Heiligen Vater zu fragen, auf Grund welcher Erfahrungen er dies behaupten konnte. Aber er erwies sich zumindest als guter Prophet, und was noch erstaunlicher war: Der junge Friedrich verliebte sich in die schon alternde Konstanze und sie wohl auch in ihn. Jedenfalls gebar sie ihm ziemlich bald einen Sohn, den sie Heinrich nannten. Diesem Kind allerdings, dessen Mutter leider recht früh starb, sollte ein böses Schicksal beschieden sein.

Aber ich greife vor. Zunächst einmal begleitete ich den jungen Friedrich auf seiner Reise nach Norden. Natürlich hatte der Papst zuvor durch seine Bischöfe in Deutschland entsprechende Propagandaschriften verbreiten lassen und die Fürsten – einigermaßen überraschend – daran erinnert, daß mit Friedrich nunmehr der rechtmäßige König komme. Das war allerdings sehr durchsichtig, denn schließlich hatte ja der Heilige Vater zuvor ganz offensichtlich den Welfen Otto unterstützt und ihn sogar zum Kaiser gekrönt!

Unterwegs mußten wir die üblichen Mißgeschicke erdulden, mit denen eine solche Reise nun einmal verbunden ist. Wir kletterten wie die Gemsen über die Alpen, weil der Brenner von feindlichen Truppen besetzt war, und dann, als wir am Bodensee ankamen, ereignete sich so etwas wie ein kleines Wunder:

Die Stadt Konstanz nämlich hatte sich gerade auf den Empfang des noch immer regierenden, wenn auch inzwischen vom Heiligen Vater gebannten Kaisers Otto eingerichtet, als wir mit unserem kleinen Heerhaufen vor den Toren eintrafen. Zunächst wollte man uns nicht hineinlassen, bis ich dann höchst feierlich die Bannbulle gegen Otto vorlas.

Da öffneten sich uns die Tore, und der junge Friedrich wurde als der neue Herrscher begrüßt. Zur selben Zeit jedoch war besagter Otto in Überlingen eingetroffen, wo er auf die Fähre warten mußte, die ihn und sein Gefolge über den Bodensee bringen sollte. Als er dann endlich vor Konstanz erschien, waren die Tore diesmal für ihn geschlossen, und sie wurden ihm auch nicht wieder geöffnet. Genau drei Stunden war er zu spät gekommen.

Was dann geschah, kann ich in wenigen Sätzen abhandeln: Der junge Staufer eroberte Deutschland im Sturmlauf, ohne einen Tropfen Blut vergießen zu müssen. Allerdings warf er reichlich leichtfertig mit Geschenken und Zusagen um sich, indem er die Macht der Herzöge stärkte und der Kirche zugestand, was immer sie forderte. Sein Feind Otto dagegen wurde in einer Schlacht gegen die Franzosen bei Lille geschlagen und starb ein paar Jahre später, von allen verlassen, als einsamer Mann auf der Harzburg. Friedrich ließ sich in Aachen (zum zweitenmal) als deutscher König krönen und salben, stiftete einen kostbaren Schrein für die Gebeine Karls des Großen, ließ seinen nun schon achtjährigen Sohn unter Aufsicht eines von ihm bestellten Kronrats in Deutschland zurück und sich anschließend in Rom zum Kaiser krönen.

Bei dieser Krönung trug der junge Kaiser einen roten Mantel mit einem breiten Saum, der ein merkwürdiges Muster aufwies. Aber es war nur in den Augen der Christen ein Muster, in Wirklichkeit handelte es sich um eine arabische Inschrift, in der man unter anderem nachlesen konnte (wenn man Arabisch verstand), daß dieser Mantel aus dem Jahre 528 stammte. Gemeint war aber nicht das Jahr 528 nach der Geburt unseres Herrn, sondern das Jahr 528 nach mohammedanischer Zeitrechnung, also nach der Flucht des Propheten von Mekka nach Medina. Die Inschrift war ein arabischer Segensspruch und lautete in der Übersetzung: »Möge sich der Kaiser guter Aufnahme, herrlichen Gedeihens, großer Freigebigkeit und hohen Glanzes, Ruhmes und prächtiger Ausstattung und der Erfüllung seiner Wünsche und Hoffnungen erfreuen. Mögen seine Tage und Nächte im Vergnügen dahingehen, ohne Ende und Veränderung.«

Das war typisch für den Kaiser. Er, der aus seiner Kindheit her besser Arabisch als Lateinisch oder gar Deutsch sprach, fand nichts

dabei, sich von einem Papst krönen zu lassen, während sein Krönungsmantel sich auf die Geschichte des Islam bezog. Er war schon ein
wundersamer Mensch. Ich werde mir im folgenden große Mühe geben
müssen, ihn und seine Handlungen neutral zu beschreiben, denn wenn
ich auch sein Gefolgsmann und Berater war, so bin ich dennoch ein
Erzbischof der heiligen römischen Kirche, und der Kaiser machte es
mir nicht immer leicht, zu ihm zu stehen.

Es war nämlich so, daß er normalerweise nichts tat, was man von
einem christlichen Herrscher hätte erwarten dürfen, dafür aber sehr
viel, was man für höchst merkwürdig, wenn nicht gar für ketzerisch
halten konnte. Da war zum Beispiel das Problem des sogenannten
Gottesurteils, das noch Otto der Große durch Zweikampf fällen ließ.
Man war allgemein davon überzeugt, daß Gott denjenigen, der im
Recht war, in jedem Fall als Sieger aus dem Duell hervorgehen lassen
werde. Zuweilen ließ man auch einen Beschuldigten über brennende
Holzscheite gehen oder glühendes Eisen anfassen, in der festen Annahme, daß Gott den Unschuldigen schützen werde. Über so etwas
konnte Friedrich nur lachen. Den Zweikampf, sagte er, werde immer
der bessere Mann gewinnen, ob er nun schuldig sei oder nicht. Und wie
komme der Herrgott wohl dazu, glühendes Eisen in der Hand eines
Unschuldigen plötzlich erkalten zu lassen? Er war ein Mann des kühlen
Verstandes, und deshalb wurden alle Gottesurteile verboten.

Eigentlich ließ der Kaiser keine Gelegenheit aus, Menschen vor den
Kopf zu stoßen, und das auf jedem Gebiet. So verkündete er einmal
seinem entsetzten Publikum, daß er an nichts glaube, was man nicht mit
Vernunft erklären könne. Eigentlich hätte ich als Priester solchen
ketzerischen Reden überhaupt nicht zuhören dürfen, denn Sätze wie
diese waren die reine Gotteslästerung. Aber der Kaiser war zu faszinie-
rend, als daß man ihn einfach hätte ignorieren können. »Woher willst
du wissen, daß du eine Seele hast?« fragte er mich einmal, und als ich
mich erschrocken bekreuzigte, lachte er mir ins Gesicht. »Weißt du
was«, sagte er, »vor ein paar Tagen habe ich einen zum Tode verurteilten Straßenräuber in ein Faß stecken lassen, in dem er prompt erstickte.
Als er tot war, habe ich den Spund aus dem Loch gezogen. Und was
kam heraus? Nichts. Jedenfalls keine Seele!«

Ich ermahnte ihn, Gott nicht zu lästern, aber er lachte wieder und

meinte, das sei keine Gotteslästerung. Gotteslästerlich sei vielmehr, daß
der Papst in Reichtum und Macht schwelge, während Christus Armut
und Demut gepredigt habe. Wie könne sich sein angeblicher Stellvertreter auf Erden so aufführen? Darauf wußte ich keine Antwort, und
ich wußte auch keine auf die meisten anderen Fragen, die er mir
pausenlos stellte und mit denen er sich schließlich an Gelehrte wandte,
wobei er sich keineswegs scheute, seine Probleme auch mit heidnischen
Wissenschaftlern zu diskutieren. So wollte er wissen, wo sich der
Himmel befinde und wo die Hölle. Unter der Erde? Oder mittendrin?
Kommt der Rauch, der aus den Vulkanen quillt, vielleicht aus der
Unterwelt? Wie groß ist die Erde? Warum ist das Wasser der Meere
salzig, das der Flüsse dagegen trinkbar?

Sein Wissensdurst war unbeschreiblich, und sein Falkenbuch, das
ihn inzwischen berühmt gemacht hat, läßt die meisten vergessen, daß
er ja auch ein richtiges wissenschaftliches Buch über alle bekannten
Vogelarten geschrieben hat, wobei er keineswegs nur das allgemein
Bekannte und Überlieferte festgehalten hat, sondern selber Nachfor-
schungen anstellte, was ja nun wirklich unüblich ist. So las er in einem
angeblich seriösen Werk, daß eine gewisse Gänseart aus den Muscheln
von fauligem Schiffsholz hervorgehe, wie es an den Gestaden des
Nordmeers gefunden werde. Friedrich schickte Gesandte aus, die das
überprüfen sollten, und stellte dann in seinem Buch fest, daß dies alles
Unfug sei. Ferner entdeckte er, daß der Kuckuck seine Eier in fremde
Nester legt und daß Aasvögel den Leichengeruch überhaupt nicht
riechen können, sondern ausschließlich durch den Anblick von totem
Fleisch herbeigerufen werden.

»Stupor mundi« nannte man den Kaiser bereits, das »Staunen der
Welt«. Aber wenn er sich scherzhaft mit diesem Beinamen brüstete,
mahnte ich ihn zur Demut und erinnerte ihn daran, daß »stupor« auch
so viel wie »Entsetzen« bedeuten könne, und entsetzlich mußten der
gesamten christlichen Welt tatsächlich die Experimente scheinen, die
Friedrich zuweilen durchführte: So ließ er neugeborene Kinder ihren
Müttern wegnehmen und von Ammen säugen, die sich auch sonst in
jeder Weise um die Kinder kümmern sollten. Allerdings war es ihnen
streng verboten, mit den Kindern zu sprechen. So wollte der Kaiser der
heftigen Diskussion um die älteste Sprache der Welt ein Ende bereiten.

Würden die Kinder – unbeeinflußt von Erwachsenen – zuerst Griechisch sprechen? Oder Hebräisch? Leider haben wir es nie erfahren, denn die Kinder starben allesamt, bevor sie auch nur ein einziges Wort von sich geben konnten.

Ein anderes Mal ließ der Kaiser zwei zum Tode Verurteilten eine Henkersmahlzeit reichen. Der eine mußte danach eine Stunde laufen, den anderen ließ man eine Stunde schlafen. Nach ihrer Hinrichtung ließ Friedrich ihnen den Magen öffnen, um festzustellen, wer von den beiden besser verdaut hatte.

War die christliche Welt schon von solchen Experimenten irritiert, so wurde dem Kaiser noch viel schwerer sein Verhältnis zu den heidnischen Sarazenen angelastet, wobei – wie ich gestehen muß – die gegen ihn vorgebrachten Beschuldigungen keineswegs aus der Luft gegriffen waren. Man hielt ihm beispielsweise vor, daß er auf Sizilien ansässige Sarazenen nicht, wie sonst üblich, mit Feuer und Schwert ausrottete, sondern sie lediglich aufs Festland umsiedelte und ihnen sogar gestattete, mitten in Italien Moscheen zu bauen. Außerdem nahm er sie in sein Heer auf (in ein christliches!) und bediente sich ihrer als Leibwächter.

Zum anderen dachte er nicht daran, einen Kreuzzug zu unternehmen, obwohl er es Papst Gregor IX. hoch und heilig versprochen hatte. Schließlich riß dem Heiligen Vater die Geduld, und er bannte den Kaiser, aber ein Bann erzielt nur dann die erwünschte Wirkung, wenn der Kaiser schwach ist. Friedrich aber war mächtig und ließ sich in keiner Weise davon beeindrucken. Als er dann doch 1228 endlich ins Heilige Land aufbrach, kam es zu keiner Schlacht mit den Ungläubigen. Als Kind nämlich hatte Friedrich in den Gassen von Palermo die Mentalität der Araber gründlich kennengelernt und sich wie sie im Feilschen geübt. Und so feilschte er nach seiner Ankunft fünf Monate lang mit dem ägyptischen Sultan el-Kamil um Jerusalem, anstatt ihn nach Christenart zum Kampf herauszufordern und ihn und seine Krieger zu besiegen.

Der Sultan lud den Kaiser sogar nach Jerusalem ein, und Friedrichs Benehmen dort war wiederum – milde ausgedrückt – sehr ungewöhnlich. Einen unserer Priester, der mit einer Bibel in der Hand das Heiligtum der Moslems auf dem Tempelberg betreten wollte, schrie er

an, er werde ihm die Augen herausreißen lassen, wenn er so etwas noch
einmal versuchen würde, und einen jener Ungläubigen, der eigentlich
die Aufgabe hatte, vom Turm der Moschee zum Gebet aufzurufen, dies
jedoch aus Rücksicht auf die Anwesenheit des Kaisers unterlassen
wollte, stellte er mit scheltenden Worten zur Rede: »Ich habe in Jerusalem übernachtet, um dem Gebetsruf der Moslems und ihrem Lobe
Gottes zu lauschen«, sagte er doch tatsächlich zu diesem Heiden. Nicht
genug damit: Im Gespräch mit dem Kalifen soll er angeblich gesagt
haben, es sei durchaus logisch, nur einen direkten Nachkommen Mo-
hammeds zum Kalifen zu erheben. Die Franken dagegen seien viel zu
einfältig. Sie würden irgendeinen Dahergelaufenen zum Papst krönen,
der nicht einmal die entfernteste Verwandtschaft zum Messias nachweisen könne. Gott möge ihm seine Frevel vergeben!

Kein Wunder, daß die Sarazenen ihn liebten, als sei er einer von
ihnen. Nur über sein Äußeres spotteten sie, denn mit den Jahren war er
nicht nur nahezu kahlköpfig, sondern auch kurzsichtig geworden. Wer
ihn als Sklaven verkaufen würde, könnte nur wenig Geld mit ihm verdienen, sagten sie zueinander. Doch der Sultan schätzte ihn als Freund
und übergab ihm schließlich sogar die Stadt Jerusalem unter der Bedingung, daß der Felsendom wie auch die al-Aksa-Moschee im Besitz der
Araber bleiben sollten. Man muß sagen, daß die arabische ebenso wie
die christliche Welt diesen Vertrag als Hochverrat der beiden betrachteten. Dem Kaiser war das völlig gleichgültig. Auch die Tatsache, daß
sich der Patriarch von Jerusalem weigerte, dem noch immer Gebannten in der Grabeskirche die Krone des Königreiches von Jerusalem
aufzusetzen. Der Kaiser setzte sie sich einfach selber auf. Auch das war
ein unerhörter Affront gegenüber der Kirche.

Friedrich schien nichts und niemanden zu fürchten. Mit dem Sultan
war er nahezu freundschaftlich verbunden und nahm ohne jede Scham
die herrlichsten Geschenke von den Heiden an. Wilde Tiere, Juwelen
und Sklavinnen, mit denen er sich ohne jede Rücksicht auf die jeweilige
Ehefrau vergnügte.

Inzwischen hatte sich sein Sohn, der als König Heinrich VII. seit
1222 in Deutschland regierte, bei den Fürsten höchst unbeliebt gemacht, und der Kaiser zitierte den Thronerben zu einem Reichstag
nach Aquileja am Golf von Triest. Als Friedrich anreiste, war die

gesamte Christenheit einmal mehr geschockt: Der Kaiser – mittlerweile vom Kirchenbann befreit – erschien mit sarazenischem Gefolge und wurde begleitet von Kamelen und Elefanten, von Affen und Leoparden. Bei allen Anwesenden mußte der Eindruck entstehen, daß hier kein christlicher, sondern eher ein arabischer Fürst auftrat.

Aber seiner Autorität tat das keinerlei Abbruch. Mehr denn je war er der »stupor mundi«. Sein Sohn wurde nur unter demütigendsten Bedingungen als König bestätigt, doch nichts ist für einen stolzen Staufer schlimmer als das. Schon zwei Jahre später zettelte der Sohn einen Aufstand gegen den Vater an. Friedrich mußte erneut nach Deutschland reisen, und diesmal hatte er außer seinem üblichen Zoo ein bis dahin nie gesehenes Tier dabei: eine Giraffe. Dafür hatte er seinen Elefanten zu Hause gelassen. Auf der Kaiserpfalz in Wimpfen verurteilte er 1235 seinen Sohn zu lebenslanger Haft. Man brachte Heinrich nach Apulien, und als man ihn sieben Jahre später von seinem Gefängnis in ein anderes bringen wollte, riß er plötzlich sein Pferd herum und stürzte sich in eine Schlucht. Er war sofort tot. So hart er als Kaiser geurteilt hatte, so echt waren nun die Tränen des Vaters, als Friedrich vom schrecklichen Ende seines Sohnes erfuhr.

Vielleicht hat ihn dieser Schicksalsschlag um die frühere Klarheit seines Verstandes gebracht. Jedenfalls hörte er immer seltener auf meinen Rat, legte sich völlig überflüssigerweise wieder mit den reichen Städten in Norditalien und vor allem mit Rom an und brüskierte den Papst, indem er seinen unehelich geborenen Sohn Heinz, den die Italiener Enzio nannten, mit einer sardischen Witwe verheiratete und ihn zum König von Sardinien machte, obwohl die Insel eindeutig zum Kirchenstaat gehört.

So bannte ihn der Papst denn ein zweites Mal, und er berief sogar ein Konzil ein, um den Kaiser abzusetzen, aber da biß er beim europäischen Adel, selbst bei den Franzosen, auf Granit. Der Papst, ließ man ihm ausrichten, könne zwar einen Kaiser krönen, keinesfalls aber gegen den Willen der Herzöge absetzen. Dennoch bestand der Papst auf seinem Konzil. Friedrich dagegen wollte keinesfalls dulden, daß dort ein wie auch immer gegen ihn lautendes Urteil gesprochen würde. Die deutschen Bischöfe ließen sich leicht an den Alpen aufhalten, die spanischen, englischen und französischen jedoch kamen zu Schiff und wurden von kaiserlichen Galeeren bei der Insel Monte Christo in der Nähe von Elba abgefangen.

Endlich, am 22. August 1241, starb Gregor IX., und ich beschwor Friedrich, er möge keinen Einfluß auf die Wahl des neuen Papstes nehmen, damit ihm seine Gegner nicht noch mehr vorzuwerfen hätten. Dieses eine Mal folgte er mir, wahrscheinlich deshalb, weil mein Rat – wie ich später erleben mußte – diesmal falsch war. Ein Intimfeind des Kaisers, der römische Senator Matthäus Orsini, nahm nämlich alle Kardinäle, die sich (zum Teil zufällig) in Rom aufhielten, gefangen und sperrte sie in einen kleinen Saal ein, der wiederum zu einem uralten Palast auf dem Palatin gehörte und bereits reichlich baufällig war.

Dort, so drohte Orsini, sollten sie so lange eingesperrt bleiben, bis sie einen neuen Papst gewählt hätten. Etwas derart Unerhörtes hatte es bis zu diesem Tag noch nie gegeben, denn man hatte die Kardinäle nicht nur demütigend, sondern auch äußerst roh behandelt, als man sie zusammentrieb. In diesem kleinen Saal, in dem sie nun nicht nur diskutieren und verhandeln, sondern auch essen und schlafen sollten, gab es nicht einmal einen Abtritt, im Gegenteil: Die Soldaten der Wache machten sich einen Spaß daraus, die geistlichen Herren zu verhöhnen, die in ihren eigenen Exkrementen hockten. Schlimmer noch: Die wüste Soldateska, sicherlich ermutigt durch den brutalen Orsini, verrichtete durch ein Loch in der Decke ihre Notdurft von oben herab auf die Köpfe der Kardinäle.

Es war Ende August und brütend heiß. Wen wundert es, daß unter diesen unglaublichen Verhältnissen – Wasser zum Waschen gab es überhaupt keines – die hohen Geistlichen, die schließlich keine Jünglinge mehr waren, nach und nach schwer erkrankten. Nach ein paar Wochen waren bereits drei tot, aber selbst unter diesen unbeschreiblichen Bedingungen zankten sie sich weiter. Die Hälfte von ihnen war für einen Papst, der den Kaiser vom Bann freisprechen sollte, die anderen forderten einen noch härteren Kurs Roms. Nach einem Monat drohte Orsini damit, er werde die Leiche Gregors IX. ausgraben und die Überreste in den Saal werfen lassen, wenn sich nicht bald etwas tue.

Die Kardinäle waren sich darüber im klaren, daß dies keine leere Drohung war, und einigten sich schließlich Ende Oktober auf den

Mailänder Kardinal Gottfried, der sich dann Cölestin IV. nannte. Leider war er durch die zweimonatige Quälerei derart geschwächt, daß er schon nach zwei Wochen starb. Nun stand schon wieder eine Wahl an. Aber noch während Cölestin im Sterben lag, hatten die überlebenden Kardinäle Hals über Kopf die Flucht ergriffen, um nicht noch einmal etwas derart Furchtbares mitmachen zu müssen, und jetzt war niemand mehr da, der einen neuen Papst hätte wählen können.

Fast zwei Jahre lang gab es nun überhaupt keinen Papst, aber meinen Kaiser störte das in keiner Weise. Er meinte, es gehe doch ganz gut ohne einen Heiligen Vater, der bekanntlich immer nur Unruhe stifte und sich in Dinge einmische, die ihn nichts angingen. Als dann schließlich Sinibald Fieschi aus Genua zum Papst gewählt wurde, hatte Friedrich keinerlei Einwände, denn schlimmer als ein Gregor IX. konnte in seinen Augen ohnehin keiner sein. Aber da irrte er sich gründlich, denn besagter Genuese nannte sich Innozenz IV., und der Name Innozenz stand für ein Programm, das da lautete: Fortsetzung der Politik von Innozenz III., und die war beileibe nicht kaiserfreundlich gewesen! Der neue Papst dachte folgerichtig gar nicht daran, Friedrich vom Bann loszusprechen. So konnte es allerdings nicht in alle Ewigkeit weitergehen.

Ich überredete schließlich meinen Herrn, dem Papst immer mehr Zugeständnisse zu machen, erinnerte ihn an Canossa und Heinrich IV., aber es fruchtete alles nichts. Die Situation war einfach zu verfahren. Auf einem nur schwach besuchten Konzil in Lyon setzten die gerade 150 Prälaten, die zumeist aus England und Frankreich gekommen waren, den Kaiser in aller Form ab. Der europäische Hochadel nahm es nicht zur Kenntnis; er unterstützte auch nicht einen vom Papst ausgehaltenen Gegenkönig, einen Landgrafen von Thüringen, dessen Namen zu merken sich nicht lohnt und der im Volk geringschätzig der »Pfaffenkönig« genannt wurde.

Der deutsche Adel hielt zum Kaiser, vor allem deshalb, weil er so schön weit weg war und den Herzögen nicht in ihr Handwerk pfuschte. Der Papst ließ jedoch nicht locker. Attentatsversuche auf Friedrich wurden inszeniert, aber gottlob in letzter Minute verraten. Wir alle zweifelten nicht daran, daß Rom dahintersteckte, doch der Kaiser hielt sich nicht lange mit Verhören auf. Zu groß war seine Enttäuschung, zu stark sein Haß gegenüber jenen, denen er sein Vertrauen geschenkt hatte und die nun zu Verrätern geworden waren:

▷ Einen Putschversuch unternahm sein langjähriger Freund Orlando di Rossi, der kaiserliche Beauftragte in Florenz;

▷ mit im Bunde war der ebenfalls langjährige Generalkapitän der Toskana, Pandulf von Fasanella;

▷ Adelasia von Torres, Herrin von Sardinien und Frau seines Sohnes Enzio, wechselte ins päpstliche Lager über;

▷ Petrus von Vinea, Großhofrichter und neben mir einer der engsten Vertrauten des Kaisers, hinterging ihn; und

▷ sein eigener Leibarzt versuchte, Friedrich zu vergiften.

Auch ich konnte den Kaiser nicht von seinen fürchterlichen Racheakten abhalten. Er ließ die Verräter mit unglaublicher Grausamkeit hinrichten: Man schlug ihnen Hände und Füße ab, blendete sie mit glühenden Eisen, ließ sie schinden, vierteilen, verbrennen, zusammen mit Giftschlangen in einen Sack einnähen und ins Meer stürzen. Den Helfershelfern wurden die Augen ausgestochen und die Lippen abgeschnitten, und so wurden sie als warnendes Beispiel durch das Land geführt. Ihre Frauen und Kinder verschwanden in den Kerkern Palermos. Ich erkannte meinen klugen, weisen, aufgeklärten Herrn nicht mehr wieder.

Schwere Schicksalsschläge in der Familie und der Verrat der engsten Vertrauten haben die Lebenskraft des Kaisers geschwächt. Während einer Jagd wird er von der Ruhr befallen; man bringt ihn in ein Kastell bei Lucera und ruft mich an das Krankenbett, das schon bald zum Sterbelager werden soll. Er, der stets an Gott, weniger aber an die Kirche geglaubt hat, der nur in einem armen Priester einen guten sah, bittet mich nun um Lossprechung von seinen Sünden.

Mein Gewissen sagt mir, daß ich es tun darf, obwohl Friedrich noch immer gebannt ist. Leise lächelt er mich an, einen seiner letzten Getreuen. Dann läßt er sich in eine Zisterzienserkutte kleiden, und am 13. Dezember im Jahr des Herrn 1250 ist er friedlich eingeschlafen.

ZEITRAFFER

1186	Heinrich VI. heiratet Konstanze, Tochter Rogers II. von Sizilien.
1190	Heinrich VI., vorher schon Mitkaiser, übernimmt nach dem Tod seines Vaters Friedrich Barbarossa die Regierungsgeschäfte.
1194	Am 2. Weihnachtstag bringt Konstanze ihr Kind zur Welt, den späteren Kaiser Friedrich II.
1197	Tod Heinrichs VI.
1209	Friedrich II. heiratet Konstanze von Aragon.
1211	Geburt des Thronerben Heinrich.
1215	Krönung Friedrichs II. in Aachen.
1220	Kaiserkrönung in Rom.
1225	Heirat mit Isabelle de Brienne, Tochter Johanns, des Königs von Jerusalem.
1227	Gregor IX. verhängt über den Kaiser den Kirchenbann.
1228/29	Kreuzzug, Verständigung mit den Sarazenen und Selbstkrönung zum König von Jerusalem ebendort.
1250	Tod Friedrichs II.

Die Troubadoure entdecken die vieledle Frouwe

*Troubadoure aus der Provence · Ärger im Honeymoon · Mutter Maria
und die Minne · Entsagung und Sinneslust · Endlich ein Lehen für Walther ·
Dichter und Sänger der Stauferzeit*

»Dû bist mîn, ich bin dîn:
des solt dû gewis sîn.
Dû bist beslozzen in mînem Herzen:
verlorn ist daz slüzzelîn:
dû muost immer drinne sîn.«

Das ist sicherlich eines der schlichtesten und dennoch zugleich bezau-
berndsten Minnelieder des Mittelalters, und damit ist das Stichwort für
dieses Kapitel auch schon gefallen: Minnelied – was ist das eigentlich?
Den Minnesänger kennen wir doch alle, oder? Das ist ein stolzer Ritter
in prächtiger Rüstung. Er singt vor der Burgmauer eine wehmütige
Weise, und oben aus dem Erkerfenster lugt ein schönes Weib heraus.
Er senkt zum Gruß die Lanze. Sie läßt ein paar Tränen fallen und –
wenn der Ritter Glück hat – auch ein Taschentuch. Das steckt sich der
Ritter an seine Lanze und reitet in grenzenloser Trauer von dannen,
denn die Angebetete – sie ist verheiratet, und nimmer werden sich die
beiden wiedersehen. Na ja, so ähnlich mag es zuweilen sogar gewesen
sein, aber da die höfische Lyrik so unglaublich wichtig war für eine der
prächtigsten Epochen des Mittelalters, nämlich die Zeit der Staufer,
wollen wir uns doch ein kleines bißchen eingehender damit beschäftigen.

Angefangen hat die ganze Sache eigentlich mit einem höchst merkwürdigen Mann, dem Grafen Wilhelm IX. von Poitiers und Herzog
von Aquitanien (1071–1127), dem Urgroßvater des Richard Löwenherz, von dem schon die Dienerin Anne in einem der letzten Kapitel
gesagt hat, daß er nicht nur ein Raufbold, sondern auch ein großer
Weiberheld war. Als ihn der Bischof von Poitiers wegen seiner vielen

Schandtaten exkommunizieren wollte und ihm den entsprechenden Text vorzulesen begann, zog der Herzog wutschnaubend sein Schwert und schrie: »Wenn du mich exkommunizierst, bringe ich dich eigenhändig um!« Der unerschrockene Bischof tat so, als wolle er nachgeben, aber als Wilhelm sein Schwert wieder in der Scheide verstaut hatte, las er den Exkommunikationstext rasch zu Ende und sagte dann ruhig: »Und nun kannst du mich umbringen.« Der Herzog knurrte nur: »Das wäre dir wohl recht, auf so einfache Art und Weise als Märtyrer ins Paradies einzumarschieren«, und fügte sich in sein Schicksal.

Kaum zu glauben, daß dieser jähzornige Wüterich als erster Troubadour der Geschichte angesehen wird. Aber das ändert nichts an der Tatsache als solcher. Im Provençalischen nannte man die Poesie »Art de trobar«, also die Kunst des Findens oder Erfindens, aber vielleicht stammt das Wort Troubadour auch vom arabischen »tarraba« her, was soviel bedeutet wie singen oder musizieren. Damit sind wir dann auch schon dort angelangt, wo es bereits jenes höfische Wesen, jenen Luxus und jene Eleganz gab, die den deutschen Rittern ziemlich fremd waren: bei den Arabern. Über das lange Zeit von ihnen besetzte Spanien war diese Kultur noch vor Beginn der Kreuzzüge klammheimlich nach Südwestfrankreich eingesickert, wo sich eine seltsame, aber sehr wohlklingende Sprache herausgebildet hatte, das sogenannte Languedoc. Es wurde vorübergehend zur Lieblingssprache aller wenigstens halbwegs zivilisierten Fürstenhöfe Europas. Und es war zunächst auch die Sprache der Troubadoure.

Bevor wir näher auf diese Troubadoure und Minnesänger eingehen, wollen wir einen leider weit verbreiteten Irrtum ausräumen: Parallel zu den eigentlichen Minneliedern entstanden in der staufischen Zeit die großen Ritter-Erzählungen wie zum Beispiel das *Nibelungenlied*. In diesen Geschichten wird natürlich auch viel geliebt und gelitten, dennoch sind ihre Herkunft und ihre Zielsetzung völlig andere als die des reinen Minnesangs. Die Ritterepen schildern eine idealisierte Welt, in der Seuchen und Mißernten, soziale Not und Mißstände in Klerus und Oberschicht ausgeklammert waren. Nicht die Realität wurde geschildert, sondern das Streben nach Vollkommenheit, und auf daß den Zuhörern das Auseinanderklaffen von tristem Alltag und überirdischer Vision nicht allzu bewußt wurde, verlegte man die Geschichten gern in die sagenumwobene Vergangenheit, am besten an den runden Tisch des Königs Artus, wann und wo auch immer der gelebt haben mag.

Die Herkunft des ritterlichen Epos ist jedenfalls nicht der sonnendurchflutete Südwesten Europas, sondern der kalte, neblige, sturmumtoste Nordwesten: Irland, Wales, Cornwall und die Bretagne. Dort ist nicht nur Artus daheim, sondern auch der Zauberer Merlin, von dort stammen Parzival und Lohengrin, Tristan und Isolde. Wohl der erste große Erzähler war Chrétien aus Troyes, von dem die Deutschen ebenso emsig wie gekonnt abgeschrieben haben. Welche Deutschen?

Wissen wir nicht, daß die Mehrheit der Deutschen damals weder lesen noch schreiben konnte? Richtig, die weitaus meisten waren tatsächlich Analphabeten, mit Ausnahme der Mönche allerdings, aber die schrieben bis auf Ausnahmen weder Abenteuer- noch Liebesgeschichten. Kundig des Schreibens aber waren auch die Ministerialen bei Hof, heute würden wir sie als Beamte im gehobenen Dienst bezeichnen. Und so etwas ähnliches waren sie fast alle, deren Namen wir (vielleicht) noch aus der Schule kennen: Wolfram von Eschenbach, Gottfried von Straßburg, Hartmann von Aue, Walther von der Vogelweide und viele andere. Aus dieser Schicht rekrutierte sich ja auch die Ritterschaft, sofern sie nicht aus altem Adel stammte, und es gab damals kaum eine bessere Aufstiegschance bei Hofe, als sich als Poet bekannt, beliebt und – da andere Unterhaltung gehobenen Stils fehlte – nahezu unentbehrlich zu machen, zumal obendrein handfeste politische Propaganda aus der Feder der Sänger floß, wie wir noch sehen werden.

Um welches zentrale Thema drehten sich diese höfischen Romane denn nun im wesentlichen? Sind das Ivanhoe- oder Robin-Hood-Geschichten voller Spannung und Dramatik? Nicht die Spur. Unsere Kinder würden bei der Lektüre vermutlich rasch entschlummern, denn es geht in erster Linie um nichts anderes als um die Zucht und damit um die Ehre des Ritters. Und das Tausende von Versen hindurch!

Nehmen wir als Beispiel nur Hartmann von Aues Geschichte über den Ritter Erec, der – wie könnte es anders sein – am Hofe des Königs Artus lebt und die schöne Enite ehelicht. Nach der Hochzeit tun die beiden das, was alle frisch Verliebten tun. Aber leichtfertigerweise treiben sie es offensichtlich zu bunt, und da Enite (wie Kriemhild!) den

Mund nicht halten kann, plappert sie vor versammeltem Hof aus, daß Erec überhaupt nichts anderes mehr im Kopf habe, als mit ihr zu schlafen, was sie im übrigen auch ganz wundervoll finde. Das hätte sie natürlich nie und nimmer sagen dürfen, denn schließlich erwartet man von einem Ritter (wenigstens in einem solchen Epos) noch etwas anderes, als dauernd im Bett herumzuturnen. Erec hat vor den anderen Rittern das Gesicht verloren, oder – um im Originalton der Zeit zu bleiben – er hat Schaden genommen an seiner »êre«, und um diese wiederherzustellen, muß er den königlichen Hof verlassen und »aventiure« (Abenteuer) bestehen. Die schwatzhafte Enite darf zwar mit, muß aber immer schön mit Abstand hinter ihm bleiben, und sie darf ihn nicht ansprechen, geschweige denn anfassen!

Die Todsünde eines staufischen Ritters besteht – zumindest theoretisch – darin, daß er die »mâze« aus den Augen verliert. Alles muß in Maßen geschehen: essen, trinken, sich kleiden, feiern, trauern und die körperliche Liebe. Deshalb muß der Unmäßige hinaus in die Welt, um Abenteuer zu bestehen, und diese Abenteuer bedeuten eben nicht, jeden entgegenkommenden Ritter zum Duell herauszufordern, sondern Hilfeleistungen für andere, für arme und bedrängte Mitmenschen zu erbringen. Der Ritter soll sich daran erinnern, daß er einst geschworen hat, die Schwachen zu schützen und den Unterdrückten beizustehen. Um es kurz zu machen: Erec wird in eine Kette von haarsträubenden Abenteuern verwickelt, die er zwar alle besteht, doch das letzte schließlich droht schiefzugehen. Da bricht Enite ihr Gelöbnis und ihr Schweigen und rettet so ihrem Mann das Leben. Dieser erkennt nun, daß sie ihn abgöttisch liebt, andererseits ist seine »êre« wiederhergestellt, und beide dürfen rehabilitiert an des Artus' Hof zurückkehren. Für die damaligen Ritter war das mit Sicherheit eine ebenso erbauliche Geschichte wie für unsere Vorfahren selig eine Heiligenlegende.

Alle Ritterepen drehen sich stets um das gleiche Thema: die Verfehlung und der anschließende Ausritt zum Abenteuer, in dem der Ritter sich selbst überwinden und verleugnen, wo er sich erproben und bewähren muß, um letztendlich geläutert zu der Schar der Auserwählten zurückzukehren.

Wie die Geschichte von Erec und Enite beweist, fehlen in den

Ritterepen keineswegs die Damen, und sie spielen – denken wir wieder einmal an das *Nibelungenlied* – durchaus nicht nur Nebenrollen. Das aber ist nun das eigentlich Erstaunliche an dieser Zeit: Die Frauen werden entdeckt, besser gesagt die »frouwe«. Bis zur Stauferzeit galt die Frau als unbekanntes Wesen. Abgebildet wurde allenfalls die Gottesmutter, nur in krassen Ausnahmefällen eine Königin oder eine Äbtissin, niemals eine Bäuerin oder eine Dienstmagd. Bislang galt das »wîp«, das Weib also, den Rittersleuten vielfach nur als Sexualobjekt, als Gebärmaschine, als Haushaltshilfe, zuweilen als Statussymbol, zumeist aber ganz einfach als lästiges Übel, das dauernd krank war und einem den Kopf dusselig redete. Man sollte das keinesfalls mit verächtlichem Unterton feststellen, denn eine solche Denkweise findet man bei etlichen Mannsbildern auch heute noch.

Natürlich haben sich zu allen Zeiten Männer und Frauen wirklich geliebt, aber der Begriff »Liebe« existierte in seiner heutigen Form und Bedeutung in der mittelalterlichen Gesellschaft so gut wie nicht. Von den Mönchen war die »Liebe« verketzert worden, weil sie fast immer mit zügelloser Sexualität gleichgesetzt wurde, die in der Tat im bäuerlichen, ja selbst noch im frühen bürgerlichen Alltag in Gesichts- oder doch zumindest in Hörweite aller anderen Familienmitglieder, wenn nicht sogar im Beisein von Ochs und Esel praktiziert wurde. Liebe war für die Mönche etwas Animalisches, gerade mal notwendig zur Befriedigung der Triebe und leider unentbehrlich zur Arterhaltung. Und stets war der Mann das Opfer der weiblichen Brunft! Schließlich konnte man sich ja auf uralte »Beweise« stützen. Waren nicht Adam durch Eva, Samson durch Delilah und Salomon durch seine Kebsweiber ins Unglück gestürzt worden?

Manche Historiker glauben, daß der wachsende Marienkult etwas mit der plötzlichen Erhöhung der Frau in Deutschland zu tun hatte. Das ist möglich, aber sicherlich war auch der höfische Einfluß aus Frankreich außerordentlich groß, und als dann noch Beatrix von Burgund, die zweite Frau von Friedrich Barbarossa, die ersten Troubadoure an den staufischen Hof brachte, war die Kunst des Minnesangs endgültig zur Mode geworden, und mancher Ritter tat das, was Hartmann von Aue in seinem *Iwein* so herrlich beschrieb:

»Ein rîter, der gelêret was
unde ez an den buochen las,
swenner sîne stunde
niht baz bewenden kunde,
daz er ouch tihtennes pflac ...«

Was zu deutsch heißt: »Ein Ritter, der gelehrt war, las in Büchern, und wenn er mit seinen Stunden nichts Besseres anzufangen wußte, pflegte er zu dichten.« Das war sehr klug von dem gelehrten Ritter, denn man konnte ja schließlich nie wissen, wann sich die Gelegenheit ergab, sein Herz einer holden Frau vor die Füße zu legen. Diese mußte allerdings in jedem Fall gesellschaftlich höher stehen als man selber und würde vermutlich verheiratet sein, denn alte Jungfern gab es nicht am Hofe, die steckten schon im Kloster, aber auch keine herangewachsenen Jungfrauen, da die Mädchen von Adel meist schon im Kindesalter verheiratet wurden, bevor sie noch minne-würdig wurden.

Was aber hat es denn nun mit dieser Minne auf sich, an der so manches Ritterherz zerbrochen ist? War es Liebe im heutigen Sinn oder nur scheue Verehrung? Leidenschaft oder lediglich Anbetung? Bewunderung oder doch eher Begierde? Minne war – wenigstens im Idealfall – von seiten des Ritters Liebe um ihrer selbst willen, eine Mischung aus Idealisierung der »edlen frouwe«, Huldigung der Angebeteten und Bereitschaft zum Dienst, während von der Dame erwartet wurde, daß sie sein Werben nicht erhörte, ihrem Verehrer dennoch einen »lôn«, eine Belohnung also, zukommen ließ. Vielleicht dankte sie ihm nur hoheitsvoll, vielleicht überließ sie ihm ein Andenken, oder aber sie verschaffte ihm ganz profan den ersehnten Zutritt zu höheren Kreisen.

Natürlich träumte manche Dame auch etwas konkreter von ihrem Galan. Zum Beispiel so: »Das Verlangen tut mir wohl und bereitet mir Schmerzen. Niemand weiß, daß ich einen Ritter liebe, und ich kann ihm nicht länger verweigern, worum er mich gebeten hat. Ich glaube, niemand kann mir jemals helfen, wenn ich jetzt nicht ja sage. Oft denke ich, mein Wille sei fest genug. In solchen Stunden wäre all sein Flehen umsonst. Doch gleich darauf kommen andere Gedanken. Was hilft es denn? Mein fester Vorsatz reicht ja keinen Tag. Wäre er bloß nicht so nahe! Zu oft verwirrt sein Kommen mir das Herz, und ich fürchte, bald tue ich das, was er will.« Das ist doch deutlich – oder? Aber es gibt natürlich auch Damen, die das Körperliche verachten: »Daß wir Frauen nicht bei einem Gespräch Freunde finden können, ohne daß sie (die Männer) mehr wollen. Das quält mich. Ich will nicht lieben. Denn wenn ich flatterhaft wäre, was ich keineswegs bin, dann würde er mich ohnehin aufgeben.« Auch eine andere Dame grübelt: »Wenn ich Euch Gewährung schenkte, würdet Ihr den Ruhm davon haben und ich den Spott!«

Als frühe Emanze gibt sich dieses Mädchen, von dem ihr Freund vor seinem Aufbruch ewige Treue gefordert hat. Sie antwortet ihm: »Sag, warum soll ich dir eine bessere Treue bewahren als du mir? Sag, wenn du es verteidigen kannst, ob es Adam erlaubt gewesen wäre, eine Geliebte neben Eva zu haben? Wenn du dich mit Dirnen abgäbst, wolltest du deinerseits, daß ich eine Dirne wäre? Fern sei, daß ich mich in einem solchen Vertrag dir verbinde; geh, lebewohl, und wann immer du huren willst, dann aber ohne mich.« Da hat er sein Fett weg, aber so selbstbewußt sprechen nur die Damen der Stauferzeit zu ihren Männern.*

Zu erwähnen ist, daß man es mit der Diskretion durchaus unterschiedlich hielt. Zuweilen verloren Ritter und Dame ihre »êre«, also ihr Ansehen, wenn diese Diskretion nicht gewahrt wurde. Anderenorts war es völlig normal, wenn der ganze Hof wußte, welcher Ritter gerade welche Dame umwarb. Da die ganze Geschichte ohnehin platonisch bleiben mußte, betrachtete der Ehemann der Angebeteten die Huldigungen seiner Gefolgsleute zuweilen geschmeichelt und durchaus mit Wohlwollen. Allzu großzügig scheint man an den Höfen allerdings nicht gewesen zu sein, denn dafür ist zu häufig von den »Aufpassern« die Rede. Vielleicht sind damit die Spione des Ehemanns gemeint, vielleicht auch nur die Klatschtanten, aber selbst die konnten ja den Ruf und die »êre« eines Ritters ruinieren.

Zu diesem Thema einige in unsere Sprache übersetzte Zitate: »Wer sich gut aufs Geheimhalten versteht, ist der Allertüchtigste. Ein nutzloses Dasein führt dagegen, wer über alles redet, wovon er weiß.« Sehr viel Dünkel, aber vielleicht auch schlechte Erfahrungen besaß der Ritter, der diese Verse dichtete: »Es gibt keine adligen Wächter. Deshalb taugt es

---

* Zitiert nach: Joachim Bumke, *Höfische Kultur. Literatur und Gesellschaft im hohen Mittelalter.* Bd. 2. München 1986

gar nichts, einem Wächter etwas zu sagen, was man lieber verbergen möchte. Die Unterschicht kann nichts für sich behalten, deshalb soll man sich ihr keinesfalls anvertrauen. Der Adel versteht sehr gut zu schweigen, deshalb soll er Geheimnisse wissen.« Mit dem Adel sind hier wohl die adligen Männer gemeint, die vermutlich so viel eigenen Dreck am Stecken hatten, daß sie tunlichst allesamt den Mund hielten. Sehr viel mehr Vertrauen in den in ihr Abenteuer eingeweihten Wächter zeigt eine andere Dame: »Lieber, kluger Wächter! Achte gut auf den Zeitpunkt, wenn sich die Farbe der Wolken verändert und grau wird. Diese Zeit melde mir ... warne mich, wenn ich eingeschlafen bin, damit der Ritter noch vor den schlimmen Aufpassern aufbrechen kann!«

Obwohl der Minnesänger nur zu gut wußte, daß seine möglicherweise gar nicht so körperlosen Träume so gut wie nie in Erfüllung gehen würden, schwingt in vielen Gedichten Selbstmitleid durch, aber man mußte seiner Umgebung ja zeigen, wie sehr man an der unerfüllten Liebe litt. So dichtete Walther von der Vogelweide:

»Herzeliebez frouwelîn,
got gebe dir hiute und iemer guot!
Kund ich baz gedenken dîn,
des hete ich willeclîchen muot.
Was mac ich dir sagen mê,
wan daz dir nieman holder ist? Owê, dâ von ist mir vil wê.«

Was in freier Übersetzung heißt: »Herzliebe kleine Herrin! Gott schenke dir heute und immerdar Gutes. Könnte ich dich besser grüßen, so würde ich es wohl gerne tun. Was kann ich dir mehr sagen, als daß dir niemand holder gesonnen ist. O weh, deshalb muß ich viel leiden.«

Unter den Minnesängern gab es natürlich Optimisten wie Miesmacher, Erfolgreiche wie Verlierer, aber ganz besonders frustriert ist dieser Ritter hier, den Hartmann von Aue sagen läßt: »Mancher begrüßt mich – und darüber kann ich mich gar nicht freuen – auf folgende Weise: ›Hartmann, komm, laß uns vornehme Damen anschauen gehn!‹ Er soll mich doch zufrieden lassen und allein zu diesen Damen laufen! Bei Damen trau ich mir sowieso nicht mehr zu, als verdrossen vor ihnen zu stehen. Bei Damen kenne ich nur noch eines: Ich verhalte

mich ihnen gegenüber genauso, wie sie sich mir gegenüber verhalten.
Ich kann mir die Zeit viel besser mit Frauen aus niederem Stand
vertreiben. Wohin ich auch komme – es gibt genug davon. Dort finde
ich dann eine, die mich haben will. Sie wird dann meine Liebste. Was
nützt mir ein hochgestecktes Ziel!« Fürwahr ein Pragmatiker.

Die ganz hohe Zeit der Minnesänger ist erstaunlich kurz. Sie dauert
nur von 1180 bis 1210. Dann wird die Minne plötzlich wieder ziemlich
irdisch, und das zauberhafte Lied Walthers von der Vogelweide, in
dem das Mädchen sein Schäferstündchen unter freiem Himmel besingt,
beweist, daß die Praxis doch schöner ist als alle Minne-Theorie:

> »Under der linden
> an der heide,
> dâ unser zweier bette was,
> dâ mugt ir vinden
> schône beide
> gebrochen bluomen unde gras.
> Vor dem walde in einem tal,
> tandaradei,
> schône sanc diu nahtegal.«

»Unter der Linde auf der Heide, wo unser beider Bett war, da könnt ihr
schön gebrochen die Blumen finden und das Gras. Vor dem Wald in
einem Tal, tandaradei – schön sang die Nachtigall.« Die Liebe war
wieder auf die Erde zurückgekehrt. Dazu noch ein paar andere Beispiele: »Ihr Hals, ihre Hände und Füße sind wunderschön. Dazwischen
habe ich noch mehr gesehen ... nicht gerne hätte ich ›bedecke dich‹
gerufen, als ich sie nackt erblickte ... es schmerzt wie einst auch jetzt
noch jedesmal, wenn ich an die liebe Stätte denke, wo die Reine aus
dem Bade kam.«

An anderer Stelle wettert Walther von der Vogelweide, der folgendes Gedichtlein verfaßte, genau gegen diese Art von körperlichem
Begehren. Da wir aber wissen, daß Walther alles schrieb, wenn es nur
gut bezahlt wurde, wollen wir ihn an dieser Stelle nicht allzu ernst
nehmen: »Niedere Minne, das ist die Liebe, die so erniedrigt, daß
Menschen sich verlieren in dumpfer Leidenschaft. Solche Liebe bringt

nur Verachtung und Hohn. Hohe Minne begeistert das Herz und die Seele, daß sie sich hochschwingen zu vollendetem Wert.«

Na gut, wie's in der Praxis aussah, entnehmen wir dem Stoßseufzer einer jungen Dame, deren Ritter es überhaupt nicht sein lassen konnte: »Ach, daß er so oft sich in meinen Anblick verloren hat! Er wollte mich Arme ganz hüllenlos sehen, als er mir die Decke wegzog. Es war ganz unbegreiflich, daß er nie müde wurde. Da kam der Tag.« Na endlich, wird sie gedacht und sich gefreut haben, daß es gottlob die Aufpasser gab.

Sehr hübsch sind die lateinisch-deutschen Minnelieder, wie man sie in den *Carmina Burana* (genannt nach ihrem Entdeckungsort »Bura sancti Benedicti«, also Benediktbeuren) findet. Hier zwei Strophen aus einem recht drastischen Lied, in dem ein Mägdelein klagt, wie sie von einem Ritter verführt wurde:

> »Er graif mir an den wizen lîp
> non absque timore,
> er sprah: ›ich mache dich ein wîp,
> dulcis es cum ore!‹ ...
> Er warf mir ûf daz hemdelin
> corpore detecta,
> er rante mir in daz purgelîn
> cupide erecta.

Und zu deutsch heißt das in etwas freier Übersetzung:

> »Er griff mir an den weißen Leib
> nicht ohne Bangigkeit.
> Er sprach: ›Ich mache eine Frau aus dir,
> du, mit deinem süßen Gesicht.‹
> Er warf mir hoch mein Hemdchen,
> entblößte meinen Körper
> und rannte mir das Schößlein ein
> mit seinem aufgerichteten Spieß.

Von hehrer und nahezu körperloser Minne ist längst keine Rede mehr. Jetzt geht's zur Sache! Aber es waren durchaus nicht nur Ritter- und

Minneverse, die damals geschmiedet wurden. Richard Löwenherz, der gefangen auf der Burg Trifels saß und lange darauf warten mußte, daß man in England das Lösegeld für seine Freilassung zusammenbekam, dichtete in seinem Zorn:

»Zwar redet ein Gefangner – übermannt
von Not und Pein, nicht eben mit Verstand.
Nun dichtet er, weil so das Leid er bannt.
Freund' hab' ich viel, doch keiner reicht die Hand.
Jetzt schmacht' ich schon, zu ihrer Schand,
zwei Winter hier in Haft.«

Und ein paar Strophen weiter heißt es:

»Was die von Touraine und Anjou angeht,
ich hab' vergeblich dort um Hilf gefleht,
während ihr Herr vor Kummer im Kerker vergeht.
Sie könnten mir helfen, noch wär's nicht zu spät.
Sie sind wohlbewaffnet, doch kein Finger sich regt,
und ich bin noch immer in Haft.«

Texte auf Wunsch und nach Maß schrieb, wie schon erwähnt, vor allem Walther von der Vogelweide, über dessen Herkunft man nichts Genaues weiß. Fest steht jedenfalls, daß er finanziell stets in der Klemme saß. So verfaßte er politische Pamphlete mal für diese, mal für jene Seite nach dem Motto: Wes Brot ich eß, des Lied ich sing. Manchmal machte er sich auch seine eigenen Gedanken über den Zustand des Reiches, und eines seiner bekanntesten Gedichte lautet in der Übertragung in heutiges Deutsch:

»Ich saß auf einem Steine,
übereinandergeschlagen die Beine,
hatte darauf den Ellbogen gestützt
und in meine Hand geschmiegt
das Kinn und meine Wange.
So überlegte ich sehr bange,

wie man in dieser Welt soll leben,
doch konnte keinen Rat ich geben,
wie man drei Dinge erwerbe,
ohne daß eines davon verderbe.
Die ersten zwei sind Ehre und weltlich Gut,
von denen eines dem anderen oft Schaden tut.
Das dritte aber ist Gottes Huld,
die viel mehr gilt als diese beiden.
Die hätt' ich gern gehabt in einem Schrein,
doch leider kann es eben nicht sein,
daß Gut und weltliche Ehre
und dazu auch noch Gottes Huld
in einem Herzen zusammenkommen.
Steg und Weg sind ihnen genommen,
Untreue liegt im Hinterhalt,
Gewalt beherrscht die Straße,
Frieden und Recht sind schwer verwundet,
und ehe von denen keines gesundet, finden die drei niemals Schutz.«

Eine bewegende Klage, aber deutlich klingt durch, daß Gottes Huld und Ehre allein nicht zum Leben reichen. Unüberhörbar ist der Seufzer, daß offensichtlich kein »weltlich Gut« vorhanden ist. So sieht sich Walther gezwungen, seinen jeweiligen Herrn um sein täglich Brot, um einen Mantel oder sonst etwas Notwendiges förmlich anzubetteln. Er räumt das auch ganz offen in einem der bekanntesten Lieder jener Zeit ein, das auf Mittelhochdeutsch mit der Zeile »Ir sult sprechen willekomen« beginnt. Übersetzt lautet die erste Strophe:

»Ihr sollt mich willkommen heißen,
ich habe Neuigkeiten für euch.
Was ihr bisher gehört habt,
das war nichts, jetzt aber fragt mich!
Freilich will ich Lohn dafür;
ist er gut,
dann werde ich euch vielleicht erzählen, was euch freut.
Seht also zu, daß man mir Lohn und Ehre gibt.«

Ganz schön keck, der Herr Sänger, aber letztendlich passiert dann doch das so lange Ersehnte: Kaiser Friedrich II., für den er die meiste Propaganda gemacht hat, überläßt ihm ein kleines Landgut als Lehen, und da jubelt der gute Walther ebenso erleichtert wie drastisch los:

> »Ich hab' mein Lehen, Gottnochmal, ich hab' mein Lehen.
> Jetzt brauch' ich nicht mehr furchtsam auf den Frost zu sehen
> und reichen Knickern um den Bart zu gehen.
> Der gute König, milde König hat geruht, mich auszustatten ...
> Mein Los war dies: Ich war zu lange blank.
> Daß ich vor Mißgunst manchmal aus dem Rachen stank.
> Heut' kann ich wieder atmen, Friederich sei Dank.«[*]

DICHTER UND SÄNGER DER STAUFERZEIT

um 1160	Chrétien (Christian) de Troyes schreibt seinen ersten Artus-Roman *Erec*. Es folgen unter anderen *Lancelot* und *Yvain*.
um 1170 bis um 1230	Walther von der Vogelweide, Hofsänger, vermutlich aus Niederösterreich stammend, der »Klassiker« unter den Minnesängern, auch Verfasser recht handfester Liebeslieder. Besingt neben der »vieledlen frouwe« auch die Geliebte aus niederem Stand.
um 1170 bis nach 1220	Wolfram von Eschenbach, Ministerialer aus Franken, fahrender Sänger. Hauptwerk: *Parzival*.
um 1165 bis um 1215	Hartmann von Aue, alemannischer Ministerialer. Autor der Verserzählung *Der arme Heinrich* und von Nachdichtungen aus der Artus-Sage *(Erec, Iwein)*.
um 1150 bis um 1210	Gottfried von Straßburg, Repräsentant des neu entstandenen vermögenden Stadtbürgertums, offensichtlich ein studierter Mann aus den besten Kreisen. Einziges (und unvollendetes) Werk: *Tristan*.

* Zit. nach: Michael Curschmann/Ingeborg Glier (Hg.), *Deutsche Dichtung des Mittelalters*. 3 Bde. München, Wien 1980–1981.

Wappenkönig Ansgar und die Glücksritter

Augenzeugenbericht: *Turnier, Tjost und Buhurt ·*
Verwirrung in Worringen · Ein schräger Strich für den Bastard ·
Gefährliche Glücksritter · … und am Abend wird gegrölt

Ich bin Ansgar und ein Wappenkönig. Mehr möchte ich zu meiner Person im Augenblick nicht sagen. Sie brauchen nicht mehr über mich zu wissen, als daß ich zu Beginn des 14. Jahrhunderts lebe, und zwar an einem gewissen deutschen Fürstenhof. Warum diese Geheimniskrämerei notwendig ist, werden Sie fragen, und das nehme ich Ihnen keineswegs übel, da Sie vermutlich nicht wissen, was ein Wappenkönig ist. Von ritterlichen Turnieren dagegen haben Sie mit Sicherheit schon einmal gehört, und bei einem solchen Turnier ist der Wappenkönig eine der wichtigsten Figuren überhaupt. Dennoch möchte ich im Augenblick unerkannt bleiben, denn der Papst hat einmal mehr alle Teilnehmer an einem Turnier mit dem Kirchenbann bedroht, und das gilt leider nicht nur für die kämpfenden Ritter, sondern ebenso für den Veranstalter und damit auch für mich.

Es ist nicht der erste Bannfluch, den Rom gegen diese Art von Ritterspielen geschleudert hat, es wird auch kaum der letzte bleiben. Die offizielle Begründung der Kirche für dieses strikte Verbot von Turnieren lautet, daß die Teilnahme einem versuchten Selbstmord nahekomme und daß Turniere darüber hinaus unritterlich seien, weil sie Eitelkeit und Haß, Habgier und Schlemmerei, Unzucht und Prunksucht förderten. Böse Zungen hingegen behaupten, der Heilige Vater würde es halt lieber sehen, wenn sich die Ritter zur Fahrt nach Jerusalem bequemen würden, statt sich gegenseitig die Köpfe einzuschlagen. Für diese Theorie spricht die Tatsache, daß es immer wieder Päpste gegeben hat, die sich mit der Aussprechung des Bannfluchs zurückgehalten haben. Ein Gebannter darf schließlich nicht das Kreuz nehmen.

Welche Gründe auch immer den Papst wirklich bewegen – im Augenblick jedenfalls möchte ich mich ein wenig bedeckt halten, und es ist für Sie ja ziemlich gleich, ob Sie wissen, in wessen Diensten ich stehe. Die Turniere in England, Frankreich und Deutschland ähneln sich ohnehin inzwischen wie ein Ei dem anderen, und ihre Zahl steigt von Jahr zu Jahr an. Das ist durchaus verständlich, wenn man bedenkt, wie diese Kampfspiele eigentlich entstanden sind.

In den alten Zeiten sahen die Adligen ihre Aufgabe hauptsächlich im Kampf. Gekämpft jedoch wurde – von Ausnahmen einmal abgesehen – ausschließlich in der warmen Jahreszeit, aber nicht in jedem Sommer, den der Herr ins Land gehen ließ. Die langen Pausen jedoch zwischen Fehden und Feldzügen nutzten die Ritter, um sich im Gebrauch der verschiedensten Waffen zu vervollkommnen. Naturgemäß im Zweikampf mit befreundeten Rittern oder aber mit ihren Dienstmannen. Da solche Übungen normalerweise im Innenhof der Burg durchgeführt wurden, fehlte es nicht an Zuschauern, und vor allem von den Fenstern des Frauenhauses aus wurden die Kunststückchen der jungen Herren sehr aufmerksam beobachtet. Das wußten die Kämpfer, und ein jeder strengte sich entsprechend an, um den Damen, oder einer ganz bestimmten Dame, besonders zu gefallen.

Ritterliche Übungen dieser Art waren bereits bei den heidnischen Sarazenen in Spanien Brauch, und man muß ganz einfach zugeben, daß die Muselmanen lange Zeit vor unseren adligen Herren wußten, was rechte höfische Lebensart ist. Jedenfalls kamen die Regeln, nach denen wir heute unsere Turniere ausrichten, im Grunde aus Spanien über Frankreich zu uns. Man hört es ja schon an dem Wort »Turnier«, was vom französischen »tournoir« hergeleitet wird, was wiederum so viel wie (das Pferd) »wenden« bedeutet. Wir hier sprechen lieber von einem »tjost«, wenn wir das Lanzenstechen meinen, aber von einem »bûhurt«, wenn es um Reiterspiele geht, die zum Schluß in Zweikämpfen einzelner Ritter enden.

Doch zurück zu den Gründen, warum heute sehr viel mehr Turniere stattfinden als früher. Wenn ehedem die Ritter nur die Zeit zwischen zwei Fehden oder Feldzügen mit Waffenübungen ausfüllten, aus dem schließlich das Turnier in heutigem Sinne entstand, so ist es nun beinahe umgekehrt, denn die Ritter ziehen nicht mehr in den Krieg. Sie haben anscheinend vergessen, daß ihr Lehnseid sie dazu verpflichtet.

Deshalb sind unsere Adligen seit einiger Zeit dazu übergegangen, in der Fremde Kriegsknechte anzuwerben und ihnen für ihre Dienste einen gewissen Sold zu zahlen. Diese »Söldner«, wie wir sie nennen, schicken die Ritter dem Kaiser, wenn er seinen Heerbann zusammenruft, und lassen den Krieg jetzt von ihren Stellvertretern führen. Infolgedessen haben die Herren das ganze Jahr über Zeit, Turniere auszurichten, und aus der ehemaligen Waffenübung ist inzwischen eine Art Sport geworden. Eine ungute Entwicklung, finde ich, aber das soll letztlich nicht meine Sorge sein. Ich lebe davon, werde gut bezahlt, und das ist nicht mehr als recht und billig, denn ich bin außerordentlich gebildet, fast wie ein gelehrter Mönch. Schließlich bin ich der König über alle Herolde am Hof.

Einen Herold werden Sie vermutlich kennen. Diese Bezeichnung ist übrigens neueren Datums, denn unsere Vorfahren sagten noch »hariwald«, was so viel heißt wie Heeresverwalter. Inzwischen aber sind schon Kinder auf den Namen Harald getauft worden, ohne zu wissen, was dieser Name eigentlich bedeutet. Viele Menschen glauben noch immer, ein Herold würde nur dumm herumstehen, um dann in die Fanfare zu stoßen und zu rufen »Seine Majestät, der König!« oder irgend so etwas Törichtes. Das ist ein gewaltiger Irrtum, denn ein richtiger Herold hat eine lange Ausbildung hinter sich und muß selbstverständlich lesen und schreiben können. Seine Hauptaufgabe besteht nämlich darin, daß er sich in Wappen auskennt, und nicht nur in den Turnierregeln.

Die Wappen – dieser Ausdruck hängt sehr eng zusammen mit dem Wort »Waffen« – haben einen ganz konkreten militärischen Sinn. An den Wappen kann man erkennen, wer Freund und wer Feind ist. Denken Sie bitte daran, daß die Kriegsknechte keine einheitlichen Kleider tragen, an denen man sie unterscheiden könnte. Ich fände es zwar sehr vernünftig, wenn die Männer des einen Heerführers alle rote Hemden trügen und die des anderen blaue. Aber auf einen so vernünftigen Gedanken ist offenbar noch keiner unserer Fürsten gekommen. Alle Kriegsknechte sehen im Grunde gleich aus in ihren Kettenhemden und Lederpanzern. Selbst die Ritter sind in ihren Rüstungen kaum zu unterscheiden, und wenn sie dann noch mit geschlossenem Visier kämpfen – wie soll man da den Freund vom Feind unterscheiden?

Ich kann Ihnen ein sehr gutes Beispiel aus der jüngsten Vergangenheit nennen: Da standen sich bei Worringen, einem kleinen Nest zwischen Köln und jenem nördlich davon gelegenen Dorf, wo die Düssel in den Rhein fließt, am 5. Juni des Jahres 1288 die Ritter des Erzbischofs von Köln sowie das gemeinsame Heer des Herzogs von Brabant und des Grafen von Berg gegenüber. Unter deren Fahnen kämpften aber auch die Bürger von Köln und die Bauern aus der Umgebung mit. Ein Herold hätte die Ritter natürlich sofort an ihren Wappen erkannt, aber für Bauern und Bürger sind Ritter wie Katzen in der Nacht, allesamt grau nämlich. So schlugen die Bauern mit ihren Sensen und Dreschflegeln auf ihre eigenen Anführer ein, und es hätte nicht viel gefehlt, dann hätte der Erzbischof die Schlacht auf Grund dieses blöden Irrtums um ein Haar noch gewonnen.

Und nach einer solchen Schlacht? Wer, bitteschön, soll die Toten identifizieren? Wen von den Verwundeten soll man noch zu retten versuchen, und wen überläßt man – seiner Waffen und Rüstung beraubt – den Krähen? Kaum ein Ritter ist seinen Feinden von Angesicht bekannt. Identifizieren kann man die meisten nur an ihren Wappen. Es ist eine grausliche Arbeit, und gottlob wird sie uns nicht allzu oft abverlangt. Wenn es aber dann doch sein muß, sind es meine Herolde und ich, die die Walstatt absuchen; anschließend haben wir meist das Bedürfnis, uns sinnlos zu betrinken.

Nun ja, ein Turnier, wie wir es in dieser Woche veranstalten, ist auch nicht gerade unblutig. Deshalb sitze ich lieber in meinem Schreibzimmer, stelle Adelslisten aus unserem Bezirk zusammen, verzeichne bestehende Wappen und entwerfe andere für den Fall, daß jemand neu in den Ritterstand aufgenommen werden sollte. Am Anfang waren die Wappen noch recht einfach. Ein schwarzes Kreuz auf weißem Grund, ein gelber Querbalken auf Blau oder weiße Rauten auf Rot. Aber inzwischen gibt es zunehmend bildhafte Darstellungen: Kronen, Tiere, Blumen und sogar Körperteile. Alles diente zunächst nur zur Verzierung, erhielt jedoch schon bald einen tiefen Sinn und steckt heute voller Symbolik, aber das in allen Einzelheiten auszuführen, würde Sie wahrscheinlich langweilen. Wichtig ist eigentlich nur, daß Sie verstehen, warum die Ritter ihren Schild und die Decke ihres Pferdes mit ihrem Wappen schmücken und am Helm kleine Eisenfähnchen mit Wappen tragen, wenn sie ins Turnier reiten. Nur an diesen Wappen kann man sie erkennen, wenigstens wir Herolde.

Den Zuschauern auf der Tribüne sagen die Wappen in den meisten Fällen natürlich überhaupt nichts, und da man die Gesichter der Kämpfer auch nicht erkennen kann, sind wir Herolde unentbehrlich. Wenn da ein Ritter einreitet, dessen Wappen ein roter Löwe auf silbernem Grund ist, und wenn dieser Löwe einen gespaltenen Schweif, eine goldene Krone und eine blaue Zunge hat, wenn darüber hinaus ein blauer Schrägstrich den Löwen quert, dann kann es sich bei dem edlen Herrn nur um Johann von Luxemburg handeln, den Bastard von Hautbourdin, denn daß er ein Bastard sein muß, sieht man als gelernter Herold schon an dem schrägen Strich über dem Löwen.

Das Wappen dient allerdings längst nicht mehr einzig und allein dazu, daß man daran diesen oder jenen Ritter erkennen kann. Es ist inzwischen – sagen wir es geradeheraus – auch so etwas wie Angeberei damit verbunden. Das wird schon daran deutlich, daß heute selbst Städte das Recht auf ein Wappen beanspruchen. So hat sich beispielsweise die Stadt Köln ein Wappen geschaffen, das in Erinnerung an die Heiligen Drei Könige, die im dortigen Dom bestattet sind, drei rote Kronen im goldenen Feld führt. Diese neureichen Bürger werden mit der Zeit noch eitler und anmaßender, als es die wirklichen Ritter schon heute sind.

Kommen wir indes zurück zum Turnier, zu dem nicht nur die Hauptakteure, also die kämpfenden Ritter, gehören und auch nicht nur die Zuschauer. Eine solche Veranstaltung erfordert eine enorme Vorbereitung, an der wir Herolde allerdings weniger beteiligt sind als vielmehr die Turniervögte. Deren Aufgabe ist es zunächst einmal, lange Wochen im vorhinein durchs Land zu reiten, um den Rittern Ort und Termin zu nennen. Sie müssen ferner den Turnierplatz herrichten und die Tribünen aufstellen lassen sowie die notwendigen Quartiere für die anreisenden Gäste bereitstellen. Außerdem tauchen bei jedem Turnier – wenn auch ungeladen – die Spielleute und die Gaukler auf. Und natürlich die Huren. Und fast immer die Taschendiebe. Das ganze Gesindel muß man gut im Auge behalten.

Treffen nun so langsam die Teilnehmer am Turnier ein, treten wir Herolde in Aktion, denn natürlich darf sich lange nicht jeder an einem

solchen Ritterspiel beteiligen. Das wäre ja gelacht, wenn es irgendeinem Bauernlümmel gestattet würde, einen Adligen vom Pferd zu
holen. Schlimm genug, daß anscheinend das alte Gesetz vergessen ist,
demzufolge ein Bauer außer einem Stock überhaupt keine Waffe tragen
darf. Früher wäre er dafür ausgepeitscht und geschoren worden, aber
heute braucht man offensichtlich sogar das Gesindel, um Kriege zu
führen. Erinnern Sie sich nur an die Schlacht von Worringen!

Ich will mich aber nicht über die Verkommenheit heutiger Kriegführung auslassen, sondern von der Aufgabe der Herolde beim Turnier
berichten. Zuweilen kommt es vor, daß ein Ritter unerkannt bleiben
möchte und ohne Wappen zum Lanzenstechen antreten will. Das ist
durchaus gestattet, aber zumindest uns Herolden gegenüber muß er
sich vor dem Beginn der Kämpfe ausgewiesen haben. Wir hüten dann
sein Geheimnis, wenn gewünscht, auch nach dem Turnier noch. Gegen
ein kleines Geschenk, versteht sich.

Und da wir gerade mal ehrlich gewesen sind, wollen wir es auch
weiterhin sein: Besonders ritterlich geht es bei den Turnieren heutzutage nicht mehr zu. Angeblich kämpfen die hohen Herren ausschließlich, um ihre Kraft und ihren Mut zu beweisen. Um die Gunst der
Frauen natürlich auch, aber viele beteiligen sich nur an den Turnieren,
um ihren Gegner zu besiegen und ihm dann die Rüstung und das Pferd
abzunehmen. Das ist zwar das Recht des Siegers, aber als sonderlich
ritterlich habe ich das noch nie empfunden.

Schließlich kostet eine solche Turnierausrüstung ein Heidengeld,
mindestens so viel wie 20 Ochsen, einmal ganz abgesehen von dem
ebenfalls sehr teuren Roß. Und das alles kann mit einem einzigen
Lanzenstich verloren sein. Gott sei Dank gibt es noch einige Ritter, die
großzügig darauf verzichten, den geschlagenen Gegner auszuplündern,
und ausschließlich der Ehre halber kämpfen, aber das sind leider nur
wenige. Die meisten bestehen auf ihrer Beute, und der unglückliche
Verlierer muß am nächsten Tag schauen, ob er einen Juden findet, der
ihm genug Geld leiht, damit er seine Rüstung und sein Pferd zurück-
kaufen kann.

Mittlerweile gibt es sogar Ritter, die den ganzen Frühling und den
Herbst über, wenn die meisten Turniere stattfinden, unterwegs sind
und nichts anderes mehr tun als kämpfen. Das unentwegte Training

macht sie zu gefährlichen Streitern, und meist gewinnen sie ihre Duelle und damit viel Geld, so daß sie sich hin und wieder sogar eine Niederlage leisten können. Aber diese Art, den Ritter zu spielen, gilt hierzulande nicht gerade als besonders fein, und man nennt solche Kämpfer sehr herablassend »Glücksritter«. Einer der berüchtigtsten unter ihnen war ein adliger Engländer namens William Marshall, ein Zweitgeborener ohne Erbansprüche und ein Günstling der Königin Eleonore von Aquitanien. Er zog von Turnier zu Turnier und soll über 500 Ritter besiegt haben. Er brachte es sogar zum Regenten von England, aber das ist inzwischen schon über 100 Jahre her; immerhin beweist es, daß man auch als Glücksritter Karriere machen kann.

Nun aber möchte ich Ihnen erzählen, was sich heute so alles ereignet hat, und die nächsten Tage werden auch nicht anders verlaufen. Am frühen Morgen sind die Turniervögte und wir Herolde hinaus auf die Turnierwiese geritten, um die letzten Vorkehrungen zu treffen. Nach und nach erschienen auch die Ritter mit ihren Knappen und bereiteten sich auf die Kämpfe vor. Schließlich kam der Herzog mit seinem Gefolge, und auf der Ehrentribüne tummelte sich alles, was in der Gegend Rang und Namen hat. Auch das gemeine Volk strömte wie immer in Scharen herbei, denn ein solches Spektakel wird ihm nicht alle Tage geboten.

Nachdem wir zunächst die adlige Abkunft der angetretenen Ritter geprüft hatten, teilten die Turniervögte ihnen mit, zu welchen Kämpfen ein jeder bestimmt war. Das ist bei uns so Brauch, und wir klärten sie auch über die Turnierregeln auf, weil die überall unterschiedlich sind. Bei uns darf beispielsweise im Zweikampf mit dem Schwert nur geschlagen, keinesfalls aber gestochen werden. Außerdem darf weder auf die Beine noch auf den Unterleib gezielt werden. Wer gegen diese Regeln verstößt, wird mit Schimpf und Schande öffentlich vom Turnierplatz gejagt.

Für den Vormittag war »tjost« angesagt, der klassische Zweikampf mit langen Lanzen, die von meinem Herrn gestiftet worden sind. Ein solcher Ritt gegeneinander ist ein hartes Stück Arbeit, denn eine Rüstung wiegt an die 60 Pfund, und die fast 6 Meter langen Lanzen in vollem Galopp waagerecht zu halten, ist auch nicht gerade ein Kinderspiel. Der Trick besteht darin, den Gegner genau unter dem Kinn zu treffen. Auch wenn die Lanzen kleine Kronen tragen, um Verletzungen nach Möglichkeit zu vermeiden, wirft ein derart gezielter Stoß den Gegner garantiert aus dem Sattel, und damit ist der Kampf zu Ende.

Natürlich ist der Hals ein sehr schmales Ziel und leicht zu verfehlen. Die meisten Ritter zielen daher nicht nach dieser außerordentlich schwer zu treffenden Stelle, sondern auf den Schild des Gegners, und zwar dorthin, wo vier Nägel anzeigen, daß hier der innen liegende Handgriff angebracht ist. Das ist bei den Schilden die Schwachstelle, und mit einigem Glück kann man sogar die Schildhand des Gegners durchbohren. Sitzt der Stoß genau, gibt es nur zwei Möglichkeiten: Entweder der andere Ritter stürzt aus dem Sattel, oder die Lanze zersplittert. Beides gilt als Sieg. Bei einem solchen Stechen zersplittern im übrigen unzählige Lanzen, und Kritiker von Turnieren versteigen sich sogar zu der Behauptung, bei solchen Gelegenheiten würden so viele Speere zerbrochen, daß wir bald keine Wälder mehr haben würden. Das meinen sie aber wohl nicht im Ernst.

Von den 64 Rittern, die heute morgen angetreten sind, blieb nur einer unbesiegt. Ein fahrender Ritter, ebenso draufgängerisch wie rücksichtslos. Allen seinen sechs Gegnern, die er fast spielerisch aus dem Sattel hob, forderte er Rüstung und Roß ab. Schon am Nachmittag ritt er weiter zum nächsten Stechen. Niemand hat ihm nachgewunken. Nicht einmal eine der zahlreichen Schönen auf der Tribüne.

Nach dem Mittagessen ging das Turnier mit dem »Buhurt« weiter, einer nachgestellten Reiterschlacht, in der zunächst mit Lanzen, später aber auch ernsthaft mit Schwert und Morgenstern gekämpft wird. Zwar waren auch hier die Lanzen stumpf, und die Regeln schrieben vor, daß die Ritter ihr Schwert nur mit der flachen Seite führen durften. Doch je hitziger der Kampf wurde, um so rauher wurden die Sitten, und bald floß Blut. Aber da der Herzog offensichtlich Spaß an dem Gemetzel hatte, sahen die Turniervögte keinen Grund einzuschreiten.

Als der Herzog endlich dem Wüten Einhalt gebot, gab es für die Bader eine Menge zu tun. Einem Ritter hatte ein Morgenstern durch das Visier hindurch die Nase zertrümmert, einem anderen steckte das abgebrochene Ende einer Lanze im Oberschenkel, und einem dritten fehlten zwei Finger der Schwerthand. Das waren aber nur die wirklich schweren Verletzungen. Mit Wagen wurden die erschöpften Kämpfer in ihre Herberge gefahren, wo sie sich die zahllosen Prellungen und Verstauchungen, Schürfwunden und Blutergüsse verarzten ließen.

Am Abend waren sie dann wieder bereit, ihren Sieg zu feiern oder ihre Niederlage bei einem gewaltigen Gelage zu verdrängen. Sie trinken noch immer wie die Tiere, und ich höre sie bis hierher in meine Schreibstube grölen. Wenn ich bedenke, daß dieses Wort »grölen« vom heiligen Gral stammt, jenem Gefäß aus der Sage von König Artus, jenem Kelch, in dem der Legende nach das Blut Christi aufgefangen worden ist, dann denke ich bei mir, daß die Ritter sich von ihrem eigentlichen Ideal schon ganz beträchtlich entfernt haben.

Vom Burgbewohner zum Spießbürger

Der Kaiser und das Zipperlein · Kein Bargeld für den Einkauf ·
Der Frust des armen Ritters · Stadtluft macht frei · Ein Fackelträger
zum Heimleuchten

B eim Durchwandern eines weitgehend erhaltenen mittelalterlichen
Städtchens fragt man sich zuweilen unwillkürlich, wer denn diesen
Ort einst gegründet haben mag. In vielen Sagen wird erzählt, wie dieser
oder jener Held aus alten Zeiten meist auf Befehl von oben mit dem Bau
einer Stadt begonnen hat. Da wird beispielsweise berichtet, wie er
Ochsen angespannt und einen großen Kreis gepflügt habe, um an
dieser Stelle die Mauern der zukünftigen Stadt hochzuziehen. Das ist
natürlich alles Unfug. Antike Städte wurden höchst selten, mittelalterliche niemals exakt geplant. Sie sind langsam entstanden, gewachsen
aus irgend etwas anderem, das vorher schon existierte, und das war
zuweilen ein Klosterkomplex, häufiger aber irgendeine militärische
Anlage.

Schon in keltischer Zeit gab es große Fluchtburgen in Form von
Ringwällen, die allerdings bald an Bedeutung verloren und zum Teil
bis auf den heutigen Tag unentdeckt auf die Spaten eines archäolo-
gischen Teams warten. Ständig bewohnt dagegen blieben die weitaus
meisten aus Kastellen entstandenen Römerstädte wie Regensburg,
Augsburg, Mainz, Bonn, Köln, Trier, Neuss und viele andere. Die römische Kultur ging zwar im Germanensturm unter, doch schon in karolingischer Zeit standen diese nur vorübergehend verfallenen Städte
wieder in voller Blüte.

Von den Fliehburgen, die Heinrich I. im 10. Jahrhundert zum
Schutz der Bevölkerung gegen die Einfälle der Ungarn baute, haben
wir schon gehört, doch bei allem Lob, das dem Sachsenkönig deshalb
gebührt: Der erste Burgenbauer war er natürlich nicht, denn schon
Karl der Große hatte in seinem Krieg gegen die Vorfahren des guten
Heinrich zahlreiche Burgen errichten lassen. Am sogenannten Hell-

weg, einer uralten Handelsstraße, entstanden in manchmal nur zehn Kilometer großen Abständen Befestigungen, deren kriegerische Herkunft kaum mehr auszumachen ist: Bochum beispielsweise, Dortmund, Unna, Werl, Soest oder Paderborn.

Städte wurden also nicht auf dem Reißbrett entworfen und nach ästhetischen Gesichtspunkten errichtet wie in späteren Jahrhunderten Versailles oder Karlsruhe. Städte entstanden immer im Umkreis bereits vorhandener Gründungen. War es kein Bischofssitz wie in Speyer oder eine Grafenburg wie in Brügge oder Gent, dann war es ein Markt oder auch nur ein günstiger Flußübergang wie bei den beiden Frankfurts am Main und an der Oder.

Manchmal war es reiner Zufall, welche Entwicklung eine aufkeimende Siedlung nahm. Ein besonders markantes, wenn auch negatives Beispiel dafür ist Worms. Hier hatten schon Kelten gesiedelt, später die Römer und noch später die Burgunder. In der Nibelungensage spielt Worms bekanntlich eine überragende Rolle, und die dortige Kaiserpfalz war lange Zeit der bevorzugte Aufenthaltsort Karls des Großen. Außerdem lag die Stadt strategisch außerordentlich günstig, denn hier kreuzten sich, was für Händler und Militärs gleichermaßen wichtig war, zwei große Straßen. Einerseits die von der Nordsee und durch das Rheintal kommende und nach Italien weiterführende Nord-Süd-Verbindung, andererseits die wohl ebenso bedeutende Ost-West-Achse von Regensburg und Würzburg nach Metz und Paris.

Hier in Worms hatte Karl seine Frau Fastrada und später die Luitgard geheiratet, und gegenüber der Stadt stand das bedeutende und reiche Benediktinerkloster Lorsch. Es war der reine Zufall, daß der Kaiser am Zipperlein litt und daß es dummerweise nicht in Worms, sondern nur in Aachen die heißen Quellen gab, die des Kaisers Schmerzen lindern konnten. Worms geriet zwar nicht in Vergessenheit, aber eine Weltstadt wurde es nie – bloß weil ein bißchen heißes Wasser fehlte. Aber das nur in Klammern. Halten wir vorab fest, daß es zu dieser Zeit des Mittelalters lediglich drei Stände gab, und so kann man – stark vereinfachend – sagen, daß der Adel in ziemlich bescheidenen befestigten Orten (Mini-Burgen) wohnte, die Mönche in den Klöstern und die Landbevölkerung auf einzeln gelegenen Höfen oder in winzigen Weilern. Die wenigen Händler und Handwerker, die in den alten römischen Siedlungen lebten, befanden sich in einer verschwindend geringen Minderheit. Sie nannte man auf Lateinisch »cives«, auf Mittelhochdeutsch dagegen »Burcliute«, Leute aus der Burg. Den Begriff »Stadt« kannte man noch nicht. Eine Stadt hieß vorerst Burg, die Stadtmauer demzufolge Burchmûra und die Stadttore entsprechend Burctore. Aus dem Wort »Burcliute«, mit dem die Adligen eher herablassend die Bewohner der doch recht dürftigen Städte bezeichneten, wurde schließlich das stolze und häufig verwendete Wort »Bürger«, während wir die Bezeichnungen »Städter« oder »Großstädter« nur relativ selten benutzen.

Aber der Weg von den Burcliuten zu den Bürgern ist lang und verschlungen. Stellen wir uns am besten irgendeine bescheidene Burg vor, hoch auf einem Felsen erbaut mit Blick auf den im Tal fließenden, schiffbaren Fluß. Die Burg ist mickerig wie die meisten jener Zeit und arg bescheiden in ihren Ausmaßen. Nur für sehr kurze Zeit – zum Beispiel während einer Fehde – ist sie in der Lage, neben den Familienmitgliedern des Burgherrn auch die Soldaten, Troßknechte, Mägde, Diener, Hirtenbuben, Waffenschmiede, Ledermacher und all die anderen aufzunehmen, die im weitesten Sinn in Abhängigkeit des Burgherrn leben oder in dessen Sold stehen.

In ruhigen und friedlichen Zeiten wohnt das Personal in kleinen Katen außerhalb der Burg, dem Tal zu. Jeder ernährt sich – so gut er kann – selber. Man backt sein eigenes Brot und schlachtet sein Schwein, sofern man denn eines besitzt; man hält sich Gänse und Hühner, Kaninchen und Enten, und unten am Fluß gibt es auch ein bißchen Ackerland und ein paar Weinstöcke. Allmählich entsteht eine kleine Gemeinschaft im Schatten der Burg, und so ganz langsam wird den guten Leuten klar, daß sie doch eigentlich geradezu unanständig abhängig sind von ihrem Burgherrn da oben, der im Grunde nur das Allernotwendigste für sie tut, aber eine ganze Menge an Arbeit und Abgaben von ihnen verlangt.

Und noch etwas anderes wird ihnen bewußt: Einige von den Männern verstehen sich zwar auf das Schnitzen von Bogen und Pfeilen und auch auf das Herstellen von Sattelzeug, einige Frauen sind immerhin in der Lage, die notwendigsten, wenn auch bescheidenen Kleidungsstücke herzustellen, niemand von ihnen jedoch kann einen Krug töpfern oder ein Weinfaß herstellen, geschweige denn Ringe oder andere Schmuckstücke. So etwas muß man bei dem Händler kaufen, der einigermaßen regelmäßig die Burg besucht. Doch da taucht ein weiteres Problem auf: Der Händler bietet zwar Messer an und Tuche, Töpfereien und allen möglichen Tand, aber was nutzt das alles? Er will seine Ware weder gegen eine gut gemästete Gans herausgeben noch im Tausch für ein paar Dutzend Eier. Er nimmt nur Geld, und Geld hat man nicht. Frust breitet sich aus. Aber auch Aufbegehren, und endlich beginnt man nachzudenken.

Diese Entwicklung vollzieht sich nicht von heute auf morgen. Eins kommt zum anderen. Zum Beispiel, daß die winzige Schloßkapelle nicht ausreicht, um allen Burcliuten die Teilnahme an der Messe zu ermöglichen, selbst wenn der Burgherr geruhen würde, sie hereinzulassen. Also tun sie sich zusammen und bauen sich ein kleines Holzkapellchen weiter zum Fluß hin, und sie beginnen auch auf anderen Gebieten allmählich damit, sich selbständig zu machen. Wandernde Handwerker werden seßhaft, und eine Frau, von der bekannt ist, daß sie das schmackhafteste Brot backt, stellt plötzlich fest, daß sie doch eigentlich für alle Menschen in der kleinen Ansiedlung backen könnte, vorausgesetzt, daß wiederum die anderen sie mit dem Notwendigsten versorgen. Arbeitsteilung heißt die neue Losung.

Mit der Zeit organisieren sich die Burcliute immer mehr. Ein Markt entsteht, wenn auch vorläufig noch inoffiziell, eine Brücke wird über den Fluß geschlagen, und Fremde lassen sich nieder, deren Herkunft ungewiß ist. Vielleicht sind es flüchtige Hörige, vielleicht sogar gesuchte Kriminelle oder Deserteure. Man fragt indes nicht viel, wenn die Neuen sich gut einfügen und sich vor allem als nützlich erweisen. Inzwischen gibt es auch einen Böttcher und einen Töpfer, einen Sattelmacher und sogar einen Goldschmied, und die Arbeitsteilung geht weiter. Der Töpfer hat alle Hände voll zu tun und kann nicht zusätzlich noch einen Acker bearbeiten. Deshalb verpachtet er ihn an einen Bauern, der ihn dafür mit Gerste und Dinkel versorgt. Der Troßknecht konzentriert sich nun ganz auf seinen Weinberg, und der Schmied hat unten am Fluß eine merkwürdige Konstruktion errichtet und läßt seine Hämmer jetzt von der Kraft des Wassers bewegen.

Wichtig aber ist vor allem das Umland. Die Burcliute blicken zwar bereits mit einigem Hochmut auf jene armseligen Menschen herab, die irgendwo da draußen in ihren jämmerlichen Katen hausen, und nennen sie geringschätzig »Dörfler«, woraus sich später unser Schimpfwort »Tölpel« entwickeln sollte. Von den paar Leuten in der Siedlung kann jedoch weder der Goldschmied leben noch der Sattelmacher. Sie brauchen die Bauern aus der Umgebung als Abnehmer ihrer Erzeugnisse, und die Bauern wiederum brauchen die Burcliute, denen sie ihr überschüssiges Obst und Gemüse, ihr Getreide und ihr Fleisch zum Tausch oder gar zum Verkauf anbieten, denn allmählich ist Geld im Umlauf.

Der Burgherr sieht die Entwicklung unterhalb seiner Mauern mit höchst gemischten Gefühlen. Zwar ist er noch immer der unumschränkte Gebieter, dem seine Untertanen die fälligen Abgaben und Dienstleistungen schulden, aber wenn noch nicht ihm selber, dann spätestens seinen Enkeln dämmert doch ganz langsam, daß ihre Herrschaft um so schneller zu Ende gehen wird, je größer und wohlhabender jener Ort da unten wird. Vorsichtshalber setzen die Burgherren zunächst einmal einen Schultheißen ein, der argwöhnisch auf die Burcliute aufpaßt, daß sie seinen Herrn nicht übers Ohr hauen und schön pünktlich ihren Honig und ihren Wein, die Kerzen und die Lämmer abliefern. Er herrscht nicht nur im Namen des argwöhnischen Burgherrn, er ist auch der Richter. Wenigstens vorerst noch.

Und so wächst die kleine Siedlung immer weiter den Berg hinab, erreicht den Fluß und die Brücke, und nun gibt es schon mehrere Hufschmiede, drei Bäcker und zwei Töpfer. Das Handwerk breitet sich aus. Immer mehr Bauern kommen von draußen zu Kauf und Verkauf, und sogar ein jüdischer Geldverleiher hat sich mit seiner Familie niedergelassen, bei dem man sich nicht nur Bares leihen kann, sondern der auch dem Händler, der sich inzwischen ein festes Warenhaus gebaut hat, fremdländische Währung wechseln kann.

Nun wird es langsam Zeit, sich gegen äußere Feinde abzusichern. Das sieht letztlich auch der Burgherr ein, denn schließlich lebt er von dem Städtchen, und er lebt weiß Gott nicht schlecht. Somit gibt er huldvoll die Erlaubnis, die Mauern seiner Burg den Berg hinab zu verlängern und sie bis zum Flußufer auszubauen. Daß sich der Burgherr mit diesem Mauerbau sein eigenes Grab schaufelt, ahnt er vielleicht sogar, aber in der augenblicklichen Situation verdrängt er diesen Gedanken. Noch hat er seinen Schultheiß und damit die Macht.

Aber nicht mehr lange, denn eines Tages begeht er einen folgenschweren Fehler, indem er sich den Truppen seines herzoglichen Lehnsherren anschließt, der gegen den Kaiser rebelliert. Und plötzlich befindet er sich im Reichsbann. Sein Herzog wird schließlich geschlagen, und die kaiserlichen Truppen ziehen sengend und mordend auf die Burg und den Ort zu. Da öffnen die Burcliute dem anrückenden Heer die Tore des Städtchens, schwören dem Kaiser die Treue und helfen eigenhändig mit, die Burg zu schleifen, in deren Schatten sie so lange gelebt haben.

Der Kaiser erweist sich als dankbar, denn treue Gefolgsleute sind rar und daher stets willkommen. Die Siedlung erhält nun auch offiziell das Marktrecht und darf eigene Münzen schlagen, wird feierlich zur freien Reichsstadt erklärt und damit unmittelbar dem Kaiser unterstellt und von allen Abgaben befreit. Kein Burgherr mehr und kein Schultheiß, keine Dienstleistungen und keine Abgaben, eine günstige Lage am Fluß, ein weites Hinterland – und die Stadt explodiert geradezu. Mehrfach muß der Mauerring erweitert werden, aus dem Holzkapellchen ist längst eine imposante Kirche geworden, am Marktplatz wird ein Rathaus errichtet, und auch die ersten Häuser aus schönem Fachwerk wachsen schon in die Höhe.

Diese rasante Entwicklung findet ihren Niederschlag auch in der Sprache. Noch im Kölner *Annolied*, das zwischen 1080 und 1100 entstanden ist, wird die Stadt abwechselnd als »stat« und als »burge« bezeichnet. Folgerichtig heißt noch heute eine Straße in Köln, wo nie eine Burg gestanden hat, »An der Burgmauer«. Gemeint war damit die (römische) Stadtmauer. Aber das Wort »stat« bürgert sich erst im 12. Jahrhundert ein. Und diese »stat« regiert sich nun selbst. Aus den Burcliuten sind endgültig Bürger geworden, die so selbstbewußt sind, daß sie jetzt auch ganz offiziell Unfreie und davongelaufene Hörige zu freien Bürgern erklären, wenn der frühere Besitzer seine Untertanen nicht innerhalb eines Jahres aufspürt und zurückfordert. »Stadtluft macht frei« lautet die allgemein bekannte Parole.

Mit der neugewonnenen Freiheit kam auf die führenden Familien der Stadt, auf die Patrizier und die Ratsherren, eine neue Verantwortung zu. Alles mußte von Grund auf neu geregelt werden: die Abgaben und der Kriegsdienst, der Umweltschutz und das Bauwesen, und gerade dieses war mit den größten Schwierigkeiten verbunden. Schon im Schatten der alten Burg, erst recht aber jetzt mit dem wachsenden Wohlstand, baute ein jeder so, wie es ihm gerade in den Kram paßte. Also mußten Verordnungen her, aber schnell! An den Abriß der engen, winkligen Gassen direkt unterhalb der Burgruine konnte man im Augenblick nicht denken. Aber auf dem freien Gelände, etwa in der Mitte zwischen Berg und Fluß, dort, wo man mit dem Bau des neuen Rathauses begonnen hatte, wurde ein großzügiger Marktplatz angelegt, mit einem Brunnen in der Mitte und flankiert von den schönen Häusern der Handwerker.

Dem Rathaus gegenüber stand die neue Kirche, alles sah richtig proper aus. Doch in den Gassen rings um den schönen Platz wurde es eng. Sehr eng sogar. Die Straßen waren ungepflastert und morastig; vor allem bauten die Leute ihre Fachwerkhäuser mit Vorliebe dergestalt, daß das erste Stockwerk ein Stück weiter in die Gasse hineinragte als das Untergeschoß. Das zweite Obergeschoß ragte noch weiter hinaus, so daß es fast mit dem des gegenüberliegenden Hauses zusammenstieß. Das machte die engen Gassen nicht nur finster und feucht; die aneinandergedrückten Häuser, die zunächst weder Öfen noch Kamine besaßen, sondern nur eine offene Feuerstelle aufwiesen, von der Rauch durch ein offenes Loch im Dach abzog, bildeten eine ständige Gefahr. Wenn man bedenkt, daß die Stadt Straßburg innerhalb von nur hundert Jahren achtmal (!) abgebrannt ist, kann man sich leicht vorstellen, welch panische Angst vor einer möglichen Feuersbrunst die Ratsherren einer mittelalterlichen Stadt beherrschte.

Zunächst bemühte man sich, die Gassen breiter zu halten, um bei einem Brand das Überspringen von Funken von einem Dach auf das andere zu erschweren. Aus Stein gebaut waren nur die Kirchen, zuweilen ein Kloster oder auch das Rathaus. Die Seitenwände von Fachwerkhäusern jedoch hätten dem Druck eines Steinziegeldachs niemals standhalten können. Also waren die Häuser entweder mit Stroh oder aber mit Holzschindeln gedeckt und brannten dementsprechend wie Zunder. Da wegen der sehr hohen Kosten gemauerte Schornsteine lange die Ausnahme blieben, wurde eine bestimmte

Stunde festgesetzt, nach der alle Handwerkerfeuer gelöscht sein mußten, damit nicht über Nacht unversehens ein Großbrand ausbrechen
konnte.

Alle Handwerker waren im Brandfall zum Löschen verpflichtet,
insbesondere die Steinmetzen, Zimmerleute, Schmiede und Dachdek-
ker. Wenn die Feuerglocke erklang, mußten sie samt ihren Gesellen mit
Äxten, Beilen und Feuerhaken zum Brandort laufen. Aber auch andere
Handwerker waren bei Androhung härtester Strafen zur Feuerbe-
kämpfung verpflichtet, selbst die Bader mußten mit wassergefüllten
Wannen helfen.

War das Feuer schließlich gelöscht, wurden diejenigen, die als erste
mit gefüllten Eimern am Brandort eingetroffen waren, vom Stadtrat
mit Geld entlohnt. Allem guten Willen zum Trotz: Wenn eine solche
mittelalterliche Stadt brannte, war sie in der Regel verloren. Dann
konnten nur noch plötzlich drehender Wind oder heftige Regenfälle
wenigstens einen Teil der Häuser retten.

Ein weiteres Problem der mittelalterlichen Stadt und eine Quelle
ständigen Ärgers war die Verschmutzung der Straßen. Zunächst war
die Entsorgung relativ einfach, weil nahezu jedes Haus einen Garten
besaß und darin natürlich einen Komposthaufen, auf dem nicht nur die
menschlichen Ausscheidungen, sondern auch alle anderen organischen
Abfälle landeten. Holz wurde ohnehin verbrannt, und anderen Müll
wie Glas, Blech oder Kunststoff gab es ja nicht.

Schwieriger wurde die Situation, als innerhalb der Stadtmauern der
Platz eng und deshalb auch hinter den Häusern, also auf dem Gelände
der ehemaligen Gärten, gebaut wurde. Jetzt gab es keine Komposthaufen mehr, und der Kot aus den Aborten wurde durch Rohre auf die
Straße geleitet, wo auch die Hammelrippen, Kartoffelschalen, Fisch-
gräten und andere Speisereste herumlagen. Die Kaninchenkästen und
sogar die Schweineställe wurden nun zur Straße hin errichtet. Wer
schon einmal an der Jauchegrube eines Schweinestalles vorbeigekom-
men ist, kann leicht ermessen, wie es damals in den Straßen gerochen
haben muß.

Natürlich blieben die Schweine ebensowenig wie die Hühner den
ganzen Tag über im Stall, sondern tummelten sich in den Gassen, und
in Paris ist 1131 der Sohn Ludwigs des Dicken vom Pferd gestürzt und

hat sich das Genick gebrochen, weil das Tier vor Schweinen gescheut hatte, die ihm zwischen die Beine gelaufen waren. Im Laufe des 14. Jahrhunderts wurden zunehmend Gesetze erlassen, die das Abkippen von Unrat vor der Haustür und das Halten von Schweinen in den Straßen verboten. Der Müll wurde vor die Stadt gebracht oder in den Fluß gekippt, sofern ein solcher vorhanden war. Aus hygienischer Sicht war das zwar ebenso schlimm, aber immerhin wurden die Straßen und Gassen ein klein wenig sauberer. Durch die Stadt und dann vor die Mauern getrieben wurden die Schweine jedoch selbst noch im 19. Jahrhundert. Und daß sie auf dem Weg ins Freie überall ihre Spuren hinterließen, wurde dabei durchaus in Kauf genommen.

Ein anderer wichtiger Aspekt, den die Stadtväter zu beachten hatten, waren die öffentliche Sicherheit und Ordnung. Dafür sorgten zum einen der Nachtwächter, der nach Sonnenuntergang die Stunden ausrief und mit seinem eintönigen Singsang die Bürger ermahnte, nur ja auf das Feuer und das Licht aufzupassen, zum anderen die Stadtsoldaten, die Mauern und Tore zu bewachen hatten und für die Kontrolle aller Fremden verantwortlich waren, die Einlaß begehrten. Das war vor allem an den Markttagen notwendig, denn außer den Bauern aus der Umgebung schlich sich allerlei verdächtiges Volk in die Stadt. Längst gab es ja in den größeren Städten nicht mehr nur den einen alten Marktplatz. Inzwischen war auch ein Heumarkt entstanden und ein Holzmarkt, ein Pferdemarkt oder ein Tuchmarkt.

Einer der schönsten Tage im Jahr war das Kirchweihfest, vielerorts Kirmes genannt, das zusammen mit dem Jahrmarkt gefeiert wurde. Dann erschienen neben fein herausgeputzten Bauern auch fahrende Sänger, Tierdresseure, leichte Mädchen, Jongleure, Quacksalber, Schausteller, Theaterspieler und Taschendiebe. Wer alles kontrollieren wollte, mußte seine Augen schon offen halten. Eigentlich sollte das gesamte fremde Gesindel vor Schließung der Tore die Stadt verlassen haben, aber einigen Strauchdieben gelang es immer wieder, in zwielichtigen Herbergen unterzuschlüpfen, deren Wirte nicht selten Hehler waren und mit ihnen unter einer Decke steckten.

Nach einem solchen Tag war es für den ehrbaren Bürger nicht eben ratsam, zu später Stunde noch vor die Türe zu gehen, denn die Gassen waren stockduster. Aus den kleinen Fenstern drang nur selten der schwache Schein eines Talglichtes, der die Straße nicht einmal notdürftig zu erhellen vermochte. Nur beim Besuch hoher Gäste, oder wenn ausnahmsweise einmal während der Nacht hindurch auf einer Baustelle gearbeitet werden mußte, wurden Fackeln oder Pechpfannen aufgestellt. Der sparsame Umgang mit offenem Feuer lag zum einen in der panischen Angst vor Brandkatastrophen begründet, mancherorts aber scheute man sich auch, die göttliche Ordnung zu durchbrechen, indem man mit künstlichem Licht die Nacht zum Tage machte.

So war der Bürger gut beraten, nach Einbruch der Dunkelheit zu Hause zu bleiben. Und das weniger wegen der möglicherweise in dunklen Ecken auf ihn lauernden Mordbuben, sondern hauptsächlich deshalb, weil man sich auf den holprigen Straßen zwar nicht unbedingt den Hals, aber doch recht leicht ein Bein brechen konnte. Wer dennoch unterwegs sein mußte (als Hebamme zum Beispiel) oder unbedingt wollte (als später Zecher vielleicht), der konnte sich einen Fackelträger mieten, der ihm dann, wie wir noch heute sagen, »heimleuchtete«.

Allmählich kristallisierte sich in den mittelalterlichen Städten eine festgefügte Ordnung heraus, die in ihren Einzelheiten allerdings von Stadt zu Stadt unterschiedlich aussehen konnte. Jedenfalls bedeutete der schon zitierte Spruch »Stadtluft macht frei« zunächst keineswegs, daß jeder Freigewordene auch sofort die gleichen Rechte besaß wie der bereits seit längerer Zeit Ansässige. Das wurde erst im Laufe späterer Jahrhunderte geltendes Recht.

Die Oberschicht setzte sich zusammen aus den reichen Kaufleuten und den königlichen oder auch adligen Beamten. Zu ihnen stießen nach und nach reich gewordene Handwerker, und diese Patrizierfamilien blieben Generationen hindurch unter sich. Zur Mittelschicht gehörten das große Heer der kleinen Handwerker, die sich später in Zünften zusammenschlossen, und die anderen Gewerbetreibenden, die oft Hersteller und Verkäufer zugleich waren.

Zur Unterschicht zählten die Gesellen und die Lehrlinge der Handwerker, die Hilfsarbeiter und das Dienstpersonal, die unehelich Geborenen sowie die Angehörigen »unehrlicher« Berufe wie Totengräber, Schinder und Henker. Die Mitglieder dieser Unterschicht besaßen kein

Bürgerrecht, obwohl sie in vielen Städten nahezu die Hälfte der Einwohner ausmachten. Sie hatten auch keinen Grundbesitz und wohnten meist irgendwo zur Miete, sofern sie nicht wie die Gesellen und die Lehrlinge einerseits, das Dienstpersonal andererseits in den Häusern ihrer Arbeitgeber lebten.

Auch Ritter durften sich innerhalb der Stadtmauern nun nichts mehr herausnehmen. Zur Baseler Fasnacht beispielsweise kamen ihrer viele in die Stadt, um zusammen mit den Bürgern zu feiern. Leider hielten sie sich etwas zu eng an die Frauen und Töchter der Bürger, die einem flüchtigen Techtelmechtel mit einem vornehmen Galan offensichtlich auch nicht abgeneigt waren. Von Vergewaltigungen jedenfalls war keine Rede. Das wiederum verdroß natürlich die Ehemänner und Väter, die über die schamlosen Ritter herfielen, von denen manch einer, wie es heißt, »den schönen jungkfrawlein in dem schoß zerhackt« wurde. Man hat sie also in flagranti erwischt und noch während ihres schandbaren Tuns abgemurkst. So geschehen im Jahre 1267.

Daß die Ritter durch das Aufkommen der Städte besonders betroffen waren und viele sich im Lauf der Zeit als Raubritter betätigten, ist einleuchtend, wenngleich nicht entschuldbar. In einem der vorhergehenden Kapitel haben wir das schon ausgiebig erörtert. Aber auch die Kirche, die in der liberalen Luft der Stadt und bei den immer selbstbewußter auftretenden Bürgern ihren traditionellen Einfluß schwinden sah, machte energisch Front gegen diese neuartigen und gefährlichen Gemeinden. Sie geißelte den Zerfall der Moral, die zwar in früheren Jahrhunderten auch nicht eben besser gewesen war, aber nunmehr trat die Unmoral doch offener zutage als in der sogenannten guten alten Zeit, wo hinter den Mauern von Pfalzen und Klöstern, auf der grünen Wiese oder im Ziegenstall ebenso häufig, nur etwas diskreter gesündigt worden war.

Die mittelalterliche Stadt wird nun mit der großen Hure Babylon verglichen, der wiederum als leuchtendes Beispiel die Heilige Stadt Jerusalem gegenübergestellt wird. Und man versteht den Zorn der Kirche um so eher, wenn man bedenkt, daß sich die großen Reichsstädte mit der Zeit nicht nur der Herrschaft ihrer ehemaligen Grafen oder Burgherren entzogen, sondern – siehe Köln – zuweilen auch ihren Erzbischof aus ihren Mauern vertrieben haben.

Mit Stadtbewohnern ist eben nicht mehr gut Kirschen essen, seitdem die Zeughäuser gut gefüllt sind und jeder Bürger gelernt hat, mit der Lanze umzugehen oder ein Schwert zu führen, wenn auch der aus dieser Zeit stammende Ausdruck vom »Spießbürger« nicht gerade geeignet ist, uns einen Schauer über den Rücken zu jagen. Sengende und vergewaltigende Soldaten indes benutzten ihre Spieße freilich zuweilen dazu, sie geschändeten Frauen von unten in den Leib zu treiben, bis die Spitze zum Hals wieder herauskam. Daran sollte man vielleicht denken, ehe man gedankenlos und fahrlässig von jemandem behauptet, er schreie »wie am Spieß«.

Ein Thronfolger wird geboren

Augenzeugenbericht: *Vatersorgen bei Hofe · Die Revolte des Buckligen ·*
Verrat auf dem Lügenfeld · Haß über den Tod hinaus

Ich bin Konrad, 23 Jahre alt und Sohn des Kaisers Friedrich, den sie
»stupor mundi« nannten, das »Staunen der Welt«. Wie Sie inzwischen wissen, kann man das Wort »stupor« auch als »Entsetzen« deuten, und wahrhaft Entsetzliches ist in unserer Familie geschehen. Deshalb weiß ich nicht, warum ich mich darüber freuen soll, daß mir meine
Frau heute einen Sohn geboren hat. Manchmal ist es wohl gut, daß Gott
in seiner Gnade dem Menschen den Blick in die Zukunft verweigert.

Ich bin nicht der einzige Sohn Friedrichs, der nun schon seit zehn
Jahren tot ist, aber ich bin derjenige, den er als Neunjährigen von seinen
Fürsten zum Nachfolger hat wählen lassen, und daß ich von ihm die
Kaiserwürde erben sollte, davon ging er auch damals schon aus. Den
Herrn Papst in Rom pflegte er in wichtigen Dingen ohnehin nicht zu
fragen. Meine Mutter habe ich nicht gekannt, denn sie starb noch in der
Woche nach meiner Geburt. Sie sah nur 17 Sommer, gleichwohl war sie
schon Königin von Jerusalem, und als sie für immer von uns ging, wur-
de ich – erst sechs Tage alt – als ihr Erbe bereits König von Jerusalem.

Mit Manfred, einem meiner Halbbrüder, der für mich Sizilien regiert, verstehe ich mich ganz gut. Er ist vier Jahre jünger als ich und der
Sohn einer gewissen Bianca, der Lieblingsfreundin meines Vaters, und
Freundinnen besaß der eine ganze Menge. Freundinnen braucht ein
Mann nun einmal, der ständig unterwegs ist und seine Ehefrau nur
höchst selten sieht. Was glauben Sie wohl, warum unser erstes Kind
erst sechs Jahre nach unserer Heirat zur Welt gekommen ist? Weil wir
uns nur alle Monate mal sehen. Jetzt rechnen Sie vermutlich nach, wie
lange ich denn schon verheiratet bin. Um es kurz zu machen: Ich war
erst sieben Jahre alt, als mein Vater mich der damals ebenso jungen
Tochter des Bayernherzogs Otto II. versprach, und mit 15 Jahren

wurden wir dann ganz offiziell verlobt, ohne daß wir uns auch nur einmal gesehen hatten. Fragen Sie mich deshalb besser nicht nach der Tiefe unserer Liebesbeziehung.

Aber ich rede und rede, wie die Katze, die um den heißen Brei herumschleicht. Ich habe ganz einfach Angst. Nicht jene Art von Furcht, die jeder vernünftige Mensch verspürt, wenn er zum erstenmal in der ersten Schlachtreihe mit eingelegter Lanze auf den Gegner zugaloppiert, diese besondere Art von wütender Angst, die sehr schnell in blinden Haß umschlägt und damit bereits überwunden ist. Nein – eine andere Angst hat von mir Besitz ergriffen, eine dumpfe Angst, die an mir nagt und mich immer die gleiche Frage an mich selber stellen läßt: Wirst du deinem Sohn ein guter Vater sein, und wirst du, mein Kleiner, deinem Vater ein treuer Sohn werden?

Ich weiß, daß Sie mir nun raten werden, derart törichte Gedanken zu verdrängen und mich zusammen mit meiner Frau über die Geburt des gesunden Kindes zu freuen. Im übrigen sind Sie vermutlich der Meinung, das Verhältnis zwischen mir und meinem Sohn werde weitgehend von meinen Erziehungsmethoden abhängen. Dabei vergessen Sie leider etwas ganz Entscheidendes: Ich habe leider keine Zeit, mich um die Erziehung meines Kindes zu kümmern. Fremde Menschen werden ihn umsorgen, wenn wir einmal von den allerersten Lebensjahren absehen, die er bei seiner Mutter verbringen wird. Aber in der Hauptsache werden ihn die Amme und die Hofdamen umgeben, später die Mönche und die Fechtmeister, schließlich wird er als Knappe an einen fremden Hof geschickt, und damit geht es dann auch schon los.

Ein Knappe nämlich ist kein Kind mehr. Er wird in einer Männerwelt groß werden und rasch lernen, wie wichtig das Kämpfen ist. Aber um was kämpft ein Mann letztendlich? Um Macht. Und davon kann ein Mensch offensichtlich nie genug bekommen – es sei denn, man ist ein Heiliger, Heilige sind jedoch ausgesprochen rar in diesen Tagen. Außerdem ist es der Jugend eigen, alles besser zu wissen und alles möglichst schnell und am besten ohne größere Anstrengung erreichen zu wollen. Besonders groß ist die Versuchung, wenn die jungen Männer falsche Freunde und schlechte Berater haben, feige Neider, die vor dem Vater buckeln und hinter seinem Rücken dem Sohn Flausen in den Kopf setzen.

Ich bin weiß Gott kein sonderlich gebildeter Mann, aber meine
Mutter hat darauf bestanden, daß unser Hofkaplan mir jeden Abend
vor dem Schlafengehen von unseren Vorfahren erzählt und manchmal
sogar aus alten Schriften vorgelesen hat. Deshalb kenne ich das Leben
der Kaiser sehr genau, vor allem das Verhältnis zu ihren Söhnen, und
genau das ist der Grund, weshalb ich hier sitze und grüble.

Nehmen wir doch nur Karl den Großen, mit dem so viele Dinge
angefangen haben. Er hatte derart viele Kinder, daß nicht einmal ich sie
in diesem Augenblick alle aufzählen könnte. Sehr wohl aber kenne ich
das traurige Schicksal seines ältesten Sohnes, der wie sein Großvater
Pippin hieß. Er soll sehr hübsch gewesen sein, aber leider etwas ver-
wachsen, so daß die Leute ihn den »Buckligen« nannten. Er stammte
aus einem Verhältnis Karls mit einer gewissen Himiltrud, und aus dem
Streit darüber, ob diese Beziehung eine richtige Ehe war oder nur eine
sogenannte Friedelehe, erwuchs die Katastrophe. Eigentlich hatte Karl
schon allein durch die Tatsache, daß er seinen Erstgeborenen auf den
Namen des Großvaters taufen ließ, durchblicken lassen, daß Pippin
einmal sein Nachfolger werden sollte. Aber da Karl von wenigstens
zehn Frauen Kinder hatte, darunter natürlich auch etliche Söhne,
begann schon bald das große Intrigenspiel, ob denn der schöne Pippin
ein legaler Sohn sei oder nichts weiter als ein Bastard.

Bastarde konnten zwar alles mögliche werden, Abt zum Beispiel
oder auch Erzbischof, aber sicherlich nicht Nachfolger des großen Karl.
Der wollte denn auch kein Risiko eingehen, oder vielleicht wünschte er
keinen Buckligen auf dem fränkischen Thron zu sehen, und deshalb
ließ er eines Tages kurz entschlossen den Sohn seiner dritten Frau,
einen gewissen Karlmann, auf den Namen Pippin umtaufen. Damit
war dem armen Buckligen endgültig klar, daß er keinerlei Chance mehr
auf die Nachfolge besaß.

Da hatten es nun einige Unzufriedene am Hof leicht, dem abgesetz-
ten Thronfolger einzureden, daß schließlich er der legitime Erbe sei
und daß sie ihn auch nach Kräften unterstützen würden, den Kaiser zu
entmachten, wenn sich der brave Pippin nach dem Umsturz ihnen gegenüber erkenntlich zeigen würde. Aber die Verschwörung wurde verraten, und der Kaiser hielt in Regensburg ein grausiges Strafgericht.
Die meisten Komplizen wurden gehängt, ein paar von ihnen lediglich

geblendet und verbannt. Nur an seinem Sohn wollte sich Karl – vielleicht aus schlechtem Gewissen – nicht vergreifen. Dem schnitt man lediglich die Haare ab und schickte ihn nach Prüm ins Kloster, wo er im Alter von 44 Jahren schließlich starb.

Die Rebellion des Pippin ist leider kein Einzelfall geblieben. Ludwig, der letztlich Karls Nachfolger wurde, besaß drei Söhne aus seiner ersten Ehe mit einer gewissen Irmingard: Lothar sollte als ältester das Reich und den Kaisertitel erben, während die jüngeren lediglich den Königstitel und ein kleines Herrschaftsgebiet bekommen sollten: Pippin Aquitanien im Südwesten des Frankenreiches und Ludwig das heutige Herzogtum Bayern. Da aber kam eine neue Frau ins Spiel, die schöne Judith, die sich Ludwig als vierzigjähriger Witwer aus den schönsten Adelstöchtern seines Reiches hatte aussuchen lassen. Diese Judith gebar dem langsam alternden Kaiser den Sohn Karl. Die Leute gaben ihm den Beinamen »der Kahle«, aber nicht etwa deshalb, weil er keine Haare auf dem Kopf hatte, sondern weil er kein Erbteil besaß. Nun nervte die attraktive Judith ihren Mann so lange, bis dieser auch dem Nachkömmling ein Erbe versprach, natürlich zu Lasten der anderen Söhne.

Diese drei taten sich nun gegen Kaiser Ludwig zusammen, was an sich schon eine Blasphemie ist, denn kein Sohn darf – aus welchen Gründen auch immer – seine Hand gegen seinen leiblichen Vater erheben. Dieses heilige Gebot jedoch mißachteten die Söhne und traten mit ihren Heeren bei Colmar im Elsaß zum Entscheidungskampf an. Der alte Kaiser war recht unbeliebt; viele seiner Lehnsleute sahen darüber hinaus das Recht auf der Seite der Söhne. So wunderte sich eigentlich kaum jemand, daß in der Nacht vor dem vereinbarten Zeitpunkt der Schlacht die meisten Vasallen zu Lothar und seinen Brüdern überliefen. Weil sie damit jedoch das Treuegelöbnis gegenüber dem Kaiser gebrochen hatten, heißt die Stätte dieser Schande bei den Leuten im Elsaß noch heute das »Lügenfeld«.

Ludwig und Judith wurden gefangengenommen. Und was taten die Söhne mit ihrem hilflosen Vater? Sie brachten ihn nach Reims, demütigten ihn in widerlicher Weise und zwangen ihn gar, sich selbst des Meineides, des Mordes, des Sakrilegs und anderer Verbrechen anzuklagen. Er mußte darum betteln, durch öffentliche Buße seine angeblichen Greueltaten zu sühnen, während man seine Frau in die Verbannung schickte. Wie es dann weiterging, will ich hier nicht schildern, weil es zu lange dauern würde, aber es zeigt doch, wie barbarisch offensichtlich die eigenen Söhne gegenüber dem Vater zu handeln in der Lage sind, wenn es um ein Stückchen Land oder ein bißchen Macht mehr oder weniger geht.

Noch grauenhafter, wenn es denn überhaupt vorstellbar ist, handelte Heinrich IV., was seinen Vater angeht, den Sie ja wohl von seinem berüchtigten »Gang nach Canossa« her kennen. Dieser Heinrich IV. hatte wahrlich kein Glück mit seinen Sprößlingen. Bekanntlich lag er in ständiger Fehde mit Rom, und ausgerechnet in dieses päpstliche Lager lief sein Sohn und Erbe Konrad über. Er wurde zwar, nachdem er sich selbst zum König der Lombardei hatte krönen lassen, auf einem Reichstag in Mainz abgesetzt, aber gerade dort geschah etwas außerordentlich Bemerkenswertes. Heinrich IV. ließ seinen jüngeren Sohn Heinrich anstelle Konrads zu seinem Nachfolger wählen. Auf Grund der jüngsten Erfahrungen mit Konrad zwang er den noch minderjährigen Heinrich allerdings, feierlich auf einen Splitter des Heiligen Kreuzes zu schwören, daß er weder die Gesundheit noch das Leben des Kaisers gefährden und niemals gegen ihn intrigieren werde.

Was für eine ungeheuerliche Maßnahme, die da ein Vater für notwendig erachtete! Verstehen Sie allmählich, warum meine Gedanken immer wieder zu meinem Erstgeborenen abschweifen, der in diesem Augenblick noch an den Brüsten seiner Mutter schlummert? Werde auch ich ihm eines Tages einen solchen Eid abverlangen müssen? Aber noch bin ich ja nicht einmal am Ende mit meiner Erzählung.

Vielleicht kannte Heinrich IV. das verräterische Blut besser, das offenbar in den Adern vieler Mitglieder seiner Familie floß. Schon bald nämlich brach der junge Heinrich seinen Eid. Auf der einen Seite war es der Papst, der ihn an das Bibelwort erinnerte, daß nur derjenige die Nachfolge Christi antreten könne, »der Vater und Mutter zu hassen vermöge«, und schließlich befand sich Heinrich IV. zu jener Zeit im Kirchenbann. Auf der anderen Seite waren es wieder einmal die Fürsten, die vor dem alternden Kaiser noch immer mehr Respekt besaßen als vor dem vermeintlich schwächeren Sohn, der – wie sie glaubten – ihre Macht nicht antasten konnte. Das allerdings war ein Irrtum, denn

Heinrich war keineswegs schwächlich, sondern kalt, hart, rücksichtslos und hinterlistig.

Das aber würden die Fürsten erst später merken. Zunächst lud ein aufsässiger Heinrich seinen eigenen Vater zu einem angeblichen Versöhnungsreichstag nach Mainz ein, verhinderte jedoch geschickt, daß sich der Kaiser gegenüber seinen Fürsten wegen seiner Rompolitik rechtfertigen konnte. Außerdem gelang es ihm, den Kaiser von seinem Heer zu trennen, ihn auf die Burg Böckelheim an der Nahe zu locken und ihn dort gefangenzusetzen. Aber der Vater wurde nicht in ehrenvoller Haft gehalten, wie das seinem Stand entsprochen und einem schließlich immer noch regierenden Kaiser geziemt hätte. Man behandelte ihn wie einen Verbrecher, verweigerte ihm sogar zu Weihnachten die heilige Kommunion und schleppte ihn schließlich vor einen Fürstentag, der in Ingelheim am Rhein abgehalten wurde.

Der von Hunger und Durst geschwächte, geschundene und entehrte Vater mußte nicht nur die Reichsinsignien herausgeben, nein, in den Staub hatte er sich zu werfen, und darüber hinaus sollte er öffentlich alle seine Sünden herausschreien; aber derart gebrochen war Heinrich nun doch noch nicht. Er weigerte sich und wurde zurück in den Turm gebracht. Niemand weiß, wie der zähe Alte es angestellt hat, doch irgendwie gelang ihm der Ausbruch. Er rettete sich in das kaisertreue Köln und floh später weiter nach Lüttich. Von dort wollte er den Kampf gegen seinen Sohn noch einmal aufnehmen, aber dazu kam es nicht mehr.

Als der Kaiser ganz plötzlich starb, wurden die Gebeine auf seinen letzten Wunsch hin nach Speyer gebracht. Der dortige Bischof indes ließ nicht zu, daß er in der Kaisergruft beigesetzt wurde. Die Kirche haßte ihn über seinen Tod hinaus. Der Sarg mit seinen sterblichen Überresten wurde schließlich in einer ungeweihten Kapelle abgestellt, und erst fünf Jahre später gestattete der Papst, daß Heinrich IV. in die Gruft gebracht wurde, wo er bis auf den heutigen Tag ruht.

Wenn Sie auch jetzt noch nicht wissen, warum ich mir Sorgen wegen meines Sohnes mache, will ich Ihnen zum Schluß noch die Geschichte meines Bruders Heinrich erzählen. Eigentlich war er ja mein Halbbruder, der Sohn jener Konstanze von Aragon, die einst als fünfundzwanzigjährige Witwe auf Vermittlung des Papstes meinen damals erst vierzehnjährigen Vater geheiratet hatte. Sie starb, als Bruder Heinrich noch ein Kind war. Auch Heinrich wurde – wie schon unser Vater – mit 14 Jahren mit einer österreichischen Prinzessin verheiratet, aber diese Margareth spielt hier überhaupt keine Rolle. Wichtig ist vielmehr, daß Sie sich daran erinnern, daß mein Vater als Waisenkind auf Sizilien aufgewachsen ist und eigentlich vom Papst nur deshalb aus den Elendsvierteln von Palermo herausgeholt worden war, um nach dem Willen der Kirche deutscher König zu werden, obwohl es dort schon einen anderen König gab. Für dieses Unterfangen brauchte Vater natürlich die Unterstützung der deutschen Herzöge, und um diese zu gewinnen, machte er den Fürsten die abenteuerlichsten Zugeständnisse. Er wollte ganz einfach die Krone, und da er sich ohnehin mehr als Sizilianer (manche sagen sogar als Sarazene!) fühlte denn als Deutscher, waren ihm die Folgen hierzulande herzlich gleichgültig.

Darin unterschied er sich geradezu extrem von meinem Halbbruder Heinrich, der dieses Land hier immerhin unter der Oberaufsicht von Vater als König regieren sollte, obwohl er mal gerade 18 Jahre alt war. Ihm wäre es sehr viel lieber gewesen, wenn die Macht der Herzöge geringer und der Einfluß der ihm direkt unterstellten freien Reichsstädte größer gewesen wäre. Und so begann er, ganz langsam, seine eigene Politik zu betreiben. Natürlich wurde das unserem Vater sehr rasch zugetragen, zumal ihm die Fürsten ständig mit Beschwerden über seinen Sohn in den Ohren lagen. Schließlich zitierte Vater meinen Bruder zu sich nach Oberitalien und ließ ihn dort schwören, nichts mehr gegen die »Augäpfel des Kaisers«, also gegen die Herzöge, zu unternehmen, und lächerlicherweise auch noch einen Eid ablegen, daß er die Fürsten selber auffordern werde, gegen ihn vorzugehen, wenn er diesen Eid brechen sollte.

Da muß man sich ja nun tatsächlich fragen, welcher Sohn so etwas wegsteckt, ohne die Faust in der Tasche zu ballen, um sie bei geeigneter Gelegenheit wieder herauszuziehen, womöglich mit einem Dolch. Wenn denn mein Vater tatsächlich derart unzufrieden gewesen ist, wie es im nachhinein den Anschein hat, dann hätte er Heinrich gleich absetzen und einen anderen zu seinem Vertreter in Deutschland machen können. Doch nach diesem erzwungenen Eid mußte die Tragödie gleichsam zwangsläufig ihren Lauf nehmen.

Zurückgekehrt nach Deutschland, betrieb Heinrich seine fürsten-
feindliche Politik weiter, als habe es überhaupt keinen väterlichen
Rüffel und erst recht keinen entsprechenden Schwur gegeben. So weit,
so schlecht. Aber dann beging Heinrich einen Fehler, von dem er hätte
wissen müssen, daß ihm dies kein deutscher Kaiser, nicht einmal sein
eigener Vater, vergeben hätte: Er schloß einen Bund mit den Erzfein-
den aller deutschen Herrscher, den Städten in der Lombardei.

Vater reagierte nicht etwa so, wie man es hätte erwarten können. Er
sammelte keinen Heerbann, um wider seinen Sohn zu ziehen. Das hatte
er nicht nötig. Er reiste ganz einfach mit dem für ihn so bezeichnenden
Aufwand und dem üblichen Gepränge nach Regensburg, wo sich die
deutschen Fürsten versammelt hatten, und traf mit seinem gesamten
Hofstaat ein, mit Negern und Eunuchen, Haremsdamen und Sklavinnen, mit Kamelen und Affen, Leoparden und einem Tier, das man bis
dahin in Deutschland noch nie gesehen hatte: einer Giraffe.

Derart viel Protz und Prunk beeindruckten all seine Gegner mehr,
als er es mit einem riesigen Heer hätte erreichen können. Die sogenannten Freunde meines unglückseligen Bruders verstreuten sich flugs in
alle Himmelsrichtungen, und weder Tränen noch Zerknirschung, weder erzwungene noch freiwillige Eide nutzten dem allein gelassenen
Heinrich nun gegenüber dem Zorn des maßlos enttäuschten Vaters,
der den Sohn nicht einmal mehr anhörte. Heinrich wurde zu lebenslanger Haft verurteilt.

Zunächst saß er in einem Turm in Heidelberg, später brachte man
ihn in einen Kerker in Süditalien, wo er dem Vater besser aufgehoben
schien als im stets unruhigen Norden. Aber immer wieder wurde
Heinrich verlegt. Zu groß war Vaters Angst, der verräterische Sohn
könnte fliehen, wenn man ihn zu lange an einem Ort gefangenhielte. Es
ist leicht für den Sohn eines Kaisers, sich das Vertrauen der Wärter zu
erschleichen und sie mit Versprechungen zu überreden, ihm die Flucht
zu ermöglichen.

Auch wurde Heinrich nicht gerade in ehrenvoller Haft gehalten,
denn einmal mußte – ich habe vor kurzem zufällig das Dokument gesehen – Vater schriftlich anordnen, daß man meinem Bruder gefälligst
anständige Kleider beschaffe. Letztendlich aber wurde für Heinrich die
Angst vor einem Leben hinter Kerkermauern unerträglich. Als er

wieder einmal von einem Gefängnisturm zu einem anderen gebracht wurde, scheute sein Pferd und stürzte zusammen mit meinem Bruder in eine tiefe Schlucht.

So wenigstens lautete die offizielle Nachricht, die meinem Vater überbracht wurde. Es gibt jedoch Augenzeugen, die beobachtet haben wollen, daß Heinrich seinem Tier unvermittelt und mit großer Kraft die Sporen in die Seiten gestoßen habe, um so das Pferd zum Scheuen und damit zum Sturz in den Abgrund zu bringen.

Auch ich halte es für wahrscheinlich, daß es nur so gewesen sein kann, und Vater hat monatelang um seinen rebellischen Sohn getrauert. Andererseits kann ich nicht nachvollziehen, warum er ihn so hart bestraft hat. Vielleicht bin ich im Augenblick deshalb so niedergeschlagen, weil ich nicht weiß, wie ich mich meinem Sohn gegenüber dereinst verhalten werde, wenn es zu unserem ersten wirklichen Streit kommt. Ich denke, ich sollte mich einmal unauffällig im Archiv umsehen. Vielleicht gibt es in der langen Geschichte der deutschen Könige auch wirklich glückliche Beziehungen zwischen Vater und Sohn. Auf Anhieb allerdings fällt mir keine einzige ein.

33   Die Jagd mit Falken war ein königlicher Sport.
Aus: Große Heidelberger Liederhandschrift »Codex
Manesse« (Cod.Pal.Germ.848, fol.7r). Foto: Univer-
sitätsbibliothek Heidelberg

34 *(rechts)* Ein Arzt behandelt einen Kranken. Hs. aus dem 3. Viertel des 13. Jhdts. Aus: »Der Welsche Gast« (Cod.Pal. Germ.389, fol.8or). Foto: Universitätsbibliothek Heidelberg

35 *(unten)* Kaiserin Konstanze übergibt ihren neugeborenen Sohn Friedrich (II.) der Herzogin von Spoleto. Miniatur aus der Hs. »Liber ad honorem Augusti« des Petrus de Ébulo (Cod.120 II, f.138r). Foto: Burgerbibliothek, Bern

Ein arzat der wol erzen chan.
Der erzenet dich dir sich nem man.
Er durh mutunger vnd mir pfunt.
Er schreiber vnd frdsem vil hart.
Ir inem andern touffer er sinen part.
vnd sein har wan er wil.
Daz er niht enlazze ze verl.
So macher er dem andern daz
vie er inge flazzen baz.
vnd lat in bringen niht.
wir seshen wol daz er gesehiht.
A sam vnser horte vor.
S wann er erzent vnsern mut.
D erzent er mir sel chaire.
D erzent er mir lait.

36 *(oben)* Kaiser Friedrich II. heiratet am
9. Februar 1225 Isabella von Brienne-Jerusalem. Aus: »Codex Chigi« (L.VIII 296, f.74r).
Foto: Biblioteca Apostolica Vaticana, Vatikanstadt

37 *(links)* Vor dem Turnier. Aus: Große Heidelberger Liederhandschrift »Codex Manesse«
(Cod.Pal.Germ.848, fol.231r). Foto: Universitätsbibliothek Heidelberg

Alfo parcifal vnd gawan mit enander fohtten

Zu lebin liep v nit

38   *(oben links)* Der
Sängerkrieg auf der
Wartburg. Aus: Große
Heidelberger Lieder-
handschrift »Codex
Manesse« (Cod.Pal.
Germ.848, fol.399r).
Foto: Universitätsbiblio-
thek Heidelberg

39   *(oben rechts)* Rit-
terlicher Zweikampf
(hier zwischen Parzival
und Gawan). Ganzsei-
tige Miniatur (Cod.
2914, fol.440v). Foto:
Bildarchiv d. Öster. Na-
tionalbibliothek, Wien

40   *(rechts)* Liebespaar.
Buchmalerei, um 1400.
Öster. Nationalbiblio-
thek, Wien (Cod.2773).
Foto: Archiv für Kunst
und Geschichte, Berlin

41 *(oben)* Viele Städte entstanden – wie beispielsweise Felsberg im Kreis Melsungen – am Fuße einer Burg. Foto: Aero-Lux, Frankfurt/Main

42 *(unten)* Spanische Handschrift aus dem Jahre 976 mit den neun indisch-arabischen Ziffern. Aus: »Codex Vigilanus« (Ms.lat.d.I.2, fol.9v). Foto: Bibl. San Lorenze del Escorial, Madrid

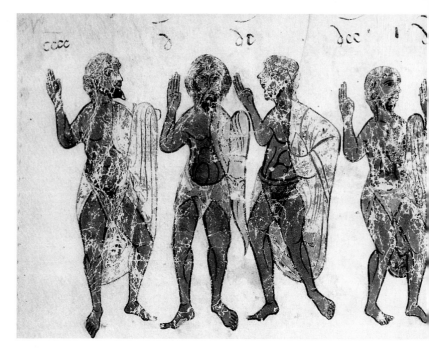

43 *(oben)* Darstellung des Rechnens mit den Fingern. Aus: »Codex Matritensis«, um 1130 (Ms.19, fol.3v). Foto: Biblioteca Nacional, Madrid

44 *(rechts)* In den Badehäusern des Mittelalters wurde, wie auch auf dieser Darstellung deutlich erkennbar, keineswegs nur gebadet. Erst akuter Mangel an Brennholz und die um sich greifenden Geschlechtskrankheiten bereiteten dem munteren Treiben ein Ende. (2° Cod.MS.philos. 63Cm.f.114v). Foto: Niedersächsische Staats- und Universitätsbibliothek, Göttingen

45   Werkleute auf einer Baustelle. Aus: »Welt-
chronik« des Rudolf von Ems (fol.11r). Foto: Jörg P.
Anders/Staatliche Museen Preußischer Kulturbesitz,
Kupferstichkabinett, Berlin

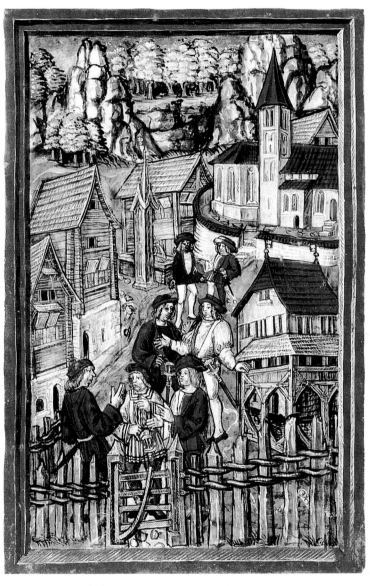

46 Spätmittelalterliche Stadt. Aus: »Diebold-Schilling-Chronik«, 1513. Foto: Zentralbibliothek Luzern/
Korporationsverwaltung der Stadt Luzern

Comic strips auf Glas und Säulen

Von der Romanik zur Gotik · Über der Tür das Weltgericht ·
Stelldichein in der Kirche · Weihrauch gegen den Gestank · Kleine
Greise auf dem Mutterschoß · Ablaßgelder für die Kathedrale

Den Unterschied zwischen einer romanischen und einer gotischen
Kirche kennen Sie bestimmt. Faustregel: Runde Fenster – roma-
nisch, spitze Fenster – gotisch. Und das stimmt sogar. Trotzdem wollen
wir es nicht bei dieser etwas groben und lapidaren Charakterisierung
belassen, sondern zumindest kurz darüber nachdenken, warum denn
um Himmels willen die Kirchen erst so und dann auf einmal ganz
anders gebaut wurden. Der Dom in Speyer zum Beispiel ist ganz gewiß
ein Prunkstück salischer und damit romanischer Baukunst. Was war
denn daran noch zu verbessern? Warum muß denn immer Neues her?

Um das zu verstehen, braucht man zwar nicht bei Adam und Eva
anzufangen, aber doch wenigstens bei den Karolingern, also um das
Jahr 800 herum. Als der große Karl mit dem Bau des Doms zu Aachen
begann, ließ er Marmor aus Italien herbeischaffen, und Wände und
Decken waren fast so prächtig mit Mosaiken geschmückt wie die von
der byzantinischen Kunst beeinflußten Kirchen in Ravenna. Karl
bewunderte die Antike, und man spricht deshalb auch von einer karo-
lingischen Renaissance, dem Versuch also, die alte (heidnische) Kai-
serpracht wiederaufleben zu lassen.

Inmitten all dieser Pracht stand in einer achteckigen Kapelle, die
nach dem Vorbild von S. Vitale in Ravenna errichtet worden war, Karls
schlichter Thronsessel. Die Kapelle glich trotz ihrer bescheidenen
Größe eher einem Palast als einer Kirche. Dies sollte sich allerdings in
den nächsten Jahrhunderten gewaltig ändern, denn nun bauten die
Mönche, und denen war die heidnische Antike nicht nur schnuppe, sie
war ihnen auch verdächtig.

Jetzt entstand jene Baukunst, die, weil eben nicht aus antiken Wurzeln stammend, von den Italienern geringschätzig »la maniera tedesca«

genannt wurde, was soviel heißt wie »die deutsche Kunstversion«. Die Bezeichnung Romanik dagegen war völlig unbekannt, sie entstand erst im 19. Jahrhundert. Außerdem ist sie falsch, denn der neue Baustil hatte nichts mit römischen Vorbildern gemein, es sei denn mit den Tonnengewölben, die von den Römern erfunden worden, dann aber in Vergessenheit geraten waren. Sie ersetzen nun langsam die Flachdecken der frühromanischen Kirchen.

Die ersten Kathedralen Deutschlands steckten voller Symbole, die nur der Wissende zu deuten verstand. Das Langschiff, das zusammen mit dem Querschiff ein Kreuz bildete, die Ausrichtung des Chors nach Osten, wo die Sonne aufging und das Heilige Land lag – das alles war auch für den ungebildeten Besucher eines Gotteshauses leicht verständlich und nachvollziehbar. Daß aber manche Dome sowohl einen Ost- als auch einen Westchor aufwiesen, um die Zweipoligkeit zwischen Kaiser und Papst zu demonstrieren, das entzog sich wie viele andere architektonische Andeutungen sicherlich dem Verständnis der meisten Christen.

Wie geschaffen für diese war jedoch die üppige Ausmalung des Kircheninneren. Kannten Kelten und Germanen fast ausschließlich ornamentale Verzierungen wie Blätter oder Ranken, so tauchten nun mehr und mehr Reliefs und Skulpturen auf. Eigentlich erstaunlich für die christliche Glaubensgemeinschaft, in der es doch noch wenige Jahrhunderte zuvor heftige Auseinandersetzungen darüber gegeben hatte, ob die bildliche Darstellung der Dreifaltigkeit und der Heiligen überhaupt zulässig oder nicht vielmehr als Gotteslästerung zu verurteilen sei.

Nun, abseits der großen theologischen Diskussion, dachten die Seelsorger vor Ort wesentlich praktischer. Gleich über dem Hauptportal der Kathedralen empfing den Gottesdienstbesucher die Darstellung des Jüngsten Gerichts. Voller Schauder erblickte er Christus als den Weltenrichter, zumeist flankiert von Engeln, die alle aus den Gräbern Auferstehenden sortierten, die Guten ins Paradies geleiteten und die Bösen grauslichen Wesen überantworteten, die die Verdammten geradewegs in die Abgründe der Hölle hinabstießen.

Solchermaßen an die Notwendigkeit der Sorge um ihr Seelenheil erinnert, betraten die Gläubigen nun den Innenraum, und dort ging der

Anschauungsunterricht sofort weiter. Die Argumente derjenigen, die bildhafte Darstellungen befürworteten, waren außerordentlich logisch. Zum einen – so sagten sie – könnten die weitaus meisten Kirchenbesucher weder die lateinischen Predigten noch die Gebete verstehen. Zum anderen seien sie des Lesens unkundig, und deshalb müsse man ihnen die Geschichte des Alten und des Neuen Testamentes sowie die Legenden der Heiligen durch Bilder vermitteln. Zum dritten würden Bilder länger im Gedächtnis haften als bloße Worte, und letztlich würde die immer wieder erneute Betrachtung einer erbaulichen Szene dem Gläubigen ewig im Herzen verankert bleiben.

Dagegen konnten selbst theologische Eiferer wenig einwenden, und da die massigen Wände der romanischen Kirchen, die dicken Säulen und die großen Flächen zwischen den relativ kleinen Fenstern genug Platz boten, glichen sie alsbald einem wunderschönen Bilderbuch, und es ist eine Schande, daß uns so wenig davon erhalten geblieben ist.

Nun mag man sich fragen, wozu der ganze Aufwand notwendig war, wenn die Leute sich doch sowieso nur recht selten in der Kirche sehen ließen. Das eben ist ein großer Irrtum, weil wir aus der Praxis unserer Tage heraus höchst töricht auf das Verhalten des mittelalterlichen Menschen schließen. Die Menschen kamen nicht nur jeden Sonntag und jeden Feiertag zur Kirche, sondern nahezu täglich und häufig genug mehrmals täglich. Die Kirche war der Mittelpunkt des Dorfes oder auch der Stadt, sie war Versammlungsraum, Festsaal, Treffpunkt und zugleich eine Mischung aus Kino, Konzertsaal und Theater.

Das mag für uns zunächst einmal verblüffend klingen, entspricht aber durchaus den Tatsachen. Zunächst: Bänke oder irgendeine andere Art von Bestuhlung gab es nicht. Man stand, ging umher oder hockte sich auf den Boden oder auf ein mitgebrachtes Kissen. Die vornehmeren Leute saßen etwas weiter vorn, die anderen eher hinten. Eine Rangordnung, die sich ganz natürlich ergab und die sich in kleinen Orten wie ein kleiner Anachronismus noch bis in unsere Zeit hinübergerettet hat. Dann wurde gebetet, aber auch diskutiert, gelacht und gelegentlich sogar Handel getrieben. Man bestaunte die bunten »Comic strips« in den prächtigen Glasfenstern (soweit schon vorhanden), pilgerte an den Kreuzwegstationen vorbei, begaffte die Fratzen an den Kapitellen der Säulen und amüsierte sich zumeist ganz prächtig.

Richtig feierlich dagegen wurde den Kirchenbesuchern erst zumute, wenn aus den Weihrauchfässern der geheimnisvoll duftende, hellblaue Rauch aufstieg und den Altar in wundersame Wolken hüllte. Natürlich wußten die braven Leute nicht, daß es eigentlich die Aufgabe des Weihrauchs gewesen war, im Tempel zu Jerusalem, aber natürlich auch in den Tempeln der Ägypter und Assyrer, der Griechen und Perser, der Römer und Karthager den widerlichen Gestank der brennenden Opfertiere zu überdecken. Und aus eben diesem Grund war der Gebrauch von Weihrauch den frühen Christen untersagt. Nichts sollte mehr an die verhaßten heidnischen Riten erinnern. Über dieses Verbot jedoch setzte man sich später hinweg, und Weihrauch wurde zum Inbegriff der feierlichen Würde und ist es bis heute geblieben.

Wenn nun in diesen hellblauen Schwaden auch noch Mönche sangen, klang das geheimnisvoll und manchmal sogar richtig gruselig, so daß man wieder an den Teufel vom Hauptportal denken mußte, der einen, sofern man nicht gottesfürchtig war, an den Haaren ins ewige Feuer zerren würde. Mehr Spaß machten den Kirchenbesuchern da schon Laienschauspieler, die Episoden aus der Bibel nachspielten. Dabei kreiste dann schon einmal der Weinkrug, denn Wirtshäuser im Sinne der heutigen Kneipen gab es kaum; sie entstanden erst, als in den kleinen Häusern der aufkommenden Städte kein Platz mehr war, um Bier für den Eigenbedarf zu brauen. Auf dem Land war das noch lange Zeit Aufgabe der Hausfrau. Die eine verstand sich besser darauf, die andere brachte nur ein scheußliches Gesöff zustande.

Doch zurück zu den Kirchen: Nicht selten kam es darin zu kleineren Tätlichkeiten, manchmal wohl auch um Dirnen, die sich auf Suche nach Freiern befanden. Herrad von Landsberg, Äbtissin auf dem Odilienberg im Elsaß, sah sich Mitte des 12. Jahrhunderts gezwungen, solche Ausschweifungen anzuprangern, und das hätte sie sicherlich nicht getan, wenn es keinen triftigen Grund dafür gegeben hätte. Anders wäre ja auch das spätmittelalterliche Schild nicht zu erklären, das noch heute in einer Kirche in Utrecht hängt. Es verbietet den Gläubigen, zumindest für die Dauer des Gottesdienstes, Vieh und Wagen durch die Kirche zu führen.

Wer nun aus all dem schließen würde, daß die romanischen Kirchen eher Bierzelte als Gotteshäuser gewesen sind, hat die naive Reli-

giosität der mittelalterlichen Menschen noch nicht ganz begriffen. Sie
suchten die Nähe Gottes, denn dort, und nur dort, fühlten sie sich
geborgen. Das geheimnisvolle rote Licht bewies ja seine Anwesenheit
in der Kirche, und damit er sie, ihre Sprache und ihre Gebete verstehen
konnte, begannen sie erstmals »auf deutsch« zu ihm zu sprechen.
Vielleicht verstand er ja – wie sie selber – überhaupt kein Latein! So
entstanden schon sehr früh kirchliche Lieder, die wir noch heute
singen: »Nun bitten wir den Heiligen Geist« beispielsweise, oder auch
das uralte Osterlied »Christ ist erstanden«.

Sehr langsam in Deutschland, schneller und vor allem früher dagegen in Frankreich wandelte sich nicht nur das religiöse Empfinden,
sondern parallel dazu auch der Baustil. Die Kirchen waren nicht länger
Mittelpunkt des gesellschaftlichen Lebens. Das spielte sich nun woanders ab, denn inzwischen wuchs die Zahl der profanen Steinbauten.
Burgen entstanden, wie wir sie heute noch kennen, Rathäuser, Tanz-
säle. Die Kirche war »nur noch« Gotteshaus, und die Wohnung des
Allmächtigen konnte nicht schön, kühn und prächtig genug sein. Wer
allerdings die riesigen Rundgewölbe des Speyerer Doms betrachtet,
wird zugeben müssen, daß die Romanik mit ihren baulichen Mitteln
auch an ihrem Ende angelangt war. Noch höher, noch breiter, noch
gigantischer ging es nicht mehr. Die Gewölbe wären mit Sicherheit
eingestürzt.

Irgendwo in der Mitte Frankreichs wurde der Spitzbogen erfunden.
Ob dabei das Zusammentreffen mit der arabischen Kultur während der
Kreuzzüge eine entscheidende Rolle gespielt hat, läßt sich nicht beweisen, obwohl einiges dafür spricht. Jedenfalls trat die Gotik einen über-
wältigenden Siegeszug durch das nördliche Europa an, während in
Italien schon wieder die Klassik in Form der Renaissance anklopfte.
»Gotisch« – das bedeutete den Italienern nichts anderes als barbarisch,
eine Einschätzung, die angesichts der herrlichen Kathedralen in Frankreich, England und Deutschland allerdings einigermaßen erstaunlich
klingt und wohl nur auf ein außerordentlich überzogenes Selbstbewußtsein der Italiener jener Zeit zurückzuführen ist.

Dieses Kapitel soll und kann selbstverständlich keine kunsthisto-
rische Abhandlung sein. Den Unterschied zwischen Romanik und
Gotik zu beschreiben, würde naturgemäß Bände füllen. Interessierte

können sich die entsprechende Fachliteratur leicht beschaffen. Aber der Unterschied zwischen den anfangs geradezu burgartigen, wuchtigen romanischen Kirchen mit ihren zuweilen nur schießschartengroßen Fenstern, dem spartanischen Äußeren und den mächtigen Türmen über gigantischen Ost- und Westwerken gegenüber den feinziselierten hochgotischen Kathedralen, die nur aus Fenstern und Säulen zu bestehen scheinen, ist selbst dem Laien so augenscheinlich, daß wir hier getrost darauf verzichten können, uns in architektonischen Einzelheiten zu verlieren. Zu offensichtlich ist der Wandel, der auch die Plastik und die Malerei einschließt.

Die figürlichen Darstellungen der frühen Romanik wirken auf rührende Weise naiv und unbeholfen. Sie gleichen eher primitiv behauenen Säulen. Das Jesuskind sitzt wie ein zwergenhafter Greis auf dem Schoß der Gottesmutter. An den Kapitellen tauchen hin und wieder zwar noch Hinweise auf Heidnisches auf, zum Beispiel Blätter der Eiche, die in alten Zeiten dem Wotan heilig war, auch Wölfe oder Pferde. Ansonsten fehlen profane Motive fast ganz. Bilder und Figuren wollen hauptsächlich christlichen Nachhilfeunterricht erteilen. Nicht mehr und nicht weniger. In späterer Zeit dagegen, mit der modischen Gotik, ändert sich das radikal. Die Figuren sind nun an dem berühmten gotischen »S« zu erkennen, dieser etwas gestelzten, dennoch anmutigen Körperbiegung. Die Gesichter werden naturgetreu und porträtähnlicher, der Faltenwurf der Gewänder eleganter. Christus ist nicht länger der stilisierte unbewegliche Herrscher, sondern der gemarterte Dulder. Er wird »menschlicher«.

Der Wandel der Auffassung hängt auch direkt mit den Förderern der Künste zusammen. Als noch die Mönche Auftraggeber, zugleich aber auch Schöpfer und Betrachter der religiösen Skulpturen und Bilder waren, gab es keine Darstellung der heiligen Jungfrau im Kreise ihrer Familie. Sie war einzig und allein die Mutter des Menschensohnes. Als jedoch mit dem Aufblühen der Städte und dem damit verbundenen Wohlstand zunehmend der Magistrat oder die Zünfte als Mäzene auftraten, wandelten sich Plastik und Malerei.

Die »schilderer« (schildern ist das mittelalterliche Wort für malen) stellten die Geburt Christi nicht mehr in einem Stall dar – pfui Teufel, wo leben wir denn? –, sondern in einem Patrizierhaus. Um die heilige

Familie herum stehen geschäftige Dienstboten, im Stil der Zeit gekleidet, versteht sich. Das Bürgertum hat sich die Gottheit ins Haus geholt. Die romanische Askese ist vergessen. Gotik – das ist eine Explosion der Phantasie, der Gefühle und des künstlerischen Handwerks. Für mein persönliches Dafürhalten ist es ein Jammer, daß ihr unausweichlich die strenge und triste Renaissance folgen mußte.

Von der jedoch ist überhaupt noch nichts zu sehen. Die Deutschen hinken architektonisch noch meilenweit hinter den anderen her, und mit dem Bau des Kölner Doms wurde erst begonnen, als die großen französischen Kathedralen bereits vollendet waren. Ihre zeitliche Verspätung jedoch wollten die deutschen Baumeister, oder besser diejenigen, von denen sie beauftragt worden waren, durch Gigantismus wettmachen. So mußte das Langhaus des Kölner Doms unbedingt ein klein wenig höher sein als das der Sainte Chapelle auf der Seine-Insel in Paris, und die Ulmer Ratsherren setzten es sich in den Kopf, den höchsten Kirchturm der gesamten Christenheit zu errichten.

Das alles kostete ein Heidengeld, und es erscheint geradezu logisch, daß sich viele Städte beim Bau ihrer Kathedrale finanziell tüchtig übernahmen. So wurden der Kölner Dom, das Ulmer Münster und der Dom von Regensburg bekanntlich erst im 19. Jahrhundert fertiggestellt, und der Kathedrale von Straßburg, um nur ein Beispiel zu nennen, fehlt der zweite Turm bis auf den heutigen Tag.

Immerhin muß man den Mut jener Männer bewundern, die sich damals anschickten, überhaupt mit dem Bau einer solchen Kathedrale zu beginnen. Die ersten Schwierigkeiten ergaben sich ja schon bei der Suche nach einem geeigneten Standort. Da ein solcher Dom zumeist im Zentrum der Stadt errichtet werden sollte, mußten unzählige Wohnhäuser abgerissen werden. Der Baugrund durfte weder sumpfig sein noch aus Schwemmsand bestehen. Zuweilen war man – wie in Hildesheim oder Köln – so vorsichtig, mächtige Fundamente in den Boden zu treiben. Die Ulmer waren da leichtsinniger: Sie errichteten ihren Dom auf den Kellergewölben der abgerissenen Häuser, so daß um ein Haar der halbfertige Turm eingestürzt wäre.

Sorgen bereitete neben der Suche nach einem geeigneten Grundstück auch das Herbeischaffen des benötigten Baumaterials. Günstigster Transportweg war noch immer ein schiffbarer Fluß. Doch selbst wenn ein solcher vorhanden war, floß er mit Sicherheit weder direkt an dem Steinbruch noch an der Baustelle der Kathedrale vorbei. Die aus dem Steinbruch gewonnenen Steine mußten also in jedem Fall über mehr oder weniger lange Strecken mittels Karren herbeigeschafft werden, die von Ochsen gezogen wurden. Auf den üblicherweise schlechten Wegen brachten die Ochsen aber bestenfalls eine Tagesleistung von zwölf Kilometern. Selbst für einen kleinen Kirchenbau indes, so hat man errechnet, waren etwa 35 000 Fahrten notwendig, für eine Kathedrale sicherlich das Hundertfache.

Der Bau eines solchen Doms war also ein höchst gigantisches Unterfangen, und die Menschen des Mittelalters waren sich sehr wohl der Tatsache bewußt, daß sich die Arbeiten an der Kathedrale über mehrere Generationen hinziehen würden. Sie nahmen das Werk deshalb erst in Angriff, wenn wenigstens das Geld für die ersten zehn Jahre beisammen war. Mit Steuergeldern und dem möglicherweise vorhandenen Kirchenschatz allein war ein derartiges Jahrhundertwerk allerdings nicht zu finanzieren. Da mußte man sich schon etwas anderes einfallen lassen, und was sich geistliche und weltliche Macht da ausdachten, grenzte zuweilen durchaus an sanfte Nötigung. Eine große Rolle spielte schon in gotischer Zeit der Ablaßhandel, der sich im Vergleich zu späteren Jahrhunderten allerdings noch im Rahmen hielt. Immerhin: Für ein erkleckliches Sümmchen wurde den Menschen, die ja eine Heidenangst vor Fegefeuer und Höllenpein hatten, bestätigt, daß ihnen ein Teil der Strafen für ihre Sünden erlassen werde.

Das war ein Druckmittel, das den Vorteil besaß, daß man es in regelmäßigen Abständen wiederholen konnte, denn die Menschen sündigten ja unentwegt weiter. Aber auch diejenigen, die an den in der Stadt aufbewahrten Reliquien beten wollten, wurden zunächst einmal zur Kasse gebeten. Auch wer in der Fastenzeit auf Butter nicht verzichten wollte, konnte gegen eine großzügige Spende von der Kirche eine Sondererlaubnis erhalten. Außerdem zogen unentwegt Geldsammler durch die Straßen. Keineswegs ohne Erfolg. Wer von uns kann behaupten, daß es ihm leicht falle, hartnäckig an einer Büchse vorbeizuschauen, mit der für Blinde, das Rote Kreuz oder das Müttergenesungswerk gesammelt wird!

Wer aber nun wirklich nichts Bares sein eigen nennen konnte, dem bettelte man ein Kleidungsstück, einen Lederriemen, ein Hufeisen, einen Ring oder irgend etwas anderes ab, das dann auf dem Markt zugunsten des Dombaus versteigert wurde. Wer nichts besaß als sein zerrissenes Hemd auf dem Rücken, hatte sich gefälligst »freiwillig« und ohne Entgelt als Arbeiter zur Verfügung zu stellen. Das bißchen zusätzliche Schuften nach einem mühevollen 16-Stunden-Tag als Tagelöhner wurde zumindest als Geste einfach erwartet.

Das Geld, das so zusammenkommt, ist nicht gerade wenig, dennoch reicht es nur fürs Gröbste. Aber da sind gottlob auch noch die Stifter, jene Leute, die nicht nur reich, sondern obendrein eitel sind: Adlige und Kaufleute, Patrizier und reich gewordene Handwerker. Sie stiften die Kanzel oder den Hochaltar, das Taufbecken oder das Sakramentshäuschen unter der Bedingung, daß der Künstler sie auch entsprechend in sein Werk »einbaut«. So kniet dann der Goldschmied Wilhelm samt Ehefrau Anna und drei kleinen Kinderchen wie selbstverständlich unter dem Kreuz auf dem Kalvarienberg, und der Kaufmann Kuno tummelt sich nebst angetrauter Gertrud (kinderlos) zwischen Ochs und Esel an der Krippe zu Bethlehem, als wären sie dazumal höchstpersönlich dabeigewesen.

Wir aber wollen darüber nicht den armen Holzknecht Jacob vergessen, der sich in seiner Freizeit den ohnehin krummen Rücken noch krummer gearbeitet hat, und nicht das Weberstöchterchen Mathilde, das sich ihre hüftlangen Haare hat abschneiden lassen, um so ihr Scherflein zum Bau des Domes beizutragen. Die beiden sind leider nirgendwo verewigt. Nicht einmal ganz weit im Hintergrund oder auch nur im Dachstuhl.

Der Schmied Fulcher hat ein Brett vor dem Kopf

Augenzeugenbericht: *Gerüchte in der Dombauhütte · Die Straßburger wollen hoch hinaus · 14-Stunden-Tag auf der Baustelle · Die Töchter der Frau Wirtin*

Ich heiße Fulcher, komme aus Chartres und arbeite unter dem Schmiedemeister in der Dombauhütte von Straßburg. Es gibt da ein Problem, das uns Schmiede zwar nicht direkt angeht, aber die Männer diskutieren seit Tagen über nichts anderes mehr. Es geht um die Frage, ob man neue Pfeiler auf alte Mauerreste setzen darf oder ob das zu gefährlich ist und die alten Fundamente zunächst ganz weggeräumt werden müssen. Der neue Baumeister, der sich Erwin von Steinbach nennt, wirkt zwar ziemlich hochnäsig, aber Arbeitskameraden, die eine ganze Menge davon verstehen, halten ihn für phantasiebegabt und erfahren, und deshalb wird er sich wohl mit seiner Meinung durchsetzen, den ganzen alten Schrott sicherheitshalber zu entfernen. Na ja – immerhin trägt er ja auch die Verantwortung.

Wie ich hörte, hat er den Plan, die zum Teil jahrhundertealten Fundamente früherer Gebäude zu unterminieren, Holz in die Stollen zu schaffen und es dann anzünden zu lassen. Das muß er wohl von alten Kriegsleuten gelernt haben, denn so bringt man bei Belagerungen normalerweise eine Stadtmauer zum Einsturz. Aber Ludger, der Älteste in der Bauhütte, kann sich sehr wohl erinnern, daß so etwas schon einmal schiefgegangen ist, nämlich beim Bau der Kathedrale von Köln. Da sind nämlich nicht nur die vorgesehenen Mauern eingestürzt, sondern noch ein paar dazu, und eine solche Panne könnte bei uns hier fatale Folgen haben. Immerhin ist das Langhaus bereits fertig, und jetzt fehlen nur noch die westliche Fassade und die beiden Türme. Was ist, wenn durch dieses Verfahren einige Bögen des Langhauses wieder einstürzen?

Andererseits weiß auch jeder von uns, was vor rund 100 Jahren geschah, als in der Kathedrale von Canterbury, was meines Wissens auf der englischen Insel liegt, der Chor der Mönche abbrannte. Damals holte man den berühmten Baumeister Wilhelm von Sens, und der hat gegen den Willen der Mönche ebenfalls die alten Mauern abreißen lassen, weil er sonst für nichts garantieren könne, wie er gesagt haben soll.

Damit Sie sich übrigens kein falsches Bild von einem solchen Baumeister machen: Der sitzt beileibe nicht nur über seinen Plänen und pflaumt die Arbeiter an. Der macht ordentlich mit, und der soeben von mir erwähnte Wilhelm von Sens stürzte in Canterbury sogar mitsamt seinem Baugerüst 15 Meter tief ab. Als man ihn aus den Trümmern barg, war er halbtot. Er konnte den Bau nicht mehr vollenden, sondern kehrte nach Frankreich zurück, wo er auch alsbald gestorben ist.

Daß bei diesem schweren Unglück nur ihm und keinem anderen Arbeiter ein Leid geschah, hat damals allen Menschen zu denken gegeben, und selbst heutzutage kommt in der Pause hin und wieder das Gespräch auf derart ungewöhnliche Unfälle wie diesen. Auf einer so großen Baustelle arbeiten ja Männer aus aller Herren Länder; die haben schon viel von der Welt gesehen und einiges zu erzählen. Offensichtlich geschieht es häufiger, daß es gerade den Baumeister trifft, und es gibt nicht wenige, die meinen, da habe vermutlich der Teufel die Hand im Spiel. Es ist ja auch nicht einzusehen, warum auf einmal die Fenster immer größer, die Säulen immer schlanker und die Türme immer höher werden müssen. Das war früher auch nicht so, und dennoch waren die Menschen zufrieden.

Jetzt gibt es viele, die behaupten, der Teufel werde neidisch, weil die Gotteshäuser immer prächtiger würden als früher, und lasse deshalb so viele Baumeister verunglücken. Andere glauben, wer derart riskant baue, der müsse schon einen Pakt mit dem Teufel geschlossen haben, und wenn der Baumeister sich dann nicht an die Vereinbarungen halte, dann bringe der Satan ihn halt um. Für mich ist das alles törichtes Geschwätz, denn ich bin der Meinung, daß Gott seine schützende Hand gerade über diejenigen halten muß, die ihm sein herrliches Haus bauen.

Es könnte allerdings auch sein, daß uns der Herrgott für unseren Hochmut bestraft. Was wir hier schaffen, erinnert doch gefährlich an den Turm zu Babel. Wollen wir wirklich bis in den Himmel bauen?

Solche Gedanken behalte ich aber besser für mich, denn ich bin noch jung und will mir nicht das Maul verbrennen. Außerdem ist es nicht meine Aufgabe, mir darüber Gedanken zu machen. Viel Zeit zum Grübeln bleibt uns ohnehin nicht, denn wir werden ganz schön auf Trab gehalten, und das Gesetz der Bauhütte ist außerordentlich streng.

Vielleicht sollte ich Ihnen aber erst einmal erklären, was man unter einer Bauhütte versteht. Der Bau einer derart großen Kathedrale garantiert Tausenden von Menschen über Jahrzehnte hinweg das tägliche Brot. Natürlich sind nicht alle gleichzeitig beschäftigt, denn was will man mit Freskenmalern anstellen, wenn man gerade die Fundamente legt, oder mit Dachdeckern, wenn noch nicht einmal die Säulen stehen! Andererseits wird ein derart großes Gebäude auch nicht gleichzeitig hochgezogen, so daß es durchaus sein kann, daß die Zimmerleute bereits im Dach des Chors arbeiten, während im Mittelschiff noch ausgeschachtet wird.

So ganz genau wollen Sie es vielleicht auch gar nicht wissen, aber jedem ist wohl klar, daß eine Unzahl von Männern auf einer solchen Baustelle arbeitet. Da sind in erster Linie die Steinmetze zu nennen, die nach genau berechneten Skizzen, teilweise auch mit Schablonen, die benötigten Quader behauen, die Rippenbögen schaffen und die Friese, die Kapitelle und die Schlußsteine. Wahre Künstler sind das, die für einfachere Arbeiten sogar eigene Handlanger haben. Dann gibt es die Zimmerleute und die Maurer, die Seiler und die Dachdecker, und selbstverständlich neben den unzähligen Wasser-, Holz-, Stein- und Wasserschleppern auch uns, die Schmiede.

Es wird Sie vielleicht überraschen, daß ich stolz darauf bin, Schmiedegeselle zu sein. Zu Recht werden Sie mich fragen, was beim Bau einer Kathedrale, die doch fast ganz aus Stein errichtet wird, an einem Eisenschmied so Besonderes sein soll. Ich werde es Ihnen verraten. Also erstens: Schauen Sie sich doch einmal diese neumodischen Kirchen ganz genau an. Glauben Sie allen Ernstes, daß das bißchen Mörtel diese zierlichen Säulchen zusammenhalten kann, auf denen ein so ungeheurer Druck liegt? Sind Sie wirklich der Meinung, daß diese lichten Turmkonstruktionen einem tüchtigen Sturm standhalten könnten, wenn wir Schmiede die Steinblöcke nicht mit eisernen Klammern versehen hätten? Wir haben sie natürlich unsichtbar für das menschliche Auge angebracht, aber sie sind vorhanden, und nur unsere Arbeit hält die Kathedrale überhaupt zusammen. Nichts gegen die Steinmetze und die Maurer, aber ohne unsere Eisenklammern müßten sie noch immer so bauen wie vor ein paar hundert Jahren: dicke Wände, mächtige Pfeiler und kleine Fenster.

Und außerdem: Wer, glauben Sie, versorgt die Handwerker mit dem notwendigen Arbeitsgerät? Mit Zirkeln und Sägen, mit Messern und Meißeln, mit Stangen und vor allem mit Nägeln? Können Sie ermessen, wieviel Arbeit es ist, auch nur einen einzigen vernünftigen Nagel zu schmieden? Vielleicht verstehen Sie nun, warum mein Meister – nach dem Baumeister natürlich – der bestbezahlte Mann auf der Baustelle ist.

Doch ich schweife ab. Alle am Dombau beteiligten Handwerker, in erster Linie selbstverständlich die Steinmetze, wohnen, ob Meister oder Geselle, in der sogenannten Bauhütte. In manchen Städten ist sie direkt dem Dom angebaut, bei uns in Straßburg haben wir dagegen ein eigenes Haus im Süden der Kathedrale. Die Hütte ist ein Mittelding zwischen Werkstatt und Herberge. Sie ist beheizt, damit wir, wenn es auf der Baustelle zu kalt ist, in der Hütte wenigstens vorbereitende Arbeiten durchführen oder Geräte reparieren können. In der Hütte wird auch gegessen, und wir bilden eigentlich eine recht angenehme Männergemeinschaft.

Das Sagen haben die Steinmetze, und wir anderen sind im Grunde nur geduldet, aber das macht uns wenig aus, denn die Zunft der Steinmetze umsorgt uns so gut, als seien wir ordentliche Mitglieder. Sie kümmert sich um die Kranken, pflegt die Verletzten, und wenn einer von uns heiraten will oder aber stirbt, übernimmt die Hütte die anfallenden Kosten.

Verletzungen sind häufig zu verzeichnen bei derart vielen Handwerkern, aber da Ausfälle Zeit und Geld kosten, kümmert sich die Bauhütte auch darum, wie Arbeitsunfälle weitgehend ausgeschaltet werden können. Die Baugerüste werden peinlich genau überprüft, damit sich ein Unfall wie der eben erwähnte in Canterbury nicht auch bei uns ereignet. Arbeiter, die an gefährlichen Stellen herumklettern müssen, werden angeseilt. Steinmetze und Schmiede tragen entweder ein Brett vor den Augen, das nur von einem schmalen Sehschlitz

durchbrochen ist, oder aber einen Schleier aus dicht gewebten Eisen-
fäden vor dem Gesicht. Andere, die in dickem Staub arbeiten oder mit
giftigen Farben in Berührung kommen, müssen sich ein nasses Tuch
oder einen Schwamm vor den Mund binden. Das ist zwar manchmal
lästig, aber die meisten von uns sehen ein, daß es wohl eine vernünftige
Anordnung ist, deren Befolgung streng überwacht wird.

Genau festgelegt sind auch die Arbeitsstunden und die Hausord-
nung der Bauhütte. Der Tag beginnt morgens um fünf Uhr und dauert
bis abends sieben Uhr. Natürlich nur an den Werktagen. Sonntags und
an den gottlob recht zahlreichen Feiertagen haben wir frei. Das klingt
zwar nach einem 14-Stunden-Arbeitstag, aber wir sind ja keine Sklaven
und werden auch nicht so behandelt. Morgens und mittags wird jeweils
eine Stunde Essenspause eingelegt und am Abend noch einmal eine
halbe. Am Samstag ist nachmittags schon um fünf Uhr Feierabend. So
läßt sich das ganz gut aushalten, zumal wir jeden zweiten Samstag
schon um drei Uhr frei haben, damit wir (auf Kosten der Bauhütte!) in
ein Badehaus gehen können, was auch bitter notwendig ist.

Allerdings müssen wir einen großen Bogen um alle leichten Frauenzimmer machen, was gerade im Badehaus etwas schwierig ist. Andererseits ist es für junge Burschen, die in einer absoluten Männergemeinschaft leben, ziemlich unzumutbar, ganz ohne Kontakte zum anderen
Geschlecht auszukommen. Natürlich werden in aller Heimlichkeit
»heiße Tips« gehandelt, und zumeist am Samstagabend schleicht sich so
mancher in eine gewisse Herberge vor den Toren der Stadt, wo eine
Witwe mit etlichen lebenslustigen Töchtern haust. Ob es tatsächlich
ihre Töchter sind, weiß niemand. Es tut auch nichts zur Sache, solange
man dort nicht von einem Meister der Hütte erwischt wird. Das
nämlich könnte bedeuten, daß man mit Schimpf und Schande vertrieben wird, und das ist das Letzte, was ich mir im Augenblick wünsche.

Es geht nämlich auf den Winter zu, und jedermann ist froh, wenn er
Arbeit und ein Dach über dem Kopf hat. Die Maurer beispielsweise
müssen zusehen, wo sie mit ihrer Familie – so sie denn eine haben – in
den nächsten Monaten bleiben. Sobald Frost droht, werden die Mau-
rerarbeiten eingestellt bis zum Frühjahr, und selbst die Hoffnung auf
einen milden Winter kann die Bauleitung nicht bewegen, derart viele
unnütze Fresser durchzufüttern.

Während die frisch gemauerten Teile des Doms meist im November sorgfältig mit Kuhmist und Stroh abgedeckt werden, um das Eindringen von Frost zu verhindern, gehen die Maurer auf Wanderschaft. Sie ziehen von Stadt zu Stadt und fragen an jeder Bauhütte nach Arbeit, wohl wissend, daß sie keine finden werden, aber auch in der Gewißheit, daß man ihnen einen Teller heißer Suppe nicht verweigern wird. Zuweilen läßt man sie für eine Nacht unterkriechen, und viel mehr darf man auch nicht erwarten, wenn man unterwegs ist.

Daß man eines schönen Tages rein zufällig an die Tür einer Witwe anklopft, die für einen geschickten Handwerker so einiges zu erledigen hat und für einen kräftigen jungen Mann auch noch etwas anderes – das gehört zu den eher seltenen Glücksfällen, auf die man eigentlich kaum hoffen darf, obwohl solche Geschichten von den Männern immer wieder gerne erzählt (und gerne gehört) werden.

Da bin ich denn herzlich froh, daß die Steinmetze und die Schmiede gemeinhin über den Winter in der Bauhütte bleiben dürfen, weil es auch während der kalten Jahreszeit für uns eine ganze Menge zu tun gibt. Während die Steinmetze kleine Modelle der späteren größeren Bauteile anfertigen, hallt das Klingen unserer Hämmer durch die Werkstatt, und in den Pausen sehen wir zu, wie die schweren Lastkähne die Blöcke aus den Steinbrüchen bringen und Flöße mit Hunderten von Baumstämmen den Fluß herunterkommen.

Es ist schön zu wissen, daß auf Jahre hinaus Arbeit und guter Lohn auf uns warten. Es gibt nicht allzu viele Menschen, die sich dessen so sicher sein dürfen.

Nullen, mit denen man rechnen kann

Vom Raben, der nur bis vier zählen konnte · Die 20: Basiszahl der Kelten · Botschaft mit Händen und Füßen · »Tres« versteht jeder · Der wichtige kleine Kringel · Die närrische Elf als Symbol für die Sünde

Das einfache Zählen kommt uns kinderleicht vor. Manche Babys zählen anscheinend schon, bevor sie die Zahlen richtig aussprechen können. Sie nehmen Mutters Daumen, dann den Zeigefinger und den Mittelfinger und brabbeln »Ein, twei, dei«. Zählen sie wirklich, oder plappern sie einfach nach, was die Mutter ihnen schon hundertmal vorerzählt hat? Letzteres natürlich, denn zählen ist in Wirklichkeit außerordentlich schwer, so daß wir – ehe wir zu den Rechenproblemen des mittelalterlichen Menschen kommen – einen kurzen Ausflug in die Tierwelt unternehmen müssen.

Manchen Tieren kann man per Dressur beibringen, daß sie auf ein gewisses Stichwort hin dieses oder jenes tun. Wenn man einem Hund lange genug eingeredet hat, daß er auf die Frage, wieviel zwei mal zwei sei, viermal die Pfote zu heben hat, wird er es vermutlich schaffen. Aber damit hat er noch lange nicht gerechnet; er erweist sich nur als gut dressiert. Unzählige Tierversuche nämlich haben bewiesen, daß kein Tier in der Lage ist, abstrakt zu rechnen. Einige Tiere können jedoch sehr gut beobachten, und zwar fast ebenso gut wie Menschen – wenigstens was Zahlen angeht.

Prüfen Sie sich einmal selber. Vielleicht steht gerade eine Blumenvase in ihrem Gesichtsfeld, oder es hängen mehrere Bilder an der Wand. Wenn Sie nun ganz bewußt darauf verzichten, die Blumen oder die Bilder zu zählen, sondern nur einen kurzen Blick auf die Vase oder die Wand werfen, werden Sie sehr schnell feststellen, daß ihre Beobachtungsgabe nicht allzu hoch entwickelt ist. Auf den ersten Blick können Sie allenfalls feststellen, ob sich in der Vase vier oder fünf Blumen befinden oder ob an der Wand drei oder vier Bilder hängen. Aber zwischen sieben und acht Blumen oder Bildern können

Sie auf gar keinen Fall mehr unterscheiden. Da müssen Sie eben doch zählen.

Den Tieren geht es ebenso. Manche sind strohdumm, anderen wiederum ist ein Instinkt angeboren, der ihnen sagt, wie oft sie dies oder jenes tun müssen; andressieren läßt sich darüber hinaus auch noch einiges, aber was die Beobachtungsgabe angeht, von der wir im Zusammenhang mit Blumen und Bildern gesprochen haben, ist eine verbürgte Geschichte überliefert, die wir wegen ihrer Beweiskraft hier erzählen wollen.

Ein Rabe hatte sich im Turm eines Schlosses eingerichtet. Damals waren die Leute noch nicht sonderlich tierlieb, und der Schloßbesitzer wollte den Raben abschießen, was er aber nur dann vollbringen konnte, wenn er quer über den Schloßhof zu dem Turm gehen würde. Sobald der Rabe jedoch den Schloßherrn auf die Tür des Turms zukommen und ihn darin verschwinden sah, flog er zu einem ausreichend entfernten Baum und kehrte erst dann zurück, wenn er beobachtete, daß der Mann den Turm wieder verließ.

Na warte, dachte sich der Schloßbesitzer, nahm einen seiner Knechte mit und ging zusammen mit diesem zum Turm, worauf der Rabe prompt wegflog. Nun verließ der Schloßherr den Turm, ließ jedoch den Knecht mit der Flinte zurück, wobei er hoffte, der Rabe würde das nicht bemerken. Pustekuchen! Der schlaue Vogel hatte sehr wohl gesehen, daß zwei Männer in den Turm gegangen waren, aber nur einer wieder herausgekommen war. Neugierig geworden, wiederholte der Schloßherr das Experiment mit zwei Knechten, dann mit dreien. Der Rabe hatte zwar nicht mitgerechnet, aber er hatte beobachtet – und das ist der kleine Unterschied –, daß jeweils ein Mann weniger herausgekommen als hineingegangen war. Erst als der Schloßherr mit vier Knechten hinein und mit nur drei Knechten hinausgegangen war, ließ sich der Vogel täuschen. Zwischen vier und fünf Menschen konnte er nicht mehr unterscheiden.

Das Unvermögen des Raben zu rechnen war ihm also zum Verhängnis geworden. Es hatte seinen Tod zur Folge, was wiederum beweist, daß für jede Kreatur das Zählen lebensnotwendig werden kann, und wenn man es nicht mit bloßem Beobachten und auch nicht mit reinem Kopfrechnen schafft, dann muß man sich Hilfsmittel zulegen. Genau das haben unsere Altvordern getan, als sie noch ein Volk von Jägern und Sammlern waren.

Eigentlich ist es ja auch ganz einfach, man muß nur eine Idee haben, aber genau das unterscheidet eben den Menschen vom Tier. Auch der Boß einer Pavian-Horde könnte durchaus eine Volkszählung veranstalten. Er brauchte dazu nur eine hohle Frucht und müßte für jedes Weibchen einen kleinen und für jedes Männchen einen großen Stein hineinlegen; dann wüßte er stets, wie viele Köpfe seine Großfamilie zählt. Zusätzlich könnte er von Zeit zu Zeit eine Parade abhalten und die Steine mit den vorüberziehenden Pavianen vergleichen, um nachzukontrollieren, ob auch noch alle da sind. Aber das wäre viel zu abstrakt für ein Affenhirn.

Nicht aber für unsere frühen Vorfahren, die nämlich genau nach diesem Verfahren ihre Herdentiere zählten. Nun hat man ja nicht immer eine halbe Kokosnuß zur Hand und eine entsprechende Anzahl trockener Beeren oder kleiner Steine. Was man aber in der Regel immer hat, das sind zwei Hände und zwei Füße mit den entsprechenden Fingern und Zehen. Gottlob ist es allerdings so, daß unsere Finger sich stark voneinander unterscheiden. Den Daumen kann man unmöglich mit dem Ringfinger und den Zeigefinger kaum mit dem kleinen Finger verwechseln. Stellen Sie sich dagegen einmal vor, Ihre Hand sähe aus wie ein Seestern, lauter gleich aussehende und im Kreis angeordnete Finger. Sie wüßten überhaupt nicht, wo Sie anfangen sollten und wo aufhören, hätten keine blasse Ahnung, ob Sie schon eine Runde gezählt haben oder schon eine halbe dazu!

Nein, der liebe Gott hat das schon richtig gemacht mit unseren Händen, und deshalb zählen die Menschen seit undenklicher Zeit auf diese Weise. Da wir nun einmal zehn Finger haben, hat sich bei uns so langsam das sogenannte Dezimalsystem durchgesetzt, also das Zählen auf der Basis 10, 100, 1000 und so weiter. Den Mathematikern ist das übrigens gar nicht recht, und sie können sogar nachweisen, daß fast alle anderen Zahlen als Basis geeigneter wären, aber da die Dinge nun einmal so sind, wollen wir die graue Theorie den Mathematikern überlassen. Im alten Babylon rechnete man beispielsweise auf der Basis von 60, weshalb unsere Stunde noch immer in 60 Minuten aufgeteilt ist und ein Kreis genau 360 Grad aufweist.

Daß sich die Zehn als Basiszahl durchgesetzt hat, ist trotz unserer zehn Finger nicht einmal selbstverständlich, denn schließlich gibt es ja noch die Zehen, und tatsächlich haben die alten Kelten mit der Basiszahl 20 gerechnet. Das haben sie uns zwar nicht direkt schriftlich hinterlassen, aber wir können es dennoch ganz leicht nachweisen, am besten im Französischen, wo ja nach unserem Verständnis auf eine ziemlich vertrackte Weise gezählt wird.

Wo unsereiner als Deutscher schon relativ unlogisch zweiundachtzig sagt anstelle des viel logischeren Achtzigundzwei, heißt es im Französischen noch immer »quatre-vingt-deux«, also viermalzwanzigundzwei. Und das Pariser Krankenhaus, das im 13. Jahrhundert gegründet wurde, um 300 erblindete Soldaten aufzunehmen, heißt bis auf den heutigen Tag »Hôpital des Quinze-Vingts« oder das »Krankenhaus für Fünfzehn mal Zwanzig«. Auch in England blieb keltische Rechenart bis in dieses Jahrhundert erhalten: Ein Pfund Sterling bestand bis 1971 aus 20 Shillingen.

Ob nun mit oder ohne Zehen: In jedem Fall kann man mittels Händen und Füßen recht stattliche Zahlen darstellen. Will man beispielsweise einen Zeitraum von 40 Tagen andeuten, streckt man viermal alle zehn Finger aus. Das ist ganz einfach, aber es geht auch heute noch bei vielen Eingeborenen, insbesondere in der Südsee, völlig anders. Dort zählt man, indem man mit den Fingern der rechten Hand beginnt und dann von Gelenk zu Gelenk fortfährt. Handgelenk, Ellenbogen, Schultergelenk, anderes Schultergelenk, Ellenbogen und so weiter und so weiter bis zum kleinsten Finger der linken Hand. Dann geht's mit den Füßen weiter, wobei auch dort nicht nur die Zehen, sondern auch Knöchel, Knie und Hüftgelenk mitgezählt werden. Da kommt man leicht über 30, und notfalls kann man auch wieder von vorn anfangen.

Eine solche, über weite Regionen verbreitete Zeichensprache ist wegen der oft stark unterschiedlichen Sprachen überaus wichtig gewesen, aber gerade deshalb haben sich die frühen Kulturen – von jeher durch den Handel miteinander in Verbindung stehend – bei allem Auseinanderdriften der verschiedenen Sprachen offensichtlich darum bemüht, wenigstens die einfachsten Zahlen untereinander einigermaßen verständlich zu halten. Sehen wir uns einmal an, wie das in den

unterschiedlichsten Sprachen bei den Zahlen eins bis drei ausgesehen
hat und zum Teil heute noch aussieht:

Griechisch:	hén, dúo, treís
Lateinisch:	unus, duo, tres
Althochdeutsch:	ein, zwene, drî
Gotisch:	ains, twa, preis
Altsächsisch:	en, twene, thria
Englisch:	one, two, three
Italienisch:	uno, due, tre
Französisch:	un, deux, trois
Spanisch:	uno, dos, tres
Portugiesisch:	um, dois, tres
Schwedisch:	en, twa, tre
Bretonisch:	eun, diou, tri
Russisch:	odjn, dva, tri
Tschechisch:	jeden, dva, tři

Es waren sicherlich die Kaufleute, denen es zu verdanken war, daß
einen ein jeder in ganz Europa verstand, wenn man für eine bestimmte
Warenlieferung drei Goldstücke forderte und dann entweder »tri« oder
»tres« sagte. Dabei brauchte man noch nicht einmal drei Finger in die
Höhe zu halten. Schlimmer wurde es natürlich bei größeren Zahlen,
wenn ein Steuereintreiber zum Beispiel insgesamt 1367 Silberpfennige
zu kassieren und sie mit jenen 361 zusammenzuziehen hatte, die bereits
in seinem Schatzkästlein lagen.

Bis zum 13. Jahrhundert kannte man in Europa nur die außerordentlich komplizierten lateinischen Zahlen, die man heute noch an den
Giebeln klassizistischer Gebäude sieht und die fast niemand mehr entziffern kann. Es ist ja nun auch wirklich eine Zumutung, von jemandem
zu verlangen, er solle den Buchstaben-Bandwurm MDCCCLXXXVII
als 1887 deuten. Wem dies gelingt, der muß im Lateinunterricht schon
höllisch gut aufgepaßt haben. Aber versuchen Sie einmal, mit wessen
Hilfe auch immer, herauszufinden, wie die alten Römer die Zahl
375 000 geschrieben haben, und ein Buchhalter des reichen Crassus
ging mit derart läppischen Beträgen tagtäglich um.

Noch unmöglicher war es natürlich, Zahlen wie MDCXIX und DCCCIV zusammenzuziehen, voneinander abzuziehen oder gar miteinander malzunehmen oder zu teilen. Das war auf schriftlichem Weg überhaupt nicht möglich. Die Römer, aber auch die Kaufleute des frühen Mittelalters halfen sich mit einem Ding, das wir heutzutage als Kinderspielzeug betrachten, das in Asien jedoch noch immer in Gebrauch ist: mit dem Rechenbrett, auf dem man verschiedenfarbige Kügelchen hin und her schiebt und schwierigste Rechenaufgaben auf verblüffend einfache Art lösen kann – wenn man es denn gelernt hat.

Trotzdem: Schwierige Berechnungen, für die heute ein Mathematiker auch ohne Taschenrechner oder gar Computer nur ein paar Minuten benötigt, beanspruchten im frühen Mittelalter etliche Tage, aber selbst dann mußte man Mathematik studiert haben. Dabei wäre alles viel einfacher und eleganter gewesen, wenn sich die Herren Gelehrten etwas näher mit dem Wissen der Inder beschäftigt hätten, aber die waren seit den Tagen Alexanders des Großen in Vergessenheit geraten. Um das Jahr 700 herum hatte man am Ganges bereits unser heutiges Zahlensystem erfunden, das damals allerdings aus nur neun Ziffern bestand, nämlich denen von eins bis neun. Die schrieben sich natürlich noch nicht wie unsere heutigen Zahlen. Im 12. Jahrhundert hätten wir auch in der europäischen Schreibweise einige Mühe gehabt, die einzelnen Zahlen als 3 oder 7 zu entschlüsseln. Am längsten tanzte die Ziffer 4 aus der Reihe. Noch im 14. Jahrhundert hätte sie keiner von uns wirklich als eine Vier identifiziert. Dafür sah die Ziffer 5 vorübergehend wie eine Vier aus. Diese neun Zahlen jedenfalls ließen sich nun auf einmal wunderbar untereinanderschreiben und so »schriftlich« zusammenzählen.

Nun sagt ja die Ziffer 1 als solche noch nicht viel aus, denn sie kann 10 bedeuten, aber auch 1000 oder gar 0,01, je nachdem, ob man Nullen hinzufügt und eventuell noch ein Komma. Noch aber gibt es überhaupt keine Null, denn deren Stunde wird erst noch schlagen. Vorerst setzt man die 1 je nach ihrer Bedeutung mehr nach links oder nach rechts, und wenn man die Zahl 1001 schreiben will, dann kommt an die erste Stelle eine 1, dann bleiben zwei Stellen leer, und dann kommt wieder eine 1. Damit man die Lücken nun nicht vergißt, was zu katastrophalen Rechenfehlern führen würde, werden die Leerstellen schließlich mit kleinen Kringeln versehen, um kundzutun, daß sich an dieser Stelle keine Zahl befindet, sondern lediglich ein Loch.

Auf lateinisch aber sagte man zu einem solchen Loch »nulla figura« (»keine Zahl«), und endlich ist die Null geboren, für die wir den Arabern nicht dankbar genug sein können, denn natürlich waren sie es einmal wieder, die das neue Rechensystem von den Indern übernommen hatten und es nun so peu à peu den Europäern beibrachten. Besagtes Loch nannten die Araber übrigens assifr, und schon allein deshalb sollten wir immer an sie denken, wenn wir das französische Wort Chiffre oder unser Wort Ziffer benutzen.

Die Null hat die Mathematik tatsächlich umgekrempelt. Aber heute sind wir schon ein kleines Stück weiter, denn ein moderner Computer arbeitet nicht mehr mit 0,3 oder 0,9, sondern einfach mit ,3 oder ,9. Die revolutionierende Null wird schon wieder wegrationalisiert. Jedoch nur vom Bildschirm; aus der Mathematik dagegen ist sie nicht mehr wegzudenken.

Erwähnt werden sollte noch, daß die alten Griechen auch nicht viel weiter waren als die Römer mit ihren vertrackten Buchstabenzahlen. Sie gaben jeder Zahl einen Buchstaben: 1 hieß alpha, 2 hieß beta und so weiter. Auch davon ist noch ein kleines bißchen in unserem Umgangs- und Behördendeutsch hängengeblieben, wenn wir Auflistungen nicht mit 1) und 2) unterteilen, sondern mit a) und b).

Zahlen haben natürlich nicht nur einen rechnerischen, sondern auch einen starken symbolischen Charakter. Wir sind uns viel zu wenig bewußt, wie wir gewisse Zeichen verwenden, ohne groß über ihren ursprünglichen Sinngehalt nachzudenken. Nur die Menschen im Mittelalter wußten noch um ihren Ursprung. Hand aufs Herz: Wenn wir auf einem Grabstein lesen »*12. 3. 98 – † 13. 4. 73«, dann wissen wir einfach, wann der dort Ruhende geboren wurde und wann er gestorben ist. Bei einigem Nachdenken wird uns vermutlich auch einfallen, warum als Zeichen des Todes dort ein Kreuz steht; es hätte ja auch ein Totenschädel sein können. Natürlich ist das Kreuz Christi gemeint. Und das Sternchen? Wären Sie auf den Stern von Bethlehem gekommen? Genau der ist gemeint.

Drei Könige sollen es gewesen sein, die damals das neugeborene Jesuskind aufgesucht haben, doch leider steht in der Bibel nur, daß einige Weise oder Magier gekommen seien; von Königen ist keine Rede, und schon gar nicht von deren drei. Aber die Drei ist eine der wichtigsten Symbolzahlen. Das beginnt mit der Heiligen Dreifaltigkeit, aber die Drei taucht überall im Alten und im Neuen Testament auf. Noah besaß drei Söhne, und in der Nacht, als Christus gefangengenommen wurde und Petrus ihn verleugnete, da krähte dreimal der Hahn. Dreimal brach Christus unter dem Kreuz zusammen, drei Hütten wollte Petrus auf dem Berg Tabor bauen, und so geht das weiter, und schließlich sagt auch der Volksmund, daß aller guten Dinge drei sind.

Die Zahl 11 symbolisiert die Sünde, weil sie die Zehn Gebote überschreitet, und weil etliche von denen besonders zur Karnevalszeit übertreten werden, gilt die Elf im Rheinland als »jecke« Zahl; deshalb wird die närrische Session auch am 11. Tag im 11. Monat um 11.11 Uhr eröffnet.

Andere symbolträchtige Zahlen sind – neben der 13 natürlich – die 12 und die 40. Wir kennen die zwölf Stämme Israels, die zwölf Propheten (eine willkürliche Zahl allerdings, denn es gab deren mehr!), die zwölf Apostel, aber auch ganz banal zwölf Tages- und zwölf Nachtstunden, zwölf Monate und damit zwölf Tierkreiszeichen. 40 Jahre lang ziehen die Kinder Israels durch die Wüste, 40 Tage und Nächte bleibt Moses auf dem Berg Sinai, und eine ebenso lange Zeit verbringt Jesus fastend in der Wüste, bevor er zu predigen beginnt. Dabei beruht das alles auf einem großen Irrtum, denn das uralte Wort »arba'im schanim« bedeutet ursprünglich nichts anderes als »eine sehr große Zahl«. Nichtsdestotrotz scharte selbst Ali Baba, der weder mit Christen noch Juden etwas gemein hatte, haargenau 40 Räuber um sich.

Alle Zahlen überstrahlt natürlich die Sieben als Symbol von gewaltiger Kraft: Sieben Jahre diente Jakob dem Laban, sieben Tage wurde Jericho belagert, sieben Jahre lang baute Salomon am Tempel in Jerusalem, und mit wie vielen Schleiern tanzte Salome vor ihrem Vater Herodes? Mit sieben natürlich. Wir kennen die sieben Schöpfungstage und die sieben Todsünden, den siebenarmigen Leuchter und die sieben Seligpreisungen, die sieben Worte Christi am Kreuz und natürlich die sieben Sakramente. In der Geheimen Offenbarung feiert die Zahl sieben geradezu Orgien, weshalb uns dieses Buch auch noch immer ein solches mit sieben Siegeln ist.

Natürlich taucht die Sieben auch in unseren Märchen auf: Sieben Geißlein werden vom bösen Wolf bedroht, Sieben auf einen Streich will das tapfere Schneiderlein erschlagen haben, von sieben Zwergen ist Schneewittchen umgeben, und als sie endlich ihrem Prinzen begegnet, schwebt sie natürlich verliebt im siebten Himmel.

Da es aber auch noch die Sieben Weltwunder gab, ein siebentoriges Theben, das allerdings nicht zu den Weltwundern zählte, wird Bernard Shaw mit seiner für ihn typischen Behauptung wohl recht gehabt haben: Wenn ein Arzt im Mittelalter eine Diagnose stellte und dem Patienten erklärte, daß sieben Würmer an seinen Organen nagten, schenkte ihm der Erkrankte volles Vertrauen. Hätte der Arzt indes von fünf oder vierzehn Würmern gesprochen, wäre ihm sicherlich sehr viel mehr Skepsis entgegengebracht worden.

Vergessen wir im übrigen nicht, daß es noch immer Menschen gibt, die nicht bis drei zählen können: Die Yanomami-Indianer am Amazonas, der größte überlebende Steinzeit-Stamm auf der Erde, kennen tatsächlich nur Ausdrücke für »eins« und »zwei«. Alles, was darüber hinausgeht, ist für sie ganz einfach »wahoro« – viel.

Jedes Fachwerkhaus fraß einen kleinen Wald

Der verleumdete Kunststoff · 20 000 Eichen für die Liebfrauenkirche ·
Holz fürs Kochen, Holz fürs Heizen, Holz fürs Handwerk · Am schlimmsten
wüteten die Köhler · Erste Waldschutzgesetze

Es mag in vielen Ohren ganz gräßlich klingen, aber feststellen
müssen wir es doch einmal: Ohne Kohle, Öl und Chemie würde
die Menschheit nicht mehr existieren, zumindest nicht auf dem Niveau
unserer heutigen Zivilisation. Um es noch krasser zu sagen: Die Erfindung der verschiedenartigen Kunststoffe hat das Überleben unserer
Kultur gesichert, denn unser Wald ist vor ein paar Jahrhunderten
schon einmal gestorben. Beinahe wenigstens.

Wieso eigentlich? Hat nicht schon Tacitus jenes ferne Germanien
als ein Land undurchdringlicher Wälder beschrieben, in denen dann
ein gewisser Varus mitsamt seinen Legionen abgeschlachtet wurde?
Haben nicht Mönche und Bauern Generationen hindurch im Schweiße
ihres Angesichts versucht, durch mühselige Rodung den verfilzten
Urwäldern wenigstens etwas Ackerland abzutrotzen? Warum drohte
dann dieser gewaltige Urwald in relativ kurzer Zeit ganz einfach zu
verschwinden? Die Antwort ist sehr einfach, sofern man sich einmal
bewußt in der eigenen Wohnung oder an seinem Arbeitsplatz umsieht.
Was ist denn heute noch aus echtem Holz gefertigt? Nur noch die
Möbel (vielfach allerdings nur aus furnierten Spanplatten), manchmal
die Fensterrahmen und – so vorhanden – zuweilen auch der Dachstuhl.
Alles andere besteht aus Glas, aus den verschiedensten Metallen und
vor allem aus Kunststoff. Schauen Sie sich in ihrem Büro um: Schnell-
hefter, Kugelschreiber, Telefon, Ablagekorb, Schreibtischunterlage –
alles Kunststoff.

Da mögen wir nun die Chemie verteufeln, solange wir wollen.
Tatsache ist, daß sie unseren Wald zunächst einmal gerettet hat. Ob sie
ihn erneut retten oder töten wird, bleibt abzuwarten. Wenn wir uns nun
von unserem Büro aus zurück ins Mittelalter begeben, werden wir

feststellen, daß es im Grunde »Holzalter« heißen müßte, denn einzig und allein der Wald hielt die Menschen im wahrsten Sinne dieses Wortes am Leben. Erst wenn wir uns das klarmachen, werden wir verstehen, wie wichtig es für einen Ort oder für ein Kloster war, daß ihm vom jeweiligen Herrscher per Urkunde das Holzrecht über einen gewissen Wald zugestanden wurde. Du meine Güte, werden wir zunächst einmal sagen, war es denn so wichtig, wem dieser oder jener kleine Forst gehörte? Und ob das wichtig war!

Wir wollen uns nämlich, nachdem wir uns soeben bewußt geworden sind, daß wir in einer nahezu holzfreien Gesellschaft leben, in der ein alter Eichenschrank, ein Palisandertisch oder Fenster aus Buchenholz schon zur kostspieligen Rarität geworden sind, nun einmal ein mittlelalterliches Haus etwas genauer anschauen. Alle Profanbauten, also Burgen und Rathäuser, aber auch die bäuerlichen Katen, wurden bekanntlich weitestgehend in einer Art Fachwerk gebaut. Selbst Kirchen und Kathedralen, zunächst die einzigen Steinbauten, besaßen schließlich einen riesigen Dachstuhl, und zwar aus bestem Holz. Das muß man sich nun einmal konkret ausrechnen: Für einen einzigen derartigen Dachstuhl brauchte man 300 bis 400 ausgewachsene Eichen! Für den Bau der Liebfrauenkirche in München, die allerdings erst im 15. Jahrhundert entstand, mußten sogar an die 20 000 Eichen geschlagen werden. Eine nahezu unvorstellbare Zahl.

Natürlich waren die Kirchen unter den Gebäuden einer mittelalterlichen Stadt absolut in der Unterzahl, aber auch der Bau eines stattlichen Bürgerhauses aus Fachwerk riß fast ebenso große Lücken in den Wald. Ein Beispiel: Für ein solches Fachwerkhaus mit Obergeschoß und hohem Dachstuhl wurden Bäume mit einer Gesamtlänge von etwa 500 Metern benötigt. Da kommt man leicht auf 100 Bäume, allerdings nicht nur Eichen. Die brauchte man nur für die tragenden Balken. Es wurden auch andere, schneller wachsende Bäume benutzt, etwa für die hölzernen Dachschindeln. Trotzdem: Man hat ausgerechnet, daß für eine mittelalterliche Stadt von etwa 5000 bis 6000 Einwohnern Bauholz in einer Gesamtlänge von 750 Kilometern benötigt wurde. Eine tatsächlich ungeheure Menge von Bäumen, die ja schließlich irgendwo geschlagen werden mußten. Dabei sind wir bislang erst beim Bauholz angekommen, aber es geht ja noch viel weiter.

Ist das Haus erst einmal gebaut, muß es möbliert werden. Da das Inventar sehr kärglich war, fällt die Herstellung von Truhen, Tischen, Bettgestellen, Kinderwiegen, Bänken und Hockern nicht allzu sehr ins Gewicht. Selbst die Tatsache, daß Teller, Löffel, Becher, Badezuber und Kerzenleuchter meist aus Holz gefertigt wurden, macht den Kohl nicht fett. Sehr wohl aber das Heizen und vor allem das Kochen. Man war zwar schon auf Steinkohle gestoßen und hatte auch erkannt, welch hohen Heizwert sie besitzt, aber die Fördermenge war noch so minimal, daß wir sie an dieser Stelle getrost vergessen dürfen.

Festzustellen ist vielmehr, daß eine Unmenge von Holz durch die Kamine gejagt wurde, zumeist zum Kochen, lange Monate des Jahres hindurch aber auch zum Heizen; daß es zumeist nur einen einzigen beheizbaren Raum gab – und das galt nicht nur für Bürgerhäuser, sondern ebenso für Klöster und Burgen –, lag nicht zuletzt daran, daß Heizen langsam ein ziemlich teurer Spaß wurde.

Da steht es also nun, das bürgerliche Fachwerkhaus. Ein kleiner Wald mußte seinetwegen sterben, und es dauert nicht sehr lange, bis ein weiterer kleiner Wald in seinem Kamin verfeuert sein wird. Außerdem: Vielleicht gehört das Haus einem Handwerker; der braucht nämlich auch Holz zur Ausübung seines Berufes, selbst wenn er kein Schreiner oder Holzschnitzer ist. Möglicherweise ist er ein Böttcher, der Fässer herstellt. Dafür braucht er im Idealfall Eichenbretter. In Fässern wird nicht nur, wie wir heute meinen könnten, Wein abgefüllt. Fässer sind das absolut unangefochtene Transportbehältnis jener Zeit. Damit schafft man Hering von der Nordsee nach Bayern und Sauerkraut aus dem Elsaß nach Thüringen.

Auch der Schuster braucht Holz für seine Leisten, und sein Pech wird aus Nadelhölzern gewonnen. Der Sattelmacher und der Riemenschneider brauchen Eichenlohrinde, um ihren Produkten die rötlichbraune Färbung zu verleihen. Und Brennholz, viel Brennholz verheizen natürlich die Bäcker und die Schmiede, die riesige Töpferindustrie in ihren Brennöfen, die Juweliere und all jene Handwerker, die im weitesten Sinne mit Schmelzen, Brennen und Backen zu tun haben.

So viel Holz ist in diesem Kapitel nun schon verbraucht worden, und dabei haben wir noch gar nicht die unzähligen Transportschiffe erwähnt, mit denen auf den Wasserstraßen lange Jahrhunderte hindurch der größte Teil des Handels abgewickelt wurde. Wir sprachen noch nicht von den Kriegsschiffen, die in allen Meereshäfen aus den besten Hölzern gebaut wurden. Da an den wenigsten Küsten entsprechende Wälder zu finden sind, wurde das Holz zuweilen aus Litauen und Schweden bis nach Friesland und Flandern geschafft. Wir müßten außerdem die zahllosen Brücken über Flüsse und Bäche erwähnen, aber auch damit sind wir noch immer nicht zu denjenigen vorgestoßen, die dem Wald am meisten geschadet haben: den Erzbergwerken, den Salinen und den Köhlern.

Wieder gilt es, kurz nachzudenken. Wieso die Köhler? Die paar wenigen Exoten, die wir gerade noch aus dem Märchen kennen? Irrtum. Holzkohle war im Mittelalter ein ausgesprochen gefragtes Produkt. In den Wäldern – gerade im Einzugsbereich der großen Städte – wimmelte es nur so von Kohlenmeilern, und die waren gefräßig. Stellen Sie sich einen schönen lichten Buchenwald vor. Die Bäume sind stark und hochgewachsen, der Boden mit rötlichem Laub bedeckt, und es ist eine Lust hindurchzuspazieren. Sie gehen einen langen Kilometer geradeaus, dann biegen Sie links ab und wandern wieder eine knappe Viertelstunde geradeaus, dann biegen Sie erneut nach links, um wieder gut 1000 Schritte zu wandern. Und zum Schluß biegen Sie ein letztes Mal nach links ab und gelangen nach weiteren 10 oder 15 Minuten wieder an ihrem Ausgangspunkt an. Für diesen kleinen Spaziergang brauchen Sie eine knappe Stunde. Ich hätte die Fläche des kleinen Waldes, den Sie auf diese Weise umwandert haben, natürlich auch nüchtern als einen Quadratkilometer beschreiben können. Aber über eine solche Bezeichnung liest man zumeist gedankenlos hinweg. Diesen Wald jedoch, um den Sie soeben in ihrer Phantasie eine knappe Stunde lang herumgewandert sind, verschlang ein einziger Kohlenmeiler nach heutigen Schätzungen in nur knapp sechs Wochen!

Gebraucht wurde die Holzkohle nicht nur in den Schwenkfässern der Meßdiener, die damit den Weihrauch am Brutzeln hielten. Dazu benötigte man nur eine lächerlich geringe Menge. Holzkohle benutzte man zum einen zum Heizen kaminloser Zimmer oder für Wärmpfannen, die man mit ins Bett nahm, den größten Teil aber verschlangen die Ziegel- und Kalkbrennereien, vor allem letztere, weil man den Kalk dringend zum Verputzen und zum Tünchen der Häuser brauchte. Sehr viel Holzkohle fraßen die Salinen, die den Salzbedarf der Menschen im Binnenland deckten. Die Holzmenge, die für die riesigen Salzpfannen rund um Lüneburg verbraucht wurde, führte zu einem gewaltigen Raubbau, als dessen Folge schließlich die baumlose Lüneburger Heide zurückblieb.

(Die Köhler haben uns nicht nur – ähnlich wie die Bäcker und Schreiner, die Schuster und Schmiede – einen sehr häufig anzutreffenden Familiennamen hinterlassen; auch unsere Umgangssprache bezieht sich immer wieder auf diesen heute nahezu ausgestorbenen Beruf. Wenn sich jemand verirrte und mitten im finsteren Wald vor einem Meiler landete, an dem alle Wege endeten, so befand er sich – wie wir heute noch in übertragenem Sinne sagen – »auf dem Holzweg«. Mit dem einsamen Wanderer trieben die Köhler wohl auch ihre rauhen Scherze. Sie erzählten ihm schauerliche Geschichten, die zuweilen so haarsträubend waren, daß sich der Wanderer »verkohlt« vorkam. Die Köhlergesellen dagegen mußten höllisch aufpassen, daß das Holz in ihrem Meiler nur verkohlte und nicht verbrannte, und deshalb saßen sie vor allem in der kritischen Phase stets »auf heißen Kohlen«.)

Enorm viel Holz und Holzkohle wurde in den Eisenhütten verbraucht, aber trotz ständig steigender Produktion blieb Eisen lange Zeit erstaunlich teuer. So teuer übrigens, daß sich die Uhrmacher im Schwarzwald noch in späteren Jahrhunderten keines leisten konnten. Deshalb schnitzten sie das gesamte Innenleben ihrer Uhren, also jedes einzelne kleine Zahnrad, aus Holz. Eine unglaubliche Präzisionsarbeit.

Die Folgen dieses gigantischen Raubbaus am Wald liegen auf der Hand. Der Wald zog sich von den Menschen, die ihm doch den Boden für ihre Siedlungen anfangs nur mit großer Mühsal hatten abringen können, immer weiter zurück. Die Holzstämme, die – zu welchem Zweck auch immer – benötigt wurden und anfangs direkt vor den Stadtmauern geschlagen werden konnten, mußten nun von weit her herbeigeschafft werden. Nach Möglichkeit zu Flößen zusammengebunden, doch das ging nur dort, wo geeignete Wasserwege vorhanden waren. Der Transport mit Ochsenkarren war weitaus langsamer und kostspieliger. Gegen Ende des 14. Jahrhunderts schließlich konnte man sich mit dem Holzhandel eine goldene Nase verdienen.

Als die alten Germanen auf ihren Bärenfellen lagen und sich immer noch einen tranken, war das heutige Deutschland zu etwa 90 Prozent mit Wäldern bedeckt. Um das Jahr 1400 herum waren sie durch den gewaltigen Raubbau auf ein Drittel der ursprünglichen Ausdehnung zusammengeschrumpft. Die Kölner kauften ihr Holz jetzt zum größten Teil im Schwarzwald, die Holländer mußten sich das Material für ihre weltberühmten Holzschuhe in Westfalen besorgen. Hamburger Schiffe fuhren auf Holzsuche bis nach Norwegen.

Nun endlich erkannten ein paar kluge Stadträte, daß es so nicht weitergehen konnte. Erste Waldschutzgesetze wurden erlassen. Beispielsweise besaß jeder Ort seine sogenannte »Allmende«, unbebautes Wald- oder Wiesengebiet, das jeder nutzen durfte. Es war ja anfangs auch genügend davon vorhanden. Die Leute trieben ihre Schafe, Ziegen und Schweine in den »allgemeinen« Wald, und sie schlugen sich dort ihr Bau- und Feuerholz.

Das wurde nun allmählich geändert. Knechten und Mägden sowie allen Fremden, die kein Bürgerrecht besaßen, wurde die Benutzung des Allmende-Geländes verboten. Des weiteren durften die Tiere nicht mehr in den Wald getrieben werden, denn die Schweine durchwühlten die Erde und fraßen Bucheckern, Eicheln und Kastanien, so daß kaum mehr junge Bäume nachwuchsen. Ziegen und Schafe dagegen zerbissen die letzten zarten Sprossen. Dieses Verbot war ein harter Schlag für die Menschen, die sich bislang wenig um die Ernährung ihres Viehs hatten kümmern müssen.

Des weiteren wurde in einigen Städten verfügt, daß das Holz nur noch entsprechend seiner Qualität genutzt werden dürfe. In der Praxis bedeutete dieser Erlaß, daß niemand mehr Eiche als Brennholz verwenden durfte, sondern nur noch abgefallene Äste und Unterholz. Edle Hölzer konnten also nur noch zu edlen Zwecken benutzt werden. Das waren schon einige gute Ansätze, aber sie reichten nicht aus. So schnell, wie der Mensch den Wald vernichtete, konnte er aus eigener Kraft nicht nachwachsen.

So kam man schon im 14. Jahrhundert auf den Gedanken, dem Wald unter die Arme zu greifen. 1343 wird in Dortmund jedem Haus- und Grundbesitzer zur Auflage gemacht, Laubbäume anzupflanzen; bemerkenswerterweise keine Nadelbäume, die ausschließlich in schlechten und für Laubbäume ungünstigen Böden gesetzt werden durften.

Mit der systematischen Zucht von Tannen wurde 1369 im Nürnberger Reichswald begonnen. Die älteste Kunde vom erfolgreichen Aussäen von Eicheln stammt aus dem Jahre 1398, und da wir wissen, daß bereits im Jahre 1400 in Nürnberg eine Waldsamenhandlung bestand, können wir auf unsere Vorfahren einigermaßen stolz sein, daß sie schon so früh erkannt haben, wie wichtig die Existenz des Waldes für die Zivilisation ist.

Holz bedeutet Wohlstand. Holz bedeutet aber auch Macht, und viele Historiker sehen inzwischen den Sieg des Abendlandes über den Islam nicht zuletzt darin begründet, daß das waldreiche Europa gegenüber dem waldarm gemachten Nahen Osten und Nordafrika einfach die stärkeren Reserven besaß. Eine Theorie, die um so glaubwürdiger ist, als wir selber Anfang der siebziger Jahre während der Ölkrise um ein Haar an der Katastrophe vorbeigeschlittert sind, weil diesmal die Araber mit ihrem Erdöl am längeren Hebel zu sitzen schienen.

Gardinenpredigt im Haus »Zur blauen Henne«

*Augenzeugenbericht: Ein Kaufmann erbt und baut · Die beste Lage
ist der Markt · Ein Keller zum Kühlen · Das Bett als Spielwiese ·
Knüppeldämme in den Straßen*

Ich bin Hruoland, geboren im Jahr des Herrn 1235 und der Sohn
eines Kaufmanns zu Lübeck. Eigentlich sollte ich traurig sein, denn
vorgestern ist mein Onkel von uns gegangen. Seit einer Woche schon
plagten ihn gräßliche Leibschmerzen, und in seiner Not füllte er heißen
Sand in einen Tonkrug, den er sich Tag und Nacht auf den Magen legte.
Aber geholfen hat es nicht. Irgend etwas muß tief in seinem Bauch
geplatzt sein. Heute haben wir ihn begraben.

Ich gebe zu: Er war ein alter und geiziger Mann; dies allein jedoch
war nicht der eigentliche Grund, warum es mir leichtfiel, an seinem
Grab die Tränen zurückzuhalten. Ich schäme mich zwar ein bißchen,
aber Tatsache ist, daß Onkel Heinrich ohne direkte Nachkommen das
Zeitliche segnete und ich automatisch sein Erbe bin. Über die Folgen,
die sich daraus für mich ergeben, grüble ich nunmehr seit zwei Tagen
nach. Mein Vater kann mir da nicht sonderlich helfen, denn er ist schon
ziemlich wirr im Kopf und vertut seine letzten Tage damit, seine
mageren Ersparnisse einer gewissen Grete zuzuschustern, die ihm in
den letzten Jahren nicht nur das Haus in Ordnung hält, sondern auch
das Bett wärmt.

Ich weiß zwar nicht, was er an ihr begehrenswert findet, aber ich
kann sie schlecht vor die Tür eines Hauses setzen, das mir nicht einmal
gehört. Sie ist wahrlich keine Schönheit mehr mit ihrem verkniffenen
Hintern und den geizigen Brüsten, aber Vater sieht in ihr wohl eine
Prinzessin, die man mit Perlen behängen muß, als sei sie ein Gnaden-
bild Unserer Lieben Frau an irgendeinem Wallfahrtsort. Was soll's!
Schließlich ist es sein Geld. Ich habe jetzt mein eigenes, und zwar sehr
viel.

Mein Onkel war Kaufmann wie mein Vater, nur sehr viel erfolgreicher. Deshalb bewohnte er auch ein großes Haus am Markt, das allerdings inzwischen ziemlich verwohnt wirkt. Mein Vater dagegen ist nie aus seiner Kate herausgekommen, die wie ein besserer Stall auf einem großen Grundstück herumsteht und wohl bald zusammenbrechen wird. Meine Mutter ist bei meiner Geburt gestorben, und Vater hat nie wieder geheiratet. Inzwischen hat er ja Grete, die ihm wohl alles gibt, was er braucht. Viel kann es ohnehin nicht mehr sein.

Ich jedenfalls bin fest entschlossen, das Geschäft meines Onkels zu übernehmen, der ziemlich weit in der Welt herumgekommen ist und mehrere Angestellte beschäftigt hat, die nun bange Tage verleben, weil sie nicht wissen, was auf sie zukommt. Natürlich werde ich sie übernehmen, denn alles andere wäre töricht. Die Frage ist nur, ob ich das Haus am Markt behalten oder ob ich es abreißen und an gleicher Stelle ein neues bauen soll. Über kurz oder lang wird es sowieso Ärger mit den Behörden geben, denn im vergangenen Jahr hat der Rat beschlossen, daß keine Häuser mehr gebaut werden dürfen, deren Dächer mit leicht brennbarem Material wie Stroh oder Holzschindeln gedeckt sind. Anlaß für dieses Gesetz war der große Brand in der Stadt Wien, wo – wie man sich erzählt – lediglich 100 Häuser vom Feuer verschont geblieben sind.

Nun ist eine solche Verfügung zwar leicht ausgesprochen, aber man kann keine Lehmziegel auf ein Dach legen, wenn die Außenwände des Hauses lediglich aus ein paar Balken und ansonsten aus einem Geflecht aus Reisig und Lehm bestehen. Das ganze Gebäude würde mit Sicherheit unter einem solchen Gewicht zusammenstürzen. Also werde ich wohl in den sauren Apfel beißen und Onkel Heinrichs Haus total abreißen müssen. Andererseits könnte ich es bei seiner guten Lage auch an einen Fremden verkaufen, der von der neuen Gesetzgebung vielleicht noch nichts weiß, um mir dann in irgendeinem anderen Viertel ein neues Haus zu bauen. Besonders christlich wäre es allerdings nicht, einen Zugereisten solchermaßen übers Ohr zu hauen.

Die Lage des alten Hauses am Markt ist für einen Geschäftsmann ideal. Am Markt wohnen die feinen Leute, zu denen ich (seit zwei Tagen) gehöre, und es sind auch nur ein paar Schritte zu dem Verkaufsstand, den der Onkel zusätzlich angemietet hat. Man wohnt hier einigermaßen ruhig, wenn man einmal von dem häufigen Glockengeläut

absieht und von den Rufen der Marktschreier. Auch wird man hier nur
selten durch das Grölen von Nachtschwärmern belästigt, denn die
Obrigkeit sorgt besonders in der Nähe von Dom, Rathaus und Patri-
zierhäusern für Anstand und Ordnung.

In den Straßen der Handwerker dagegen herrscht ständig ein unbe-
schreiblicher Lärm. Das läßt sich schließlich nicht vermeiden, denn die
Schmiede können nicht geräuschlos hämmern und die Zimmerleute
kein Brett zerteilen ohne das damit zwangsläufig verbundene Krei-
schen ihrer Sägen. Fast ebenso unerträglich wie der Lärm ist zudem der
pestilenzartige Geruch, der aus den Gassen der Gerber herüberweht.

Aus diesen und vielen anderen Gründen scheint es sinnvoller, am
Markt zu wohnen, zumal nicht jedes Geräusch ausschließlich als
Störung empfunden wird. Im Gegenteil: Manches mitzubekommen ist
von großer Wichtigkeit. Die Totenglocke beispielsweise sagt mir, daß
es einen Todesfall gegeben hat; ich bekomme als erster mit, was vom
Trommler, also von den Behörden, öffentlich bekanntgemacht wird,
ich höre – was Gott allerdings verhüten möge – im Zweifelsfall als
erster den gefürchteten Ruf »Feuer«, und nachts schlafe ich ein, indem ich dem monotonen Singsang des Nachtwächters lausche, der die
Leute ermahnt, auf das Feuer aufzupassen, und außerdem die Stunden
ausruft.

Nach einigem Überlegen komme ich zu dem Schluß, daß ich es wohl
doch nicht mit meinem Gewissen vereinbaren kann, einen Fremden zu
übervorteilen, indem ich ihm ein Haus verkaufe, das er vermutlich
schon in Kürze wieder abreißen muß, um ein neues mit feuersicherem
Dach zu bauen. Deshalb habe ich mich entschlossen, Onkels Haus
abzureißen und an der gleichen Stelle ein neues und wirklich zweckmä-
ßiges zu errichten. Das wird zwar einige Zeit in Anspruch nehmen, aber
da ich immerhin 31 Jahre in Vaters Kate gehaust und schon etliche Zeit
Gretes albernes Getue ertragen habe, werde ich es auch noch ein wenig
länger aushalten. Außerdem kann ich jederzeit im Gasthaus Quartier
beziehen. Hin und wieder vergesse ich noch, daß ich jetzt ein reicher
Mann bin.

Zunächst jedoch muß ich kurz ins Kontor meines Onkels und mich
davon überzeugen, daß die Geschäfte laufen. Ein paar Tage werden die
Angestellten wohl ohne mich auskommen. Einige haben immerhin

jahrelang für den Onkel gearbeitet, und sie leben in seinem Haus. Richtig – fast hätte ich es vergessen: Auch die Angestellten muß ich vorübergehend woanders unterbringen! Am besten werde ich für sie ein bescheidenes Haus mieten; davon gibt's genug. Dann muß ich aufs Amt, den Behördenkram hinter mich bringen und mich dann nach gescheiten Handwerkern umsehen. Einen richtigen Baumeister brauche ich nicht. Ein guter Zimmermann ist durchaus in der Lage, nach meinen Vorstellungen einen Rohbau hochzuziehen und die anderen Handwerker zu beaufsichtigen. Er soll mein neues Haus nicht zur Gänze aus Ziegelsteinen errichten, wie es jetzt Mode wird. Ein gutes und solides Fachwerkhaus, bei dem nur die Lücken zwischen den Balken mit Steinen ausgefüllt sind – das finde ich hübsch. Außerdem ist es billiger. Ich muß ja nicht sofort mein ganzes Erbe unter die Leute bringen.

Sollten Sie nicht aus unserer Gegend stammen, sondern vielleicht aus Köln oder aus Trier kommen, können Sie mit dem Begriff »Ziegelstein« möglicherweise überhaupt nichts anfangen, obwohl es doch, wie ich hörte, schon in den alten Römerstädten ähnliches gab. Man hat mir berichtet, daß man im Rheinland nicht nur Kathedralen, sondern auch die Burgen und die Rathäuser aus behauenen Steinen errichtet. Das ist sicherlich sehr eindrucksvoll, aber gewiß auch sehr teuer. Vor allem aber müssen in nicht allzu großer Entfernung geeignete Steinbrüche zur Verfügung stehen, und gerade die werden Sie hier oben im Norden kaum finden.

Deshalb wird bei uns in Lübeck schon seit Gründung der Stadt vor über 100 Jahren Lehm in Formen gepreßt und dann unter freiem Himmel von der Sonne gebrannt. Bei aller Bescheidenheit: Ich glaube, daß unsere Ziegel zu großen Teilen härter sind als mancher Stein, der irgendwo gebrochen wird. Außerdem kann man unsere Ziegel sozusagen direkt vor der Haustür, manchmal sogar in Sichtweite der Baustelle brennen, so daß die hohen Transportkosten entfallen.

So langsam klären sich meine Gedanken. Zunächst muß das alte Haus abgerissen werden. Ich bin gespannt zu sehen, wie es darunter aussieht. Vielleicht wurde es auf den Trümmern eines Vorgängerbaus errichtet. Alte Fundamente, so es denn so etwas geben sollte, müssen natürlich weg. Ich will doch nicht, daß mein schönes neues Haus plötzlich in sich zusammensackt. Das soll ja sogar bei Burgen und Kirchen passieren. Vielleicht steht es auf Gewölben, was ich aber für wenig wahrscheinlich halte, weil das höchst ungewöhnlich wäre. Mein neues Haus allerdings werde ich wenigstens zur Hälfte unterkellern. Als Kaufmann weiß man heute nie, womit man morgen handeln wird. Vielleicht werden es Stoffe sein, die trocken aufbewahrt werden müssen. Dafür hat sich Onkel Heinrich hinten im Garten einen großen Schuppen gebaut. Der reicht zunächst. Weitere Handelsgüter könnten später unter dem hohen Ziegeldach des Neubaus gelagert werden, vor allem die wertvollere Ware, denn da oben liegt sie besonders sicher (und durch die Lehmziegel sogar vor Feuer geschützt). Aber was ist, wenn Ware nicht nur trocken, sondern auch kühl gestapelt werden muß? Deshalb braucht man einen Keller. Das liegt auf der Hand.

Nun zum Grundriß: Rechts und links zu den Nachbarhäusern hin schirme ich den Neubau mit einer Brandmauer ab. Zu ebener Erde denke ich mir eine hohe Diele, die von der Straße aus durch das ganze Haus bis in den Garten reicht. Darin wird das Kontor installiert, ein großes und geräumiges, wie es sich für ein Kaufmannshaus ziemt. Rechts neben der Diele richte ich zur Straße hin eine Gaststube ein, wo ich mit meinen Kunden und mit meinen Angestellten essen kann. Dahinter liegt – zum Garten hinaus – die Küche. Unter dem Küchenfenster wird eine Kompostgrube ausgehoben, damit man die Abfälle nur zum Fenster hinauszuwerfen braucht. Das ist praktisch und erspart nicht nur viel Dreck, sondern auch viel Lauferei.

In der Mitte, wo Diele, Eßstube und Küche zusammenstoßen, baue ich einen großen gemauerten Kamin, der auch durch das erste und zweite Obergeschoß und den Speicher hindurch reicht und aus dem Dach hinausführt. So kann man unten kochen und zugleich fast alle Zimmer wenigstens notdürftig beheizen. Bei Bedarf lasse ich einige Eisenbecken mit glühender Holzkohle aufstellen, obwohl ich offenes Feuer nicht sehr gerne sehe in meinem Haus. Da muß es wirklich schon bitter kalt werden. Schließlich kann sich ein jeder der Witterung entsprechend warm anziehen.

Im ersten Obergeschoß richte ich mir die Wohnstube ein, dazu einen Schlafraum, und über der Diele drei kleine Kammern. Wer weiß, wie viele Kinder einem der Herrgott schenkt. Im zweiten Obergeschoß sind die Wände schon sehr schräg. Dort wird ein einziger großer Raum ohne Zwischenwände entstehen, wo die Angestellten schlafen. Die brauchen nicht viel außer einer kleinen Truhe und einem Bett. In dem kleinen Speicher, der dann noch übrigbleibt, wird die wertvollste Ware gelagert, gegen jeden Diebstahl geschützt, denn ein Spitzbube müßte schließlich zuvor durch das ganze Haus hochsteigen, um lange Finger zu machen. Die einzelnen Geschosse werden durch eine Wendeltreppe verbunden, die durchaus sehr schmal sein darf, denn wir brauchen ja nie größere Teile nach oben zu tragen. Höchstens das Bett.

Über dieses wichtige Möbelstück mache ich mir so meine eigenen Gedanken. Ich werde es an Ort und Stelle im Schlafraum nach meinen eigenen Vorstellungen zimmern und zusammenbauen lassen, und zwar auf gar keinen Fall nach der augenblicklichen Mode. Ich verspüre keinerlei Lust, mehr sitzend als liegend zu schlafen, bloß weil die herkömmlichen Betten mal gerade so um die anderthalb Meter lang sind. Schließlich will man in einem Bett – Verzeihung – nicht ausschließlich schlafen. Es gehört sicherlich nicht unbedingt hierher, aber als ich das letzte Mal bei den »schönen Fräulein« gewesen bin, da hätte ich mich doch fast verrenkt. Jedenfalls habe ich mir damals geschworen, daß mein Bett später einmal mindestens die dreifache Größe haben und einiges an Bewegungsfreiheit mehr garantieren muß als die sogenannten »Betten« der erwähnten Damen.

Abgesehen von ihren unzureichenden Maßen ist gegen unsere Betten nicht viel einzuwenden. Sie bestehen im Normalfall aus einem massiven Bettkasten, und die Matratze ruht auf quer gespannten Leinen- oder Lederstreifen. Wichtig sind das dicke Daunenkissen und die vier Holzpfähle, die einen hölzernen Himmel tragen, von dem wiederum dichte Gardinen herabhängen. Die werden zugezogen, wenn es im Zimmer wirklich eisig kalt ist. Ich hoffe, daß ich meiner zukünftigen Frau keinen Anlaß geben werde, auf mir herumzuhacken und mir bei verschlossenen Vorhängen eine nächtliche Gardinenpredigt zu halten, wie der Volksmund so etwas nennt.

Vielleicht fragen Sie sich, warum über dem Bett ein solcher Himmel schweben muß wie über dem Allerheiligsten in der Fronleichnamsprozession. Mit Heiligkeit hat das Ganze wenig zu tun. Der Bett-Himmel soll verhindern, daß nachts die Wanzen aus den Brettern in der Zim-

merdecke krabbeln und sich von oben auf das Bett fallen lassen.
Verhindern kann man ihren Besuch ohnehin nicht. Man muß sich wohl
ganz einfach mit ihnen abfinden. Angeblich läßt sich ihre Vermehrung
durch eine Mischung aus Ochsengalle und Essig eindämmen, aber
wenn Sie mich fragen: Das ist alles hinausgeworfenes Geld. Da glaube
ich schon eher an die Methode, daß man Flöhe vertreiben kann, wenn
man überall Wasser mit Koriander versprengt. Aber dann muß man
auch bereit sein, in einem zwar flohfreien, dafür aber nassen Bett zu
schlafen.

Das wäre gewiß nicht sonderlich gemütlich. Dabei lege ich gerade
auf eine gewisse Behaglichkeit den allergrößten Wert nach all den
Jahren in der väterlichen Kate mit dem immer feuchten und aus Lehm
gestampften Fußboden. Im Erdgeschoß, also in Kontor, Gaststube und
Küche, werde ich deshalb rote Ziegelkacheln legen lassen. Die sind
leicht zu scheuern und machen etwas her. Als Boden in den oberen
Etagen erscheinen sie mir allerdings zu schwer. Da hätte ich ständig
Angst, daß mir, wenn ich mich unten aufhalte, die Decke auf den Kopf
fällt. Darum werde ich für oben Holzfliesen nehmen.

Ein Nachteil der Kacheln ist neben ihrem Preis auch der, daß sie
sehr kalt sind. Im Sommer mag das angenehm sein, aber im Winter holt
man sich darauf Eisfüße. Ich werde für die Angestellten und mich wohl
Stühle mit sehr hohen Beinen anfertigen lassen, so daß die Füße nicht
auf dem Boden, sondern auf einem eigens dafür angebrachten Quer-
holz zu stehen kommen, denn nichts ist schlimmer als kalte Füße.
Einige besonders reiche Patrizier haben deswegen ihre wertvollen Teppiche von der Wand geholt und auf den Boden gelegt. Stellen Sie sich
nur vor: derart kostbare Tapisserien einfach auf den Boden zu legen,
wo jeder hergelaufene Dienstbote mit den schmutzigen Füßen darauf
herumtrampeln kann! Manche Leute wissen eben nicht wohin mit
ihrem Geld.

Ein weiteres Problem sind die Fenster. Wer kann sich schon solche
aus Glas leisten, wie man sie nur in den Kathedralen antrifft. Durch ein
Fenster soll zwar möglichst viel Licht herein, möglichst jedoch keine
Wärme nach draußen gelangen. Bei unserem Klima hier oben ist
Wärme aber wichtiger als Licht, deshalb werde ich die Fensteröffnun-
gen so klein wie eben möglich halten. Richtiges Licht braucht man im

Grunde nur unten im Kontor, und dort steht selbst im Winter fast immer die Tür offen. Sollte es zu kalt werden, stelle ich den Angestellten ein Holzkohlenbecken an die Füße.

Alle Fenster im Haus bekommen hölzerne Klappläden, die mit Einbruch der Dunkelheit geschlossen werden. Tagsüber spanne ich hauchdünn gegerbte Tierhäute vor die Öffnungen. Das ist teuer genug, und mehr will ich für diese Art von Luxus auch nicht ausgeben. Im übrigen brennt in den wichtigen Räumen zusätzlich noch ein Kaminfeuer, das ebenfalls ein gewisses Licht verbreitet, und den notwendigen Rest müssen die Talglichter bringen, die relativ billig sind. Kerzen aus richtigem Wachs dagegen kommen nur für besondere Gelegenheiten in Frage, während ich Kienspäne und Fackeln im Haus auf keinen Fall dulden werde. Da ist mir die Feuergefahr denn doch zu groß.

Um das Mobiliar mache ich mir keine allzu großen Gedanken. Außer dem Bett braucht man ein paar Hocker oder Stühle, einen Klapptisch, eine Bank, zwei große Truhen, ein paar Küchengeräte und Trinkgefäße, einen Nachttopf und – später hoffentlich – eine Wiege. Wobei mir der Gedanke kommt, daß ich mich langsam unter den Töchtern der Kaufmannsgilde nach einer Braut umschauen sollte, denn jetzt habe ich schließlich etwas vorzuweisen. Einen Badezuber werde ich vorläufig nicht anschaffen, denn für ein Bad wäre ja allein das Erhitzen der notwendigen Wassermenge über einem Kaminfeuer viel zu aufwendig. Schließlich steht bei uns in fast jeder Straße ein Badehaus, wo es neben warmem Wasser auch noch andere sehr angenehme Dinge gibt, wenn Sie verstehen, was ich meine.

Wichtig ist natürlich der Abort. Nachts benutzt man das Nachtgeschirr, das manche Leute noch immer morgens aus dem Fenster ihrer Schlafkammer auf die Straße entleeren, ohne Rücksicht darauf, ob es einen Vorübergehenden treffen könnte. Das allerdings werde ich keinesfalls dulden. Seien wir froh, daß die Väter der Stadt seit Menschengedenken darum bemüht sind, die Straßen passierbar zu machen, indem überall Holzbohlen zu regelrechten Knüppeldämmen zusammengefügt wurden. Selbst bei schlimmstem Wetter muß man nicht durch sumpfige Gassen waten. Nun hat man sogar damit begonnen, die wichtigsten Straßen mit Ziegeln zu pflastern, womit wir Lübecker allen anderen Städten weit voraus sind. Und auf solche Straßen soll man seinen Unrat kippen? Bei mir jedenfalls nicht. Außerdem ist es bei Strafe verboten.

In meinem Haus werden die Nachttöpfe frühmorgens in den Abort entleert, und den werde ich im Garten anlegen. Allerdings weit genug entfernt von dem etwa zehn Meter tiefen Brunnen, dessen Wände, wie ich jetzt festgestellt habe, mit dicken Holzbohlen abgestützt sind. Das Wasser ist sehr gut und klar, aber wenn ich die Sickergrube des Abortes zu nahe an den Brunnen legen würde, könnte das für das Trinkwasser fatale Folgen haben. Das Grundstück ist groß genug, es wird sich bestimmt eine gute Lösung finden lassen.

Ich glaube, daß ich jetzt alles gut überdacht habe und mich an die Arbeit machen kann. Aber da fällt mir ein, daß ich noch einen Namen für mein neues Haus finden muß. Wenn einer einen gewissen Kaufmann Hruoland in Lübeck suchen sollte, würde er sonst viele Gebäude abklappern müssen. Deshalb haben alle größeren Häuser einen Namen wie beispielsweise »Zum schwarzen Hirschen«, »Zur alten Linde« oder selbst einen so unanständigen wie »Zum geilen Mönchlein«. Da ich mich aber bei meinen Planungen recht ausführlich mit dem Feuerschutz befaßt habe, könnte ich mein Haus vielleicht »Zum roten Hahn« nennen. Ich fürchte allerdings, derart schwarzer Humor wird von meinen Nachbarn nicht sonderlich gut aufgenommen. Außerdem sind viele Leute erschreckend abergläubisch. Deshalb drehe ich die Bezeichnung einfach um, so daß nur ich den tiefen Sinn kenne, und taufe mein noch gar nicht stehendes neues Haus hiermit feierlich auf den Namen »Zur blauen Henne«.

Mit sieben Jahren aus dem Haus geschickt

Sicherer Schutz durch die Sippe · Bizarre Arten der Empfängnisverhütung ·
Abtreibung und Kindesmord · Aus Schmieds Otto wird Otto Schmitz · Auch
Zwölfjährigen drohte die Todesstrafe

Vieles hat sich in den über 1000 Jahren, die wir so wenig präzise als
Mittelalter bezeichnen, radikal gewandelt. Denken wir nur an die
Mode der Frauen oder die Waffen der Männer. Lediglich die Familie
existiert seit den Tagen Adams und Evas nahezu unverändert fort bis
auf den heutigen Tag. Blut ist eben – wie Mephisto zu Faust sagt – ein
ganz besonderer Saft, und die Blutsverwandtschaft ist die Grundlage
einer jeden Familie. Nur in einem Punkt unterscheiden wir uns doch
sehr stark von den Großfamilien des Mittelalters: Wir ziehen die
Grenze sehr viel enger.

Wenn wir heute von »der ganzen Sippschaft« sprechen, die zu Onkel
Alberts und Tante Hedwigs Goldener Hochzeit erscheint, dann klingt
das fast abwertend. Man kennt sich ja nur noch sehr flüchtig, wenn
man einmal von den ausgesprochen ländlichen Gebieten absieht. Kusi-
nen und Vettern sind sich längst fremd geworden. Die einen wohnen in
Fürth, die anderen hat es nach Emden verschlagen, und es ist schon
rein organisatorisch ein mühsames Unterfangen, die ganze Bagage
einmal unter einen Hut und an einen Tisch zu bringen.

Das war damals nun wirklich sehr viel einfacher. Im frühen Mittelalter war die Sippe für den einzelnen Menschen durch nichts ersetzbar.
Sippe bedeutete zugleich Heimat und Geborgensein. Als einzelner
konnte man nicht überleben. Der moderne Mensch, in Freiburg geboren, in Hannover aufgewachsen und inzwischen in Nürnberg tätig, der
eine Frau aus Kassel geheiratet hat und dessen Tochter nun in Paris
studiert, wird große Mühe haben nachzuvollziehen, was der Ausschluß
aus einer Gemeinschaft im Mittelalter bedeutete und warum dies als
eine der schlimmsten Strafen überhaupt galt.

Verstoßung und Verbannung kamen fast einem Todesurteil gleich.

Für unser Wort »Ausland« benutzten die Menschen damals den Ausdruck »elilenti«, in dem wir unschwer unser heutiges Wort Elend wiedererkennen. Wer in der Fremde weilte, befand sich im Elend, denn einzig und allein die Sippe bot Schutz vor äußeren Feinden, garantierte die Pflege im Krankheitsfall, die Versorgung im Alter und die Rache für erlittene Unbill. Wer aus welchen Gründen auch immer die Sippe verließ, mußte so schnell wie möglich Aufnahme in einem anderen Schutzverband suchen, sei es im Heer, sei es im Kloster. Sicherheit bot nur die Gemeinschaft. Keine Chance also für Singles beiderlei Geschlechts.

Deshalb zählten zur Sippe im weiteren Sinn nicht nur die Blutsverwandten. Der Schwager und die Schwiegertochter gehörten ebenso zur Großfamilie wie die Hörigen und das Gesinde, bei den Handwerkern auch die Gesellen und die Lehrlinge. Über allen jedoch thronte wie Gottvater persönlich das Oberhaupt der Sippe, der Hausvater, dessen Platz nach seinem Tod der älteste Sohn einnahm.

Schon früh hatten die Menschen erkannt, daß es sinnvoll war, Haus und Hof mit einem Zaun zu umgeben. Wozu das? Konnte eine derart lächerliche Einfassung irgendeinen Feind abhalten? Natürlich nicht, aber das war auch nicht der Sinn dieser Umfriedung. Im Wort »Umfriedung« klingt jedoch an, welchen symbolischen Wert dieser meist mikkerige Heckenzaun besaß: Innerhalb dieser deutlichen Abgrenzung gegenüber dem Nachbarn herrschte der Familienfriede, und über den wachte eifersüchtig der Herr des Hauses. Sein Wort war Gesetz, und niemand hatte ihm in seine Entscheidungen hineinzureden. Selbst der König nicht. Die Menschen besaßen noch ein unverfälschtes Gespür dafür, was recht und was rechtens war. Traditionen galten viel, und wer gegen die überlieferten Regeln verstieß, wurde bestraft. Natürlich vom Hausvater selber, der nicht nur Richter, sondern in gewissem Sinne sogar der Henker war.

Er züchtigte, wenn es ihm richtig und notwendig erschien, eigenhändig die Mitglieder der Sippe, schnitt wohl auch einem diebischen Knecht die Nase ab oder peitschte die faule Magd aus. Gregor von Tours, der merowingische Geschichtsschreiber, weiß gar von einer Frau zu berichten, die ein Verhältnis mit einem Priester eingegangen war. Auf Befehl des Familienoberhauptes wurde sie von ihrer eigenen Sippschaft verbrannt.

Auch später, als sich die staatliche Gerichtsbarkeit zumindest bei schweren Verbrechen das Recht vorbehielt, selber zu untersuchen, zu richten und gegebenenfalls das Urteil auch zu vollstrecken, blieb die Sippengemeinschaft weiter bestehen, weil sie einfach notwendig erschien. Obwohl es üblich war, daß sich die Nachbarn gegenseitig halfen, sei es beim Bau eines Hauses oder bei der Ernte, konnte man sich in bestimmten Angelegenheiten ausschließlich auf die Mitglieder der Sippe verlassen. Sie führten im Namen der Familie schwierige Verhandlungen, leisteten Eideshilfe und fungierten im Extremfall als Bluträcher.

Der Wandel zur Kleinfamilie im heutigen Sinne vollzog sich zwar nur langsam, aber im Grunde geradezu zwangsläufig: Eine Großsippe konnte naturgemäß nur auf einem ansehnlichen Anwesen zusammenleben. Die Menschen strömten jedoch in immer größerer Zahl in die neu entstehenden Städte, und ein bürgerliches Fachwerkhaus bot für 20 oder mehr Köpfe natürlich keinen Platz. Andererseits war der Schutz der großen Verwandtschaft auch nicht mehr notwendig. Nun schützten Stadtrecht und Stadtmauer.

Bevor jedoch eine Familie – und sei sie noch so klein – gegründet werden kann, müssen sich erst einmal zwei finden, die sich wirklich mögen. Oder etwa nicht? Schön wäre es ja gewesen, und zuweilen soll so etwas auch tatsächlich vorgekommen sein, aber normalerweise schaute der Hausvater keineswegs darauf, ob seine Kinder in der Ehe glücklich würden. Das war zunächst einmal höchst nebensächlich. Wichtig war allein, daß die Töchter unter die Haube kamen. Eine Mitgift mußte er ihnen ohnehin mitgeben.

Da bekanntlich die Menschen, abgesehen von den einstweilen noch relativ wenigen Städtern, zumeist auf abgelegenen Höfen oder in winzigen Weilern lebten, war es gar nicht so einfach, einen passenden und obendrein willigen Schwiegersohn aufzutreiben. Das ist in besonders dünn besiedelten Gegenden auf der Welt übrigens heute noch so. Fand man dennoch einen geeignet erscheinenden und nicht abgeneigten Mann, so wurde geheiratet, ob er dem armen Töchterchen nun gefiel oder nicht. Die Liebe, so hoffte man, würde sich im Laufe der Ehe schon einstellen. Wenn sich aber nun partout keiner bereitfand, in die Sippe einzuheiraten, blieb für das sitzengebliebene Mädchen nur der

Eintritt in ein Kloster. Aber selbst dort wurde eine bescheidene Mitgift erwartet, lediglich die Bettelorden verzichteten darauf.

Mit den Söhnen war es nicht viel einfacher. Das Erbrecht war nicht einheitlich geregelt. In vielen Gegenden bekam der älteste Sohn alles, und die anderen mußten versuchen, in eine möglichst wohlhabende Sippe einzuheiraten. Anderenorts wurde das Erbe unter alle legitimen Söhne aufgeteilt, so daß der Besitz immer weiter aufgesplittert wurde. Vielen Nachgeborenen blieb letztlich wiederum nur die Möglichkeit, sich einer anderen Art von »Sippe« anzuschließen, also Soldat oder Mönch zu werden. Eine Eheschließung wurde aber eigentlich fast immer angestrebt, schon allein um die Begierden des Fleisches auf legale Weise zu befriedigen. Einzige Faustregel: Der Mann sollte nicht zu alt und das Weib nicht zu jung sein, denn sonst wird die Begierde des Fleisches (beim Mägdelein) erneut zum Problem. Wenigstens auf die Dauer.

Beim Adel wurden zwar schon die Kleinkinder aus politischen Gründen miteinander verlobt, doch geheiratet wurde in den besseren Kreisen erstaunlich spät. Man hat ausgerechnet, daß das Heiratsalter der Männer bei etwa 30 Jahren lag und das der Frauen bei 22 Jahren. Über das niedere Volk liegen solche Zahlen natürlich nicht vor, weil sich kein Mönch die Mühe machte, dafür auch nur eine Seite Pergament zu verschwenden. Auf Grund einschlägiger Verbote muß man indes schließen, daß dort sehr viel früher geheiratet wurde, vermutlich schon kurz nach Erlangen der Geschlechtsreife. Und das durch die Jahrhunderte hindurch. Albrecht Dürers Mutter zum Beispiel war am Tage ihrer Hochzeit ganze 15 Jahre alt. Die heilige Hedwig von Schlesien wurde 1186 mit dem Herzogssohn Heinrich vermählt, als sie gerade 12 Jahre alt war, und mit 13 Jahren und 13 Wochen gebar sie ihrem Mann das erste von 6 Kindern.

Es liegt auf der Hand, daß derart junge Leute eine so schwerwiegende Entscheidung wie eine Eheschließung nicht allein treffen konnten, zumal vor der Hochzeit in den meisten Fällen auch ein sehr handfester Vertrag abgeschlossen wurde. In diesem wurde beispielsweise festgehalten, was der Bräutigam der Braut am Hochzeitsmorgen als »Morgengabe« schenken sollte. Als Verhandlungspartner traten natürlich Mitglieder der beiden Sippen zusammen, und dann wurde höchst ausgiebig gefeilscht. Die Eheschließung war eben lange Zeit ein sehr weltlicher Akt. Ein christliches Sakrament wurde sie erst nach und nach. Ein Priester – sofern vorhanden – segnete allenfalls das junge Paar, das sich hernach unter Zeugen auf das eheliche Bett legte (angezogen, versteht sich), und damit galt die Ehe als vollzogen und gültig. Über Ehescheidungen beim gemeinen Volk wissen wir nichts. Da Gütergemeinschaft herrschte, hätte in einer Zeit, in der noch kein Grundbuch existierte, eine Teilung des gemeinschaftlichen Besitzes allerdings auch ein fürchterliches Tohuwabohu ausgelöst.

Ursprünglich allerdings war eine Scheidung aber durchaus denkbar. Zum Beispiel wenn beide Partner dies forderten oder wenn die Frau Ehebruch begangen hatte; Ehebruch des Mannes war dagegen nicht tragisch. Je mehr Einfluß jedoch die Kirche gewann, desto schwieriger wurde die Auflösung einer Ehe. Schon vom 9. Jahrhundert an war eine Scheidung so gut wie unmöglich geworden. Wie man sich auf dem Umweg über »zu nahe Verwandtschaft« immer noch aus der Ehe stehlen konnte, wissen wir inzwischen zur Genüge, aber eine solche Chance besaß lediglich der Adel, denn nur er kannte dokumentarisch nachweisbare Stammbäume.

Nehmen wir nun einmal an, daß das soeben getraute gutbürgerliche (und noch immer bekleidete) Ehepaar voller Erwartung auf dem Bett liegt. Die neugierige Sippe hat sich mit ein paar anzüglichen Bemerkungen zurückgezogen, und im Zimmer riecht es schwach nach Gottesdienst, weil der Priester, vom Brautvater entsprechend entlohnt, recht ausgiebig das Weihrauchfaß geschwenkt hat. Da der Bräutigam von der feierlichen Zeremonie noch ziemlich eingeschüchtert ist, fängt er nicht sogleich an zu fummeln, sondern sagt seiner Angetrauten zunächst einmal, was er von nun an von ihr erwartet: Sie solle ihn sorgsam pflegen, seine Wäsche sauberhalten, ihm abends die Schuhe beim warmen Feuer ausziehen, die Füße waschen, frische Strümpfe anziehen, gutes Essen und Trinken vorsetzen, weiße Bettücher und ein Nachthemd bereitlegen, ihn mit warmen Pelzen zudecken und vor allem sanft und fügsam sein. Denn drei Dinge gebe es, die den Mann aus dem Hause jagen: ein schadhaftes Dach, ein qualmender Kamin und ein zankendes Weib. Und deshalb solle sie sich schön an ihn kuscheln und ihn bezaubern, vor allem aber darauf achten, daß es im Bett keine Flöhe gibt!

Hier haben wir ein bißchen geschwindelt, das haben Sie sicherlich spätestens an den weißen Bettüchern gemerkt. So kann kein Mensch aus der Stauferzeit gesprochen haben, und tatsächlich ist diese schriftliche Ermahnung eines frischgebackenen Ehemannes aus späteren Jahren überliefert. Ein Pariser Bräutigam hat mit dieser Predigt seine Ehe begonnen, aber nichts anderes werden auch die Männer des Mittelalters von ihren Frauen erwartet haben. Fügte sich die Frau nicht, begann sie gar zu zanken, bekam sie im Zweifelsfall eine ordentliche Tracht Prügel, denn dieses Recht stand dem Ehemann durchaus zu, wiewohl ihm empfohlen wurde, die Frau nur »angemessen« zu züchtigen, was immer auch darunter zu verstehen war.

Nun darf man getrost davon ausgehen, daß die Predigt des Bräutigams nicht allzu lange gedauert hat, denn irgendwann will er ja schließlich Kinder haben, und warum sollte er nicht sofort damit anfangen. Vielleicht entdeckte er allerdings bei dieser Gelegenheit, daß seine Braut nicht unberührt in die Ehe gegangen ist. Auf dem Land und auch in der Enge der Häuser jedoch, wo sich die Erwachsenen zumindest in Hör-, wenn nicht gar in Sichtweite der Kinder liebten, sah man das nicht so streng. Vielleicht war er selbst es gewesen, der das Brautlager zeitlich etwas vorgezogen und der Maid die Unschuld geraubt hatte. Vielleicht war sie überdies schon schwanger.

Ein Wunder wäre es nicht, denn so sexuell aufgeklärt bereits die Kinder dieser Zeit waren, so wenig wußten sie über Empfängnisverhütung, die von der Kirche schon in jener Zeit erbittert bekämpft wurde. Geschlechtsverkehr war offiziell – damals wie heute – lediglich in der Ehe gestattet und dort wiederum (wenigstens das hat sich geändert) nur zum Zwecke der Zeugung. Da der Samen des Mannes bereits als lebende Kreatur betrachtet wurde, war selbstverständlich das Onanieren ebenso verboten wie der Coitus interruptus. Selbst die Rückenlage des Mannes beim Verkehr war untersagt, weil die Befruchtungsmöglichkeit dadurch etwas reduziert wird. Eine Art Knaus-Ogino-Regel war bereits der heiligen Hildegard von Bingen bekannt, derzufolge die höchste Empfängnisbereitschaft in der Mitte des Zyklus liegt, während an den »sicheren Tagen« die Geschlechtsorgane der Frau »verschlossen sind wie ein Baum im Winter«.

Absolut untersagt waren natürlich Verhütungsmittel jeglicher Art, von denen es aber ohnehin wenig genug gab. Man kannte weder Kondome noch Pessare und schon gar nicht die Pille. Weise Frauen – erst in der Neuzeit nannte man sie fälschlicherweise Hexen – brauten mehr oder weniger wirksame Getränke zusammen, seltener waren die Frauen, die sich einen mit Essig gefüllten Schwamm einführten, aber es gab noch wesentlich abenteuerlichere Rezepte. Zum Beispiel dieses: »Damit eine Frau nicht empfängt, entferne man einem lebenden (!) Wiesel die Hoden und lasse das Tier wieder laufen. Anschließend wickle man die Hoden in eine Eselshaut und binde sie der Frau um. Dann wird sie nicht schwanger.« Mit Sicherheit nicht, denn wer schläft schon mit einer Frau, die sich so etwas um den Bauch gewickelt hat!

Immerhin steht es so in einer Handschrift aus dem Kloster St. Gallen, wenngleich kaum anzunehmen ist, daß ein Mönch von St. Gallen einen derartigen Unfug niedergeschrieben hat, nicht einmal im 9. Jahrhundert. Möglicherweise war es der Ratschlag eines fahrenden Medicus, der auch gleich ein Mittel zur Auslösung der Menstruation wußte: »Koche Sade, eine Selleriewurzel, Fenchel, Liebstöckel und Petersilie in Wein und gib es zu trinken. Dazu lege Rainfarn, Fieberkraut und Beifuß auf den Nabel.« Das klingt schon etwas vernünftiger, aber ob mit diesem Rezept nur eine sich verzögernde Menstruation ausgelöst werden sollte oder ob es sich um ein Mittel handelte, eine Schwangerschaft abzubrechen, läßt sich schwer sagen.

Der arabische Arzt Ibn Sina schrieb ein medizinisches Lehrbuch, dessen Inhalt auch in deutschen Landen bekannt war und in dem ein anderes, einigermaßen umständliches Verhütungsrezept geschildert wird. Demzufolge hat sich die Frau ein Kügelchen einzuführen, das auf der Basis von Zedernöl aus dem Samen von Kohl, dessen Blättern, Skammoniablättern und der unvermeidlichen Alraune hergestellt wurde. Sodann mußte sie noch Basilikum in eineinhalb Liter Wasser auflösen und die Brühe schlucken. Sofern sie bis dahin noch nicht jegliche Fleischeslust verloren hatte, galt es, das Glied des Partners mit Bleiweiß und Zedernöl einzureiben, und dann konnte es endlich losgehen. Wenn man dann noch konnte. Oder wollte.

Noch schwieriger ist es dem arabischen Arzt zufolge, dem Mann wenigstens vorübergehend die Geilheit auszutreiben. Diesbehufs nämlich hat man die Hoden mit weißem und schwarzem Bilsenkraut zu

bedecken, wobei wohl Voraussetzung ist, daß der brünftige Kerl stille-
hält. Man kann seine Lust aber auch bekämpfen, indem man ihm ein
Gebräu aus Bergminze, Koriander, Kampfer und anderen Ingredien-
zen eintrichtert.

Das klingt alles sehr umständlich, insbesondere wenn man bedenkt,
welch reichhaltige Apotheke dabei vorausgesetzt wird. Vermutlich
konnten die Kräuterfrauen mit einfacheren Mittelchen helfen. Oder
auch nicht. Man darf indes mit Sicherheit davon ausgehen, daß der
ebenfalls streng untersagte Coitus interruptus, also der Erguß des
Samens außerhalb der Scheide, häufig praktiziert wurde und bei aller
Unzuverlässigkeit dennoch erfolgversprechender war als alle angeprie-
senen Getränke und Salben.

Der Empfängnisverhütung wurde jedenfalls weniger große Bedeutung beigemessen als der Abtreibung, zumal die ja selbst von der Kirche
innerhalb der ersten 40 Tage der Schwangerschaft nur als leichte Sünde
bewertet wurde, da das Kind nach allgemeiner Auffassung bis zu
diesem Zeitpunkt noch keine Seele besaß. Das ist zwar eine außerordentlich unlogische Ansicht, wenn man andererseits bereits den
Samen als »lebend« darstellt, aber darüber wollen wir nicht streiten.

Abtreiben ließen in erster Linie diejenigen, die in bitterster Armut
lebten und kein weiteres Kind durchfüttern konnten, manchmal aber
auch eine verzweifelte Frau, um einen Fehltritt zu vertuschen. Männer
hatten solche Sorgen nicht. Unehelichen Kindern haftete zumindest
dann kein Makel an, wenn der Vater adlig war. Anfang des 13. Jahrhunderts schrieb ein Mönch in der Chronik des Dominikanerklosters
im elsässischen Colmar unter anderem: »Herr Heinrich, Bischof von
Basel, hinterließ bei seinem Ableben 20 Waisenkinder der Sorge ihrer
Mütter.« Deutlicher kann man es ja wohl kaum ausdrücken: Herr
Heinrich hatte seinen Spaß gehabt, und 20 Mütter hatten die Sorge.
Unterstellen wir dem hochwürdigen Herrn Bischof einmal, daß er
wenigstens für das Auskommen seiner Kebsweiber gesorgt hat, aber
das war kaum der Normalfall. Noch in Goethes *Faust* ertränkt Gretchen
ihr Kind, weil sie keinen Ausweg aus ihrer Not weiß und wohl auch
keine Kräuterfrau kennt, die vielleicht hätte helfen können. Von Vater
Heinrich konnte sie anscheinend überhaupt nichts erwarten.

Hier wie dort blieb die Frau mit ihrer Not allein. Ausschließlich durch Keuschheit habe sie ungewollte Schwangerschaft zu vermeiden, forderte die Kirche, doch sie forderte vergeblich. Die Tatsache, daß Gebote und Verbote hinsichtlich Empfängnisverhütung und Abtreibung regelmäßig wiederholt und die Strafen drakonisch erhöht wurden, beweist, wie groß das Problem durch die Jahrhunderte hindurch gewesen und geblieben ist. Wenn aber trotz aller Bemühungen dennoch ein ungewolltes Kind zur Welt kam, griff die verzweifelte Mutter häufig zu einem letzten, furchtbaren Mittel: Sie erstickte das Neugeborene »aus Versehen« im Schlaf. Ein solcher Kindsmord war nur sehr schwer nachzuweisen, weil die Säuglinge bei den armen Leuten selten in einer Wiege, sondern gemeinhin im elterlichen Bett schliefen, und da kann schließlich jederzeit so etwas passieren ...

Allzu schwarz indes wollen wir für unser Brautpaar nicht sehen. Wenn alles so verläuft, wie es im Normalfall zugeht, darf die junge Frau damit rechnen, wenigstens jedes zweite Jahr schwanger zu werden. Großziehen wird sie jedoch kaum mehr als drei oder vier Kinder, denn die Säuglingssterblichkeit ist groß, und selbst normale Kinderkrankheiten verlaufen häufig tödlich.

Überspringen wir nun ein paar Jährchen, und jetzt balgen sich schon zwei Kinderchen in der Wohnung der Familie Zimmermann. Jawohl, so nennt man sich jetzt. Warum auch nicht? Schließlich ist der Vater Zimmermann von Beruf, und daß er Albrecht heißt, unterscheidet ihn weder von seinem Vater noch von seinem Großvater. Alle ältesten Söhne in der Familie hießen Albrecht, denn so will es der Brauch. Aber es gibt in der Stadt noch wenigstens 50 andere, die sich Albrecht nennen, und jetzt, so um die Wende vom 11. zum 12. Jahrhundert, wird es Mode, sich einen zweiten Namen zuzulegen, einen Familiennamen, der häufig auf den Beruf, zuweilen aber auch auf den Herkunftsort hinweist.

Die Adligen haben es da leicht. Sie nennen sich nach dem Stammsitz ihrer Vorfahren und heißen nun Heinrich von Meersburg oder Lothar von Lichtenstein. Auf diese Weise hat sich das Wörtchen »von« in unsere Adelstitel eingeschlichen. Aber auch bevor es diesen Abstammungsnamen gab, konnte man die adligen Familien ganz gut identifizieren. Die Merowinger beispielsweise waren daran zu erkennen, daß ihre (Vor-)Namen zumeist mit der Silbe »Clod(t)« begannen. König

Chlod-wig nannte seine Söhne Chlod-homer und Chlot-har. Bei den Karolingern waren die Namen Karl, Ludwig und Pippin beliebt, während die Sachsenkaiser Otto oder Heinrich hießen. Aus unserem braven Albrecht jedenfalls ist jetzt der Albrecht Zimmermann geworden, und seine Nachbarn heißen Peter Müller und Hans Schmied. Sie sind plötzlich unverwechselbar geworden und bleiben es auch, bis es dann eines fernen Tages derart viele mit ihrem Namen geben wird, daß einige sich einen doppelten Familiennamen einfallen lassen, um im Telefonbuch überhaupt noch auffindbar zu sein.

Kehren wir zurück zu den Kindern. Während der Schwangerschaft hat sich die Mutter, sofern es eben möglich war, einigermaßen bewußt ernährt. Scharf Gewürztes ist ebenso verpönt wie Schwerverdauliches. Das ist in einer Zeit, da man sich gewöhnlich jedesmal den Bauch vollschlug, wenn einmal genug zu essen vorhanden war, schon einigermaßen ungewöhnlich. Noch erstaunlicher ist die allseits empfohlene Hygiene bei der Geburt. Auf allen mittelalterlichen Darstellungen des Kindbetts – beliebtes Motiv ist die Geburt Mariens – findet sich ein Badetrog, in dem der frisch geborene Säugling unmittelbar nach der Geburt gereinigt wird. Und die Hebamme hat sich gefälligst die Hände zu waschen und die Nägel zu schneiden!

Um eine gefällige Körperform zu gewährleisten, wurden die Babys extrem starr in Windeln gewickelt, weshalb wir noch heute das Wort »Wickelkind« benutzen, und gestillt wurden die Kleinen, bis ihnen die ersten Zähne wuchsen, also bis ins zweite Lebensjahr hinein. Manchmal auch noch sehr viel länger. Wenn die Eltern über ihre Zöglinge sprachen, benutzten sie normalerweise nur das Wort »Kind«, auch »kint« oder »chint« geschrieben. Einen »Knaben« kannte man noch nicht, höchstens als jungen Adligen, der jedoch ein »Knappe« war, und das Wort »Bube« benutzte man allenfalls für einen Taugenichts, einen »Spitzbuben« also. Wenn von einem »Kind« die Rede war, dann mochte es durchaus schon zwölf Jahre alt sein, vielleicht aber auch erst drei Monate. Das Wort »Baby« dagegen, im übrigen engstens verwandt mit »Bube«, setzte erst im 19. Jahrhundert von England aus aufs Festland über.

Wie bereits erwähnt, kamen auf Grund der fehlenden empfängnisverhütenden Techniken zahlreiche unerwünschte Kinder zur Welt, die in Extremfällen erstickt oder vor einer Klosterpforte ausgesetzt wurden. Daraus zu schließen, daß es keine Wunschkinder gab oder solche, die trotz bitterster Armut von ihren Eltern mit unendlicher Liebe und Fürsorge umgeben wurden, wäre grundfalsch. Zahlreich erhaltenes Kinderspielzeug legt Zeugnis davon ab, daß der Nachwuchs damals ebenso verwöhnt wurde wie heute – natürlich nur im Rahmen des finanziell Möglichen.

Aber wie wenig Geld gehört doch dazu, kleine Kinder glücklich zu machen. Der Vater konnte schließlich einen Reifen herstellen und Figürchen schnitzen, die Mutter bastelte eine »Tocke« oder – wie wir heute sagen – eine »Puppe«. Dieses Wort kam erst später aus dem Französischen zu uns. »Poupart« riefen die Franzosen ihre Kleinkinder, und was klein war und Kleider trug, das nannte man in Deutschland halt »Puppe«. Außer dem Spielzeug sind auch viele Kinderspiele nachgewiesen, die schon im Mittelalter beliebt waren: Blindekuh, Reifentreiben oder Murmelspiel, um nur einige zu nennen.

Es gibt viele Historiker, die schlichtweg behaupten, die Menschen des Mittelalters hätten überhaupt keine Beziehung zu ihren Kindern gehabt. Sie verweisen dabei vor allem auf die Kunst, in der entsprechende Motive völlig fehlen. Tatsächlich werden Ritter, Bürger und Bauern jener Zeit bei allen möglichen Beschäftigungen dargestellt: beim Reiten und Jagen, beim Säen und Ernten, in der Schlacht und sogar im Bett, nur nie beim Spiel mit ihren Kindern. Selbst die Gottesmutter hält auf den unzähligen Darstellungen zumindest im frühen Mittelalter den Knaben so feierlich und steif, als sitze nicht das Kind auf ihrem Schoß, sondern Gottvater persönlich. Vielleicht haben die Künstler in diesem besonderen Fall bewußt auf eine niedliche Mutter-Kind-Idylle verzichtet, aber es bleibt dann noch immer die Frage, warum bei Szenen aus dem Alltagsleben nirgendwo eine andere Mutter, von Vätern ganz zu schweigen, gemalt oder in Holz geschnitzt wurde, die ihr Kind so richtig knuddelt und mit ihm schmust.

Man darf vermuten, daß die hohe Säuglingssterblichkeit die Ursache für ein relativ zurückhaltendes Verhalten der Eltern gegenüber kleinen Kindern war. Wenn man berücksichtigt, daß von zehn Neugeborenen allenfalls die Hälfte die ersten Jahre überlebte, liegt diese Vermutung nahe. Diese für uns nur schwer nachzuvollziehende Einstellung zum eigenen Nachwuchs ist übrigens bereits in der Antike und in anderen Kulturkreisen anzutreffen. Sie ist keineswegs typisch für das europäische Mittelalter. Ebenso wie bei den arabischen Nachbarn war zwar ein Vater vieler Kinder auch bei den Juden des Alten Testaments hoch geschätzt, aber andererseits waren deren Rabbis davon überzeugt, daß ein kleines Kind überhaupt noch kein richtiger Mensch sei. Zu einem solchen wurde es erst, wenn die Milchzähne ausgefallen waren.

Noch im 16. Jahrhundert sagt der französische Philosoph Michel de Montaigne: »Ich habe zwei oder drei Kinder im Säuglingsalter verloren, nicht ohne Bedauern, aber ohne Verdruß.« Eine für unser Empfinden geradezu ungeheuerliche Aussage. Zum ersten wußte dieser Vater überhaupt nicht, ob es zwei oder drei Kinder waren, zum anderen hat ihn ihr Tod nicht einmal verdrossen. Von Schmerz über den Verlust ist keine Rede, und an seine Frau, die ihre Kinder neun Monate getragen und unter Schmerzen geboren hat, verschwendet der Macho erst recht keinen Gedanken.

Man nahm wohl einfach die Kinder, wie sie kamen. Starb eines weg, war das nicht weiter tragisch; das nächste war vermutlich schon unterwegs. Da ist es verständlich, daß sich keine besonders feste Beziehung aufbauen konnte. Solange das Kind noch gestillt wurde und nicht laufen konnte, wurde sicherlich mit ihm herumgeschmust, aber das tut man mit einem Kätzchen auch. Spätestens mit vier oder fünf Jahren jedoch konnte ein Junge schon erste kleine Arbeiten ausführen, und mit sieben Jahren kam er in die Lehre. Das aber bedeutete zugleich, daß er sich von seinen Eltern und Geschwistern trennen mußte, denn Lehrlinge gehörten in die Großfamilie des Handwerksmeisters. Siebenjährige Mädchen wurden nach Möglichkeit als Mägde in anderen Familien untergebracht. Auch das erscheint uns, deren Kinder normalerweise erst mit dem Beginn des Studiums das Elternhaus verlassen, als ein grausamer Einschnitt in ein noch derart junges Leben.

Folgerichtig wurden die Kinder sehr früh erwachsen. Nach altenglischem Recht war das bereits mit zehn Jahren, nach salischem erst mit zwölf Jahren der Fall. Volljährigkeit aber bedeutete, daß ein Kind, etwa beim Tod der Eltern, allein für seinen Lebensunterhalt aufkommen mußte, und wenn es dies nur durch Diebstahl bewerkstelligen konnte, dann drohte ihm, wie jedem Erwachsenen auch, schlimmstenfalls die Todesstrafe.

Daß die kindliche Sexualität, bedingt durch die engen Wohnverhältnisse, sehr früh angeregt wurde, gehört ebenfalls zu den uns bekannten Tatsachen. Über das Leben der gemeinen Leute besitzen wir wie üblich keine Quellen. Überliefert jedoch ist in allen Einzelheiten die Kindheit des französischen Königs Ludwig XIII., der immerhin erst 1601 geboren wurde. Die Damen bei Hofe, aber auch seine Amme, seine Erzieherin und selbst seine Mutter machten sich einen Spaß daraus, an seinem »Piephahn« zu zupfen und so lange damit herumzuspielen, bis eine schwache Erektion zustande kam.

Er durfte auch unter die Röcke der Damen kriechen und zwischen ihren Schenkeln spielen, so daß er schon bald eine außerordentliche Kenntnis der weiblichen Genitalien besaß. Mit etwa vier Jahren ist seine diesbezügliche »Aufklärung« abgeschlossen, und ganz plötzlich, als er gerade sieben Jahre alt geworden ist, werden ihm alle diese Spiele verboten, denn nun wird er zum Mann erzogen. Mag sein, daß die lockere Umgebung am französischen Hofe etwas frivoler war als in einer normalen Familie. Man kann jedoch davon ausgehen, daß sich die Erwachsenen in sexueller Hinsicht vor kleinen Kindern nicht die geringste Einschränkung auferlegten.

Den Begriff von »kindlicher Unschuld«, die es zu schützen gilt, kannte man im Mittelalter mit Sicherheit nicht. Der Nachwuchs durfte ruhig Augenzeuge fleischlicher Vergnügungen sein. Erst wenn Jungen und Mädchen in die Pubertät kamen, brachte man ihnen bei, was gestattet war und was nicht. Ein schmerzlicher Einschnitt sicherlich, aber die Zeit der erzwungenen Enthaltsamkeit war ja relativ kurz, da wenigstens bei den gemeinen Leuten sehr früh geheiratet wurde. Adlige Söhne hatten ihre Geliebte.

Wie auch immer die Kindheit in den vielen Jahrhunderten des Mittelalters verlaufen ist – von der heutigen trennen sie Welten. Zumindest im Normalfall wenden die Eltern unserer Tage ihren Kindern das Vielfache an Aufmerksamkeit im Vergleich zu damals. Das muß nicht immer positiv sein, zumal wenn Liebe zu Affenliebe und zu Verziehung pervertiert. Dennoch: Zumindest wird versucht, das Schicksal eines Neugeborenen vom ersten Tag an in klare Bahnen zu lenken. Das beginnt mit der ärztlichen Versorgung und den zahlreichen Impfungen, mit dem Anlegen eines Sparbuchs und der Einrichtung eines Kinderzimmers. Der kleine Erdenbürger steht im Mittelpunkt der zumeist kleinen Familie und erfährt jede nur denkbare Zuwendung.

Es folgen Kindergarten und Grundschule, und spätestens bei der Einschulung ins Gymnasium wird schon der mögliche Beruf bedacht. Zugleich wird der Horizont erweitert durch Reisen und Bücher, Diskussionen und selbst durch das Fernsehen, wie immer Pädagogen das bewerten mögen. Auf eine zunächst sorgsam behütete und sogar vom Gesetzgeber beschützte Kindheit folgt das zukunftsorientierte Heranwachsen des Jugendlichen.

Ganz anders damals: Bedingt durch die höchst unsichere Umwelt, in der Hunger, Seuchen und Kriege drohten, war die Familie eine Überlebensgemeinschaft, in die in regelmäßigen Abständen neue Mitglieder hineingeboren wurden. Das wurde nicht immer als Glück empfunden, und entsprechend hielt sich die Trauer beim Tod eines Kindes in Grenzen. Daß ein kleines Lebewesen Probleme – ganz gleichgültig welcher Art – haben könnte, kam niemandem in den Sinn. Kinder wurden, sobald sie dem Kleinkindalter entwachsen waren, direkt und ohne Rücksichtnahme als willkommene und dringend benötigte Arbeitskräfte in die Sippe integriert, wie Erwachsene behandelt und schließlich angehalten, so schnell wie möglich eine eigene Familie zu gründen.

Diese besondere Art von Leistungsdruck, vor allem aber die allzu schnelle Trennung von Eltern und Geschwistern, diene jungen Menschen von heute als Trost, wenn sie sich von der Gesellschaft oder auch nur von ihren Eltern überfordert fühlen. Sie haben es mit Sicherheit besser als ihre Leidensgenossen von damals. Und nicht nur deshalb, weil es heute Fernsehen gibt.

45 Kühe für das Streicheln einer Brust

Augenzeugenbericht: Ein »Spiegel« für das Volk der Sachsen ·
Gericht unter der Dorflinde · Eideshelfer, Zweikampf und Gottesurteil ·
Auge um Auge, Zahn um Zahn · Der langsame Tod im Kloster

Ich bin Eike von Repgow und seit langen Jahren Schöffe beim Gericht des Grafen Hoyer von Falkenstein. Ich bin stolz darauf, Sachse zu sein, denn unsere Väter haben – wie jedermann weiß – bereits unter Alexander dem Großen in Asien gekämpft. Als aber nach seinem Tod die blutigen Kriege unter seinen Erben ausbrachen, da fühlten wir uns als Fremde nicht mehr sicher, bestiegen unsere Schiffe und segelten um ganz Europa herum bis in die Ostsee. Von unseren 300 Schiffen sanken 246 im Sturm. 18 Schiffe kamen bis Preußen, 12 bis Rügen. Die Besatzung der übrigen 24 Schiffe jedoch ging schon an der Nordseeküste vor Anker und besiegte die Thüringer. Unsere tapferen Ahnen erschlugen alle Adligen und ließen nur die Bauern am Leben. Inzwischen sind jedoch auch diese Männer und ihre Nachkommen längst zu richtigen Sachsen geworden.

Das allerdings läßt sich nicht von allen Bewohnern unseres Landes sagen, das übrigens sehr groß ist. Es besteht aus der Pfalzgrafschaft Sachsen, der Mark Brandenburg, der Landgrafschaft Thüringen, der Mark Meißen, der Mark Lausitz und der Grafschaft Anhalt. Es erstreckt sich über die Bistümer Naumburg, Merseburg, Meißen, Brandenburg, Havelberg, Kammin, Halberstadt, Hildesheim, Verden, Paderborn, Osnabrück, Minden, Münster, Lübeck, Schwerin und Ratzeburg. In diesen riesigen Raum sind im Laufe der letzten Jahrhunderte auch zahlreiche Männer aus anderen Stämmen zugezogen. Ich kenne Schwaben in Spandau und Lüneburg, in Braunschweig und Halberstadt; die Landgrafen von Thüringen oder die Burggrafen von Cottbus dagegen sind Franken, von den Leuten, deren Muttersprache das Wendische ist, will ich nicht einmal sprechen.

All diese Menschen müssen sich der sächsischen Rechtsprechung unterwerfen, und es ist nur zu natürlich, daß mein Herr wünscht, daß sie unsere Sitten und Bräuche kennenlernen und begreifen. Deshalb liegt er mir auch von jenem unglückseligen Augenblick an, da ich ihm von meinem Vorhaben erzählte, in den Ohren, daß ich mein Werk aus dem Lateinischen sofort in die Landessprache übersetzen müsse. Das wird eine harte Nuß, denn Reimen auf Latein ist schon schwierig, aber deutsche Verse schmieden?! Na ja – vielleicht finde ich einen Pfaffen, der mir dabei zur Hand geht.

Recht hat er trotzdem, mein Herr, und Recht – das ist das Stichwort, denn ich habe mich entschlossen, das alte Stammesrecht der Sachsen, seit den Tagen der Urväter nur mündlich überliefert, schriftlich niederzulegen. Dann haben nicht nur die Mächtigen und Gebildeten, sondern auch die Armen und Unwissenden etwas, worauf sie sich im Notfall berufen können, ohne einen Fehler zu machen und ohne die Gefahr, einen Prozeß zu verlieren, nur weil eine Frist versäumt oder ein anderer Formfehler begangen wurde.

Dieses Recht soll für Sachsen und Schwaben, für Franken und Wenden, ja, für alle Menschen gelten, die sich vor unseren Gerichten verantworten müssen. Mein Büchlein soll aber auch Pommern, Preußen und Polen als Anregung dienen, denn meines Wissens besitzen diese Völker noch kein niedergeschriebenes Stammesrecht. Sie leben ebenso schlicht aus ihrer Tradition heraus wie meine Landsleute. Diesen aber werde ich mit meinem Buch nun einen Spiegel vorhalten, in welchem sie sofort erkennen können, was Recht ist und was Unrecht. So habe ich auch den Titel für mein Werk gefunden: Ich werde es *Sachsenspiegel* nennen.

Wie Sie sicherlich wissen, haben meine Stammesgenossen sehr viel länger dem Glauben an die alten Götter angehangen als beispielsweise die Schwaben oder die Franken. Doch selbst dort werden unbeanstandet die alten Sagen erzählt, und darin werden zuweilen Delikte geschildert, die ich als Schöffe gleich mehrfach mit der Todesstrafe ahnden würde. Nehmen Sie nur die Geschichte von dem berüchtigten Drachentöter Siegfried. Er vergewaltigt doch tatsächlich die Frau seines Freundes Gunther. Darauf steht bei uns Enthauptung, und zwar ohne jedes Wenn und Aber. Dem Sagenheld jedoch wird das ganz offensichtlich verziehen. Gunthers Gefolgsmann Hagen von Tronje seinerseits darf daraufhin den Drachentöter von hinten (!) erstechen. Niemand verurteilt Kriemhild, die aus Rache für ihren ermordeten Mann das ganze Volk der Burgunder von den Hunnen abschlachten läßt. Daß der alte Hildebrand letztendlich die rasende Frau erschlägt, nimmt ihm auch niemand übel. Von Ungesetzlichkeit ist keine Rede. Allenfalls von düsterer Tragik.

Leider muß ich hier feststellen, daß es keineswegs die gemeinen Leute sind, bei denen das Messer zu locker sitzt. Weitaus mehr unschuldiges Blut klebt an den Händen gewisser Ritter, die allzu schnell den Schwur vergessen, den sie bei ihrer Schwertleite abgelegt haben. Statt die Witwen und die Waisen zu schützen, die Kirche und die Armen, sind gerade sie es, die Angst und Entsetzen verbreiten und nur noch die irdische Strafe fürchten, nicht aber den Zorn Gottes.

Wen wundert es! Sie gehen zwar zur Kirche, gewiß, doch anstelle eines Altars könnte dort – wenn es nach ihnen ginge – noch immer ein Opferstein für Wotan stehen. Ihr Christentum ist nur aufgepfropft wie ein Apfelzweig auf einen Distelbusch. Für viele dieser Schlagetots scheinen Krieg und Mord, Raub und Vergewaltigung der einzige Lebensinhalt zu sein. Aufgabe eines Ritters dagegen ist es, seinem Herrn zu dienen und ihm in den Krieg zu folgen. Kriege jedoch werden nur im Sommer geführt, so daß mehr als ein halbes Jahr Zeit bleibt, um Fehden mit unliebsamen Nachbarn zu führen, Bauern zu schikanieren, Juden abzuschlachten und Kaufleute auszuplündern. Da sich der König – wer immer es gerade war – in den vergangenen Jahrhunderten fast ständig mit einem seiner Herzöge herumstritt, was oft in regelrechte Feldzüge ausartete, fehlte allzu häufig die strafende irdische Hand, so daß sich schließlich die Kirche gezwungen sah, zumindest diejenigen Ritter mit dem Bannfluch zu belegen, die in Kirchen einbrachen, Arme beraubten, Priester angriffen und andere vergleichbare Schandtaten begingen, die zum Himmel schrien.

Die Wirkung dieser eigentlich doch furchtbaren Drohung indes hielt sich in Grenzen. Der Fluch des Papstes kann schließlich nur einen Gläubigen zutiefst erschrecken, nicht aber einen Raubritter, der nicht Gott fürchtet, sondern allenfalls den Teufel. Mehr Eindruck machte schon der feierliche Frieden, den Heinrich IV. im Jahr des Herrn 1103 auf dem Reichstag zu Mainz verkündete. Für vier Jahre stellte der

Kaiser Frauen, Mönche, alle anderen Geistlichen und bemerkenswerterweise auch die Juden unter seinen persönlichen Schutz. Wer weiterhin plündern, schänden und morden sollte, verlor Hand oder Auge. Wer sich dieser Bestrafung jedoch durch Flucht entzog, dem wurde sein Hab und Gut genommen.

Daraufhin kehrte vorübergehend Ruhe ein im Reich. Trotzdem: Die Zeiten eines Konrads II. waren unwiderruflich vorbei. Der hatte sich rund 80 Jahre zuvor unmittelbar nach seiner Wahl zum König in den Sattel geschwungen und war kreuz und quer durch sein Reich geritten, um persönlich nach dem Rechten zu sehen. 30 bis 40 Kilometer war er täglich unterwegs, und kein Übeltäter war vor ihm sicher.

Unser augenblicklicher Herrscher, Friedrich II., ist zwar sehr gebildet, sicherlich auch bewandert in Reichsangelegenheiten, aber ein Konrad ist er nun einmal nicht. Er bleibt lieber im sonnigen Süden, statt durch Sachsen zu reiten, und eben deshalb scheint es mir wichtig, auch meinen Kollegen, die das Amt eines Schöffen ausüben, etwas Schriftliches an die Hand zu geben. Niedergeschriebene Gesetze sind nun einmal die Basis für das Zusammenleben verschiedener Stämme und Volksgruppen. Moses empfing seine Zehn Gebote direkt vom Herrn, aber solche Gesetzestexte kannten auch die Griechen, die Römer und viele orientalische Völker.

Nach dem Zusammenbruch des Römischen Reiches galten diesseits der Alpen die Gesetze des Cäsarentums nichts mehr. Von da an regierte nur noch das Schwert, und der Mächtige diktierte seinen Willen dem Besiegten. Als dann die Franken ihr Reich gründeten, schrieben sie ihr Recht in lateinischer Sprache auf, die »Lex Salica«. Das war schon eine beachtliche Leistung, obwohl man sich dabei im Grunde darauf beschränkte, penibel festzuhalten, wieviel Geld für welche Straftat zu zahlen war. Der Frankenkönig Chlodwig hatte in dieses Gesetz zwar einiges Römisches übernommen, aber letztlich war es doch überwiegend eine Niederschrift der alten fränkischen Stammesüberlieferungen. Ihr eigenes Recht hatten übrigens auch die Alemannen, die Bayern und die Friesen.

Karl der Große versuchte später, für sein riesiges Reich eine einheitliche Rechtsprechung durchzusetzen. Seine Königsboten waren mit sehr viel Gewalt ausgestattet und richteten in seinem Namen. Doch je größer das Reich wurde, um so unregierbarer wurde es auch. Als es schließlich auseinanderbrach, als an seinen Grenzen Normannen und Ungarn auftauchten, da drohte wieder das blanke Chaos. Aber das alles ist längst Geschichte. Wir haben zwar wieder einen Landfrieden, der beispielsweise vorschreibt, daß eine Fehde drei Tage vorher angekündigt werden muß. Besser wäre es indes, wenn man die ebenso blutigen wie sinnlosen Fehden gänzlich untersagt hätte.

Die Kirche trug wenigstens ein bißchen zur Befriedung des Landes bei, indem sie einen Gottesfrieden verkündete. Sie verbot damit die Austragung einer Fehde (und zugleich auch Gerichtssitzungen) an allen geheiligten Tagen. Dazu zählen nicht nur die hohen Festtage, sondern auch die gesamte zweite Wochenhälfte von Donnerstag, dem Tag des Abendmahls Christi und seiner Jünger, bis einschließlich Sonntag. Bei Zuwiderhandlungen droht der Kirchenbann, doch von dessen bescheidener Wirksamkeit sprach ich ja schon. Wir jedenfalls sind froh, daß wir in unserer überschaubaren Gemeinschaft selber Recht sprechen können und nicht auf irgendeine anonyme kirchliche Instanz angewiesen sind.

Bei dieser Gelegenheit ein Wort zur Kirche: Es ist Mode geworden, daß Rom sich zum alleinigen Rechtsprecher aufzuwerfen versucht. Dazu möchte ich ganz klar feststellen: Gott hinterließ auf dieser Erde zwei Schwerter, um die Christenheit zu beschützen: das geistliche für den Papst, das weltliche für den Kaiser. Die geistliche Gewalt soll dem weltlichen Gericht beistehen, wenn dies erforderlich scheint, und der Kaiser seinerseits dem Papst. Aber der Papst darf sich nicht in unsere Rechtsprechung einmischen. Das ist nicht seines Amtes. Unser Recht ist gut, weil es seit der Erschaffung der Welt besteht. Es kommt direkt von Gott, und deshalb kann auch keiner seiner Stellvertreter auf der Erde auch nur einen Buchstaben daran ändern.

Unser Gericht braucht weder die Öffentlichkeit noch das Licht des Tages zu scheuen. Wir versammeln uns zum Gerichtstag im Freien unter der Dorflinde. Die Funktion des Richters obliegt dem Grafen, der nach genau festgelegten Regeln Kläger und Beklagte vernimmt, bis die Sachlage klar ist. Auf das Strafmaß jedoch hat der Graf keinen Einfluß. Das gehört zur Aufgabe der Schöffen. Eine wichtige Rolle spielt daneben der Gerichtsbote, der nicht nur die Ladung vor das Gericht überbringt, sondern auch Tatverdächtige verhaftet, Besitz pfändet und Delinquenten züchtigt. Auf gut Deutsch: Er ist der Gehilfe des Gerichts – aber auch der Henker.

Allzu häufig braucht er bei uns auf dem Lande allerdings nicht als Scharfrichter aufzutreten, weil wir nur ungern die Todesstrafe verhängen. Bei etlichen Vergehen – mehr als mir lieb sind – kommen wir jedoch nicht daran vorbei. Keine Gnade walten lassen dürfen wir bei Mord, Zauberei und Giftmischerei. Zum Tode verurteilt wird ebenfalls derjenige, der auch nur einen einzigen Pfennig stiehlt, ferner wer Hehler von Diebesgut ist, wer Kirchen und Friedhöfe plündert oder eine Mühle, die besonders geschützt ist, weil sie fernab von der Siedlung liegt und deshalb ein beliebtes Ziel von räuberischem Gesindel darstellt. Der Tod droht zudem allen Verrätern und Brandstiftern und letztendlich den Frauenschändern.

Die Vergewaltigung einer Frau wird unnachsichtig bestraft, wobei es völlig gleichgültig ist, ob es sich um eine hochgestellte Dame handelt oder um eine fahrende Schaustellerin. Der Schutz der weiblichen Ehre liegt nicht nur uns Sachsen am Herzen. Von den Franken weiß ich, daß dort früher schon das Streicheln einer Frauenhand – gegen den Willen der Dame, versteht sich – 15 Kühe kostete. Das Berühren des Oberarms wurde mit einer Strafe von 35 Kühen geahndet, und wer gar die Brust einer Frau unsittlich betastete, hatte 45 Kühe zu zahlen.

Wenn eine Frau vergewaltigt worden ist, muß sie die Klage mit einem Notruf erheben. Das bedeutet, daß alle waffenfähigen Männer verpflichtet sind, drei Tage bei eigener Verpflegung nach dem Angeschuldigten zu fahnden und ihn vor das Gericht zu bringen. Wird er dort für schuldig befunden, wird er enthauptet. Sterben müssen zusammen mit ihm auch alle Lebewesen, die bei der Vergewaltigung anwesend waren. Auch die Tiere! Das Haus, in dem die Tat geschah, ist für immer entweiht. Es wird abgerissen.

Nun kann es natürlich immer geschehen, daß falsche Anklage erhoben wird. Denken Sie nur an die Frau des Potiphar im Alten Testament, die den Joseph verleumdete. Der Angeklagte hat drei Möglichkeiten, das Gericht von seiner Unschuld zu überzeugen. Zum einen kann er einen Reinigungseid ablegen. Er schwört bei gleichzeitiger Selbstverwünschung, das ihm zur Last gelegte Verbrechen nicht begangen zu haben. Einen solchen Reinigungseid hat beispielsweise Papst Leo III. gegenüber Kaiser Karl abgelegt. Die Bürger Roms hatten ihm damals unter anderem Meineid und Ehebruch vorgeworfen.

Das Wort des Beschuldigten allein reicht nicht aus, um sich von einem so schweren Vorwurf zu entlasten. Er braucht deshalb Freunde, die ihm als Eideshelfer dienen. Indem auch sie den Reinigungseid leisten, bekunden sie gegenüber dem Gericht, daß sie den Angeklagten so gut zu kennen glauben, daß sie ihn einer solchen Tat für nicht fähig erachten, zumal er ja seine Unschuld selber bei seiner unsterblichen Seele beschwören mußte. Die Anzahl der Eideshelfer wird vom Gericht festgelegt. Sie steigt naturgemäß mit der Schwere der Anklage. Ein Bauer braucht im Normalfall mehr Eideshelfer als ein Ritter, weil auf das Wort eines Adligen mehr Verlaß ist als auf das eines Mannes aus dem einfachen Volk.

Eine weitere Möglichkeit, seine Unschuld zu beweisen, ist der Zweikampf. Wie wichtig diese Art von Beweis bei uns genommen wird, sieht man schon an folgendem Grundsatz, auf dessen Einhaltung streng geachtet wird: Ein Mann kann nur so lange über eigenen Grundbesitz verfügen, als er in der Lage ist, angetan mit Schild und Schwert aus eigener Kraft von einem Stein aus sein Schlachtroß zu besteigen. Er muß also noch in der Lage sein, notfalls einen Zweikampf auszutragen. Naturgemäß gibt es trotzdem immer Personen, die sich – aus irgendwelchen Gründen – nicht zum Zweikampf stellen können oder wollen. Frauen zum Beispiel, aber auch Feiglinge, die eine Krankheit vortäuschen. Sie haben die Möglichkeit, einen Lohnkämpfer anzuheuern.

Lohnkämpfer gehören gemeinhin zum fahrenden Volk. Ehrlose und entrechtete Raufbolde sind es zumeist, deren kämpferisches Format höchst zweifelhaft ist. Außerdem können Höhergestellte (und über dem fahrenden Gesindel steht ja fast ein jeder!) einem solchen Kerl den Zweikampf verweigern. Solche Duelle sind im übrigen genauestens reglementiert, denn Totschläger gibt es genug im Land. Am Rande sei vermerkt, daß die Kirche nur deshalb noch kein generelles Zweikampf-Verbot erlassen hat, weil es ihr mit einem kleinen Trick gelungen ist, ein solches Duell in eine Art Gottesurteil umzudeuten.

Damit wären wir auch schon bei der dritten Möglichkeit, seine Unschuld zu beweisen: eben beim Gottesurteil. Davon gibt es viele

Spielarten, und eine ist umstrittener als die andere. Deshalb darf es auch nur dann angewendet werden, wenn alle Versuche der Wahrheitsfindung vergebens waren, wenn beispielsweise Eid gegen Eid steht. Bei uns kommt nur das Wasserurteil zur Anwendung, bei dem der gefesselte Angeklagte an einem Seil ins Wasser gehalten wird. Droht er zu versinken, zieht man ihn rasch wieder heraus. Er ist unschuldig, denn das als rein geltende Wasser hätte einen Frevler abgestoßen.

Aber es gibt anderenorts auch noch folgende Arten von Gottesurteilen:

▷ Man läßt zwei Kontrahenten mit auseinandergebreiteten Armen so lange gegenüberstehen, bis der erste – der Schuldige nämlich – die Arme sinken läßt.

▷ Ein Angeschuldigter muß mit nackten Füßen über glühende Steine gehen.

▷ Der Delinquent muß mit bloßen Händen einen Gegenstand aus einem Kessel mit kochendem Wasser holen.

▷ Man läßt einen Verdächtigen im bloßen Hemd zwischen zwei brennenden Holzstößen hindurchgehen.

Dieser Feuerprobe hat man übrigens die des Ehebruchs verdächtigte Richarda unterworfen, die Frau des Frankenkönigs Karl der Dicke. Sie blieb gottlob unversehrt, so daß ihre Unschuld erwiesen schien. Ein Chronist schrieb erleichtert: »Der frowen arges nine was. Sie sprachen Deo gratias!« Wenn Sie mich fragen, so halte ich rein gar nichts von diesen sogenannten Gottesurteilen, aber nicht weil es mir an der notwendigen Gläubigkeit mangelt, sondern weil ich aus Erfahrung weiß, daß bei diesen Proben geradezu schandbar manipuliert werden kann und wohl auch wird.

Anstelle von Zweikämpfen (wieso hat der Stärkere eher recht als der in Kriegskünsten weniger Geübte?) und zweifelhaften Gottesurteilen bevorzuge ich handfeste Zeugenaussagen und, so diese nicht möglich sind, was ja häufiger vorkommt, als man annehmen möchte, einen Schwur auf die heiligen Reliquien. Sicherlich gibt es auch Meineide, aber im Angesicht der Heiligen und vor Gott falsch zu schwören – das wagt nun wirklich und Gott sei Dank kaum jemand.

Einen Reinigungseid beispielsweise muß der Mann leisten, der den

Hund eines anderen schwer verletzt oder erschlägt und keine Buße zahlen will, weil er behauptet, in Notwehr gehandelt zu haben. Auf die Reliquien schwören muß eine Frau, die den Erben ihres verstorbenen Gatten gegenüber behauptet, sie habe dies oder das von ihrem Mann als Morgengabe geschenkt bekommen. Es ist nur zu natürlich, daß in einem derart intimen Augenblick kein Dritter anwesend ist.

Auf eine Morgengabe hat aber nicht nur die Ehefrau, sondern auch jedes Kebsweib Anspruch. Damit der Mann nicht sein gesamtes Vermögen an liederliche Frauenzimmer verschleudert, ist festgelegt, daß ein Nichtadliger höchstens ein Pferd oder eine Kuh verschenken darf. Gibt ein Adliger jedoch mehr, zum Beispiel einen Fronhof, so tut die Frau gut daran, sich das unter Anwesenheit von Zeugen bestätigen zu lassen. Bei Geschenken dieser Größenordnung reicht ein Eid allein nicht mehr aus.

Wie Sie sehen, sind es die kleinen Dinge des Alltags, die uns Schöffen weit häufiger beschäftigen als Mord oder Verrat. Die weniger dramatischen Vergehen sind es gemeinhin, die den Frieden unter den Nachbarn stören, und deshalb habe ich mit großer Sorgfalt zusammengetragen, was erlaubt und was unstatthaft ist, was ein Schöffe zu ahnden und welche Strafe er auszusprechen hat. Er ist keineswegs frei in seiner Entscheidung und kann bei der Strafzumessung weder die Jugend eines Schuldigen als mildernden Umstand berücksichtigen noch die Armut des Diebes, weder mangelnde Erziehung und das Fehlen eines geordneten Elternhauses noch den Hunger, der vielleicht einen Räuber zur Tat verleitet hat.

Am häufigsten – das lehrt mich die Erfahrung – entsteht Streit um Erbschaften. Deshalb habe ich für mein Büchlein alle nur denkbaren Möglichkeiten zusammengetragen, damit niemand mit einer Frage vor den Schöffen treten kann, auf die dieser keine Antwort weiß. Aufgeführt werden muß beispielsweise, wer ein Erbe antreten kann. Kein Krüppel darf das, auch kein Kind, geschweige denn ein Wahnsinniger. Festgeschrieben werden muß, wie eine Hinterlassenschaft unter zwei Söhnen aufzuteilen ist. Der Ältere nämlich soll teilen, und der Jüngere darf dann als erster wählen. Die Erben müssen die Schulden des Erblassers zahlen, aber nur mit dem Erlös der beweglichen Habe des Verstorbenen. Grundbesitz dagegen oder ein Haus können nicht zur Schuldentilgung herangezogen werden. Für die Spielschulden des Verstorbenen müssen die Erben ebensowenig aufkommen wie für den Schaden, den der Erblasser möglicherweise durch ein Verbrechen angerichtet hat.

Immer, wenn ich glaube, daß mein Werk vollendet sein könnte, fallen mir neue Dinge ein, die ich noch nicht schriftlich fixiert habe, obwohl jeder Schöffe die Antwort auf solche Fragen aus seiner Praxis kennt.

▷ Zum Beispiel: Jeder Schatz, der tiefer in der Erde vergraben ist, als ein Pflug geht, gehört dem König.

▷ Oder: Wenn jemand etwas Wertvolles findet, so soll er es in der Kirche allen bekanntmachen. Hat sich nach sechs Wochen der Eigentümer noch nicht gemeldet, dann bekommt der Richter (also der Graf) zwei Drittel des Wertes und der Finder das dritte.

▷ Oder: Wer einen Grenzstein aufstellt, soll dies in Gegenwart desjenigen tun, dem das Land auf der anderen Seite gehört.

▷ Oder: Den Backofen, den Schweinestall und den Abort soll man wegen der Geruchsbelästigung nicht direkt an den Zaun des Nachbarn setzen. Wegen der Schicklichkeit ist der Abort außerdem bis auf die Erde herunter mit einem Zaun zu versehen, durch den man nicht hindurchsehen kann.

Verstößt nun jemand gegen dieses Recht, so erwartet ihn die althergebrachte Strafe. Männer, die des Todes für schuldig befunden worden sind, werden enthauptet oder – was schimpflicher ist – aufgehängt. Frauen dagegen werden ertränkt oder auch verbrannt. Eine wichtige Rolle spielt das Manngeld. In den alten Zeiten konnte Blut nur mit Blut abgewaschen und gesühnt werden. Später wurde es möglich, die Sippe des Erschlagenen mit einer entsprechend hohen Geldsumme zufriedenzustellen. Auf Mord steht heute in jedem Fall wieder die Todesstrafe, aber geringere Vergehen kann man mit diesem Manngeld wiedergutmachen, wobei die Körperverletzung, die einem Adligen zugefügt wird, mehr kostet als die Mißhandlung eines Hörigen. Manngeld, oder sagen wir lieber eine Geldbuße, kann auch für beschädigte Sachen oder verwundete oder getötete Tiere gezahlt werden. In jedem Einzelfall ist die zu entrichtende Summe auf den Pfennig genau festgelegt.

An dieser Stelle möchte ich Sie übrigens vor einem Denkfehler bewahren. In der Bibel findet sich der so fürchterlich klingende Satz

»Auge um Auge, Zahn um Zahn«. Das hört sich tatsächlich ziemlich grausam an, aber eigentlich hat dieses Gesetz des Moses einen anderen und um vieles schrecklicheren Grundsatz abgelöst: den der blindwütigen Rache.

Wenn in uralten Zeiten ein Mann getötet wurde, konnte es geschehen, daß seine Verwandten loszogen, um die gesamte Sippe des Mörders auszulöschen, das Dorf niederzubrennen und das Vieh wegzutreiben. Das war keine Gerechtigkeit – das war haßerfüllte Vergeltung. Moses aber lehrte, daß nur das Gleichgewicht zwischen den einzelnen israelischen Sippen wiederhergestellt werden dürfe. Verlor also eine Familie einen waffenfähigen Mann, so mußte auch ein Mann der benachbarten Familie sterben, damit diese nicht zu mächtig wurde.

Diese Ausgewogenheit und dieses Gleichgewicht der Kräfte war wichtig bei einem Stamm, der in der Wüste lebte, wo schon der Streit um die Nutzung eines Wasserlochs in eine blutige Auseinandersetzung ausarten konnte. Das Gesetz des Moses lautet aber auch, daß derjenige, der dem anderen einen Zahn ausgeschlagen hatte, dafür ebenfalls einen Zahn opfern mußte. Nicht weniger, aber auch auf keinen Fall mehr! So betrachtet, klingt die schaurige Forderung gar nicht mehr so schrecklich, sondern eigentlich eher besänftigend.

Doch kehren wir zu unseren Gesetzen zurück, denn ich möchte Ihnen keineswegs verschweigen, wie die Redewendung von »Haut und Haaren« entstanden ist. Sie geht zurück auf die Höchststrafe, die über schwangere Frauen, aber auch wegen leichten Diebstahls verhängt wird: Die Strafe besteht in einer Auspeitschung mit biegsamen Weidenruten und dem Kahlscheren des Kopfes.

Völlig unbekannt dagegen ist bei uns das Einsperren eines verurteilten Verbrechers in einem Kerker. Wozu sollte das wohl nutzen! Es kann ja keinesfalls als Abschreckung dienen, weil ja niemand den Inhaftierten zu Gesicht bekommt, und aus dem Gefängnis heraus kann er den angerichteten Schaden schließlich auch nicht wiedergutmachen. Wohl kenne ich eine Strafe, die vor allem in Kreisen des Hochadels häufig verhängt wird: Man schickt den Verräter in ein Kloster. Als ich zum erstenmal von diesem merkwürdigen Brauch hörte, glaubte ich, dies sei eine besonders milde Strafe. Bei längerem Nachdenken stellte sich mir die Sache allerdings völlig anders dar.

Man überlege: Ein junger Mensch, gleichgültig ob Mann oder Frau, der bislang auf einer Burg oder bei Hofe gelebt und ein sorgenfreies und mehr oder weniger aufregendes Dasein geführt hat, wird kahlgeschoren und in ein Kloster gesteckt. Er verliert seinen Namen und seinen Adelstitel. Er darf keinen Besuch mehr empfangen und wird niemanden aus seiner vertrauten Umgebung jemals wiedersehen. Nicht seine Mutter und nicht seinen Vater, weder seine Geschwister noch seine Freunde. Den Rittersaal tauscht er gegen eine karge Klosterzelle, und darin wird er – obwohl nicht zum Mönchsein berufen – bis an sein Lebensende dahinvegetieren, vergessen von der Umwelt und ohne den Schimmer einer Hoffnung.

Wahrlich – da würde sich mancher eher den Tod wünschen, und ich könnte mir durchaus vorstellen, daß ihn auch mancher gesucht und gefunden hat.

Temudschin und die Horden aus dem Tartaros

Schauerlicher »Totentanz« · Des Herzogs Kopf auf der Stange ·
Religionsfreiheit bei den Barbaren · Speisezettel mit Aas und Würmern ·
Der Tod des Dschingis-Khan · Neun Säcke voller Ohren

E s ist der 9. April 1241. Auf der Walstatt bei Liegnitz, einem befestigten Ort an der Katzbach in Niederschlesien, hat der junge Herzog
Heinrich II., der auch »der Fromme« oder »der Bärtige« genannt wird,
ein Heer zusammengezogen, das diesen Namen eigentlich nicht verdient. Es ist eher ein zusammengewürfelter Haufen, der zwar von allen
Seiten Zustrom erhält, aber die Qualität der kleinen Streitmacht verbessert sich dadurch in keiner Weise. Der junge Herzog ist entschlossen zu
kämpfen und auch bereit, mitsamt seinen Männern zu sterben. Das sagt
sich so leicht, aber Heinrich weiß, was auf ihn zukommt.

Er weiß es noch nicht sehr lange, denn alles ist viel zu schnell über
das Land hereingebrochen. Gewiß, man hatte von den Mongolen
gehört, einem Nomadenvolk ganz weit im Osten. Absolut uninteres-
sant für die Christenheit. Wer kümmert sich schon um schlitzäugiges
heidnisches Pack, das nicht einmal feste Häuser, geschweige denn
Kathedralen zu errichten versteht. Und liegt nicht zwischen Schlesien
und den fernen Steppen, die jenes Gesindel angeblich hervorgebracht
haben, nicht nur das starke Polen, sondern auch die unendliche Weite
Rußlands?

Das – so glaubte man noch 1237 – bot Sicherheit genug. Doch dann
überschreiten die Mongolen die Wolga, und schon ein Jahr später
stehen sie vor Moskau. 120000 Reiter fegen ein russisches Heer hinweg, und ihr Anführer, ein gewisser Batu, läßt sich – ein beliebter
Brauch – aus der Hirnschale des gefallenen russischen Fürsten Jurij
eine Trinkschale anfertigen. Dann dringen seine Reiter in Moskau ein.
Der Kreml kann von den paar tausend Mann Besatzung nicht lange
verteidigt werden. Wer nicht bei der Erstürmung umkommt, muß sich
neben seine Kameraden auf den Boden legen. Die Mongolen werfen

Bretter über die Gefangenen und tanzen darauf, bis niemand mehr lebt. Die Frauen werden geschändet und mit ihren Kindern in die Sklaverei verkauft. Hinter jedem mongolischen Heer ritten Dutzende Sklavenhändler mit Säcken voller Seile.

Batus Angriff auf Nowgorod dagegen blieb im Schlamm stecken. Die Frühjahrssonne hatte den gefrorenen Boden aufgeweicht, und die kurzbeinigen Ponys versanken bis zum Bauch im Schlamm. Die reiche Hansestadt war gerettet, nicht aber Kiew, dem der nächste Überfall galt. Von der größten Stadt des Reiches, in der an die 60 000 Menschen wohnten, blieben 1240 nur wenige Häuser und wundersamerweise die Sophien-Kathedrale unversehrt.

Eine Hiobsbotschaft jagte von nun an die andere. Das ungarische Heer ist vernichtend geschlagen worden, das polnische Heer existiert nicht mehr. Krakau brennt, Breslau ist vom Erdboden verschwunden. Flucht ist sinnlos. Zu sterben gilt es vor Liegnitz, oder aber zu siegen, um diese Pestilenz aus dem Osten aufzuhalten.

Zu dem kleinen Haufen des jungen Herzogs sind Ritter aus Krakau gestoßen, die dem dortigen Gemetzel entkommen sind, außerdem Templer, Johanniter, Ritter vom Deutschen Orden, und dann gibt es da noch das bunt durcheinandergewürfelte Fußvolk sowie zahlreiche Bauern, die bei Heinrich Schutz vor den umherstreifenden Mongolenhorden gesucht haben. Ein ziemlich armseliger Haufen, aber immerhin rund 10 000 Mann stark. Nur: Auf der anderen Seite traben 30 000 Krieger heran, allen anderslautenden Berichten über ihre wilde Zügellosigkeit zum Trotz außerordentlich diszipliniert und aufs beste gerüstet.

Gefürchtet war vor allem ihr Bogen, der sogar dem berüchtigten englischen Bogen in jeder Hinsicht überlegen war. Brachten die englischen Bogenschützen pro Minute immerhin fünf bis sechs Pfeile über eine Entfernung von etwa 200 Metern ins Ziel, schossen die Mongolen nach glaubhaften Augenzeugenberichten doppelt so viele ab, und sie trafen angeblich sogar auf eine Entfernung von 300 Metern.

Das alles wußte Heinrich, und darum versuchte er verzweifelt, sein Heer mit dem des Königs Wenzel von Böhmen zu vereinigen, aber die Mongolen kamen ihm zuvor und schnitten ihm den Weg ab.

Dann das Aufeinandertreffen. Alles hatten die Mannen des Herzogs erwartet, das Blasen von Hörnern, das Donnern der Hufe, schrilles

Kriegsgeschrei – nur nicht diese leise Musik, die sanften Flötentöne, zu denen nun die grauslich anzusehenden Tataren auf ihren unansehnlichen Gäulen angriffen. Für einen Augenblick verdunkelte sich der Himmel. Eine Wolke von Pfeilen ging über den christlichen Rittern nieder. Die ihrerseits legten die schweren Lanzen ein und ritten nach vorn, wie man das halt so machte, und siehe da: Es schien zu funktionieren. Der Feind wandte sich zur Flucht.

Einige Ordensritter kannten zwar derartige Tricks schon von den Kreuzzügen her, wo allzu oft tumbe Rittersleut' von den Sarazenen in die Falle gelockt worden waren, aber ihre warnenden Zurufe gingen im Schlachtenlärm unter. Heinrich preschte dem anscheinend fliehenden Feind nach. So leicht hatte er sich das wohl nicht vorgestellt, denn plötzlich tauchten von allen Seiten die schäbigen Ponys auf, und aus der munteren Verfolgungsjagd wurde ein blutiges Gemetzel Mann gegen Mann. Nur daß die Mongolen dreifach überlegen waren.

Am Abend trugen sie den abgeschlagenen Kopf des tapferen Herzogs, auf eine Lanze gespießt, vor die Tore der Stadt. Wer sollte sie nun noch aufhalten? Der Kaiser stritt sich in Italien mit dem Papst herum, und dieser verstieg sich in seinem Haß sogar zu der unsinnigen Behauptung, daß Friedrich II. selber die Mongolen ins Land gerufen habe. Aber diese Unterstellung war nichts als Greuelpropaganda und beweist nur, wie wenig man im damaligen Abendland über die Mongolen wußte. Kein Großkhan hätte sich von irgendeinem König oder Kaiser zu irgend etwas auffordern lassen. Dazu waren sie viel zu selbstbewußt, und ganz abgesehen davon: Warum hätte der Kaiser sein eigenes Land verwüsten sollen?

Im Frühling des Jahres 1241 jedenfalls lag Europa offen und verteidigungsunfähig vor den riesigen mongolischen Heeren, und dann geschah das Wunder: Batu sammelte seine Krieger und zog sich zurück. Der Herrgott persönlich – so wenigstens mußte es der Christenheit erscheinen – war ihm wohl im Traum erschienen und hatte den Abzug befohlen. Aber der Herrgott hatte sich, wie er das in solchen Fällen immer zu tun pflegt, aus der ganzen Sache herausgehalten. Es sei denn, man will es als sein gezieltes Werk ansehen, daß er im fernen Karakorum, der Hauptstadt der Mongolen, Dschingis-Khans Nachfolger Ogedei sterben ließ. Eilboten hatten Batu die Meldung gebracht, und

dem schien es nun wichtiger, an der Wahl des neuen Großkhans teilzunehmen, anstatt weitere Köpfe von Herzögen auf Lanzen zu spießen.
Deshalb kehrte er um. Er sollte niemals wiederkommen.

Nun wird es aber höchste Zeit, daß wir uns ein wenig näher mit
diesen barbarischen Horden beschäftigen, die von einem einzigen
Mann innerhalb von nur 30 Jahren geeint und zu Beherrschern eines
Reiches gemacht wurden, das riesiger war als das römische Weltreich,
ja noch größer als das des großen Alexander. Auf dem Höhepunkt ihrer
Macht durchstreiften und regierten die Mongolen das Gebiet zwischen
Polen und Korea, zwischen Indien und Nordsibirien. Sie erhielten
Tribut aus der Türkei und aus China, aus Persien und Rußland, aus
Pakistan und Indien, und selbst die Eroberung der japanischen Inseln
scheiterte nur knapp. Für Nomaden war das eine geradezu unglaub-
liche Leistung.

Angefangen hatte alles gegen Ende des 12. Jahrhunderts in Zentralasien, im Gebiet des Jablonowy-Gebirges östlich des Baikalsees und
nördlich der heutigen Mongolei und der Wüste Gobi. Hier sind die
Sommer trocken und heiß, so daß die Vegetation verdorrt. Die Winter
dagegen sind extrem kalt, und nur wer selber hart und furchtlos ist,
kann in diesen Breitengraden überleben.

An den Ufern der Flüsse Kerulen, Onon und Tula lebten verschiedene Nomadenstämme von mehr oder weniger großem Einfluß. Es gab
die Merkit und die Kereit, die Naimanen und die Kitan, die Tataren
und eben auch die Mongolen, was so viel bedeutet wie »die Tapferen«,
ein eher unbedeutender Stamm, der jedoch eines Tages einen jungen
Mann hervorbrachte, der die halbe Welt beherrschen sollte. Sein Name
war Temudschin.

Es wird zwar zuweilen behauptet, er sei von vornehmer Herkunft
gewesen, aber was bedeutet bei Nomaden schon »vornehm«? Jedenfalls
war er der Sohn eines Stammesführers. Doch nachdem man seinen
Vater vergiftet hatte, waren Stamm und Sippe verstreut worden, und
Temudschin (als ältester Sohn) und seine energische Mutter hatten
größte Mühe, die vielköpfige Familie mehr schlecht als recht zu ernähren. Ein armseliges Dasein fristeten sie, stets auf der Flucht, zuweilen
allerdings auch selber angreifend. List war notwendig, um zu überleben, aber auch Kraft, Mut und etwas Glück.

Langsam, ganz langsam, baute sich Temudschin eine Hausmacht auf. Das dauerte Jahrzehnte, und er war schon 44 Jahre alt, als er schließlich zum unumstrittenen Großkhan aller Reiterstämme in Zentralasien gewählt wurde. Bei dieser Gelegenheit wird ihm sein neuer Name verliehen, und da man nicht so ganz genau weiß, wie man diesen Namen übersetzen könnte, begnügen wir uns damit, besagten Temudschin ab hier einfach Dschingis-Khan zu nennen.

Von allen Stämmen, die nun unter seinem Banner ritten, hat sich für seine Zeitgenossen ausschließlich der Name der Tataren erhalten, und das hat seinen Grund: Als die gelben Reiterhorden erstmals im Osten auftauchten, schien es den Menschen in Byzanz, als seien sie schnurstracks der Hölle entstiegen, die auf griechisch »tartaros« heißt. Diese Ähnlichkeit der Namen reizte zumindest die gebildeten Historiker, die fortan die Mongolen nur noch als »Tartaren« bezeichneten, und wenn wir heute von schlechten Nachrichten sprechen, dann sprechen wir noch immer von Tatarennachrichten. Das »r« von »tartaros« ist im Lauf der Jahre weggefallen.

Was den Krieg zwischen den Mongolen und den »zivilisierten« Völkern so unendlich grausam und blutig ausarten ließ, war der tief verwurzelte Haß zwischen den Seßhaften und den Umherziehenden. Kein Nomade versteht, wie man sich an die Scholle klammern oder von Mauern einsperren lassen kann. Die Seßhaften wiederum fürchten seit Jahrtausenden die unstet Umherwandernden, die auf nichts anderes aus zu sein scheinen, als ihnen den mühsam zusammengerafften Besitz zu stehlen. Das galt für Nomaden ebenso wie für »wandernde Juden«, für das fahrende Schauspieler-Völkchen wie (bis auf den heutigen Tag) für Zigeuner.

Entsprechend verächtlich spricht man natürlich auch von den anscheinend Heimatlosen. Die Chinesen nannten die wilden Krieger aus dem Norden gemeinhin nur »Menschenhunde« oder »Menscheninsekten«. Daß sie diesen verachteten »Untermenschen« eines Tages zum Opfer fallen könnten, daß nicht einmal die Große Mauer den Ansturm der Steppensöhne aufhalten würde – das ahnte niemand von den hochmütigen Höflingen in den ehrwürdigen Palästen.

Völlig ungeübt in der Kunst der Belagerung, bissen sich die Mongolen an den stark befestigten chinesischen Städten tatsächlich zunächst die Zähne aus, aber sie waren außerordentlich lernfähig. Sie nahmen gefangene oder übergelaufene Chinesen in ihre Dienste auf, und schon bald beherrschten sie alle nur denkbaren Varianten von Belagerung und Erstürmung fester Plätze. Zum Beispiel diese: Den Generälen der belagerten Stadtfestung Wulahai versprachen sie die Schonung, wenn die Verteidiger ihnen alle Katzen und Vögel der Stadt ausliefern würden. Verblüfft, so leicht davongekommen zu sein, entsprach man der Forderung. Die Mongolen indes banden den Tieren brennende Lunten an die Füße und ließen sie frei. Wahnsinnig vor Angst und Schmerz flüchteten sich die Tiere zurück in die Stadt, verkrochen sich in Scheunen und Speichern, so daß die ganze Stadt schon bald an allen Ecken brannte und die Mongolen die allgemeine Panik ausnutzen und die Stadt erobern konnten.

Hierbei handelt es sich allerdings vermutlich um eine sogenannte Wandersage, denn ähnliches wird auch aus anderen Epochen und Kulturkreisen berichtet. Möglicherweise jedoch wurden solche Tricks tatsächlich häufiger, wenn auch in verschiedenen Variationen, angewendet. Schließlich sprach sich derartiges nicht so schnell herum, wie das wahrscheinlich heute der Fall wäre. Zuweilen – erzählt man sich – trieben die Mongolen auch Rinder oder Hunde mit brennendem »Gepäck« in die Schlachtreihen des Gegners, um den Feind zu verwirren. Nicht gerade tierfreundlich, aber außerordentlich erfolgreich.

Zurück zu Temudschin, der nun Dschingis-Khan hieß: Augenzeugen behaupten, er sei hochgewachsen gewesen, obwohl das eher unwahrscheinlich ist für einen Mongolen. Herrscher mußten jedoch damals immer hochgewachsen sein, und es ist auch nicht weiter wichtig. Außerdem trug er einen langen Bart und besaß angeblich Katzenaugen. Beides klingt glaubhaft, und von seinem Charakter künden seine Taten. Er besaß ein außerordentliches diplomatisches Geschick und konnte sehr freundlich sein, aber ebenso grausam und rücksichtslos.

Hoch entwickelt war seine Auffassung von Ehre, die er auch an seine Söhne und Enkel weitergab. Dafür gibt es Beispiele in Fülle: Sein früherer Blutsbruder und späterer Todfeind Dschamukka wurde von seinen eigenen Leuten überwältigt und gefesselt vor Dschingis-Khan gebracht. Die Verräter hofften auf eine ansehnliche Belohnung, aber der Khan ließ sie hinrichten, weil es – wie er sagte – eine Schande sei, seinen Herrn den Feinden auszuliefern. Einen gewissen Tscheche, der ihm in einem Gefecht aus großer Entfernung sein Pferd unter dem Sattel weggeschossen hatte, machte er nach dessen Gefangennahme aus Hochachtung für seine Schießkünste zu einem seiner Anführer. Und des Khans Enkel Abtun verschonte nach der Eroberung von Kiew Dimitrij, den Verteidiger der Stadt, wegen dessen heldenmütigen Widerstands.

Gewisse ausgeprägte Charaktereigenschaften reichen natürlich nicht aus, um aus einem Familienklan eine Sippe, daraus einen Stamm und aus vielen Stämmen schließlich ein Weltreich zu schmieden. Entscheidend war das Charisma des Anführers, sein »Heil«, wie die Germanen gesagt hätten, und an diesem Charisma, an dem Nimbus der Unbesiegbarkeit, wirkte Dschingis-Khan sein Leben lang.

Auf dem Höhepunkt seiner Macht gründete er eine Leibwache, die aus 1000 Mann bestand und eine lebende Mauer um ihn bildete. Es waren die Söhne seiner Anführer, die sein Zelt abschirmten. Sie waren Elitekrieger und Geiseln zugleich. Und aus der Keimzelle seiner Macht heraus lenkte der Großkhan sein Reich, das zwar vom Sattel aus erobert worden war, wie es einer seiner chinesischen Berater weise formuliert hatte, das aber nicht vom Sattel aus regiert werden konnte.

Höchst erstaunlich für einen Nomaden erkannte Dschingis-Khan sehr rasch, daß er ohne einen straff gegliederten Beamtenapparat sein Riesenreich niemals würde verwalten können. Doch diesen notwendigen Apparat, zuständig für die Verwaltung der Steuern und die Eintreibung der Tribute, schuf er nur für das Kernreich. Um die inneren Angelegenheiten unterworfener Stämme kümmerten sich die Mongolenherrscher überhaupt nicht – solange die fälligen Abgaben entrichtet wurden.

Absolut tolerant verhielten sich die Tataren auch gegenüber anderen Religionen, wobei sie nur mit Kopfschütteln die Verehrung heiliger Stätten durch Christen und Mohammedaner zur Kenntnis nahmen. Angeblich war Gott doch überall. Was brauchte man da Wallfahrtsorte! Sie selbst hatten alle möglichen Götter, obgleich auch einen bestimmten, der über allen anderen stand. Ihre Priester, die Schamanen, lehrten, daß die Seele im Blut lebe. Deshalb galt es als große Gunst, wenn ein Verurteilter ohne Blutvergießen hingerichtet wurde, denn so blieb seine Seele in ihm. Wer dieser Gnade teilhaftig wurde, starb nicht durch das Schwert des Henkers, sondern wurde in einen Teppich gewickelt und so erstickt.

Im übrigen taten die Mongolen gut daran, die unterworfenen Völker nicht an der Ausübung ihrer Religion zu hindern. Wenn man Besiegten schon sonst nichts läßt, sollte man ihnen nicht auch noch die Götter nehmen. So lebten Buddhisten und Nestorianer, Mohammedaner und Konfuzianer, Lamaisten und griechisch-orthodoxe Christen ungestört unter mongolischer Oberhoheit, und zwar auch dann noch, als sich die ersten Khane zum Islam bekannten.

Alle Versuche der Christianisierung dagegen wurden brüsk abgelehnt. Es spricht zwar für die Großzügigkeit der Khane, daß sie immer wieder Mönchen gestatteten, ihr Land zu bereisen. Ihnen wurde auch jeder erdenkliche Schutz gewährt. Aber die Aufforderung des Papstes, sich taufen zu lassen, wiesen die Mongolenherrscher grimmig zurück. Ihrerseits forderten sie den Papst, wie auch die anderen Fürsten des Abendlandes, auf, ihnen Tribut zu entrichten. Sollte dieser ausbleiben, würde man sich bei gegebener Zeit an sie erinnern. Die Herren zahlten natürlich nicht, und die Mongolen haben auch nie Zeit gefunden, es ihnen heimzuzahlen. Das lag jedoch ausschließlich daran, daß ihnen das reiche China näher lag als Byzanz oder Rom. Die Chinesen jedenfalls kam die Verweigerung des Tributs teuer zu stehen, denn nichts und niemand konnte die mongolischen Heere aufhalten.

Über eine Million Krieger standen in den Diensten Dschingis-Khans, und sein Heer war straff organisiert. Eine Tausendschaft hieß »Guran«, zehn Tausendschaften bildeten einen »Touman«. Feigheit vor dem Feind war so gut wie unbekannt. Angst durfte man zwar haben, aber wenn zwei oder drei einer sogenannten Zehnerschaft während eines Gefechtes die Flucht ergriffen, wurde die komplette Gruppe hingerichtet. Wenn alle zehn laufen gingen, wurde die gesamte Hundertschaft exekutiert. Wahrlich ein sehr wirksames Mittel, eine Kampfeinheit dazu zu bringen, keinen Deserteur in den eigenen Reihen zu dulden.

Die schwere Kavallerie, die durchaus in der Lage war, in sechs Wochen nahezu 2000 Kilometer zurückzulegen, trug Lanzen; die leichten Reiter führten die gefürchteten Bögen. Helm, Schild und Schwert

gehörten ebenso zur Ausrüstung wie Dolche, Axt und leichte Wurf-
speere. Die Kleidung bestand aus Filz und Schaffellen, nach guter Beute
auch aus zwei Pelzen von Wölfen oder Füchsen, deren einer mit dem
Fell nach innen getragen wurde, um die Körpertemperatur zu halten,
der andere mit dem Fell nach außen, um Regen und Schnee abzuwehren.

Auf ihren endlosen Ritten ernährten sich die Krieger fast ausschließlich von gegorener Milch und Quark, verschmähten aber zum Entsetzen westlicher Chronisten auch weder Aas noch Gewürm, weder Insekten noch Ratten. Kurz: Sie aßen einfach alles, denn nur so konnten sie
in ihrer unwirtlichen Heimat überleben. Wenn es sie nicht allzusehr
pressierte, pflanzten sie Samen, den sie allzeit bei sich trugen, in die
Erde und blieben an Ort und Stelle, bis sie ernten konnten, um dann
ihren Eroberungsfeldzug fortzusetzen. Zuweilen hatte man viel Zeit im
Mittelalter.

Wenn man sich jedoch die Mühen eines solchen Kriegszuges vor
Augen hält, fragt man sich natürlich, warum sich die Khane auf derartige Abenteuer einließen, anstatt in irgendeinem Lande zu bleiben, wo
Milch und Honig flossen. Die Antwort ist relativ einfach. Die riesigen
Steppen gehörten inzwischen den Mongolen und ihren Verbündeten
ohnehin. Nach alter Tradition galt ihnen jedoch ausschließlich derjenige Anführer etwas, der seinen Kriegern Beute verschaffte, und
Beute war nur noch jenseits der Grenzen zu machen. Deshalb die
immense Ausdehnung der Raubzüge nach Osten, Süden und Westen.

Beute läßt sich transportieren, unterwegs sogar zu Geld machen.
Anders verhält es sich mit Gefangenen. Man muß sie ernähren, und
zwar ordentlich, sonst fallen sie vom Fleisch. Die Sklavenhändler zahlen nun einmal nichts für Gerippe. Außerdem halten Sklaven ein
marschierendes Heer nur unnötig auf. Die Mongolen waren in allen
Dingen sehr pragmatisch: Wenn sich keine Händler in der Gegend
aufhielten oder aber kaufunlustig waren, stellte man die Gefangenen
vor ein Wagenrad. Waren sie größer als das Rad, machte man sie sofort
einen Kopf kürzer, waren sie kleiner, erschienen sie noch jung genug,
um ordentliche Mongolen aus ihnen machen zu können.

Das alles klingt sehr barbarisch, aber wir wollen uns doch vor
Augen halten, daß es anderswo auf der Welt keineswegs feiner zuging.

Und sollte man Barbarei ausschließlich mit Unwissenheit gleichsetzen, dann hatten die Khane überhaupt nichts Barbarisches an sich, denn ihre Kenntnisse waren enorm, was wiederum damit zusammenhing, daß es weder einen Koran noch eine Bibel gab. Keine enge Religionsauslegung engte ihr Denken ein, und sie waren bei allem Stolz keineswegs zu hochmütig, um nicht vom Wissen der unterworfenen Völker zu profitieren.

Dschingis-Khan hatte seinen Untertanen eine großartige Gesetzgebung beschert, in der zum Beispiel festgeschrieben war, daß jeder gleiche Rechte habe. Eine derart demokratische Auffassung hätte weder in Byzanz noch in Bagdad und schon gar nicht im christlichen Abendland auch nur die Spur einer Chance gehabt. Unter Androhung der Todesstrafe waren Ehebruch und Unzucht verboten, Viehdiebstahl und Sodomie. Als körperliche Strafen wurden die Bastonade, also das Auspeitschen der Fußsohlen, und das Abhacken einzelner Glieder verhängt. Großartige Titel waren verpönt, Heranwachsende wurden nicht in den Krieg geschickt, und den Nachfolger eines Großkhans wählte eine Volksversammlung.

Eine solche Volksversammlung, ein Kurial, wurde fällig, als Dschingis-Khan 1227 starb. Er war 65 Jahre alt geworden, und es war eigentlich Sitte, daß nicht der älteste, sondern der jüngste Sohn den Vater beerbte. Bis zuletzt beunruhigte den Herrscher die Sorge, daß seine Söhne sich nach seinem Tod zerstreiten könnten, und so nahm er der Überlieferung nach auf dem Totenbett einen Pfeil und zerbrach ihn mühelos vor den Augen seiner Kinder. Anschließend jedoch bemühte er sich erfolglos, ein ganzes Bündel von Pfeilen zu knicken. »Seid wie die Pfeile«, sagte er, »einzeln seid ihr nichts, vereint seid ihr unbesiegbar.« Dann starb er. Man brachte seinen Leichnam zurück in die Heimat, und es wird erzählt, daß die Mongolen jeden töteten, der dem Trauerzug begegnete. Niemand sollte später erzählen können, er habe die Krieger weinen sehen. Und niemand sollte erfahren, wo der große Khan begraben wurde.

Wo er nun wirklich seine letzte Ruhe gefunden hat, weiß man noch immer nicht mit Sicherheit. Verehrt wird seit Jahrhunderten eine Stätte im heutigen China, in Edschen-Khoro im Ordos-Gebiet. Dort werden bis auf den heutigen Tag unter anderem ein Sattel und ein Bogen gezeigt, die angeblich aus seinem Besitz stammen. Allerdings hat das Ehrenmal eine bewegte Vergangenheit hinter sich, war mal Tempel, mal Scheune, je nachdem wer gerade in China das Sagen hatte oder den Ton angab. Mao baute dem Khan einen Palast, Chruschtschow hielt den Kult für nationalistisch und deshalb für antimarxistisch; die Roten Garden der Kulturrevolution, denen überhaupt nichts heilig war, traten das Ansehen des Khans in den Schmutz. Zur Zeit darf man ihn wieder feiern, und gefeiert wurde auch sein nachweislich letzter leiblicher Nachkomme, ein braver Handwerker, der 1984 in der Inneren Mongolei starb.

Die Nachfolge Dschingis-Khans trat schließlich entgegen der Tradition sein drittältester Sohn Ogedei an, der im Osten des Reiches herrschte. Seine Brüder fügten sich murrend, aber ohne Auflehnung. Ogedei war ein ziemlicher Trunkenbold, eher ein Lebenskünstler denn ein spartanischer Krieger. Während seine Brüder im Westen und Süden kämpften, wurde der neue Großkhan seßhaft. Das Prunkzelt des Vaters war noch auf einem riesigen Karren quer durch die Lande kutschiert worden, den 20 Zugtiere nur mit Mühe vorwärtsbewegen konnten. Das war nun vorbei. Ogedei baute Karakorum zu einer richtigen Stadt aus, die übrigens erst jüngst von Archäologen freigelegt wurde.

Der Prunk an Ogedeis Hof spiegelte indes nicht das wahre Leben der Mongolen wider. Die lebten nach wie vor bescheiden in ihren Jurten, die sie – je nach Jahreszeit – auf hölzerne Karren luden, um einen günstigeren Weideplatz für ihre Tiere zu suchen. Das einfache Leben war hart und der Speisezettel mehr als bescheiden. In der extremen und witterungsbedingten Kargheit Zentralasiens war Landwirtschaft so gut wie unmöglich. Pferdefleisch wurde gern gegessen, aber zumeist waren Pferde zu wertvoll, um sie zu schlachten. Man scheute sich jedoch nicht, das Fleisch verendeter Tiere zu essen. Die Zahl der Schafe und Ziegen reichte natürlich auch nicht den langen Winter hindurch.

Die Christen erzählten sich wahre Schauergeschichten über die »Tartaren«. War es denn nicht auch nur logisch, daß die der Unterwelt entsteigenden Teufel Kannibalen waren und ihnen (natürlich!) die Brüste von Jungfrauen besonders gut mundeten? Eine Prise Wahrheit könnte in diesen Greuelmärchen schon enthalten sein, denn Kannibalismus kommt in Extremsituationen nicht selten vor. Bis in unsere Tage hinein wurde er von japanischen Soldaten praktiziert, die sich – gegen Ende des Zweiten Weltkrieges versprengt – wohl nur so auf einsamen Inseln vor dem Hungertod haben bewahren können.

Richtig rundherum satt essen konnten sich die Mongolen höchstwahrscheinlich nur selten, aber selbst dann gab es kaum mehr als Brei aus minderwertigem Getreide, die unvermeidliche vergorene Stutenmilch und als lukullische Abrundung Beeren und Wurzeln. Da mußten sich die Krieger wahrlich wie im Paradies fühlen, wenn sie unaufhaltsam in die Niederungen im Westen vordrangen und dort auf Weinberge und gut bestellte Äcker stießen, auf gefüllte Speicher und überquellende Keller. Eigentlich ist es da kein Wunder, daß sich einer von ihnen, besagter Ogedei nämlich, von den Annehmlichkeiten der Zivilisation einlullen ließ und seinen Brüdern neidlos die Strapazen des Kriegshandwerks gönnte.

Sein Tod nach zwölfjähriger Regierung führt uns zurück auf die Walstatt von Liegnitz, wo der tote Herzog Heinrich liegt, zusammen mit seinen Rittern und Bauern, aber ohne Kopf. Wie viele Christen in dieser Schlacht genau fielen, hat kein Chronist vermerkt. Der siegreiche Anführer der Mongolen hatte allerdings seine eigene Zählmethode: Er ließ den gefallenen Gegnern die Ohren abschneiden und schickte sie an seinen Feldherrn Batu. Wie viele Ohren dort ankamen, ist nicht überliefert. Aber es waren neun prall gefüllte Säcke.

Diese etwas bizarre Art, seinem abwesenden Herrn die Zahl der erschlagenen Feinde zu beweisen, ist leider nicht allein den Mongolen anzulasten. Bibelfesten Lesern wird sie bekannt vorkommen. Immerhin war es David, der seinem zukünftigen Schwiegervater Saul die Vorhäute von 200 erschlagenen Philistern schickte.

Schlechte Beispiele machen Schule, und so ließen die Sarazenen die blonden Skalps getöteter Kreuzritter nach Damaskus bringen, eine Unsitte, die sich auch die Christenmenschen aneigneten, und von denen haben es dann schließlich die Indianer erlernt (und nicht umgekehrt!). Eine Biesterei war es allemal.

Ein Königsmacher und der Graf von der Habichtsburg

Augenzeugenbericht: *Die kaiserlose, die schreckliche Zeit · Der kleine Graf von der Habichtsburg · Ein Geizhals mit Rüsselnase · Das Ende der Raubritter · Der »Kaiser von Neuß« · Die Demütigung · Zeitraffer*

Ich bin Siegfried von Westerburg, Erzbischof von Köln. Sie werden mit meinem Namen vermutlich nicht allzuviel anzufangen wissen, obwohl ich zu den wichtigsten Männern im Reich zähle. Ich bin ein Königsmacher, doch davon später. Im Augenblick gilt es, Frieden zu schließen mit einem Toten, einem Mann, den ich mein Leben lang bekämpft habe. Ich habe ihn bewundert und gehaßt, verachtet und gefürchtet. Nun aber, da ich fühle, daß auch meine Tage gezählt sind und ich mich bald vor Gott zu verantworten habe, will ich mich aussöhnen mit dem Geist des Königs, der vor drei Tagen in Speyer gestorben ist.

In den vergangenen drei Jahrzehnten habe ich mich häufig gefragt, welche unseligen Umstände dazu geführt haben, daß ein solcher Mann die Krone des Reiches tragen durfte. Mich kann allerdings niemand dafür verantwortlich machen, denn obwohl ich als Erzbischof von Köln zu den sieben Reichsfürsten gehöre, die den König wählen – damals war ich noch nicht in meinem Amt. Engelbert war es, mein Vorgänger, der zusammen mit seinen Kollegen von Mainz und Trier, zusammen mit dem Pfalzgraf bei Rhein, dem Herzog von Sachsen und dem Markgrafen von Brandenburg dem kleinen Grafen die Königswürde andiente.

Warum taten sie das? Eine gute Frage. Um sie zu beantworten, muß ich kurz auf die Zustände zu sprechen kommen, die seit dem Untergang der Staufer im Reich geherrscht haben. Angefangen hat es eigentlich mit diesem seltsamen Friedrich II., einem Heiden, wenn Sie mich fragen. Ein halber Sarazene, vielleicht sogar der Antichrist höchstpersönlich. Er teilte die ihm gebührende kaiserliche Macht freiwillig unter die Fürsten des Reiches auf, nur damit sie Ruhe hielten.

Ihn selbst, diesen bizarren Paradiesvogel, interessierten allein seine südlich gelegenen Besitztümer in Italien. Was nördlich der Alpen geschah, war ihm ziemlich gleichgültig. Solange ihm die deutschen Herzöge den Rücken freihielten, konnte er sich mit dem Papst zanken, mit seinen Falken jagen und sich mit den Weibern in seinem Harem amüsieren. Ein deutscher Kaiser? Daß ich nicht lache!

Die Reichsfürsten waren zufrieden. Lieber ein Kaiser, der im fernen Apulien ebenso groteske wie überflüssige Experimente unternimmt, als ein Herrscher, der eifersüchtig auf seinen Rechten beharrt und seine Lehnsleute an die Kandare nimmt. So begann hierzulande also die Zeit des Faustrechts oder auch die Zeit, in der nur der Stärkere recht hat. Und das ist eine Katastrophe, denn sind Sie schon einmal einem Starken begegnet, der sich mit seiner Position zufriedengibt? Der einfältig erklärt, er besitze genügend Macht? Nun – es war ja auch nur eine rhetorische Frage.

In dem so entstandenen rechtsfreien Raum begannen alsbald die Kämpfe um Zölle und Holzrechte, um Märkte und Weiler, um Abteien und Pfründe. Grafen kämpften gegen Herzöge, Ritter gegen Äbte, Städte gegen Bischöfe. Die Ritter vor allem verkamen immer mehr zu Raubrittern. Da ihre Tugenden nicht mehr gefragt waren, kultivierten sie ihre Untugenden. Waren sie einst stolz hinter ihrem Lehnsherrn her ins Feld gezogen, so lauerten sie nun – verarmt, wie die meisten waren – mit ein paar Spießgesellen reisenden Kaufleuten auf und beraubten sie vom Steigbügel aus oder, wie man inzwischen auch sagt, »aus dem Stegreif«, um sich dann wieder in ihre zugigen Felsnester zurückzuziehen und ihre Beute zu verprassen.

Ob nun Opfer großer Fehden oder kleiner Händel – das arme Volk litt wie immer am meisten und sehnte sich zurück nach der Gerechtigkeit eines guten Königs. Manche schritten auch zur Selbsthilfe: Femegerichte traten nächtens zusammen, um in aller Stille Rache zu üben an Mördern und Brandstiftern, an Plünderern und Schändern. Gegen ihr Urteil gab es keinen Einspruch, keine Berufung, und so mancher Ritter baumelte urplötzlich bei Morgengrauen in Gesellschaft anderer Strauchdiebe an einem festen Ast. Eine lautlose Justiz, die – obschon in den meisten Fällen wohl gerecht – Bürger und Bauern noch weiter verunsicherte. Das Volk würde eine offizielle und vor allem öffentliche Gerichtsbarkeit bei weitem vorgezogen haben.

All dies jedoch hätte die Kurfürsten mit Sicherheit nicht veranlassen können, einen neuen König zu wählen, dem sie sich ja schließlich erneut hätten beugen müssen, wenn nicht eine Drohung aus Rom auf den Tisch geflattert wäre. Papst Gregor X. wollte einmal mehr das Heilige Land retten, in dem die letzten Überlebenden des einst mächtigen Kreuzritterstaates ein zwar verschwenderisches, im Grunde jedoch politisch armseliges Dasein fristeten. Der Heilige Vater wollte endlich wieder einen Kaiser sehen, den er zu einem weiteren Kreuzzug hätte überreden können. Und so befahl er den deutschen Kurfürsten unmißverständlich, einen neuen König zu wählen. Aber bitte keinen aus der Sippschaft der Staufer!

Diese Aufforderung des Papstes brachte die Kurfürsten in eine arge Klemme, zumal Gregor unverhüllt damit drohte, er würde sich ansonsten nach einem eigenen Kandidaten umschauen. Der aber konnte nach Lage der Dinge nur Ottokar II., König von Böhmen, heißen, denn der war für seine guten Beziehungen zu Rom bekannt. Aber nicht allein deshalb war er für die Herzöge und Erzbischöfe Deutschlands indiskutabel. Er war schlicht und einfach viel zu mächtig, und ein mächtiger König – das war bekanntlich das letzte, was sich die Kurfürsten wünschten.

Unter dem päpstlichen Druck begann also eine hektische Diskussion, ein Feilschen und Handeln, denn natürlich mußten Zaudernde überzeugt, Anspruchsvolle zurechtgestutzt und Wankende mit entsprechenden Geschenken auf die eigene Linie eingeschworen werden. Für die Zahlung von Schmiergeldern dieser Art benutzte man übrigens das schöne Wort »Handsalbung«. Das klingt wirklich sehr viel hübscher als das häßliche Wort »Bestechung«.

Es war der Burggraf von Nürnberg, der schließlich den Namen jenes kleinen Grafen aus dem Geschlecht derer von Habsburg ins Gespräch brachte. Und die Herren dachten: warum eigentlich nicht? Dieser Rudolf ist zwar ein Mann, der allem Anschein nach keinem Streit aus dem Wege geht, aber beileibe kein Raubritter; aus gutem Hause, aber keineswegs reich; und vor allem nicht mächtig; außerdem zählte er bereits 55 Lenze, und sehr viel länger würde er es erfahrungsgemäß auch nicht mehr machen. Ein idealer König. Wenigstens aus der Sicht der Kurfürsten, die ja eigentlich nur irgendeinen Namen brauchten, um ihn dem Papst vorzuweisen. Wie gesagt: Ich war damals nicht dabei und wasche meine Hände in Unschuld. Andererseits: Vielleicht hätte auch ich ihm meine Stimme gegeben, denn ich kannte weder seinen Charakter noch seine Pläne.

Was man von ihm wußte, war einigermaßen wenig. Seine Familie leitete ihren Namen ab von ihrer »Habichtsburg«, die am Zusammenfluß von Reuß und Aare liegt. Sie besaß viel Land in Schwaben und im Elsaß und pflegte gute Beziehungen zu den Staufern. Rudolfs Vater war mit Friedrich II. ins Heilige Land gezogen und dort umgekommen. Daß aber der Kaiser tatsächlich Rudolfs Taufpate gewesen war, wie behauptet wird, konnte bislang niemand beweisen. Es ist auch unwichtig.

Rudolf wurde im Frühjahr des Jahres 1218 geboren. Daß man weder den genauen Tag noch den Ort seiner Geburt kennt, beweist meiner Ansicht nach schon, daß er aus recht bescheidenen Verhältnissen stammt. Nach dem Tod seines Vaters wurde Rudolf mit 22 Jahren das Oberhaupt seiner Familie. Ein Jahr später bestätigte ihm Friedrich II. in Faenza (das liegt in der Po-Ebene) seine Lehnsgüter, und weitere zwei Jahre später soll er zum Ritter geschlagen worden sein. Wie und durch wen, ist wieder unbekannt. Typisch.

Andererseits muß man seine Treue zu den Staufern loben. Er hielt auch dann noch zu Friedrich II., als dieser gebannt wurde, und er stand – inzwischen selber vom Fluch Roms getroffen – auch Friedrichs Sohn Konrad bei. Als der jedoch starb und sich nunmehr der junge Konradin in das italienische Abenteuer stürzte, da verließ Rudolf den kleinen König und kehrte nach Schwaben zurück.

Treue ja, Wahnsinn nein, mag er sich gedacht haben. Als des jungen Konradin Kopf in Neapel vom Schafott rollte, hatte sich Rudolf längst wieder an die Arbeit gemacht, den Besitz seiner Familie zu sichern. Soviel Instinkt hätte die Herren Kurfürsten damals stutzig machen müssen, aber für sie war er halt nur das kleinere Übel ...

Dieses kleinere Übel indes wurde nun König, und ich gestehe freimütig, daß er mir schon bei unserer ersten Begegnung zuwider war. Unter einem Mitstreiter der Staufer hatte ich mir einen strahlenden Ritter vorgestellt, von mir aus auch einen Grobian, einen Haudegen oder etwas Ähnliches. Welche Enttäuschung! Dürr wie eine Bohnenstange war dieser Mann; seine Nase baumelte riesengroß aus einem teigigen Gesicht, und parallel zu seiner Nase zuckten hämische Mundwinkel. Unter spärlichem rotem Haar blitzten listige Fuchsäugelchen. Wie ein schäbiger Medicus sah der König aus, und so kleidete er sich auch. Aus jedem Knopfloch lugte der Geiz. Man mag mich voreingenommen nennen, aber wer herrschen will, der muß auch Kraft ausstrahlen. Rudolf dagegen besaß so wenig Ausstrahlung wie eine verloschene Grabkerze. Grau ist die einzige Farbe, die mir zu diesem Mann einfällt, sofern man Grau überhaupt eine Farbe nennen will.

Man erzählt sich im übrigen, daß sich Rudolf nicht nur kleidete wie ein Bauer, sondern daß er auch die entsprechenden Manieren und Gepflogenheiten hatte. Er mischte sich tatsächlich unter das gemeine Volk, hockte in Spelunken herum und soff und fraß zusammen mit Bettlern und Lumpen. Dabei bekleckerte er sich das Wams, und er hielt es auch nicht für notwendig, dasselbe zu wechseln, wenn er mit Leuten von Stand zusammenkam. Und vor einem solchen Mann hatten wir unser Knie zu beugen!

Leider konnte ich ihm nicht ständig und für alle Zeiten aus dem Wege gehen. Anfangs hoffte ich sogar noch, er könne mir eventuell nützlich sein, weil ich seit Jahren im Streit mit den Bürgern von Köln lebe, die mir den Zutritt zu meiner Stadt verwehren. Also lud ich den König als Schlichter ein, aber mehr als einen windigen Kompromiß brachte er nicht zustande. Außerdem mußte ich ihn und seinen gesamten Hofstaat unentgeltlich verköstigen, denn ans Bezahlen dachte der Geizkragen natürlich nicht. Von da an fühlte ich mich in meiner Voreingenommenheit bestätigt, und ich hegte ihm gegenüber einen tiefen Groll, der später sogar in Haß umschlagen sollte.

Zuvor aber muß ich gestehen, daß es Rudolf tatsächlich gelang, zahlreichen Raubrittern den Garaus zu machen. Am Rhein beispielsweise zerstörte er die Burgen Sooneck und Reichenstein. In Thüringen sollen es gar zahllose Raubritternester gewesen sein, die er schleifen ließ. Verschweigen darf ich auch nicht den glanzvollen Sieg Rudolfs über den alten Rivalen Ottokar II. von Böhmen in der Schlacht auf dem Kruterfeld in Niederösterreich. Wie ein Löwe soll er dort gegen eine starke Übermacht gekämpft haben. Vom Pferd gezogen haben sie ihn, und wegen der schweren Rüstung konnte er sich nicht mehr aus dem Bach erheben, in den er gestürzt war. Mit Sicherheit hätten ihn die

Böhmen abgestochen, wenn ihn nicht ein treuer Ritter aus dem Getümmel gezerrt hätte.

Dem Böhmerkönig war solches Glück nicht beschieden. Auch er kämpfte zwar tapfer, aber als seine Mannen flohen, geriet er in die Gewalt steirischer Ritter, die aus alten Tagen noch ein Hühnchen mit ihm zu rupfen hatten. Sie ermordeten den Wehrlosen, anstatt ihn nach ritterlichem Brauch gefangenzunehmen und an Rudolf zu übergeben. Doch auch dessen Rachedurst war erschreckend: Er ließ den nackten Leichnam seines Widersachers nach Wien schaffen und öffentlich zur Schau stellen. Angeblich sollte niemand später das Gerücht verbreiten können, Ottokar habe die Schlacht überlebt. Ich aber neige eher zu der Ansicht, daß es der Racheakt eines Primitivlings war. Oder vermag mir jemand zu erklären, warum es notwendig war, den Leichnam wie einen Tierkadaver auszuweiden, den leeren Körper mit Asche aufzufüllen und den solchermaßen einbalsamierten König 30 Tage lang wie eine Puppe auszustellen? Einen Mann, der zu solchen Abscheulichkeiten fähig war, wollte und konnte ich nicht als König anerkennen. Sein Handeln war nicht ritterlich. Es glich eher dem eines Raubritters. Nicht nur in diesem Fall.

Ich wäre ein Heuchler, wenn ich behaupten würde, mir läge auch nur das Geringste an einem Wiedererstarken der Königsmacht im Deutschen Reich. Im Gegenteil. Solange sich die wichtigen Fürsten aus dem Wege gehen, lebt unsereins recht gut. Nur muß man sehr sorgsam darauf achten, daß niemand allzu mächtig wird. Dies aber, genau dies, strebte der Emporkömmling Rudolf an. Anfangs versuchte er nur, seine unbedeutenden Besitztümer im Südwesten zu erhalten, und zu erweitern natürlich, auf Kosten der Nachbarn. Das war nicht weiter aufregend. Das war eher selbstverständlich und gab keinerlei Anlaß zur Beunruhigung.

Aber jene Landpomeranze Gertrud von Hohenberg, die Rudolf bereits geheiratet hatte, als er noch ein kleiner Graf war, erwies sich als erstaunlich gebärfreudig. Noch erstaunlicher war, daß die meisten ihrer Kinder das heiratsfähige Alter erreichten. Geradezu gemeingefährlich wurde die Sache indes, als sich Rudolf nach Schwiegersöhnen für seine sechs Töchter umsah – und fündig wurde: Vier seiner Töchter vermählte er mit Kurfürsten, und wenn meine Kollegen aus Mainz und

Trier sowie ich selber nicht dem geistlichen Stande angehören würden, hätte er mit Sicherheit versucht, auch uns noch zu seinen Schwiegersöhnen zu machen.

Da mußte man nun kein begnadeter Prophet sein, um zu erkennen, worauf das alles hinauslaufen sollte. Wenn er erst Kaiser wäre, dann könnte er die Ehemänner seiner Töchter, die Kurfürsten also, wahrscheinlich recht einfach dazu bewegen, bereits zu seinen Lebzeiten einen seiner Söhne zum König zu wählen, und schon hätten wir wieder eine Erbdynastie gehabt.

Vor solche Versuche kann man gar nicht schnell genug einen stabilen Riegel schieben, zumal durch die Niederlage Ottokars im Südosten des Reiches ein riesiges Machtvakuum entstanden war: Böhmen, Österreich, Ungarn! Mit Blindheit geschlagen hätten wir Reichsfürsten ja sein müssen, wenn bei uns nicht die Alarmglocken geläutet hätten.

Ich für meine Person gestehe, daß ich es lieber gesehen hätte, wenn der König in dieser denkwürdigen Schlacht auf dem Kruterfeld nicht so glanzvoll gesiegt hätte. Ein geschwächter Ottokar und ein aufs rechte Maß zurechtgestutzter Rudolf wären mir allemal lieber gewesen. Ich gebe auch zu, daß mir Handsalbungen herzlich willkommen sind. Mein Vorgänger Engelbert war von Rudolf anläßlich seiner Wahl immerhin mit der Reichsstadt Dortmund und der Pfalz Kaiserswerth geschmiert worden. Vor dem Feldzug gegen Ottokar überließ Rudolf mir zusätzlich den Rheinzoll bei Kaiserswerth und außerdem ein Ehrengeschenk von 300 Mark im Jahr. Wenn er aber geglaubt hatte, ich würde deshalb mit meinem Heerbann zu ihm stoßen, dann hatte er sich getäuscht. Seinen blutigen Kopf sollte er sich alleine holen. Je blutiger, um so lieber. Leider ging meine Rechnung nicht auf.

Nach seinem Sieg über Ottokar blieb Rudolf nahezu fünf Jahre in Wien. Vermutlich bastelte er da schon an seinem südöstlichen Großreich. Wir anderen Fürsten waren indes einmal mehr untereinander zerstritten und nicht Manns genug, um dem König klipp und klar zu sagen, daß er sich seine Zukunftsvisionen aus dem Kopf schlagen konnte. Ich selber machte mir auch so meine Gedanken, denn ich konnte mir nicht vorstellen, daß Rudolf vergessen würde, daß ich ihn trotz seiner großzügigen Handsalbung im Stich gelassen hatte. Dafür kannte ich den alten Krämer inzwischen gut genug. 300 Mark jährlich und einen Rheinzoll zu verschenken ohne Gegenleistung – das würde sein Geiz nicht zulassen.

Und so war es denn auch. Der König kam zurück an den Rhein und marschierte von Mainz aus stromabwärts. Seine Streitmacht war zu groß, als daß ich ernsthaft hätte an Widerstand denken können. Die Rheinzölle von Andernach und Bonn, an deren Höhe bislang niemand Anstoß genommen hatte, mußte ich senken. Kaiserswerth wurde kassiert. Die Burg Cochem an der Mosel, die ich mir – zugestandenermaßen etwas illegal – angeeignet hatte, mußte ich herausrücken. Aber das schlimmste war, daß ich dem König feierlich versprechen mußte, daß ich nichts dagegen hätte, wenn Rudolf seinen Söhnen frei werdende Fürstentümer nach seinem Gutdünken zusprechen würde.

Wenn aber ich, der erbittertste Widersacher Rudolfs, dies zugestand – wie hätten da die anderen Kurfürsten sich weigern können, noch dazu als Schwiegersöhne des Königs? Ich selbst, bedroht von nackter Gewalt, mußte dem König den von ihm so sehnlich erwarteten Freibrief ausstellen, mit dem er nun nach seinem Belieben im Reich schalten und walten konnte. Von diesem Augenblick an haßte ich diesen Mann. Doch es sollte noch schlimmer kommen.

Es begann mit einem Zwischenspiel: Eines Tages tauchte in Köln ein alter Mann auf, der behauptete, er sei jener Stauferkaiser Friedrich II., von dem doch jedermann weiß, daß er vor 34 Jahren in Apulien gestorben und im Dom von Palermo begraben worden ist. Ein paar Schwachsinnige glauben allerdings, er säße in irgendeinem Berg und warte auf den Tag seiner Wiederkunft. Die Bürger von Köln sind weiß Gott nicht meine Freunde, aber so viel Verstand muß ich ihnen nun doch bescheinigen, daß sie den alten Narren nicht ernst nahmen, sondern zur Stadt hinausjagten. Hätten sie ihn gleich aufgeknüpft, wäre mir viel Ärger erspart geblieben.

So aber fand er Aufnahme in Neuss, wo man seiner absurden Geschichte tatsächlich Glauben schenkte, denn er hielt dort hof wie ein Kaiser, und der Teufel allein weiß, wer das finanziert hat. Idioten aus der ganzen Umgebung wallfahrteten zu ihm, und er sprach Recht, als sei er von Gott gesandt. Mir hätte das alles ja ziemlich gleichgültig sein können, wenn nicht sogar die Äbtissin von Essen höchstpersönlich zu diesem Größenwahnsinnigen gepilgert wäre, um sich bei ihm über mich zu beschweren. Bei ihm über mich! Als Vogt ihrer Abtei sei ich ein Scheusal, behauptete sie, und dieser blöde Kerl gestand ihr tatsächlich das Recht zu, sich einen anderen Vogt zu suchen.

Da endlich platzte mir der Kragen. Ich zog mit einem Haufen Bewaffneter nach Neuss, um dem Spuk ein Ende zu bereiten. Aber was machen diese von Gott und allen Heiligen verlassenen dämlichen Stadtbewohner? Sie knallen mir das Tor vor der Nase zu und erklären, dies sei nun einmal der rechtmäßige Kaiser, und ich solle mich gefälligst zum Teufel scheren. Natürlich kann man mit einer kleinen Schar keine befestigte Stadt berennen; deshalb zog ich wutschnaubend ab, um so wütender, als mir nun nichts anderes übrigblieb, als mich direkt an Rudolf zu wenden. Also ritt ich nach Nürnberg und meldete dort das Majestätsverbrechen. Und was tat Rudolf? Er behandelte mich wie einen hysterischen Knaben, fragte ironisch, was denn so schlimm daran sei, wenn ein alter Narr Kaiser spiele. Ich solle das alles nicht so tragisch nehmen und wieder nach Hause reiten. Bei Gelegenheit würde er nach dem Rechten schauen.

Schlimmer kann man ja einen Reichsfürsten vor versammeltem Hofe wohl kaum demütigen, oder? Rudolf aber konnte, doch davon später. Bringen wir zunächst diese haarsträubende Episode an ihr Ende. Der alte Mann in Neuss war mit dem bisher Erreichten noch immer nicht zufrieden. Anstatt sich hinter den starken Mauern der Stadt von der Schar seiner irren Anhänger verehren zu lassen, ging er nun auf Reisen, um die Städte Frankfurt, Gelnhausen, Friedberg und Wetzlar aufzusuchen, die ihn allesamt bereits als Kaiser anerkannt hatten.

Von Wetzlar aus schickte er Rudolf eine Botschaft mit der Aufforderung, sich zu ihm zu begeben, um das Königtum aus seiner Hand als Lehen zu empfangen. Das war nun doch des Guten etwas zu viel. Der König, der sich im Elsaß aufhielt, marschierte nach Wetzlar, und die verschreckten Bürger lieferten den alten Wirrkopf auch sofort aus. Man hat ihn auf einen Karren gebunden und kurzerhand verbrannt.

Mein Verhältnis zu Rudolf wurde durch diese blödsinnige Geschichte keineswegs besser. Was uns jedoch für immer entzweite, war der noch nicht begrabene Wunsch des Königs, auch die Kaiserwürde zu erlangen. Vergessen wir nicht, daß es der Papst ja ursprünglich selber gewesen war, der die Kurfürsten aufgefordert hatte, einen König zu wählen, den er dann zum Kaiser krönen wollte. Als aber dann Rudolf gewählt wurde, war es eben dieser Papst, der nun zögerte, die Wahl zu bestätigen. Zunächst mußte Rudolf heilige Eide schwören, daß er niemals Anspruch auf die Krone Siziliens erheben würde. Eine ähnliche Umklammerung wie zur Zeit der Staufer fürchtete Rom nämlich wie die Pest.

Der König schwor bereitwillig. Was sollte er auch auf Sizilien! Dort winkte ihm keine Hausmacht. Es gab zwar Stimmen im Reich, die empört darauf hinwiesen, daß Rudolf heilige Rechte im Süden aufgebe, aber so sprechen nur Dummköpfe, die nie etwas begreifen. Jahrhunderte hindurch sind in der Lombardei, vor Rom und im tiefen Apulien die besten Söhne des Reiches sinnlos verblutet, und wenn ich auch nie die Hausmachtpolitik dieses Königs unterstützt habe: Für einen deutschen Herrscher war es nur zu vernünftig, sich auf keine Abenteuer in Italien mehr einzulassen.

Trotzdem wollte Rudolf Kaiser werden, doch für einen Zug nach Rom fehlten ihm ganz einfach die Mittel. Daher schickte ihm der Heilige Vater schließlich 12 000 Mark und später noch einmal 3000, aber das erbettelte Geld verwandte der König dann doch nicht für die geplante Reise, sondern für seinen Krieg gegen Ottokar, den Freund des Papstes, wohlgemerkt. Leicht wird Rudolf diese Entscheidung sicher nicht gefallen sein, aber das Hemd war ihm stets näher als der Rock, was in diesem Fall bedeutet: Sein deutscher Besitz war ihm wichtiger als ein wohltönender Titel.

Zehn Jahre später, kurz vor seinem Tod, hat er einen zweiten Anlauf genommen, aber der jetzige Papst, Honorius nennt er sich, dachte im Traum nicht daran, noch einmal Geld zu schicken. Im Gegenteil: Jetzt wollte Rom erst einmal selber Geld, als Handsalbung auf höchster Ebene sozusagen. Rudolf aber hatte keines, sagte er wenigstens, der Geizhals. Deshalb schickte der Papst den Kardinalbischof von Tusculum, einen gewissen Johannes Boccamazzi, als seinen Legaten über die Alpen mit dem Auftrag, einen zusätzlichen Zehnten einzutreiben.

Das kam mir gerade recht. Ich kannte die Stimmung im Reich nur zu gut, und ich schrieb an den Papst einen Brief, den mein Prokurator kurz darauf auf dem Hofkonzil von Würzburg vorlas. In dem Schreiben forderte ich Rechenschaft über alle die Gelder, die unter Androhung des Kirchenbanns von den Christen im Reich erpreßt worden waren. Hatte man sie etwa zur Befreiung des Heiligen Landes genutzt? Oder vielleicht zur Rückeroberung Siziliens? Sollten die neuen Gelder womöglich den Romzug finanzieren? Oder eher die Gegner im Frankenreich weiter gegen uns aufbringen?

Ich gebe zu, dieser Brief war vielleicht etwas überspitzt formuliert. Jedenfalls gab es einen Tumult, und der König mußte den päpstlichen Gesandten mit dem nackten Schwert gegen einige Hitzköpfe schützen. Wenig später wurde der Legat übrigens bei Cambrai überfallen und halb totgeschlagen. Daran trifft mich jedoch keine Schuld, wenigstens nicht unmittelbar, aber ich gebe zu, daß ich außerordentlich zufrieden war. Rudolfs Kaiserträume waren ausgeträumt, und nun haßte nicht nur ich den König. Nun haßte er mich auch. Und zwar abgrundtief.

Vielleicht habe ich ihn unterschätzt. Während Rudolf sich im Sommer die Stadt Bern vorknöpfte, um sie abgabenpflichtig zu machen, brach ich einen Streit mit dem Herzog von Brabant sowie den Grafen von Jülich, Cleve, Waldeck und der Mark vom Zaun, weil ich dem Herzog die Erbschaft Limburg nicht gönnen wollte. Außerdem wurden mir die Grafen von Berg langsam zu lästig. Natürlich schlugen sich auch die Bürger meiner untreuen Stadt Köln auf die Seite meiner Feinde, und in der dann folgenden Schlacht von Worringen geriet ich in Gefangenschaft. Ein ganzes Jahr lang ließ mich der Graf von Berg im Kerker hocken, bis ich mich endlich für eine Unsumme freikaufen konnte.

Eine solche Niederlage ist bitter genug. Geradezu unerträglich jedoch wurde sie dadurch, daß der König den Anspruch des Brabanters auf Limburg sofort bestätigte und – was noch schlimmer war – die Befugnisse des Reichskanzlers, die normalerweise dem Erzbischof von Köln zustehen, an einen kleinen schwäbischen Ritter namens Rudolf von Hoheneck vergab. Und immer noch nicht genug der Demütigungen: Zum Erzbischof von Mainz ließ er einen Bürgerlichen ernennen, einen fetten Minoritenbruder, der dazu noch im Verdacht stand, schwarze Magie zu betreiben. Deutlicher konnte er mir nicht zeigen, was er vom hohen Amt eines Erzbischofs hielt.

Da sitze ich nun und hadere mit einem Toten, dessen Seele sich jetzt vor Gottes Angesicht rechtfertigen muß. Es ist Christenpflicht, sich zumindest über einem Grab zu versöhnen. Wir haben beide getan, was aus unserer Sicht getan werden mußte. Er wollte eine Dynastie gründen und ich die Freiheit der Fürsten verteidigen. Mir ist mein Werk bislang gelungen, und ich werde auch fernerhin alles daran setzen, daß man Rudolfs Sohn Albrecht nicht zu seinem Nachfolger wählt. Ob es mir gelingt, weiß ich nicht. Schlimmer noch: Ich fürchte sogar, daß der Name Habsburg so bald nicht aus den Annalen des Reiches verschwinden wird.

ZEITRAFFER

1256–1273	Interregnum, die Zeit ohne König und Kaiser.
1273	Graf Rudolf von Habsburg zum König gewählt.
1275–1297	Siegfried von Westerburg Erzbischof von Köln.
1278	Rudolf besiegt Ottokar II. von Böhmen.
1285	Der »falsche Kaiser« wird verbrannt.
1288	Schlacht bei Worringen.
1291	Tod Rudolfs I.
1292	Graf Adolf von Nassau wird zum König gewählt.
1298	Adolf wird wieder abgesetzt.
1298	Rudolfs Sohn Albrecht wird König.

Warum die Kleider »unanständig« wurden

Alles über Miß Mittelalter · Die Frau Gemahlin war blond, das Friedelchen durfte schwarz sein · Männermode: Von der grauen Maus zum Modeclown · Lüsterner Blick ins »Teufelsfenster« · Der Hurentrick der Obrigkeit

Wer sich ein wirklichkeitsgetreues Bild vom Menschen des Mittelalters machen möchte, kommt natürlich nicht an dem Thema Mode vorbei, und auf diesem Gebiet wissen wir gottlob auch einigermaßen gut Bescheid. Das liegt zum einen daran, daß uns recht viele detailgetreue Abbildungen erhalten sind, zum anderen jedoch haben sich fromme Eiferer zu allen Zeiten über die aufreizende und unmoralische Aufmachung der Weibsleute (aber auch über die der Männer) beklagt. Dieses bigotte Getue ist nur vergleichbar mit dem sich von Generation zu Generation wiederholenden Gezeter über die »Jugend von heute«.

Um mit dem schönen Geschlecht zu beginnen: Für einen Minnesänger sollte die ideale Frau nicht zu groß sein und nicht zu klein, nicht zu dick und nicht zu dürr. Das gilt sowohl für den Busen als auch für den Allerwertesten. Die von den Rittern in allen Bereichen anzustrebende »mâze« galt also auch für den Körper der Frau. Im Forderungskatalog folgen alsdann ein paar lyrische Klischees: Die Wangen hatten zu glühen wie betaute Rosen, die Lippen mußten natürlich schwellen und die Augen »herzdurchsonnend« sein, was immer man sich darunter vorstellen mag.

Letztendlich lassen sich aber noch ein paar konkrete Wünsche herauslesen, was die Schönheit der Herzallerliebsten angeht. Exotisches war weniger gefragt. Die holde Herrin sollte tunlichst blauäugig und blaßhäutig sein, wobei man es gerne sah, wenn die Augen weit auseinander standen. Die Zähne hatten weiß zu sein und das Haar ein goldener Wasserfall. Kriemhild also war das Idealbild einer Ehefrau, während als Kebsweib eine hexenhafte Schwarzhaarige aus dem Morgenland vermutlich die besseren Chancen besaß.

Das Wort Mode stammt vom gleichlautenden französischen, und dieses wiederum vom lateinischen Wort modus, was alles mögliche bedeuten kann: Art und Weise zum Beispiel, oder auch Maß, Ziel oder Regel. Nun – das Ziel ist und war zu allen Zeiten klar, das Maß dagegen wurde zuweilen ins Maßlose übersteigert. Wir wollen daher mit dem anfangen, was Jahrhunderte hindurch die Regel war: dem Gewand als vornehmlich nützlichem Kleidungsstück zur Verhüllung der Blöße und zum Schutz gegen die Unbilden des Wetters.

Mit dem Ende der römischen Herrschaft im großen Germanensturm brach – von einigen städtischen Zentren einmal abgesehen – auch die Zivilisation zwischen Rhein und Rhône zusammen. In einer fußboden-beheizten Villa mochten Toga und Tunika gute Dienste leisten; in einer fränkischen Pfalz indes war Pelz gefragt. Werfen wir daher einen Blick in die Truhen am Hofe Karls des Großen, denn damals wurde alles, auch die Kleidung, in Truhen aufbewahrt. Der Schrank entstand erst im Hohen Mittelalter, als man – reichlich spät – auf die Idee kam, die Truhen platzsparend und folglich senkrecht an die Wand zu stellen.

Auf dem Körper trug der Mann ein Leinenhemd und eine kurze Hose, darüber ein Wams oder einen Pelz, der oberhalb der Knie endete. Die Unterschenkel waren mit Stoff oder Fell umwickelt, zuweilen mit Bändern geschnürt, und die Füße steckten in Sandalen oder Stiefeln. Das war's auch schon. Vornehme Männer trugen einen Überwurf aus besserem Stoff, der zuweilen mit Seide gesäumt war. Ansonsten unterschieden sie sich vom gemeinen Mann allenfalls durch die gehobene Qualität ihrer Kleidung, nicht aber in deren Grundsubstanz.

Kaiser Karl war besonders anspruchslos, was die Mode anging. Er verachtete jeglichen Firlefanz und trieb häufig seinen Spott mit den Höflingen, die glaubten, sich »höfisch« kleiden zu müssen. Ein Chronist, einer der vielen »Notkers« aus dem Kloster St. Gallen, hat uns eine hübsche Anekdote überliefert: Am Morgen eines Festtages brach Karl unmittelbar nach der Messe mit seinem Gefolge zur Jagd auf. Es war ein naßkalter Tag, und der Kaiser trug – wie übrigens häufig – einen einfachen Schafspelz. Seine Begleiter indes hatten sich wegen des Feiertags in modische Gewänder aus Venedig gehüllt. Karl hatte ihnen jedoch keine Zeit gelassen, sich umzukleiden.

Trotz des regnerischen Wetters wurde gejagt bis zum Abend, und als die Lagerfeuer brannten, meinte der Kaiser, es sei gescheiter, die Kleider anzubehalten, denn am Körper würden sie schneller trocknen. Einem solchen Vorschlag widersetzte man sich besser nicht, und so hockten die Höflinge frierend um die Feuer, und als sie endlich in ihre Zelte entlassen wurden, waren ihnen die Kleider zwar tatsächlich am Körper getrocknet, leider aber auch völlig eingeschrumpft. Beim Ausziehen gingen nun auch jene Gewänder kaputt, die bei der wilden Jagd über Stock und Stein noch nicht von Dornen und Zweigen zerrissen worden waren.

Da hatten sie nicht nur den Schaden, sondern mußten auch noch Karls Spott ertragen, dessen praktischer Schafspelz natürlich nicht das geringste davongetragen hatte. »Was sollen mir solche modischen Fetzen?« fragte der Kaiser. »Sie nützen mir nicht bei Wind und Regen, des Nachts kann ich mich nicht damit zudecken, und wenn ich mal hinter den Baum muß, dann friert mir dies und jenes ab.« So war er nun einmal, der Kaiser, und so hat es uns auch schon seine Tochter erzählt.

Was dem Kaiser recht war, war naturgemäß dem armen Mann billig im wahrsten Sinne des Wortes. Und das galt für das gesamte Mittelalter. Der Bauer trug einen Kittel, nahezu alles andere war schon fast Luxus: eine warme Hose, oder eine Kappe, oder Holzschuhe, oder gar ein Fell. Wenn man bedenkt, daß damals überwiegend dunkle Schafe gezüchtet wurden, daß Kleider außerdem immer und immer wieder geflickt werden mußten und daß man sich schon aus Kostengründen keine farbenprächtigen Kleider leisten konnte, fällt es leicht, sich vorzustellen, einen wie erbärmlichen Anblick ein Haufen Bauern damals geboten haben muß. Natürlich konnten auch die unzähligen umherwandernden Mönche nicht dazu beitragen, das düstere Bild ein wenig aufzuhellen. Sie trugen zunächst allesamt die dunkle Kutte und einen ebenso dunklen Kapuzenmantel, ehe später an Franziskanern und Dominikanern braune und weiße Kutten auftauchten.

Ansonsten tat sich ein paar Jahrhunderte in der Männermode so gut wie überhaupt nichts, wenn man einmal davon absieht, daß der Saum des Gewandes von den Knien langsam zu den Fußknöcheln hinunterrutschte. Selbst daran nahmen einige Tugendwächter Anstoß. Warum auch immer.

Dann, plötzlich, geschah Unerwartetes. Die Männerwelt schritt zur modischen Selbstverwirklichung. Begünstigt durch den blühenden Handel mit Byzanz und Nowgorod, mit Venedig und Damaskus, angeregt durch den zunehmenden Kontakt mit den Muselmanen und natürlich beflügelt durch den Minnedienst, entdeckten die bislang biederen Rittersleut', daß ein farbenprächtiges Gewand unentbehrlich war, so man die Gunst einer Herrin gewinnen wollte. Die Zeiten, da sich Karls Ehefrauen und Kebsweiber mit einem Mann im Schafspelz abzufinden hatten, waren endgültig vorbei. Wenn aber dennoch Pelz, dann mußten es schon erlesene Rauchwaren sein. Hermelin zum Beispiel.

Das an Symbolen so reiche Mittelalter erfand die Sprache der Farben, so daß ein jeder Herzensbrecher seine Empfindungen zwar stumm, aber für jeden Kundigen dennoch erkennbar durch die Farben seiner Gewänder ausdrücken konnte. Grün bedeutete junge Liebe, Schwarz natürlich Trauer, Weiß dagegen Hoffnung auf Erhörung, Rot die hell lodernde Leidenschaft, Blau unwandelbare Treue. Wenn man jedoch – und so etwas kam ja schließlich vor – beispielsweise junge Liebe, Hoffnung und Treue zugleich ausdrücken wollte, mußte man auf seinen Kleidern auch diese drei (und manchmal noch mehr) Farben unterbringen. Im Lauf der Jahre wurden deshalb erst die Hosenbeine verschiedenfarbig, dann auch die Ärmel, und zum Schluß sah die ganze Kleidung aus wie ein Flickenteppich. Nicht sonderlich schön, aber sehr bunt.

Auch die Hosen dienten längst nicht mehr dazu, wozu sie in karolingischer Zeit gedient hatten. Inzwischen waren sie zu einem Slip geschrumpft, an dem mit Hilfe von Strapsen zwei Hosenbeine befestigt wurden, weshalb man heute noch von »einem Paar Hosen« spricht. An diesen Hosenbeinen waren wohl – wie man aus einigen Miniaturen schließen kann – zuweilen lederne Schuhsohlen befestigt, die im Winter natürlich durch Stiefel ersetzt werden mußten.

Später entwickelten sich dann die sogenannten Schnabelschuhe, deren Spitzen extrem lang und nach oben gekrümmt waren. Um ihre Form zu halten, mußte man sie mit Stoff ausstopfen. Einen vernünftigen Sinn hatte dieses Schuhwerk nicht. Den hatten vielmehr die ersten Stöckelschuhe, die man brauchte, um unbeschadet die verdreckten Straßen der jungen Städte durchwaten zu können. Bis zu 50 (!) Zentimeter hoch konnten die Klötze sein, die unter die Sohlen der feinen Schuhe montiert wurden.

Solche Sorgen hatte das gemeine Volk nicht, das im Sommer normalerweise barfuß lief, wenn es denn keine Holzschuhe besaß. Holzpantinen heißen im Französischen übrigens »sabots«, und wenn ein französischer Höriger sich an seinem grausamen Herrn rächen wollte und ihm mit den »sabots« die Ernte zertrampelte, dann machte er sich, wie wir heute noch sagen, der Sabotage schuldig.

Nicht viel früher als der Mann hatte die fränkische Frau die Mode entdeckt. Lange Jahre war sie der germanischen Tradition verhaftet geblieben, hatte einen langen faltigen Unterrock getragen und darüber ein Obergewand mit weitem Ärmel. Das alles war fließend und wenig körperbetont gewesen, aber zumindest vornehme Frauen waren auch damals schon in der Lage, sich manchmal prächtig aufzuputzen.

Zum Beispiel Luitgard, Karls des Großen Eheweib. Im Gegensatz zu ihrem Gemahl macht sie große Toilette, und sei es auch nur zum Ausreiten. Zunächst läßt sie die Männer warten, wie sich das offensichtlich seit Urzeiten für eine Frau gehört. Dann endlich erscheint sie, ganz konservativ gekleidet natürlich, denn sonst hätte Karl sie mit Sicherheit zurück in ihre Kemenate geschickt. Aber sichtlich beeindruckt schreibt der Hofpoet Angilbert: »Auf den hellen Hals hingen die Locken herab, von einem Purpurband durchzogen. Goldene Fransen säumten das Purpurgewand. An der Schulter glänzte ein kostbarer Beryll, auf der Stirn das goldene Diadem, am Hals eine Kette von Edelsteinen.«

Wer es sich leisten konnte, dachte also auch zu Karls Zeiten schon nicht mehr daran, das tugendsame Hausmütterchen zu spielen, und schon gar nicht, wenn man die verfeinerte Zivilisation des noch immer intakten Mittelmeerraumes kannte, wie beispielsweise die griechische Prinzessin Theophanu, die Schwiegertochter Ottos des Großen. Sie kannte nicht nur die Brokatstoffe von Córdoba, die Seide von Lucca, das Leinen von Saragossa und andere Textilien, die nach ihrem Herkunftsort benannt waren: Baldachin aus Bagdad und Damast aus Damaskus.

Besonders teuer war Scharlach, ein Wollstoff, den es nicht nur in Rot, sondern durchaus auch in anderen Farben gab. Bedruckt wurde zunächst nur mindere Leinenqualität. Eingewebte Muster waren nahezu unerschwinglich teuer, aber man kann Stoffe ja besticken, und Sticken gehörte zum Alltag auch vornehmer Frauen, genauso wie das Spinnen, das zunächst noch ohne Rad geschah. Ein Spinnrad wird erstmals um 1280 erwähnt.

Man sieht: Die Auswahl wird reichlicher, und aus dem biederen Gewand der fränkischen Hausfrau entsteht allmählich ein Unterkleid aus kostbaren Stoffen, wenn möglich gar aus Seide, an das riesige bauschige Ärmel angesetzt sind, die zuweilen bis zum Boden flattern. Über das immer enger werdende Untergewand fällt ein ärmelloses Obergewand mit großen Öffnungen für die Arme, die man scherzhaft »Teufelsfenster« nennt, weil sie von der Seite her einen tiefen Einblick gestatten.

In noch späteren Jahren verschmelzen Unter- und Oberkleider zu einem einzigen Kleid, das zunehmend enger am Körper anliegt und dessen Formen betont. Die Taille rutscht höher, die Brüste werden durch einen Ausschnitt zunehmend entblößt. Die Haare fallen offen über die Schultern oder sind zu Zöpfen geflochten. Verheiratete Frauen tragen das »Gebende«, einen riesigen, gestärkten Leinenhut, der – damit er überhaupt Halt findet – mit Hilfe von Bändern unter dem Kinn so straff zugebunden werden muß, daß die Frauen nur noch durch die Zähne zischen können, wenn sie ein solches Ungetüm tragen. Für ein halbwegs vernünftiges Gespräch mußte man das Ding schon abnehmen.

Auf die Pflege des Kopfes allerdings schauten von jeher auch die Männer. Die Franken trugen ihr Haar lang und flochten bunte Bänder hinein. Langes Haar war allerdings ausschließlich das Vorrecht der Freien und des Adels. Einem Knecht war eine solche Mähne nicht gestattet, und einem Edeling, den man zur Strafe in ein Kloster steckte, wurden die Haare ebenso geschoren wie einem Verbrecher. Während die Franken nur einen Schnurrbart trugen, kam später der Backenbart in Mode. Otto den Großen zierte ein auffallend schöner Vollbart, der eigentlich erst im 13. Jahrhundert wieder aus der Mode kam. Von da an bevorzugte man die Vollrasur.

Ein buntes Modevölkchen ist das inzwischen, das da frivol vom 13. ins 14. Jahrhundert tanzt. Das Rittertum befindet sich in voller Blüte, desgleichen die großen Städte. Deren Bürger werden reich. Doch dann bricht urplötzlich die Katastrophe über Europa herein: die schwarze Pest. Im Jahr 1348 erreicht sie ihren Höhepunkt – und von da an ist alles anders. In dem rauschhaften Gefühl, noch einmal davongekommen zu sein, vergißt die mittelalterliche Welt ihren so lange kultivierten Sinn für das richtige Maß. Alles wird maßlos. Nicht zuletzt die Mode. War sie zunächst bieder und zweckmäßig, später anmutig bis frivol, so wird sie nun ausgesprochen aggressiv. Die Frauen benutzen zunehmend Schminke, färben sich die Haare und zupfen sie weg, um die Stirn höher erscheinen zu lassen. Sie entblößen inzwischen die Brüste fast ganz und stellen, wie ein zürnender Chronist schreibt, »eine Lüsternheit zur Schau, die weder Gott fürchtet noch vor der Verachtung der Menge errötet«.

Nun kennt man ja ein solches Wehgeschrei aus den verschiedensten Zeiten, und man wäre auch geneigt, einfach darüber hinwegzugehen, wenn hier nicht tatsächlich ein fundamentaler Wandel stattgefunden hätte. Noch deutlicher und radikaler nämlich als bei den Frauen, wo die Entwicklung relativ schleichend vor sich ging, vollzog sich der Bewußtseinswandel bei den Männern. Der Rock, eben noch fast bis zu den Knöcheln reichend, verwandelte sich innerhalb kürzester Zeit zu einem eng anliegenden Wams, das auch noch so aufgepolstert wird, als würde es weibliche Brüste umspannen.

Die Hose gar, eigentlich nur geschaffen, die Beinkleider daran aufzuhängen und die Intimsphäre zu wahren, liegt nun so eng an, daß sie genau das demonstrativ nachmodelliert, was sie eigentlich verbergen sollte. Folgerichtig heißt es in einer Mainzer Chronik, daß »junge Männer so kurze Röcke trugen, daß sie weder die Schamteile noch den Hintern bedeckten. Mußte sich jemand bücken, so sah man ihm in den Hintern. Oh, welche Schande!«

In der Tat. Das war es. Die Mode war auf zweierlei Art »un-anständig« geworden. Sexuelle Unbefangenheit – das kannte man. Sie herrschte in der einfachen Bauernkate ebenso wie im städtischen Badehaus. Aber eine derart unverhüllte Zurschaustellung des Körpers in aller Öffentlichkeit, das war doch einigermaßen schockierend. Aber auf andere Art »un-anständig«, weil »un-standesgemäß« war die Tatsache, daß mit einem Male Emporkömmlinge auf Grund ihres neugewonnenen Reichtums in der Lage waren, wie der Adel zu leben, zu wohnen, zu essen und natürlich auch Kleider zu tragen, die an Wert und Eleganz denen der Hochwohlgeborenen in nichts nachstanden.

Kleider machen Leute – der Satz galt Jahrhunderte hindurch, und mancherorts gilt er heute noch. Nicht unbedingt bei uns, denn der Mann, der uns im Stadtwald in Jeans und verschwitztem Turnhemd entgegenjoggt, kann durchaus ein Generaldirektor sein. Mit einem Pelzmantel oder einem Smoking kann man hierzulande niemanden mehr bluffen. Aber es kommt nicht von ungefähr, daß jener Notker uns besagte Anekdote von Karl auf der Jagd überliefert hat. Große Persönlichkeiten vergeben sich nichts, wenn sie sich kleiden wie jedermann. Herr Jedermann aber wird immer versuchen, durch großartiges Getue als jemand zu erscheinen, der er in Wirklichkeit nicht ist und niemals sein wird.

Um sich gegen die Emporkömmlinge abzuschirmen, aber auch um zu verhindern, daß sich manche Neureiche durch ihr Geltungsbedürfnis ruinierten und damit ihre Familien an den Bettelstab brachten, taten sich der Adel und die Patrizierfamilien in den Städten zusammen, um allgemeine Kleiderordnungen zu erlassen. Mit höchst unterschiedlichem Erfolg allerdings.

Da versuchte man beispielsweise, die Damen davon abzuhalten, ihre Schleppen noch weiter zu verlängern. Die meterlangen Ungetüme taugten nach Meinung von Zeitgenossen ohnehin nur dazu, in der Kirche den Staub vom Boden aufzuwirbeln, und ansonsten als willkommenes Nest von ganzen Flohgarnisonen. Aber die »Schleppen-Verordnung« taugte ebensowenig wie der Versuch des Dogen von Venedig, den Höchstpreis für einen Frauenhut gesetzlich festzulegen. Mehr Erfolg dagegen hatte der Stadtrat von Zwickau, dem die aufwendigen Kugelhüte der Frauen ein Dorn im Auge waren. Gewitzt verordnete er, daß »des Henkers Mägde«, also die Huren, ab sofort einen solchen Hut zu tragen hätten. Und das war das Ende des Kugelhutes bei allen sittsamen Frauenzimmern.

Viel genutzt haben aber alle Verbote, die Mode zu reglementieren, zunächst herzlich wenig. Erst in der zweiten Hälfte des 15. Jahrhunderts wurden die entsprechenden Verfügungen derart strikt durchgezogen, daß wenigstens ein gewisser Erfolg zu verzeichnen war. Vor der

Verschwendungssucht zumindest mußte die Obrigkeit jedoch auch weiterhin kapitulieren und es so halten wie der Rat der Stadt Frankfurt, der in einem Beschluß von 1356 das Handtuch warf und es ganz einfach dem Gewissen des einzelnen anheimstellte, ob er sein Geld für modischen Schnickschnack zum Fenster hinauswerfen wollte oder nicht. Und so ist es denn auch allüberall bis zum heutigen Tag geblieben.

Chefkoch Guillaume auf der Suche nach 300 Igeln und Eichhörnchen

Augenzeugenbericht: *Der Feind kommt zu Besuch · Trunkene Gäste, zufriedene Gäste · In der Küche das Wasser der Seine · Rücksichtnahme auf die Zähne · Der königliche Kopfhalter · Insalada Parisienne*

Ich bin Guillaume Triel, aber die meisten Leute nennen mich einfach Taillevent. Ich bin der erste Koch meines Herrn, des Königs Karl V. von Frankreich, und man erwartet – wieder einmal – einen Höhepunkt in der langen Kette meiner exquisiten lukullischen Zaubereien.

Nicht der König in eigener Person. O nein, der ist anspruchslos. Geradezu barbarisch bescheiden. Vielleicht verabscheut er jede Art von Völlerei auf Grund seiner tiefen Frömmigkeit. Er hört jeden Tag die Messe, liest viel in der Bibel, und jeden Freitag legt er gar einen strengen Fastentag ein. Kein Wunder, daß er spindeldürr ist. Aber vielleicht ist es gar nicht die Frömmigkeit, die ihn aussehen läßt wie einen Eremiten. Vielleicht nagt ein Wurm in seinem Gedärm, oder irgendeine Leidenschaft verzehrt ihn. Er ist es jedenfalls nicht, der mich zu immer kühneren Kreationen anspornt. Es ist der Hof, der es von mir erwartet, und jedesmal von neuem steht dabei mein Ruf auf dem Spiel.

Tatsache ist, und das sage ich in aller Bescheidenheit, daß ich als der beste Koch gelte, wenigstens in Frankreich. Man behauptet, jenseits der Alpen gäbe es noch den einen oder anderen. Aber das war es dann auch schon. Alle anderen Länder darf man getrost vergessen, erst recht England, und ausgerechnet von dort bekommen wir Besuch.

Die Pest haben wir zwar gottlob überstanden, aber wir befinden uns in einem nicht enden wollenden Krieg mit den Leuten von der Insel. Söldner, die – selten genug – vorübergehend von niemandem gebraucht werden, ziehen als Banditen durchs Land, erschlagen die Männer, schänden die Frauen und rauben das Vieh; ständig gibt es Ärger mit den Spaniern, eine Hungersnot jagt die andere. Da werden Sie mich nun fragen, woher das Geld für ein Festbankett kommt, ob wir im Augenblick keine anderen Sorgen haben, und vor allem natürlich, warum wir Besucher aus England empfangen, wenn wir gegen diese Menschen einen schon seit Jahrzehnten dauernden Krieg führen, der leider auf unserem Boden ausgetragen wird. .

Auf all diese Fragen kann ich Ihnen keine Antwort geben. Ich kümmere mich um meine Küche und weiß nur, daß der edle Lionel, Herzog von Clarence, auf seinem Weg nach Italien ein paar Tage Station in Paris machen wird. Er ist nämlich verwitwet und will, wie sich das Gesinde erzählt, in Mailand eine dreizehnjährige Prinzessin ehelichen. Wenn ich Ihnen nun sage, daß besagter Herr sich nicht mit kleiner Begleitung, sondern mit einem Gefolge von sage und schreibe 457 Personen angesagt hat, werden Sie sicherlich ahnen, was mir im Augenblick nicht nur gelinde Kopfschmerzen bereitet. Außer den Gästen von der Insel ist ja schließlich noch der gesamte Hof zu verköstigen.

Natürlich essen nicht alle zusammen und alle das gleiche. Das wäre ja noch schöner! Das Gefolge bleibt selbstverständlich mit unserem Personal unter sich. In einem zweiten Saal essen die Höflinge mit ihren Damen sowie die Ritter von geringem und mittlerem Adel. Im Festsaal selbst speisen schließlich der König, seine Brüder, die Hochadligen und natürlich die Vornehmsten unter den englischen Gästen. Wenn man die Damen hinzurechnet, werden es wohl leicht an die 100 werden, aber die genaue Zahl wird man mir noch mitteilen.

Eines weiß ich allerdings schon jetzt: Man hat mir mit Nachdruck eingeschärft, daß es an nichts fehlen dürfe. Das Beste sei gerade gut genug, und um die Kosten solle ich mir mal keine Sorgen machen. Vielleicht will man dem Herzog sinnfällig vor Augen führen, daß Frankreich beileibe noch kein ausgehungertes Land ist. Das würde in London Eindruck machen. Vielleicht aber will man nur ein bißchen angeben. Mir soll beides recht sein. Was gibt es Schlimmeres für einen Spitzenkoch wie mich, als wenn man ihn anhält, etwas wirklich Phantasievolles zu zaubern, ihn aber gleichzeitig ermahnt, bloß kein Geld aus dem Fenster hinauszuwerfen.

Da wir nun wissen, daß wir uns finanziell keinerlei Grenzen auferlegen müssen, haben wir – meine Kollegen und ich – uns zusammengesetzt und über die Speisekarte nachgedacht. Für das Gesinde gibt es keinerlei Probleme. Die einfachen Leute bekommen das Übliche: Hirsebrei, Hammelfleisch, Fisch, Gemüse, Obst, Käse und vor allem viel Wein, denn Wein macht die Leute lustig, und je mehr sie saufen, um so weniger kümmert sie die Qualität des Essens. Wenn sie dann betrunken genug sind, merken sie nicht einmal mehr, daß sie die aufgewärmten Reste aus dem Festsaal vorgesetzt bekommen.

Bei den Höflingen und Rittern wird es schon etwas schwieriger, aber ich stimme mit meinen Kollegen dahingehend überein, daß sie ziemlich ungebildet, eitel und töricht sind. Viele unter ihnen sind Emporkömmlinge, und sie finden nahezu jedes Essen phantastisch, wenn es nur ungewöhnlich genug ist. Also werden wir ihnen eine Speisenfolge von Wild und Geflügel anbieten, die möglichst bizarr wirkt (obwohl sie nicht sonderlich wohlschmeckend sein wird, wenn Sie mich fragen).

Ihnen kommt es in erster Linie auf die Art der Darbietung an, und da habe ich gewisse Fertigkeiten entwickelt und auch meine Kollegen gelehrt, die uns nun zugute kommen. Wir werden also »Fische« servieren, die zwar nur aus Reis mit Safran bestehen, jedoch in Form von Fischen gereicht werden. Safran ist zwar sündhaft teuer, aber das hat uns ja ausnahmsweise nicht zu interessieren.

Chic muß es sein, was da auf den Tisch kommt, und dann müßten Sie einmal das begeisterte »Ah« und »Oh« hören, wenn man entdeckt, daß der Fisch gar kein Fisch ist. Und wenn dann noch gegrillte Eichhörnchen aufgetragen werden oder gedünstetes Igelfleisch, Innereien vom Biber, alles mit ebenso prunkvollen wie im Grunde nichtssagenden Namen versehen, die ich beim Servieren natürlich laut ausrufen lasse, kennt die Begeisterung der Ritter keine Grenzen mehr.

Vorsichtshalber lasse ich als Willkommenstrunk ein stark berauschendes Getränk servieren, das man neuerdings auf geheimnisvolle Weise aus Wein brennt und auf dem nach Möglichkeit Rosenblätter schwimmen sollten. Ein kräftiger Schluck davon, und dann ein zweiter – da brauche ich mir wenig Sorgen zu machen. Es ist nichts leichter, als Höflinge und in Essensdingen nicht gerade verwöhnte Ritter zufriedenzustellen. Immerhin: Auch das ist ein Riesenaufwand, denn zuvor muß ich erst einmal schauen, wie ich an die 300 Eichhörnchen und Igel komme. Die laufen schließlich nicht in solchen Mengen im Schloßhof umher.

Außerdem darf ich nicht vergessen, die Dienerschaft anzuhalten, genauestens darauf zu achten, daß alle Schüsseln, Schalen und Trinkgefäße, die in die Säle getragen werden, nicht unter den Kleidern verschwinden. Sie würden sich wundern, wie unritterlich sich manche Ritter benehmen, nur um einen versilberten Becher mit nach Hause in die verlauste Wohnung nehmen zu können!

Ja, an diesen enormen Aufwand denkt vermutlich niemand, der von mir fordert, »Mach dies und veranlasse jenes!« Können Sie sich eine Küche vorstellen, in der man für rund tausend Menschen kochen kann? Da kommen Sie nämlich nicht mit einer einzigen Herdstelle aus, möglichst auch noch mit offenem Kamin, wie das auf kleineren Burgen üblich sein soll. In unserer Küche haben wir sieben geziegelte Herde, die aussehen wie Tische aus Stein. Unten brennt ein Feuer, und oben ist ein Eisenrost, durch den hindurch die Flammen Töpfe und Pfannen erhitzen.

Diese neuartigen Herde nehmen die gesamte linke Längswand der Küche ein, und über ihnen befindet sich ein ebenso ausgedehnter Rauchfang, der sehr hoch ist und weit aus dem Dach herausragt. Die ganze rechte Längsseite weist ebenfalls einen riesigen Kamin auf, und darunter stehen vier gigantische Böcke mit Bratspießen, an denen über offenem Feuer jeweils ein Ochse oder ein Schwein geröstet werden können. In den Kaminen sind Eisenleitern angebracht, mit deren Hilfe man in ihnen hochsteigt und dort Fleisch, Wurst und Fisch zum Räuchern aufhängt.

Am hinteren Ende der Küche befindet sich ein großes Wasserbekken, in dem sich zahllose Fische tummeln. Es wird mit Wasser aus der Seine gespeist, das ständig erneuert werden muß. Ich habe von Küchen gehört, in denen ein Bach durch das Fischbassin geleitet wird, aber das ist hier leider nicht möglich. Auf dem Fischbassin aber habe ich bestanden, denn ich kann doch für die königliche Tafel unmöglich Fisch vom Markt holen lassen, der dort schon weiß Gott wie lange liegen mag!

Die Küche selbst ist etwa 50 Schritte lang und 30 Schritte breit, so daß in der Mitte noch ausreichend Platz ist für zahlreiche Tische, auf denen das Fleisch gespickt, das Gemüse geputzt und die Zwiebeln gehackt werden; wo ferner all jene Dinge geschehen, die ich hier nicht weiter ausführen muß.

Wenn Sie sich vor Augen halten, welche riesigen Mengen an Gerichten hier fast gleichzeitig zubereitet werden müssen, können Sie sicherlich auch leicht erahnen, wieviel Personal dazu notwendig ist, zumal neben den vielen Köchen und deren Gehilfen ständig die Bediensteten hin- und herhasten, die die Speisen in die drei verschiedenen Säle zu tragen haben. Und das alles in höchster Eile, damit die Gerichte nicht erkalten, bevor sie serviert werden.

Ich bin zwar in Kriegsdingen absolut unerfahren, aber ich kann mir nur schlecht vorstellen, daß die Planung einer Schlacht komplizierter sein soll als die Organisation eines solchen Festmahls. Doch unsereins hat ja inzwischen Routine, obwohl Bankette dieser Art nur sehr selten gegeben werden. Trotzdem: Wehe, es geht etwas schief!

Aber ich schweife ab. Ich sollte mich darauf konzentrieren, was ich den hohen Herrschaften als ersten Gang servieren lasse. Ich denke, ich werde im Wald nach kleinen Erdbeeren suchen lassen. Genau. Das ist es: frische Erdbeeren in kalter Milch mit Zucker bestreut, auf grünen Blättern kredenzt und mit Wassertropfen darauf, als sei es Tau. Das macht Eindruck und ist zugleich bekömmlich.

Als zweiten Gang vielleicht ein Eieromelett mit gewürfelten Zwiebeln, Mandeln und Knoblauch. Ich muß stets daran denken, daß an des Königs Tafel viele betagte Leute sitzen, die mindestens 50 Jahre alt sind. Man darf ihren Zähnen nicht mehr allzuviel zumuten. Die Hälfte ihrer Beißerchen fehlt vermutlich ohnehin schon. Als Zwischengang werde ich Kaviar aus Rußland auf den Tisch bringen, dazu Garnelen aus der Bretagne, Krebse aus der Normandie, schön garniert um einen bezaubernden Turm, den ich aus frischen Forellen errichten werde.

Dann werden die Spanferkel aufgefahren. Aus den Innereien wird eine Suppe für das Gesinde gekocht. Die Ferkel selbst fülle ich mit Pilzen, Erbsen, Bohnen, Zwiebeln, Mandeln und Knoblauch. Nach diesem Gang werden die meisten Gäste vermutlich satt sein, aber ein solches Bankett dient schließlich nicht allein dem Stillen des Hungers. Also werden sie weiteressen und voller Gier auf das nächste Gericht warten, das selbstverständlich noch attraktiver ausfallen muß als alles Vorherige.

Darauf bin ich vorbereitet. Drei Pfauen wird man auf großen Silberschüsseln hereintragen und zwei Schwäne, und sie werden ausschauen, als würden sie noch leben. Darauf nämlich bin ich am meisten stolz: Nachdem die Tiere getötet, gerupft, ausgenommen und dann wieder mit erlesenen Köstlichkeiten gefüllt worden sind, gebe ich ihnen mit Hilfe von dünnen Eisenstangen, die ich ihnen in Füße und Hals einführe, wieder ihre stolze Haltung zurück.

Die sorgfältig aufbewahrten Federn lasse ich den Tieren von zwei Gehilfen, die damit einen ganzen Tag beschäftigt sind, mit einem Gemisch aus Honig und anderen Zutaten, die ich hier verständlicherweise verschweigen möchte, wieder ankleben, so daß die Pfauen und Schwäne wirklich phantastisch aussehen, wenn sie letztendlich aufgetragen werden.

Eine solche Darbietung löst jedesmal helle Begeisterung aus, und vor allem ist mein »Leim« nicht nur völlig unschädlich, sondern außerdem auch noch wohlschmeckend. Ein italienischer Kollege von mir pflegt bei festlichen Essen die Ferkel oder auch die Fische mit Blattgold zu verzieren. Aber das ist erstens nun wirklich verschwenderisch, und zum anderen bin ich mir nicht sicher, ob Gold dem Magen zuträglich ist. Man kann es ja auch wirklich besser anderswo gebrauchen als ausgerechnet in den Därmen.

Wer nun noch von den Pfauen und Schwänen gekostet hat, kann vermutlich nicht einmal mehr »papp« sagen, aber auch dann werden die Gäste keineswegs zufrieden sein. Da die Mägen längst überfüllt sind, werden sie sich wahrscheinlich eine Feder in den Hals einführen und sich in eine der Schalen entleeren, die das Gesinde auf einen Wink hin bringen wird. In England gibt es – wie ich hörte – sogar das Amt des königlichen Kopfhalters, der nichts anderes zu tun hat, als dem König zu helfen, wenn der sich alles noch einmal durch den Kopf gehen läßt, wie wir scherzhaft sagen.

Natürlich muß man bedenken, daß nicht nur die Speisen den Magen arg strapazieren. Bei einem solchen Essen fließen Unmengen an Wein, und den trinken die hohen Herren munter durcheinander. Schließlich will man seinen Gästen zeigen, daß es nicht nur Wein aus Burgund und der Champagne gibt. Nein, dazwischen werden auch herber Wein von der Mosel, schwerer vom Rhein, wuchtiger aus Spanien und feuriger aus Zypern kredenzt, wobei letzterer nie fehlen darf, weil er überaus teuer ist.

Da also die Herrschaften immerzu weiteressen wollen, reichen wir zwischendurch einmal Fisch: Aal und Hecht, Hering und Kabeljau, teils geräuchert, teils gekocht. Nun noch das obligatorische Wildbret: Rehrücken und Wildschweinbraten, Hasengulasch, Rebhuhn und Fasan. Ganz zum Schluß Süßes: gebackene Äpfel, Pflaumen, Feigen, Rosinen und Honigkuchen. Und auf Wunsch natürlich die verschiedensten Käse.

Noch habe ich eine Woche Zeit, aber die werde ich auch brauchen, bis alles eingekauft und organisiert sein wird. Aber ich werde die nächsten Tage auch dazu benutzen, mit einer ganz neuen Speise zu experimentieren. Ein Kaufmann nämlich, der weit herumgekommen ist, hat mir eine merkwürdige Geschichte erzählt. Kollegen in Venedig, Florenz und Rom bereiten angeblich ein Gemüse zu, das überhaupt nicht gekocht, sondern nur gewaschen wird. Dann mischen sie eine Sauce aus Olivenöl, Weinessig und vielen Gewürzen, unter anderem Salz, Pfeffer, Zwiebeln, Knoblauch, Thymian, Rosmarin oder Majoran. So servieren sie die kalten Gemüseblätter ihren Gästen. Angeblich schmeckt das Zeug sogar, obwohl ich mir das nur sehr schwer vorstellen kann. Andererseits soll man als Koch nicht voreingenommen sein.

Vielleicht wird ein solcher Gemüsegang sogar die Attraktion des anstehenden Festbanketts. Ich muß mir allerdings noch einen Namen dafür einfallen lassen, denn was sollen die Gäste denken, wenn ich theatralisch »kaltes Gemüse in Olivenöl« ankündige! Ich habe mich bei jenem Kaufmann erkundigt, wie denn die Italiener das Gericht getauft haben. Er sagte mir, daß man dazu »insalada« sage. Klingt eigentlich gar nicht so schlecht. Vielleicht werde ich es als »insalada parisienne à la manière de Taillevent« ankündigen lassen.

… und alle zehn Jahre eine Hungersnot

Vorratshaltung ohne Tiefkühltruhe · Brei, Brei und nochmals Brei · Gewürze überdecken strengen Geruch · Die Kröte im Weinglas · Rauhe Tafelsitten · Warum manche Damen heute noch den kleinen Finger abspreizen

Die Sorgen, die dem guten Taillevent so um das Jahr 1370 herum derartiges Kopfzerbrechen bereiteten, plagten den Normalbürger des Mittelalters keineswegs. Während man sich am Königshof eigentlich alles leisten konnte, was gut und teuer war, mußte sich die Masse des Volkes mit dem begnügen, was gerade zur Hand war, und das war erbärmlich genug.

Wir dürfen nicht vergessen, welch langen Zeitraum das sogenannte Mittelalter umfaßt. Rund 600 Jahre liegen zwischen dem soeben geschilderten festlichen Bankett und den Tagen Karls des Großen, doch was die Ernährung der Bevölkerung angeht, so hat sich selbst in diesen sechs Jahrhunderten so gut wie nichts verändert.

Natürlich kamen zunehmend und vor allem während der Kreuzzüge immer mehr exotische Produkte aus fernen Landen auf den abendländischen Markt, aber ob es sich nun um teure Stoffe, erlesene Juwelen oder pikante Gewürze handelte: Die Kosten wurden durch die unendlich langen und gefährlichen Transportwege und die Gewinne der Zwischenhändler derart in die Höhe getrieben, daß Luxusgüter aus dem Osten dem Hochadel vorbehalten blieben und erst im späten Mittelalter auch für einige reich gewordene Kaufleute erschwinglich wurden.

Die Tatsache, daß wir heute zu jeder Jahreszeit essen können, was immer wir wollen, läßt uns leicht übersehen, daß wir diesen Luxus ausschließlich drei Erfindungen der modernen Zivilisation verdanken: dem Flugzeug als dem schnellen Transportmittel, der Konservendose und letztendlich der Tiefkühltruhe, beides Voraussetzung ausreichend langer Vorratshaltung. Die älteren unter uns können sich sehr gut daran erinnern, daß es noch andere, wenn auch weniger perfekte

Methoden gab, Nahrungsmittel vom Herbst bis tief ins nächste Jahr
hinein zu retten.

Da stand zum Beispiel die Kartoffelkiste im Keller, in die etliche
Zentner eingelagert wurden. Als Kinder mußten wir alle Monate die
zentimeterlangen Keime entfernen, die den Knollen entsprossen und
sie schrumpeln ließen. An der Wand über der Kartoffelkiste war in
Kopfhöhe ein langes Brett angebracht, und darauf lagen die Äpfel, die
allerdings mit der Zeit ebenfalls zu schrumpfen begannen. Da gab es
ferner ein Faß mit Sauerkraut, einen Steinguttopf mit sauren Bohnen
und eine große, luftdicht abschließbare Dose, in der hart gewordene
Brotreste aufbewahrt wurden, aus denen Mutter in regelmäßigen Abständen eine Suppe kochte, die bei den meisten Kindern gefürchtet
war, obwohl in ihr wenigstens hin und wieder gedörrte Pflaumen
schwammen.

Genauso sah es auch im Keller eines mittelalterlichen Bürgerhauses
aus, allerdings mit dem Unterschied, daß es damals noch keine Kartof-
feln gab, denn die drangen – zusammen mit der Tomate und dem
Mais – erst nach den Entdeckungen des Kolumbus nach Europa vor.
Außerdem kamen voll unterkellerte Häuser erst relativ spät in Mode.
War kein Keller vorhanden, erfüllte eine überbaute Grube im Garten
dessen Funktion.

Neben der kühlen und dunklen Lagerung gab es noch andere
Mittel, Fleisch, Fisch, Obst und Gemüse über den Winter zu retten.
Obst wurde, sofern es sich dazu eignete, am einfachsten gedörrt. Erdbeeren gab es dagegen selbst am Königshof nur während der Saison.
Fleisch ließ sich einige Zeit halten, indem man es in Essigbeize legte,
ansonsten hängte man es zum Räuchern in den Kamin. Man konnte es
natürlich auch mit Salz pökeln, doch gepökelt wurde vornehmlich der
Fisch, der bekanntlich schnell zu stinken beginnt, aber nichtsdestoweniger lange Fahrten zu überdauern hatte. Der Fischbedarf im Landesinneren war enorm hoch, vor allem während der Fastenzeit. Besonders
fette Fische, Heringe etwa, mußten sehr schnell und ausgiebig gepökelt
werden, was bei den damaligen Salzpreisen ein teurer Spaß war, denn
auf fünf Kilo Fisch rechnete man ein Kilo Salz!

Gepökelt aber wurden auch andere Fischarten. Wenn die Ware
preiswert bleiben oder gar lange Zeit halten sollte, kam sie als Stock-

oder Klippfisch auf den Markt. Diese Bezeichnungen stammen aus den nordischen Ländern, weil man die Fische dort entweder auf Gerüsten aus Stöcken oder aber ganz einfach auf den Klippen der Küste trocknete. Relativ problemlos ließen sich in kühlen Räumen Öl, Butter, Käse, Wein oder Korn lagern, wobei das Korn allerdings sorgfältig gegen Mäuse und Ratten geschützt werden mußte. Die ursprünglich aus Ägypten stammende Hauskatze setzte sich damals erst langsam als geeigneter Nachtjäger durch.

Trotz dieser doch recht vielfältigen Arten der Vorratshaltung darf nicht vergessen werden, daß Fisch und Fleisch, Obst und Gemüse, Eier und Geflügel immer nur Zutaten, keineswegs aber Grundnahrungsmittel darstellten. Das Hauptnahrungsmittel des Mittelalters war nicht das Brot, sondern der Brei. Und zwar kein edles Weizen-Müsli, sondern eine ebenso gesunde wie unschmackhafte Pampe aus Hafer und Gerste, seltener aus Hirse oder Mischkorn. Reinen Weizen gab es so gut wie überhaupt nicht.

Nun kann sicherlich jeder von uns ein paar Tage, notfalls auch ein paar Wochen, von Hühnchen, Eiern, Gemüse oder Obst leben. Sicherlich jedoch nicht ein ganzes Jahr lang. Wenn aber im Mittelalter eine Wetterkatastrophe die gesamte Getreideernte vernichtete, dann fehlte den Menschen das absolute Grundnahrungsmittel: der Brei. Und dann starben über kurz oder lang Hunderttausende. Solche Hungersnöte wiederholten sich regelmäßig, und in Frankreich, das in der Statistik dabei noch am besten wegkommt, wurden im 10. Jahrhundert zehn und im 11. Jahrhundert gar sechsundzwanzig solcher Katastrophen vermeldet.

Die wohl schlimmste Zeit durchlitten die Menschen, wenn sie sie denn überhaupt überlebten, zwischen 1144 und 1198. Die Ernten verdarben wegen zu starker Regenfälle auf den Feldern, und im Rheinland aßen die Leute buchstäblich Gras. Klöster trennten sich schweren Herzens von ihren Schätzen und verkauften sie, um die Armen zu speisen, aber auch gegen Geld war kaum Eßbares aufzutreiben. Die Bettler ernährten sich vom Aas verendeter Tiere, und es blieb nicht aus, daß dem großen Hunger die großen Seuchen folgten, denen die Menschen, geschwächt wie sie waren, keinen Widerstand entgegenzusetzen hatten.

Bemerkenswerterweise beschränkten sich die Mißernten in der zweiten Hälfte des 12. Jahrhunderts nicht auf bestimmte Regionen. Dem Hunger erlagen die Menschen sowohl in Italien als auch in Schottland, in der Provence ebenso wie in Flandern. Aber sogar wenn es in einem bestimmten Land eine Mißernte, im Nachbarland dagegen alles im Überfluß gegeben hätte – es war einfach unmöglich, eine von Katastrophen heimgesuchte Landschaft von außen zu unterstützen, selbst wenn gewitzte Kaufleute tatsächlich auf die Idee gekommen wären, beispielsweise von Nürnberg aus Niedersachsen mit Getreide zu versorgen. Zum einen gab es selbst unter besten Bedingungen zu keiner Zeit einen derartigen Getreideüberschuß wie heutzutage in den USA, und zum anderen fehlten ganz einfach die geeigneten Transportmittel für die in Katastrophenfällen benötigten Mengen.

Um den täglichen Brei herzustellen, brauchte man natürlich nicht unbedingt Hirse, Gerste oder anderes Korn. Als Basis dienten auch Bucheckern, Buchweizen, Maronen oder gestampfte Hülsenfrüchte. Später kam Reis hinzu, der bereits im Mittelmeerraum angebaut wurde. Er war nicht sehr geschätzt, zudem teuer wegen der langen Transportwege, und die Reichen aßen ihn nur mit dem noch teureren Zucker und dem nochmals teureren Zimt.

Zucker wurde schon seit etlicher Zeit in Ägypten angebaut. Die Kreuzritter lernten ihn in Syrien kennen und brachten ihn mit nach Zypern, aber die armen Leute im Abendland mußten ihre Speisen noch lange mit Honig süßen. Wer es sich jedoch leisten konnte, feierte wahre Gewürzorgien. Pfeffer war gefragt, Muskat, Ingwer, Safran, Nelken – je schärfer, um so besser.

Aber auch einheimische (und daher preiswerte) Gewürze gab es in Hülle und Fülle: Liebstöckel, Knoblauch, Fenchel, Sellerie, Bohnenkraut, Minze, Salbei, Petersilie, Kümmel, Kresse und noch viele andere mehr. Das war vermutlich auch gut so, denn mit den Gewürzen mußten allzu oft nicht nur der Geruch des nicht mehr ganz frischen Fisches, des schon etwas stark riechenden Fleisches und viele andere Unzulänglichkeiten der Speisen wenigstens halbwegs überdeckt, sondern vor allem auch der saure Wein einigermaßen trinkbar gemacht werden.

Der Wein galt eigentlich als Getränk der Ritter, aber nicht jeder Ritter war so wohlhabend, daß er teuren Importwein hätte ordern können. Deshalb blieben viele Adlige lieber beim herkömmlichen Met, der aus vergorenem Honig hergestellt wurde. Aber da es nun einmal als chic galt, Wein zu trinken, begann man überall mit dem Anbau, wobei man zunächst wenig Rücksicht auf Wetterseite und Beschaffenheit des Bodens nahm. Wein wuchs in Norddeutschland und in Bayern, in guten Lagen und in schlechten, in Großstädten gar wie in Köln, und auf dem Montmartre in Paris kann man noch heute einen bescheidenen Weinberg bestaunen.

Dieser so unsachgemäß angebaute und gekelterte Wein war natürlich erschreckend schlecht und nach heutigen Maßstäben schlicht und einfach ungenießbar. Als Kaiser Barbarossa einmal zu Besuch nach Naumburg kam, bot man ihm einen Becher Wein an, und mit Sicherheit nicht den schlechtesten. Schließlich wollte man sich ja nicht blamieren. Aber nach dem ersten Schluck flüsterte der Kaiser seiner Begleitung zu: »Lieber noch einmal Mailand erobern!« Und Mailand – das war eine der schlimmsten Erfahrungen seines Lebens gewesen, wie man an anderer Stelle nachlesen kann.

Natürlich war der Wein auch nicht in derart schönen grünen oder braunen Flaschen abgefüllt wie heutzutage. Man lagerte ihn in Fässern, die sicherlich nicht allzu streng bewacht und kontrolliert wurden. Man ging wohl etwas leichtfertig zu Werke, auch beim Abfüllen in kleinere Krüge, die dann auf die Tafel gestellt wurden. So ist es weiter nicht verwunderlich, was wiederum dem oben erwähnten Kaiser Rotbart irgendwo im Schwäbischen widerfuhr: Als man ihm aus einem der besagten Krüge seinen Pokal füllen wollte, glitt – flutsch – eine Kröte mit ins Trinkgefäß. Der Gastgeber war darüber so entsetzt, daß er vor den Augen seiner Majestät das possierliche Tierchen verspeiste, um dessen Ungefährlichkeit zu beweisen.

Ungewöhnliche Sitten waren das und höchst unappetitliche dazu, aber in einer Zeit, wo die Straßen von Krüppeln und Aussätzigen nur so wimmelten, wo man vor der Stadt am Galgen vorbeikam und Zeuge werden konnte, wie die Raben den Hingerichteten die Augen auspickten, wo die Nachtgeschirre aus den Fenstern geleert wurden und Jauche durch die verschlammten Gassen floß, konnte einem so schnell nichts den Appetit verderben.

Natürlich hat sich niemand die Mühe gemacht, konkret niederzuschreiben, wie sich denn die Gäste bei einer Bauernhochzeit benahmen, aber wenn man so liest, zu welchen Tischsitten der heranwachsende Adlige von seinem Erzieher angehalten wurde, kann man sich sehr leicht vorstellen, wie es denn zuging, wenn nicht einmal die allernotwendigsten Regeln beachtet wurden. Offensichtlich derart schlimm, daß im frühen Mittelalter die Frauen nicht im gleichen Saale aßen wie ihre Männer. Man wollte ihnen vielleicht das Peinlichste ersparen.

Normalerweise gab es keine Tische. Wenn man essen wollte, brachten Diener eine Art Tischtennisplatte mit entsprechendem Untergestell herein; war das Essen beendet, trugen sie beides wieder hinaus, weshalb wir noch heute davon sprechen, »die Tafel aufzuheben«. Über die Tischplatte wurde in begüterten Haushalten eine weiße Decke gelegt. Nach dem Mahl war sie dann nicht mehr ganz so weiß.

Eine außerordentlich wichtige Rolle spielte bei einem festlichen Mahl die Sitzordnung. Für sie war bei Hofe der Truchseß zuständig, der mit einem langen Stab jedem Gast seinen Platz zuwies. Fand das Gelage im Freien statt, entledigte sich der Truchseß seiner Aufgabe zuweilen auch hoch zu Roß. Besonders begehrt war der Platz gegenüber dem Gastgeber, auf dem sogenannten »geginsidile«. Da konnte es schon einmal passieren, daß sich zwei vornehme Gäste um die Ehre prügelten, diesen Platz einzunehmen. Um solchen Streitereien zu entgehen, erfanden die Dichter einen runden Tisch, wie er uns in der Artus-Sage begegnet. Die Wirklichkeit indes sah anders aus.

Jeder Mann besaß sein eigenes Messer, und damit säbelte er sich (und später auch seiner Tischdame) Fleischstücke vom Braten ab und schob sie sich (und ihr) mit den Fingern in den Mund. Ansonsten gab es bei schlichteren Essen nur noch einen Löffel, der normalerweise aus Holz war. Damit bediente sich ein jeder aus der gemeinsamen Schüssel. Ein Brauch, der sich auf Bauernhöfen noch bis ins 20. Jahrhundert gerettet hat.

Ging es besonders vornehm zu, reichten die Diener Schüsseln mit Wasser, damit man sich zwischendurch die von Fett triefenden Hände und die klebrigen Finger waschen konnte. Außerdem gab es Servietten, mit denen man sich zwar den Mund abwischen durfte, tunlichst aber nicht die Nase putzen sollte. Das tat ein Mann von Welt nämlich mit dem Ärmel.

47 *(links)* Der Nachttopf wurde häufig zum Fenster hinaus geleert, zuweilen auch zur Vertreibung unliebsamer Musikanten. Szene aus Sebastian Brants »Narrenschiff«. Druck aus dem Jahr 1494. Foto: Universitäts- und Stadtbibliothek Köln

48 *(unten)* Spielende Kinder. Aus: Herrad von Landsberg, »Hortus deliciarum«, 12. Jhdt. Foto: Bildarchiv Foto Marburg

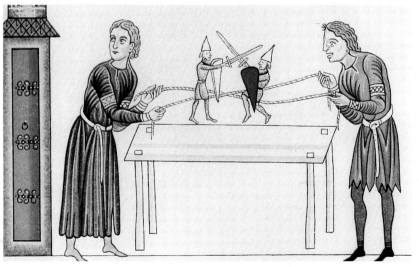

49 *(oben)* Mongolische Krieger tragen nach der Schlacht bei Liegnitz (1241) den abgeschlagenen Kopf des jungen Herzogs Heinrich vor die Mauern der Stadt. Kolorierte Federzeichnung aus der Hedwigs-Legende. Foto: Bilderdienst Süddeutscher Verlag, München

50 *(unten)* Rekonstruktionszeichnung der Habsburg im Schweizer Bezirk Brugg. Postkarte. Foto: Karl König/Bildarchiv d. Öster. Nationalbibliothek, Wien

51 *(rechte Seite oben links)* Grabplatte Kaiser Rudolfs I. (1273–1291) im Dom zu Speyer. Foto: Archiv für Kunst und Geschichte, Berlin

52 *(rechte Seite oben rechts)* Miniatur »Todesernte« aus der um 1475 entstandenen Hs. »Der Ackermann aus Böhmen« des Johann von Tepl (Ms.Sag.f.13 f.8r). Foto: Thüringer Universitäts- und Landesbibliothek, Jena

53 Judenverbrennung. Aus: Gilles li Muisis,
»Antiquitates Flandriae«, 14. Jhdt. (ms.13 076-77,
fol.12v). Foto: Bibliothèque Royale Albert 1er,
Brüssel

54 *(rechts)* Festmahl. Miniatur in der um 1465 entstandenen Handschrift des Romans »Hug Schappler« der Gräfin Elisabeth von Nassau-Saarbrücken (Cod.12 in scrin., fol.13v). Foto: Staats- und Universitätsbibliothek Hamburg

55 *(unten)* Die normale Küche einer mittelalterlichen Burg (hier Burg Seebenstein in Niederösterreich) glich einer verrauchten Höhle. Unter solchen Umständen ließen sich kaum kulinarische Gelage vorbereiten. Foto: Erich Lessing/Archiv für Kunst und Geschichte, Berlin

56 *(oben links)*
Steinigung eines Scharf-
richters, 1575. Aus:
»Wickiana« (Ms.F 24,
p.345). Foto: Zentral-
bibliothek Zürich

57 *(oben rechts)* Pilger
auf der Wanderschaft.
Aus: Johann Geiler von
Kaisersberg, »Predigen
Teütsch. . .«, 1508. Foto:
Staats- und Stadtbiblio-
thek Augsburg

58 *(links)* Ein Reisen-
der wird überfallen und
ausgeraubt. Aus: Her-
rad von Landsberg,
»Hortus deliciarum«,
12. Jhdt. Foto: Bild-
archiv Foto Marburg

59 *(oben)* Hexen-
sabbat. Radierung von
Dominique Vivant
Denon nach einem
Gemälde von David
Teniers d.J. Foto:
Archiv für Kunst und
Geschichte, Berlin

60 *(rechts)* Über das
Aussehen des Teufels
gingen die Ansichten
lange Zeit weit ausein-
ander. Ein besonders
bizarr aussehender hält
hier dem hl. Augustinus
das Buch der Laster
vor. Gemälde von
Michael Pacher, 1498.
Foto: Bayer. Staats-
gemäldesammlungen,
München

61 Als Aufbewahrungs-
ort für Reliquien
konnte nichts teuer und
wertvoll genug sein.
Detail vom Kölner Drei-
königenschrein. Foto:
Matz und Schenk/
Dombauarchiv Köln

62 Das blutige Hand-
werk des Henkers. Aus
einem Schmähbrief des
Jahres 1464 (Sign.
HUANA 2/136a). Foto:
Historisches Archiv der
Stadt Köln

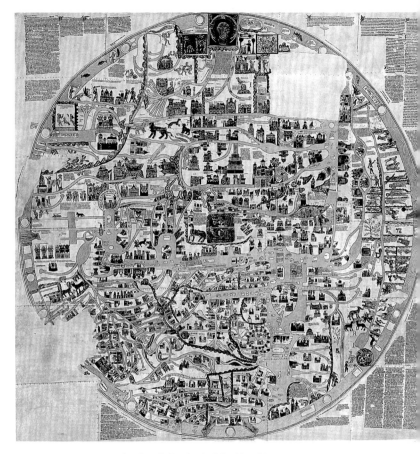

63   Dem Reisenden im Mittelalter fehlte nicht nur
jegliche geographische Kenntnis, sondern es gab
auch keine Wegweiser, kaum Straßenbeschreibun-
gen, und die wenigen Karten waren ungenau und
häufig Ausgeburten mönchischer Phantasie. Keine
Ausnahme machte die »Ebstorfer Weltkarte« aus
dem Jahre 1284. Farbiger Nachdruck des 1945 verbrannten Originals. Foto: Bildarchiv Preußischer
Kulturbesitz, Berlin

Das klingt ja alles noch halbwegs erträglich, auch wenn man Gabeln bislang ausschließlich zum Vorlegen größerer Fleischstücke kannte. Als Eßbesteck tauchen sie erst im 14. Jahrhundert in Venedig als vielbestaunte Neuerung auf, doch selbst der französische König Ludwig XIV. gestattete seinen Kindern noch nicht, anders als er selber zu essen. Mit den Händen nämlich. Und das war immerhin schon im 17. Jahrhundert!

Bevor der Fürst jedoch dem Braten und dem Wein zu Leibe rückte, hatte der Seneschall die Aufgabe, diese vorzukosten. Dabei ging es nicht um Fragen der Schmackhaftigkeit, sondern schlicht und einfach um Gift. Erst wenn der Vorkoster überlebte, mochte auch der König glauben (was auf lateinisch »credere« heißt), daß kein arsenhaltiges Haar in der Suppe war. Deshalb sagt man bis heute etwas gespreizt, daß der Wein »kredenzt« wird, und Großmutters Weinschrank hieß folgerichtig »die Kredenz«.

Nun aber zu einigen Regeln, die man sicherlich nicht schriftlich aufgezeichnet hätte, wenn ihre Einhaltung selbstverständlich gewesen wäre. So galt es beispielsweise als unfein, mit dem Messer in den Zähnen herumzustochern. Unschicklich war es auch, die größeren Knochen, die man gemeinhin unter der Tafel verschwinden ließ, so weit zu werfen, daß man sein Gegenüber damit belästigte oder gar verletzte.

Blähungen des Leibes übertönte ein gesitteter Mann zumindest während des Essens mit einem der Lautstärke des Windes angemessenen Hüsteln. Auch allzu offensichtliches Kratzen des Körpers oder gar das Knacken von Läusen galt als ungehörig, obwohl das Verbot manchen schwer angekommen sein wird. Litten doch selbst die höchsten Adligen unter dem allgegenwärtigen Ungeziefer. Damit man seine Flöhe nicht an den Tischnachbarn weitergab, galt es im übrigen als höflich, vor dem Essen frische (und hoffentlich unverseuchte) Kleider anzuziehen.

Schließlich schickte es sich nicht, mit denjenigen Fingern in den gemeinsamen Topf oder an den Braten zu greifen, mit denen man sich soeben die Nase geschneuzt oder sich nach dem Aufsuchen des Abortes anderweitig gesäubert hatte. Taschentücher und Toilettenpapier gab es ja noch nicht. Immerhin führte schon die uns bekannte und aus Byzanz stammende Kaiserin Theophanu die Sitte ein, sich mit dem kleinen Finger und dem Ringfinger zu schneuzen, was einiger Übung bedurfte. Seitdem spreizen übrigens Damen, die als besonders vornehm gelten wollen, beim Teetrinken noch heute den kleinen Finger ab. Gottlob wissen die wenigsten, woher diese Sitte beziehungsweise Notwendigkeit stammt.

Das Tischgeschirr war mehr als dürftig. Die Krüge wurden aus Ton gebrannt; die Schüsseln dagegen waren zumeist aus Holz gefertigt, ebenso die Platten. Nur bei Hofe wurden Gerätschaften aus Zinn oder gar Silber benutzt. Normalerweise benutzte man auch keine Teller. Statt dessen wurden flache Brotlaibe verwendet, deren durchweichte Reste man anschließend den Hunden zu essen gab. Oder den Bettlern. Nicht selten in dieser Reihenfolge.

Natürlich floß bei solchen Gelagen auch der Alkohol in Strömen. Schnaps im heutigen Sinne allerdings war im Mittelalter unbekannt. Ebenso Whisky oder Cognac. Die Kunst des Destillierens hatte man noch nicht erfunden. Also blieb es beim beliebten Met, beim sauren Wein oder beim immer mehr in Mode kommenden Bier, das zunächst einmal aus Weizen, Hafer, Roggen, Hirse oder Gerste gebraut wurde. Hopfen und Malz findet man seltener in den überlieferten Rezepten, aber dafür Lorbeerblätter, Klatschmohn oder Pilze, um einen besonderen Geschmack zu erzielen.

Bier konnte man zu Hause brauen, aber in den Städten war dies wegen der häufig beengten Räumlichkeiten nicht immer möglich, und deshalb entstanden schon im 13. Jahrhundert die ersten großen Brauereien, nachdem die schlauen Mönchlein ihre Fäßchen schon zu Karls des Großen Zeiten mit richtigem Bier zu füllen wußten.

Die Speisen mit den scharfen Gewürzen verursachten natürlich einen Höllendurst. Und in einer Zeit, in der es weder Kaffee noch Cola, weder Limonade noch Sprudel gab, standen die Gäste vor der Alternative, reines Brunnenwasser zu trinken oder Alkoholisches. Also Bier. Dieses Bier gehörte – und das ist keineswegs scherzhaft gemeint – im Mittelalter zu den Grundnahrungsmitteln. Bier, meist warm und noch ohne Kohlensäure, tranken die Leute, sogar schon die Kinder, wie man heute Saft oder Tee trinkt. Bier enthielt die damals so dringend benötigten Kalorien, ließ den grauen Alltag erträglicher erscheinen und führte nur selten zur Sucht, weil es ja noch keinen Schnaps gab. Getrunken wurde das Bier bereits zum Frühstück, aber auch zu allen möglichen anderen Gelegenheiten. Man trank jemandem zu, man trank auf sein Wohl, man betrank irgend etwas und notfalls sich selbst. Zahllose Trinksprüche finden wir noch heute in unserem Sprachgebrauch, und »Trink, Brüderlein, trink, laß die Sorgen zu Haus« – das war das Motto des mittelalterlichen Alltags der kleinen Leute.

Bezeichnenderweise wurde in dieser Zeit der sogenannte Sturzbecher benutzt, der unten spitz zulief oder die Form eines Horns besaß. Man konnte ihn nicht abstellen, sondern nur (gänzlich geleert) hinlegen. Infolgedessen war man stets gezwungen, »ex« zu trinken. Manchmal ließ man ihn aber auch kreisen, wie heutzutage zuweilen noch in der Stammkneipe den »Stiefel«.

Tatsache ist, daß angesichts der gepanschten Weine, der lauwarmen Biere und all der gespenstischen Zutaten jeder Zecher am nächsten Morgen einen gigantischen Kater hatte. Und dagegen gab es kein vernünftiges Mittel, so daß viele naturgemäß versuchten, den Teufel mit dem Beelzebub auszutreiben, was ja wohl auch noch mancher unserer Zeitgenossen versucht. Ebenso vergeblich wie damals.

Über die mittelalterliche Kochkunst läßt sich schwer urteilen, weil kaum brauchbare Rezepte überliefert worden sind. Es gibt zwar Aufzeichnungen, aber die sind deshalb mangelhaft, weil die Details fehlen. Gefüllte Wachteln – na gut, aber womit gefüllt? Da steht beispielsweise »man nehme Fleisch vom Rind« – na schön, aber welches? Filet oder Hüfte? Oder gar die Zunge? Man nehme Liebstöckel – okay, aber wieviel? Versuche, mittelalterliche Speisen anhand überlieferter Rezepte nachzukochen, haben nicht viel gebracht. Wenigstens nicht für die Zungen und Gaumen unserer Tage.

Dabei hören sich die überlieferten Speisekarten durchaus nicht übel an. Hier eine, die uns sagt, was bei einem guten Schmaus in einem nicht gerade ärmlichen Bürgerhaus angeboten wurde:

Erster Gang: Eiersuppe mit Safran, Pfefferkörnern und Honig; Gemüse; Schafffleisch mit Zwiebeln; gebratenes Huhn mit Zwetschgen.

Zweiter Gang: Stockfisch mit Öl und Rosinen; Schleie in Öl gebakken; gesottener Aal mit Pfeffer; gerösteter Bückling mit Senf.

Dritter Gang: Sauer gesottene Speisefische; eine gebackene Barbe;

kleine Vögel, in Schmalz gebacken mit Rettich; Schweinskeule mit Gurken.

Wir sehen schon, daß dieses Menu nicht im 9. oder 10. Jahrhundert stattgefunden haben kann, denn zu dieser Zeit gab es mit Sicherheit noch nicht den kostbaren Safran. Aber der aufstrebende Bürger wollte – nicht nur, was die Kleidung angeht – ebenso luxuriös leben wie die adligen Kreise, und diese wiederum wehrten sich ganz entschieden gegen die Emporkömmlinge aus den Reihen der Kaufleute.

Die Magistrate zahlreicher Städte setzten – wie bei der Mode – schließlich fest, wieviel Aufwand beispielsweise bei einer bürgerlichen Hochzeit getrieben werden durfte. In Berlin waren damals maximal fünf Gänge zugelassen, in Nürnberg durften nicht mehr als zwölf Schüsseln, sprich Gerichte, auf den Tisch, in Ulm gar nur deren sechs. Großzügiger waren da die Stadtväter von Breslau, die immerhin 20 Schüsseln zuließen.

Diese Aufwandsbeschränkungen hatten natürlich nicht nur die Abschottung der oberen Zehntausend (meist waren es nur hundert in einem Städtchen!) gegenüber dem Mittelstand zum Ziel. Mit der verordneten Einschränkung sollte auch verhindert werden, daß sich die Nachbarn nach dem Motto »Mehr Schein als Sein« gegenseitig immer wieder zu übertrumpfen versuchten und sich letztlich in den Ruin stürzten.

Derartiges konnte dem von den Städtern immer verspotteten und verachteten tumben Bauern natürlich nicht passieren. Der war von Herzen froh, wenn er und die Seinen gerade einmal satt wurden.

Mehr Frust als Lust auf den Landstraßen

Konrad der Rastlose · Einmal zu Pferd um die Erde · Wasser ist der beste Weg · Fernreisen ohne Straßenkarte · Alle zehn Kilometer Zoll am Rhein · Von der Gastgeberin ins Bett gebracht · Das Camping wird erfunden

Mit dem Begriff »Mittelalter« verbindet sich vermutlich bei den meisten Mitmenschen die Vorstellung von Seßhaftigkeit. In einer Zeit, da es weder Flugzeuge noch Eisenbahnen gab, nicht einmal Fahrräder, geschweige denn Autos mit den dazu gehörenden Autobahnen, liegt diese Vermutung ja wirklich nahe. Dennoch: Wenn sich auch nach der Völkerwanderung, als unzählige Stämme mit Sack und Pack und Weib und Kind quer durch Europa irrten und in der Regel schließlich den Weg nach Süden fanden, die meisten Menschen irgendwo als Bauern niederließen und dann zeit ihres Lebens an diesem einmal ausgewählten Ort blieben, so waren dennoch unglaublich viele Leute ständig unterwegs.

Beginnen wir mit den Herrschern. Wir wissen bereits, daß ein König damals keine eigentliche Residenz besaß, sondern allenfalls eine Lieblingspfalz, in die er sich – wenn die Geschäfte es denn erlaubten – in den Wintermonaten zurückzog. Normalerweise aber war er ständig unterwegs, um nach dem Rechten zu schauen. Und mit dem König reisten nicht nur seine Angetraute und die Kinderchen, die man aus Sicherheitsgründen besser nicht allein ließ, sondern auch der gesamte Hofstaat und gottlob auch die Schreiber und Chronisten, die gewissenhaft notierten, was der König so alles tat.

Nur deshalb wissen wir von den meisten Herrschern, wo sie sich wann, warum und wie lange aufgehalten haben, und je später das Jahrhundert, um so lückenloser sind die Aufzeichnungen. Nehmen wir uns wahllos einen jener Könige vor: Konrad II., den ersten Salier. Im Winter 1033 hält er sich gerade in Straßburg auf; da kommt Alarm aus Burgund, und der König und seine Mannen reiten hin, um wieder Ordnung zu schaffen. Von Burgund geht es zurück über Basel und Solothurn an den Neuenburger See.

Kurze Pause. Wenig später ist Konrad in Schwaben zu finden, dann in Lothringen, und wo feiert er Ostern? In Nimwegen. Dann gibt es Unstimmigkeiten mit dem König von Frankreich, weshalb sich Konrad mit diesem in Deville an der Maas trifft. Bis dahin ist es ja nicht allzu weit von Nimwegen aus. Aber schon kurz darauf weilt der König in Thüringen, das ist schon eine ganze Ecke weiter. Über Sachsen reitet er zurück nach Limburg an der Lahn, um sich ein wenig auszuruhen. Das jedoch ist ihm leider nicht vergönnt, denn schon muß er mit einem Heer in die Champagne ziehen, um sich dort ein paar Tage herumzuschlagen.

Inzwischen ist es Sommer geworden, aber Urlaub machen kann Konrad noch immer nicht. Im Osten brennt es lichterloh. Ein Slawenaufstand! Also reitet der König los, wohlgemerkt: mit Kind und Kegel, Köchen und Kaplänen, und natürlich mit einem Heer, das er schließlich braucht, um die Aufständischen niederzuwerfen. So etwas nimmt einige Zeit in Anspruch, und auf einmal ist Weihnachten, und endlich könnte der König nach Hause, wenn er denn ein solches besäße. Da er aber keines hat, feiert er die Christmette dort, wo er sich gerade befindet, im westfälischen Minden nämlich.

Ein Nachfahre dieses Konrad, König Heinrich III., legte nach Berechnungen von Historikern in den 18 Jahren seiner Regierung immerhin an die 50 000 Kilometer zurück, das ist mehr als einmal rund um die Erde (zu Pferd, bitteschön) und – grob gerechnet – über 50 Kilometer in der Woche. In jeder Woche wohlgemerkt!

Wenn man bedenkt, daß der Herrscher vermutlich doch einmal für ein oder zwei Wochen in einer seiner Pfalzen verweilte, ein paar Tage lang auf die Jagd ging oder sich hin und wieder auch eine kleine Krankheit gönnte, muß die statistische Wochenleistung entprechend höher angesetzt werden. Da zieht man als Hobby-Wanderer vor jenen Königen respektvoll den Hut, und selbstredend auch vor ihrem ständigen Gefolge. König zu sein war zumindest in dieser Hinsicht kein beneidenswerter Job.

Natürlich konnte der König trotz seines gewaltigen Reisepensums nicht überall zugleich sein. Seine berittenen Boten jagten durch Wind und Wetter, um seine Anweisungen zu überbringen. Im späteren Mittelalter wurde zunächst zwischen Lübeck und Hamburg, später auch zwischen anderen Städten eine Art ständiger Botendienst eingerichtet, während die erste wirklich regelmäßige Verbindung erst 1516 zwischen Wien und den Niederlanden ins Leben gerufen wurde. Das war dann die Geburtsstunde der uns heute vertrauten Post.

Doch Herrscher und Heere waren nicht die einzigen, die ständig umherzogen. Das Wandern war zwar noch nicht des Müllers Lust, denn der hatte alle Mühe, zunächst einmal die eigene Wasser-, später auch Windmühle in Gang zu halten, aber zuhauf unterwegs waren die Handwerker. Wie das? Nun gut, der Müller konnte zwar nicht mit seiner Mühle umherziehen und der Bäcker nicht mit seinem Backofen. Aber so etwa im 12. und 13. Jahrhundert gab es auf der Straße eine Menge Spezialisten, die auf der Suche nach Arbeit waren, und die fanden sie zumeist auf den großen Baustellen. Dort suchte man Zimmerleute und Steinmetze, Schmiede und Dachdecker, Nagelschmiede und Maler. Manchmal blieben die Handwerker ein paar Jahre dort, zuweilen nur für ein paar Wochen, je nach Arbeitsanfall. Sie und ihre Familien lebten von der Hand in den Mund, und oft hatten sie Mühe, über den Winter zu kommen, wenn die großen Bauprojekte ruhten.

Auch Waffenschmiede verdingten sich auf befristete Zeit an herrschaftliche Höfe, und durch die Dörfer zogen starke Männer, die es verstanden, einen durchgebrannten Topf zu reparieren. Rauflustige Burschen waren das, von denen unsere Redewendung abgeleitet wurde, daß zwei sich schlagen »wie die Kesselflicker«. Sich als Handwerker, besonders als Kunsthandwerker, in einer Stadt niederzulassen, lohnte sich indes nur dann, wenn diese Stadt auch zahlungskräftige Bürger aufwies, aber die Entwicklung von bescheidenen Ansiedlungen zu wohlhabenden Gemeinden vollzog sich im wesentlichen erst im ausgehenden Mittelalter. Von da an traf man auch den wandernden Handwerksburschen auf den Landstraßen an, doch so weit sind wir noch lange nicht.

Noch begegnen wir auf den Wegen, über deren jammervollen Zustand weiter unten zu reden sein wird, neben den Heeren und den unvermeidlichen Huren zahllosen Mönchen und Predigern, Gauklern und Spielleuten, vor allem aber Studenten, die zu den ersten Universitäten strömen, und natürlich Aussätzigen, Krüppeln und Bettlern, Unglückseligen, denen man während der nie enden wollenden Fehden das Dach über dem Kopf angezündet hat oder deren Ernte durch Unwetter vernichtet worden ist. Sie ziehen in Scharen zum herrschaftlichen Hof in der Hoffnung, daß man ihnen dort schon helfen werde, was ja auch die Pflicht des Dienstherrn ist, dem man bis dahin treulich gedient hat. Unter diese Elenden mischen sich schlitzohrige Berufsbettler, und der Ansturm dieser Kreaturen am Hof Karls des Großen war derartig groß, daß der Kaiser sogenannte Bettelvögte einsetzen mußte, die keine andere Aufgabe hatten, als sich um die Versorgung der Armen zu kümmern.

Gar nicht so selten begegnete man den Einwohnern eines ganzen Dorfes, die ihre bisherigen Wohnstätten aufgegeben hatten, um sich an anderer Stelle niederzulassen, zuweilen in der engeren Nachbarschaft, zuweilen auch weit entfernt. Die Gründe, eine Ansiedlung zu verlassen, waren höchst unterschiedlich. Manchmal geschah das, weil sie ganz einfach an einer unvernünftigen Stelle gegründet worden war; oder weil der umliegende Acker nicht mehr genug Ertrag abwarf; oder weil das Dorf immer häufiger von Überschwemmungen heimgesucht wurde; zuweilen wohl auch, weil man vor der Pest floh, und hin und wieder sicherlich, weil man gehört hatte, daß irgendwo im Osten Land erobert worden war, das nun auf neue, begeisterungsfähige Siedler wartete.

Bevor wir jedoch auf jene Menschen zu sprechen kommen, für die das kümmerliche Straßennetz geradezu eine Existenzfrage war, nämlich die Händler, wollen wir uns zunächst einmal mit der Frage befassen, wie aus Trampelpfaden Wege und dann sogar etwas Ähnliches wie Fernstraßen werden konnten. Der hierzulande naheliegende Verdacht, alles habe mit den Römern angefangen, ist ausnahmsweise falsch. Begonnen hat es viel früher, mit den ersten Menschen nämlich, die auf der Jagd der Einfachheit halber den Spuren des zu jagenden Wildes folgten, das sich einen schmalen Weg durch den Urwald gebahnt hatte. Aber ganz so weit müssen wir nicht unbedingt zurückgehen. Es reicht ja schon, wenn wir uns klarmachen, daß nicht allein der Krieg der Vater aller Dinge ist, sondern zumindest in ebensolchem Maße auch der Handel.

Während bei uns noch die alten Kelten durchs Gehölz stapften, gab es im fernen China bereits gepflasterte Straßen. Dennoch, Matschwege hier – Prunkboulevards dort: Am Austausch von Handelsgütern waren beide Seiten außerordentlich interessiert, sowohl die sogenannten Barbaren als auch die ersten Hochkulturen. Uralte Handelswege, sprich breitgetrampelte und von Wagenrädern zermahlene Trassen, gab es zwischen China und dem Mittelmeer, zwischen Damaskus und Südfrankreich und natürlich auch zwischen Ägypten und dem Land an Euphrat und Tigris. Ebenso wichtig waren die Bernsteinstraßen von Byzanz nach Norditalien und zur Ostsee, die allerdings zunächst einen vorsichtigen Bogen um das finstere Germanien schlugen. Bernstein von den Küsten der Ostsee wurde sogar in Troja gefunden!

Wenn man sich auch bemühte, die ersten Handelswege so geschickt wie möglich dem Gelände anzupassen, mußten doch zuweilen Sümpfe überwunden werden. Man behalf sich mit für die damalige Zeit recht kunstvollen Holzbohlenwegen, wie sie im Diepholzer Moor in Niedersachsen und auch in Moorgebieten Ostpreußens nachgewiesen worden sind. Berghänge wurden in langen, geraden Steigungen überquert. Serpentinen kannte man nördlich der Alpen vorerst noch nicht.

Nun kommen wir aber doch nicht an den alten Römern vorbei, die zumindest südlich des Mains und westlich des Rheins für ein geradezu vorbildliches Wegenetz gesorgt haben. Ihre Straßen zogen sich – wenn das Terrain es zuließ – schnurgerade durch die Landschaft, nicht zuletzt deshalb, weil ihre Wagen noch keine bewegliche Deichsel besaßen, was das Kurvenfahren erheblich erschwerte. Erhaltene Teilstücke der römischen Straßen sind überall zu finden, sei es in der Kölner Innenstadt, sei es, wenn man sich die Mühe macht, anstelle durch den St.-Gotthard-Tunnel wirklich einmal über den Paß zu fahren. Aber nach dem großen Germanensturm war von der phantastischen römischen Zivilisation und ihren verkehrstechnischen Errungenschaften nicht viel übriggeblieben.

Das römische Straßennetz verfiel, weil es niemanden mehr gab, der es hätte pflegen können. Die kunstvoll gefügten Quaderstraßen konnten in den Augen der Franken ohnehin nur Teufelswerk sein, und sie mieden die ihnen unheimlichen Pfade wie die Pest, zumal es kein sonderliches Vergnügen war, über gepflasterte Straßen zu reiten, wo Pferde leicht ausgleiten konnten. Morastige Waldwege eignen sich ungleich besser für Pferdehufe.

Erst Karl der Große, der sehr wohl wußte, daß man ein Riesenreich nur dann beherrschen konnte, wenn sich die Truppen schnell aus der Etappe an die Krisenpunkte verlegen ließen, befahl die Instandsetzung der alten Römerstraßen im Westen. Östlich des Rheins allerdings mußten vollkommen neue Trassen angelegt werden. Dies geschah, wie schon in uralter Zeit, mit Hilfe von Holzbohlen, wo es sich als notwendig erwies, streckenweise aber auch mit einer Schotterung auf einer Kiesunterlage und vor allem mit Abzugsrinnen für das Regenwasser.

Besonders schwierig war der Straßenbau im Hochgebirge, und nicht leichter war die Pflege, Unterhaltung und Erneuerung der Verkehrswege. Uns ist nur wenig darüber bekannt. Sicherlich gab es hier und dort fromme Einsiedler, die sich mit ihren kümmerlichen Möglichkeiten darum sorgten, doch es gab auch Kaufleute, die Teile ihres Vermögens testamentarisch für die Erhaltung gewisser Straßen bestimmten, weil sie sehr wohl wußten, wie wichtig deren Zustand fürs Geschäft war. Auch für das der Erben.

Aber ach, was waren das trotz der verschiedensten Bemühungen für traurige Wege, über die sich damals die Menschen quälen mußten. Nicht umsonst sagen wir noch heute, daß die Reise »über Stock und Stein« ging. Das nämlich blieb zumeist von den Holzbohlen und den römischen Pflastersteinen übrig. Diese versumpften Pfade, häufig von den Wurzeln starker Bäume durchzogen, von Wagenrädern zerfurcht, diese morastigen Tümpel, in denen sich im Winter gefährliches Eis bildete, waren noch am besten zu Pferde zu bewältigen. In einem primitiven, ungefederten Holzwagen mit Scheibenrädern darüber zu rumpeln, war geradezu unerträglich, so daß selbst die Damen lieber auf den Pferden blieben, der Schicklichkeit wegen im Damensattel. Die Kranken und Verletzten ließen sich, wenn möglich, auf einer Bahre zwischen zwei Pferden transportieren.

Was im halbwegs flachen Land gerade noch zumutbar erscheinen mag, wurde für den Reisenden schlechterdings zu einem Alptraum, wenn es in die Alpen ging, die im Winter für nahezu unüberwindbar gehalten wurden. Zuweilen zwangen die Verhältnisse dennoch dazu, das Wagnis einzugehen, zum Beispiel, als Heinrich IV. – wie an anderer Stelle erzählt wurde – dem Papst Gregor VII. entgegenzog, um sich vom Kirchenbann lösen zu lassen. Eile war geboten, und dem Ausgestoßenen blieb keine Zeit, den Frühling abzuwarten. Der Mönch Lampert von Hersfeld hat uns überliefert, was sich da im Januar des Jahres 1073 abgespielt hat:

Da Heinrich wußte, daß er ohne jegliche Ortskenntnisse niemals die Alpen hätte überqueren können, mietete er sich ein paar ortskundige Leute an, die vor ihm und seinem Gefolge die zugewehten Stege hochkraxelten und mühsam eine Art Weg freischaufelten. So erreichte man unter unsäglichen Mühen die Paßhöhe des Mont Cenis. Aber wie jeder Bergsteiger weiß, geht es aufwärts allemal noch besser als hinunter. Die Hänge waren steil und völlig vereist, und deshalb krochen die Begleiter des Königs auf allen vieren, mehr rollend als absteigend, zu Tal.

Da man der Königin (natürlich war sie wie immer dabei) und ihren Hofdamen eine derartig demütigende Fortbewegungsweise nicht zumuten wollte, setzte man sie auf die Häute von Ochsen und ließ sie vorsichtig bergab gleiten. Auch die Pferde mußte man abseilen oder aber mit zusammengebundenen Beinen hinunterschleifen, was nur wenige Tiere unverletzt überlebten.

So war das damals, als es noch keine Sessellifte gab. Angesichts solcher Beschwernisse während der Reise muß man sich nun doch allmählich fragen, warum zum Teufel die Menschen, die nicht direkt gezwungen waren, ihre Heimat zu verlassen, derartige Risiken und Unwägbarkeiten auf sich nahmen. Bei Kriegern kann man das notfalls verstehen; die hatten zu gehorchen, ob man sie nun gegen die heidnischen Sarazenen oder die zunächst nicht minder heidnischen Sachsen losschickte. Bei den Kaufleuten lockte der Gewinn – aber bei all den anderen?

Psychologen glauben, daß alles mit der Verbindung von Mensch und Pferd angefangen hat. Ebenso wie wir motorisierten Menschen von heute meinen, im Urlaub könnten wir gar nicht genug Kilometer hinter uns bringen, sei den Nomaden damals plötzlich bewußt geworden, welche unerhörten Möglichkeiten ihnen die Beweglichkeit ihrer Reittiere bieten konnte. Die Ferne habe auf einmal einen unwiderstehlichen Sog auf sie ausgeübt. Das könnte stimmen. Vielleicht war auch nur eine Menge Neugierde im Spiel.

Andere Wissenschaftler meinen, daß die normale Enge des Lebensraumes, das absolute und endgültige Wissen um den eigenen niedrigen Stand, aus dem man niemals würde ausbrechen können, und die damit verbundene Hoffnungslosigkeit die Menschen auf die Straße getrieben habe. Nur weg von diesem unerträglich stupiden und langweiligen Zuhause. Irgendwohin! Schlimmer kann's ja wohl nirgends sein.

Nur weg? Aber wohin, um des Himmels willen? Man besaß ja überhaupt keine Vorstellungen von der Welt. Die einfachen Menschen bekamen nicht wie unsereins jeden Abend in der »Tagesschau« eine Europakarte auf dem Silbertablett serviert. Wenn Karl der Große gegen die Basken ritt, wußten seine Gefolgsleute mal gerade, daß es immer hinter der Sonne herging, irgendwie nach Westen. Auch wußten sie wohl, daß die Sachsen im finsteren Norden hausten, und um zum Papst zu ziehen, mußte man diese schrecklichen Alpen überqueren, aber wo nun das Heilige Land lag, das entzog sich jeglicher Vorstellungskraft.

Zu Karls des Großen Zeiten dachte man sich die Erde als eine von Wasser umgebene Scheibe, in deren Mitte Jerusalem lag. Das war nicht gerade viel. Auf manchen Karten war sogar irgendwo im Osten das Paradies eingezeichnet, wenn auch jeweils mit bedenklichen Abweichungen, was die Lage des Ortes angeht.

Nicht einmal die hochgebildeten Araber waren wesentlich besser informiert. Noch im 13. Jahrhundert schrieb der berühmte Historiker Ibn al-Atir, das Land, aus dem die (deutschen) Kreuzritter kämen, liege »seitlich hinter Konstantinopel«, also dem heutigen Istanbul. In allem, was aus fernen Landen erzählt wurde, vereinten sich Dichtung und Wahrheit, und wenn man bedenkt, daß man um das Jahr 1500 herum (Kolumbus hatte immerhin schon die Neue Welt entdeckt) nach Meinung heutiger Historiker erst gut ein Fünftel der gesamten Erde kannte – wie mag es da wohl ein paar Jahrhunderte zuvor ausgesehen haben.

Nun wollen wir mal nicht die Nase rümpfen. Ich erinnere mich noch sehr genau an den zerlesenen Atlas meines Vaters, den er so um 1925 herum gekauft haben muß. In Zentral- und Südafrika gab es ebenso wie in Brasilien doch tatsächlich noch die sprichwörtlichen weißen Flecke auf der Landkarte! Es existierten also im 20. Jahrhundert, als es bereits ganz ordentliche Flugzeuge gab, noch immer unerforschte und unvermessene Gebiete auf unserem Globus. Wie wollen wir da die Menschen des Mittelalters bespötteln!

Zu ihrer Zeit gab es noch keinen Shell-Atlas, und die Reisenden konnten sich auch nicht an Wegweisern orientieren. Die waren eine Erfindung der Chinesen, und Marco Polo (1254–1324) hat zum erstenmal darüber berichtet. Die Reisenden im Abendland waren auf andere Hilfsmittel angewiesen, zum Beispiel auf Beschreibungen von Kriegern oder Wandermönchen, von Kaufleuten oder Pilgern, die herumgekommen waren und berichten konnten, wie viele Tage man am Rhein entlang reiten müsse, um dann überzusetzen, weiterzureiten in südwestlicher Richtung, irgendwann die Rhône zu erreichen und ihr talwärts zum Mittelmeer zu folgen.

Solches Wissen wurde mit der Zeit immer mehr erweitert und schriftlich festgehalten. Man lernte, sich an Städten zu orientieren, an Flußmündungen, an Burgen, am Stand der Sonne und zunehmend auch an dem der Sterne. Man konnte Einheimische fragen, und natürlich war es sehr vorteilhaft, sich auf großen Straßen fortzubewegen, obwohl es deren nicht allzu viele gab; aber dann kannte man wenigstens die Generalrichtung. Meist war auch jemand in der Nähe, den man um Rat und Hilfe fragen konnte, wenn Not am Mann war. Leider hatten die großen Fernstraßen für Kaufleute – und jetzt sind wir endlich bei ihnen angelangt – auch einen großen Nachteil: Auf ihnen mußte Zoll entrichtet werden.

Das Recht, Zoll zu erheben, wurde ursprünglich allein vom König an seine Adligen verliehen und war ein besonderes Privileg und eine gute Einnahmequelle. Mit dem Verfall der zentralen Königsmacht verwilderten besonders auf diesem so einträglichen Gebiet die Sitten sehr rasch, und schon bald erhoben die einzelnen Territorialfürsten Zoll, wo und in welcher Höhe es ihnen in den Sinn kam. Um ein besonders schlimmes, aber leider nicht allzu seltenes Beispiel von Mißbrauch zu nennen: Es gab überall den sogenannten Brückenzoll. Wenn ein Graf aber keinen geeigneten Fluß auf seinem Gebiet besaß, der eine Brücke (und damit auch einen Zoll) gerechtfertigt hätte, überbaute er eben einen ganz normalen flachen Acker mit einer Brücke, natürlich genau an der Stelle, wo die Handelsstraße verlief, und ließ dort dann den »Brückenzoll« kassieren.

Aber es gab noch viel mehr Zölle: den Ufer- und den Zugzoll, den
Grenz- und den Wiesenzoll, den Schutz- und den Paßzoll, und so ging
das weiter, bis den Kaufleuten allmählich der Kragen platzte. Was ja
auch verständlich ist, wenn man bedenkt, daß allein die Handelsschiffe
auf dem Rhein im Durchschnitt alle zehn Kilometer Zoll zu zahlen
hatten und auf Elbe und Donau immerhin auch noch alle fünfzehn
Kilometer.

Die Kaufleute mögen es uns nachsehen, aber was die braven Händler damals so fürchterlich geärgert hat, erweist sich für den Historiker
von heute als wahrer Segen. Es gab nämlich sehr penible Zolleintreiber,
die lange Listen führten, von denen uns wundersamerweise etliche
erhalten geblieben sind. Nur deshalb wissen wir heute so genau, was da
täglich an Waren über die Straßen rollte und auf den Schiffen transpor-
tiert wurde.

Kommen wir zurück zu den Fernstraßen. Hatte man es zu römischer
Zeit noch sorgsam vermieden, sich einen Weg quer durch Germanien
zu suchen, nachdem Varus dort heimtückisch in einen Hinterhalt
gelockt und samt seinen Legionen vom edlen Armin hingemeuchelt
worden war, wandelte sich dieses System nun gründlich, denn bereits
im Karolingerreich herrschten hierzulande Zucht und Ordnung. Es
war ja für Kaufleute aus Venedig arg lästig, die für die Niederlande
bestimmte Ware per Schiff nach Marseille und von dort aus weiter nach
Paris oder Reims zu schaffen. Das ging im Grunde viel schneller und
neuerdings ebenso sicher über den Brenner nach Ulm, zum Rhein und
dann flußabwärts.

Fernstraßen entstanden, ebenfalls vom Brenner ausgehend, am
Rhein entlang nach Norden, von Marseille aus über Rhône, Saône und
Mosel zur Nordsee, von Südfrankreich aus die Donau abwärts hinunter zum Schwarzen Meer oder aber elbabwärts zur Ostsee. Wenn diese
Straßen den Höhenzügen folgten, um sumpfige Niederungen zu vermeiden, nannte man sie häufig »Firstwege«, folgten sie aber den Tälern,
so hießen sie »Hellwege«, eine Bezeichnung, die man noch heute allerorten findet.

Die großen Fernstraßen der Händler führten bereits in staufischer
Zeit weit über die Küsten der nördlichen Meere hinaus. Ihre schwerfälligen Karawanen erreichten Kiew und Moskau, Kairo und Nowgorod,

Timbuktu und sogar das Landesinnere des geheimnisvollen Indien. Daß die Kaufmannsfrau aus Frankfurt ihren Ehemann, wenn er zu einer solchen Reise aufbrach, so bald nicht wieder zu Gesicht bekam, ist angesichts der geschilderten Straßenverhältnisse (ganz abgesehen von anderen Gefahren) weiter kein Wunder, denn man kam wirklich nur sehr langsam vorwärts.

Die Tagesleistung eines Reisenden hing ab von vier entscheidenden Kriterien:

▷ Ritt er (mit oder ohne Pferdewechsel)?
▷ Reiste er auf seinem schwer beladenen Karren?
▷ War die Landschaft flach oder bergig?
▷ Waren die Wege fest, verschlammt oder verschneit?

So ganz verläßlich sind die Schilderungen der Augenzeugen von damals natürlich nicht, aber es klingt schon glaubhaft, daß mongolische Reiter in fliegendem Wechsel von Mann und Pferd eine Botschaft innerhalb von einem einzigen Tag (ohne die Nacht!) über eine Entfernung von etwa 340 Kilometern überbracht haben. Ein Stundenmittel von 20 Kilometern ist auch für ein Pferd eine bewunderungswürdige Leistung, die es natürlich nur über kurze Strecken erbringen kann. Leider ist nicht überliefert, in welchen Abständen die Pferde gewechselt wurden, aber ein Maßstab für Normalreisende kann das ohnehin nicht sein.

Vom weiter oben erwähnten Konrad II. wissen wir, daß er mit seinen Reitern 30 bis 40 Kilometer am Tag zurücklegte, was nun gar nicht so toll erscheint, denn das schafft eine Gruppe rüstiger Wanderer schließlich auch, wenn das Gelände nicht allzu schwierig ist. Wenn aber der König einen Boten mit einer wichtigen Botschaft losjagte, konnte der auch an die 60 Kilometer am Tag schaffen, ohne das Pferd zuschanden zu reiten. Aber auch das war nicht der Alltag von Kaufleuten, die mit ihren Wagen bis zum Sonnenuntergang allenfalls so um die 20 bis 30 Kilometer schafften – falls alles gutging. Wenn indes erst Schnee gefallen war, blieb man am besten gleich zu Hause. Dann kamen die schwerfälligen Wagen überhaupt nicht mehr vom Fleck, und selbst ein Reiter war bei diesen Verhältnissen kaum schneller als ein Wanderer. So betrachtet, mußte einem mittelalterlichen Kaufmann schon sehr viel an einem guten Geschäft gelegen haben, wenn er dennoch zu einer Reise – sagen wir nach Riga – aufbrach.

Überall wurde indes der vermaledeite Zoll erhoben. Da kam wohl manchem der Gedanke, die großen Fernstraßen zu meiden, die zwar theoretisch unter dem Schutz des Königs standen, aber auch von bewaffneten Räubern heimgesucht wurden, die man auf den ersten Blick überhaupt nicht von regulärem Kriegsvolk unterscheiden konnte. Immer häufiger fanden sich deshalb Kaufleute an bestimmten Sammelplätzen ein und schlossen sich mit ihren Wagen zu großen Karawanen zusammen, um wenigstens größere Teile der Strecke gemeinsam zu bewältigen. Schließlich engagierten sie sogar Bewaffnete, um Banditen und Plünderer abzuschrecken.

Trotz aller Fährnisse: Der Fernhandel nahm zu, und zwar in gigantischem Ausmaß. Denken wir nur an die norditalienischen Städte, die fast in ihrem Reichtum erstickten: Venedig, Pisa, Genua – sie beherrschten das Mittelmeer, und auch während der Kreuzzüge hatten sie keinerlei Bedenken, mit den Sarazenen, die zur gleichen Zeit die Blüte der abendländischen Ritterschaft abschlachteten, höchst einträgliche Geschäfte zu machen. Krieg und die Handelsbeziehungen zwischen den kriegführenden Parteien haben einander eben noch nie ausgeschlossen.

Und die Höfe der allerchristlichsten Herren schrien in diesen Jahrhunderten geradezu nach Luxusgütern, vor allem nach den Schätzen des Orients. Pfeffer war gefragt und Muskat, Nelken, Baumwolle, Zucker, Weihrauch, Seide, Zimt, Anis, Süßholz, Goldfäden, wirklich trinkbare Weine – alles Dinge, die es im finsteren Norden Europas nicht gab. Und wer ein rechter Patrizier in Nürnberg oder Quedlinburg, in Köln oder Straßburg sein wollte, der brauchte halt solche Dinge für sein Renommee und darüber hinaus Edelsteine und Perlen für sein Weib und seine Töchter. Und für sich, versteht sich.

Auch innerhalb der alten Grenzen des Abendlandes wurde – Krieg hin oder her – eifrig gehandelt. Heringe für Frankreich, Oliven für die Niederlande, Pelze für England, Tuche für Deutschland, Salz für Italien. Der Handel florierte ganz prächtig, und der einzige Nachteil bestand lediglich darin, daß er so richtig wirtschaftlich eigentlich nur auf dem Seeweg funktionierte oder aber – Zoll hin, Zoll her – auf den schiffbaren Flüssen.

An deren Ufern waren schon zu Römerzeiten die alten Städte entstanden, aber auch am Meer wie beispielsweise Marseille oder hoch oben in Schleswig die bedeutende Handelsstadt Haithabu, zigmal zerstört und immer wieder aufgebaut, Dreh- und Angelpunkt des Handels zwischen Norden, Osten und Westen.

Die Städte an den großen Flüssen wurden – sofern sie es denn vom König verliehen bekommen hatten – reich durch das sogenannte Stapelrecht. Alle vorbeikommenden Schiffe waren gezwungen, vor diesen Städten Anker zu werfen und ihre Waren auszuladen und zu »stapeln«. Die einheimischen Kaufleute besaßen nun Vorkaufsrecht. Erst wenn der örtliche Bedarf gedeckt war, durften die Schiffe weitersegeln. Zuvor jedoch war streng geprüft worden, ob die Ware (vor allem die verderblichen Lebensmittel) auch noch in Ordnung war. Qualitätskontrolle also bereits im Mittelalter.

Nicht allein die Qualität wurde überwacht. Spätestens im 13. Jahrhundert achteten die Stadtväter vielerorts darauf, daß keine Wucherpreise gefordert wurden, was vor allem in Zeiten von Lebensmittelknappheit angebracht schien. Grundnahrungsmittel wie Brot, Fleisch, Fisch und Bier (!) durften nicht oberhalb streng festgesetzter Preise angeboten werden. Der Verbraucherschutz ging sogar so weit, daß falsche Gewichte oder zu kurze Maßstäbe, mit denen das Tuch gemessen wurde, aus dem Verkehr gezogen wurden. Mitsamt ihren Benutzern übrigens. Wie man sieht, waren die Menschen jener Zeit sehr viel fortschrittlicher, als man uns das heute zuweilen glauben machen will.

Lange Jahrhunderte hindurch blieben die Flüsse die Haupthandelsstraßen, obwohl vor allem die Franken ziemlich wasserscheu waren. Sie kamen halt aus den Wäldern, und die wilden und unreguliert dahinfließenden Ströme waren und blieben ihnen unheimlich. Aber schließlich durften sie und die anderen Stämme die ihnen verhaßten Wasserstraßen wieder verlassen. Weil besonders aus strategischen Gründen immer mehr Burgen und Städte dort gebaut werden mußten, wo es keine schiffbaren Flüsse gab – man denke nur an so wichtige Städte wie Goslar, Dortmund oder München –, führten die Wege von Kaufleuten und Reisenden zunehmend wieder über die sogenannten Straßen im Landesinneren.

Die waren indes nicht besser geworden. Tiere, denen man schwere Lasten hätte aufbürden können, wie Kamele oder Elefanten, standen leider nicht zur Verfügung. Es gab nur Esel und Maultiere, langsame und störrische Biester. Also mußte man wohl oder übel schwerfällige Pferdewagen einsetzen. Gottlob wurde im 11. Jahrhundert das sogenannte Kummet erfunden, das nunmehr die Schultern des Pferdes belastete und ihnen nicht mehr wie das alte Geschirr fast die Lungen abquetschte. Immerhin konnte man die Wagen jetzt schwerer beladen. Wer es sich leisten konnte, ritt trotzdem dem Karren voraus, denn man mußte schon starke masochistische Neigungen in sich verspüren, um sich in einem derartigen Wagen transportieren zu lassen.

Ja, und dann die Unterkunft. Das beste war noch immer, man fand Unterschlupf bei einem Freund oder Gleichgestellten, besser noch bei einem Verwandten, aber da die Sippe normalerweise in engster Nachbarschaft wohnte, war die Chance, auf diese Weise eine Übernachtungsmöglichkeit zu finden, gleich Null. Also suchten die Adligen Gastfreundschaft auf einer Burg, die Kaufleute bei Kaufleuten, die Juden bei Juden und die Mönche in einem Kloster.

Gastfreundschaft wurde gern, aber doch nicht vollkommen selbstlos gewährt. Angesichts des trostlos langweiligen Lebens auf einer mittelalterlichen Burg war die Ankunft eines Fremden eine stets willkommene Unterbrechung im eintönigen Trott des Alltags. Deshalb durfte der Gast damit rechnen, mit aller nur denkbaren Zuvorkommenheit empfangen und bewirtet zu werden. Die Berichte über seine Abenteuer durften ruhig etwas übertrieben sein – sie garantierten in jedem Fall unterhaltsame Abende. Man bereitete ihm, welch seltener Luxus, ein warmes Bad, brachte ihm frische Kleider und tischte ihm auf, was Küche und Keller an Köstlichkeiten boten. Zu später Stunde war es Sitte, daß entweder die Frau des Hauses oder aber eine ihrer Töchter den Gast zu seiner Kammer geleitete, und ob man sich immer vor der Tür verabschiedet hat, bleibt ungeklärt. Angesichts der häufigen Abwesenheit der waffenfähigen Männer darf man wohl daran zweifeln.

Reisende, die von den großen Fernstraßen abwichen, ohne eine feste Adresse anzusteuern, hatten wenig Aussicht, eine Herberge zu finden. Das muß nicht unbedingt ein Unglück gewesen sein. Diese Unterkünfte waren zumeist verlauste Höhlen, es sei denn, es handelte sich um ein von Mönchen erbautes und unterhaltenes Hospiz, in dem auch Kranke gepflegt wurden.

Besser war es allemal, nach Möglichkeit eine Stadt aufzusuchen, wo es bereits erste Gasthäuser gab, deren Wirte ein glänzendes Geschäft machten. Denn ein durch und durch erschöpfter Reisender, der – koste es, was es wolle – ein Dach über dem Kopf braucht, pflegt normalerweise nicht mehr um den Preis für Bett und Beköstigung zu feilschen. Vornehme Reisende, die sich gut ausgestattete Reisewagen leisten konnten, haben es allerdings schon seit römischer Zeit vorgezogen, wenigstens bei halbwegs mildem Wetter in der freien Natur zu übernachten. Camping ist keine Erfindung unserer Tage.

Alle Mißlichkeiten des Reisens haben wir aufgezählt, und dennoch scheinen einige der damaligen Kaufleute durchaus auf ihre Kosten gekommen zu sein. Dem Zoll, den gierigen Wirten, dem Verlust von Waren durch Unbilden des Wetters oder durch Raubritter zum Trotz: Hans Pirckheimer aus Nürnberg beispielsweise besaß Mitte des 14. Jahrhunderts 60 große Lehnsgüter, 19 Eigengüter, 5 Stadthäuser, 24 Hypotheken, von anderem Reichtum wie Gold und Juwelen, Pferden und Kutschen, Privilegien und Besitztümern ganz zu schweigen!

Irgendwie muß sich das Geschäft also doch gelohnt haben. Nur ein rechter Mann mußte man sein mit viel Abenteuerlust, Wagemut, kaufmännischem Geschick – und möglichst wenig Skrupeln.

Kaufmann Konrad holt sich die Krätze

Augenzeugenbericht: *Ein Gewitter mit Folgen · Notunterkunft in der Herberge · Flaschen ohne Korkengeld · Keusche Nacht zwischen nackten Frauen · Der Wirt bittet freundlichst zur Kasse*

Ich bin Konrad, Kaufmann aus Köln, und im Augenblick möchte ich nur eines: mich zu Tode kratzen. Anfangs habe ich es ja nicht wahrhaben wollen und mich an die Hoffnung geklammert, daß mich lediglich Mücken gestochen hätten, aber wie hätten Mücken wohl an meinen Nabel und noch tiefer an meine edlen Teile gelangen sollen!

Ich muß mich wohl damit abfinden, daß ich mir etwas eingehandelt habe, dem ich bislang dank meiner peinlich beachteten Sauberkeit habe entrinnen können, einer Sauberkeit, die mich zum Gespött meiner Freunde und Nachbarn gemacht hat. Sie haben nie verstanden, warum ich wenigstens einmal im Monat ein heißes Bad nehme und mir all-abendlich vor dem Schlafengehen Hände und Füße wasche, am Sonntag gar Gesicht und Hals. Auf diese Weise jedenfalls ist es mir gelungen, genau dem zu entgehen, was alle meine Bekannten längst aus eigener Anschauung kennen: der Krätze.

Wenn ich mir diese im wahrsten Sinne des Wortes lausige Seuche wenigstens auf jene vergnügliche Weise eingehandelt hätte wie meine Freunde, nämlich beim Schäkern mit einer drallen Dirne, dann könnte ich die wahnsinnige Juckerei als gerechte Strafe des Himmels betrachten, aber ich habe sie mir in dieser verfluchten Herberge bei Koblenz geholt, wo mein Diener und ich vor einigen Tagen einzukehren gezwungen waren.

Jawohl, wir waren gezwungen. Freiwillig würde ich nie ein solches Gasthaus am Wegesrand aufsuchen. Da schlafe ich doch dreimal lieber – wie heute abend – in einer Scheune, notfalls sogar unter freiem Himmel. Doch am letzten Montag tobte ein derartig scheußliches Gewitter, daß wir uns tatsächlich nicht trauten, unter einem Baum zu nächtigen. Da wir aber wegen unserer Ladung unbedingt einen Regenschutz brauchten, klopften wir an der Tür jenes Hauses an, dessen Äußeres uns jedoch schon hätte warnen müssen.

Sagte ich, daß wir »anklopften«? Wir hämmerten geschlagene fünf Minuten mit den Fäusten gegen die morsche Eingangstür, und kurz bevor sie einzufallen drohte, steckte ein mißmutiger Kerl den Kopf heraus, sichtlich ungehalten darüber, daß ihn überhaupt jemand zu stören gewagt hatte. Ob wir über Nacht bleiben könnten, schrien wir in das Zucken der Blitze und das Rollen des Donners hinein, aber er zog wortlos seinen Kopf zurück. Nur aus der Tatsache, daß von innen ein kreischender Riegel zurückgezogen wurde, durften wir schließen, daß es anscheinend wohl doch einen Platz für uns geben würde.

Das Innere des Gasthauses war nicht weniger abschreckend als seine Fassade. Von einem Feuer in der Mitte des einzigen Raumes stieg aus nassem Holz weißlicher Rauch empor, der jedoch nicht das kleine Loch im Dach fand, sondern sich beißend in alle Richtungen verbreitete. Eine alte Vettel, deren lange Brüste unter ihrem schmutzstarrenden Kittel wie Glockenklöppel hin und her schwangen, wies uns und unsere Pferde mürrisch in eine entferntere Ecke, wo schon ein paar andere Mähren standen, und hielt uns wortlos eine Handvoll Stroh hin, mit dem wir die Tiere abreiben sollten.

In einer vernünftigen Herberge übernimmt diese Aufgabe zwar ein Pferdeknecht, aber hier konnte man froh sein, überhaupt ein Unterkommen für die Tiere gefunden zu haben und den Wagen unter eine Art Vordach rollen zu können, um so die Ladung wenigstens vor dem stärksten Regen, wenn auch nicht vor der klammen Feuchtigkeit zu schützen. Mehr Luxus durfte wohl nicht erwartet werden.

Als die Pferde versorgt waren, stapften wir in unseren völlig durchnäßten Kleidern zurück in die Mitte der Stube und sahen uns nach Schlafgelegenheiten um, aber die gab es nicht. Es fand sich nicht einmal eine kleine Kammer, wo wir uns vielleicht hätten umkleiden können. Alles geschah in dem einzigen großen Raum und unter den neugierigen Blicken der bereits Anwesenden. Da gab es auch ein paar Weiber, die der Anblick unserer nackten Körper zu ein paar höchst unpassenden Bemerkungen anregte. Doch nicht einmal diese Anzüglichkeiten konnten uns daran hindern, endlich aus den nassen Kleidern zu steigen und die Stiefel umzustülpen, die bis zu den Waden voller Wasser gestanden hatten.

Es war erst Nachmittag. Das schwere Gewitter tobte noch immer, und all diejenigen, die gleich uns vor Blitz und Donner Unterschlupf gesucht hatten, begannen zu lärmen und zu schreien, sie seien hungrig und wollten endlich essen. Aber mochten sie toben, soviel sie wollten: Der Wirt, so wir ihn denn als solchen bezeichnen wollen, schrie zurück, er denke nicht im Traum daran, schon jetzt das Essen zuzubereiten. Müsse er denn nicht damit rechnen, daß noch weitere Gäste kämen? Und ob vielleicht irgend jemand glaube, er fange dann von vorn an?

Er spuckte verächtlich auf den Boden und sagte großkotzig, wer wolle, der könne ja weiterziehen und sich nach einem anderen Gasthaus umsehen, aber das eine sage er gleich: Im Umkreis von vier Stunden würden wir keines finden, und darum sollten wir ihn gefälligst in Ruhe lassen. Abendessen gebe es zwei Stunden nach Sonnenuntergang und damit basta.

Da es mir von Natur aus widerstrebt, mit Pöbel herumzuzanken, wies ich meinen Diener an, zwei Flaschen Wein vom Wagen zu holen. Die tranken wir dann heimlich leer, denn wir hatten keinerlei Bedürfnis, den Wein des Hauses zu kosten, den der Wirt nun seinen murrenden Gästen aufdrängte, damit ihnen die Zeit bis zum Essen nicht zu lang werde.

Einige Gäste verlangten nach Bier, aber auch diesem Gebräu mißtrauten wir und köpften lieber noch eine dritte Flasche von unserem Wein, so daß wir – zumal unser Tröpfchen durch die gegebenen Umstände natürlich handwarm war – schon am frühen Abend kaum noch hungrig, dafür aber einigermaßen betrunken waren.

Endlich war es dann soweit: Der Wirt und die alte Vettel mit den Baumel-Brüsten schoben Holzgestelle herein, über die sie lange Bretter legten. Die Schüsseln waren aus Holz, ebenso die Löffel, und das Messer mußte man schon selber beisteuern. Der Wein kam in Tonkrügen auf den Tisch und schmeckte uns vorzüglich, was (zu unserer Schande) beweist, wie betrunken wir schon waren. Auf jeden Fall gossen wir diesen Essig in vollen Zügen in uns hinein, und auch die anderen Gäste, die wohl nicht ahnten, wie ein wirklicher Wein schmecken kann und sollte, hielten wacker mit.

So ließen wir uns auch das Essen ganz prächtig munden, obwohl das Fleisch vermutlich schon einen Stich hatte und die Grütze mehr aus

Wasser denn aus Hirse bestand. Ich erinnere mich noch an hartes und bröckelndes Brot, fetten Fisch und eine pralle Brust, die sich angelegentlich mit meiner Schulter beschäftigte und einer aufgedonnerten Hure gehörte, die mindestens ebenso betrunken war wie ich und später ausgiebig an meinem Hals herumsabberte.

Der Wein indes verhinderte, und insofern muß man ihm dankbar sein, daß ich in fleischliche Versuchung geriet, und selbst wenn ich zu späterer Stunde noch in dieselbe geraten wäre, hätte mir mein diesbezügliches Glied mit Sicherheit die Gefolgschaft verweigert. So blieb ich keusch, aber das war auch das einzig Positive, das ich über diesen Abend und die darauffolgende Nacht sagen kann.

Nachdem das Geschirr abgetragen war, was eine höchst blumige Beschreibung für grobes Abräumen ist, bereiteten die Gäste ihr Nachtlager vor, was nicht minder blumig ausgedrückt ist. Unser Nachtlager bestand nämlich aus einer dreckigen Wolldecke, die entweder über eine Bank oder aber auf den mit Essensresten übersäten Boden gebreitet wurde. Wir gehörten leider nicht zu den Bevorzugten, die sich einer Holzbank bemächtigen konnten, weil wir es aus schierer Naivität versäumt hatten, auf unserer Sitzbank hocken zu bleiben, um sie alsogleich als Schlafbank zu verteidigen. Andererseits war es vielleicht gar nicht einmal so schlecht, auf dem Boden zu nächtigen, denn angesichts unserer Trunkenheit wäre es sicherlich zum Problem geworden, im Vollrausch auf einer schmalen Bank das Gleichgewicht zu halten. Diejenigen allerdings, die eine Bank ergattert hatten, hielten besagte Balance offenbar nicht für unbedingt notwendig, denn immer wieder hörte man während der Nacht diesen oder jenen von seiner Bank plumpsen. Man hörte auch die wüsten Flüche derjenigen, die neben den Bänken lagen und den Sturz der Fallenden mit ihren Körpern aufgefangen und gemildert hatten; und man hörte den erbitterten Streit, der solchem Mißgeschick folgte, ehe er leiser wurde und schließlich im allgemeinen Schnarchkonzert unterging.

Irgendwie hatte es die gewichtige Hure geschafft, ihren normalerweise vielleicht einladenden Körper zwischen den meinen und den meines Dieners zu schmuggeln, und während der Nacht schob mich ihr beachtlicher Bauch (ob mit oder ohne Absicht) sanft nach vorn, so daß ich eingezwängt war zwischen ihr und dem pummeligen Po einer anderen Frau, die von Zeit zu Zeit ihr Hinterteil seufzend gegen meinen Bauch drückte und offensichtlich sinnlichen Träumen nachhing. So verbrachten wir in heißer, wenn auch keineswegs unkeuscher Umklammerung eine feucht-stickige Nacht, zumal das Holz in der Feuerstelle nun endlich trocken war und in dem überfüllten Raum eine bestialische Hitze verbreitete.

In Hitze und Feuchtigkeit jedoch, das weiß ein jeder, fühlen sich jene kleinen Biester besonders wohl, die sich in unsere Haut eingraben und einen derartigen Juckreiz ausüben, daß man in ein offenes Feuer oder doch wenigstens in einen Bottich voll eiskalten Wassers hüpfen möchte, wenn es denn nur hülfe. Jedenfalls habe ich sie mir gefangen, sei es von der Fetten, sei es von der Rundärschigen. Da sich jedoch mein Diener inzwischen ebenfalls wie ein Affe kratzt, war es wohl doch die Hure, die in jener Nacht zwischen ihm und mir gelegen hat.

Als ich am Morgen erwachte, merkte ich noch nichts von meinen widerlichen Gästen, obwohl sie es sich längst in meinen Schamhaaren, im Nabel und an anderen delikaten Stellen gemütlich gemacht hatten. Mein Kopf fühlte sich an wie ein überreifer Kürbis und meine Zunge wie ein Stück trockenes Moos.

Angeekelt betrachtete ich meine von mir nicht ausgesuchten Schlafgefährtinnen, die beim Erwachen ausdauernd rülpsten und wollüstig Winde fahren ließen. Ich starrte stieren Blickes auf den massiven Hintern der einen und die schlappe Bauchdecke der anderen und wünschte inbrünstig, sie seien im Besitz eines Nachthemdes. Mein Diener hockte auf dem allgemeinen Eimer und ließ in besonders unangenehmer Form das gestrige Abendessen unter sich, so daß mich das Würgen überkam und ich nach draußen stürzen wollte, um frische Luft in meine verpesteten Lungen zu pumpen.

Den Weg vor die Tür und in die Unschuld des jungfräulichen Morgens indes versperrte der mürrische Wirt, der jeden Aufbrechenden mittels nicht nachvollziehbarer Berechnungen zum Zahlen einlud. Einer der Gäste, der etwa so vertrauenswürdig wirkte wie eine Kreuzotter, zeterte in einem fort, daß er nicht im Traum daran denke, so viel Geld zu zahlen, denn er habe zwar gegessen, aber so gut wie nichts getrunken und deshalb auch kaum geschlafen. Deshalb schulde er dem Wirt allenfalls die Hälfte des Preises. Der Wirt jedoch belehrte ihn dahingehend, daß der Wein im Übernachtungspreis ebenso enthalten sei wie das Essen, und wenn er nicht gut geschlafen habe, dann möge er sein Gewissen erforschen, da seine Seele vermutlich schwärzer sei als die Hand eines Köhlers.

Der Gast ließ jedoch nicht ab zu fluchen, bis der Wirt ihn – scheinbar in der Absicht, ihm die Rechnung genauer zu erklären – nötigte, sich tief über die Rechentafel zu beugen. Während der Mann seine trüben Augen nichtsahnend der Tafel näherte, nahm der Wirt einen derben Prügel und zog dem Querulanten kurz und sachgerecht den Scheitel nach. Dann griff er bedachtsam in die Börse des Bewußtlosen und rief die Umstehenden zu Zeugen an, daß er ihm nicht mehr wegnehme, als dieser ihm für die Übernachtung schulde. Sodann warf er den Unglückseligen in eine umfängliche Pfütze, die das Gewitter des Vorabends vor dem Haus zurückgelassen hatte.

Mit ausdruckslosem Blick sah der Wirt daraufhin dem nächsten Aufbrechenden – nämlich mir – entgegen, und ich bemühte mich, meinen Augen einen ebenso ausdruckslosen Ausdruck zu verleihen, während ich mit der Linken meinen Dolch umklammert hielt, um etwaigen Angriffen gebührend zu begegnen. Der Wirt indes forderte mir eine Summe ab, die mir nicht einmal überhöht erschien, und wünschte mir eine gute Weiterreise.

Erleichtert schirrten wir unsere Pferde an und fuhren den Rhein entlang nach Norden. So schlimm war es eigentlich überhaupt nicht gewesen, und zu mir war der Wirt ja auch recht freundlich gewesen. Nur daß ich mir in seinem Haus die Krätze geholt habe, das werde ich ihm nie verzeihen. Und nicht den beiden Weibern, welche von den beiden es auch immer gewesen sein mag!

Erst geschätzt und dann gehetzt

Starrköpfige Christen und ihr eifersüchtiger Gott · Die Kinder Israels in karolingischer Zeit · Angebliche Ritualmorde · Ein Papst gießt Öl ins Feuer · Die Pest · Der Kaiser verkauft die Juden

Wenden wir uns nun einem der finstersten Kapitel des Mittelalters zu: der Judenverfolgung. Daß die verstreut im Exil lebenden Kinder Israels überhaupt verfolgt wurden, kann man keineswegs mit dem Hinweis abtun, das sei nun einmal das Los aller religiösen Minderheiten; schließlich sei es den Christen unter den römischen Kaisern auch nicht anders ergangen.

Zwischen Christen- und Judenverfolgung nämlich gab es einen gewaltigen Unterschied: das Motiv. Die meisten von uns sind vermutlich der Ansicht, daß die frühen Christen ihres Glaubens wegen gefoltert und hingerichtet worden seien, aber das stimmt keineswegs. Im Römischen Reich herrschte nahezu absolute Religionsfreiheit. Es war den Cäsaren höchst gleichgültig, ob Germanen zu Wotan, Perser zu Mithras, Ägypter zu Isis oder halt die Christen zu Christus beteten. Für die Kaiser zählte einzig und allein die Staatsräson und für die Römer selbst nur ihr Dolce vita, ihr süßes, bequemes Leben. Daran konnten auch die Fremden und Zugereisten teilnehmen, Hauptsache, sie störten nicht. Ausländerhaß war den Römern fremd. Warum also dann ausgerechnet die Jagd auf die Christen?

Um es etwas überspitzt zu formulieren: weil die Christen ihre Verfolgung selbst provozierten. Man darf nicht vergessen, daß das Christentum ganz eng mit der jüdischen Religion verbunden ist, aus der es einst hervorging. Jahwe aber – das wissen wir aus dem Alten Testament – ist ein sehr eifersüchtiger Gott, der keine fremden Gottheiten neben sich duldet.

Die Römer sahen das alles viel lockerer. In ihrem Götterhimmel ging es – wie auch in dem der Griechen – recht menschlich zu. Jupiter schien absolut nichts dabei zu finden, wenn neben ihm und seiner reichlich verkommenen Sippe auch Götter aus anderen Kulturen verehrt wurden. Er schleuderte noch nicht einmal seinen Blitz, als die Cäsaren von Nero an in grotesker Selbstüberschätzung begannen, sich selber als Götter zu bezeichnen, was sie allerdings in den Augen ihrer Untertanen keineswegs würdiger, sondern allenfalls komisch erscheinen ließ.

Als nun die Bürger Roms aufgefordert wurden, ihrem jeweiligen Kaiser wie einem Gott zu opfern, so taten sie es halt, sagten ohne jede Begeisterung »Heil dir, göttlicher Cäsar«, warfen ein paar Weihrauchkörner auf die glühende Holzkohle in der Schale vor der Kaiserstatue, und damit hatte es sich denn auch. Das war kein religiöser Akt, das war allenfalls die Anerkennung der augenblicklichen staatlichen Machtverhältnisse und hatte mit Religion so wenig zu tun wie Kaiser Beckenbauer mit der Monarchie in England.

Auf die gleiche Art hätten sich alle Christen leicht aus der Affäre ziehen können, doch dann hätte es keine Märtyrer gegeben, und dann wäre vermutlich auch kein Christentum im heutigen Sinn entstanden. Ganz abgesehen davon aber verbot es den (noch immer irgendwie jüdischen) Christen ihr eifersüchtiger Gott, sich derart aus dem Hintertürchen zu stehlen.

Das sagten sie ganz laut und ungeniert, und um der Unbotmäßigkeit noch die Krone aufzusetzen, machten sie die Kaiser, die sich doch allen Ernstes als Gott fühlten, auch noch in aller Öffentlichkeit lächerlich. Das wiederum verletzte aus verständlichen Gründen nicht nur die Eitelkeit der Cäsaren, es schädigte auch – schlimmer noch – das Ansehen des Staates.

Das war das eigentliche Kapitalverbrechen, und nur deshalb mußten die Christen sterben. Ihr Glaube an einen gewissen Christus, diesen merkwürdigen Prediger aus Judäa oder Galiläa, mit dem der damalige Statthalter Pontius Pilatus (wo war der nur abgeblieben?) kurzen Prozeß gemacht hatte, interessierte in Rom keinen Menschen. Von jenem Christus würde man ohnehin nie wieder etwas hören.

Fassen wir zusammen: Die Gründe für die Christenverfolgung lagen ausschließlich in der Staatsräson. Kein Haß war im Spiel und auch keine Angst, kein Rachegefühl und schon gar nicht die Gier nach dem Besitz der Verfolgten, denn die frühen Christen stammten mehrheitlich aus den untersten Volksschichten und waren arm wie die Kirchenmäuse. Haß, Rache und Habsucht dagegen waren die Motive für die Judenverfolgungen, die merkwürdigerweise keineswegs einsetzten, als das Christentum (noch während der römischen Kaiserzeit) zur Staatsreligion wurde, sondern erst viel, viel später.

Die ersten jüdischen Gemeinden auf deutschem Boden entstanden logischerweise in den uralten römischen Städten an Rhein und Donau. Juden konnten ja – wie etwa der heilige Paulus – durchaus römische Bürger sein, und sicher haben sich einige von ihnen in der Nähe der Kastelle als Handwerker oder Kaufleute niedergelassen. Andere wurden vielleicht als Sklaven im Troß mitgeschleppt, denn nach der Niederwerfung des jüdischen Aufstands und der Zerstörung Jerusalems im Sommer des Jahres 70 n. Chr. hatte der siegreiche Feldherr und nachmalige Kaiser Titus die meisten der überlebenden Juden an seine Legionäre verschenkt.

Wissenschaftlich nachweisen läßt sich die erste jüdische Gemeinde auf deutschem Boden im Jahre 321 n. Chr. in Köln, und innerhalb der Domstadt siedelten die Juden auch noch nach dem Germanensturm, so daß man davon ausgehen kann, daß die Gemeinde den Zusammenbruch der römischen Macht halbwegs unbeschadet überstanden hat. Ähnlich dürfte es den Juden in Worms und Trier, in Regensburg und Mainz ergangen sein. Jedenfalls wurden sie zu diesem Zeitpunkt weder ihrer Rasse noch ihrer Religion wegen verfolgt.

Überspringen wir ein paar Jahrhunderte, in denen – was die Juden angeht – nichts sonderlich Aufregendes geschieht. Im 10. Jahrhundert findet man jüdische Gemeinden bereits in Metz, Magdeburg und Merseburg, im 11. Jahrhundert hören wir von ihnen aus allen bedeutenden Städten. Auch wenn man den Christen – so geschehen auf den Synoden von Clermont und Orléans – den Verkehr mit Juden untersagt, so stellt das zwar eine Diskriminierung dar, die jedoch keine bedeutenden Auswirkungen gehabt haben kann. Juden wohnten zumeist in ihrem eigenen Stadtviertel, in Köln beispielsweise unmittelbar neben dem Rathaus, durften unbehelligt ihre Religion ausüben (!), nahezu jedem Handwerk nachgehen, Waffen führen und sogar Zweikämpfe austragen, was das Privileg freier Männer war.

Eine besondere Ehre wurde dem Juden Isaak zuteil, den Karl der

Große mit einer Gesandtschaft zum Kalifen Harun al-Raschid schickte. Jener Isaak war im übrigen der einzige, der von dieser strapaziösen Reise im Jahre 802 nach Aachen zurückkehrte und Karl neben vielen anderen Kostbarkeiten als besonderes Geschenk des Kalifen einen Elefanten mitbrachte.

Weitaus mehr tat ein anderer Jude für seinen Herrscher: Nachdem Otto II. im Jahre 982 im süditalienischen Calabrien eine schwere Niederlage gegen die Sarazenen erlitten hatte, rettete ihm ein gewisser Jude namens Calonymus das Leben, indem er ihm sein eigenes Roß als Fluchtpferd überließ. Die Belohnung fiel entsprechend fürstlich aus, und die Angehörigen der Familie jenes Juden gehörten über Generationen hinweg zu den angesehensten Bürgern in Speyer und Mainz.

Wir sehen also, daß die Juden in den frühen Jahrhunderten des Mittelalters keineswegs geächtet waren. Sie arbeiteten als Händler oder Ärzte, als Winzer oder Geldwechsler und durften sowohl Land als auch Sklaven besitzen. Die meisten versuchten sich jedoch als Kaufleute, so daß recht bald auch außerhalb der großen Städte und abseits der schiffbaren Ströme jüdische Gemeinden entstanden, vor allem an den Knotenpunkten der großen Fernstraßen. Genannt seien hier vor allem Mainz und Bamberg, Augsburg und Nürnberg, Metz und Magdeburg, aber auch schon Kiew und Córdoba.

Weitverzweigte Verwandtschaftsverhältnisse, die Kenntnis orientalischer Sprachen, die traditionelle Gastfreundschaft untereinander und nahezu unbegrenzte Kreditwürdigkeit bei allen Glaubensgenossen schafften hervorragende Voraussetzungen für Geschäftsreisen und Handelsniederlassungen in ganz Europa, und da Reisen ganz nebenbei auch noch bildet, gehörten viele Juden zur geistigen Elite. Der einzigen übrigens, die außerhalb der Klostermauern existierte.

Zur staufischen Zeit gab es sogar einen Minnesänger, der unschwer an seinem Namen als Jude zu erkennen war: Süßkind von Trimberg hieß er und entstammte dem gleichnamigen Städtchen an der fränkischen Saale. Er lebte in der zweiten Hälfte des 13. Jahrhunderts und dichtete noch (in deutscher Sprache), nachdem es längst zu Massenmorden an seinen jüdischen Glaubensgenossen gekommen war.

Bei dieser Gelegenheit: Neben vielen Ausdrücken aus dem Jiddischen, die wir heute kaum noch als solche erkennen, sollten wir uns vergegenwärtigen, daß auch der sportliche Anfeuerungsruf »hep!« nichts anderes ist als die Abkürzung des mittelalterlichen Schlachtrufs der Kreuzfahrer und der Judenverfolger. Hep – das bedeutet auf Latein »Hierosolyma est perdita«, Jerusalem ist verloren.

Und wenn in unseren Kirchen zur österlichen Zeit donnernd das »Halleluja« erschallt, wissen wohl auch nur die wenigsten Priester, daß es sich dabei um die jüdische Gebetsaufforderung »lobet Jah(we)« handelt. Ebenso gedankenlos verwenden wir bei großer Unordnung das Wort »Tohuwabohu«. Es ist eine Zusammenziehung der beiden hebräischen Wörter »tohu« und »bohu« und bedeutet öd und leer – Zustandsbeschreibung der Erde aus dem 1. Buch Moses, der Genesis oder auch Schöpfungsgeschichte.

Jüdisches Wortgut begleitet uns auf Schritt und Tritt in unserer Alltagssprache, und dieses mittelalterliche Jiddisch ist nichts anderes als die Sprache jener Juden, die im Laufe des Mittelalters nach Osten gezogen sind oder nach dort vertrieben wurden. Sie sprachen – wie alle Menschen ihrer Zeit – Mittelhochdeutsch, und in diese auch im Lauf vieler Jahrhunderte kaum veränderte Alltagssprache mischten sich nur wenige slawische oder hebräische Wörter. Es ist eine erwiesene, wenngleich nur schwer vorstellbare Tatsache, daß bis zu ihrer Ausrottung im Dritten Reich viele Millionen Menschen bis tief ins 20. Jahrhundert hinein ein nur leicht abgewandeltes Mittelhochdeutsch gesprochen haben. Mittelhochdeutsch »mit Knubbeln« würde der Kölner sagen.

Kehren wir nach diesem kleinen sprachlichen Ausflug zurück zum Alltag der jüdischen Gemeinden. Ganz so unbehelligt, wie es bislang vielleicht geklungen haben mag, lebten die Juden in den Zentren der abendländischen Großstädte nun leider nicht. Sie besaßen zwar ihre Synagoge und einen eigenen Friedhof, ihr Viertel war auch noch kein abgeschottetes Ghetto, wozu es erst vom 14. Jahrhundert an langsam wurde, aber es gab doch schon gewisse Einschränkungen. Eine der demütigendsten war zugleich zum Schutz der jüdischen Bürger gedacht: Von Gründonnerstag bis Ostersonntag mußten sie in ihren Häusern bleiben, um die Christen während der Karwoche nicht allein durch ihr bloßes Herumgehen zu »verhöhnen«.

Hier tauchen also zum erstenmal die möglichen Tatmotive Haß und Rache auf. Tatsächlich waren die Juden gut beraten, sich nicht außerhalb ihres Viertels sehen zu lassen, denn in den Kirchen wurden sie in drastischen Predigten als Mörder Christi dargestellt. Völlig zu Unrecht natürlich, denn zum einen waren der Messias und seine Jünger schließlich selber Juden, zum anderen war Jesus nicht von Juden, sondern von Römern verurteilt und hingerichtet worden, wenn auch auf Antrag der Pharisäer. Aber die Masse der Juden hatte ihm schließlich noch kurz vor seiner Festnahme zugejubelt, und deshalb war es entweder unlogisch oder aber dumm, wenn nicht arglistig, die Juden als Mörder Christi hinzustellen.

Zuweilen genügte ein kleiner Funke, um den Haß der Bevölkerung auf die jüdische Minderheit zu entfachen. Deshalb stellten die deutschen Könige und Kaiser die Juden unter ihren persönlichen Schutz, leider nicht die gesamte Gemeinschaft der Juden, sondern zunächst nur einzelne Personen oder Gemeinden. Was auf den ersten Blick als wirklich praktizierte christliche Nächstenliebe gegenüber Andersdenkenden ausschauen mag, als königliche Gerechtigkeit gegenüber den Schwachen, entpuppt sich bei genauerem Hinsehen leider als krimineller Akt: Ähnlich den Mafiosi, die heutzutage in unseren Städten Restaurant- oder Barbesitzern ein Schutzgeld abpressen, verlangten die allerchristlichsten Majestäten von jedem Juden ein Zehntel seines Einkommens. Als Schutzgebühr.

Eine gute und nie versiegende Einnahmequelle, die gegen fremden Zugriff zu bewahren sich tatsächlich lohnte. Im übrigen wurden die Juden als Sachgüter behandelt. Man konnte sie (und ihre Einkünfte) als Lehen weitergeben, sie verpfänden oder einfach verschenken. Das bedeutete leider zugleich, daß ein Jude nicht so ohne weiteres seinen Wohnsitz wechseln durfte. Dieses Recht und andere Privilegien mußte er sich gegebenenfalls mit reichlichen Bestechungsgeldern erkaufen. Es darf uns deshalb nicht wundern, wenn jüdische Kaufleute alles daran setzten, so viel Bargeld wie nur eben möglich anzuhäufen. Sie waren bitter darauf angewiesen. Leider wurde ihnen und allen ihren Glaubensbrüdern der so zusammengeraffte Reichtum letztendlich zum Verhängnis.

Das meiste Geld konnte man natürlich – wie heute – im Bankgeschäft verdienen. Dazu kam noch ein anderer Umstand: Die Zeiten waren kriegerisch, und Kriege verschlangen auch damals schon enor-

me Summen. So mancher Ritter war überhaupt nicht in der Lage, das
notwendige Geld für seine teure Rüstung, die Waffen, die Pferde und
alles, was zu einem Kriegszug gehört, bar auf den Tisch zu legen. Er
mußte sich zähneknirschend einem Geldverleiher anvertrauen. Doch
nicht nur die Adligen waren gezwungen, Kredite aufzunehmen. Geld
leihen mußte sich auch der Handwerker, der sich selbständig machen
wollte, der Bürger, der sich und seiner Familie ein stattliches Haus zu
errichten gedachte, der Bauer nach einer Mißernte und viele andere
Zeitgenossen mehr.

Bis ins 11. Jahrhundert hinein waren merkwürdigerweise die reichen Klöster als einzige willig und in der Lage, Bargeld zu verleihen. Im
Rahmen der Klosterreform jedoch wurden sie gezwungen, dieses einträgliche, aber sicher nicht von Gott ausgerechnet Mönchen zuge-
dachte Gewerbe aufzugeben. Das fiel nun zwangsläufig den Juden zu,
und damit tauchte neben Haß und Rache das dritte Motiv für spätere
Verfolgungen auf: Geldgier.

Natürlich nahmen die Juden für ihre Kredite Zinsen. Das tun
schließlich alle Banken, aber die Zinsen waren damals sehr viel höher.
Gleichwohl waren diese »Wucherzinsen«, wie wir sie heute nennen
würden, völlig legal und gesetzlich geregelt. 1255 betrug der vom
Rheinischen Städtebund festgesetzte Höchstzins bei einem wöchent-
lichen Darlehen sage und schreibe 43,33 Prozent! Er durfte jedoch noch
höher angesetzt werden, wenn das Geld knapp war oder die Sicherheit,
die der Kreditsuchende geben konnte, nicht allzu solide erschien.

Solche Zinsen allein konnten einem Schuldner schon die schwarze
Galle steigen lassen, aber die Juden wurden – ein weiterer Sargnagel –
auch von Priestern aufgesucht, weil sie auch kirchliche Pfänder annah-
men, was jedem Christenmenschen als Sakrileg erschienen wäre. Die
Juden indes nahmen natürlich ungerührt kostbare Kelche oder wertvolle Meßgewänder als Sicherheit, und daß sie sich nicht scheuten, mit
heiligen Gerätschaften zu »schachern«, trug bei aufflackernden Pogromen natürlich dazu bei, den Haß gegen die »Mörder des Herrn« zu
schüren.

Trotz gewisser Spannungen zwischen Juden und Christen gab es für
die Mitglieder der jüdischen Gemeinden gegen Ende des 11. Jahrhunderts jedoch nur wenig Anlaß, Schlimmes zu befürchten. Im

Februar 1095 hatte Kaiser Heinrich IV. erneut unter Strafandrohung verboten, Juden oder Sklaven aus dem Osten zwangszutaufen, und noch einmal an den kaiserlichen Schutz erinnert, unter dem die jüdischen Gemeinden stünden. Doch dann kam der Herbst, und Papst Urban II. rief die Ritter des christlichen Abendlandes zum ersten Kreuzzug auf.

Die ersten fanatischen Horden zogen los, und in ihren Reihen kreiste bald das durch nichts gerechtfertigte Versprechen: »Wer einen Juden erschlägt, dem sind alle Sünden vergeben.« Schließlich befand man sich auf einem Kreuzzug, und wenn es denn nun gegen die sarazenischen Heiden gehen sollte, die an heiliger Stätte frevelten, wie der Heilige Vater gesagt hatte, dann lag es auch nahe, mit denen zu beginnen, die den Heiland auf dem Gewissen hatten: mit den Juden!

Wie es dann den jüdischen Gemeinden am Rhein ergangen ist, haben wir bereits an anderer Stelle gelesen. Die gräßlichen Massaker hatten zur Folge, daß Heinrich IV. die Juden nun ausdrücklich in den Kreis der besonders Schutzbedürftigen einreihte und sie somit Frauen und Priestern, Mönchen und Kaufleuten gleichstellte. Diese Sonderstellung hatte allerdings einen Haken, denn damit verbunden war die Anordnung, daß die Juden keine Waffen mehr führen durften. Dies wiederum bedeutete nach altgermanischer Tradition, daß sie zu Unfreien herabgestuft worden waren. Da half auch die päpstliche Bulle »Sicut Judaeis« von 1119 wenig, in der den Juden nicht nur der Schutz ihres Lebens und Eigentums, sondern angeblich auch der ihrer Religion garantiert wurde. Die Juden waren endgültig zu Knechten geworden.

Unter einer guten Herrschaft läßt es sich jedoch auch als Knecht vielleicht halbwegs annehmbar leben, aber für die Juden waren die Signale längst in die falsche Richtung gestellt. Während des zweiten Kreuzzugs taucht im Jahr 1147 erstmals ein neuer, ungeheurer Vorwurf gegen sie auf, dem sie Jahrhunderte hindurch ausgesetzt bleiben sollten: der des Ritualmordes. Während das Kreuzritterheer des französischen Königs Ludwig VII. durch Würzburg zieht, wird die verstümmelte Leiche eines jungen Mannes gefunden. »Das waren die Juden«, tobt die Menge. Niemand weiß, wer die Parole ausgegeben hat, und niemanden kümmert die offen zutage liegende Unlogik: Gerade wäh-

rend der Pogromstimmung, die stets in Kreuzzugszeiten herrscht, werden die Juden sich mit hoher Wahrscheinlichkeit immer und überall
besonders unauffällig verhalten haben; ganz abgesehen davon, daß es
keinerlei rituelle Gründe geben kann, warum ausgerechnet ein Jude
einen jungen Mann abschlachten sollte. Aber Logik ist nicht gefragt,
wenn blindwütiger Haß durch die Straßen tobt. Der rasende Mob
jedenfalls schlägt mehr als 20 Juden tot.

In der Folge wird der Vorwurf des Ritualmordes immer wieder
erhoben. So im Jahre 1235, als zu Weihnachten in Fulda eine Mühle
abbrannte. Die Eltern waren nicht zu Hause, als ihre Kinder in den
Flammen umkamen. Auch hier werden Juden angeklagt, die Kinder
ermordet zu haben, weil sie deren Blut für ihre angeblich scheußlichen
Rituale brauchten. 32 Juden werden sofort umgebracht. Schließlich
werden alle Juden des Reiches wegen Mordes angeklagt. Da endlich
schreitet der Kaiser ein: Friedrich II., der große Skeptiker. Er beruft –
wie wir heute sagen würden – einen parlamentarischen Untersuchungs-
ausschuß ein, läßt Theologen, Wissenschaftler, Talmud-Gelehrte und
vor allem getaufte Juden befragen. Einhellige Auskunft: Es ist streng-
gläubigen Juden ausdrücklich durch die Gesetze des Moses und die
Bestimmungen des Talmud untersagt, sich mit irgendwelchem Blut zu
beflecken, erst recht natürlich mit dem von Christen.

Der Kaiser spricht daraufhin alle Juden von solchen Anklagen frei
und verbietet darüber hinaus jedermann, eine derart ungerechtfertigte
Anklage jemals zu wiederholen. Das ist zwar gerecht und gut gemeint,
aber es hilft überhaupt nichts. Die Anklagen wegen Ritualmordes
häufen sich und werden nunmehr auf Hostienschändung ausgedehnt.
Angeblich stehlen Juden geweihte Hostien, die sie mit Nadeln und
Pfriemen durchbohren, um so den Leib des Herrn erneut zu foltern.
Hirnrissige Unterstellungen wie diese haben natürlich, wo immer sie
auftauchen, neue Massaker zur Folge.

Leider muß man sagen, daß Rom zusätzlich Öl ins Feuer goß. Papst
Gregor IX. (1227–1241) beispielsweise drängte die deutschen Priester,
sie sollten die »frechen Übergriffe« der deutschen Juden endlich eindämmen. Die Juden hätten mancherorts entgegen gewissen Konzilsbe-
schlüssen noch immer hohe Ämter inne (was stimmt, denn einige
waren sehr tüchtig und einige Angehörige des Adels erfreulicherweise

nach wie vor unvoreingenommen), und sie würden diese Ämter dazu mißbrauchen, um Christen zum jüdischen Glauben zu bekehren (was Schwachsinn war, denn die Juden hätten sich sehr gehütet, und die Christen ebenso!).

Außerdem hielten besagte Juden in ihren Häusern christliche Ammen (wie schrecklich: christliche Milch für jüdische Kinder!) und christliche Dienerinnen, mit denen sie fleischlich verkehrten (spricht da ein Papst oder Goebbels?), und so ging die Haßtirade weiter. Der Boden für Massenvertreibungen war also wohl vorbereitet, und schon bald sollte die schreckliche Saat aufgehen.

Im Jahre 1290 verbannte der König von England alle 16 511 Juden aus seinem Land, nachdem er sie vorher weidlich hatte ausplündern lassen. Die Vorwände für die Deportation waren wie überall lächerlich. Man legte ihnen Falschmünzerei, Lästerung der Gottesmutter und – wieder einmal – den Versuch zur Last, Christen zum Übertritt zum jüdischen Glauben zu bewegen.

Die meisten ausgewiesenen Juden gingen zunächst nach Frankreich, aber im Jahre 1306 verfügte Philipp IV., auch »der Schöne« genannt, in einer Nacht-und-Nebel-Aktion, daß alle Juden Frankreichs in Haft zu nehmen seien. An die 100 000 von ihnen wanderten in die Gefängnisse und mußten schließlich nur mit dem, was sie auf dem Leib trugen, das Land verlassen. Der angebliche Grund: Frevel – was auch immer damit gemeint gewesen sein könnte. Der wahre Grund: Habgier, denn der König war hoch verschuldet und nun mit einem Schlag steinreich.

Es dauerte indes nicht sehr lange, da stellte sich heraus, daß weder Handel noch Geldverkehr ohne die Juden funktionierte, und bar jeder Scham holte König Ludwig X. sie nach Frankreich zurück. Jetzt allerdings sahen sich die Juden in der Lage, gewisse Sicherheiten zu fordern, die ihnen auch gewährt wurden. Doch was gilt schon des Königs Wort gegenüber einem Knecht. 1394 wurden die Juden erneut ausgewiesen; diesmal durften sie wenigstens ihr Vermögen mitnehmen.

Die schwerste Prüfung stand den Juden im Abendland allerdings noch bevor. Längst waren sie zu Freiwild geworden. Der königliche oder kaiserliche Schutz stand mehr oder weniger nur auf dem Papier, und von ihren christlichen Mitbürgern waren sie inzwischen ebenfalls isoliert worden. Seit 1215 existierte ein päpstliches Dekret, in dem es

hieß, daß Juden – abseits vom Geschäftlichen – keinerlei gesellschaftlichen Umgang mit Christen pflegen durften. Es war ihnen untersagt,
zusammen mit Christen zu tafeln oder auch nur gemeinsam zu baden.
Damit man sie sofort und überall auf den ersten Blick erkennen konnte,
zwang man sie, eine lächerliche Tracht zu tragen: zu einem hohen und
meist gelben Hut genau festgelegte Gewänder, die zwar in jeder Region anders aussahen, grundsätzlich jedoch den Träger diskriminieren
sollten.

Derart gebrandmarkt, waren die Juden dem Gespött des Mobs und
zuweilen auch dessen Mißhandlungen ausgesetzt. Verhöhnt und gedemütigt, verloren sie im Lauf der Jahrhunderte ihren Stolz, ihr Selbst-
wertgefühl und ihre Selbstachtung. Bis in die Jahre der national-
sozialistischen Massenvernichtung blieben sie allüberall die duldsamen
Lämmer, die sich stumm zur Schlachtbank führen ließen. Eine Haltung, die sich erst mit der Neugründung des Staates Israel radikal
ändern sollte.

Aber damals, in der Mitte des 14. Jahrhunderts, als sich niemand
in den Ghettos vorstellen konnte, daß es womöglich noch schlimmer
werden könnte, da brach über das Abendland eine furchtbarere Seuche
herein als alle bis dahin bekannten, die schrecklichste aller Katastrophen: die Pest. Was sich als Folge dieser verheerenden Epidemie
ereignete, ist nach dem Vorangegangenen wohl nahezu selbstverständlich. Wer Kinder ermordete und Hostien schändete, mußte ja wohl
auch für dieses Unglück verantwortlich sein.

Natürlich gab es zwar nicht den Schatten eines Beweises, aber noch
schneller als die Pest verbreitete sich die Behauptung, die Juden hätten
die Brunnen, die Flüsse und sogar die Luft »verpestet«! Man glaubte
sogar zu wissen, wie das bewerkstelligt worden war: Von Toledo aus,
der »Hauptstadt des Judentums«, sei der Befehl ergangen, hieß es, und
ein gewisser Jakob à Paskate sei es gewesen, der sich im französischen
Chambéry niedergelassen und von dort aus seine Sendboten mit dem
tödlichen Gift in alle Teile der Welt ausgesandt habe. Dieser Verdacht
war ebenso idiotisch wie alle anderen zuvor verbreiteten Gerüchte und
Behauptungen. Wie hätte besagter Jakob selbst mit Abertausenden von
Helfershelfern jeden Brunnen, jeden Bach und jeden Teich in ganz
Europa vergiften sollen? Und warum auch? Schließlich tranken die

Juden aus den gleichen Quellen wie die Christen. Aber was zählt schon Vernunft in Augenblicken der Raserei!

Geißler zogen durch die Lande. Nicht zum erstenmal, aber nun mit schrecklichen Folgen für die Juden. Die Geißler, die sich in schaurigen Prozessionen bis aufs Blut peitschten, um durch diese Buße das Strafgericht Gottes von sich abzuwenden, wiesen immer wieder auf die Juden als Verursacher der Pest hin. Und so waren überall in Europa Massaker die Folge der blinden Verhetzung. Und wo blieb der zugesagte kaiserliche Schutz?

Kaiser Karl IV. verhielt sich leider noch schändlicher als seine Vorgänger, was in diesem Fall tatsächlich eine bemerkenswerte Leistung darstellt. Die Juden gehörten ihm. Das stand fest. Die Menschen ebenso wie ihre jährlichen Abgaben. Da aber ganz eindeutig absehbar war, daß man im Verlauf der kommenden Monate die meisten Juden während der überall wütenden Pest-Pogrome erschlagen oder verbrennen würde, verschacherte er die Unglückseligen an die Städte, in denen sie (vorläufig noch) wohnten. Heute würden wir sagen: Er stieß sie ab wie wertlose Aktien. Die Stadt Frankfurt beispielsweise mußte ihm für »ihre« Juden 15 200 Pfund guter Währung zahlen. Was dann mit den Menschen und ihrem Hab und Gut geschah, interessierte den Kaiser nicht mehr. Ähnliches ereignete sich in Mainz, wo die Juden verzweifelt um ihr Leben kämpften, genauso in Erfurt, Augsburg, Nürnberg und anderswo.

Es ist eine ebenso traurige wie unbestreitbare Tatsache, daß es nur wenige Bischöfe, Adlige oder Bürger gab, die im Juden von nebenan den Mitmenschen sahen, das Opfer von Rassenhaß oder religiöser Verblendung. Die wenigen jedoch, die selbstlos halfen, die jüdische Familien versteckten oder ihnen zur Flucht verhalfen, wollen wir in ehrendem Gedenken halten. Einige gab es Gott sei Dank überall und zu allen Zeiten.

Zum Abschluß sei erwähnt, daß sich die Christenheit nicht mit der Ausrottung ihrer jüdischen Mitmenschen begnügt hat. Wie die Religion sollte auch die gesamte jüdische Kultur ausgerottet werden. Unter dem französischen König Ludwig dem Heiligen (!) fand der berühmte Prozeß statt, in dem der Talmud, das Hauptwerk des Judentums, der Gotteslästerung und Häresie angeklagt und prompt verurteilt wurde.

24 Wagenladungen talmudischer Schriften wurden daraufhin in Paris verbrannt.

Die Zerstörungswut während der Verfolgungen war so groß, daß nur noch eine einzige vollständige Talmudhandschrift aus dem Jahre 1343 existiert. Alle anderen heutigen Manuskripte sind mehr oder weniger exakte Kopien dieses letzten Exemplars, das wie durch ein Wunder der Jagd auf alles Jüdische entkommen ist.

Und die Chronik von Limburg schreibt dazu: »Danach, da das Sterben und die Geißelfahrt und die Judenschlacht ein Ende hatten, hub die Welt wieder an zu leben und fröhlich zu sein.« So, als ob nichts geschehen sei.

Moses – der Jude, der ein Feigling war

Augenzeugenbericht: *Moses Silbermann aus Frankfurt · Gerüchte aus der Schweiz · Autodafé in Basel · Massaker im Rheinland · Der Zug der Geißler · Taufe oder Tod*

Ich bin Moses Silbermann, bis vor kurzem war ich Jude. Nun bin ich Waise und ein von allen verachteter Feigling. Ich habe meinen Glauben verraten und mich taufen lassen, denn ich hielt mich für zu jung, um so grauenhaft zu sterben wie meine Eltern und meine Geschwister. Ich weiß nicht, ob ich mit dieser Schande weiterleben kann und ob mir der Gott meiner Väter jemals verzeihen wird. Ich habe versucht, mir einzureden, daß ich nur deshalb meinem Glauben abgeschworen habe, damit es wenigstens einen Zeugen gibt, der erzählen kann, was in jenem fürchterlichen Jahr 1349 christlicher Zeitrechnung am Rhein geschehen ist. Aber das ist natürlich nicht einmal die halbe Wahrheit. In Wirklichkeit hatte ich Angst vor dem Scheiterhaufen, jämmerliche Angst. Ich bin eben nicht zum Märtyrer geboren.

Meine Familie gehörte zu den besonders angesehenen der Frankfurter Gemeinde. Das Verhältnis zu den Ratsherren der Stadt war recht gut. Einige zählten zu unseren Kunden, zum einen, weil sie bei meinem Vater Pelze aus Rußland und Tuche aus Flandern kauften, zum anderen, weil sie nur selten in der Lage waren, bar zu bezahlen, und deshalb unsere Schuldner waren. Schulden zu machen ist ja keinesfalls unehrenhaft. Die meisten Ritter in der Stadt und ihrer Umgebung sind hoch verschuldet, auch viele kleinere Leute. Nur die reichen Handwerker nicht, die sich zu Zünften zusammengeschlossen haben. Die meisten stinken vor Geld, und wenn trotzdem einer in Not gerät, dann hilft ihm die Zunft. Von denen braucht niemand zum Juden zu gehen, um sich dort Geld zu leihen.

Eigentlich war alles ganz klar geregelt: Der Magistrat hatte (wenigstens nach außen hin noch) die Macht, die Zünfte das eigentliche Sagen, die Ritter verarmten, und wir wurden dabei reich. So ließ es sich leben,

zumal in Frankfurt niemand etwas auf die törichten Gerüchte gab, daß
wir Juden Kinder schlachteten oder Hostien schändeten. Wenigstens
keiner von denen, die wirklich Einfluß und Macht besaßen. Niemand
von ihnen brachte uns auch nur im entferntesten in Verbindung mit
jener furchtbaren Krankheit, die schon seit Monaten in Südfrankreich
wütete.

Dann aber – ich erinnere mich noch genau –, an einem milden
Herbsttag des Jahres 1348, entstand vor dem Rathaus ein wildes Getümmel. Ein Bote aus Bern sei eingetroffen, riefen die Leute sich zu,
und er habe den hohen Herren mitgeteilt, daß die Juden in der Schweiz
und in Savoyen zugegeben hätten, die Brunnen vergiftet zu haben, und
daß sie daraufhin allesamt verbrannt worden seien. Die Räte von Bern
würden allen deutschen Städten empfehlen, mit ihren Juden auf die
gleiche Weise zu verfahren.

Wir Juden liefen daraufhin allesamt in unsere Häuser und verrammelten Tore und Fenster. Ein paar Tage geschah überhaupt nichts, aber
wir trauten uns nicht auf die Straße. Eines Nachts klopfte es dann an
die Haustür. Ein befreundeter Rabbi aus Straßburg hatte sich heimlich
ins Judenviertel geschlichen und berichtet, es sei wohl alles nicht so
schlimm. Der Bürgerrat von Straßburg, der Bürgermeister Conrad von
Winterthur, der Schöffe Gosse Sturm und der Handwerksmeister Peter
Schwarber seien von der Unschuld der Juden überzeugt und würden
sie vor dem Zorn der Geistlichkeit und der Wut des Mobs schützen.
Ähnliches sei auch aus Basel und Freiburg zu hören, und der Rat der
Stadt Köln habe sogar an die Straßburger geschrieben, man denke nicht
im Traum an die Verfolgung der jüdischen Gemeinde.

Da fühlten wir uns schon viel besser, zumal in diesen Tagen auch ein
Brief des Papstes eintraf, in dem er befahl, die Juden in Schutz zu
nehmen, und falschen Anklägern sowie Richtern und Henkern mit
dem Kirchenbann drohte. Da gingen wir denn wieder fröhlich unserer
Arbeit nach, und auch die Schmähungen, die man uns zuweilen auf der
Straße nachrief, glitten wie Regentropfen an uns ab. Wir fühlten uns so
sicher, daß mein Vater mich in Geschäften nach Basel schickte.

Es war ein kalter Wintertag, und als ich mich zu Pferde der Stadt
näherte, erblickte ich auf einer Rheininsel ein großes, hastig aus Holz-
stämmen errichtetes scheunenartiges Haus, in das Soldaten Hunderte

von Juden trieben. Dann verrammelten sie das große Tor und steckten das Haus in Brand. Gaffendes Volk stand am Ufer, und während ich mein Pferd rasch ins Gebüsch zurückführte, um nicht entdeckt zu werden, hörte ich das gellende Geschrei, das aus dem in hellen Flammen stehenden Holzhaus drang und erst nach entsetzlichen Minuten leiser wurde, um schließlich ganz zu verstummen. Als ich mich wieder aus meinem Versteck herauswagte, sah ich auf der Insel nur ein einziges Flammenmeer, aus dem schwarzer, fettiger Rauch aufstieg.

Wie betäubt warf ich mich auf mein Pferd und ritt nach Speyer, wo ich gute Freunde in der großen jüdischen Gemeinde wußte. In Sichtweite der Stadt, deren großer Dom die Mauern überragte, vergrub ich vorsichtshalber den größten Teil meiner beträchtlichen Barschaft unter einem weithin sichtbaren Baum, ehe ich mich dem Stadttor näherte, wo mich die üblichen Kontrollen und Beleidigungen erwarteten, ehe man mich endlich passieren ließ.

Meine Mitbrüder im Judenviertel machten sich über ihre Situation keinerlei Illusionen. Sie schienen zu wissen, in welcher Gefahr sie schwebten. Die Geißler seien schuld, sagten sie. Ich verstand sie nicht, noch nicht. Trotzdem schien es mir sinnvoll, ihrem Rat zu folgen und gleich weiter nach Norden zu reiten, denn inzwischen war die Kunde eingetroffen, daß auch die Juden in Freiburg allesamt massakriert worden waren.

Ich entkam sozusagen im allerletzten Augenblick aus der Stadt. Nur wenige Stunden, nachdem ich das Tor passiert und meine Barschaft unter dem großen Baum ausgegraben hatte, stiegen aus dem Judenviertel von Speyer die Rauchsäulen auf. Einen Augenblick spielte ich mit dem Gedanken, mich nach Straßburg zu retten, wo doch der Bürgermeister offensichtlich die Zügel noch fest in der Hand zu haben schien, doch der Allmächtige hielt seine Hand über mich.

Erst später erfuhr ich, daß der Pöbel von Straßburg den Bürgermeister Winterthur und seine Freunde abgesetzt und an die 2000 Juden auf den Judenfriedhof geschleppt hatte. Dort waren sie allesamt bis auf einige wenige, die sich hatten taufen lassen, an Pfähle gebunden und verbrannt worden. Das gesamte Hab und Gut der Juden aber war unter die Bürger aufgeteilt worden.

Ich ritt also weiter nach Norden, mied aber kleinere Orte, denn es war bekannt, daß einzeln reisende Juden von den Bauern zumeist ohne viel Federlesens erschlagen wurden, weshalb es auf dem Land auch so gut wie keine allein wohnenden Juden mehr gibt. Fast alle haben sich im Lauf der Jahrzehnte in die vermeintlich Sicherheit bietenden großen Städte geflüchtet.

Auch an Worms, wo ich Rast machen wollte, ritt ich vorbei, als ich verdächtige Rauchsäulen aufsteigen sah. Was dort brannte, konnte ich mir unschwer vorstellen. Es war das Judenviertel, vermutlich mit allen Menschen, die dort gewohnt hatten. Ich mußte nach Hause, zurück nach Frankfurt. Vielleicht gab es dort noch etwas zu retten. Als die Mauern der Stadt vor meinen Augen auftauchten, war ich wieder so vorsichtig, meine Barschaft zu verstecken. Vielleicht konnte sie als Notgroschen dienen, wenn ich gezwungen war, überstürzt zu fliehen.

Im Judenviertel herrschte Ruhe. Aber es war eine trügerische Stille, und ich wagte nicht, die winzige Hoffnung meiner Mitbrüder, daß ja vielleicht doch noch alles gut werden könnte, zu zerstören, indem ich ihnen Einzelheiten vom Untergang der jüdischen Gemeinden am Oberrhein erzählte. Ich ermahnte sie statt dessen, ihr Vermögen nach Regensburg zu schaffen, denn dort schienen die Zustände noch am stabilsten.

Mein Vater jedoch und die anderen Ältesten vertrauten der Vernunft des Magistrats und dem Gehorsam der Geistlichkeit gegenüber dem Papst. Leider verstanden sie, die in Gelddingen sonst so Erfahrenen, nichts von dem, was sich in den Zünften abspielte. Das aufstrebende Handwerk stand kurz vor einem Putsch. Im Wege standen ihm nur noch die alten Patrizierfamilien und das, was vom Adel übriggeblieben war. Wenn man sich nun der Juden bemächtigen könnte, wenn man auf diese Weise alle Schuldscheine an sich bringen könnte, die Patrizier und Adlige unterschrieben hatten ...

Nicht aus religiösen, nicht aus rassistischen, nein, ausschließlich aus politischen Gründen sollten die Juden sterben. Konnte man auch die Geistlichkeit gewinnen, die ja – Papst hin, Papst her – ein Interesse daran hatte, möglichst viele der »Ungläubigen« zu taufen und die anderen nach Möglichkeit zu vertreiben: um so besser! Man mußte nur den richtigen Augenblick abpassen, und der kam schon bald. Ende Juli drangen die sogenannten Geißler in die Stadt ein. Es war ein gespenstischer Zug, der sich da durch die engen Gassen bewegte. Halbnackte Männer, die Peitschen trugen, in deren drei Stränge mit Nadeln gespickte Knoten eingeflochten waren.

Als Symbol der Sünde, derer sie sich selber bezichtigten, hoben die Meineidigen unter ihnen drei Finger über den Kopf, die Mörder warfen sich immer wieder mit dem Rücken auf die Erde, die Ehebrecher dagegen auf den Bauch, als ob sie auf einem Weib liegen würden. Dann schlugen sie sich gegenseitig blutig und steigerten sich nach und nach in eine derartige Raserei, daß sie letztendlich schrien, das Jüngste Gericht stehe bevor, und wer noch eine letzte gute Tat vollbringen wolle, der solle die Mörder Christi umbringen.

Der entfesselte Mob stürmte daraufhin auf das Judenviertel zu. Ich arbeitete gerade im Stall, die Mutter und meine beiden Schwestern waren in der Küche beschäftigt, mein Vater saß im Kontor. Ich hörte die dumpfen Schläge, die sein Leben beendeten, ich hörte die gellenden Schreie meiner Schwestern und stand trotzdem wie gelähmt da. An diesem Tag hätte ich zum Märtyrer werden können, aber was tat ich? Ich warf mich voller Panik auf mein ungesatteltes Pferd, sprengte die enge Gasse hinunter, ritt jeden nieder, der sich mir in den Weg zu stellen versuchte, galoppierte durch das offen stehende Stadttor, vorbei an den überraschten Wachen, und erreichte das Freie, ohne verfolgt zu werden. Hastig grub ich den Notgroschen aus und ritt nach Mainz, wo unsere Familie viele Freunde besaß.

Das Massaker von Frankfurt, dem ich mich durch meine Flucht entzogen hatte, war eigentlich ein Massenselbstmord. Als nämlich die anderen jüdischen Familien den Mob nahen und mein Elternhaus stürmen sahen, verriegelten sie ihre Häuser und zündeten sie dann selber an. Die meisten verbrannten bei lebendigem Leibe, aber so waren sie wenigstens sicher, daß man nicht durch qualvolle Folterungen ihre Zustimmung zur Taufe erzwingen konnte.

Meine Freunde in Mainz dagegen – wenigstens die jüngeren unter ihnen – waren entschlossen zu kämpfen, wenn es sich denn als notwendig erweisen sollte. Gewarnt durch die Massaker am Oberrhein, hatten sie sich Waffen besorgt, was streng verboten war, und waren auch wild entschlossen, sie zu benutzen. Heimlich war das Judenviertel in den letzten Monaten, so gut es ging, in eine kleine Festung verwandelt worden. Als dann kam, was kommen mußte, holte sich der anstürmende Pöbel zu seiner grenzenlosen Überraschung zunächst einmal blutige Köpfe.

Feige, wie ich nun einmal bin, hatte ich beschlossen weiterzufliehen. Doch als ich mich dann heimlich aus dem Judenviertel schleichen wollte, ergriffen mich die Wachen und warfen mich in einen Turm. Hier erschienen alsbald Mönche, um mich unter Androhung von Folter und Feuertod vor die Alternative zu stellen, als Jude zu sterben oder – wie sie sagten – meine Seele durch die Taufe vor ewiger Verdammung zu retten.

Vor Angst halb wahnsinnig, verriet ich den Glauben meiner Väter, sagte mich von Jahwe los und spürte mit dumpfem Entsetzen, wie sie mir Wasser über den Kopf gossen, mir feierlich meine Judenkleider abnahmen und mich zum Christen und damit zum freien Bürger der Stadt erklärten. Stumpfsinnig und noch immer halb blödsinnig vor Entsetzen, schleppte ich mich zum Judenviertel, wo meine Brüder erbittert jeden Fußbreit Boden verteidigten. Ihr Kampf war heldenmütig, und schon mußte man 200 erschlagene Christen aus den Gassen bergen. Aber lange konnte der Widerstand gegen die erdrückende Übermacht nicht mehr dauern. Als die Juden erkannten, daß der Kampf hoffnungslos geworden war, zündeten sie ihre Häuser an und verbrannten sich selbst mitsamt ihren Frauen und den Kindern. Niemand blieb am Leben. Außer mir, dem Abtrünnigen.

Ich wandte mich endgültig hierhin nach Regensburg, wo – wie man sich erzählte – die Bürger ihrem Bürgermeister Berthold Epoltspecht feierlich gelobt hatten, Leben, Gut und Glauben der Juden getreulich zu schützen. An meine jüdischen Brüder kann ich mich natürlich nicht mehr wenden. Aber vielleicht erläßt der Kaiser wieder einmal den Befehl, daß Zwangsgetaufte wie ich dem Christentum abschwören dürfen. So etwas hat es in der Vergangenheit schon gegeben, und natürlich werde ich dann wieder Jude werden. Aber ob mich die hiesige Gemeinde dann von neuem aufnehmen wird, das weiß allein der Allmächtige.

Was findet der Teufel an verrunzelten Kräuterfrauen?

*Hexen sind wirklich uralt · Hagazussa und Malfica · Vom gefährlichen
Job der Kräuterfrauen · Die Angst der Männer vor ihren Weibern · Anfänge
der Inquisition · Das Ende eines Sadisten*

Wenn ich am Samstag auf dem Markt in unserem Viertel Blumen
hole, gehe ich normalerweise zu der »Hexe«, wie sie wegen ihres
Aussehens von der gesamten Familie genannt wird, obwohl natürlich
niemand von uns weiß, wie eine wirkliche Hexe aussieht, da wir noch
keiner begegnet sind. Hexen existieren nun einmal nur in Märchen-
büchern und allenfalls noch in den Hirnen einiger merkwürdiger Zeitgenossen, die zum größten Teil in angelsächsischen Ländern beheima-
tet sind.

Andererseits haben wir erstaunlich viel Hexenhaftes in unsere
Sprache übernommen. Mit größter Selbstverständlichkeit behaupten
wir von einer Dame, daß sie außergewöhnlich charmant sei, ohne uns
bewußt zu sein, daß Charme vom lateinischen Wort »carmen« abgeleitet wurde, und mit Carmen bezeichnete man nun einmal nicht nur
ein Lied, sondern in besonderem Maße auch einen Zauberspruch.
Aber damit nicht genug. Auch andere Wörter stammen aus dem
Hexenvokabular und wurden erst in den letzten Jahrhunderten zu
positiven Bezeichnungen. Ganz nahe an seiner ursprünglichen Bedeutung angesiedelt ist noch immer das Wort faszinieren. Wenn wir von
einer Frau sagen, daß sie Männer fasziniert, schwingt da keinerlei
Magie mit, und doch bedeutet das Wort ursprünglich soviel wie
behexen oder beschreien. Auch den Wörtern Glamour oder Prestige
ist nicht mehr anzumerken, daß sie eigentlich Teufelsblendwerk bedeuten, und wenn wir eine junge Dame zauberhaft finden, wollen wir
damit auch nicht andeuten, daß sie uns verzaubert hat wie eine
häßliche alte Hexe.

Richtige Hexen sind bekanntlich steinalt, filzmähnig und warzen-
nasig. Sie haben zumeist einen Buckel, auf dem ein fetter schwarzer

Kater hockt, verfügen über krallenartige Fingernägel, und ihre Kleidung setzt sich zusammen aus angeschimmelten Lumpen. Ingesamt sind sie grauslich ungepflegt, fressen kleine Kinder und reiten auf einem Besen zum Brocken oder einem anderen verkehrstechnisch günstig gelegenen Tanzplatz. Das steht zwar nirgendwo so geschrieben, schon gar nicht in der Bibel, aber da unsere Altvordern fest daran geglaubt haben, sind die sogenannten Hexen auf diese Weise Jahrhunderte hindurch den Kindern so geschildert und mit diesem Aussehen auch in die Märchenbücher aufgenommen worden. Ihre Geschichte aber beginnt sehr viel früher, und zwar in vorchristlicher Zeit, als man hierzulande noch nichts vom Teufel wußte.

Hexen – was immer man darunter verstehen mag – hat es zu allen Zeiten, in allen Kulturen und bei allen Völkern gegeben. Das gleiche gilt für Dämonen, die schließlich sogar im Neuen Testament auftauchen, doch eines haben sie miteinander gemein: Es gibt gute und schlechte, wenn auch die Mehrheit zugegebenermaßen recht fies ist. Deshalb werden im Märchen die guten Hexen lieber »Fee« genannt, obwohl es selbst unter denen einige gibt, die es faustdick hinter den Ohren haben. Man denke nur an die drei Wünsche, die sie naiven Menschen erfüllen wollen, häufig nur deshalb, um ihnen ihren schlechten Charakter vor Augen zu halten.

Den meisten Hexen sind drei Dinge gemein: Sie tauchen auf und verschwinden, wann immer sie wollen; sie können ganz offensichtlich durch die Luft fliegen; und letztlich ist ihnen im Normalfall überhaupt nichts unmöglich. Sie verfügen demnach über göttliche Eigenschaften. Deshalb ist es nicht verwunderlich, daß die historisch ältesten Hexen tatsächlich Göttinnen waren. Die erste klassische Hexe war wohl bei den Griechen zu Hause und hieß Hekate. Eigentlich war sie die Mondgöttin, und damit ist bereits die Beziehung zur Nacht gegeben. Folglich ist es kein Wunder, daß sie alsbald für allerlei nächtlichen Spuk verantwortlich gemacht und für jede Art von Gespenstern zuständig wurde. Um sie zu besänftigen, brachte man ihr an Wegegabeln, sogenannten Dreiwegen, Opfer dar. Die Wegkreuzung wurde natürlich erst nach der Christianisierung eines Volkes zum Ort mit Symbolcharakter.

Besagte Hekate hatte natürlich auch ihre Anbeterinnen, die allgemein als die Hexen von Thessalien bekannt waren, einer Landschaft, die im hohen Norden Griechenlands liegt. Diese Damen, die nur im Volksglauben existierten, hatten die unangenehme Eigenschaft, den Mond herabzuziehen, obwohl er sicherlich auch ohne ihr Zutun allnächtlich untergegangen wäre, aber auch die nicht minder scheußliche Angewohnheit, Leichen anzuknabbern. Man mußte auf den Friedhöfen Wächter aufstellen, um so etwas Pietätloses zu verhindern. Es half tatsächlich, vermutlich weil durch die Anwesenheit von Menschen die streunenden Hunde nicht mehr dazu kamen, flüchtig verscharrte Leichen anzunagen.

Was den Griechen recht war, mußte den Römern, die ohnehin sehr viel von den Griechen übernahmen, nur billig sein. Sie machten aus der Hekate ihre Diana, die ursprünglich eine keusche Jägerin und die Beschützerin der Frauen war. Auch sie aber raste alsbald mit ihren Gefährtinnen wie die Wilde Jagd über den Himmel und fand prompt in Germanien eine Komplizin mit Namen Hulda. Es war immer die gleiche Entwicklung: Auch Hulda war zunächst eine gütige Göttin, die ihre Hand schützend über die Liebenden hielt. Aber da sie sich nun einmal mit Feen und Elfen umgab, die den Menschen seit jeher unheimlich waren, stellte man sich plötzlich vor, daß sie – Wotan gleich – mit ihrem Anhang über den nächtlichen Himmel ritt, und gleichzeitig veränderte sich ihr bislang so ansehnliches Aussehen. Sie verwandelte sich in eine richtige Bilderbuchhexe. Und aus dem Namen Hulda, der ja nichts anderes bedeutete als eben Huld, wurde in späteren Jahren das Gegenteil: die Unholdin.

Wenn im Mittelalter allerdings von einer Hexe die Rede war, dann benutzten die Menschen im deutschsprachigen Raum das Wort »hagazussa«, was soviel bedeutet wie Zaunreiterin. Damit wird schon zweierlei angedeutet: zum einen, daß sie in Hecken und Zäunen haust, zum anderen aber auch, daß sie auf dem Zaun, also auf Holz, reiten und vermutlich auch fliegen kann. Die gebildeten Mönche wiederum benutzten das Wort »hagazussa« nur selten. Sie sprachen auf Latein von einer »striga« (»strix« = Eule) oder von einer »malfica«, einer Übeltäterin. Das Wort Hexe setzte sich erst im 16. Jahrhundert endgültig durch. Es leitet sich ebenfalls von »hagazussa« ab.

Auch im Altisländischen heißt die Hexe »thunrida«, Zaunreiterin. Man mag sie und ihre männlichen Gegenspieler, die Zauberer und

Magier, nicht sonderlich gut leiden. Man wirft ihnen vor, daß sie Zweikämpfe und Kriege unfair beeinträchtigen, indem sie meist auf Wunsch der einen Partei den Helden der Gegenseite in die Irre führen oder – noch schlimmer – gesundheitlich schwächen oder gar heimtükkisch in eine tödliche Falle locken.

Halten wir fest: Hexen, was immer man darunter verstehen mag, gab es schon in der Antike. Mal waren sie gut, mal schlecht, mal schwankend in ihren Taten und Untaten, aber mochte die Kultur auch voranschreiten, so zügig sie nur konnte: Weder sie noch die Zivilisation, noch die Kirche waren in der Lage, den Glauben an Elfen und Dämonen, an Zwerge und Drachen auszurotten. Selbst im *Nibelungenlied* tummeln sie sich noch zuhauf, und niemand nahm Anstoß daran. Es gab noch allzuviel Wundersames, auf das man sich keinen Reim machen konnte, und deshalb blieben die Hagazussas unbehelligt, denn man bedurfte ihrer. Noch.

Das Wissen der einfachen Menschen bestand eigentlich nur in dem, was sie sahen und was man ihnen erzählte. Darunter war sicherlich viel Wissenswertes, der Erfahrungsschatz der Eltern und Ahnen beispielsweise, aber gewiß ebensoviel Aberglaube, der unkontrolliert immer weiter ausuferte und sich in großen Teilen ja bis auf den heutigen Tag erhalten hat. Denken wir nur an den berüchtigten Freitag, den dreizehnten, denken wir an die Leiter, unter der man nicht hergehen sollte, an die Unglück verheißende schwarze Katze oder die Spinne am Morgen, die garantiert Kummer und Sorgen beschert. Und an so etwas glauben Menschen noch, die in der Lage sind, Astronauten auf den Mond zu schicken oder Tiere und Pflanzen mittels Genmanipulationen zu verändern. Wir sollten uns deshalb hüten, Menschen zu verachten, die ohne Massenimpfungen oder Penicillin verzweifelt versuchten, sich mit irgend etwas vor Krankheit und Verderben zu schützen.

Daß die Welt voller Dämonen war, galt als sicher. Waren sie besonders gemein, schlüpften sie in den Körper eines Menschen, zumeist in den einer Frau, und die stellte dann allen möglichen Schabernack an. In Wirklichkeit aber war nicht die Frau die eigentliche Täterin, sondern der in ihr hausende Dämon. Den Satan brachte man zunächst noch nicht ins Spiel. Diese Dämonen nun und alles, was anzustellen sie in der Lage waren, mußte man abwehren. Früher konnte man zu den Göttern beten, aber darauf war wenig Verlaß, weil die ihre eigenen Sorgen hatten. Also vertraute man auf Dinge, die einem von Gott weiß wem angepriesen wurden.

Epileptiker beispielsweise müssen Blut von einem Hingerichteten trinken; wenn der Hausherr stirbt, führt man das Vieh an seiner Leiche vorbei, damit der Geist des Verschiedenen es segnet; wer sich gegen wilde Hunde schützen will, trage die Zunge eines solchen unter der Sohle; ein Hufeisen über der Stalltür (noch heute anzutreffen!) bannt böse Geister; aus Eisenkraut braut man Liebestränke, und der Bauer schleppt seine Frau nach der Aussaat auf den Acker und beschläft sie dort, damit die Ernte gut wird.

Ganz besonders bewandert in diesen Dingen ist die alte Kräuterfrau, die man lieber nicht im Dorf wohnen läßt, denn wer weiß, was sie alles so treibt und ob sie nicht den bösen Blick hat. Ganz gewiß ist man jedoch, daß sie sich in gewisser Hinsicht besser auskennt als die meisten Menschen, vor allem in Dingen, die im weitesten Sinne mit dem Körper zusammenhängen. Sie weiß zum Beispiel nicht nur, daß die Asche eines verbrannten Raben gut ist gegen Gicht, sondern auch, daß sie nur dann hilft, wenn man den Vogel lebend einfängt und daß sein Körper auf dem Transport zum heimischen Herd keinesfalls den Boden berühren darf. Auch muß der Topf, in dem man ihn schließlich in Flammen aufgehen läßt, nagelneu sein, weil sonst die Asche nicht mehr nutzt als gewöhnliche Holzasche.

Die Kräuterfrau ist – wie ihr Name ja schon verrät – bewandert in den Wirkungen der Pflanzen. Aus Schafgarbe und Holunder stellt sie heilende Verbände für eiternde Wunden her, aus anderen kocht sie auf geheimnisvolle Weise hustenstillenden Tee, und zuweilen mischt sie unter Beifügen von Fingerhut einen bösen Trank für einen alten Bauern, der partout nicht sterben will.

Das Leben einer solchen Frau war nicht ungefährlich, schon allein deshalb, weil ihr Tun keineswegs legal war, sondern allenfalls geduldet wurde. Solange alles gutging. Doch das notwendige Glück konnte natürlich kaum ein ganzes Leben währen. Irgendwann passierte immer ein Malheur; dann ging es der Guten an den Kragen, und sie konnte von Glück sagen, wenn man sie nur aus der Gegend vertrieb. Aber selbst das kam zumeist der Todesstrafe gleich, denn ihre gesamte

Existenz hing vom Vertrauen »ihrer« Dorfbewohner ab. In der Fremde dagegen mußte sie verhungern, wenn es ihr nicht gelang, sich durch Betteln mühsam am Leben zu erhalten.

Je mehr Einfluß die Kirche auf die gemeinen Leute gewann, um so schwieriger wurde das Leben der Kräuterfrauen. Natürlich glaubte jeder Mönch und auch der inzwischen durch die Lande ziehende Medicus, daß er über weitaus mehr Wissen verfüge als so ein dummes Weib, obwohl man das zumindest auf dem Gebiet der Heilkunde füglich bezweifeln darf. Das allein bedeutete noch keine Gefahr, aber nun tauchen zwei Phänomene auf, die für ungezählte Frauen ein fürchterliches Ende auf dem Scheiterhaufen mit sich bringen sollten: das Thema Ketzerei und die tiefverwurzelte Frauenfeindlichkeit der Kirche, die dem ebenso tiefverwurzelten Chauvinismus der Männer noch entgegenkam.

Was aber hat Ketzerei mit Hexerei zu schaffen? Was ein altes Kräuterweiblein mit einem Theologen, der von Rom abweichende Thesen vertritt? Eigentlich überhaupt nichts, das aber ist modern gedacht. Die Kirche sah das ganz anders, allerdings nicht von Anfang an. Im sogenannten Kanon Episcopi aus dem 9. Jahrhundert wird den Frauen verboten zu glauben (!), daß sie nachts durch die Lüfte fliegen könnten. Von Bestrafung ist keine Rede, weil die Verfasser davon ausgehen, daß so etwas ohnehin unmöglich ist. Diese außerordentlich moderne, ja geradezu aufgeklärte Einstellung sollte sich in späteren Jahrhunderten allerdings radikal ändern.

Nunmehr glaubte man, daß eine Hexe viel härter zu bestrafen sei als der »normale« Ketzer. Während dieser nämlich häufig nichts anderes wollte, als eine in seinen Augen verweltlichte Kirche zu ihren Anfängen zurückzuführen, unterstellte man den Hexen viel Schlimmeres: Sie verbündeten sich mit dem Teufel (inzwischen hat man ihn endlich entdeckt!), verkehrten fleischlich mit ihm und beteten anstelle Gottes jenen Luzifer an, und dies erschien nun wirklich als größte aller nur denkbaren Ketzereien. Zu den Ketzern kommen wir jedoch erst später. Bleiben wir noch ein wenig bei den Hexen und der verhängnisvollen Tatsache, daß es sich bei ihnen wenigstens zu Beginn fast ausschließlich um Frauen handelte.

Frauen galten den Mönchen als Wurzeln allen (sexuellen) Übels. Im

Gegensatz zu Christus, der auch Sünderinnen in sein Gefolge aufgenommen hatte, blies Paulus kräftig ins Feuer der Frauenfeindlichkeit, was letztlich dazu führte, daß Frauen von vielen Geistlichen gerade noch als notwendige Gebärerinnen geduldet, ansonsten aber als Quelle aller Sünden dargestellt wurden.

Sie waren es, die den armen Landpriester verführten, und keinesfalls umgekehrt. Sie reizten den Mann bis aufs Blut, und wenn sie es schon nicht gezielt taten, dann doch immerhin durch ihr einfaches Sosein. Sie waren lüstern und eitel, unstet und dumm, und vor allem steckten diese Weiber allesamt unter einer Decke. So wenigstens dachten die Mönche. Wenigstens diejenigen, die Keuschheit für das oberste aller Gebote hielten. Es gab ja auch viele andere, aber selbst die gebärdeten sich nach außen hin ebenso eifrig in der Verteufelung der Frauen wie ihre wirklich tugendhaften Mitbrüder.

In einem hatten sie tatsächlich recht: Es gab etliche Dinge, die auch damals schon eine Frau nur selten mit ihrem Ehemann besprach. Mit gewissen Problemen ging man halt zur Kräuterfrau, und nur selten kam man von dort ohne Rat oder ein Fläschchen oder ein Salbentöpfchen zurück. Menstruationsblut, dem Mann heimlich ins Essen gemischt, förderte seine Potenz. Blüten von Weiden oder Pappeln führten dagegen unweigerlich zur Dämpfung seines Verlangens, was zuweilen als Mittel der Familienplanung notwendig erschien, da jede andere Art von Empfängnisverhütung streng bestraft wurde. Wenn man sich jedoch vor dem Ehemann und seinen Gelüsten ganz fürchterlich ekelte, beraubten ihn 40 Ameisen, im Saft der Narzisse gekocht, für immer seiner Potenz.

Kein Wunder, daß Frauen mit ihren Sorgen und Problemen ihren Männern nicht sagten, wann und weshalb sie die Kräuterfrau aufsuchten. Kein Wunder aber auch, daß die Männer ihrerseits davon überzeugt waren, daß dort Unheimliches, Sündhaftes, vielleicht sogar Verbrecherisches ausgeheckt wurde. Das genügte ihnen, aber auch jenen Frauen, die gerade kein Bedürfnis nach merkwürdigen Mittelchen hatten, um wilde Geschichten über die Alte in der Hütte am Waldesrand zu erzählen, ihr den bösen Blick nachzusagen oder zu behaupten, sie habe einer Kuh die Milch weggehext.

Bis ins späte Mittelalter hinein blieb eine solche Anschuldigung zunächst einmal ohne Folgen, solange es sich nicht um eine offizielle Anklage handelte. Eine solche zu erheben, barg jedoch ein hohes Risiko: Konnte der Ankläger nämlich nicht den konkreten Beweis für seine Klage erbringen, wurde er selber mit der gleichen Strafe belegt, die den Beschuldigten erwartet hätte. Da man nun einmal keinen Beweis für das Weghexen von Milch erbringen kann, hatten die Kräuterweiber von einem Richter also kaum etwas zu befürchten. Wenn ihnen aber das Mißgeschick widerfuhr, daß beispielsweise jemand an einem Trank (oder auch trotz des verabreichten Tranks) starb, dann lag häufig Lynchjustiz in der Luft.

Von einer hysterischen Dorfgemeinschaft wurden indes nicht nur unglückselige Kräuterweiblein totgeschlagen, ertränkt oder in seltenen Fällen sogar verbrannt. Der Lynchjustiz fielen immer wieder auch Geistesgestörte zum Opfer, die aus unwissender Blödheit heraus Gotteslästerliches von sich gaben, bei jeder Gelegenheit natürlich viele Juden und hin und wieder auch »Ketzer«, und deshalb entstand jene Institution, deren Name bis auf den heutigen Tag nur Schaudern und ungläubiges Entsetzen hervorzurufen vermag: die Inquisition. Diese grausige Einrichtung, die für ihre Opfer gnadenlose Folter und gräßliche Schmerzen, für unzählige Menschen gar den qualvollen Feuertod bedeutete, wollte – so sarkastisch das heute klingen mag – ursprünglich das genaue Gegenteil. Sie wollte Gerechtigkeit.

Halten wir uns vor Augen, daß ein aufgehetzter Pöbel jederzeit dazu fähig ist, andere Menschen auf die abscheulichste Art abzuschlachten, ohne ordnungsgemäße Anklage, ohne Anhörung, ohne Verteidigung, ohne Richterspruch. Im Mittelalter war das nicht anders. Der Leumund (auf althochdeutsch »liumunt«) spielte damals eine wesentlich größere Rolle als heute, obwohl viele Mitmenschen auch jetzt noch für sehr wichtig halten, »was die Leute sagen«. Damals aber war ein guter Leumund lebenswichtig, und war er erst einmal futsch, dann war auch der Lynchmord nicht mehr fern, ganz gleich ob man für einen Ketzer oder eine Hexe gehalten wurde. Anlässe gab es genug. Papst Gregor VII. (1021–1085) beispielsweise hatte wohl seine Gründe, den König von Dänemark zu ermahnen, er möge gefälligst verhindern, daß nach Hagelschlag oder dem Ausbruch von Seuchen unschuldige Frauen als Zauberinnen verfolgt würden.

Oder: Der französische König Robert (genannt der Fromme) ließ 1022 in Orléans angeblich 14 Ketzer verbrennen, andere dagegen mußten von Bischöfen vor der Wut des Volkes gerettet werden. In Bayern wurden drei Frauen der Zauberei verdächtigt, ausgepeitscht und verbrannt. So geschehen im Jahr des Herrn 1090 bei Freising am Ufer der Isar. In Köln stürzten 1075 erzürnte Bürger eine Frau von der Stadtmauer, weil sie angeblich Männer »verzaubert« und zur Unzucht verführt hatte.

Solche Exzesse sollte die Inquisition unterbinden, indem sie Lynchmorde durch einen fairen Prozeß verhinderte. Das Wort Inquisition stammt aus dem Lateinischen und bedeutet soviel wie Befragen. Und genau das tat die Inquisition. Die Schuld eines Angeklagten sollte ohne jeden Zweifel bewiesen werden. Oder auch seine Unschuld. Und das kam viel häufiger vor, als heute bekannt ist. Um Hexen kümmerte sich die Inquisition zunächst nicht. Schließlich war man überzeugt davon, daß es Hexen überhaupt nicht gab.

Ziel der Untersuchungen waren zumeist Ketzer, die es aufzuspüren galt, um die kirchliche Lehre unverändert zu bewahren. Bekannte sich ein Angeklagter schuldig und bereute er seine Vergehen, wurde er zu einer Wallfahrt oder einer anderen Bußübung verurteilt. Der Tod auf dem Scheiterhaufen war bis zum Jahre 1224 nicht die Regel, und es ist kaum zu glauben: Nicht die Inquisition war es, die diese barbarische Hinrichtungsart endgültig durchsetzte, sondern ausgerechnet jener aufgeklärte und der Wissenschaft so zugewandte Stauferkaiser Friedrich II. (1194–1250), den seine Zeitgenossen das Staunen der Welt nannten.

Bleiben wir im 13. Jahrhundert. Aus dieser Zeit existieren nur wenige Protokolle über Inquisitionsprozesse. Doch in Toulouse sind die Akten aus den Jahren 1245/46 erhalten geblieben, denen wir entnehmen, daß nur in einem von 15 Fällen die Todesstrafe durch Verbrennen ausgesprochen und in nur einem von neun anderen Fällen eine Gefängnisstrafe verhängt wurde, während alle anderen Angeklagten mit leichten Strafen davonkamen oder gar freigesprochen wurden. Man sieht also, daß die Festnahme unter dem Verdacht der Zauberei oder der Ketzerei keinesfalls gleichbedeutend mit Verurteilung war, wie es in späteren Jahrhunderten leider zur Regel werden sollte.

Neben ihrer Hauptaufgabe, der Wahrung des reinen Glaubens,

hatte die Inquisition auch staatserhaltende Ziele, deren Bedeutung wir allerdings nur verstehen, wenn wir uns mit der notwendigen Sensibilität in das Denken eines mittelalterlichen Menschen versetzen. Der Eid beispielsweise ist noch heute ein wesentlicher Bestandteil menschlichen Zusammenlebens. Er kann vor Gericht gefordert, aber auch im Parlament geleistet werden oder bei der Vereidigung von Soldaten. Nicht aber in der Arbeitswelt oder beim Handeln. Da wird ein rechtsgültiger Vertrag unterschrieben, und damit hat es sich.

Ganz anders im Mittelalter. König und Herzog handelten keinen Vertrag aus. Der Lehnsmann legte seine gefalteten Hände in die des Lehnsherrn und schwur einen feierlichen Gefolgseid. Auf diesem Eid zwischen dem Herrscher und seinem Untertan beruhte der ganze Feudalstaat, das gesamte Lehnswesen, und wenn Ketzer wie beispielsweise die Katharer, von denen sich übrigens unser Wort Ketzer herleitet, einen Schwur ablehnten und seine Geltung abstritten, dann verhielten sie sich ähnlich den frühen Christen, die dem römischen Kaiser nicht opfern wollten, somit die Staatsräson gefährdeten und deshalb sterben mußten.

Die Katharer galten als die Ketzer schlechthin. Ihr Zentrum war der Südwesten Frankreichs, wo sie sich auch des Schutzes Raymonds VI., des Grafen von Toulouse, erfreuten. Sie nannten sich »catharoi«, die Reinen, und zwar deshalb, weil sie glaubten, nur das, was von Gott geschaffen worden ist, sei wirklich gut. Menschenwerk, sogar die körperliche Fortpflanzung, lehnten sie kategorisch ab. Manche Katharer glaubten sogar, daß die Erlösung der Seele einzig und allein durch Selbsttötung möglich sei. Eine solche Verfälschung der kirchlichen Lehre konnte Rom natürlich nicht dulden, und in einem unbeschreiblich grausamen Kreuzzug wurde die Sekte vernichtet.

Nun aber hatte die Inquisition im Sinne des Wortes Blut gerochen. Sie arbeitete Hand in Hand mit der weltlichen Macht, und wer von nun an einem Herzog in die Quere kam, landete nicht selten als Ketzer vor der Inquisition. Mit einem Bischof durfte man sich schon gar nicht mehr anlegen, und als die Stedinger Bauern an der unteren Weser es 1234 wagten, ihre alten Rechte gegen den Erzbischof von Bremen zu verteidigen, da wurden sie flugs zu Ketzern erklärt und ebenso grausam vernichtet wie die Katharer.

Regelrechte Hexenprozesse gibt es auch jetzt noch nicht. Dennoch bildet sich im Volk so ganz langsam die »Idealvorstellung« von einer Hexe. Häßlich ist sie, alt, und sie treibt Zauberei. Mit wessen Hilfe? Doch wohl kaum mit der eines Heiligen – oder? Also hilft ihr höchstwahrscheinlich der Teufel. Fliegen kann sie natürlich auch. Das konnte schließlich schon die alte Hulda. Und wohin fliegt sie wohl? Zum Tanzvergnügen. Und mit wem tanzt sie dort? Mit dem Leibhaftigen. Und wie heißt das Fest? Sabbat natürlich. Damit wischt man zugleich den Juden eins aus.

Doch warum nur hat sich der Teufel, wenn er schon fleischlich mit Menschenweibern verkehren will, ausgerechnet verrunzelte Kräuterfrauen als Geliebte ausgesucht? Warum keine knackigen Dirnen mit festem Busen und kleinem Po? Diese Frage wird erst gar nicht gestellt. Sie ist zu logisch. Das Widersinnige scheint glaubhafter. Aber noch hat die Inquisition gottlob viel zu viel mit scheinbar gefährlichen Ketzern zu tun, als alte Weiber in die Zange zu nehmen, und das bleibt auch so bis in die Mitte des 14. Jahrhunderts. Die großen Hexenverbrennungen blieben der Neuzeit vorbehalten.

Ein Phänomen – ähnlich den Massenvernichtungen der Juden im Dritten Reich – läßt sich allerdings auch damals schon beobachten. Die Opfer wehrten sich nicht, solange es noch Zeit war, obwohl sie wenigstens in späteren Jahrhunderten genau wußten, daß der Prozeß nur eine Farce sein würde. Im Gegensatz zur früheren Rechtspraxis wurde ein Inquisitionsverfahren nunmehr bereits auf Grund eines anonymen Hinweises eingeleitet, und es war den Richtern streng untersagt, den Angeklagten den Namen ihres Beschuldigers zu nennen. So stand das Urteil schon im vorhinein fest, da kaum jemand die gräßliche Folter ertragen konnte, deren Einführung Papst Innozenz VI. 1352 offiziell erlaubt hatte. Trotzdem wehrte sich keines der Opfer.

Doch. Einer. Der Franziskanermönch Konrad von Marburg, allem Anschein nach ein krankhafter Sadist, war Beichtvater der heiligen Elisabeth von Thüringen, deren Lebenswandel derart makellos war, daß sie eigentlich gar keinen Beichtvater gebraucht hätte. Besagtem Konrad aber war sie anscheinend immer noch nicht fromm genug, und er peitschte sie aus, wenn sie auch nur zu spät zur Frühmesse erschien. Als Elisabeth starb, machte sich der Mönch von Marburg seinem

Charakter entsprechend einen Namen als besonders grausamer Ketzer-
verfolger, und als besonders törichter dazu. Denn eines Tages klagte er
den Edelmann Heinrich von Sayn an, er habe an satanischen Orgien
teilgenommen.

Das sah überhaupt nicht gut aus für diesen Heinrich, weil wir inzwischen wissen, daß eine solche Anklage auch schon das Todesurteil bedeutete. Aber als Edelmann hat man schließlich getreue Gefolgsleute,
und so kam es, daß besagter Konrad von Marburg am 30. Juli des Jahres 1233 auf einer Heide oberhalb des Dorfes Kappel erschlagen wurde,
als er von Mainz nach Paderborn ritt. Dieser Mord war ausnahmsweise
einmal eine außerordentlich barmherzige Tat, denn er rettete nicht
nur den Edelmann Heinrich von Sayn, sondern auch noch unzählige
andere Menschen vor einem qualvollen Tod in den Flammen.

Der Berufspilger Martin und sein Schutzengel

Augenzeugenbericht: *Buße tun für einen Milchbart · Der Sündenbock ·*
Von Hölle und Fegefeuer, Heiligen und Schutzengeln · Reise nach Jerusalem ·
Die Spende der Sünderin

Ich bin Martin, Gefolgsmann eines sächsischen Edelmanns, dessen Namen ich verschweigen möchte, denn mein Auftrag ist einigermaßen delikat. Der Sohn meines Herrn hat im Streit einen Nachbarn erschlagen. So etwas geschieht zwar gelegentlich, wenn Trunkenheit im Spiel ist, aber unsere Mutter Kirche kennt da keine Gnade, zumal die Tat an einem Sonntag verübt wurde, wo die beiden Streithähne eigentlich in der Kirche und nicht im Weinkeller hätten sein sollen. Doch ganz abgesehen von der Messe: Am Sonntag herrscht Gottesfriede, was ein Ritter eigentlich wissen sollte, und wer diesen Frieden verletzt, den trifft der Kirchenbann.

Nicht für immer und ewig, keineswegs. Man hat dem jungen Herrn bedeutet, wenn er als tätige Buße und als Zeichen tief empfundener Reue eine Pilgerfahrt zum Grabe des heiligen Apostels Jakobus nach Santiago de Compostela antreten (und auch wirklich beenden) würde, könne der Bann von ihm genommen werden.

Das war vielleicht ein Schock für das Kerlchen! Eine Reise nach Santiago und zurück kann gut und gerne eineinhalb bis zwei Jahre dauern und ist kein Zuckerschlecken für ein derart verwöhntes Bürschchen. Aber verwöhnt ist er ja nur deshalb, weil sein Vater von Anfang an alle Augen zugedrückt hat, sogar die Hühneraugen, wie immer behauptet wird, und nun kommt dieser mißratene Sprößling schon wieder ohne Strafe davon.

Meine Person ist im Sachsenland inzwischen einschlägig bekannt, und ich habe auch schon dem Vater einmal eine Pilgerfahrt abgenommen. Ich war noch jung genug, um derartiges zu wagen. Heute indes bekäme mich noch nicht einmal der König dazu, für ihn nach Jerusalem zu pilgern. Damals hingegen hielt ich das für die einfachste Möglichkeit, die Welt kennenzulernen, und von da an hatte mich das Fernweh gepackt und eigentlich nie wieder richtig losgelassen. Nur eben – nie wieder nach Jerusalem!

Um also den Schleier zu lüften: Ich bin Berufspilger. Vielleicht glauben Sie nicht, daß es so etwas gibt, aber da muß ich Sie eines Besseren belehren. So wie die Juden – in der Heiligen Schrift können Sie das nachlesen – früher alle ihre Sünden symbolisch auf einen Ziegenbock luden und diesen »Sündenbock« dann hinaus in die Wüste trieben, so gestattet es die Kirche heute, daß ein Freiwilliger durch seine Pilgerfahrt die Schuld eines anderen abträgt.

Mein Vater war ein tapferer und gottesfürchtiger Mann. Seinem ersten Sohn und Erben gab er der Sitte entsprechend den Namen seines eigenen Vaters und nannte ihn Heinrich. Mich dagegen taufte man auf den Namen Martin, was aus dem Lateinischen kommt und von dem Kriegsgott Mars abgeleitet wurde. Ein kleiner Mars also sollte ich werden, wenn ich schon nur der Zweitgeborene war. Am liebsten hätte Vater es gesehen, wenn ich Mönch geworden wäre wie der heilige Martin, mir aber gefiel nur die erste Hälfte der Karriere meines Namenspatrons.

Falls Sie es nicht wissen sollten: Der heilige Martin wurde Anfang des 4. Jahrhunderts in einem kleinen Nest in Ungarn geboren, wurde Soldat im römischen Heer und sogar Mitglied der kaiserlichen Garde, mit der er auch nach Gallien kam. Die Gardisten trugen damals übrigens einen weißen Mantel und keinen roten, wie man es heute immer wieder auf Bildern völlig falsch dargestellt sieht. Die Geschichte, wie er die Hälfte seines Mantels an einem Stadttor von Amiens in Frankreich einem frierenden Bettler gibt, darf ich ja wohl als bekannt voraussetzen und auch die Tatsache, daß ihm später Christus im Traum erschien und sich als eben dieser Bettler zu erkennen gab.

Andere Dinge wissen Sie dagegen wahrscheinlich nicht. Martin wurde Christ und verweigerte von da an den Dienst mit der Waffe. Kaiser Julian gegenüber, der ihn wegen Feigheit hinrichten lassen will, bietet er an, sich ohne Schwert und nur mit einem Kreuz den Feinden entgegenzustellen, was auch geschieht. Aber Martin wird nicht getötet, sondern der Feind bittet um Frieden. Ein Wunder. Aber nicht das letzte.

Man will ihn zum Bischof von Tours machen, aber für solche

Würden ist Martin zu bescheiden. Er versteckt sich in einem Gänse-
stall, wo man ihn jedoch aufstöbert. Weil sich das im November abgespielt haben soll, feiern wir in diesem Monat noch heute sein Fest und
essen die Martinsgans. Vielleicht ist das mit den Gänsen auch nur eine
erbauliche Geschichte, hübsch ist sie trotzdem, und fest steht nun
einmal, daß sich nach seinem Tod drei Städte um die Gebeine dieses so
friedlichen Mannes gezankt haben: Mailand, weil er dort als Mönch
gelebt hat, Poitiers, weil er dort Abt war, und Tours, weil er dort als
Bischof wirkte. In dem kleinen Örtchen Candes an der Loire ist Martin
gestorben, und den Leuten von Tours gelang es, seine Leiche zu
stehlen, obwohl sie von Soldaten aus Poitiers bewacht wurde.

Es ist sicherlich nicht jedermanns Sache, Leichen zu stehlen, aber
andererseits haben Reliquien einen hohen Wert. Die Hilfe und Für-
sprache der Heiligen ist wichtig, und man muß die Menschen verstehen, die in jedem Augenblick ihres Lebens darauf vorbereitet sein
müssen, dem höchsten Richter gegenüberzutreten. Wenn sie schon
nicht aus Liebe zu Christus einen halbwegs anständigen Lebenswandel
führen, dann doch immerhin aus Angst vor Hölle und Teufel, denn was
den Sünder dort erwartet, das weiß schließlich jedermann. Es ist derartig grausig, was die Mönche predigen, daß man, wenn es denn wirklich so sein sollte, an der unendlichen Güte Gottes zweifeln möchte. Ich
habe einen Kartäuser gehört, der die Hölle als einen weißglühenden
Ofen schilderte, in dem sich die Verdammten schreiend hin- und
herwerfen, um so verzweifelter, als sie genau wissen, daß diese fürchterliche Qual nie, wirklich niemals enden wird.

Andere Mönche wissen von furchtbaren Fischen zu erzählen, die die
Sünder verschlingen, von Verdammten, die von Dämonen und Schlan-
gen gequält werden, von schauerlichen Abgründen, von qualmenden
Kesseln, von giftigen Dämpfen, von widerlichem Gezücht und fauligem Pesthauch.

Aber selbst diejenigen, die mit Gottes Hilfe dem ewigen Feuer
entgehen, und zu denen hoffe auch ich zu gehören, selbst auf diejenigen
warten die Qualen des Fegefeuers. Auch diese Menschen müssen erst
von den zahllosen Sünden geläutert werden, die nahezu zwangsläufig
fast jeder im Laufe seines Lebens begeht. Um sich von diesen Strafen
jedoch weitgehend freizukaufen, und zwar von den irdischen wie von

jenen im Fegefeuer, gibt es gottlob den Ablaß. Dadurch werden zwar keine Sünden vergeben, das nämlich kann bekanntlich nur Gott selbst oder einer seiner gesalbten Diener auf Erden, aber doch wenigstens die Strafen für unsere Verfehlungen erlassen. Einen Ablaß kann man auf verschiedene Weise erhalten, indem man beispielsweise ein Siechenhaus baut, ein Kloster oder gar eine Kathedrale, jeder nach seinen Möglichkeiten, aber eben auch durch eine Pilgerfahrt oder womöglich sogar durch beides zusammen.

Man kann ja über die Kirche und über manche ihrer Diener herziehen, wie man will, und die Zahl der Spottlieder und obszönen Verse, die über Nonnen und Mönche verbreitet werden, ist wirklich unendlich groß – nur wenn es hart auf hart kommt, dann kriecht gemeinhin selbst der hartgesottenste Prahlhans zu Kreuze. Dann ist er froh, wenn er zu einem Heiligen beten oder unser aller Mutter im Himmel um Hilfe anflehen kann.

Bei der Gelegenheit: Noch gestern bin ich ein Stück Weges mit einem römischen Klugscheißer geritten, einem Mönch, der mir doch tatsächlich einreden wollte, daß eine jede Seele, auch die der Heiligen, bis zum Tag des Gerichtes warten müsse, ehe sie Gott schauen dürfe. Der kam mir gerade richtig. Woher er das denn wisse, bitteschön, habe ich ihn angefahren. Ob er zufällig einen Bekannten im Fegefeuer habe, der ihm regelmäßig schreiben würde. Wie er sich das denn vorstelle! Da könnte ich ja zum heiligen Martin beten, bis ich schwarz würde. Das wäre ja alles für die Katz, wenn er unseren himmlischen Vater nicht einmal sehen würde!

Am liebsten hätte ich diesen Hundesohn verprügelt, aber das muß er wohl geahnt haben, denn plötzlich stieß er seinem Esel die Fersen in die Flanken und trabte schnell davon. Ich dagegen hatte keine Lust, dem Pöbel der Straße den Anblick zu bieten, wie ein Ritter einen Mönch auf seinem schäbigen Esel verfolgt, und ließ ihn ungeschoren entkommen. Ein Schwachsinn sondergleichen ist es trotzdem, was er da verbreitet. Schließlich weiß jeder, daß man beispielsweise bei Bißwunden und Tollwut zum heiligen Hubertus beten muß, denn er ist der Schutzherr der Jäger, während ich mich im Augenblick abends – ohne den heiligen Martin kränken zu wollen – dem heiligen Christophorus anvertraue, denn wenn es ihm gelungen ist, das Jesuskind sicher über einen Fluß zu bringen, so wird er auch mir helfen können, unbeschadet nach Santiago de Compostela zu gelangen. Eigentlich müßte es Sanctus Jacobus Campi Stellae heißen, also »Heiliger Jakob vom Sternenfeld«, aber die Spanier sprechen ja alles so komisch aus.

Vielleicht fragen Sie sich, wieso der heilige Jakobus von Jerusalem im Heiligen Land nach Santiago in Nordspanien gekommen ist. Ich weiß auch nur, was die Leute sich erzählen: Irgendwann nach dem Tod unseres Herrn Jesus hat sich Jakobus aufgemacht, um das Volk der Spanier zum Christentum zu bekehren. Wann und wo er dann gestorben ist, wußte man zunächst nicht, und es vergingen viele Jahrhunderte. Zur Zeit des Kaisers Karl, den man den Großen nannte, war Spanien fast zur Gänze besetzt von den heidnischen Sarazenen. Nur im Norden leistete ein König mit Namen Alfonso Widerstand, und dieser Herrscher war nicht nur tapfer, sondern darüber hinaus sehr fromm und vor allem sehr keusch. So sagt man wenigstens. Zumindest war er nicht verheiratet, und Friedelchen hatte er anscheinend auch nicht.

Unter seiner Regierung jedenfalls wurde eines Tages dem Bischof Theodomir von Iria von aufgeregten Männern mitgeteilt, sie hätten mitten in der Nacht über einem Gebüsch einen wundervollen Sternenhimmel und sogar Engel gesehen, die allerdings – im Gegensatz zu denen von Bethlehem – stumm geblieben seien. Bischof Theodomir war zwar zunächst mißtrauisch, aber immerhin neugierig genug, um sich das geheimnisvolle Gebüsch noch in derselben Nacht anzusehen. Auch er gewahrte den wundervollen Sternenhimmel und die Engel, aber nicht nur das: Im Gebüsch versteckt fand sich eine kleine Hütte, darin ein Grabmal und darin wiederum das Skelett des heiligen Jakobus.

Ich habe keine Ahnung, woran man erkannte, daß es sich um die Gebeine dieses Apostels handelte, aber immerhin. Von Stund an kämpften die Spanier gegen die Sarazenen mit dem Schlachtruf: »Santiago y Cierra Espana«, also »Sankt Jakob und Vorwärts, Spanien!« Nun wissen Sie also, warum die Spanier vom Sternenfeld sprechen, und der Name Santiago setzt sich zusammen aus San(ctus)Iaco(bus), heiliger Jakob.

Es ist schon eine beruhigende Sache, wenn man ein gutes Verhältnis zu seinem Nationalheiligen und seinem Schutzpatron hat. Ich glaube fest an meinen Schutzengel, und schon oft in meinem nun beinahe fünfzigjährigen Leben habe ich seine Hand gespürt, besonders einmal, im Hafen von Akkon, als er dem Messer eines normannischen Banditen einen leichten Drall gegeben hat, so daß es sich statt in meinen Hals eine knappe Handbreit daneben in den Türpfosten bohrte. Der Schutzengel des Normannen hat weniger gut aufgepaßt, denn er ist nun arbeitslos, wenn ich das einmal so frivol ausdrücken darf.

Um so mehr ärgere ich mich, daß unsere Maler und Steinmetze zunehmend dazu übergehen, Engel darzustellen, die entweder wie Kleinkinder aussehen oder wie zartbesaitete Mädchen. Soll so vielleicht der heilige Michael aussehen? Oder sollte Gott etwa ein Kleinkind als Bote zur Jungfrau Maria geschickt haben? Nein – Engel sind Krieger, auf jeden Fall Männer, wie ja schon ihre Namen verraten, und wenn man immer wieder hört, daß einsame Nonnen in ihren Zellen geheimnisvolle Begegnungen mit Engeln haben, so kann das meine Ansicht nur bestätigen. Sehnsuchtsvolle Frauen träumen nicht von geschlechtslosen Wesen.

Wenn ich vorhin sagte, daß ich an Heilige und ihre Fürbitte bei Gott glaube und auch ein recht gutes Verhältnis zu meinem Schutzengel habe, so heißt das keineswegs, daß ich gewissen Erscheinungen nicht skeptisch gegenüberstehe. Ich bin vielleicht sogar zu skeptisch. Das Wort »Wunder« jedenfalls höre ich nie ohne leisen Zweifel. Warum sollten am Grab jenes Thomas Becket beispielsweise, jenes Erzbischofs von Canterbury, der am 29. Dezember im Jahr des Herrn 1170 in seiner Kathedrale in England von Rittern des Königs ermordet wurde, Blinde plötzlich wieder sehen und Lahme wieder gehen können? Sollte Gott einem Bischof soviel Macht verliehen haben, nur weil er seinem König die Stirn geboten hat?

Auch empfinde ich es als einen Skandal, daß man in vielen Gotteshäusern damit beginnen mußte, die Taufbecken mit einem Schloß zu versehen. Zunächst hatte ich geglaubt, dies geschehe, weil es zu Entweihungen des Weihwassers gekommen sei. Inzwischen jedoch wurde ich dahingehend belehrt, daß man die Becken verschließen müsse, weil irregeleitete Wundergläubige zunehmend versuchen, durch eine Waschung im heiligen Wasser von ihren Krankheiten geheilt zu werden. Das hat doch nichts mit Glauben zu tun. Das ist heidnischer Aberglaube!

Mein Weg aus Sachsen nach Burgund hat mich auch über Aachen geführt, wo seit einigen Jahren wieder die berühmten Heiligtümer ausgestellt werden. Vom Turm des Doms zeigen sie alle sieben Jahre (denn das siebte Jahr gilt als Jahr der Vergebung) das Kleid, das die Gottesmutter in der Geburtsnacht getragen hat, die Windeln des Jesuskindes, das Lendentuch Christi und das Tuch, in das der abgeschlagene Kopf des Täufers Johannes eingeschlagen war. Die Ehrfurcht verbietet mir, in krasse Worte zu kleiden, was ich persönlich von diesem Spektakel halte. Windeln des Jesuskindes – daß ich nicht lache.

Tatsache ist jedoch, daß nicht nur nach Aachen, sondern auch zum Schrein der Heiligen Drei Könige in Köln sowie nach Trier, wo der heilige Rock des Herrn aufbewahrt wird, an einem Sommertag bis zu 80 000 Menschen pilgern. In München habe ich einmal einen Mönch gefragt, wie man eine so große Menschenschar überhaupt zählen könne, und er behauptete daraufhin, man lasse jeden Pilger eine Erbse in eine Tonne werfen, und zum Schluß würden dann die Erbsen gezählt.

Doch ich schweife ab. Ältere Männer werden geschwätzig. Schließlich wollte ich Ihnen doch nur erzählen, wieso ich zum Berufspilger geworden bin. Angefangen hat alles damit, daß ich als Page auf die Burg meines jetzigen Herrn kam, der wohl bald das Zeitliche segnen wird, denn er hat schon über 70 Sommer gesehen. Er schloß mich damals gleich in sein Herz und war mir ein zweiter Vater, aber eines Tages ritt er mit dem falschen König in einen falschen Krieg, und weil dabei auch noch ein paar Klöster in Flammen aufgingen, traf ihn ein Bannstrahl aus Rom. Die ihm auferlegte Buße war eine Pilgerfahrt nach Jerusalem. Doch damals war seine Frau krank, sein Sohn noch nicht geboren, seine Herrschaft noch nicht gefestigt – kurzum: Es kam ihm alles höchst ungelegen, und ich war ein junger Ritter und abenteuerlustig dazu. Ich selbst habe es ihm angeboten, und er hat es mir später reichlich vergolten. Eine Schinderei war es dennoch.

So ganz unvernünftig ist die Auferlegung einer solchen Strafe im übrigen nicht, besonders nicht dann, wenn Blut geflossen ist. Da eine Pilgerreise ins Heilige Land oder nach Santiago de Compostela doch recht lange dauert, haben die Rachedurstigen in der Heimat ausreichend Zeit, sich zu beruhigen. Kommt der Missetäter nach zwei Jahren zurück, sind viele Wunden verheilt, und über die Sache ist schon dichtes Gras gewachsen. Das gezahlte Manngeld einerseits und die Verpflichtung zu christlichem Verzeihen andererseits garantieren in den meisten Fällen, daß wieder Frieden einkehrt.

Ich ließ mich also gehörig ausrüsten und mit der notwendigen Barschaft versehen und machte mich mit einem Diener auf den Weg, zunächst an der Lippe entlang bis zum Rhein und dann endlose Tage flußaufwärts bis Basel. Wir überstiegen den St. Gotthard und erreichten Ende Mai Venedig, das wir ausgiebig bestaunten. Eine Stadt auf dem Wasser gibt es bei uns schließlich nirgendwo, auch nicht derart prunkvolle Häuser, vom Dom und seinen Schätzen ganz zu schweigen.

Wir hatten Glück, daß schon bald eine Flotte ins Heilige Land auslaufen sollte. Es war die zweite in diesem Jahr, und eine dritte würde es nicht mehr geben. Vielleicht hätten wir trotzdem noch ein Schiff gefunden, aber auch nur vielleicht. Außerdem hätte uns jener Kapitän dann noch sehr viel gründlicher betrogen als derjenige, den wir nun gefunden hatten. Er knöpfte uns fast zehn Mark in Silber ab, aber dafür brauchten wir nicht auf dem Deck zu schlafen wie die meisten anderen Pilger.

Dennoch wurden wir ebenso seekrank wie diese, als nach drei Wochen Fahrt ein schwerer Sturm aufkam, der uns Gott sei Dank nicht zurück nach Italien trieb, sondern uns recht unsanft an der Küste von Kreta absetzte. Inzwischen war obendrein eine Pestilenz an Bord ausgebrochen, so daß wir sechs Leichen an Land bringen mußten. Immerhin hatten wir bislang noch keine sarazenischen Seeräuber gesichtet, oder besser: Wir waren noch nicht von ihnen gesichtet worden.

Vor Rhodos ging unser ohnehin schon leicht ramponiertes Schiff unter. Es lief ganz einfach voll Wasser. Wenn uns nicht ein Segler aus Zypern aufgefischt hätte, wären auch wir letzten zwölf Passagiere jämmerlich ertrunken. Ich hatte meine Pferde verloren und meinen Diener; meine Geldbörse hatte ich wegen ihres Gewichtes beim Schwimmen weggeworfen, genauso meine Waffen. Als man uns in Akkon an Land setzte, war ich arm wie eine Kirchenmaus. Ich schloß mich einem Heerhaufen an, der unterwegs nach Jerusalem war, und da ich geübt war im Gebrauch von Waffen, erwies ich mich bei einem Überfall durch räuberische Beduinen als einigermaßen nützlich.

Als wir endlich Jerusalem erreichten, bestand ich nur noch aus Haut und Knochen, und die Heiligkeit des Ortes vermochte mich nicht zu beeindrucken. Christliche Ritter nahmen mich in ihrem Hospiz auf und fütterten mich langsam wieder gesund. Sie gaben mir auch die notwendige Bestätigung mit auf den Rückweg, daß ich tatsächlich bis nach Jerusalem gekommen war, und verschafften mir sogar einen Platz auf einem Handelsschiff. Dort mußte ich mich zwar – welche Schande für einen Ritter – unter die Peitsche des Kapitäns beugen, aber es war der einzige Weg, wieder nach Hause zu kommen. Ich denke, Sie verstehen, warum das meine erste und zugleich letzte Reise ins Heilige Land war. Es gibt ja schließlich genug Jüngere!

Als ich nach Sachsen zurückkehrte, galt ich überall als gefragter Gast, denn wer sonst konnte schon derart Aufregendes erzählen. Außerdem sprach sich herum, daß ich bereit sei, anderen Edelleuten eine Bußfahrt abzunehmen. So wurde ich bald zum weitgereisten Mann, denn Pilgerfahrten werden ja nicht nur nach Tötungsdelikten oder groben Verstößen gegen das Gesetz der Kirche unternommen.

Manche Menschen reisen aus reiner Frömmigkeit zu den heiligen Stätten, so wie andere die Armen speisen oder die Kranken pflegen. Viele unternehmen eine Wallfahrt, um ein Gelübde zu erfüllen, ein Versprechen, das sie der Gottesmutter oder einem Heiligen gemacht haben, damit ihre Frau gesund wird oder der Sohn heil aus dem Krieg zurückkommt, damit das Kind im Mutterleib ein Junge wird oder der hartnäckige Ausschlag sich nicht als Aussatz entpuppt. Zahllose Votivgaben an den Wallfahrtsstätten, sehr viel gespendetes Geld und kostbarer Schmuck zeugen von der Dankbarkeit der Pilger und allem Anschein nach auch von den häufigen Erfolgen, die der Bittgang gezeitigt hat.

An den Wallfahrtsorten kann man die verschiedensten Amulette kaufen, und entgegen meiner sonstigen Skepsis trage ich ein Medaillon um den Hals, das den heiligen Martin auf seinem Pferd darstellt; daß an dem Kettchen auch ein silbernes Kreuz baumelt, ist ja wohl selbstverständlich. Man muß seinen Herrgott stets bei sich haben, sage ich immer. Davon bin ich fest überzeugt, sonst ginge ich nicht regelmäßig zu Ostern zur Kommunion. Auf den Schutzengel allein soll man sich eben auch nicht verlassen. Die alten Juden haben das wohl am ehesten begriffen, als sie sich die Bundeslade bauten. Denken Sie nur einmal an all die Völker, die von Norden her ins Römische Reich zogen: die Goten und die Gepiden, die Vandalen und die Langobarden. Sie hatten ihre Götter oben in den Wäldern gelassen, und sie waren noch nicht ganz am Mittelmeer angelangt, da waren sie schon Christen. So schnell kann man seinen Gott verlieren, und deshalb nehme ich den meinen immer mit.

Auch nach Santiago de Compostela, obwohl er dort bestimmt schon auf mich warten wird. Aber im Augenblick bin ich erst in Burgund, in Vézelay, um genau zu sein, und vor mir liegt noch ein langer und gefährlicher Weg. Meine nächste Station wird Autun sein, dann geht es weiter über Limoges nach Pamplona, das liegt schon in Spanien, und dann durch den Norden des Landes über Burgos und León zu meinem Ziel.

Da die Reiseroute allgemein bekannt ist und wenigstens ich weiß, welche Heiligen in welcher Stadt verehrt werden, habe ich – mit dem Einverständnis meines Herrn – einen kleinen Nebenverdienst mitgenommen: Der Leiter unseres Siechenhauses, ein wirklich sehr frommer Mönch, hat sein Hospiz dem heiligen Lazarus geweiht, und vor meinem Aufbruch habe ich ihm mitgeteilt, daß mein Weg mich auch über Autun führen werde, wo die Gebeine des Nämlichen aufbewahrt würden. Da bat er mich ganz aufgeregt, in der dortigen Kathedrale ein Dutzend der besten Kerzen aufzustellen, drei Messen lesen zu lassen und hundert Ave Maria für sein Siechenhaus zu beten. Ich gelobte es und erhielt ein gut gefülltes Beutelchen als Unkostenbeitrag für meine Reise.

Noch etwas mehr Geld (und nicht nur das) erhielt ich von einem hübschen Frauenzimmer, das ein einsamer, aber noch immer rüstiger Junggeselle wie ich hin und wieder aufzusuchen pflegt. Als sie hörte, daß in Vézelay die Gebeine der geläuterten Sünderin Maria Magdalena gezeigt werden, wäre sie am liebsten mitgereist. Dies indes erschien ihr bei längerem Nachdenken denn doch als zu beschwerlich und mir – trotz der zweifellos damit verbundenen Annehmlichkeiten – als zu unziemlich, und so drückte sie mir drei Geldstücke in die Hand mit dem Auftrag, mich bei der heiligen Maria Magdalena inständigst für ihr Seelenheil einzusetzen.

Überzeugt davon, daß die Heilige in solchen Fällen ein besonders großes Herz haben würde, versprach ich es feierlich, und heute morgen habe ich meiner Pflicht in der wunderschönen Kathedrale auch genügt. Bei dieser Gelegenheit habe ich allerdings etwas erfahren, was ich meiner holden Maid wohl besser verschweigen sollte: Mönche waren hier und haben berichtet, daß in dem kleinen Dorf Saint-Maximin in der Provence, andere behaupten in Sainte-Baume, Gebeine aufgetaucht seien, von denen es heißt, daß nur sie die echten Gebeine der Heiligen sein könnten. Die hiesigen Mönche haben entsprechend Zeter und Mordio geschrien und natürlich behauptet, daß dies überhaupt nicht stimmen könne, weil nur sie die wirklichen Gebeine besäßen und das schon seit Ewigkeiten, aber wer will das schon entscheiden!

Tatsache ist, wie ich zuverlässig weiß, daß unter der Bezeichnung »Gebeine« durchaus nur wenige Körperteile verstanden werden. Es ist also denkbar, daß echte Reliquien der heiligen Maria Magdalena an verschiedenen Orten aufbewahrt werden. Wie auch immer: Ich mache mich auf den Weg nach Autun in der frohen Hoffnung, dort an den wirklichen Gebeinen des heiligen Lazarus meine hundert Ave Maria sprechen zu dürfen. Für unser Siechenhaus nämlich ist mir nichts zuviel.

Kein Happy-End für den Henker

Brüderschaft mit dem Scharfrichter · Die unehrlichen Leineweber · Orgien
am Niederrhein · Schäferstündchen? Müllerstündchen! · Frivoles Theater ·
Auf den Hund gekommen · Vom Boten zum Büttel · Skandal auf dem Schafott

Um eine weitere Geschichte aus dem Mittelalter zu erzählen, müssen wir uns zuvor ins Jahr 1820 begeben. Der einundsiebzigjährige Johann Wolfgang von Goethe schickt sich an, in letzter leidenschaftlicher Liebe zu der blutjungen Ulrike von Levetzow zu entbrennen. Napoleon grübelt über dem Problem, wie er von der Insel St. Helena entkommen kann, und selbst Otto von Bismarck ist schon geboren und wird soeben fünf. In diesem Jahr läßt sich in einer Hamburger Pinte ein einfältiger Bauernsohn zusammen mit einem Fremden vollaufen. Erst am Tag darauf erfährt er, daß er mit dem Henker Brüderschaft getrunken hat. Er gerät in Panik, zieht sich in die Einsamkeit zurück, um dort als vermeintlich für immer Entehrter zu sterben.

Ein Amtmann erfährt von dem Vorfall, spricht mit besonnenen Männern aus der Nachbarschaft des Burschen und verweist auf ein Reichsgesetz von 1731, demzufolge auch der Henker ein Bürger wie jeder andere ist. Aber selbst diese Männer meiden nun den Kontakt zu dem Jungen. Erst als der Amtmann einen völlig unsinnigen Reinigungsritus ersinnt, feierlich eine Flagge über dem Kopf des Jungen schwenkt, ihm die Hand reicht und gemeinsam mit ihm aus einem Becher trinkt, ist für den Burschen und die Nachbarschaft die Schande getilgt. So tief wirkte noch im 19. Jahrhundert das uralte Tabu nach, mit dem bestimmte Berufe seit Menschengedenken belegt waren.

Mit dem Aufblühen der mittelalterlichen Stadt verlor die althergebrachte Unterscheidung zwischen frei und unfrei nach und nach ihre Bedeutung. Die meisten Menschen, die innerhalb von Stadtmauern lebten, waren frei. Dafür sorgte sprichwörtlich die Stadtluft. Aber im Gegensatz zu den »ehrlichen« und mit allen Rechten ausgestatteten

Bürgern gab es zahllose »unehrliche«. Das hatte nichts mit wahrheitsliebend oder verlogen zu tun. Unehrlich konnte man werden, aber auch geboren werden, und zwar ohne die geringste Chance, jemals ehrlich zu werden.

Unehrlich beispielsweise waren alle Unfreien, aber auch die unehelich Geborenen, die Knechte und die Mägde sowie vielerorts alle, die jemals zu einer körperlichen Züchtigung oder zum Prangerstehen verurteilt worden waren; ferner alle, die keinen festen Wohnsitz besaßen wie Bettler und fahrendes Volk sowie die Angehörigen unterschiedlichster Berufe, von denen noch die Rede sein wird. Unehrlich konnte man ferner werden – und jetzt denken wir wieder an den armen Burschen von vorhin –, wenn man einem Unehrlichen allzu nahe kam.

Wer unehrlich war, wurde nahezu automatisch rechtlos. Damit gehörte er zwar nicht zum Freiwild, zu den Verfemten oder Ausgestoßenen, die jedermann straflos erschlagen durfte, aber er verlor doch gewisse bürgerliche Privilegien. Zum Beispiel den Anspruch auf Bußgeld, wenn ihm ein Schaden zugefügt wurde. Er durfte auch keinen »ehrlichen« Partner heiraten, ohne diesen ebenfalls »ehrlos« zu machen, und er konnte weder ein Amt bei Gericht bekleiden noch Mitglied einer Zunft werden. Er wurde von allen und jedem diffamiert, und für einen nicht völlig Abgebrühten mußte das eigentlich die Hölle auf Erden sein. Andererseits darf man nicht vergessen, daß es eine ganze Menge Leute gab, die auf den sogenannten bürgerlichen Anstand nicht den geringsten Wert legten, sich ganz ordentlich in ihrem unehrlichen Dasein eingerichtet hatten und das Beste daraus zu machen versuchten.

Die unehrlichen Berufe lassen sich ganz grob in vier Gruppen unterteilen: Die eine hat im weitesten Sinn mit Tod und Verwesung zu tun, in der zweiten begegnen wir Aberglaube und Hexerei, dann gibt es noch das fahrende und sexuell meist sehr freie Völkchen und letztlich Berufe, bei denen man sich erstaunt fragt, wie denn so rechtschaffene Menschen zu den unehrlichen Leuten gezählt werden können. Kein auch nur halbwegs vernünftiger Mensch wird heutzutage nachvollziehen können, warum beispielsweise der Beruf des Leinewebers im Mittelalter eine unehrliche Tätigkeit gewesen ist. Die Tatsache als solche jedoch ist unbestritten. Zahllose Spottlieder, von anderen Handwerkern gesungen, legen davon Zeugnis ab:

»Die Leineweber haben eine schöne Zunft.
Am Galgen haben's ihre Zusammenkunft.«

Oder:

»Der Leineweber schlachtet alle Jahre zwei Schwein'.
Das eine ist gestohlen, das andere nicht sein.«*

Zu deutsch: Die Leineweber sind allesamt kriminell. Man hat versucht, dieses Vorurteil mit der Unterstellung zu erklären, daß es den Leinewebern ein leichtes gewesen sein muß, von dem ihnen in Auftrag und zum Verweben bestimmten Material einen Teil beiseite zu schaffen, aber solcher Unterschlagung hätte man mit ebenso gutem Grund auch andere Handwerker, die Goldschmiede zum Beispiel, bezichtigen können. Vielleicht erinnerten sich die Menschen jedoch daran, daß es in frühfränkischer Zeit auf den großen Gutshöfen der Adligen sogenannte Frauenhäuser gab, in denen die unfreien Mädchen spinnen und weben, zuweilen aber auch dem Hausherrn und seinen Gästen zu anderen Zwecken zur Verfügung stehen mußten. Spinnen und Weben gehörten übrigens später noch Jahrhunderte hindurch zur Freizeitbeschäftigung der Bordelldamen.

Da wir nun schon bei der Sexualität angelangt sind, kommen wir nicht an dem Historiker Werner Danckert vorbei, der mit sehr viel Scharfsinn bewiesen hat, daß das Entstehen von Tabus auf einem Glaubenswechsel und den dadurch entstandenen Verdrängungen beruht. Anders ausgedrückt: In vorchristlicher Zeit haftete jedem Handwerk etwas Rituelles an, Symbolhaftes ohnehin, aber auch etwas Sakrales. Denken wir nur daran, wie viele Sagen sich vor allem in den nordischen Ländern allein mit dem Schmied und seinem Beruf beschäftigen. Vielleicht stammt die Ächtung der Leineweber also aus der Zeit, als die Götter zu Götzen und damit nicht nur verboten, sondern auch verleugnet wurden.

Am Niederrhein wurde schon in germanischer Zeit so etwas wie

---

* Zitiert nach: Werner Danckert, *Unehrliche Leute. Die verfemten Berufe.* Bern, München 1979.

Weiberfastnacht gefeiert. Eine Art Schiff auf Rädern wurde gebaut, und man schleppte den von kreischenden Frauen umtanzten Karren einer nicht ganz zu identifizierenden Göttin zu Ehren über Land. Noch im 12. Jahrhundert wird darüber berichtet, wie ein solches Schiff (die Göttin war natürlich inzwischen verboten und deshalb verdrängt) von Aachen nach Maastricht und von dort nach Tongern und weiter nach St. Trond gezogen wurde, dessen Abt voll frommen Schauders die Unanständigkeiten beschreibt, die bei diesem merkwürdigen Umzug an der Tagesordnung waren.

Dem wilden Verhalten der Frauen nach zu urteilen war dieser Schiffskarren-Umzug zweifellos das Überbleibsel eines Fruchtbarkeitsfestes, und man kann sich darüber streiten, ob es sich dabei um den Vorläufer des heutigen Karnevals gehandelt hat. Fest steht nur eines: Der Festwagen wurde während dieser zwölftägigen Orgie von Webern gezogen. Lag hier die Ursache ihrer späteren Ächtung?

Die Erinnerung an Schiffswagen als Kultobjekte lebte übrigens noch lange Zeit fort. Als der Stauferkaiser Friedrich II. im Jahre 1235 die englische Prinzessin Isabella zum Weibe nahm, bereiteten ihr die Bürger von Köln einen festlichen Empfang. Geistliche spielten der Braut zu Ehren wundersame und bis dahin noch nie gehörte Musik, und sie saßen dabei auf Wagen, die aussahen wie Schiffe, die anscheinend auf dem Trockenen gerudert wurden. Selbst Kleriker machten also mit bei einem Hochzeitsfest, in dem noch der alte Fruchtbarkeitsritus anklang. Diesmal wurden die Wagen allerdings nicht mehr von Webern gezogen. Die hatten auf einem solchen Fest nichts zu suchen und waren durch Pferde ersetzt worden.

Noch schlimmer als den Leinewebern erging es den Müllern, obwohl die Ausübung dieser Tätigkeit zunächst ein hochachtbarer Beruf war. Die Errichtung einer Mühle durfte noch in karolingischer Zeit ausschließlich der König genehmigen. Liegt auch beim Müller der Grund für seine spätere Ächtung im sexuellen Umfeld? Tatsache ist zunächst einmal, daß die Urform aller Mühlen, ein Stößel und eine Grube in der Erde, seit jeher das männliche und weibliche Geschlecht symbolisieren. Der Vorgang des Mahlens und Stoßens ist Sinnbild des Aktes. Dessen waren sich die Menschen des Mittelalters vielleicht nicht unbedingt bewußt, aber aus ihrem Unterbewußtsein heraus verstan-

den sie – und das zeigt wieder das erhaltene Liedgut – die Mühle als
einen Schauplatz erotischer Abenteuer. Das Schäferstündchen müßte
folgerichtig Müllerstündchen heißen.

Die Rede ist übrigens von Wassermühlen, denn Windmühlen
kamen erst im 14. Jahrhundert aus Persien nach Europa. Ans Wasser
verwiesen aber wurden traditionsgemäß die leichten Mädchen. Sie
sollten, so hieß es in vielen städtischen Verfügungen, ihrem Gewerbe
am Flußufer oder in den Auen nachgehen, sofern es kein spezielles
Frauenhaus gab. Aber selbst diese Frauenhäuser waren häufig ans Ufer
verbannt, wenn denn Fluß oder See vorhanden waren, so beispielsweise in Bamberg, Frankfurt oder Lindau.

Aus den französischen Wörtern »bord« (Ufer) und »eau« (Wasser)
entstand das Wort »bordeau«, das später zu Bordell wurde, und auch
das französische Wort »pute« (Hure) kommt vom lateinischen »puteus«
(Brunnen), weil sich an selbigem die Schönen zu tummeln pflegten.
Kurz: Auch am Mühlenbach blühte das horizontale Gewerbe, und die
Mischung aus Fruchtbarkeitssymbolik und Prostitution reichte aus,
daß sich der Bürger entrüstet vom verkommenen Müller distanzierte,
bei dem er allerdings selber hin und wieder zu verkehren pflegte, und
das im Sinne des Wortes.

Natürlich kam hinzu, daß die häufig in einem verschwiegenen Sei-
tental gelegene Mühle allein schon durch die Einsamkeit des Ortes ge-
heimnisumwittert war. Zuweilen traf sich räuberisches Gesindel dort,
Wilderer oder fahrendes Volk. Daß dem Müller ebenfalls unterstellt
wurde, daß er unredlich sei und weniger Mehl herausrücke, als er aus
dem angelieferten Korn habe mahlen können, sei nur am Rande vermerkt. Das war die bösartige Unterstellung gegenüber einem Unehrlichen, von dem man ja keine Klage vor Gericht zu fürchten hatte.

Wegen ihrer sexuellen Freizügigkeit, aber auch wegen ihres unsteten
Lebenswandels waren die Gaukler und Possenreißer, die Tänzerinnen
und Wahrsagerinnen, die Hausierer und Kriegsknechte, die Zigeuner
und Quacksalber unehrlich. Jeder freute sich zwar, wenn sie auf dem
Jahrmarkt erschienen, aber jeder war auch froh, wenn sie wieder
weiterzogen, ohne allzuviel mitgehen zu lassen. Für Pfennigbeträge,
einen Schluck Wein oder einen Laib Brot schluckten sie Schwerter,
ließen sie Bären und Affen tanzen, kauten sie Steine zu Staub, erzählten

sie (häufig schlüpfrige) Geschichten, spielten sie zum Tanz auf, priesen sie Wundermittel an, stellten sie Horoskope und mußten sich bei alledem als Rechtlose höllisch in acht nehmen, daß sie nicht plötzlich an einem Ast baumelten, denn mit Diebesgesindel ging man nicht zimperlich um.

Einen richtigen Feind dagegen besaßen im Grunde nur gewisse Sänger und Schauspieler, die wegen der möglichen Überlieferung heidnischen Gedankengutes einerseits und der Darbietung frivoler, ja zuweilen geradezu ketzerischer Theateraufführungen andererseits den Mönchen ein Dorn im Auge waren. Nun sollte man die Kirche des Mittelalters deshalb nicht allzusehr schelten, denn was würde unsereins heutzutage zu einem Fernsehspiel sagen, in dem eine Äbtissin von ihrem Beichtvater geschwängert wird oder eine andere Weibsperson vorübergehend ihre Hand verliert bei dem Versuch nachzuprüfen, ob die Gottesmutter auch nach der Geburt des Christkinds noch Jungfrau ist? Dabei kann man das sogar in dem von der Kirche allerdings nicht anerkannten (apokryphen) Evangelium des Jakobus nachlesen.

Noch stärkerer Tobak ist eine französische »Parodie«, in deren Verlauf die Kreuzigung Christi gezeigt wird. Im Hintergrund schläft derweil Gottvater, bis ihn ein Engel mit den Worten weckt: »Ewiger Vater, Ihr tut Unrecht und werdet Euch mit Schmach bedecken. Euer vielgeliebter Sohn ist soeben gestorben, und Ihr schlaft wie ein Betrunkener.« Gottvater: »Er ist gestorben?« Engel: »Allerdings!« Gottvater: »Hol mich der Teufel! Ich wußte nichts davon.«

So etwas fiele selbst heute noch ohne jede Diskussion unter den Begriff Gotteslästerung. Deshalb wollen wir die Geistlichkeit von damals auch nicht der Engstirnigkeit zeihen, wenn sie gegen solche Auswüchse einzuschreiten bemüht war. Unverständliche Lebensfeindlichkeit dagegen spricht aus der Antwort, die in einem fiktiven Dialog des Predigers Honorius von Autun ein Meister seinem Schüler auf dessen Frage gibt, ob ein Jongleur in den Himmel kommen könne. Der Meister verneint das und sagt zur Begründung, Artisten seien »im Grunde ihrer Seele die Gehilfen Satans. Man sagt von ihnen, daß sie Gott nicht gekannt haben ... und Gott wird über die Lacher lachen.« So viel zu den Gauklern.

Im Dunstkreis von Aberglaube und Hexerei bewegen sich die Angehörigen von Berufen, die eng mit der Natur verbunden sind. Zum Beispiel die Türmer und die Nachtwächter. Die Einsamkeit ihrer Wache und der Dienst zu nächtlicher Stunde legen in den Augen der braven Bürger ihren Umgang mit Geistern nahe. Man tut besser daran, sie zu meiden. Unehrlich sind sie wie die Waldhüter, die Schäfer und die Hirten. Wer weiß, was die im Wald und auf der Heide treiben! Manche sollen sogar ihre Schafe lieben, und immer wieder wird einer von ihnen deshalb verbrannt – das Schaf übrigens auch! Außerdem stinken sie und kennen allerlei Hexensalben. Letztendlich stehen sie im naheliegenden Verdacht, verendeten Tieren selber das Fell abzuziehen, das aber darf nur der Schinder. Und der Gerber von Hundehaut.

Der Hund spielt als früher Gefährte des Menschen in allen alten Kulturen und Sagen eine besondere Rolle. Er begleitet die Götter, bewacht die Unterwelt, säugt (als Wölfin) Romulus und Remus – kurzum: Er ist ein sakrales Tier, das allerdings die Götterdämmerung nicht heil übersteht. Mit der Zeit wird der Hund zum dreckigen Köter und sogar zum Schimpfwort. Ausdrücke wie »Hundsfott« oder »Schweinehund« stellen für uns Christenmenschen eine arge Beleidigung dar. Auch die Araber beschimpfen einen Gegner verächtlich als »Sohn einer räudigen Hündin«. Adlige mußten im Mittelalter als Strafe für Hochverrat öffentlich Hunde zum Marktplatz tragen (sie waren somit »auf den Hund gekommen«), und wenn man jemand auf besonders schimpfliche Weise zu Tode bringen wollte, dann knüpfte man ihn zusammen mit Hunden an den Galgen. Kein Wunder, daß das Fangen, Erschlagen und Häuten eines Hundes im Mittelalter zu einem der verachtetsten Berufe überhaupt wurde.

Der Hundefänger und der Gerber von Hundehaut sind nahe beim Abdecker angesiedelt, den man auch Schinder nennt. Er ist auch der Helfer des Henkers. Seine Arbeit ist hart, schmutzig und ekelerregend. Er ist die einzig zuständige Müllabfuhr für Fleisch jeder Art. Niemand anders als er darf verendetes Vieh transportieren oder den Kadaver verwerten. Nicht einmal den eigenen Goldfisch hätte man im Garten vergraben dürfen, wenn er schon in Europa bekannt gewesen wäre, geschweige denn ein totes Huhn oder eine verendete Katze. Man wäre sofort ebenfalls unehrlich geworden. Alle noch so kleinen Tierkadaver holte der Schinder ab, und die meisten konnte er zu irgend etwas weiterverarbeiten. Aber was selbst der Schinder nicht mehr gebrauchen konnte, das nennt man bis auf den heutigen Tag »Schund«.

Auf dem Karren des Schinders werden die Verurteilten zur Richtstätte gefahren, und dort wartet nicht nur der Henker, sondern auch sein Gehilfe, der Büttel. Diese Berufsbezeichnung hat sich – man hört es noch deutlich – aus dem Wort Bote entwickelt. Der Fronbote bereiste das Land ursprünglich im Auftrag des Richters, dessen Gruß er »entbot« und dessen Urteil er mitbrachte. Zuweilen vollstreckte er es sogar höchstpersönlich. Ein vornehmer Mann war das, der sich vorbehielt, nur Adlige höchstpersönlich hinzurichten. Im Lauf der Zeit verkam der Beruf jedoch zu dem eines blutigen und stumpfsinnigen Hilfsarbeiters, der genauso verachtet wurde wie die stinkenden Kloakensäuberer, die man in Köln spöttisch »Goldgräber« nannte.

Daß die menschlichen Ausscheidungen zumeist von Abort-Erkern auf die Straße geleitet wurden, haben wir schon gesehen. Es gab aber auch unter größeren Gebäuden ausgedehnte Kloakengruben, in denen diese »Goldgräber« oder »Pappenheimer«, wie sie in Nürnberg genannt wurden, ihr elendes Werk verrichten mußten. Als Kaiser Friedrich Barbarossa 1183 in Erfurt tafelte, brachen die morschen Balken, die den Prunksaal trugen, unter der Last der Gäste zusammen, und die gesamte feine Gesellschaft stürzte in die darunterliegende, wohlgefüllte Kloake. Der Kaiser rettete sich, als die Balken nachzugeben begannen, mit einem schnellen Sprung aus dem Fenster, aber drei Fürsten, fünf Grafen und viele Ritter und Edelleute ertranken in der stinkenden Jauche.

Kommen wir zum Henker selbst: Daß sein Beruf mit dem stärksten aller nur denkbaren Tabus belegt war, ist nicht mehr als logisch. Mit dem Vorgang des Tötens allein ist das nicht zu erklären, denn dann hätte die Verachtung der »ehrlichen« Bürger ja auch jeden Soldaten treffen müssen. Das Tabu stammt vielmehr ebenfalls aus vorchristlicher Zeit, als die Hinrichtung eines Menschen noch als ein Opfer für die beleidigte Gottheit angesehen wurde. Wir erinnern uns, in der Schule gelernt zu haben (oder auch nicht), daß die Germanen gefangene Römer an Bäume hängten und Ehebrecherinnen im Moor versenkten. Mit der Ächtung des Menschenopfers wurde später dann auch der Opfernde geächtet, nämlich der Henker.

Daß sein Amt ähnlich dem des Boten (Büttel) einst ein sehr ehren-volles gewesen ist, beweist das königliche Scharlachrot seiner Klei-dung. An die Macht, die ihm einst verliehen war, erinnern vielerorts seltsam anmutende Bräuche, zum Beispiel der, daß der Henker eine Kindesmörderin vor der Hinrichtung bewahren konnte, indem er sie zur Frau nahm. Logisch war das ja keineswegs, denn warum sollte ein Mord durch eine Heirat gesühnt werden? An die Hinrichtung als ursprüngliches Opfer erinnert in aller Deutlichkeit die überall anzutreffende Überzeugung, daß der Delinquent zu begnadigen sei, wenn es dem Henker nicht gelang, sein Werk ordnungsgemäß durchzuführen. Riß beim Hängen das Seil, so war dies ein sicheres Anzeichen dafür, daß die Gottheit dieses Opfer ablehnte. Bei mißglückten Hinrichtun-gen wurde dieses Prinzip später durchbrochen, wie wir noch sehen werden.

Die tief im Unterbewußtsein verankerte Erinnerung daran, daß der Henker eher eine Art Hohepriester des Todes war als ein Mitmensch mit einem besonders unappetitlichen Handwerk, machte ihn zu einem Unberührbaren, dessen Nähe man scheute, dessen Blick man auswich. Er mußte mitsamt seiner Familie in einem Häuschen an der Stadtmauer wohnen, manchmal sogar außerhalb derselben. Niemand sprach mit ihm oder seinen Familienangehörigen, und wenn er sich denn trotzdem einmal ins Wirtshaus traute, dann wartete dort auf ihn ein dreibeiniger Schemel, Symbol für den Galgen, der ebenfalls auf drei Beinen stand. Selbst das Brot legte man beim Bäcker mit dem Rücken nach oben für ihn zurück, damit kein anderer es aus Versehen mitnahm.

Heinrich Heine hat in einer Ballade geschildert, wie der Scharfrich-ter des Herzogtums Berg sich maskiert auf einen Maskenball im Düssel-dorfer Schloß schleicht. Die Herzogin zwingt den sich heftig Sträuben-den zum Tanz und anschließend zur Demaskierung. Der Skandal ist da und die Herzogin entehrt. Es würde wenig nutzen, den Henker aufzu-knüpfen, denn das würde die Schande nicht tilgen. Der geistesgegen-wärtige Herzog tut das einzig Vernünftige: Er adelt den Henker auf der Stelle, so daß die Herzogin mit einem Adligen und nicht mit einem Unehrlichen getanzt hat. Happy-End in Düsseldorf. In Wirklichkeit allerdings hätte sich ein Henker damals nicht einmal in die Nähe eines Hofballs getraut.

Dabei war er trotz seines Berufes ein gefragter Mann, denn er verfügte über makabre Dinge, die dem abergläubischen Volk, vor allem den Quacksalbern, äußerst nutzbringend erschienen: Blut der Hingerichteten, Fasern vom Galgenstrick, Haare, Fingernägel und selbst ganze Gliedmaßen seiner Opfer. Als beliebter Bettlertrick galt beispielsweise, sich auf den gesunden Beinen so hinzuhocken, daß sie unter den Lumpen verborgen waren. Unter den Fetzen schaute statt dessen das halb verfaulte Bein eines Hingerichteten heraus, das man sich beim Henker gegen einen kleinen Obolus besorgt hatte. Der schauerliche Anblick öffnete garantiert die Geldbeutel mitleidiger Passanten.

Doch nicht allein mit derart schaurigen Souvenirs verdiente der Henker seinen Lebensunterhalt. Es sind penible Abrechnungen erhalten, denen unter anderem zu entnehmen ist, daß für einen so routinemäßigen Vorgang wie das Hängen oder Enthaupten 60 Pfennige gezahlt wurden. Für das Blenden eines Verbrechers mußten die Stadtväter indes gleich das Doppelte hinlegen, und wenn dem armen Sünder auch noch die Ohren abgeschnitten oder gar die Zunge herausgerissen werden sollte, gab es jeweils weitere 120 Pfennige, sozusagen als Erschwerniszulage. Ein ganzes Pfund Silber erhielt der Henker schließlich, wenn er einen Scheiterhaufen errichten mußte.

Hinrichtungsstätte war gemeinhin der Marktplatz, auf dem auch der Pranger stand. An diese Schandsäule wurden nur Huren, Schandmäuler, Zechpreller und andere kleine Halunken gekettet. Das Volk hatte den ganzen Tag über Gelegenheit, sie mit faulem Obst und Pferdeäpfeln zu bewerfen, bevor man sie dann mit Peitschenhieben aus der Stadt vertrieb. Einen Pranger gab es naturgemäß nur in größeren Orten, wo Übeltäter sonst leicht wieder in der Masse hätten untertauchen können. Wer jedoch einmal am Pranger gestanden hatte, war fast immer auf Lebenszeit unehrlich. In Dörfern und auf dem Lande war ein Pranger überflüssig. Hier kannte jeder jeden, und ein Missetäter wurde seines Lebens ohnehin nicht mehr froh. Man brauchte ihn auch nicht mit einem glühenden Eisen zu brandmarken, denn es wußte eh jedermann: »Da läuft Heinrich, der Eierdieb!«

Auf dem Marktplatz wurde auch das Blutgerüst gezimmert, auf dem die Enthauptungen vollzogen wurden. Dieses Gerüst brachte ebenso wie der Galgen ein Problem für die Handwerker der Stadt mit sich, denn mit seiner Errichtung war der Henker allein überfordert. Da aber schon der flüchtige Kontakt mit ihm, seinem Handwerkszeug und natürlich mit dem Schafott oder dem Galgen unehrlich machte, bürgerte sich die Sitte ein, daß die gesamte Zunft der Zimmerleute sich geschlossen und ohne Ausnahme an diese verachtungsvolle Arbeit begab, nachdem sie zuvor die Erlaubnis der Stadtväter und den Segen der Kirche eingeholt hatte. War am fraglichen Tag einer der Zimmerleute abwesend oder krank, überließ man ihm den letzten Nagel, so daß nur ja niemand später in der Lage war zu behaupten, er habe sich erfolgreich drücken können. Ähnliche Bräuche hielten sich noch bis ins 19. Jahrhundert hinein.

Wie es einem leichtsinnigen Handwerker ergehen konnte, zeigt die Hinrichtung des Ratsherrn Diederich Spitz, den der Scharfrichter auf dem Kölner Heumarkt mit derart viel Schwung enthauptete, daß der Kopf von der Tribüne hinab in die Menge rollte. Ein Faßbinder, dessen Name uns nicht überliefert ist, packte das blutige Haupt und warf es zurück. Das aber war ein Fehler, denn als »Gehilfe des Henkers« war er dadurch unehrlich geworden und wurde aus der Zunft ausgestoßen. Damit sich solches jedoch nicht wiederholen konnte, baute man bei zukünftigen Hinrichtungen eine Art Geländer um die Tribüne, damit die abgeschlagenen Köpfe gefälligst oben blieben.

Im Gegensatz beispielsweise zu König Heinrich VIII. von England, der zwei seiner Ehefrauen im Tower hinrichten ließ, weil er aus mancherlei Gründen ihre öffentliche Exekution scheute, wollte man bei einer Hinrichtung im Mittelalter im Regelfall, daß möglichst viele Leute kamen. Durch die Tötung des Verbrechers sollte zum einen eine abschreckende Wirkung erzielt werden. Deshalb stand das Blutgerüst mitten in der Stadt und der Galgen zwar außerhalb der Mauern, aber dennoch an einer der Einfallstraßen. (Innerhalb der Stadt konnte man den Galgen deshalb nicht errichten, weil die Leichen der Hingerichteten als Warnung für alle anderen zumeist bis zu ihrer Verwesung hängen blieben.) Zum anderen sollte der Bevölkerung durch die Exekution gezeigt werden, daß die göttliche Ordnung wiederhergestellt war, die durch das Verbrechen gestört worden war. Und damit sind wir wieder bei den alten Germanen angekommen, die mit ihren Opfern ja auch die Götter besänftigen wollten.

Die sadistische Bestrafung eines Menschen indes spielt merkwürdigerweise eine wesentlich untergeordnetere Rolle, als man auf den ersten Blick glauben möchte. Immerhin lesen wir doch mit Schaudern, daß die armen Sünder nicht nur zum Tod am Galgen verurteilt wurden. Der Henker sollte sie zusätzlich blenden, ihnen die Zunge und die Eingeweide herausreißen, sie vierteilen, den Körper mit glühenden Zangen zwicken und ihn anschließend rädern. Das alles klingt fürchterlich, und das war es auch, aber in den weitaus meisten Fällen wurden die Delinquenten zuvor höchst unauffällig und für die Menge unsichtbar vom Henker erdrosselt. Häufig stellten die Angehörigen diesen barmherzigen Gnadenakt mit einem ordentlichen Trinkgeld sicher, zuweilen aber war es von den Richtern auch so angeordnet. Gebilligt haben sie es fast immer.

Halten wir uns vor Augen, daß im frühen Mittelalter die meisten Verbrecher so schnell ins Jenseits befördert wurden, daß sie es kaum merkten. Ein Strick, ein Ast, und schon war es vorbei. Der professionelle Henker wurde erst im hohen Mittelalter zur Regel. Erst jetzt wird die Hinrichtung zu einem Massenspektakel und zu einem Zeremoniell, auf dessen sorgfältige Beachtung die Obrigkeit größten Wert legt, denn zunehmend läßt sich bei den verordneten Tötungsorgien das schlechte Gewissen der Verantwortlichen erahnen. Und die Nervosität greift auch auf den Henker über, so daß der Versuch einer Hinrichtung, wie wir ihn im folgenden miterleben, keineswegs zu den Seltenheiten zu zählen ist:

Auf dem Marktplatz ist das Blutgerüst errichtet worden. Ein Wilderer, der in des Grafen Forst einen Hirsch erlegt hat, soll einen Kopf kürzer gemacht werden. Kaum einer kennt den armen Teufel. Er ist ein kleiner Bauer, aber Wildern ist populär und der Graf unbeliebt. Keine gute Ausgangsposition für eine Hinrichtung. Viel Volk ist zusammengelaufen, denn der Trommler hat seit Tagen in den Straßen der Stadt auf das Ereignis aufmerksam gemacht. Während der Bauer auf seinen Tod vorbereitet wird, unterhalten Gaukler und Spielleute die Menge, in der sich selbstredend auch Schwangere und Kinder befinden.

Im Gefängnisturm reden Mönche und Richter auf den Todgeweihten ein. Man bringt ihn dazu, eine letzte Beichte abzulegen. Ratsherren beschwören ihn, auf dem Schafott in aller Öffentlichkeit seine Schuld zu bekennen, damit kein Schatten auf die Richter falle. Die Wachen reißen derweil blöde Witze, und der Henker hat Lampenfieber, denn es ist seine erste Hinrichtung.

Dann ist es endlich soweit: Ein Glöckchen bimmelt monoton, während der arme Sünder auf dem Karren des Schinders zum Marktplatz gebracht wird. Viele Verurteilte werden während dieser letzten Fahrt vom Mob in übelster Weise beschimpft und mit Steinen und Kot beworfen, aber unserem Bauer will niemand übel. Man glotzt ihn lediglich neugierig an, ruft ihm zuweilen auch ein paar tröstende Worte zu, aber der Mann sitzt wie ein Häuflein Elend in einer Ecke des Karrens und scheint überhaupt nichts mehr wahrzunehmen.

Auf das Blutgerüst müssen ihn Henker und Büttel fast hochschleifen, und dann reden wieder Mönche und Amtspersonen so lange auf ihn ein, bis er plötzlich losschreit, wie sehr er seine schnöde Tat bereue, daß er dem gütigen Gott im Himmel danke, daß er ihm seine abscheulichen Verbrechen verziehen habe, und daß er seinerseits seinen Richtern vergebe, die ja nur ihre Pflicht getan hätten.

Der Henker bindet ihm nun die Augen zu, aber das tut er nicht etwa deshalb, damit der Delinquent nicht sieht, wie der Henker das Richtschwert hebt. Im Gegenteil: Der Henker ist es, der sich vor dem bösen Blick des Todgeweihten schützen will. Daß man selbst heute noch in gewissen Ländern einem Deserteur oder Spion die Augen verbindet, bevor man ihn erschießt, hat noch immer den gleichen Grund: Man will seinem Opfer nicht in die Augen schauen!

Aber kehren wir zurück zu unserem armen Wilderer, der wieder und wieder beteuert, wie dankbar er ist, daß man ihn endlich hinrichtet. Das klingt nun langsam wirklich abartig, aber um ein solches Lob aus seinem Munde hat man ihm zuvor manche Gnade versprochen. Zugeständnisse, was seine Familie angeht zum Beispiel, oder auch das Versprechen, ihn vor der Hinrichtung keiner grausamen Tortur zu unterziehen, und was dergleichen mehr ist, bis hin zu einer fürstlichen Henkersmahlzeit mit erlesenem Wein, der einen guten Teil der Todesangst vergessen läßt, so er denn in vollen Zügen hinuntergestürzt worden ist.

Die Menge, die von alldem nichts weiß, wird unruhig. Was erzählt der Kerl da für einen Unfug, fragt man sich. Wie kann man denn dem

Henker dankbar sein? Da bereits die ersten Rufe »Weg mit den Pfaffen!« zu hören sind, drängt die Obrigkeit plötzlich zur Eile. Die allgemeine Hektik trägt durchaus nicht dazu bei, den nervösen Henker zu beruhigen, der sein Opfer nur mit Mühe dazu bewegen kann, sich vor den Richtblock zu knien und den Kopf daraufzulegen. Der überhastet geführte Schlag trifft nicht den Hals, sondern fährt in die Schulter. Der Delinquent schreit fürchterlich und versucht sich aufzurichten. Darauf schlägt der Henker rasch noch einmal zu, aber nun trifft er den Kopf seitlich über dem Ohr, und das Ganze artet in eine widerliche Schlachterei aus.

Aus der Menge steigt ein Wutschrei hoch. Während sich das Opfer zappelnd am Boden windet, sein Blut nach allen Seiten spritzt und der unerfahrene Henker noch immer versucht, den Unglückseligen endlich von seinen Leiden zu erlösen, setzen sich die Leute in Bewegung, überrennen die Soldaten, die vergeblich versuchen, mit ihren Lanzen den Tatort abzusperren, und Henker, Büttel und Opfer verschwinden unter den Leibern der wütenden Menge.

Wer nun glaubt, daß ein solcher Ausgang einer Hinrichtung der Einzelfall gewesen ist, sei eines Besseren belehrt. Nur ein Beispiel für zahllose andere, und nicht einmal aus dem Mittelalter, sondern immerhin aus dem 17. Jahrhundert: 1626 ließ Kardinal Richelieu in Nantes den Marquis de Chalais als Verschwörer hinrichten. Um die Exekution zu verhindern, entführten Freunde des Verurteilten den Scharfrichter, woraufhin ein zum Tode Verurteilter unter der Bedingung begnadigt wurde, seinerseits den Marquis hinzurichten.

Wir lernen daraus, daß man eine solche Aufgabe keinem ehrbaren Bürger zumuten wollte, und ein Freiwilliger hätte sich schon überhaupt nicht gefunden. Es kam, wie es kommen mußte: Der ungeübte »Henker« schaffte es auch mit 30 (!) Schwertschlägen nicht, dem Marquis den Kopf abzuschlagen. Selbiger mußte schließlich mit einem Küfermesser abgetrennt werden.

Haß auf den Herrscher, Sympathie für den Sünder und Hilflosigkeit des Henkers prägen die Hinrichtungsspektakel Jahrhunderte hindurch und kommen keineswegs nur in Robin-Hood-Filmen vor. In den meisten Fällen lag es wohl daran, daß ein Mensch – selbst ein seelisch einigermaßen verrohter Henker – anscheinend mit der Aufgabe überfordert ist, einen Mitmenschen kaltblütig zu töten. Der vorsorgliche Griff zur Flasche konnte daran auch nichts Wesentliches ändern. Zuweilen führte gerade er die Katastrophe erst herbei.

Um dies zu dokumentieren, versetzen wir uns ein letztes Mal ins 19. Jahrhundert, um präzise zu sein: in das München des Jahres 1854. Dort mußte ein Henker immerhin siebenmal zuschlagen, und einzig die anwesenden Soldaten verhinderten, daß er von der rasenden Menge gelyncht wurde. Zu seiner Entschuldigung wußte er (bezeichnenderweise) nur zu lallen, er habe den Kopf des hinzurichtenden Raubmörders gleich zweimal gesehen und überhaupt nicht gewußt, wohin er denn hätte zielen sollen.

Mäuse machen mit Reliquien

Augenzeugenbericht: Bettelmönch mit Militäreskorte · Wie San Marco nach Venedig kam · Stehlen für den Kaiser · Ein Mädchen in Widukinds Grab · Die Windeln des Jesuskindes · Reichlich Nachschub aus den Katakomben

Ich bin Wenzel Velislav und Handelsreisender. Wer mich sieht, wie ich in Mönchskutte auf meinem Esel durch die Lande reite, würde mir das nicht abnehmen, aber genau das ist ja der Sinn meiner Kostümierung. Niemand darf wissen, weshalb und in wessen Auftrag ich unterwegs bin, und es geht auch niemanden etwas an, daß der kleine Trupp Bewaffneter, der mich wie durch Zufall stets in Sichtweite, mal vor und mal hinter mir, begleitet, eigentlich einzig und allein die Aufgabe hat, ein wachsames Auge auf mich zu werfen. Und auf alle, die mir zu nahe kommen.

Dies geschieht einerseits zu meinem Schutz, besser: zum Schutz des Geldes, das ich bei mir trage, oder der Ware, die ich bereits erstanden habe. Andererseits sollen die Berittenen aber auch verhindern, daß ich plötzlich mit meinem wertvollen Gut abtauche. Das würde sich tatsächlich lohnen.

Wenn ich abends an einer Klosterpforte anklopfe, um Unterschlupf für die Nacht zu erbitten, oder wenn ich in einer Herberge übernachte, kann ich sicher sein, daß die fünf Bewaffneten etwa eine Stunde später ebenfalls dort eintreffen. Rein zufällig natürlich, aber da wir nirgends länger als eben nur die eine Nacht bleiben, weckt das keinerlei Argwohn. Wer sollte schon das Auftauchen von Soldaten, die sich als Kriegsleute des Kaisers ausweisen können, mit einem Bettelmönch in Zusammenhang bringen.

Im Augenblick bin ich unterwegs von Böhmen nach Trier, und zwar mit einem Spezialauftrag, bei dem die Soldaten mir noch nützlich sein können. Um es kurz zu machen: Ich bin kein normaler Kaufmann. Ich bin Reliquienhändler. Sie ziehen die Augenbrauen hoch? Ich weiß nicht, was Sie daran befremdet. Zum einen ist die Verehrung von

Reliquien keineswegs eine ausschließlich von Christen geübte Praxis. Sollten Sie nicht wissen, daß man die Asche Buddhas unter acht Familien verteilt und in Reliquienbehältern verehrt hat? Oder daß man in einigen besonders bedeutenden Moscheen des Islam Haare vom Barte des Propheten zeigt? Na also.

Wer aber Reliquien verehren will, muß schauen, wo er sie herbekommt, und deshalb ist der Handel damit schlichtweg notwendig. Reliquien aufzustöbern und an den Meistbietenden zu verkaufen ist außerdem ein höchst einträgliches Geschäft. Besonders wenn man die entsprechende Ausbildung und die unentbehrlichen Kontakte besitzt. Beides habe ich im Übermaß, denn ich bin der Neffe des kaiserlichen Hofkaplans, war selber Mönch und wäre es wohl noch heute, wenn mein Oheim nicht gewisse Fähigkeiten bei mir entdeckt hätte, die er zu des Kaisers Gunsten (und damit natürlich zu seinen eigenen) zu nutzen gedachte.

Kaiser Karl IV. nämlich, der am 11. Juli 1346 zum deutschen König gewählt wurde, ist ein besonders frommer Mann. Vielleicht liegt das daran, daß er von Papst Klemens VI. höchstpersönlich erzogen worden ist, weshalb er heimlich »Pfaffenkönig« genannt wird. Immerhin hat er sich während der Krönungszeremonie auch zum Diakon weihen lassen, was nun wirklich nicht gerade den Traditionen früherer deutscher Könige entspricht.

Aber dieser merkwürdige Mann mit der auffallenden Knollennase und dem struppigen schwarzen Bart ist nicht nur geradezu außergewöhnlich fromm – er ist auch ein guter Kaufmann, und beides zusammen kommt nun mir zugute. Der Kaiser sammelt nämlich Reliquien; das ist anscheinend sein größtes Hobby, und natürlich braucht er dazu Leute, die ihm diese Kostbarkeiten beschaffen. Er läßt kaufen und kaufen, und wenn manche Besitzer gewisse Kostbarkeiten partout nicht verkaufen wollen, dann läßt er eben stehlen. Und genau aus diesem Grunde bin ich nun unterwegs.

Man sollte dem Kaiser allerdings keine allzu großen Vorwürfe machen, wenn er Reliquien entwenden läßt. Das ist ja keineswegs unüblich. Denken Sie doch nur daran, wie Venedig zu seinem Schutzheiligen, dem heiligen Markus gekommen ist! Im 10. Jahrhundert sah sich die inzwischen zu Wohlstand gekommene Stadt nach einem Schutzheiligen um. Aber woher nehmen? Richtige Heilige waren damals schon ziemlich knapp. Doch dann erinnerte sich ein gebildeter Doge daran, daß im nordafrikanischen Alexandria der heilige Markus verehrt wurde.

Zwei Kaufleute wurden entsandt, und wie immer sie es angestellt haben mögen: Sie brachten die Reliquien mit nach Hause. Wahrscheinlich haben sie die Gebeine der damals im Untergrund lebenden Christengemeinde geraubt, und um nicht von den islamischen Besatzern entdeckt zu werden, versteckten sie die Reliquien unter allerlei Lebensmitteln, vor allem aber unter Schweinefleisch, was ja ein frommer Muselmane nicht berühren darf. So jedenfalls kam San Marco nach Venedig, aber ich schweife ab. Vielleicht liegt das daran, daß ich etwas nervös bin. Obwohl dies nicht mein erster Spezialauftrag ist. Vor kurzem habe ich aus der italienischen Stadt Aquileja die letzten Teile der Handschrift des Markusevangeliums entführt, die der Evangelist angeblich persönlich dem heiligen Hermacoras von Aquileja übergeben hatte.

Eine Handschrift zu stehlen ist zwar nicht sonderlich einfach, aber jetzt geht es um noch viel mehr. Diesmal soll ich soviel wie möglich vom Kreuz unseres Herrn Jesus abschneiden, das die Kaiserin Helena ihrer Geburtsstadt Trier geschenkt hat. Man stelle sich das vor: Wie soll ein einzelner Mann einen Baum davonschleppen, der vermutlich besonders streng bewacht wird? Noch habe ich keinen Plan, denn ich kenne nicht einmal die örtlichen Gegebenheiten. Ich bin mir jedoch einigermaßen sicher, daß mir meine militärischen Begleiter wohl ordentlich helfen müssen.

Im Augenblick jedoch reiten wir erst einmal durchs Schwabenland, und mir bleibt noch viel Zeit, alle Möglichkeiten durchzuspielen, ausreichend Zeit aber auch, darüber nachzudenken, warum die Menschen so viel Wert auf die Überreste verstorbener Heiliger legen. Ich persönlich habe da so meine eigenen Ansichten, die ich natürlich niemandem gegenüber äußere, das wäre geradezu geschäftsschädigend. Schließlich habe ich ja nicht alle Jahre einen derartigen Spezialauftrag vom Hofe. In der übrigen Zeit muß ich auf eigene Kosten und auf eigenes Risiko arbeiten. Ohne Militäreskorte übrigens.

Deshalb reise ich stets als Bettelmönch. Das ist zwar unbequemer, weil man schon allein aus Tarnungsgründen nur in ziemlich armseligen Absteigen übernachten kann, aber es ist trotz allem viel sicherer. Reliquien sind – wenn man von dem Kreuz in Trier einmal absieht – zumeist winzig klein, und man kann sie leicht in die Kutte einnähen oder in das Zaumzeug des Esels. Und wer wird schon ausgerechnet einen Bettelmönch überfallen, bei dem nun wirklich keine Reichtümer zu vermuten sind.

Befinden sich die Reliquien erst einmal in meinem Besitz, ist es relativ einfach, sie nach Hause zu schmuggeln. Schwieriger ist dagegen die Anreise, wenn die Kutte bleischwer ist von den vielen Goldstücken in ihrem Saum. Beschwerlich sind auch die mühsame Überquerung der Alpen und die monatelange Pilgerei zu den Hafenstädten, wo die Schiffe aus Byzanz und dem Heiligen Land ankommen. Oder die Reise nach Rom, wo zweifellos die meisten, leider aber auch die unseriösesten Zwischenhändler zu finden sind.

Mein Oheim wußte sehr wohl, warum er mich damals für die ersten Spezialaufträge aus dem Kloster holen ließ. Ich war immer ein sehr fleißiger und belesener Historiker, und zudem hatte ich mich wenigstens so viel mit den Naturwissenschaften beschäftigt, daß ich sehr wohl einen menschlichen Zahn von dem einer Ziege unterscheiden kann und einen Armknochen von einem Schienbein.

Ich weiß darüber hinaus, daß keine Kirche geweiht werden darf, ohne daß unter ihrem Altar wenigstens winzige Teile der körperlichen Hülle des Patrons oder der Patronin eingebettet worden sind. Und je bedeutender die Reliquie ist – was wiederum von der Popularität der Heiligen abhängt –, um so größer ist nicht nur der Ruhm der Kirche oder des Klosters, sondern auch ihr Reichtum. Denn wertvolle Reliquien versprechen nicht nur himmlischen Schutz, sondern auch höchst weltlichen Reichtum. Pilger strömen herbei, und wo Pilger strömen, da strömt das Geld.

Rainald von Dassel, der Kanzler Friedrich Barbarossas, war seinem Herrn zutiefst dankbar, als ihm dieser die in Mailand erbeuteten Reliquien der Heiligen Drei Könige schenkte. Während andere Herren für ihre Reliquien kostbare Monstranzen stiften, andere gar noch zusätzlich eine Kapelle bauen, errichtet Rainalds Stadt Köln ihren Königen ein Riesenreliquiar: einen Dom, dessen Schiff noch höher sein soll als das in der Sainte Chapelle in Paris, die ja auch ein phantastisches Reliquiar für die Dornenkrone ist, die Ludwig der Heilige dem Kaiser von Konstanz abgekauft hat, als dieser sie der Stadt Venedig verpfänden wollte. Könige und Kanzler würden sich jedoch kaum in derartige Unkosten stürzen, wenn die Reliquien ihnen und ihren Untertanen nicht so unglaublich wichtig wären. Und dabei denken viele allem Anschein nach überhaupt nicht darüber nach, ob die erstandenen Heiligtümer nun wirklich echt sind oder nicht.

Karl der Große lag – wie den meisten von Ihnen bekannt sein wird – jahrzehntelang im Kampf mit dem heidnischen Sachsenherzog Widukind, bis dieser letztlich aufgab und sich taufen ließ. Man erzählt sich, daß Widukind dort begraben werden wollte, wo in seiner niedersächsischen Heimat die erste Kirche vollendet würde. Da nun aber alle Sachsen unbedingt die sterblichen Überreste des Herzogs bei sich beherbergen wollten, begannen sie überall in großer Hast mit dem Bau einer Kirche. Am schlauesten aber waren die Leute aus Enger. Sie bauten – damit es schneller ging – eine Kirche ohne Turm, den sie erst später neben die Kirche setzten. So gelangten, immer der Sage nach, die Gebeine Widukinds nach Enger.

Auf meinen vielen Reisen kam ich eines Tages dort vorbei, und da ich als Reliquienfachmann in dieser Hinsicht besonders neugierig bin, bat ich die Leutchen, die Überbleibsel Widukinds (mit der geziemenden Ehrfurcht natürlich) anschauen zu dürfen. Nach einigem Zögern wurde mir die Bitte gewährt, aber als ich die Reliquien aus den wertvollen Tüchern gewickelt hatte, genügte mir ein Blick, um zu erkennen, daß ich niemals die Gebeine des berühmten Sachsenherzogs vor mir hatte. Diese Knochen waren zum einen bestenfalls gut 100 Jahre alt, und sie stammten auch nicht von einem ausgewachsenen Mann, sondern von einem jungen Mädchen. Aber ich ließ die Menschen von Enger in ihrem Glauben. Warum hätte ich sie auslachen sollen. Sie sind doch so glücklich mit ihrem vermeintlichen Widukind!

Eine Schande ist es trotzdem, welcher Mißbrauch frommer Gefühle durch unseriöse Händler getrieben wird. Ich für meinen Teil bemühe mich stets, solide Ware zu liefern, obwohl natürlich auch ich von geschickten Fälschern zu täuschen bin. Jedenfalls würde ich mich niemals dazu hergeben, die haarsträubendsten Reliquien zu kaufen und weiterzuverkaufen, wie sie leider Gottes immer noch auf dem Markt sind. Da wird doch tatsächlich in kleinen Flaschen die Muttermilch Mariens verhökert, da gibt es Windeln des Jesuskindes, Stroh aus seiner Krippe und – man wagt es kaum auszusprechen – selbst die Vorhaut des beschnittenen Jesus, und die gleich in mehrfacher Ausführung!

Schon in unseren alten Sagen wurde der Glaube (oder sollte ich Aberglaube sagen?) an Reliquien kultiviert. Im *Rolandslied*, das ein Geistlicher namens Konrad in Regensburg vom Französischen ins Deutsche übersetzt hat, wird unter anderem beschrieben, was sich alles in Rolands Wunderschwert Durndart befand, das Karl der Große seinem Paladin geschenkt hatte: Blut des heiligen Petrus, Reliquien von St. Blasius, Haare des heiligen Dionysius und zu guter Letzt noch ein Stück vom Kleid der Gottesmutter.

Die Leichtgläubigkeit der Menschen ist grenzenlos. Wer, der noch bei klarem Verstand ist, würde eine Krume vom Letzten Abendmahl als Reliquie erwerben? Wer die Nähausrüstung der Gottesmutter oder Ruß aus dem Ofen der drei biblischen Jünglinge? Trotzdem reißen sich die Klöster und Kirchen um angebliches Manna aus der Wüste oder um Teile des Rostes, auf dem man den heiligen Laurentius zu Tode gefoltert haben soll.

Ich kenne da einen Herzog in Frankreich, der ebenfalls Reliquiensammler ist. Er glaubt jedenfalls, den Kelch zu besitzen, aus dem Jesus beim Letzten Abendmahl getrunken hat, ferner einen Fetzen vom Mantel des Elias und ein paar Haare und Zähne der Gottesmutter. Wenn er daran glaubt – warum sollte ausgerechnet ich ihn tadeln?

Abgesehen davon, daß es mein Geschäft belebt: Ich habe nichts gegen die Menschen, die voll Ergriffenheit auf die Knie fallen, wenn man ihnen einen Tropfen Schweiß zeigt, den Jesus am Ölberg vergossen hat; auch nichts gegen jene, die Hunderte von Kilometern pilgern, um einen Brocken Lehm zu sehen, der vom Acker stammt, aus dem Gott den Adam geformt hat. Es gibt Leute, die brauchen so etwas Konkretes, das ihnen einen Schauder über den Rücken jagt.

Der fromme Wunsch der Gläubigen, ein anfaßbares Stück Erinnerung an einen Heiligen zu besitzen, treibt allerdings recht bizarre Blüten. So erzählt man sich beispielsweise in Prag, daß sich vor der

Beisetzung der frommen Elisabeth von Thüringen die abenteuerlichsten Vorfälle ereigneten. Angeblich haben ein paar verirrte Seelen nicht nur Fetzen von ihrem Totenhemd abgerissen, sondern den Leichnam geschändet, indem sie der Toten die Fingernägel und noch sehr viel intimere Körperteile abschnitten, über die ich mich nicht weiter verbreiten möchte. Schließlich ist es nur ein Gerücht, allerdings ein sehr glaubhaftes.

Immerhin habe ich noch viel grauenhaftere Berichte gelesen. So den von einem Bergvolk in Mittelitalien, das sich tatsächlich mit dem Gedanken trug, einen frommen Einsiedler vorsorglich totzuschlagen, um zu verhindern, daß er sich auf seine alten Tage noch an anderer Stelle niederlassen könnte. Dann nämlich wären die Leute seiner Gebeine verlustig gegangen. Wie die Geschichte ausgegangen ist, weiß ich nicht. Ich vertraue darauf, daß sich Gott hin und wieder auch heute noch entschließt, direkt einzugreifen, wenn die Torheit der Menschen allzu laut zum Himmel schreit.

Ich selbst versuche, sofern ich keinen Spezialauftrag vom Hofe habe, mein Geschäft so seriös wie nur möglich zu führen. Wenn ich nach Italien reise, habe ich stets eine nicht gerade kurze Auftragsliste bei mir und natürlich eine entsprechende Summe Geldes. Ein Kloster braucht unbedingt eine Reliquie des heiligen Benedikt, ein Graf sucht eine Reliquie von der heiligen Barbara, eine Stadt möchte möglichst einen Knochensplitter des heiligen Georg. Dies sind zumeist erfüllbare Wünsche, und wenn ich ihnen nachkommen kann, erwarten mich daheim entsprechende Gegenleistungen: Grundbesitz, Pfründe, Holzrechte, ein Weinberg oder – warum auch nicht – ein Säckchen mit Goldstücken und etliche Messen für mein Seelenheil.

Höllisch aufpassen muß man bei den Geschäftspartnern in Rom, die eilfertig versichern, sie könnten jeden beliebigen Knochen eines jeden gewünschten Heiligen binnen Tagesfrist beschaffen. Ich kaufe ungern dort ein, weil ich den Verdacht nicht loswerde, daß die Vermittler die Katakomben der urchristlichen Gemeinde als unerschöpfliches Nachschublager verwenden. Wenn man mir dann einen Knochen vorweist, kann es durchaus sein, daß ich ihn als weiblich und als über 1000 Jahre alt erkenne, aber ich kann dennoch nicht sicher sein, ob er von der gewünschten Heiligen stammt oder von einer ihrer Grabnachbarinnen.

Im Zweifelsfall kaufe ich ihn dennoch, denn es ist besser für die Leute daheim, wenn sie nun beglückt glauben können, daß ab sofort die heilige Barbara (oder Margaretha oder Caecilia oder Agatha) schützend die Hand über sie hält, als daß durch das Fehlen der erforderlichen Reliquie ihre Kirche nicht geweiht werden kann.

Ein typisches Beispiel dafür, wie selbst Könige betrogen worden sind, kenne ich aus meinem Geschichtsstudium: Otto III. bat die Einwohner der süditalienischen Stadt Benevent um die dort verehrten Gebeine des heiligen Bartholomäus. Einer Stadt den Schutzheiligen wegzunehmen, ist natürlich ein starkes Stück, aber andererseits wagten es die Bürger von Benevent nicht, sich dem Wunsch ihres höchsten Gebieters zu widersetzen. So schickten sie denn dem Kaiser gehorsam die Gebeine des Heiligen – oder auch nicht. Vermutlich waren es nämlich die sterblichen Überreste irgendeines Bischofs. Jedenfalls werden die Gebeine des heiligen Bartholomäus bis auf den heutigen Tag in Benevent verehrt. Und zwar mit hoher Wahrscheinlichkeit die echten.

Wie man sieht, wird selbst mit der Gutgläubigkeit gekrönter Häupter Schindluder getrieben, und die scheue Verehrung, die den wirklich echten Reliquien zusteht, wird grausig vernachlässigt, wenn Gewinnsucht und Habgier ins Spiel kommen. Eines der häßlichsten Beispiele dafür habe ich erst kürzlich im Zisterzienserkloster Pairis bei Colmar nachgelesen, als ich dort übernachtete und den Abend in der Bibliothek zubringen durfte. In einem Bericht über die Einnahme und Plünderung von Byzanz durch die Kreuzritter am 12. April 1204 schrieb der Chronist Gunther unter anderem, daß der Abt des besagten Klosters, Martin mit Namen, ebenfalls an dem Kreuzzug und folglich auch an der Plünderung teilgenommen hat. Und dies las ich in der Chronik:

Im Gegensatz zu der allgemeinen Soldateska, die sich über den Reichtum (und die Frauen) der Stadt hermachte, steuerten Abt Martin und ein Kaplan ein in ihren Augen lohnenswerteres Ziel an, von dem sie zuvor von übergelaufenen Griechen erfahren hatten. Sie strebten der Pantokrator-Kirche zu, in der die Mutter des Kaisers Manuel, Irene, ein prächtiges Grabmal besaß. Hier hatten die Bewohner der Stadt in der trügerischen Hoffnung, niemand würde die Heiligkeit des Ortes entweihen, die wertvollsten Reliquien zusammengetragen und versteckt. Bewacht wurde der Schatz nur von einem ehrwürdigen Greis, den der Abt sogleich fürchterlich anschrie, er solle die Schätze herbeischaffen, wenn ihm sein Leben wert sei.

Der alte Grieche verstand zwar kein Wort, aber das Gebrüll des Abtes schüchterte ihn dermaßen ein, daß er einerseits in Todesangst, andererseits in dem irrigen Glauben, es sei besser, die Heiligtümer einem Gottesmann als irgendeinem Soldaten zu überlassen, die Reliquien schließlich herausrückte.

So raffte der Abt eine Phiole mit dem Blut Christi, Holz vom Kreuze unseres Herrn, etliche Gebeine des Täufers Johannes sowie einen Arm des Apostels Jakobus an sich, verbarg dies und etliches andere unter seiner Kutte und brachte es unbeobachtet an Bord des Schiffes. Als er mit seiner Beute einige Jahre später glücklich nach Hause kam, herrschte dort eitel Jubel, und niemand wollte sich anscheinend daran erinnern, daß auf Reliquienraub eigentlich die Exkommunikation steht.

Diesen Gedanken muß allem Anschein nach auch ich wohl oder übel verdrängen, denn mein Auftraggeber, der Kaiser, will nun einmal unbedingt etwas von diesem Kreuz in Trier haben, und er wird es bekommen, so wahr ich Wenzel bin, der Reliquienexperte!

Woher, zum Teufel, kommt eigentlich der Teufel?

Die apokryphen Schriften · Der Herr der Fliegen · Palastrevolution im Himmel · Lilith und der Haarige · Kneipenwette mit Gottvater · Der Satan als Chamäleon · Woher kommen die Drachen?

Letztendlich und zum guten Schluß gilt es noch, die Antwort auf eine hochinteressante Frage zu finden: Woher, zum Teufel, kommt eigentlich der Teufel? Das ist keineswegs eine törichte Frage, wenngleich wir uns dumpf zu erinnern glauben, daß wir ihm doch schon im Paradies begegnet sind, bei dieser merkwürdigen Geschichte mit Adam, Eva und der Schlange. Aber an dieser Überlieferung stimmt so gut wie überhaupt nichts, und auf einen Teufel sind wir dort erst recht nicht gestoßen.

Daß die Schöpfungsgeschichte und der sogenannte Sündenfall in der Weise stattgefunden haben können, wie es im Alten Testament geschrieben steht, behaupten seit längerer Zeit nicht einmal mehr die Kirchen. Bleiben wir trotzdem beim Originaltext. Immerhin nahmen ihn die Menschen im Mittelalter ja wörtlich. Um so erstaunlicher ist die Tatsache, daß alle Welt glaubt, Eva habe dem Adam einen Apfel angedreht. Und weil dies ein höchst unbekömmlicher Apfel war, wie die späteren Ereignisse im Garten Eden bewiesen haben, sei ihm deshalb ein Stück im Hals stecken geblieben, weshalb Männer bis auf den heutigen Tag einen sogenannten Adamsapfel aufweisen.

Natürlich war das damals auf gar keinen Fall ein Apfel, aber dieser Frucht wohnte seit jeher ein hoher Symbolgehalt inne. Der trojanische Königssohn Paris schenkte bei der ersten Mißwahl der Welt der schönen Helena einen Apfel, und Herakles stahl den Hesperiden, den hübschen Töchtern des Atlas, die von ihnen gehüteten goldenen Äpfel. Der Apfel war in alten Zeiten das Symbol für Liebe und Fruchtbarkeit – aus christlicher Sicht infolgedessen geradezu zwangsläufig ein Symbol der Sünde. Dabei hat Eva dem Adam mit Sicherheit eine Feige geschenkt. Sie ähnelt nämlich nicht nur in ihrem Äußeren den weiblichen

Genitalien – im Alten Testament wird auch ausdrücklich vermerkt, daß sich die ersten Menschen Kleider aus Feigenblättern machten. Und in der apokryphen Apokalypse des Moses berichtet Eva, daß sie von eben diesem Baum gegessen habe.

Kurzer Einschub: Was eigentlich heißt »apokryph«? Apokryph (Griechisch: geheim) nennt die Kirche Schriften, die überhaupt nicht geheimnisvoll sind, weil sie schon in der Urkirche und dann bis ins hohe Mittelalter sehr eifrig gelesen wurden und jedermann zugänglich waren. Nur wurden sie nicht in den offiziellen Katalog der heiligen Schriften aufgenommen, weil ihre Glaubwürdigkeit nicht ausreichend erschien.

Andererseits begegnen wir auf Schritt und Tritt Informationen, die aus eben diesen apokryphen Schriften stammen. Ochs und Esel an der Krippe beispielsweise finden wir in den offiziellen vier Evangelien ebensowenig wie die Namen der Heiligen Drei Könige oder die der Eltern der Jungfrau Maria. Wie traurig, wenn wir die Mutter Anna nicht kennen würden! Die Überlieferung wäre um vieles ärmer, wenn es die apokryphen Quellen nicht gäbe.

Von einem Apfel also ist bei Adam und Eva nicht die Rede. Auch nicht vom Teufel, denn der Verführer ist die Schlange. Dafür gibt es viele Deutungen, doch es würde zu weit gehen, auf alle einzugehen. Aber höchst merkwürdig ist schon, was Gott der Schlange als Strafe auferlegt: Ab sofort solle sie auf dem Boden kriechen und Staub fressen. Da fragt man sich natürlich, ob die Schlange vor dem Sündenfall vielleicht Beine gehabt haben könnte. Doch da die Kirchenväter darauf keine Antwort wußten, haben sie das Problem verdrängt und erklärt, die Schlange sei der Teufel höchstpersönlich gewesen. Aber das ist Unfug, denn der Teufel kommt im Alten Testament erst sehr viel später vor. Und »Teufel« heißt er nicht einmal dann.

Mit dem Bösen als solchem gerieten die Juden – damals hießen sie noch Kinder Israels – eigentlich frühestens aneinander, als sie nach dem Auszug aus Ägypten und dem langen Umherirren in der Wüste endlich im Heiligen Land ankamen und auf die dort ansässigen Kanaaniter trafen, die zu einem Gott beteten, der Baal hieß oder zuweilen auch Baal Sebub, was soviel bedeutet wie Herr der Fliegen. Wer seinen *Faust* im Kopf hat, weiß vielleicht, wie sich Mephisto beim Hexensabbat vorstellt: »Der Herr der Ratten und der Mäuse, der Fliegen (!), Frösche, Wanzen, Läuse ...« Beim Namen Baal aber klingelt auch noch etwas anderes in unserem Unterbewußtsein, denn aus dem Namen Baal Sebub hören wir das uns aus der Bibel geläufige Wort Beelzebub heraus.

Da die Kanaaniter ein Bauernvolk waren, mußte ihr Gott Baal selbstverständlich auch ein Fruchtbarkeitsgott sein, aber alles, was im weitesten Sinn etwas mit Fruchtbarkeit zu tun hatte, uferte in archaischen Zeiten rasch zu wüsten Orgien aus, und die wiederum waren für die Priester der israelischen Nomaden ein Greuel. Nichtsdestoweniger strahlen Orgien bis auf den heutigen Tag eine mächtige Anziehungskraft aus, und deshalb hatten die Propheten auch immer wieder ihre liebe Mühe, das Volk auf dem rechten Weg zu halten oder wieder dorthin zurückzubringen.

Die Juden hatten – wie jedes andere Volk auch – Angst vor Dämonen, die allerdings keinen konkreten Namen trugen. Man stellte sich vor, daß sie Nachkommen jener »Gottessöhne« seien, die, wie es im 1. Buch Moses heißt, auf die Erde hinabgestiegen waren, um mit den schönen Töchtern der Menschen »Riesen« zu zeugen. Wer diese Göttersöhne waren, steht nicht geschrieben, aber die Tradition sagt, daß es Engel gewesen sind, denen es im Himmel anscheinend etwas zu langweilig geworden war.

Es ist daher Zeit, sich einmal genauer im Himmel umzuschauen, denn vielleicht stammt der Teufel ja von dort. Zunächst allerdings begegnen wir da oben ausschließlich Engeln. Sie dienen – vor allem im Neuen Testament – als Boten. In den guten alten Zeiten zeigte sich der Herr den Seinen noch häufiger: Er erschien ihnen im brennenden Dornbusch oder zog als Feuersäule vor dem Volk Israel her. Er diktierte dem Moses die Zehn Gebote, und mit Jakob hat er sogar höchst persönlich einen Ringkampf ausgetragen. Später aber schickte er nur noch seine Engel zu den Menschen (beispielsweise zur Jungfrau Maria nach Nazareth oder zu den Hirten in Bethlehem). Zuweilen ließ er seine Engel den Menschen auch im Traum erscheinen wie dem heiligen Josef oder den Weisen aus dem Morgenland.

Die Engel – daran gibt es in der Bibel keinerlei Zweifel – bilden zugleich den Hofstaat Gottes. Da gibt es die strahlenden Erzengel Uriel,

Michael, Gabriel, Raguel oder Sariel. Da existiert aber auch eine Art Opposition, und in deren Reihen finden wir eigentlich weniger bekannte Namen wie Semjasa oder Arestigifa, Kakabael oder Iseseel. Dankbar greifen wir wieder zu den apokryphen Schriften des Alten Testaments, und dort erfahren wir endlich, wie der Bösewicht hieß, der Eva verführte: Gadreel ist sein Name.

Über die Antwort auf die Frage, was denn nun zum Kampf der Engel und zum Sturz des Semjasa und seiner Fraktion geführt hat, gehen die Angaben in den Apokryphen auseinander. In der einen Quelle wird erzählt, Gott habe an Adam ein derartiges Wohlgefallen gefunden, daß er all seinen Engeln befohlen habe, das Werk seiner Hände gleichsam wie ihn selbst zu verehren. Das »Haupt der unteren Ordnung« – er heißt erstaunlicherweise Satana, aber diese Quelle ist auch älteren Datums – vertritt mit seinen Anhängern die Meinung, ein nachträglich aus Staub gemachtes Wesen könne wohl kaum erwarten, von einem Engel, der zum einen früher, zum anderen aus Feuer geschaffen worden sei, verehrt zu werden. Daraufhin werden Satana und seine Anhängerschaft von Gott verbannt.

In einer anderen Quelle wird berichtet, die oben erwähnten Engel seien zu den Menschen hinabgestiegen und hätten sich nicht nur mit ihnen vermischt und Kinder gezeugt, die die erstaunliche Größe von 3000 Ellen aufwiesen, nein, sie hätten ihnen auch noch das Kriegsspielen beigebracht und das Schminken (!), die Astrologie und die Medizin, die Jagd und die Wollust.

Na ja. Diesem Treiben konnten die ordentlichen Engel natürlich nicht tatenlos zuschauen. Sie wiesen Gottvater auf das schamlose Treiben der Opposition hin und erhielten detaillierte Aufträge, wie sie mit den Abtrünnigen zu verfahren hätten. Die Erzengel Michael, Gabriel, Raphael und ihre Mitstreiter machten kurzen Prozeß mit den Aufrührern: Sie fesselten Semjasa und Konsorten und stießen sie in ein höllisches Inferno im Inneren der Erde. Dort sollten sie bleiben bis zum Ende aller Tage. Wieso es ihnen gelang, dort wieder herauszukommen, obwohl sie doch vom Erzengel Uriel bewacht wurden, ist ein bis heute ungelöstes Rätsel.

Immerhin wissen wir nun, daß die alten Juden zwei böse Elemente kannten. Das eine war die ständige Bedrohung durch den Baalskult, verkörpert durch Baal Sebub, den Fliegenkönig; das andere war das Heer der gefallenen Engel, an ihrer Spitze Semjasa, aber der schmorte ja eigentlich im Höllenfeuer.

Weder Baal noch jener ominöse Semjasa jedoch konnten den Gott Israels direkt bedrohen. Der eine stand nicht einmal für eine theologisch untermauerte Religion, sondern verkörperte lediglich einen rohen Kult, der andere war nicht mehr als eine Legende. Der Teufel dagegen wurde erst erschaffen, als – beeinflußt vom persischen Religionsstifter Zarathustra – die Juden zu der Überzeugung gelangten, die Welt sei geteilt in Gut und Böse, und wo es einen Gott des Guten gebe, da müsse auch die personifizierte Macht des Bösen existieren. Einem Moses wäre das zwar als Gotteslästerung erschienen, und auch im Buddhismus und im Hinduismus ist eine solche Konstellation undenkbar, nicht aber für die Juden, die in den letzten vorchristlichen Jahrhunderten verstärkt mit den vorderasiatischen Kulturen in Berührung gekommen waren. Wenn es nun aber dieses Böse gab: Bei welchem Namen sollte man es nennen?

Die Bezeichnungen für alle Dämonen, die den Kindern Israels unter anderem in der babylonischen Gefangenschaft begegnet waren, paßten nun nicht mehr. Was sollte man mit einem Totengeist namens Etemmu anfangen oder mit dem Dämon Pazuzu? Auch die prosaischen Umschreibungen von Dämonen, wie sie uns im Alten Testament begegnen, mit den »Haarigen« aus dem Buch Levitikus oder mit der kindermordenden »Lilith« halfen nicht mehr weiter.

Da nun das Böse als solches zum Feind Gottes hochstilisiert worden war, lag nichts näher, als ihn auch »Widersacher« zu nennen, auf Hebräisch »Satan« oder »Sheitan«, ein Wort, das uns schon in früher Jugend bei der Karl-May-Lektüre begegnet ist. Zu dieser Bezeichnung jedoch, das gilt es festzuhalten, ist der Teufel erst in späterer Zeit gekommen. Und Teufel heißt er auch da noch lange nicht, denn diese Bezeichnung kommt vom griechischen Wort »Diavolos«, was soviel bedeutet wie Verleumder. Noch heute benutzen wir das abgewandelte Fremdwort »diabolisch«.

Ob nun Satan oder schon Teufel – man kann ihn so langsam beim Namen nennen, aber damit sind die Probleme noch lange nicht beseitigt. Von den vielen oppositionellen Engeln, die Michael mit Hilfe seiner himmlischen Heerscharen in die tiefste Hölle befördert hat, woran im übrigen niemand zu zweifeln wagte, scheinen einige (oder doch der Eine!) entkommen zu sein, denn sonst kann er sich ja nicht zum Gegenspieler Gottes erhoben haben.

Und um die Sache vollends zu komplizieren: Wie kommt Gottvater dazu, diesem aus dem Orkus entwichenen Todfeind quasi in einer Kneipenwette anzubieten, er könne ja mal versuchen, einen gottesfürchtigen Mann zu verführen, einen gewissen Hiob? Da weiß man nun wirklich nicht, was man da denken soll. Dabei ist das noch nicht einmal die Premiere. Mal ganz abgesehen von den merkwürdigen Ereignissen, die sich im Garten Eden abgespielt haben sollen (der Allwissende muß doch gewußt haben, daß man Eva hereinlegen wollte!), hat ein gewisser Widersacher (Satan) den König David dazu gebracht, wider Gottes Willen eine Volkszählung anzuordnen, und nun auch noch die Affäre Hiob!

Wir stellen fest: Das ganze Alte Testament hindurch, von der Schlange und der Versuchung Davids ganz zu schweigen, haben die Menschen gesündigt, und Gott hat sie bestraft. Er schickte ihnen die Sintflut, gab sie in die Hand von Ägyptern und Babyloniern, schlug sie mit Kriegen und Katastrophen. Und trotzdem haben sie immer weiter gesündigt, niemals brauchte es einen Verführer, aber dann ist er plötzlich da. Herr Satan persönlich.

Er ist anscheinend aus der Hölle entkommen und wird offenbar auch nicht steckbrieflich gesucht. Im Gegenteil. Er befindet sich, wie das Alte Testament berichtet, ganz unbefangen unter den Engeln, die den Thron des Allerhöchsten umstehen. Und Gott fragt ihn leutselig, wo er sich denn so herumgetrieben habe. Der Satan antwortet, daß er neben vielen anderen auch Hiob, den treuen Gottesknecht, kennengelernt hat. Auf den ist der liebe Gott besonders stolz, denn von derart braven Söhnen wünscht er sich mehr. Doch der Satan meldet höflich Zweifel an, und so geschieht das Ungeheuerliche: Gott gibt den Hiob in die Hand des Satans, auf daß ihn jener versuche.

Das Folgende ist bekannt. Der Satan schlägt den guten Hiob mit allen nur erdenklichen Übeln, doch der Gute schwankt in seinem Glauben nicht, obwohl ihm eigentlich schier Unmenschliches zugemutet wird. Zwar vom Satan, aber doch mit ausdrücklicher Genehmigung des Allmächtigen. Derart Fürchterliches war bis dahin erst ein einziges Mal von einem Irdischen verlangt worden. Damals allerdings von Gott persönlich, als er Abraham aufgefordert hatte, ihm seinen einzigen Sohn Isaak zu opfern.

So etwas Grausames wollten die Autoren der Bibel in späterer Zeit ihrem Gott wohl nicht mehr unterstellen. Derart unmenschlich konnte Jahwe nicht sein, aber indirekt war er es eben doch, denn ob er es nun selber tat oder es lediglich dem Satan gestattete – für den armen Hiob kam es auf das gleiche heraus.

Ganz merkwürdig ist auf jeden Fall der derbe Umgangston, dessen sich Gott und der Satan befleißigen. Goethe hat das Thema im *Faust* aufgegriffen. Auch dort schließt Gott eine Wette mit dem Satan ab, und dieser gesteht anschließend recht schnodderig, daß er den Alten von Zeit zu Zeit recht gerne sieht … Man hat sehr deutlich das Gefühl, daß der Geheimrat nicht mehr an den Teufel glaubte. Aber er lebte ja schließlich in einer aufgeklärten Welt, was man vom mittelalterlichen Menschen gewiß nicht sagen kann.

Für ihn ist der Teufel noch immer der Ankläger, vor dem man eine maßlose Angst hat, denn beim Propheten Sacharja steht geschrieben, daß der Satan vor dem himmlischen Thron steht und sogar Jerusalems obersten Priester Jeschua anklagen will. Daß ihm das für den Augenblick verwehrt wird, nimmt dem einfachen Mann die Angst nicht, daß man – wie Hiob – eines Tages selber vom Teufel angeklagt werden könnte.

Auch die Angst vor der Versuchung bleibt, denn weiß man, ob man so standhaft sein wird wie Christus, den der Teufel auf die Zinnen des Tempels von Jerusalem trug? Den meisten Menschen des Mittelalters war nicht bewußt, daß Christus klipp und klar erklärt hatte: »Ich habe den Satan wie einen Blitz vom Himmel fallen sehen.« Für Christus war der Teufel endgültig besiegt. Für die Menschen nicht, dafür sorgten die Priester.

Die Versuchung hatte gefälligst eine fortwährende zu sein, und stets hatte der Teufel dahinterzustecken, wenn auch zuweilen in unfreiwilliger Komik, wie beispielsweise in dem im 11. Jahrhundert entstandenen Kölner *Annolied*. Dort erscheint der Teufel einem Knecht namens Volprecht und bringt ihn dazu, Gott und den heiligen Anno zu lästern. Der törichte Volprecht tut's, obwohl ihm der Satan noch nicht einmal eine Belohnung dafür versprochen hat. Aber der heilige Anno reagiert: Dem tumben Volprecht »lief das linke Auge aus wie Wasser«, und weil er – der Himmel weiß warum – immer weiter lästerte, »spritzte sein rechtes Auge heraus wie ein Pfeil«. Da endlich wurde er wiederum fromm, was nicht weiter erstaunlich ist, und weil er wieder brav war, ließ ihm der heilige Anno flugs zwei neue Augen wachsen.

Ein derartiger Unsinn wurde von den schlichten Gemütern der damaligen Zeit geglaubt, bewies er doch, daß es zum einen – wie beruhigend – den Teufel nebst seinen vielen Versuchungen tatsächlich gab, und zum anderen – noch viel beruhigender –, daß man nur den passenden Heiligen zu kennen und zu verehren brauchte, um den Schaden in Grenzen zu halten.

Daß es für den Klerus von großer Wichtigkeit war, daß das Volk an den Leibhaftigen glaubte, versteht sich wohl von selbst. Womit ich allerdings keineswegs behaupten möchte, daß die Priester nicht an den Teufel glaubten. Das taten sie bestimmt, aber man darf nicht vergessen, daß seine Existenz auf wundersame Weise zugleich die ihre sicherte.

Wie es im Himmel zuging, das wagte niemand so richtig zu sagen. Was auch soll man darunter verstehen, wenn es da über die Engel heißt: »Sie schauen das Antlitz Gottes«? Man kann wohl kaum den ganzen Tag da herumstehen und Gott ins Antlitz schauen. Doch Sie merken schon, daß wir uns am Rande des Gotteslästerlichen bewegen. Das wußten auch die damaligen Priester, und deshalb ließen sie den Himmel unbeschrieben und hielten sich an die apokryphen Schriften, denn dort, und nur dort, wird das Fegefeuer erwähnt, in dem die Seelen derjenigen schmachten, die sich läßlicher Sünden schuldig gemacht haben. Also alle Menschen, denn wer wollte schon von sich behaupten, er habe nie des Nachbarn Weib begehrlich angeschaut, einen über den Durst getrunken oder einem Feind die Pest an den Hals gewünscht!

Keine Erziehung ohne Strafe heißt es seit jeher, und ohne ein Fegefeuer ließen die Menschen sich nicht bei der Stange halten. Offenbar auch nicht ohne eine grenzenlose Angst vor der Hölle, obschon in den offiziellen kanonischen Schriften (also auch in den vier Evangelien) nichts Konkretes darüber zu finden ist.

Aber schließlich hat man ja Phantasie, und die kann noch ein wenig angestachelt werden, so daß die Menschen im Mittelalter fest davon überzeugt waren, daß sie – sollten sie denn im Stande der Todsünde sterben – in riesigen Pfannen geröstet, mit Lanzen gepiekst und mit Zangen gekniffen würden. Man würde ihnen die Eingeweide herausreißen und die Knochen brechen, die Nägel ziehen und die Zunge abschneiden. Und das nicht nur einmal, sondern jeden Tag aufs neue. Eine Ewigkeit lang.

Da man so gut über Hölle und Fegefeuer Bescheid zu wissen glaubte, wollte man natürlich auch erfahren, wie denn der Leibhaftige aussehe, aber das war einigermaßen schwierig. Der Teufel nämlich schlüpfte immer wieder in andere Verkleidungen. Dem Bürger wurde häufig weisgemacht, der Teufel sehe aus wie ein Jude, was insofern praktisch war, als man im Umkehrschluß jeden Juden mit dem Teufel gleichsetzen konnte. Einem Adligen näherte sich der Satan dagegen als Ritter, begehrlichen Jungfern als Galan und dem Doktor Faustus als Student. Schließlich wollte der Teufel seine Opfer ja nicht in die Flucht schlagen, sondern verführen, und so erschien er vielen als ihresgleichen. Nun wissen wir jedoch, daß der Teufel auf vielen Darstellungen als Drache erscheint, deshalb muß man sich zunächst einmal fragen, wie die Menschen dazu gekommen sind, ein Tier nachzubilden, das überhaupt nicht existiert.

Höchst umstritten und wenig glaubhaft ist die These, daß Informationen, die unsere Ur-Ur-Ur-Ahnen im Umgang mit Dinosauriern gesammelt haben, noch heute mittels genetischer Datenübertragung in unseren Hirnen gespeichert sind. Ich denke, diese Theorie darf man getrost vergessen. Schließlich sind die Dinosaurier bereits vor rund 60 Millionen Jahren ausgestorben, während die ersten Urmenschen vor frühestens vier Millionen Jahren über den Erdball trabten. Zur Zeit der Dinosaurier gab es nur wenige Säuger, und das waren Tiere, die man mit den heutigen Spitzmäusen vergleichen kann. Schwer vorstellbar, daß sie uns genetisches Wissen überliefert haben sollen.

Viel wahrscheinlicher ist die Vorstellung, daß unsere Ahnen durch die Funde von Dinosaurierknochen zu der Annahme verleitet worden sind, daß es drachenähnliche Tiere gibt oder zumindest gegeben haben muß. Ein solcher Knochen ist bereits in einer chinesischen Chronik aus dem 3. nachchristlichen Jahrhundert bezeugt, aber während Drachen in Ostasien keineswegs nur das Böse verkörpern, galten sie bereits Indern, Persern und Juden als Sinnbild teuflischer Macht.

Furcht flößt der Drache ein, sei es als Kopf auf dem Bug eines Wikingerschiffes, sei es als Wächter vor den Portalen der Kathedralen; und von den »feuerspeienden Drachen«, den Pistolen, die sie mit sich führten, erhielten auch die Dragoner ihren Namen (Französisch: »dragon« = Drache). Die böse Macht des Drachen galt es in allen Zeiten zu bezwingen, und so tötet der germanische Gott Thor die Midgardschlange, Siegfried den allseits bekannten Drachen, und der Erzengel Michael und der heilige Georg besiegten den Teufel, der in Gestalt eines Drachens gegen sie gekämpft hat, und auf seinen Kopf setzt auch die Gottesmutter triumphierend ihren Fuß. So lebt das Ungetüm, das nie gelebt hat, in der Phantasie der Künstler fort und wirkt hinein bis in das Schaffen Schillers, der einen jungen Ordensritter auf einen Drachen losläßt.

Für das gemeine Volk jedoch, das naturgemäß noch nie einen Drachen gesehen hatte und schon überhaupt keinen siebenköpfigen, wie er in der Geheimen Offenbarung des Johannes beschrieben wird, war es einfacher, sich vorzustellen, daß sich der Teufel in einen Kater oder in einen Ziegenbock verwandeln könnte. Besonders der Ziegenbock hatte es so etwa seit dem 11. Jahrhundert dem einfachen Mann angetan, denn was wäre ein Teufel ohne Hörner! Sehr populär war daneben die vor allem in späterer Zeit von den geistlichen Herren der Inquisition genährte Vorstellung, der Teufel nehme bei Gelegenheit die Gestalt eines Esels an, ausgestattet mit einem riesigen Geschlechtsteil, aus dem eiskalter Same quillt. Diesen Unfug hatte man unter grauenvollen Martern aus den der Hexerei angeklagten Frauen herausgefoltert.

Man muß einmal mehr betonen, daß die Fähigkeit angeblicher Hexen, durch die Luft fliegen zu können, noch im 12. Jahrhundert von der Kirche selber kategorisch bestritten wurde. Man hielt es zwar für denkbar, daß Teufel mit Menschen Unzucht treiben konnten, völlig abwegig erschien dagegen der Gedanke, daß sie auch in der Lage seien, Kinder zu zeugen. Solche pervertierten Vorstellungen waren späteren, »aufgeklärteren« Jahrhunderten vorbehalten. In diese späteren Zeiten gehören auch die Hexengeschichten mit dem Flug zum Brocken und den dort stattfindenden Orgien.

Heute erscheint uns die ganze Diskussion müßig. Nur etwa jeder zehnte Deutsche glaubt noch an den Teufel. Den meisten ist es völlig gleichgültig, daß der große Kirchenlehrer Augustinus im 5. Jahrhundert verkündet hat, daß der Teufel »ewig« die Herrschaft Gottes bekämpfen werde. Angeblich scheren wir uns einen Teufel um den Teufel, aber es ist doch sehr beruhigend zu sehen, wie der Priester eine neu gebaute Brücke mit Weihwasser besprengt. Natürlich glaubt keiner von uns ernsthaft, der Teufel könnte sich an ihren Fundamenten zu schaffen machen, aber schließlich kann man ja nie wissen, nicht wahr?

So furchtbar weit nämlich haben wir uns offenbar noch nicht vom Mittelalter entfernt.

Literaturhinweise

Alte Burgen, schöne Schlösser. Eine romantische Deutschlandreise. Stuttgart, Zürich, Wien 1980.

Ariès, Philippe: Geschichte der Kindheit. München, Wien 1975.

Beck, Andreas: Der Untergang der Templer. Größter Justizmord des Mittelalters? Freiburg i. Brsg. 1992.

Biller, Thomas: Die Adelsburg in Deutschland. Entstehung, Form und Bedeutung. München 1993.

Borst, Arno: Lebensformen im Mittelalter. Frankfurt/M., Berlin 1973.

Borst, Otto: Alltagsleben im Mittelalter. Frankfurt/M. 1983.

Braudel, Fernand: Sozialgeschichte des 15.–18. Jahrhunderts. Bd. 1: Der Alltag. München 1985.

Brent, Peter: Das Weltreich der Mongolen. Bergisch Gladbach 1988.

Brown, Richard Allen: Die Normannen. München 1988.

Bumke, Joachim: Höfische Kultur. Literatur und Gesellschaft im hohen Mittelalter. 2 Bde. München 1986.

Cardini, Franco: Friedrich I. Barbarossa. Kaiser des Abendlandes. Graz, Wien, Köln 1990.

Curschmann, Michael/Ingeborg Glier (Hg.): Deutsche Dichtung des Mittelalters. 3 Bde. München, Wien 1980 bis 1981.

Danckert, Werner: Unehrliche Leute. Die verfemten Berufe. Bern, München 1979.

Döbler, Hannsferdinand: Hexenwahn. Die Geschichte einer Verfolgung. München 1977.

Duby, Georges: Ritter, Frau und Priester. Die Ehe im feudalen Frankreich. Frankfurt/M. 1988.

Dülmen, Richard van/Norbert Schindler: Volkskultur. Zur Wiederentdeckung des vergessenen Alltags (16.–20. Jahrhundert). Frankfurt/M. 1984.

Duneton, Claude: Der kleine König Roman. München, Berlin 1988.

Eike von Repgow – Der Sachsenspiegel. Hg. v. Clausdieter Schott. Zürich 1984.

Elbogen, Ismar/Eleonore Sterling: Die Geschichte der Juden in Deutschland. Eine Einführung. Frankfurt/M. 1966.

Ennen, Edith: Die europäische Stadt des Mittelalters. Göttingen 1987.

Faber, Gustav: Das erste Reich der Deutschen. Geschichte der Merowinger und Karolinger. München 1980.

Faber, Gustav: Auf den Spuren von Karl dem Großen. München 1984.

Ficker, Julius: Rainald von Dassel. Aalen 1966.

Fischer-Fabian, Siegfried: Die deutschen Cäsaren. Triumph und Tragödie der Kaiser des Mittelalters. München 1977.

Fischer-Fabian, Siegfried: Der Jüngste Tag. Die Deutschen im späten Mittelalter. München 1985.

Franzl, Johann: Rudolf I. Der erste Habsburger auf dem deutschen Thron. Graz 1986.

Funcken, Liliane und Fred: Historische Uniformen. 5 Bde. München 1977–1979 (Bd. 3: 1979).

Gabrieli, Francesco (Hg.): Die Kreuzzüge

aus arabischer Sicht. Zürich, München 1973.

Goetz, Hans-Werner: Leben im Mittelalter vom 7. bis zum 13. Jahrhundert. München 1986.

Gost, Roswitha: Der Harem. Köln 1993.

Graetz, Heinrich: Volkstümliche Geschichte der Juden. 6 Bde. München 1985.

Haag, Herbert (Hg.): Teufelsglaube. Tübingen 1974.

Herm, Gerhard: Die Kelten. Das Volk, das aus dem Dunklen kam. Reinbek bei Hamburg 1977.

Herm, Gerhard: Freiheit die ich meine. Eine deutsche Geschichte. Zürich, Köln 1986.

Herm, Gerhard: Karl der Große. Düsseldorf, Wien, New York 1987.

Hermann, Bernd (Hg.): Mensch und Umwelt im Mittelalter. Stuttgart 1986.

Hiller, Helmut: Friedrich Barbarossa und seine Zeit. Eine Chronik. München 1977.

Hiller, Helmut: Otto der Große und seine Zeit. München 1980.

Hoàng, Michael: Dschingis-Khan. Düsseldorf, Wien, New York 1980.

Hösel, Gottfried: Unser Abfall aller Zeiten. Eine Kulturgeschichte der Städtereinigung. München 1987.

Ifrah, Georges: Universalgeschichte der Zahlen. Frankfurt/M., New York 1987.

Irsigler, Franz: Bettler und Gaukler, Dirnen und Henker. Randgruppen und Außenseiter in Köln 1300–1600. Köln 1984.

Karaisl von Karais, Franz: Deutsche Straßenfibel. Leipzig 1937.

Kieckhefer, Richard: Magie im Mittelalter. München 1992.

Kühn, Dieter: Ich Wolkenstein. Eine Biographie. Frankfurt/M. 1988.

Kühnel, Harry (Hg.): Alltag im Spätmittelalter. Graz 1984.

Kurowski, Franz: Schwertgenossen – Sahsnôtas. Die große Geschichte der Sachsen. Berg 1986.

Kutscha, Gudrun: Der Weg ins Abendland. Zeugnisse der Völkerwanderung. Wien, Heidelberg 1978.

Landgraf, Wolfgang: Heinrich IV.

Macht und Ohnmacht eines Kaisers. Biographie. Berlin 1991.

Lebe, Reinhard: War Karl der Kahle wirklich kahl? Historische Beinamen – und was dahintersteckt. München 1990.

Lehmann, Johannes: Die Staufer. Glanz und Elend eines deutschen Kaisergeschlechts. München 1978.

Lingen – Illustrierte Weltgeschichte, Bd. I. Köln 1976.

Malangré, Heinz: Gestalten um Karl den Großen. Aachen 1989.

Mayer, Hans Eberhard: Geschichte der Kreuzzüge. Stuttgart, Berlin, Köln, Mainz 1980.

Meyer, Werner/Erich Lessing: Deutsche Ritter, deutsche Burgen. München 1976.

Mikoletzky, Hanns Leo: Geschichte lebt. Geschichtsbilder aus fünf Jahrtausenden. Wien, Heidelberg 1957.

Mollat, Michel: Die Armen im Mittelalter. München 1987.

Mostar, Hermann: Weltgeschichte höchst privat. Ein Buch von Liebe, Klatsch und sonstigen Menschlichkeiten. Stuttgart 1960.

Obermeier, Siegfried: Richard Löwenherz. König – Ritter – Abenteurer. Biographie. München, Wien 1982.

Obermeier, Siegfried: Walther von der Vogelweide. Der Spielmann des Reiches. Hamburg 1992.

Pernoud, Régine: Überflüssiges Mittelalter? Plädoyer für eine verkannte Epoche. Zürich, München 1979.

Pernoud, Régine: Königin der Troubadoure. Eleonore von Aquitanien. München 1979.

Pleticha, Heinrich (Hg.): Deutsche Geschichte. 4 Bde. Gütersloh 1981.

Pörtner, Rudolf: Operation Heiliges Grab. Legende und Wirklichkeit der Kreuzzüge (1095–1187). Düsseldorf, Wien 1977.

Prause, Gerhard: Niemand hat Kolumbus ausgelacht. Fälschungen und Legenden der Geschichte richtiggestellt. Düsseldorf, Wien 1986.

Reliquet, Philippe: Ritter, Tod und Teufel. Gilles de Rais oder die Magie des Bösen. München, Zürich 1984.

Rheinische Lebensbilder. Im Auftrag
d. Gesellschaft für Rheinische
Geschichtskunde hg. von Edmund
Strutz und Bernhard Poll. Bonn 1961 ff.
Riché, Pierre: Die Karolinger. Eine Familie
formt Europa. München 1991.
Scherf, Dagmar: Der Teufel und das Weib.
Eine kulturgeschichtliche
Spurensuche. Frankfurt/M. 1990.
Scherr, Johannes: Illustrierte deutsche Kul-
tur- und Sittengeschichte. 2 Bde. Essen
1984.
Schipperges, Heinrich: Der Garten der Ge-
sundheit. Medizin im Mittelalter. Mün-
chen 1985.
Schneider, Wolfgang: Überall ist Babylon.
Die Stadt als Schicksal des
Menschen von Ur bis Utopia.
Düsseldorf 1960.
Schnith, Karl Rudolf (Hg.): Mittelalterliche
Herrscher in Lebensbildern. Von den
Karolingern zu den Staufern. Graz,
Wien, Köln 1990.
Schreiber, Hermann: Das Schiff aus Stein.
Venedig und die Venezianer. München
1975.
Schreiber, Hermann: Die Deutschen und
der Osten. Das versunkene Jahr-
tausend. München 1984.
Schreiber, Hermann: Auf Römerstraßen
durch Europa. München 1985.
Schuster, Peter: Das Frauenhaus.
Städtische Bordelle in Deutschland
1350 bis 1600. Paderborn 1992.
Sievers, Leo: Deutsche und Russen.

1000 Jahre gemeinsame Geschichte.
Hamburg 1980.
Stelzmann, Arnold: Illustrierte Geschichte
der Stadt Köln. Hg. und überarb. von
Robert Frohn. Köln 1984.
Tuchman, Barbara: Der ferne Spiegel. Das
dramatische 14. Jahrhundert. Düssel-
dorf 1980.
Uitz, Erika/Barbara Pätzold/Gerald
Beyreuther: Herrscherinnen und
Nonnen. Frauengestalten von der
Ottonenzeit bis zu den Staufern.
Berlin 1990.
Uitz, Erika: Die Frau in der mittelalterlichen
Stadt. Freiburg i. Brsg. 1992.
Valentin, Veit: Knaurs Deutsche Geschichte.
Eingel. und bis zur Gegenwart fortgef.
von Albert Wucher. München, Zürich
1960.
Wahl, Rudolph: Friedrich Barbarossa. Ber-
gisch Gladbach 1978.
Wahl, Rudolph: Die Deutschen. Ein Volk
und seine Geschichte von den Germa-
nen bis zum XX. Jahrhundert. Bergisch
Gladbach 1979.
Weidenhaupt, Hugo (Hg.): Gerresheim
870–1970. Beitrag zur Orts- und Kunst-
geschichte. Düsseldorf 1970.
Wies, Ernst W.: Karl der Große.
Kaiser und Heiliger. Esslingen 1986.
Wies, Ernst W.: Otto der Große. Kämpfer
und Beter. Esslingen 1988.
Wies, Ernst W.: Kaiser Friedrich Barba-
rossa. Mythos und Wirklichkeit.
Biographie. Esslingen 1990.

Personenregister

(Abkürzungen: B. = Bischof; Br. = Bruder; Eb. = Erzbischof; Ft. = Fürst; Gf(n). = Graf/Gräfin; HM = Hausmeier; Hl. = Heilige(r); Hz(n). = Herzog(in); Kard. = Kardinal; Kg(n). = König(in); Ks(n). = Kaiser(in); M. = Mutter; Mgf. = Markgraf; Mgfn. = Markgräfin; Pp. = Papst; Pr(n). = Prinz(essin); Rt. = Ritter; S. = Sohn; Schw. = Schwester; T. = Tochter)

Nibelung (HM) 80
Nithard (S. d. Bertha) 58, 72
Notker »der Arzt« 97
Notker der Stammler 96
Notker »Pfefferkorn« 303
Notker von St. Gallen (Mönch) 97, 105, 107,
 113, 117, 249
Nur ed-Din 194, 197 f., 201, 280

Odoaker (Söldnerführer) 155
Offa (Kg.) 52
Ogedei (drittältester S. d. Dschingis-Khan) 89,
 437, 445 f.
Oktavian (Kard./siehe: Viktor IV., Pp.)
Olaf II. (Kg. u. Hl.) 86
Orsini, Matthäus 322
Ostera (Göttin) 226
Oswald von Wolkenstein (Dichter) 254, 257 f.
Otto I., der Große (Ks.) 22, 66 ff., 73 ff., 85 f.,
 96 f., 111 f., 118, 212, 230, 241, 249, 271 f.,
 301, 303, 317, 463 f.
Otto II. (Ks.) 75, 118, 241, 294, 304, 360, 509
Otto III. (Ks.) 39, 75, 241, 301, 570
Otto IV. (Ks.) 314 ff.
Otto von Wittelsbach 263 f.
Ottokar II. (Kg. v. Böhmen) 277, 449, 451 ff.,
 456, 458
Oufroy (Stiefs. Rainalds v. Châtillon) 198

Pandulf von Fasanella (Generalkapitän d.
 Toskana) 324
Pantaleon (Hl.) 75
Paris (Königssohn) 572
Parzival 328
Paschalis III. (Pp.) 268 f.
Pazuzu (Dämon) 576
Peter von Amiens (»Peter der Einsied-
 ler«) 146, 149 f., 161, 164-168, 176
Petrus (Apostel) 114, 133, 167, 169, 188, 232,
 568
Petrus von Vinea (Großhofrichter) 328
Philipp (Gf. v. Flandern) 187
Philipp IV., der Schöne (Kg.) 90, 515
Philipp von Schwaben (Kg.) 192
Pierleoni, Johannes (siehe: Gregor VI., Pp.)
Pilatus, Pontius (röm. Statthalter) 507
Pippin der Bucklige (Kg. v. Italien) 48, 51, 58,
 362 f.
Pippin I. (Kg. in Aquitanien) 26, 363
Pippin III., der Jüngere oder »Kurze« (Kg.) 16,
 26, 45, 82
Pirckheimer, Hans 499
Polo, Marco 493
Potiphar, Frau des 428
Praxedis (russ. Prn./2. Ehefrau Hein-
 richs IV.) 116
Prokop (Historiker) 158

Radbod (Hz.) 103
Raguel (Erzengel) 576
Raimund von Toulouse (Gf.) 151, 165 ff., 169,
 173, 175, 287
Raimund von Tripolis 200
Rainald I. von Dassel (Gf.) 260
Rainald von Châtillon 184, 194-201, 282
Rainald von Dassel (Eb. v. Köln) 77, 87, 123,
 259 ff., 262-270, 301, 566
Ranke, Leopold von 13
Raphael (Erzengel) 575
Raymond VI. (Gf. v. Toulouse) 534
Regina (Konkubine Karls d. Gr.) 59
Remus 160, 554
Richard (Hz. v. Capua) 204
Richard I. Löwenherz (Kg.) 21, 87, 139, 177,
 186, 221, 256, 280 ff., 284 f., 288-293, 300,
 304, 312 ff., 326, 336
Richard von Chenan (Rt.) 139
Richarda (Ehefrau Karls III., d. Dicken) 430
Richelieu, Armand Jean du Plessis, Duc de
 (Kard.) 561
Richolf (Sachse) 27
Robert II., der Fromme (Kg.) 533
Robert von der Normandie (Gf.) 151
Rochus (Hl.) 306
Rodrigo Díaz, gen. El Cid Campeador 139
Roger II. (Kg. v. Sizilien) 185, 325
Roland (Kard./siehe: Alexander III., Pp.)
Romanos I. Lakapenos (Ks.) 73
Romulus 160, 554
Rorico (Gf.) 53 f.
Rorico (S. Karls III., des Einfältigen) 19
Rosamunde (Ehefrau Kg. Alboins) 220
Rosamunde (Friedelfrau Heinrichs II.
 Plantagenet) 289
Rossi, Orlando di 324
Roswitha von Gandersheim (Nonne) 14, 96,
 125, 134
Rotrud (T. Karls d. Gr.) 48, 51 ff., 58, 72
Rotrud (T. Karls III., des Einfältigen) 19
Rückert, Friedrich 302
Rudolf I. (Gf. v. Habsburg, Kg.) 88, 202, 256,
 277, 449-458
Rudolf II. (Kg.) 166
Rudolf von Hoheneck (Reichskanzler) 457
Rudolf von Schwaben (Hz., Gegenkg.) 105,
 123
Ruothild (T. Karls d. Gr./Äbtissin von
 Farmoutier) 58
Rupert (Missionar) 106

Sacharja (Prophet) 578
Saladin, Jusuf ibn Ajjub (Sultan) 87, 181, 194,
 197-201, 221, 227 f., 280-283, 290, 292
Salome (T. d. Herodias) 391
Salomon (Kg.) 56, 153, 204, 330, 391